Dorothea Sattler

Erlösung?

Dorothea Sattler

Erlösung?

Lehrbuch der Soteriologie

HERDER

FREIBURG · BASEL · WIEN

Zweite, vollständig überarbeitete Auflage

© Verlag Herder GmbH, Freiburg im Breisgau 2023 (2011)
Alle Rechte vorbehalten
www.herder.de
Umschlaggestaltung: Verlag Herder
Satz: SatzWeise, Bad Wünnenberg
Herstellung: CPI books GmbH, Leck
Printed in Germany
ISBN Print 978-3-451-38959-7
ISBN E-Book (PDF) 978-3-451-83959-7

Inhalt

Vorwort zur zweiten Auflage 13

Vorwort zur ersten Auflage 15

I. Annäherungen – oder:
Die Lebensrelevanz der Thematik aufsuchen 17
1. Fragezeichen als Vorzeichen 17
2. Alltägliche Medienmeldungen über das
unerlöste Dasein 22
3. Verdichtungen der Fragen in literarischen
Gestaltungen 27
   a. »Alles ist Wundenschlagen« (Ingeborg Bachmann) 29
   b. »Schön, dass du mich endlich bemerkst, sagte der
      Tod« (Wolf Erlbruch) 30
   c. »Vielleicht ...« (Rose Ausländer) 32
   d. »Ich bin ich!« (Leo Lionni) 34
   e. »... nur der Gekreuzigte beide Arme weit offen ...«
      (Hilde Domin) 36
4. Erste Bemühungen um Begriffsbestimmungen:
   Heil und Erlösung 37
5. Vorausschau auf drei inhaltliche Grundanliegen dieses
   Buches 40
   a. Das Böse realisiert sich vielfältig als
      Beziehungsstörung 41
   b. Die geschehene Erlösung ist in Christus Jesus
      offenbar 44
   c. Die Bewährung geschieht im verwandelten Leben 46

II. Rückblicke – oder:
   An das Geschick eines Lehrstücks erinnern 48
   1. Kennzeichen heutiger soteriologischer Reflexionen . . 48
      a. Grundlegende Verhältnisbestimmungen 49
         (1) Theologie ist Soteriologie 49
         (2) Soteriologie ist Theo-logie 52
      b. Spiegeleffekte der Methodik 55
         (1) Anthropologisch gewendet 55
         (2) Bibeltheologisch fundiert 56
         (3) Konzeptionell denkend 60
         (4) Den Dialog suchend 62
   2. Umbrüche und Aufbrüche in der Traditionsgeschichte 63
      a. Von Interessen geleitete Begrenzungen angesichts
         der Weite der Thematik 65
      b. Unterscheidungen zwischen Epochen der
         soteriologischen Reflexion 68
      c. Einzelne (im guten Sinne) irritierende Auskünfte 73
   3. Die Soteriologie im Miteinander der dogmatischen
      Traktate 75
      a. Dogmatik auf der Suche nach ihrer
         »heilsgeschichtlichen« Grundstruktur 75
      b. Die Idee des »nexus mysteriorum« 78
      c. Die ökumenische Relevanz der christologisch
         bestimmten »Hierarchie der Wahrheiten« 80
      d. Das besondere Verhältnis von Protologie,
         Soteriologie und Eschatologie 85
         (1) Grundlegende Aussagen 86
         (2) Ausgewählte Detailfragen 87

III. Grundlagen – oder:
    Biblische Metaphern für »Erlösung«
    neu entdecken 90
   1. Legitime Vielfalt soteriologischer Metaphorik in
      biblischer Tradition 90

2. Ausgewählte Metaphernfelder 98
   a. Das medizinische Paradigma: Heilung von
      Krankheiten 99
   b. Das soziale Paradigma: Befreiung von Sklavereien 108
   c. Das fiskalische Paradigma: Bezahlung einer Schuld 118
   d. Das forensische Paradigma: Freispruch im Prozess 124
   e. Das kommunikative Paradigma: Bekenntnis und
      Versöhnung 126
3. Reflexionen in Bezug auf das Grundverständnis der
   Soteriologie 130

IV. Vergewisserungen – oder:
    Wiederkehrende Anfragen bedenken 134
1. »Musste« Jesus für uns leiden? 136
   a. Die Frage aller Fragen 136
   b. Nachwirkungen der Satisfaktionslehre des Anselm
      von Canterbury 140
      (1) Die Verstehensvoraussetzungen der Konzeption Anselms 143
      (2) Kritische Stellungnahmen zu einzelnen Aspekten der
          Konzeption Anselms 146
   c. Biblisch orientiertes Nachdenken über die
      Notwendigkeit im Handeln Gottes 149
   d. Sühne und Stellvertretung 158
   e. Qualifizierung der Todesstunde als
      »sakramentalem« Ort der Erkenntnis 163
2. Welches erlösende Lebenszeugnis gibt Jesus? 175
   a. Hermeneutische Vorüberlegungen 175
   b. Kontroversen um die soteriologische Bedeutung des
      Lebens Jesu 178
   c. Perspektiven in der Berufung auf das Leben Jesu in
      der Soteriologie 188
      (1) Jesus begegnet Menschen auf eine Weise, in der sie
          »Erlösung« als befreiende Verwandlung in der Begegnung
          erfahren 188
      (2) Leben in Gemeinschaft als Sündenvergebung 191

3. Ist Jesus Christus der Mensch gewordene göttliche
   Retter? 194
   a. Jesus erkennen angesichts der Vielgestalt
      neutestamentlich überlieferter Erkenntnisse 196
   b. Jesus Christus: Gottes Mensch gewordene Weisheit
      des Lebens 204
   c. Jesus Christus: Gottes Mittler in der gesamten
      Schöpfung 207
   d. Gott wird Mensch: Er gibt uns sein Wort 214
   e. Soteriologische Aspekte in den altkirchlichen
      Konzilsaussagen zur Christologie 219
   f. Gnoseologische und/oder partizipatorische Ansätze
      in der Inkarnationssoteriologie 225
4. Ist Jesus leiblich auferstanden? 230
   a. Eigenarten der österlichen Erkenntnis des
      auferweckten Christus Jesus 230
   b. Jüdisch-christliche Verkündigung der Hoffnung
      über den Tod hinaus 234
   c. »Leibliche« Auferstehung 236
   d. Leben mit dem Tod als universalem Existential des
      Menschen 238
   e. Theologie mit den anderen Wissenschaften im
      Gespräch über den Tod 243
   f. Erlöste Zeit des Menschen angesichts der
      Ewigkeit Gottes 246
5. Leben Christinnen und Christen erlöst(er)? 253
   a. Vorüberlegungen zum Verhältnis zwischen
      Soteriologie und Pneumatologie 253
   b. Geisterfahrung als erlösende Gotteserfahrung ... 257
   c. Erlösende Erinnerung an Jesus Christus im
      Heiligen Geist 260
   d. Schöpfungstheologische Perspektiven im Blick auf
      die universale Geisterfahrung 263

V. Kontexte – oder: Zusammenhänge in Gesprächen erschließen ... 268

1. Aus Sicht der Armen weltweit ... 271
   a. Ein Beispiel für die Eigenarten in der Verbundenheit von Kontexten ... 271
   b. Vielgestalt der soteriologischen Anliegen in der theologischen Frauenforschung ... 274
   c. Die Armen und Jesus Christus ... 280
2. In der christlichen Ökumene ... 283
   a. Heil und Erlösung als (seltener) Gegenstand ökumenischer Gespräche ... 284
   b. Bemühungen um eine soteriologische Konvergenz in der Rechtfertigungsthematik ... 289
   c. Multilaterale ökumenische Perspektiven im Blick auf eine erfahrungsnahe Erlösungslehre ... 294
   d. Hintergründig wirksame konfessionelle Anliegen . 303
   e. Perspektiven einer soteriologisch motivierten geistlichen Ökumene ... 308
3. Anlässlich interreligiöser Gespräche ... 309
   a. Das Thema Heil und Erlösung als Motivation zum interreligiösen Gespräch ... 310
   b. Kontroverse Konzepte im Blick auf das Heil (allein) in Christus Jesus ... 313
   c. Perspektiven ... 316
4. In Verbindung zu psychotherapeutischen Reflexionen . 318
   a. Psychologie und Theologie ... 318
   b. Schuldempfinden – psychologisch und theologisch betrachtet ... 320
   c. Verzweiflung und Angst als Erfahrungen eines unerlösten Daseins ... 323
   d. Wege der Heilung in Beziehung(en) ... 325
   e. Konkretisierungen am Beispiel des Gedankens vom »Verdienst« in der Erlösungslehre ... 329

5. Beim Nachdenken über Lernwege 337
   a. Wege in einer erfahrungsbezogenen
      Erwachsenenbildung 338
   b. Religionspädagogische Aspekte 339
   c. Reflexion zur Bedeutung der Soteriologie in der
      Homiletik 343

VI. Pespektiven – oder: Möglichkeiten zu einem erlösten Handeln aufzeigen 348

1. Erlösung als Getaufte leben 349
   a. Theologie der Taufe in soteriologischer Sicht in
      Entsprechung zur biblischen Verkündigung 350
   b. Der Aspekt der Neuschöpfung des sündigen
      Menschen 354
   c. Gesetz und Evangelium im Leben der Getauften . . 356
   d. Umkehr und Versöhnung ökumenisch feiern . . . 358
2. Erlösung eucharistisch feiern 364
   a. Vorüberlegungen und Zielperspektiven 364
   b. Die jüngere Geschichte der Frage nach Sinngehalt
      und Feiergestalt der Eucharistie 367
   c. Eucharistisches Opfer und Mahl in systematisch-
      theologischer Zusammenschau 369
   d. Ökumenische Widerrede gegen ein kompensato-
      risches Verständnis des Opfertodes Jesu 376
   e. Ökumenische Annäherungen in der Rede von der
      Eucharistie als »Opfer« 379
   f. Ökumenische Mahlgemeinschaft als Zeichen der
      Versöhnung? 389
3. Erlösung diakonisch gestalten 394
   a. Vorbemerkungen im Blick auf die Verbindung von
      Theodizee-Frage und Erlösungslehre 395
   b. Ein Grundgedanke in der Ökumenischen
      Bewegung: Die Lehre trennt, der Dienst eint 399
   c. Konkretisierungen in einzelnen diakonischen
      Bereichen 402

d. Bezüge zu sozial-ethischen Handlungsbereichen . . 403
  e. Diakonisch handeln in der gesamten Schöpfung –
     auch an Tieren 406
4. Erlösung eschatologisch erwarten 410
  a. Versöhnung (nur) durch Erinnerung –
     oder (auch) durch Vergessen? 411
  b. Was geschieht in der eschatologischen Läuterung? 417
  c. Ist die Hoffnung auf eine eschatologische
     »Allversöhnung« begründet? 431
5. Erlösung im Gebet erinnern 435
  a. Leere und Gabe – nicht Nein und nicht Ja –
     Annäherungen an das Thema 435
  b. Fürbittgebet 439
  c. Vorsehung? 442
  d. Schlussbetrachtungen 444

Literaturverzeichnis 447

Personenregister 509

Sachregister 519

Vorwort zur zweiten Auflage

»Wiederholen (gut wiederholen) kann ich nur das Ereignislose«[1] – und ereignislos waren die zwölf Jahre wahrlich nicht, die zwischen der ersten Auflage dieses Buches 2011 und seiner zweiten im Jahr 2023 liegen. Abschiede waren zu nehmen von meiner Mutter und von meinem Vater nach langen Zeiten der häuslichen Pflege. Manche Freundschaften ließen sich nicht mehr leben, andere kamen hinzu. Die Corona-Pandemie hat die Kommunikationsformen nachhaltig verändert. Der Synodale Weg hat Zeiten gebunden. Promovenden und Promovendinnen haben sich meiner Begleitung anvertraut. In der Ökumene fällt es zunehmend schwerer, den Zwiespalt zwischen erfahrener Gemeinschaft im geistlichen Leben und Verhärtungen in den konfessionellen Positionierungen auszuhalten.

Es gab also viel zu tun. Daher erscheint diese Neuauflage später als zunächst geplant. Ich bin sehr dankbar, dass Dr. Stephan Weber, Lektor im Herder-Verlag, mich immer wieder ermutigt hat, das Vorhaben nicht aufzugeben. In der Schlussphase hat mich mein Mitarbeiter Yannick Selke durch Literaturrecherchen, Korrekturarbeiten und kritisch-konstruktive Rückfragen fachlich kundig und menschlich zugewandt tatkräftig unterstützt.

Die Grundanlage des Buches ist unverändert geblieben. Durchgängig bemühe ich mich um eine erfahrungsnahe Plausibilisierung der christlichen Erlösungslehre vor dem Hintergrund existenzieller Nöte. Einzelne Aktualisierungen habe ich vorgenommen. In jüngerer Zeit im deutschsprachigen Raum erschienene Literatur zur Soteriologie habe ich wahrgenommen und die Gedanken aufgenommen. Angesichts der Weite der Thematik lässt sich ein solches Vorhaben nicht mit dem Anspruch auf Voll-

---
[1] Peter Handke, Phantasien der Wiederholung (1983), 56.

ständigkeit gestalten. Zunehmend wird mir zudem bewusst, wie begrenzt meine Rezeptionsfähigkeiten im Blick auf außereuropäische Theologien und interreligiöse Kontexte sind.

In den vergangenen Wochen habe ich viele Stunden im Krankenhaus Warendorf bei meinem theologischen Lehrer Theodor Schneider verbracht, dem emeritierten Professor für Dogmatik und Ökumenische Theologie (Mainz), der unerwartet bei einem Besuch bei mir ernstlich erkrankt ist. Das Lebensempfinden an diesem Ort, an dem am 4. September 2022 mein Vater verstorben ist, hat mich bei der Arbeit an der Neuauflage begleitet. Freude und Hoffnung, Trauer und Angst begegnen in Menschengestalten. Wiederholen lässt sich keine Lebensstunde – jede ist kostbar. Es liegt mir nahe, diese 2. Auflage Theodor Schneider zu widmen – im Krankenhaus stellt er mich immer als seine Schülerin vor. Ja, niemand kommt an ein Ende mit dem Erlernen eines versöhnten Lebens.

Telgte, am 14. September 2023,
dem Fest der Kreuzerhöhung　　　　　　　　　*Dorothea Sattler*

Vorwort zur ersten Auflage

»Ich mag nicht, wenn mir der Weg erklärt wird«[1]. Einen solchen Anspruch erhebt dieses Buch auch nicht. In der Erlösungslehre kann nur jeder und jede den eigenen Gedankenweg und den persönlichen Lebensweg finden. Ich bin den Menschen dankbar, die mich auf ihre Wege mitgenommen haben. Vielen Wegverzweigungen konnte ich nur streckenweise nachgehen. Wer eine christliche Soteriologie zu schreiben versucht, wagt sich in die gesamte Theologie hinein. Konzeptionelle Besonderheiten können vor diesem Hintergrund in einem Lehrbuch nur geringe Bedeutung haben. Alle Kolleginnen und Kollegen, die sich zu selten angemerkt finden, bitte ich dies zu berücksichtigen: Es handelt sich bei diesem Buch um eine Einführung in eine Thematik, die in jüngerer Zeit in der Theologie selten zusammenhängend dargestellt wurde. Meinen eigenen Weg mit der Thematik habe ich nicht verschwiegen.

Motivationen treten in der Regel in einem Bündel auf. So weiß ich manche Gründe zu nennen, die mich bewegten, dieses Buch zu konzipieren: In der eigenen Lebenswahrnehmung ist die Erfahrung, im Dasein mit anderen Menschen unerlöst zu sein, für mich immer wieder sehr erschreckend. In den Bildungsbereichen, die ich mitgestalte, begegnet mir oft eine große Ratlosigkeit, wenn das Wort »Erlösung« ausgesprochen wird. Lange schon ist mir das Desiderat einer erfahrungsnahen und lebensbezogenen Soteriologie bekannt.

Buchprojekte werden irgendwann geplant und werden dann konkret. In der Zeit kurz vor dem Abschluss des Manuskripts war für mich die Arbeit zum Thema Soteriologie mit einer Gruppe von Frauen, die viele Jahre als Pastoralreferentinnen in der Diö-

---

[1] Peter Handke, Phantasien der Wiederholung (1983), 92.

zese Münster gearbeitet haben, sehr ermutigend. Eine Reise vor wenigen Wochen nach Israel an den See Genesareth und nach Jerusalem mit meinen Eltern Gertrud und Erich Brink, meiner Tante Marlies Bernd und meinem Neffen Dominik Brink hat in unseren Gesprächen manche offene Frage wieder neu in das Bewusstsein gerufen.

Eine große Hilfe war mir der Gedankenaustausch mit meinem Lehrer und Freund Prof. Dr. Theodor Schneider und seine sorgfältige Lektüre zur Korrektur des Textes. Ohne die kundige und bereitwillige fachliche Begleitung meines Wissenschaftlichen Mitarbeiters Markus Zingel wäre dieses Buch jetzt noch nicht erschienen; er hat Literatur recherchiert und meine Texte formal bearbeitet; ihm standen Julia Feldkamp und Maria Wald hilfreich zur Seite.

Ich widme dieses Buch Dr. Paul Deselaers, dem langjährigen Spiritual am Bischöflichen Priesterseminar Borromäum in Münster, Lehrbeauftragter für Homiletik an der Katholisch-Theologischen Fakultät in Münster und Pfarrer der Gemeinde Gimbte im Münsterland. Wir sind uns kurz vor meiner Berufung nach Münster 1999 erstmals begegnet. Seitdem verbindet uns in gemeinsamen Lehrveranstaltungen das Bemühen um eine lebensnahe Erschließung der biblischen Erlösungsbotschaft. Für Paul Deselaers hat am 6. August 2011 das 40. Jahr seiner Berufung in den priesterlichen Dienst begonnen. Der Berg Tabor ist als Ort der Verwandlung Sinnbild für das Geschehen der Erlösung. Auch nach der Erkenntnis Jesu Christi als Sohn Gottes bleiben für seine Jünger und Jüngerinnen Wege in die Tiefe zu gehen: »Während sie den Berg hinabstiegen, verbot er ihnen, irgend jemand zu erzählen, was sie gesehen hatten, bis der Menschensohn von den Toten auferstanden sei. Dieses Wort beschäftigte sie, und sie fragten einander, was das sei: von den Toten auferstehen« (Mk 9,9 f.).

Münster, am 6. August 2011,
dem Fest der Verklärung des Herrn *Dorothea Sattler*

I. Annäherungen – oder: Die Lebensrelevanz der Thematik aufsuchen

1. Fragezeichen als Vorzeichen

Erlösung? Das Fragezeichen im Titel auch der vorliegenden Publikation ist eine Problemanzeige. Eine solche an den Beginn der Überlegungen zu stellen, gehört offenkundig zu den Grundimpulsen vieler Theologen, die sich zur Soteriologie äußern: Exemplarisch erinnere ich an an einen Sammelband mit Beiträgen, die unter der Überschrift »Erlösung heute?«[1] erschienen sind. In dieser Veröffentlichung geschieht, was auch in diesem Lehrbuch eine Leitperspektive darstellt: Kritische Anfragen an die Rede von der Erlösung werden in ein Gespräch mit den Antworten der Traditionsgeschichte gebracht. In ihrem Vorwort[2] benennen die Herausgeber der Nachzeichnungen von Bemühungen um die Thematik im Rahmen eines interdisziplinären Forums an St. Stephan in Wien insbesondere Rückfragen, die sich aus einem naturwissenschaftlich geprägten Blick auf die Wirklichkeit ergeben oder von der neuzeitlichen Erkenntnis der Autonomie des Subjekts ausgehen: Sind Phänomene wie Krankheiten, Leiden und Tod nicht einfach als »Begleiterscheinungen der Evolution«[3] zu verstehen, die angesichts der stets fortbestehenden, notwendig begrenzten Lebensbedingungen der Geschöpfe in der Natur immer als Kennzeichen des unerlösten Daseins verbleiben werden? Haben psychologische Studien nicht zur Genüge aufgezeigt, dass die Rede von Sünde und Schuld die Einsicht ausblendet, dass der Mensch in seinem Handeln genetisch vorausbestimmt und sozial mitbestimmt wird? Ist dem von der eigenen Vernunft in seinen

---

[1] Vgl. Franz Gruber / Reinhard Kögerler (Hg.), Erlösung heute? (2007).
[2] Vgl. ebd., 7–13.
[3] Ebd., 7.

Willensentscheiden geleiteten Menschen heute zuzumuten, den theologischen Gedanken einer »Stellvertretung« bei seiner Erlösung anzuerkennen und damit seine Passivität in diesem Geschehen zuzugestehen? Der Ausgangspunkt der weiteren Überlegungen ist die These: »Wir fühlen uns einer Erlösung – im überkommenen Sinne des Wortes – einfach nicht mehr bedürftig!«[4] In mehrfacher Hinsicht ist der Blick in diese Buchveröffentlichung instruktiv für alle, die sich der soteriologischen Reflexion annähern: (1) Sie stellt die Aspekte der Schuldverstrickung und der Endlichkeit des Menschen in den Mittelpunkt des Interesses: Sünde und Tod sind die beständigen Bezugsgrößen der soteriologischen Reflexion; (2) sie versteht das offene Gespräch mit nichttheologischen Wissenschaften (Medizin, Soziologie und Psychologie) als Bereicherung auch bei der Bestimmung der Grenzen der eigenen Aussagefähigkeit; (3) sie verortet sich selbst im interreligiösen Gespräch. Deutlich wird, dass die Soteriologie nicht ohne Blicke in die Protologie (die Schöpfungslehre) und die Eschatologie (die Vollendungslehre) angemessen zu behandeln ist. Diese Erkenntnis wird auch in der vorliegenden Studie immer wieder Bedeutung haben.

Während es bis vor kurzem nicht viele Veröffentlichungen gab, die das Gesamtverständnis der Erlösungslehre zum Thema haben, Einzelaspekte der Soteriologie jedoch sehr detailreich entfaltet wurden, mehren sich nach meiner Wahrnehmung in jüngerer Zeit die Publikationen, die sich im Rahmen einer Grundlagenbesinnung auf den christlichen Glauben dieser Frage widmen.

Exemplarisch sei an dieser Stelle auf die Schriften von Martin Dürnberger verwiesen, der für seine kumulative Habilitationsschrift den Titel »Erlösung heute denken. Probleme, Herausforderungen und Perspektiven gegenwärtigen Erlösungsglaubens« gewählt hat.[5] Mit guten Gründen schließt Dürnberger sich der

---

[4] Ebd. Ein Fragezeichen im Titel findet sich auch bei Paul H. Welte, Erlösung – wie und wovon? (2012).
[5] In die Habilitationsschrift sind unter anderen folgende für die Soteriologie besonders relevante Veröffentlichungen einbezogen worden: vgl. Martin Dürnberger, Basics Systematischer Theologie (2020); ders., Texturen der Gegenwart. Soteriologische Miniaturen in zeitdiagnostischer Absicht (2021);

Auffassung an, dass die Soteriologie heute nicht nur in der Dogmatik, sondern zumindest auch in der Fachdisziplin der Fundamentaltheologie zu besprechen ist. Die Rede von der Erlösungsbedürftigkeit aller Geschöpfe, von der Offenbarung des Handelns Gottes in dem gekreuzigten Jesus Christus zum Heil aller sowie von der Erfahrung erlösten Daseins im Raum der Kirche(n) muss angesichts zunehmend mangelnder Plausibilität vor dem Forum der Vernunft im Gespräch mit kritischen Zeitgenossen verantwortet werden. Martin Dürnberger wählt einen phänomenologisch orientierten Ausgangspunkt in der Wahrnehmung, dass der Mensch zugleich unsägliches Leiden bewirken kann (malum) und auch zur Liebe fähig ist (bonum). In diesem Spannungsfeld ist das menschliche Dasein zu deuten. Gottes erlösendes Handeln steht in innerer Beziehung zu seiner Offenbarung in Jesus Christus, die den Menschen einladend anspricht, ein vertrauendes Wesen in Anerkenntnis der eigenen Schuldverstrickung und in der Hoffnung auf Vollendung zu werden.

Zu den Standardwerken zählt lange schon ein Buch von Jürgen Werbick mit dem schlichten Titel »Soteriologie«[6]. Auch diese Veröffentlichung stellt Beobachtungen zur »Krise der Soteriologie«[7] an den Anfang der Überlegungen. Dieser erste Abschnitt endet mit einer Frage: »Kann Jesus Christus als die *end-gültige* Willensoffenbarung des Heil schaffen wollenden Gottes verstanden, kann er selbst – kann seine Sendung, sein Geschick – als das Geschehen dieses göttlichen Willens gedeutet werden?«[8] Sein begründetes Ja auf diese Frage nimmt seinen Ausgang von der Frage »Erlösung wovon?«[9] Jedes Lehrbuch der christlichen Soteriologie sieht sich zu Beginn vor diese Herausforderung gestellt: die Weltgeschehnisse bedenken und sie mit der christlichen Verkündigung in eine argumentativ schlüssige Verbindung bringen. Vielleicht

---

ders., Offenbare Erlösung – erlösende Offenbarung (2015); ders., Angst, Tod, Schuld, Leid, Absurdes (2019); ders., Vorsicht, erhöhte Diskurstemperaturen. Reflexionen auf Sünde, Schuld und *identity politics* (2019).
[6] Vgl. Jürgen Werbick, Soteriologie (1990).
[7] Vgl. ebd., 12–52.
[8] Ebd., 52. Hervorhebung im Original.
[9] Ebd., 12.

lässt die Größe und Weitläufigkeit der offenen Fragen viele berechtigterweise zögern, sich grundlegend zu Fragen der Erlösungslehre zu äußern. Die Verhältnisbestimmung zwischen Christologie und Soteriologie gehört zu den unabdingbar zu erfüllenden Aufgaben bei einem solchen Bemühen. Mit der christlichen Soteriologie steht das Ganze der christlichen Gottesrede in Frage. Vor diesem Hintergrund ist es nicht verwunderlich, dass es vermehrt ökumenische Bemühungen gibt, das gemeinsame Christusbekenntnis argumentativ zu begründen. Dies geschieht beispielsweise in einer Veröffentlichung, in der Referate aus römisch-katholischer und freikirchlicher Perspektive veröffentlicht worden sind, die im Rahmen fortgesetzter Bemühungen um diesen Dialog in Paderborn beim Johann-Adam-Möhler-Institut gehalten worden sind.[10] Im ökumenischen Gespräch stellt sich die Frage, ob Gott »Heil für alle?«[11] gewährt, unter soteriologischen, anthropologischen und ekklesiologischen Prämissen. Im interreligiösen Diskurs werden die Veröffentlichungen zur Soteriologie zahlreicher.[12] Gegenwärtig intensivieren sich die Bemühungen, das Gedenkjahr 2025 – 1700 Jahre nach dem Konzil von Nizäa 325 nach christlicher Zeitrechnung – zum Anlass zu nehmen, den Zusammenhang zwischen Christologie und Soteriologie im christlichen Gottesglauben zu reflektieren.[13]

---

[10] Vgl. Burkhard Neumann / Jürgen Stolze (Hg.), Jesus Christus – Sohn Gottes und Erlöser (2021).
[11] Vgl. Dorothea Sattler / Volker Leppin (Hg.), Heil für alle? (2012). Der Ökumenische Arbeitskreis evangelischer und katholischer Theologen hat mit dieser Studie einen Perspektivwechsel in der ökumenischen Hermeneutik vorgenommen: Erstmals ist nicht eine inner-konfessionelle Kontroversfrage bedacht worden, sondern eine Thematik, bei der es um eine Plausibilisierung des gemeinsamen Bekenntnisses zum universalen Heilswillen Gottes ging. In den konfessionellen Traditionen gibt es gleichwohl Akzentsetzungen in den Argumentationen: vgl. als Übersicht Dorothea Sattler, Heil für alle? Eine ökumenische Spurensuche (2012).
[12] Vgl. Klaus von Stosch / Aaron Langenfeld (Hg.), Streitfall Erlösung (2015); Aaron Langenfeld, Das Schweigen brechen. Christliche Soteriologie im Kontext islamischer Theologie (2016).
[13] Vgl. Kurt Koch, Auf dem Weg zu einer ökumenischen Feier des 1700. Jahrestags des Konzils von Nicaea (325-2025) (2022).

Dabei darf nicht aus dem Blick geraten, dass das alle Kirchen verbindende nizäno-konstantinische Glaubensbekenntnis aus dem Jahr 381 nach Christus das Bekenntnis zum Heiligen Geist erweitert hat. Die zu wünschende Achtsamkeit auf die Pneumatologie in soteriologischer Perspektive hat Frank Ewerszumrode in jüngerer Zeit angemahnt.[14]

Als ein wiederkehrendes Motiv in vielen Veröffentlichungen zur Soteriologie kann die Erwartung an eine möglichst große Lebensnähe der Überlegungen betrachtet werden.[15] Dieser Spur werde ich nun zunächst folgen. Ich behalte dabei im Blick, dass nach pastoraltheologischer Erkenntnis die Zustimmung von Menschen zu der bibeltheologisch begründeten theologischen Prämisse, erlösungsbedürftig zu sein, nicht (mehr) gegeben ist. Jan Loffeld bringt diese Wahrnehmung in Verbindung mit dem »säkularen Relevanzverlust« des Christentums.[16] Auch für Loffeld bleibt das personal kommunikativ zu vermittelnde Motiv der »Bejahung« jedoch am Ende der Weg, Erlösung lebensnah zu erfahren, auch wenn es in der eigenen Reflexion nicht thematisch explizit Gott ist, der Menschen als für sie notwendig erscheint. Menschen in den Kirchen sind dann gefordert, in Gestaltungen dieser Bejahung auch der Schuldiggewordenen den »anonym« bleibenden Gott zu bezeugen, der sich selbst nicht aufdrängt, als »not-wendig« erkannt sein zu wollen.

---

[14] Vgl. Frank Ewerszumrode, Der Geist, der uns mit Gott verbindet (2021). Viele Hinweise auf die frühkirchliche Tradition der engen gedanklichen Verbindung zwischen Pneumatologie und Soteriologie vermittelt Oliver B. Langworthy, Gregor of Nazianzus' Soteriological Pneumatology (2017).
[15] Exemplarisch weise ich auf eine Studie hin, die das Verhältnis zwischen Anthropologie und Christologie in den Weken von Paul Tillich und Walter Kasper erörtert: vgl. Paul Galles, Situation und Botschaft (2012). Der Titel der Dissertation nimmt in prägnanter Weise in den Blick, was in vielen Beiträgen zur Soteriologie angemahnt wird: eine Plausibilisierung der Botschaft von der Erlösung durch Jesus Christus mit Bezügen zu den Lebenssituationen der Menschen.
[16] Vgl. Jan Loffeld, Der nicht notwendige Gott (2020).

I. Annäherungen

2. Alltägliche Medienmeldungen über das unerlöste Dasein

»Vorausdenkend – mein Fehler – glotze ich das Gegenwärtige nur an (dieses ist freilich auch oft danach)«[17]. Was der Dichter Peter Handke in seinen »Phantasien der Wiederholung« aphoristisch als Selbstzeugnis eingesteht, lässt sich mit den Empfindungen in Verbindung bringen, die viele Menschen angesichts der medial vermittelten Nachrichten Tag für Tag haben: Berichte über Geschehnisse in der jüngeren Vergangenheit hinterlassen Fragen im Blick auf die Zukunft der Gesellschaft. Der Mensch ist in seinen Reflexionen beständig auf drei Zeitdimensionen in seiner Wirklichkeitswahrnehmung bezogen: Erst danach werden Ereignisse dem Gegenwartsbewusstsein bekannt und lösen Ängste und Sorgen aus. Auch bei (medial seltener vermittelten) freudigen Anlässen zur Berichterstattung kann das Vorausdenken die angesichts der Endlichkeit des Daseins und der möglichen Schuldverstrickungen oft trügerischen Glücksmomente als künftig bedroht entlarven.

Die »Glotze« – das Fernsehgerät – ist für viele Menschen auch heute noch das im Alltag oft gewählte Medium, um Tagesgeschehnisse präsentiert und kommentiert zu bekommen. Schnellere Wege zur Aktualisierung des Wissensbestands stehen im weltweiten Verbund des Nachrichtenaustauschs (im Netz) beständig zur Verfügung. Die Printmedien ringen um ihre Existenzgrundlagen. Ihre Konzentration auf regionale Bezüge ist oft ihr Vorteil. Was in lokaler Nähe geschieht, bekommt oft mehr Aufmerksamkeit. Weltkonflikte zu bedenken, führt oft zum Empfinden von Ohnmacht. Vor Ort erscheinen Veränderungen noch erreichbar.

Die Tagesaktualitäten wechseln. Jede Einzelsituation ist von unvergleichlicher Bedeutung. Nicht sehr lange bleiben Geschehnisse medial präsent. In der ersten Auflage zu diesem Buche habe ich 2011 von der Dürre am Horn von Afrika gesprochen, die für sehr viele Menschen den Tod bedeutete. Erdbeben gab es damals in Haiti und in der Türkei; in den Tagesmeldungen von heute im September 2023 wird über Tausende von Toten bei einem Erdbeben in Marokko und bei Überschwemmungen in Libyen berichtet.

---

[17] Peter Handke, Phantasien der Wiederholung (1983), 18.

Für die Menschen, die in diesen Regionen leben, sind diese Geschehnisse nachhaltig wirksam, auch wenn internationale Medien ihre Aufmerksamkeit auf neue Krisensituationen richten. Vulkanausbrüche zerstören mit dem Ackerland die Lebensgrundlagen von Menschen. Kriegerische Auseinandersetzungen haben wirtschaftliche, ethnische und religiöse Hintergründe, deren bösen Wurzeln durch Diplomatie oft nicht auszureißen sind. Die aussichtslose Lage, angesichts fehlender Schulbildung in Armut zu leben, veranlasst Jugendliche in Europa noch immer zu Gewalttaten, die ihre Situation keineswegs verbessern. Neue medizinische Erkenntnisse können Leidensformen verhindern und bedingen zugleich weitreichende ethische Konflikte im Blick auf den zu schützenden Wert des ungeborenen und möglicherweise behinderten Lebens. Die Gefahren der Atomenergie sind offenkundig. Langfristig sind die Lebensgrundlagen der nächsten Generationen nur auf der Basis eines Umdenkens in der eigenen Konsumhaltung und Mobilitätsgestaltung zu sichern. Die sozialen Konflikte zwischen Reichen und Armen sind im Weltkontext unübersehbar. Die Ökumenische Bewegung richtet lange schon ihre Aufmerksamkeit auf diese Tatsache.[18] Einzelschicksale werden in den Medien exemplarisch geschildert und rühren an. Zugleich ist das Bedürfnis groß, durch angebotene Sicherheitssysteme zumindest auf finanzieller Ebene für den eigenen Familienkreis zu sorgen. Nachrichten über Beziehungskrisen, Trennungen, Neuformierungen in selbst gewählten Sozialformen erreichen Menschen über öffentliche Medien täglich. Im privaten Bereich gibt es vertrauliche Wege zur Übermittlung von Neuigkeiten. Sie hinterlassen oft eine größere Betroffenheit.

Unterscheidet sich der Blick auf das unerlöste Dasein zwischen den Jahren 2011 und 2023? Sind es nur die wechselnden Orte und Personen, auf die sich die Aufmerksamkeit tagesaktuell richtet, oder ist Neues und Weiteres darüber zu sagen? Nach meiner Einschätzung hat sich im vergangenen Jahrzehnt die Erkenntnis gefestigt, dass es strukturelle und systemisch bedingte Voraus-

---

[18] Vgl. Hans-Georg Link / Geiko Müller-Fahrenholz (Hg.), Hoffnungswege (2008).

setzungen für Ereignisse gibt, die vielfältiges Leiden der Geschöpfe bewirken. Einzelne Konkretionen mögen im Folgenden als Begründung meiner These dienen.

Nach 2010 und dem mutigen Beginn der öffentlichen Rede von Pater Klaus Mertes SJ[19] über die sexualisierte Gewalt und den geistlichen Missbrauch im Raum der Römisch-katholischen Kirche in Deutschland ist die Wahrnehmung der Wirklichkeit in der gesamten Weltkirche verändert: Es gibt nicht nur einzelne böse handelnde Menschen in jeder Gemeinschaft, die Rahmenbedingungen des Handelns verleiten vielmehr zum Bösen. Immer offenkundiger wird in den Gesprächen über die Phänomene, dass es eine weitere systembedingte Versuchung ist, primär nach den Motiven der Verantwortlichen zu fragen, die in der Regel die Institution schützen wollten. Es wird heute als wichtig erachtet, das Leiden der Betroffenen als Ausgangsort der Reflexionen zu wählen. Das Erzählen vom eigenen Erleben ist sehr wichtig.[20] Auf dem »Synodalen Weg«, der von 2019 bis 2023 von der Deutschen Bischofskonferenz und dem Zentralkomitee der deutschen Katholiken verantwortet wurde, sind diese Anliegen bedacht worden.[21]

Anders als 2011 ist im Jahr 2023 auch, dass die weltweite Corona-Pandemie (Covid 19) die Menschheit seit dem Jahr 2020 vor viele Fragen gestellt hat, die sich in Verbindung mit der Rede von erlöstem und unerlöstem Dasein bringen lassen: Vor welchen Gefahren kann der Mensch sich selbst schützen? Ist im Konkurrenzfall das jüngere Leben mehr wert als das ältere? In welche Länder sollten die Impfstoffe zuerst geliefert werden? Welche Belastungen können die Familien ertragen, wenn sie unerwartet in kleinen Kreisen lange Zeit beieinander sind? Viele Familien haben

---

[19] Vgl. rückblickend aus jüngerer Zeit: Klaus Mertes, Sprechen über den Skandal: Missbrauch institutionell aufarbeiten (2018); ders., Geistlicher Missbrauch: theologische Anmerkungen (2019); ders., Betroffene von Missbrauch im kirchlichen Sprachgebrauch (2021); ders., Über die Anerkennung von Betroffenen spirituellen Missbrauchs (2023).
[20] Vgl. Barbara Haslbeck u. a. (Hg.), Erzählen als Widerstand (2020).
[21] Alle Vorgänge und Dokumente sind derzeit noch unter www.synodaler weg.de online einsehbar. Geplant ist eine vom Präsidium des »Synodalen Wegs« verantwortete Publikation.

in den Corona-Zeiten auch den Segen einer vertrauten Gemeinschaft mit viel Zeit füreinander erfahren. Vieles spricht dafür, dass die Gesellschaft angesichts der Belastungen durch die Pandemie nachdenklicher geworden ist.

Immer deutlicher wird in jüngerer Zeit, dass ohne eine Veränderung des Lebensstils der Menschen der Klimawandel, der erkennbar in sich steigernder Häufigkeit unerwartet schwer zu bewältigende Situationen entstehen lässt, nicht mehr aufzuhalten sein wird. Im angebrochenen Zeitalter des »Anthropozän« ist es der Mensch selbst, der sich und auch den mitlebenden Wesen die Lebensgrundlagen entzieht.[22] Vor Jahrtausenden von Jahren mag es so gewesen sein, dass der Mensch ohne Erkenntnis der Zusammenhänge den Geschehnissen in der Natur ausgeliefert war; heute sind die Wechselwirkungen zwischen dem eigenen Verhalten und den eintretenden Folgen für nächste Generationen bekannt.

In kaum mit Worten zu erfassender Weise sind nicht nur in Europa Menschen erschüttert über die Tatsache, dass in dem von Russland initiierten Krieg gegen die Ukraine täglich viele Menschen sterben. Zu Beginn der Auseinandersetzungen war stärker im Bewusstsein als gegenwärtig, dass sich an den Fronten Christen gegenüberstehen, die sich wechselsitig töten. Ohnmächtig angesichts der Komplexität der Situation und widerwillig stimmen viele Menschen den Waffenlieferungen zu, um einen gerechten Frieden zu erstreiten. Die in der Folge zu tragenden Mehrkosten bei der Gestaltung des Lebensalltags treffen die Menschen unterschiedlich hart.

Wer in der Soteriologie Lebensnähe einfordert, muss konkret werden. Was hier mit Blick auf angedeutete Ereignisse auch dieser Tage als Wahrnehmung des unerlösten Daseins erinnert ist, hat Bedeutung für die soteriologische Reflexion. Dabei ist es insbesondere erforderlich, Unterscheidungen im Blick auf die Phänomene

---

[22] Vgl. als Einführung in die Thematik: Ernst M. Conradie, Some Theological Reflections Regarding Multi-disciplinary Discourse on the »Anthropocene« (2022); Christoph Antweiler, Anthropologie im Anthropozän (2022); Erle C. Ellis, Anthropozän (2020); Wolfgang Haber / Maria Heid / Markus Vogt (Hg.), Die Welt im Anthropozän (2016).

des Bösen zu treffen, von denen erlöst – befreit – zu werden, Menschen erhoffen: Es gibt Taten, die einzelne Menschen angesichts ihrer willentlichen Entscheidungen verantworten; Straftaten sind diesem Bereich zuzuordnen. Es gibt jedoch auch Phänomene des Unheils, auf die Menschen angesichts der Rahmenbedingungen ihres Lebens in der Natur keinerlei Einfluss nehmen können; die so genannten Naturkatastrophen wie Erdbeben, Seebeben oder Vulkanausbrüche sind diesem Bereich zuzuordnen. Angesichts des heute gewachsenen Einblicks in die langfristigen Folgen des menschlichen Einwirkens auf ökologische Systeme, sind die Trennlinien zwischen jenen Phänomenen, die vom Menschen verschuldet sind (malum morale), und anderen, die dem menschlichen Zugriff entzogen bleiben (malum physicum), nicht scharf zu ziehen. Eine Analyse der Ursachen des Bösen kann daher sachgemäß nur unter Einbezug differenzierter Erkenntnisse auch über den Einfluss der sozial ausgebildeten Psyche des Menschen erfolgen. Dabei hat im Blick zu bleiben, was viele Menschen vor allem wahrnehmen, wenn sie die mediale Vermittlung des unerlösten Daseins an sich heranlassen: Nachhaltig belastend wirkt die Erkenntnis der leidvollen Folgen des Geschehenen. Jede Form des Bösen wirkt sich als Begrenzung des Lebens sowie einer Beschränkung seiner Entfaltungsmöglichkeiten aus. Erneut begegnet in diesem Zusammenhang die Verbundenheit der Fragen nach der Schuldverstrickung und nach der Endlichkeit des Daseins. Diese Themenaspekte werden in ihrem Verwiesensein aufeinander im Fortgang beständige Aufmerksamkeit erfahren. Auf verstärktes Interesse ist in jüngerer Zeit die Frage gestoßen, ob der Begriff der »Erbsünde« nicht doch geeignet erscheinen könnte, die Erfahrungen aufzugreifen, die sich mit der Wahrnehmung einer Transformation des Bösen in das Leben nachfolgender Generationen verbinden.[23]

---

[23] Vgl. Christoph Böttigheimer / René Dausner (Hg.), Die Erbsündenlehre in der modernen Freiheitsdebatte (2021). Vgl. aus jüngerer Zeit auch die Bemühungen von Julia Enxing, die Erfahrungswelten vor dem Hintergrund der kirchlichen Tradition zu reflektieren: Julia Enxing, Schuld (2015); dies., Schuld und Sünde (in) der Kirche (2019); dies., Satisfactio (2019).

3. Verdichtungen der Fragen in literarischen Gestaltungen

»Die Literatur setzt mir die Lebensbrillen auf«[24]. Vieles Grundlegende ließe sich an dieser Stelle über die Bedeutung der Bezugnahme der Theologie auf Werke der Literaturgeschichte sagen.[25] Systematisch-theologische Konzepte, die der im 20. Jahrhundert mit dem Namen Karl Rahner eng verbundenen Option für eine erforderliche *anthropologische* Erschließung der Relevanz der Themen[26] zustimmen, betrachten Zeugnisse aus der menschlichen Kultur- und Geistesgeschichte als Erkenntnisquellen für die Bestimmung der Fragen, auf die Menschen eine Antwort in ihrem Leben erhoffen. Dabei erweist sich vielfach als wahr: »Der Schriftsteller erlebt, was alle erleben, er erlebt nur das Gleichnishafte daran«[27].

Ob es wohl ein Zufall ist, dass auch der Beitrag zu unserer Thematik von Josef P. Mautner[28] in einer Studie über die Aufnahme biblischer Themen in der Literatur des 20. Jahrhunderts mit »Erlösung?« überschrieben ist? In Entsprechung zum Fragezeichen hinter der Themenformulierung betrachtet es der Autor als signifikant für die Literatur der Moderne, dass sie den Wahrheitsgehalt all jener Erzählungen sehr kritisch bedenkt, die »Erlösung als erzählerisches ›telos‹, als darstellbare Positivität«[29] an-

---

[24] Peter Handke, Phantasien der Wiederholung (1983), 88.
[25] Vgl. Georg Langenhorst, Theologie und Literatur (2005); Dietrich Schlüter, »Christliche Literatur« und ihre Kanonisierung seit 1945 (2000); Konrad Hilpert (Hg.), »Das offene Ende, durch das wir denken und atmen können ...« (2001); vgl. das Internetportal der Deutschen Bibelgesellschaft, Stuttgart, Theologie und Literatur, mit umfassender Forschungsbibliographie.
[26] Zur Einführung in die Theologie Karl Rahners vgl. Andreas Batlogg, Der Denkweg Karl Rahners (2005); Albert Raffelt / Hansjürgen Verweyen, Karl Rahner (1997); Karl-Heinz Weger, Karl Rahner (1986); Karl Lehmann (Hg.): Vor dem Geheimnis Gottes den Menschen verstehen (1984); Bernd Jochen Hilberath, Karl Rahner (1995); Herbert Vorgrimler, Karl Rahner (2004).
[27] Peter Handke, Phantasien der Wiederholung (1983), 55.
[28] Vgl. Josef P. Mautner, Erlösung? (1999).
[29] Ebd., 453.

zielen. Vielmehr gilt: »Sie [die Literatur der Moderne: D.S.] hält die Erinnerung an Erlösung wach, indem sie deren Abwesenheit ausspricht«[30]. Unübersehbar spiegeln sich insbesondere in der deutschsprachigen Literaturgeschichte seit Mitte des 20. Jahrhunderts jene Leidensgeschichten der jüdischen Glaubensgemeinschaft, die die Fragen des Hiob auf neue Weise gegenwärtig erscheinen lassen.[31] Die durch den Holocaust auf unvergleichliche Weise bedrängende Theodizee-Thematik[32] lässt zumindest die Belletristik verstummend zurück bei allen neuen Versuchungen zu einer messianischen Deutung der Wirklichkeit. Auf die »Apokalypse«[33] richtet sich das neue Interesse in der Literaturgeschichte und auf eigene Weise auch in der Filmproduktion.

Jede nun zu treffende Auswahl aus literarischen Zeugnissen wird bei der späteren Lektüre nicht ohne Züge von Beliebigkeit erscheinen. Nach meiner Wahrnehmung lohnt sich dennoch diese Anstrengung. Sie führt vor Augen, dass Erfahrungen mit dem gewiss tödlich endenden und immer wieder auch unter der Kategorie der Schuld gedeuteten Leben allgegenwärtig sind.

Ich greife einzelne Texte heraus und bespreche sie jeweils im Sinne einer Vorrede zu einzelnen Grundanliegen meiner weiteren Ausführungen. Vorab seien sie zur Orientierung bereits genannt: das Gespräch mit der Psychotherapieforschung, die Verortung der Soteriologie im Kontext der Eschatologie und der Protologie, die Suche nach einer tief reichenden Verständigung in der ökumenisch ausgerichteten Bemühung um eine lebensnahe Verkündigung der Rechtfertigungsbotschaft sowie ein Zugang zur Christologie im Anschluss an eine Betrachtung des Lebenszeugnisses des irdischen Jesus.

---

[30] Ebd.
[31] Vgl. Georg Langenhorst, Hiob unser Zeitgenosse (²1995); Brita Steinwendtner, Hiobs Klage heute (1990).
[32] Vgl. Regina Ammicht Quinn, »... hinter dornverschlossenem Mund« (1999).
[33] Vgl. Karl-Josef Kuschel, Apokalypse (1999).

a. »Alles ist Wundenschlagen« (Ingeborg Bachmann)

Alles ist Wundenschlagen
und keiner hat keinem verziehn.
Verletzt wie du und verletzend,
lebte ich auf dich hin.

Die reine, die Geistberührung,
um jede Berührung vermehrt,
wir erfahren sie alternd,
ins kälteste Schweigen gekehrt.[34]

Die Dichterin Ingeborg Bachmann[35], die von ihrem Leben tief verletzt ihren Tagen vermutlich selbst ein gewaltsames Ende setzte, verfasste diese Verse in ihrem letzten Lebensjahrzehnt. Nüchtern halten die Zeilen fest, dass Menschen bereits Wunden geschlagen worden sind, noch bevor sie anderen Menschen begegneten. Einander Verzeihung zu gewähren, fällt nicht nur schwer, es scheint für Bachmann nahezu ausgeschlossen zu sein. Keiner verzeiht keinem; Reinheit gibt es nicht in der Berührung; kältestes Schweigen entsteht. Universalismen und Superlative, auf die Therapeutinnen und Therapeuten bei ihren Bemühungen um eine realistische Lichtung des Lebensempfindens besonders achten, prägen die gewählte dichterische Sprachwelt. Zwar bleibt die leise Hoffnung auf eine neue Berührung, doch in den unabwendbar alternden Beziehungen erweist sich diese als mehr und mehr trügerisch.

In der Regel leben Männer und Frauen, die später gemeinsam ihr Dasein gestalten und gegebenenfalls mit Kindern eine Familie bilden, lange Zeit ohneeinander aufeinander zu. Sie begegnen sich irgendwann, meist ohne zunächst um die Verwundungen zu wissen, die dem Partner oder der Partnerin bereits zuteilgeworden sind. Die anfänglichen Formen der Berührung altern; sie

---

[34] Ingeborg Bachmann, Bruderschaft (1957; zitiert aus dies., Werke, Bd. 1 [1978]).
[35] Zur theologischen Literatur zum Werk von Ingeborg Bachmann: vgl. Hermann Weber, An der Grenze der Sprache (1986); Bernhard Casper, Die Grenze der Sprache (1989); Dietmar Mieth, Die »Umsetzung« biblischer Sprache im Werk Ingeborg Bachmanns (1988); Marie-Luise Habbel, »Die Wüste hat sich einer vorbehalten« (1992); Bergit Peters, LiebesArten (2009).

verlieren an emotionaler Spontaneität. Geistige Veränderungen werden mehr und mehr dringlich. Wechselseitiges Schweigen über die verletzenden Vorerfahrungen in den Herkunftsfamilien kann das Miteinander erschweren. Die alten Wunden drohen neu zu schmerzen, und die Frage stellt sich ein, welche Versöhnungswege offen stehen. Soll es denn stimmen, dass niemand niemals niemandem zu verzeihen vermag? Systemische Ansätze in der Beratung und Begleitung von menschlichen Beziehungsweisen, die vor allem in der Familientherapie zur Wirkung kommen, sehen diesbezüglich größere Möglichkeiten.[36] Das Erfahrungswissen dieser Richtungen innerhalb der Psychotherapieforschung wird von jenen Kreisen der Theologie, die sozial-anthropologisch orientiert sind, bei ihrer Suche nach einem lebensnahen Zugang zum Phänomen der Schuldverstrickung und zur Verkündigung der christlichen Erlösungshoffnung heute mit höherer Aufmerksamkeit wahrgenommen als in früheren Zeiten. Soteriologische Auskünfte haben sich im Gespräch mit den Erfahrungswissenschaften zu bewähren.

b. »Schön, dass du mich endlich bemerkst, sagte der Tod«
(Wolf Erlbruch)

Die Frage nach der Universalität des Todesgeschicks ist in der Menschheitsgeschichte in vielen Variationen immer wieder aufgenommen worden. In dem auch für Erwachsene geschriebenen Bilderbuch von Wolf Erlbruch mit dem Titel »Ente, Tod und Tulpe«[37] wird geschildert, wie der Tod immer schon unausweichlich in der Nähe der Lebewesen ist. Länger schon hatte die Ente »so ein Gefühl«[38]. Rasch kann das Ende kommen; der Tod erinnert die Ente in diesem Sinne an die bedrohliche Existenz des Fuchses.

---

[36] Vgl. Helm Stierlin, Von der Psychoanalyse zur Familientherapie (1975); ders., Psychoanalyse – Familientherapie – systemische Therapie (2001). Siehe dazu auch hier unten Abschnitt V.4.
[37] Wolf Erlbruch, Ente, Tod und Tulpe (2007).
[38] Ebd., ohne Bezifferung der Seiten, Blatt 1.

Auch ohne besondere Vorkommnisse ist das Ende des Lebens für jeden und jede ganz gewiss. Dies tritt in einzelnen Situationen besonders in das Bewusstsein. Anschaulich wird im Bilderbuch die Frage nach der Existenz der Dinge jenseits der bewussten Wahrnehmung ins Wort gebracht: Gibt es denselben Teich noch, wenn die Ente nicht mehr ist? Auch die (allgemeinen) Grundvorstellungen von Himmel und Hölle werden erinnert: »›Manche Enten sagen, dass man zum Engel wird und auf einer Wolke sitzt und runter auf die Erde gucken kann.‹ ›Gut möglich‹, sagte der Tod. ›Flügel habt ihr ja immerhin schon.‹ ›Manche Enten sagen auch, dass es tief unter der Erde eine Hölle gibt, wo man gebraten wird, wenn man keine gute Ente war.‹ ›Erstaunlich, was ihr Enten euch so erzählt – aber wer weiß.‹ ›Du weißt es also auch nicht!‹, schnatterte die Ente. Der Tod schaute sie nur an.«[39] Am Ende stirbt die Ente und der Tod schickt sie auf ihre letzte Reise: »Lange schaute er ihr nach. Als er sie aus den Augen verlor, war der Tod fast ein wenig betrübt. Aber so war das Leben.«[40]

Über Bilder vom »Totentanz«[41] haben Menschen insbesondere in den Pestzeiten des späten Mittelalters sich immer wieder erfahrungsnah vor Augen geführt, dass weder Päpste noch Kaiser noch Ärzte noch irgendwer sonst sich dem nahen Tod entziehen können. Der Tod hält alle fest an seinen Händen. Das Wissen um die Universalität des Todes wird auf diese Weise für Gebildete und Ungebildete anschaulich. Alle sozialen Stände und Menschen in jedem Lebensalter sind vom Tod bedroht. Am eigenen Lebensende kann selbst der Arzt sich nicht mehr helfen.

Die Wahrnehmung der Unausweichlichkeit sowie der Universalität des Todes kann zum einen Quelle der Angst sein. Manche Menschen leiden tagtäglich unter der lähmenden und niederdrückenden Empfindung des sicheren Endes des Lebens im Tod. Zugleich kann die Beobachtung, dass auch Reiche sterben, zum

---
[39] Ebd., Blätter 13 und 14.
[40] Ebd., Blatt 27.
[41] Vgl. Hartmut Freytag (Hg.), Der Totentanz der Marienkirche in Lübeck und der Nikolaikirche in Reval (Tallinn) (1993); Rolf Paul Dreier, Der Totentanz – ein Motiv der kirchlichen Kunst als Projektionsfläche für profane Botschaften (2010), bes. 79–131.

anderen auch ein Anlass sein für die eigene Tröstung. Der Tod bewirkt die Aufhebung aller sozialen Differenzen. Das Totenhemd hat keine Taschen. Offenkundig wird an dieser Stelle, wie eng die Verbindungen zwischen soteriologischen und eschatologischen Überlegungen sind. Die Lebensnöte werden von Menschen perspektivisch auf die Zukunft hin wahrgenommen.

c. »Vielleicht …« (Rose Ausländer)

Wie kaum ein anderes der scheinbar unbedeutenden kleinen Worte hat das Wort »vielleicht« die Aufmerksamkeit der Dichterinnen und Dichter erfahren. »Vielleicht« ist in den Werken mancher Literaten so oft der Titel eines Gedichtes, dass sie sich entschließen mussten, ihre Gedanken über die Bedeutung der in diesem Begriff versammelten Lebensfragen durchzuzählen. »Vielleicht III« ist der Titel eines Textzeugnisses von Rose Ausländer:

> *Wenn die Zeit sich versteckt*
> *hinter dem Himmel*
> *die Sterne*
> *verraten sie nicht*
>
> *Es ist still*
> *erstarrte Menschen*
> *erwarten ein Zeichen*
>
> *Vielleicht steht es*
> *im Orion geschrieben*
> *und keiner kann lesen.* [42]

Die Fragen der Menschen werden groß, wenn sie die Sterne betrachten und an die Weiten des Alls denken. Menschen empfinden, dass der Fortlauf der Zeiten in den Sternen steht, für das erkennende Bemühen unzugänglich ist. Zweifel bestehen, ob es möglich ist, die an unbekanntem Ort verwahrte Deutung des Daseins zu entziffern. Vielleicht gibt es einen Ort, an dem das Ge-

---

[42] Rose Ausländer, Vielleicht III (1987; zitiert aus: dies., Und preise die kühlende Liebe der Luft [1988]).

schick der Lebenden verzeichnet ist. Menschen harren aus und hoffen auf die Lichtung des Dunkels. Sie erwarten ein Zeichen, das die Ungewissheit lindert. Vielleicht gibt es ein solches Signal bereits, nur niemand entziffert es, niemand sucht nach ihm, niemand beachtet es. Erneut begegnet hier die Verbundenheit der soteriologischen Thematik mit der protologischen und der eschatologischen.

Wenn Dichterinnen und Dichter dem »Vielleicht« in ihrer Wahrnehmung des Lebens Bedeutung geben, dann haben sie vor allem drei Erfahrungen vor Augen: (1) die Frage, ob sich die Hoffnung der Menschen auf die Wende der Not erfüllt; (2) das Erleben der Freiheit der menschlichen Entscheide, durch die die Geschichte der anderen Geschöpfe oft entscheidend mitbestimmt wird; (3) der Selbstzweifel, ob eine eigene Handlungsweise angesichts der noch unbekannten Folgen die erhoffte Wirkung hat. Diese Erfahrungen haben eine sie verbindende Mitte: die dem eigenen Vermögen entzogene Ungewissheit über die Gegenwart und den weiteren Verlauf des Lebens. Nicht selten prägen Resignation und düstere Schwere die Atmosphäre, in der das Wort »vielleicht« Literaten in den Sinn kommt. Doch gibt es auch dichterische Gegenreden gegen die bedrohliche Hoffnungslosigkeit.

Das Gedicht »Vielleicht I« von Rose Ausländer appelliert an die offenstehenden Möglichkeiten im Menschenleben:

Vielleicht
im April
wenn der Wind
an das siebenverschlossene Tor rüttelt

öffnet
vielleicht
der Hüter
behutsam
die eherne Tür

du erblickst
vielleicht
durch einen Spalt
den transparenten

I. Annäherungen

Granatapfelbaum
vielleicht
erkennst du
in einem roten Kristall
dein Urbild

hörst dort
vielleicht
dein Aprilherz pochen

ehe der Hüter
das Tor
wieder schließt[43]

Die Hoffnung auf ein Frühlingserwachen, auf neues Leben in Freude, ist vielen Menschen eigen; die Liebe weist den Weg der Erkenntnis; Linderung des Schmerzes geschieht in der einsichtigen Erkenntnis des Sinngrundes des Daseins der eigenen Person; doch das junge Glück bleibt in seinem Bestand stets gefährdet. Das Wort »vielleicht« kommt auch in der Alltagskommunikation in existentiell bedeutsamen Zusammenhängen vor. Der Soteriologie ist es eigen, die Wendezeiten des Daseins sensibel in den Blick zu nehmen. Vor diesem Hintergrund sind Reflexionen auf die Unbestimmtheit des Ausgangs einer Veränderung hilfreich. Schöpfungstheologische Überlegungen sind hierbei weiterführend.

d. »Ich bin Ich!« (Leo Lionni)

Der in der katechetischen Literatur oft zitierte Kinderbuchautor Leo Lionni stellt in der Gestalt des »Pezzettino«[44] eine Persönlichkeit vor, die sich zu Beginn der Erzählung kleiner und unbedeutender erlebt als die anderen Wesen. Erlösung aus der Situation der Nichtigkeit erhofft sich Pezzettino durch die Möglichkeit, »ein Stück von irgendwas« zu werden. Für ihn bedeutet dies, teil-

---

[43] Dies., Vielleicht I (1982; zitiert aus: Wieder ein Tag aus Glut und Wind [1986]).
[44] Vgl. Leo Lionni, Pezzetino (1975; deutsche Übersetzung 1991).

habend aufgehen zu wollen im Fremden. Pezzetino versucht, den Wert des eigenen Selbst zu erfahren, indem er sich als einen unverzichtbaren Teil eines begegnenden Wesens erkennt. Aber weder der, der rennt, noch der, der stark ist, noch der, der schwimmt, noch der, der die Berge besteigt, noch der, der fliegt – niemand mag Pezzetino als Teil von sich anzuerkennen. Endlich weiß einer Rat: einer, der nachdenkt und in einer Höhle wohnt. Er schickt Pezzetino über das Meer in die Einsamkeit einer Insel. Dort erlebt Pezzetino fallend die Lösung: Er zerbricht in viele Teile und erlebt sich selbst als vielgestaltige Ganzheit. So zum Selbst geworden, kann Pezzetino mit denen, von denen er meinte, Teil zu sein, nun versöhnte Gemeinschaft feiern. Die Erzählung »Pezzetino« kann einen Zugang zu den Themen der Erlösungslehre eröffnen: Das Böse wirkt auf Pezzetino in Gestalt der Selbstverneinung ein. Aber jedes Geschöpf hat einen zu bejahenden Wert in sich. »Ich bin ich«[45], so ruft der erlöste Pezzetino am Ende seinen Freunden zu. Niemand muss sich selbstopfernd auflösen, um vor anderen Wesen bestehen zu können. Eine Flucht in die Ruhelosigkeit (wie bei dem, der rennt), in die Unempfindlichkeit (wie bei dem, der stark ist), in die Abgeschiedenheit (wie bei dem, der schwimmt), den Hochmut (wie bei dem, der die Berge besteigt) oder die Oberflächlichkeit (wie bei dem, der fliegt) – all das wirkt nicht erlösend. Erlösend ist jedoch die Erkenntnis, in den Grenzen der eigenen Möglichkeiten angenommen zu sein von den anderen Wesen. In ihrer Gemeinschaft lassen andere Wesen dies erfahrbar werden. Der Erkenntnisweg führt durch Einsamkeit und Selbstzweifel. Doch ist da einer, der zugleich innerhalb und außerhalb der Lebenswelt ist (der, der nachdenkt und in einer Höhle wohnt): Sein Wort, das auf den nicht leichten Weg der Erkenntnis schickt, ist zuverlässig.

Die Erzählung »Pezzetino« nimmt einen grundlegenden Aspekt der von Menschen erfahrenen Wahrnehmung, nicht erlöst zu leben, auf: ihre oft fehlende Fähigkeit zur Selbstannahme. Dieser Thematik wird gegenwärtig nicht zuletzt angeregt durch die ökumenischen Bemühungen um eine Verständigung in der Rechtfer-

---

[45] Ebd., ohne Bezifferung der Seiten, letztes Blatt.

tigungslehre hohe Aufmerksamkeit geschenkt.[46] Solche Überlegungen stehen im Kontext der Suche nach einer erfahrungsnahen und lebensrelevanten Erschließung der erreichten ökumenischen Konvergenzen.

e. »... *nur der Gekreuzigte beide Arme weit offen* ...« (Hilde Domin)

Die Dichterin Hilde Domin hat eines ihrer Gedichte mit dem Titel »Ecce homo« überschrieben:

> *Weniger als die Hoffnung auf ihn*
> *das ist der Mensch*
> *einarmig immer*
>
> *nur der Gekreuzigte*
> *beide Arme weit offen*
> *der Hier-bin-ich.*[47]

Die christliche Dichterin nimmt als Wirklichkeit in den Blick: Der Mensch bleibt zeitlebens in der Versuchung, ein Einarmiger zu sein: immer nur halboffen, auch halbverschlossen, in sich verkrümmt, sündig. Ihren zweiten Arm halten Menschen zurück, sie öffnen ihn nicht, sie schützen sich, verbergen sich voreinander. Anders der Gekreuzigte: Er öffnet sich ganz; vorbehaltlos und schutzlos gibt er sich preis; er ist ganz offen auch für die, die meinen, ihn Gott zu Ehren töten zu sollen. Der Gekreuzigte ist der Hier-bin-ich, der Ich-bin-da; er ist die gelebte Zusage des beständigen Daseins Gottes in alle ungewisse Zukunft hinein. Die alttestamentlich überlieferte Namensoffenbarung Gottes als jener Gott, der von sich sagt: »Ich bin der, als der ich mich in Zeit und Geschichte erweisen werde« (vgl. Ex 3,14), klingt im literarischen Zeugnis nach. Vorbehaltlos – beidarmig – ist er die Erscheinung, die Offenbarung des treuen Wegegottes in seinem menschlichen Ebenbild, dem Gekreuzigten. Der Hier-bin-ich ist der in Christus

---

[46] Vgl. Christiane Tietz, Freiheit zu sich selbst (2005).
[47] Hilde Domin, Ecce homo (1987).

Jesus menschgewordene Gott. Weniger als die Hoffnung auf ihn wäre es, allein auf Menschen zu hoffen. Auch in einzelnen literarischen Zeugnissen wird die Frage nach der Besonderheit der Lebensexistenz Jesu nicht verschwiegen. In der christlichen soteriologischen Reflexion ist der Anspruch vertraut, Fragen der Erlösungslehre immer mit Aussagen zum Handeln Gottes in Christus Jesus sowie zu seiner bleibenden Gegenwart im Heiligen Geist zu verbinden. Soteriologie lässt sich daher angemessen nur im trinitarisch-theologischen Zusammenhang aus christlicher Sicht verantwortlich konzipieren.

4. Erste Bemühungen um Begriffsbestimmungen: Heil und Erlösung

»Es ist schwierig, die Thematik eines dogmatischen Artikels ›Heil und Erlösung‹ näher zu bestimmen«[48]. Ich denke, es ist nachvollziehbar, dass im ersten Augenblick ein solches Eingeständnis, mit dem Martin Seils seinen TRE-Beitrag zum Stichwort »Heil und Erlösung« im Abschnitt »Dogmatisch« beginnt, tröstlich wirken kann: Auch andere haben die Problematik empfunden, einen Versuch machen zu sollen, sich zu dieser Fragestellung im Sinne einer Übersicht knapp zu äußern. Seils beschreibt den Grund für sein Zögern so: »›Heil‹ ist ein *soteriologisches Schlüsselwort* von umfassendem Charakter. Es begreift alles in sich, was das Christentum in Verkündigung und Lehre über das zu sagen hat, was von Gott her in und durch Jesus Christus für den Menschen und für die Welt geschehen ist.«[49] Nach Seils ist die Rede vom Heil »zu einem verhältnismäßig unbestimmten, ebendeshalb aber auch vielfältig anwendbaren *Grundwort* für die Neugestaltung und Neubestimmung der Beziehung von Gott, Mensch und Welt geworden, die durch Jesus Christus und in ihm sich ereignet hat.«[50]

---

[48] Martin Seils, Art. »Heil und Erlösung IV Dogmatisch« (1985), 622.
[49] Ebd. Hervorhebung im Original.
[50] Ebd. Hervorhebung im Original.

I. Annäherungen

Die Wortwahl, die in diesen Zitaten begegnet, ist nicht zufällig: Das Heil von Mensch und Welt werden meist in einem Atemzug genannt. Was präzise könnte damit je gemeint sein? Jeder Mensch – getauft und ungetauft – suchend und fragend oder auch nicht – gleich welcher kulturellen und religiösen Prägung? Und die Welt – besteht sie (allein) aus der Gesamtheit der menschlichen Geschöpfe in geschichtlicher Daseinsweise oder sprechen wir auch von der nicht-menschlichen, der gesamthaft kosmischen Schöpfung? Eines erscheint von Beginn der Suche nach einem rechten Verständnis der christlichen Rede vom Heil an offenkundig: Der Begriff ist eine Versuchung zur Verallgemeinerung der Erwartung eines glückseligen Daseins aller Geschöpfe abseits jeder Rücksichtnahme auf die situativen Bestimmungen des oft als unheil erfahrenen Daseins. Leichter als das Ziel »Heil« zu bestimmen, fällt es in dogmatischer Perspektive offenkundig, den Weg zu beschreiben, der in der Metapher »Erlösung« anklingt. Von erlebten Prozessen lässt sich erzählen: von befreienden Erfahrungen, von neuen Einsichten, von Entlastungen, von Versöhnung und Entschuldung. Wer aber erzählt (im Alltag) vom »Heil«?

In nicht wenigen Artikeln in theologischen Lexika[51] wird im Sinne einer Begriffsbestimmung zunächst ein Hinweis auf die Etymologie des (deutschen) Wortes versucht: Demnach lassen sich indogermanische Wurzeln freilegen, die eine Verbindung mit dem englischen Wort »whole« nahelegen. Von dort aus werden Beschreibungen des Heils versucht, bei denen die Ganzheit und Unversehrtheit des Daseins eines Geschöpfes (gewiss im Miteinander mit anderen Geschöpfen) im Mittelpunkt stehen.

Viele Theologen haben bereits versucht, dem Begriff »Heil« auf die Spur zu kommen. 1972 hat Klaus Hemmerle einen Beitrag im ersten Jahrgang der Internationalen katholischen Zeitschrift »Communio« mit dem Satz begonnen: »Hoffnung, Zukunft sind en vogue. Heil ist es nicht«[52]. Hemmerle unterscheidet im Fortgang zwischen der (aus seiner Sicht inzwischen marginalen) Verwendung des Begriffs »Heil«, der eher mit Abneigung bedacht

---

[51] Vgl. exemplarisch Joachim Zehner, Art. »Heil. III. Dogmatisch« (⁴2000).
[52] Klaus Hemmerle, Der Begriff des Heils (1972).

wird, und den fortdauernden und sogar intensivierten, positiv konnotierten religiösen Heilslehren. Hemmerle macht zudem darauf aufmerksam, dass bei der Rede vom Heil oft »Beiwörter«[53] bemüht werden, die den offenkundig sonst nicht leicht zu fassenden Begriff näher bestimmen: übernatürliches Heil, persönliches Heil, ewiges Heil, Heil der Welt[54]. Offenkundig verlangt die Rede vom Heil nach einer thematischen Begrenzung, um überhaupt eine Fragestellung zu erkennen, auf die sich eine Antwort geben lässt. Klaus Hemmerle bemüht sich – dabei methodisch der Phänomenologie verpflichtet – um eine Rehabilitierung des Begriffs »Heil« und bedenkt folgende Aspekte: die *Integrität* (das Ganzsein) des Daseins; die Suche nach der *Ursprünglichkeit* (im Guten) des Daseins, das Auslangen nach der *Verwandlung* des Daseins angesichts des erfahrenen Unvermögens, Ursprünglichkeit und Integrität zu bewahren; die Bereitschaft zur *Kommunikation* im Überschreiten des eigenen Daseins; die Anerkenntnis der *Unselbstverständlichkeit* im Gewahrwerden, da zu sein und Heil erhoffen zu können; die Verschränkung von *Transzendenz und Immanenz*; die Notwendigkeit der *Integration des Unheils* in die Rede vom Heil, um überhaupt an gegenwärtige Erfahrungen anschlussfähig zu sein. Zuflucht nimmt Hemmerle am Ende seines Beitrags zur eschatologischen Rede von der neuen Schöpfung, die sich im Heiligen Geist bereits in der Gegenwart ereignet: »Dieses Heil, diese neue Schöpfung sind jetzt. Aber dieses Jetzt hat keine Grenze, und es ist im Jetzt der Zeit noch nicht ganz bei sich eingetroffen. Weil die neue Schöpfung *communio* mit ihrem Anfang, mit Jesus und von ihm her mit allem ist, deshalb bleibt Eschatologie, konkrete Eschatologie, aktuell gerade heute. In diese Eschatologie gehört das Pneuma des Herrn, das schon jetzt wirkt und in dem er schon jetzt in uns ist und durch uns handelt.«[55]

---

[53] Ebd., 211.
[54] Vgl. ebd.
[55] Ebd., 230. Hervorhebung im Original.

5. Vorausschau auf drei inhaltliche Grundanliegen dieses Buches

Lehrbücher zur Soteriologie lassen sich gewiss auf verschiedene Weisen schreiben. Ihnen ist es jedoch unabhängig von dem notwendig zu bestimmenden eigenen Standort innerhalb der systematisch-theologischen Reflexionen mit ihren unterschiedlichen methodischen Zugängen aufgegeben, die Geschichte der Thematik zu referieren (Teil II.), leitende Begriffe und theologische Grundannahmen inhaltlich zu bestimmen (Teil III.), die Kontexte der Überlegungen offen zu legen (Teil IV.) sowie die Praxisrelevanz der Thematik zu erörtern (Teil V.). All dies geschieht in den nachfolgenden Abschnitten.

Vorab möchte ich beschreiben, in welcher Tradition sich die hier präsentierten Überlegungen bewegen: Im Sinne der anthropologisch gewendeten Theologie möchte das christliche Bekenntnis Antwort geben auf Fragen, die das Leben weckt. Die Rede von der Erlösung der Schöpfung als Gottes Tat, die in Christus Jesus in verlässlicher, glaubwürdiger Weise offenkundig ist, eröffnet nur dann Sinn, wenn es gelingt, sie an die Lebenserfahrungen der Menschen zurückzubinden. Aber erkennen sich Menschen gegenwärtig überhaupt als erlösungsbedürftig? Und welche Gestalt haben die Leiden, die sie bedrängen? Welche Sehnsucht ist in ihnen lebendig? Worin besteht das bedrängende Böse und wie ließe es sich ins Gute wenden?

Viele Beiträge zur Soteriologie klagen seit längerem eine lebensnahe und auf die Lebenserfahrung bezogene Sprechweise vom Geschehen der Erlösung ein. Angesichts der großen Bedeutung, die das Erleben verwandelnder personaler Begegnung sowie der Nöte und Freuden des Lebens in menschlicher Gemeinschaft gegenwärtig hat, ist es kaum überraschend, dass in der christlichen Erlösungslehre in den letzten Jahrzehnten dem relationalen, in Beziehungen gelebten Dasein der Menschen bei der Kennzeichnung sowohl der Unheilswirklichkeit als auch der Heilshoffnung hohe Aufmerksamkeit geschenkt wird.[56] Offene Dialoge mit hu-

---

[56] Vgl. zur Begründung ausführlicher: Dorothea Sattler, Beziehungsdenken in der Erlösungslehre (1997).

manwissenschaftlichen sowie sozialwissenschaftlichen Disziplinen, die die Lebenswirklichkeit der Menschen in Gemeinschaft zu beschreiben versuchen, sind in diesem Zusammenhang naheliegend.[57]

Drei Grundanliegen der neueren christlichen Erlösungslehre erscheinen mir nachhaltig zukunftsweisend: (1) Die heutige Soteriologie geht von der Wahrnehmung des als unerlöst erfahrenen menschlichen Lebens aus; (2) sie stellt das gesamte Christus-Ereignis als Geschehen der Offenbarkeit einer von Gott gewirkten Wende dar, die in der irdischen Zeit durch die gläubige Betrachtung des Lebens Jesu der Erkenntnis zugänglich wurde und immer schon in Gottes Sinne war; (3) sie sucht nach einer lebensnahen Umschreibung des im Geist Jesu Christi möglichen erlösten Daseins in der alltäglichen Wirklichkeit der Existenzgestaltung.

Vor diesem Hintergrund können die folgenden drei Überlegungen als vorausgeschickte Hilfen für das Verständnis des gesamten inhaltlichen Konzeptes dieses Lehrbuchs gelten:

a. Das Böse realisiert sich vielfältig als Beziehungsstörung

Viele Menschen zeigen sich gegenwärtig wieder neu tief erschüttert durch die vielfältigen Formen des Unheils, durch die das Leben der Menschen bedroht wird. Sehr stark im Bewusstsein ist die eigene Ohnmacht, dauerhaft glückendes Miteinander zu gewährleisten. Das Böse erscheint als eine Macht, die nur schwer zu durchschauen und wirksam zu bekämpfen ist. Eine genaue Angabe der Ursache für die Entstehung in Leiden sich auswirkender Taten gelingt oft nicht. Das Empfinden, in schwer löslichen Verstrickungen gefangen zu sein, ist vielen Menschen sehr vertraut.

Mit dem Begriff des Bösen lassen sich im Allgemeinen alle Formen der Zerstörung oder Beeinträchtigung der Lebensgrundlagen bezeichnen. Zu den Voraussetzungen für ein den Menschen

---

[57] Vgl. als ein Beispiel für die Rezeption des Beziehungsdenkens in der Erlösungslehre im Gespräch mit der Psychologie und Psychotherapie: Werner Strodmeyer, Scham und Erlösung (2013).

entsprechendes, gelingendes Dasein zählen vor allem der Erhalt des Lebens (Schutz vor Tod, Hunger, Krankheit, Meineid, Missachtung) und die Möglichkeit der Gestaltung des Lebens (Schutz der Freiheit in der Wahl des Lebensortes, der Lebensgemeinschaft, der Form eigener Fruchtbarkeit). Aus theologischer Perspektive betrachtet, erscheint es als biblisch gut begründet, die Suche der Menschen nach einem glückenden Leben in Gemeinschaft als gottgewollte Sinngebung des Miteinanders der Geschöpfe zu begreifen. Vor allem in den alttestamentlichen Schriften kommt die Überzeugung zum Ausdruck, es sei Gottes Wille, dass seine Geschöpfe in Sicherheit wohnen können, reiche Nachkommenschaft haben und auf ein erfülltes, langes Leben zurückblicken können.

Die biblisch orientierte theologische Tradition stellt zwischen den zu beklagenden Formen des Unheils und der menschlichen Gestaltung des Lebens einen Zusammenhang her. Mit der begrifflichen Unterscheidung zwischen der eigenen freiheitlich gewirkten Tatsünde auf der einen Seite und den mitzutragenden Folgen der Entscheide anderer Geschöpfe auf der anderen Seite bietet die theologische Tradition eine Hilfe dazu an, die vielgestaltigen Formen des von Menschen als unversöhnt erfahrenen Daseins zu erkennen, ihren Ursprung zu deuten und eine Verwandlung zu bewirken.

Als personale, frei begangene und im geschöpflichen Beziehungsgefüge wirksame Sünde bezeichnet die Theologie auf der Basis der biblischen Überlieferung einen von Menschen vollzogenen Bruch der Gemeinschaft mit Gott, durch den auch die Daseinsmöglichkeiten anderer Menschen beeinträchtigt werden. Dabei war in den älteren biblischen Schriften zunächst ohne Bedeutung, ob eine Tat willentlich oder unabsichtlich geschah, entscheidend war die eintretende leidvolle Folge. Der Gedanke, dass sich die Sünde als Sünde in der auch erfahrbaren Schädigung des Lebens erweist, bleibt auch in den ethischen Weisungen Jesu im Grundsatz erhalten: Nicht etwa erst die Tat des Tötens schädigt das Leben des Mitmenschen, sondern bereits jede im Herzen begangene Anfeindung (Mt 5,21f.). Das Zehngebot, der Dekalog, schärft als von Gott unbedingt geforderte Lebensregel ein, die Daseinsrechte der Mitgeschöpfe zu schützen: niemandem das Leben zu nehmen durch treuloses Verhalten, durch absichtliches Töten, durch den Bruch der familiären Gemeinschaft, durch eine Falschaussage vor Gericht oder den Raub des für die Mitmenschen lebensnotwendigen Eigentums.

Von der Gestalt der personalen Sünde und der Frage nach ihrem Grund unterscheidet die theologische Tradition die Frage nach dem Bösen, das Menschen vorgängig zu ihrer eigenen Entscheidung prägt, beeinflusst und in den Entfaltungsmöglichkeiten beschränkt. Die (missverständliche) Rede von der »Erbsünde« bezeichnet Formen des Bösen, die einmal durch personale Sündentaten verursacht wurden, dann aber weiterwirkten und strukturelle Beeinträchtigungen erzeugten. Die biblische Urgeschichte (Gen 2–11) stellt einen Zusammenhang zwischen dem ersten Sündenfall und den weiteren Sündenfällen der Schöpfung her und bedient sich dabei auf der Erzählebene der Vorstellung einer genealogischen Folge im Geschlechterzusammenhang. Kain tötet seinen Bruder Abel, weil er angesichts der größeren Anerkennung, die dessen Opfer bei Gott findet, neidisch ist. Die in uns vorfindbare Neigung, beim Erleben des Glücks der Anderen an das eigene Unglück zu denken (statt sich mitzufreuen), kann als eine biblische Konkretion der Erbsünde gelten. Die gegenwärtige Theologie beachtet bei der näheren Bestimmung des vor-personalen Bösen die Kontexte, in denen Menschen solches erfahren: Die lateinamerikanische und afrikanische Befreiungstheologie spricht von der strukturgewordenen Sünde, die Armut, Hunger und Unfreiheit hinterlässt; die westeuropäische und nordamerikanische Theologie bedenkt vor allem Gestalten des Unheils in Beziehungen, durch die Menschen Selbstabwertung, Lethargie und Einsamkeit erleiden. In der psychotherapeutischen Theorie und Praxis wird dem Phänomen der Daseinsangst, in die hinein Menschen sich als freiheitliche Wesen gestellt sehen, Beachtung geschenkt: Sowohl zu große Nähe als auch unfreiwillige Ferne zu anderen Menschen ängstigen; sowohl zu enge Bindung als auch ständige Beliebigkeit wirken bedrängend. In ihrer Angst erfahren sich Menschen in ihrem Beziehungsleben als versucht zur Selbstverkrümmung, zur symbiotischen Selbstpreisgabe, zur Untreue oder zum Besitzanspruch. All diese Zugänge zum Verständnis der Erbsünde machen auf Phänomene des Bösen aufmerksam, die durch die Umkehr einzelner Menschen allein nicht verändert werden können, die aber das Lebensempfinden von Geburt an mitbestimmen und sich in den freiheitlich-personalen Taten der einzelnen Menschen auswirken.

b. Die geschehene Erlösung ist in Christus Jesus offenbar

Wie ist es möglich, einen erfahrungsnahen Zugang zu vermitteln zu der gläubigen Überzeugung der christlichen Bekenntnisgemeinschaft, in Christus Jesus erlöst zu sein vom Bösen? Angesichts der nicht auf den unmittelbaren Augenblick zu begrenzenden, als lebensfeindlich und zerstörerisch wirksamen Macht der Sünde, die in leidvollen Folgen nachwirkt und die Gemeinschaft der Menschen beeinträchtigt, ist es nicht leicht, Wege der Erlösung aufzuzeigen, auf denen für alle alles gut werden könnte. In diesem Zusammenhang erscheint es mir als sinnvoll, zwischen dem Wunsch der Menschen, eine ganz vorbehaltlose Gutheißung und Bejahung ihres Daseins zu erfahren, und der Suche nach konkreten Wegen einer Verbesserung einzelner Daseinsbedingungen zu unterscheiden. Als eine Form des Leidens, das nicht wenige Menschen gegenwärtig erfahren, gilt der Zweifel an der Sinnhaftigkeit des Lebens überhaupt. Vor diesem Hintergrund gewinnt die soteriologische Verkündigung von Gott, der das Leben auch der Sünder und Sünderinnen bejaht, heute eine besondere Bedeutung.

Gott hat in Christus Jesus offenbar sein lassen, dass die Erlösung vom Bösen möglich ist und von den Geschöpfen als Gabe Gottes empfangen werden kann. Mit diesem Gedanken lässt sich kurz zusammenfassen, welche Akzentsetzung die neuere Soteriologie vornimmt: Sie beschreibt das Christus-Ereignis als den »letzten« (verlässlichen, eindeutigen) Erkenntnisort, an dem Menschen gewiss werden können, von Gott aus den Fängen des Bösen erfahrbar befreit worden zu sein und an der Frucht dieses Geschehens teilhaben zu können. Als ein »Sakrament«, als zeichenhafte und darin wahre Erscheinung Gottes, ist das Menschenleben Jesu zu begreifen.

Die Betrachtung des Lebens Jesu – nicht nur seines Sterbens – hat soteriologische Relevanz. Der Kolosserbrief bezeichnet Jesus Christus als das »Ebenbild des unsichtbaren Gottes« (Kol 1,15). Christus Jesus ist Gottes sichtbare Erscheinung in Zeit und Geschichte. Menschen haben in der Begegnung mit Jesus eine Wandlung erfahren, die sie als Heilung wahrnehmen. Insbesondere in praktisch-theologischen Beiträgen erscheint diese Aussage als Begründung für eine entsprechend gestaltete Pastoral heilender Begegnung. Jesus lebte mit den Menschen eine Gestalt von Beziehung, in der die einzelnen zur Selbstannahme befähigt wurden. Jesus fragt die Menschen, die sich an ihn wenden, was sie von ihm möchten. Er ermutigt dazu, die eigenen Lebenswünsche anzuerkennen, die tiefe Sehnsucht in uns zu spüren und sie zu äußern – auch die Sehnsucht nach einer sensiblen Wahrnehmung der Wunden, die das Leben uns geschlagen hat. Jesus suchte nach Gemeinschaft mit denen, die an den Rand der Gesellschaft gedrängt wurden. Seine besonders in den Mahlgemeinschaften erfahrene Beziehungswilligkeit vergegenwärtigt die Antwort des bleibend bundeswilligen Gottes auf die Sünde des Gemeinschaftsbruchs.

Die Weise des Lebens und die Weise des Sterbens Jesu sind tief miteinander verwandt. In Jesu Weise zu leben und zu sterben, haben wir eine vorbildliche Vorstellung von der Weise, wie Gott selbst ist: gemeinschaftstreu und bundeswillig trotz aller Anfeindung. In geschichtlich erfahrbarer Menschengestalt begegnet Gott: In Jesu Weise, in Verbundenheit zu bleiben auch mit denen, die ihn auslöschen wollen, nimmt Gottes Ja der Liebe zu denen, die das Nein der Feindschaft leben, leibhaftige Gestalt an. Gott sagt zu, dass die Geschöpfe bestehen dürfen, auch wenn sie ihm zu widerstehen trachten. Gott ist das Ja zu allem Lebendigen, und Christus Jesus hat dieses Ja gelebt bis hinein in die Negativität des Todes, der als solcher – wie jedes von Menschen einander zugefügte Leiden – nicht Hoffnung begründet, sondern Entsetzen auslöst.

Im Zuge der Zurückweisung des Missverständnisses, das qualvolle Sterben Jesu sei als der von Gott geforderte Preis für den Loskauf vom Bösen zu verstehen, betonen viele soteriologische Beiträge heute zunächst, dass der Tod Jesu eine geschichtlich-kontingente, daher nicht notwendige Tat von Menschen war. Nicht Gott wünschte den Tod seines gehorsamen Gesandten, um in seinem gerechten Zorn auf das Menschengeschlecht milde gestimmt zu werden. Menschen haben Jesus aus eigennützigen Gründen getötet. Gott begreift dieses Geschehen als Möglichkeit, in letzter Deutlichkeit, in höchster Entschiedenheit sein Wohlwollen den Geschöpfen gegenüber offenbar zu machen. Das Christusgeschehen ist Offenbarungsgeschehen: Gottes Offenbarung.

Hoffen lässt die von den Jüngerinnen und Jüngern bezeugte Erfahrung der auch am Karfreitag nicht aufgekündigten Bereitschaft Gottes, in Verbundenheit mit seiner Schöpfung zu sein. Gott wusste, was auf ihn zukommen könnte, als er die Geschöpfe mit Freiheit beschenkte. Er musste damit rechnen, dass die Destruktivität, die Negativität sich auch gegen ihn selbst richten wird. Er hat sein Werk begonnen in der Gewissheit, es auch vollenden zu können. Nur so erscheint es gerechtfertigt, dass Gott überhaupt etwas ins Dasein setzt. Stärker als Sünde und Tod ist die Liebe und das Leben. Darum weiß Gott von allem Anfang an. In dieser Gewissheit lässt er die Schöpfung an seinem Leben teilhaben. Zudem lässt er die Geschöpfe nicht im Ungewissen darüber, ob sie angesichts der Übermacht der Sünde, angesichts des zerstörerischen Gemeinschaftsbruchs, angesichts der vielfältigen In-Frage-Stellung der Daseinsmöglichkeiten der Anderen, vor ihm bestehen bleiben. Auf vielen Wegen versucht Gott zu erreichen, dass Israel und die Völker ihn als Barmherzigen erkennen – zuletzt untrüglich in Jesus, in seinem Mensch gewordenen Wort, das ein Wort der Bejahung bleibt noch in der Erfahrung der qualvollen Verneinung seiner Existenz im Erleiden des schmachvollen Todes.

c. Die Bewährung geschieht im verwandelten Leben

Bei dem gegenwärtig vorherrschenden Bemühen, das Geschehen der Erlösung vom Bösen erlebnisnah zu besprechen, wird dem Verhältnis zwischen der menschlichen Individualität und der mitmenschlichen Sozialität hohe Aufmerksamkeit geschenkt. Erlösend wirkt die Erfahrung, als ein Ich mit den lebensgeschichtlich gewordenen, unverwechselbaren Eigenarten von einem Du gutgeheißen zu sein und ein Wir leben zu können, in dem Selbststand und Gemeinschaft sich wechselweise stärken. Eine Betrachtung der christlichen Lebensformen zumindest als Sollgestalt des Daseins in getaufter Existenz gehört zu den Grundlagen der Soteriologie heute.

II. Rückblicke – oder:
An das Geschick eines theologischen Lehrstücks erinnern

»Die Menschen durchstehen die Jahrhunderte, und die Tiere (z. B. diese Katzen da) durchsitzen sie«[1]. Tiefsinnig kommt in diesem Aphorismus eine Anfrage ins Wort: Bedarf es nicht zunächst einer großen Gelassenheit in der Wahrnehmung der historisch zu erforschenden Veränderungen in der Behandlung einzelner Themenbereiche? Könnte es nicht sein, dass die Grundthemen der menschlichen Existenz in Variationen immer wiederkehren, somit der Rückblick in die Geschichte der Soteriologie weniger von der Erwartung der Erkenntnis von Brüchen als von der Anerkenntnis von Kontinuitäten geprägt sein sollte? »Einem Tätigen sind die Katzen ›die sich Beigesellenden‹«[2]. So ist es nun für mich als einer Tätigen: Die anwesenden Katzen »durchliegen« sogar die Jahrhunderte der Geschichte der Soteriologie, die es nun in den Blick zu nehmen gilt: Ausgehend von Einblicken in die heutigen soteriologischen Reflexionen, die ihre methodische Prägung in der zweiten Hälfte des 20. Jahrhunderts erfahren haben (Abschnitt 1.), blicke ich zurück auf das jeweilige Selbstverständnis der Soteriologie in der Geschichte der christlichen Theologie (Abschnitt 2.) und beschreibe dann den inneren Zusammenhang der Soteriologie als einem Teilgebiet der Systematischen Theologie mit den weiteren Themenbereichen der Dogmatik (Abschnitt 3.).

1. Kennzeichen heutiger soteriologischer Reflexionen

Überblicke über die Soteriologien im 20. und 21. Jahrhundert lassen sich in Form von Denkformanalysen gestalten: In diesem

---

[1] Peter Handke, Phantasien der Wiederholung (1983), 93.
[2] Ebd., 21.

Sinne legte Karl-Heinz Menke[3] einen anregenden Beitrag vor, in dem drei konzeptionelle Ansätze in der Soteriologie des 20. Jahrhunderts vorgestellt, reflektiert und kritisch verglichen werden: die Modelle »Stellvertretung«, »Befreiung« und »Communio«. Die drei genannten Konzepte haben andere, seit dem 20. Jahrhundert miteinander konkurrierende Typisierungen zur Seite, bei deren Konzeption auch kontroverstheologische Anliegen wirksam werden. Menke gesteht zu Beginn ein: »Typisierungen sind immer auch Schematisierungen. Sie übergehen die Differenzen und lenken stattdessen den Blick auf das, was das Gemeinsame einer ganzen Epoche, Denkrichtung oder Position ausmacht. In diesem Sinne kennt die Theologiegeschichte mehrere Versuche einer Typisierung der christlichen Erlösungslehre.«[4] Auf die von Menke referierten Typisierungen komme ich später bei der Schilderung der theologiegeschichtlich überlieferten Konzepte zurück.[5] An dieser Stelle ist es mir jedoch wichtig, zunächst eine stärker formal und weniger inhaltlich gehaltene Übersicht über Kennzeichen der Soteriologie zu bieten. Dabei ist bei der Durchsicht der Literatur auffällig, dass in den frühen 70er Jahren und auch noch in den 80er Jahren des 20. Jahrhunderts basale Überlegungen zur Neukonzeption der Soteriologie angestellt wurden. Später sind zahlreiche Einzelstudien an die Stelle wegweisender Konzepte getreten.

a. Grundlegende Verhältnisbestimmungen

(1) Theologie ist Soteriologie

Es mag kontextuelle Hintergründe haben, warum in der Theologie zunächst außerhalb des deutschsprachigen Raumes von den 60er Jahren des 20. Jahrhunderts an die grundlegende Bedeutung soteriologischer Reflexionen für die gesamte Theologie deutlicher er-

---
[3] Karl-Heinz Menke, Stellvertretung – Befreiung – Communio (2006).
[4] Ebd., 21.
[5] Siehe dazu unten IV.1. insbesondere zum Verständnis der »Stellvertretung«.

II. Rückblicke

kannt worden ist: »La théologie (...) a pour tâche de rendre intelligible, au sein de la révélation totale, la valeur de salut et de vie de chaque mystère chrétien. (...) Tant que la théologie n'a pas manifesté cette valeur de salut inhérente à chaque mystère chrétien, elle n'a pas rempli sa tâche«[6]. Die zitierten Worte des Jesuiten René Latourelle bringen die Überzeugung zum Ausdruck, die Theologie erfülle ihre eigentliche Aufgabe nicht, wenn sie nicht die soteriologische Relevanz aller Glaubensgeheimnisse gedanklich zu vermitteln vermag. Diese Aussage, die Latourelle bewog, seine im Anschluss an das 2. Vatikanische Konzil verfasste Einführung in die Theologie mit »Théologie, science du salut« zu betiteln, weist auf die Verschränkung von Theologie und Soteriologie hin, die in der theologischen Literatur der letzten Jahrzehnte vielfach angesprochen wurde. In gleicher Weise äußerte sich Ende der 70er Jahre Thomas Marsh programmatisch: »Christian theology is of its very nature a soteriological theology«[7]. Einer der ersten, der sich im deutschen Sprachraum für eine soteriologische Neuorientierung der gesamten Theologie einsetzte, war Dietrich Wiederkehr, dessen These, »›soteriologisch‹ ist ein adverbialer modus dicendi et agendi der Theologie überhaupt«[8], in vielen Beiträgen im deutschsprachigen Raum[9] zustimmend rezipiert wurde. Auch das Votum von Wiederkehr für die Notwendigkeit einer »soteriologisch orientierten Theologie«[10], in der die Soteriologie »nicht auf einen regionalen Traktat einzugrenzen ist«[11], traf in der Fachliteratur auf vielfache Zustimmung.[12] Naheliegend war es in diesem Zusammenhang, neu über die Problematik der strikten Einteilung der Lehrtraktate der Dogmatik nachzudenken. Die

---

[6] René Latourelle, Théologie, science du salut (1968), 11.
[7] Thomas Marsh, Soteriology today (1979), 147.
[8] Dietrich Wiederkehr, Glaube an Erlösung (1976), 23.
[9] Vgl. exemplarisch Wolfgang Beinert, Jesus Christus, der Erlöser von Sünde und Tod (1983), 197 f.; 217–219; Thomas Pröpper, Erlösungsglaube und Freiheitsgeschichte (²1988), 256 f.
[10] Dietrich Wiederkehr, Glaube an Erlösung (1976), 23.
[11] Ebd., 138.
[12] Vgl. exemplarisch: Thomas Pröpper, Erlösungsglaube und Freiheitsgeschichte (²1988), 256 f.

Kennzeichen heutiger soteriologischer Reflexionen

Soteriologie konnte angesichts ihrer wenig gefestigten Tradition leicht als ein verbindender Grenzbereich vieler Traktate entdeckt werden. Diese Einsicht werde ich im Fortgang dieser Studie näherhin begründen.[13]

Die Bedeutung der Aussage: »Theologie ist Soteriologie« lässt sich zusammengefasst in folgender Weise beschreiben: (1) Als programmatische Formulierung der Aufgabenstellung gibt sie der Theologie ein Kriterium ihrer *Relevanz* vor, das als »Wirklichkeitsbewährung des Glaubens«[14] zu charakterisieren ist. (2) Zugleich weist diese Aussage auf die *Identität* der Theologie hin, die in Frage steht, wenn die von ihr betriebene Rede von Gott nicht zugleich als Rede von seinem heilvollen und erlösenden Handeln an seiner Schöpfung erkennbar wird. (3) Unabhängig von der Frage, in welchem Kontext sich die Reflexionen über das Verhältnis von Theologie und Soteriologie formten – eine Problematik der Geschichte dieses theologischen Traktates –, ist vielfach besprochen, dass geschichtliche Heils- und Unheilserfahrungen der *Ort* sind, auf die bezogen sich die Theologie als deutende menschliche Rede von Gott äußert. Dies gilt insbesondere für die Entstehung und Entfaltung des monotheistischen Gottesbekenntnisses (angesichts des Wettstreits der Götter um ihre Effizienz im Gericht des wahren Gottes über die nichtigen Götter: vgl. Jes 40,12–41,29), für die Formung des Schöpfungsglaubens (angesichts der Erkenntnis der Wirksamkeit des einen Gottes in seinen unergründlichen Entscheiden in der Natur: vgl. Ijob 38,1–40,2) und die Entwicklung der Christologie (angesichts der Herausforderung, einen – aus menschlicher Sicht – als Gotteslästerer Gekreuzigten als Messias zu bekennen). Soteriologische Aspekte haben die gesamte Theologie immer schon und immer wieder verwandelt.

---

[13] Siehe dazu unten Abschnitt II.3.
[14] Dietrich Wiederkehr, Glaube an Erlösung (1976), 136.

(2) Soteriologie ist Theo-logie

»Im Unterschied zu allen patristischen, mittelalterlichen, aber auch reformatorischen Gestaltungen des Gnaden- und Erlösungsthemas stehen die neuzeitlichen und die modernen soteriologischen Konzeptionen unter dem Druck der Gottesfrage und damit dem Ausweis der Legitimität und der Möglichkeit einer Offenbarung überhaupt sowie der Frage, ob eine transzendentale Ausrichtung des Menschen auf eine Sinnerfüllung in Gott überhaupt zum Wesen und zur Situation des Menschen gehört.«[15] Diese grundlegende Stellungnahme zur Herausforderung der Soteriologie am Ende des 20. Jahrhunderts kann als exemplarisch für viele weitere Äußerungen mit vergleichbarem Inhalt gelten. Die Sinnhaftigkeit der Rede von Gott hat nicht zuletzt angesichts der dramatischen Ereignisse der millionenfachen Tötung gerade derer, die sich auf Gott als ihren Erretter berufen, vielfachen Zweifel auf sich gezogen. Die Erfahrungen des Leidens der jüdischen Glaubensgemeinschaft provozierten die Gottesfrage im 20. Jahrhundert auf bis dahin nie gekannte Weise.

Die Einsicht in den inneren Zusammenhang zwischen Fragen der christlichen Erlösungslehre und der Gottesthematik ist erstaunlicherweise nicht in allen Epochen der christlichen Theologie gegenwärtig gewesen. Erst Ende der 60er Jahre hat der evangelische Theologe Gerhard Ebeling explizit auf die dringliche Notwendigkeit aufmerksam gemacht, Anfragen an die Gotteslehre und an die Soteriologie im Bewusstsein ihrer wechselseitigen Einflussnahme zu formulieren.[16] So sei damit zu rechnen, »dass das Zweifelhaftwerden der Gottesvorstellung und schließlich das Unverständlichwerden der Vokabel ›Gott‹«[17] die Fundamente der Soteriologie erschütterten, zugleich aber stelle sich die Frage, ob nicht (umgekehrt) auch »das Kraftloswerden des christlichen

---

[15] Gerhard Ludwig Müller, Neue Ansätze zum Verständnis der Erlösung (1992), 61.
[16] Vgl. Gerhard Ebeling, Das Verständnis von Heil in säkularisierter Zeit (1975).
[17] Ebd., 352.

Heilsglaubens in der Neuzeit die tiefste Ursache dessen ist, dass das Wort ›Gott‹ leer und nichtig wurde«[18]. Dieser Gedanke Ebelings verweist erneut auf das Erfordernis, die Relevanz der christlichen Heilslehre aufzuzeigen. Eine Gotteslehre, die in der Soteriologie Zuflucht sucht, so Ebeling, sei darauf angewiesen, dass diese Rechenschaft über ihren Erfahrungsbezug gebe und dabei unterscheide zwischen zeitlich gebundenem, geschichtlichem Heil und eschatologischem Heil.[19] Als eine weitere Wegmarke für die anstehende denkerische Auseinandersetzung in der Soteriologie wie in der Gotteslehre benennt Ebeling: »Heil ist das, was nur von Gott zu erwarten ist«[20].

Zu Beginn der 80er Jahre des 20. Jahrhunderts hat Max Seckler im Kontext seiner Option für die Konzeption einer »Theosoterik« fundamentaltheologische Anfragen an die bisherige Soteriologie formuliert[21], die weithin Gehör gefunden haben. Seine Ausgangshypothese ist dabei, dass die »Zentrierung des Christentums auf das Erlösungsmotiv«[22] insofern eine Verengung bedeutet, als das Ziel des göttlichen Wirkens, das Heil, darin nicht angemessen zum Ausdruck komme. Seckler spricht sich für eine »salutologische« Neufassung der Soteriologie aus[23], bei der weniger der Weg zur Erlösung als vielmehr die Verheißung am Ende, das Ziel, im Mittelpunkt des Interesses stehen solle.

Im Rahmen der Aussage »Soteriologie ist Theo-logie« sind Secklers Ausführungen von Bedeutung, weil ihm an einer theologischen Beschreibung sowohl des finalen Moments der Rede von Gottes *soteria* (Heil), als auch des instrumentalen Moments derselben (Erlösung) gelegen ist. Er sagt: »Der Gott der christlichen Theosoterik ist ein Gott der Erlösung *und* des Heils. Wenn ›Erlösung‹ und ›Heil‹ zu unterscheiden sind wie Mittel und Zweck oder Weg und Ziel und wenn beide in ihrer Unterschiedenheit radikal an Gott zu binden sind, dann besagt der Begriff ›Theo-

---

[18] Ebd., 352 f.
[19] Vgl. ebd., 356–361.
[20] Ebd., 359.
[21] Vgl. Max Seckler, Theosoterik und Autosoterik (1982).
[22] Ders., Theosoterik – eine Option und ihre Dimensionen (1992), 257.
[23] Vgl. ebd., 273.

soterik«, dass das Heil vermittels des Vorgangs und in den Vorgängen der Erlösung *von Gott* kommt und *durch Gott* bewirkt wird, dass seine finale Substanz aber auch allein *in Gott* liegt«[24]. Eindrücklich wird in diesem Zusammenhang bewusst, wie eng die soteriologische Frage mit der Gottesfrage verbunden ist.

Max Seckler spricht sich in seinen Veröffentlichungen für die Verwendung von soteriologischen Deutekategorien aus, die insbesondere die soziale Dimension des Heils zum Ausdruck bringen, und benennt als solche *communio* (Gemeinschaft), *societas* (Gesellschaft) und *conversatio* (Gespräch).[25] Sprachwandel ist meist Ausdruck von zuvor erfolgten Verschiebungen in der Sachposition. Wenn in der Theologie seit der Mitte des 20. Jahrhunderts der Begriff »Heil« vermehrt in soteriologischen Beiträgen erscheint und die Rede von »Erlösung« dahinter deutlich zurücktritt, so hat dies eine auffällige Parallele in der Ablösung des Wortes »Buße« durch die Rede von »Versöhnung«. In beiden theologischen Fragebereichen verstärkt sich das Bemühen, die Reflexion nicht auf das »Wie« eines Geschehens zu beschränken, sondern – grundlegender – vom »Was« und »Wozu« desselben zu sprechen. Möglicherweise ratifiziert die christliche Theologie in diesem Wandel ihre angesichts der an sie gerichteten sehr grundlegenden gesellschaftlichen Anfragen neue Aufgabe, sich mit den von Gott verbürgten Verheißungen werbend neu ins Gespräch zu bringen. Gerade angesichts der in der gegenwärtigen Soteriologie hoch bedeutsam erscheinenden Aufgabe, die Bezüge ihrer Rede von Gott zur menschlichen Erfahrung aufzuzeigen, wird sie allerdings die Sinnausrichtung des Weltenlaufs auf das Heil nur vermitteln können, wenn dabei auch vom Moment des Unheils die Rede ist, aus dem Gott die Schöpfung befreit. Eine lebensbezogene Beachtung der Aspekte Befreiung, Erlösung und Vollendung in ihrer Verbundenheit miteinander ist daher unabdingbar für eine Soteriologie, die Rede von Gott zu sein beansprucht.

---

[24] Ebd., 268. Hervorhebungen im Original.
[25] Vgl. ebd., bes. 282–284.

b. Spiegeleffekte in der Methodik

Die Postulate, die im Sinne des 2. Vatikanischen Konzils an die gesamte Theologie gerichtet wurden, fanden auch in der Soteriologie Gehör. In der Soteriologie in der zweiten Hälfte des 20. Jahrhunderts spiegeln sich somit neue methodische Vorgaben, die ganz allgemein in der Theologie in der nachkonziliaren Zeit Beachtung fanden.

(1) Anthropologisch gewendet

»Der Mensch ist im Heil – oder Heil ist nicht«[26]. Diese von Klaus Hemmerle begründete These bringt in knapper Form zum Ausdruck, was als zentraler Gedanke in neueren Beiträgen zur Soteriologie formuliert ist: Die Glaubwürdigkeit der christlichen Verkündigung von Heil und Erlösung ist mit der Frage verknüpft, ob es gelingt, ihre Bedeutung für den menschlichen Existenzvollzug aufzuzeigen. Hemmerle schreibt: »Heil ist Heil für. Erst dann ist (…) Heil wahrhaft Heil, wenn es sich in die Struktur menschlichen Daseins fügt, fügt nicht als Ergebnis, wohl aber als Anspruch und Zuspruch, die nicht neben das Dasein geraten, sondern in es treffen, mag dieses Treffen auch die Gestalt umwerfender Betroffenheit haben«.[27]

Die Soteriologie stimmt mit dieser Aussage den Anliegen einer anthropologisch gewendeten Theologie zu, durch die sie erwartet, einen Ausweg aus ihrer »Krise«, die seit den 70er Jahren des 20. Jahrhunderts beständig in der Literatur diagnostiziert wurde, zu finden. Anthropologisch gewendete Soteriologien sind Ausdruck des wesentlich mit dem Werk von Karl Rahner verbundenen Bemühens der Theologie, in der zweiten Hälfte des 20. Jahrhunderts »zu zeigen, dass die dogmatische Theologie heute theologische Anthropologie sein muss, dass eine solche ›anthro-

---

[26] Klaus Hemmerle, Der Begriff des Heils (1972), 223.
[27] Ebd.

pozentrische Wendung‹ notwendig und fruchtbar ist«[28]. Als konkrete Folgeerscheinung des neu gewonnenen Bewusstseins für die Bedeutsamkeit anthropologischer Bezüge in der Soteriologie ist zu betrachten, dass bereits in den 70er Jahren des 20. Jahrhunderts mehrere Monographien erschienen sind, in denen Theologen sich der Aufgabe stellten, die Heilsbedürftigkeit des Menschen wissenschaftlich zu erfassen und philosophisch auszuweisen.[29]

In Anlehnung an ähnliche Redeweisen in der Christologie fasste Gottfried Bitter das Bemühen der neueren Soteriologie, »Schnittpunkte zwischen Leben und Glauben«[30] zu bestimmen, als »Soteriologie von unten«[31] zusammen. Neben dem Erfahrungsbezug als Postulat einer anthropologisch gewendeten Soteriologie erscheint dabei als wesentlich, den »befreienden Lebensstil Jesu Christi«[32] nachhaltiger in die Reflexion einzubringen. Da die nachkonziliare Soteriologie ihr Streben nach einer Überwindung ihres Mangels an Lebensbezügen in der christlichen Heilsverkündigung mit der für sie charakteristischen neuen Orientierung am irdischen Jesus verknüpft, steht sie zugleich vor der Aufgabe, diese historische Rückfrage im Gespräch mit den Fachkollegen bibeltheologisch zu legitimieren. Auf diese Herausforderung werde ich zurückkommen.[33]

(2) Bibeltheologisch fundiert

Die methodischen Anweisungen, die das 2. Vatikanische Konzil für die römisch-katholische Dogmatik formulierte, sehen vor,

---

[28] Karl Rahner, Theologie und Anthropologie (1967), 43.
[29] Vgl. exemplarisch: Adriaan Theodoor Peperzak, Der heutige Mensch und die Heilsfrage (1972); Paul H. Welte, Die Heilsbedürftigkeit der Menschen (1976); Christoph Böttigheimer, Bedingungslos anerkannt (2018).
[30] Gottfried Bitter, Neuere Erlösungstheologien (1976), 181.
[31] Ebd.
[32] Ebd., 181 f.
[33] Siehe dazu unten Abschnitt IV.3.

»dass zuerst die biblischen Themen selbst vorgelegt werden«[34]. Systematikerinnen und Systematiker, die diesen Anspruch einlösen wollen, sind vor allem mit zwei Schwierigkeiten konfrontiert: (1) Die Rückfrage an die biblischen Schriften erfolgt unter dem Einfluss die eigene Erkenntnis leitender Interessen, die sich in der Überlieferungsgeschichte herausgebildet haben. (2) Die Erfüllung der vom Konzil aufgetragenen Aufgabenstellung ist erschwert durch die zahlreichen, von der theologischen Systematik nicht zu entscheidenden exegetischen Kontroversen. Solche wurden insbesondere bei Darstellungen zur »Sühne«-Thematik und zum Verständnis des Todes Jesu bereits bald nach dem 2. Vatikanischen Konzil offensichtlich; auch heute bestehen die Unterschiede in der Grundeinschätzung der historischen Valenz der biblischen Zeugnisse fort. Trotz dieser Problematik gilt die Soteriologie als eine systematisch-theologische Disziplin, die die große Herausforderung zu ihrer biblischen Fundierung rasch nach dem 2. Vatikanischen Konzil und richtungsweisend für andere Themenbereiche aufgegriffen hat: »Die Soteriologie scheint (…) jenes offene Tor zu sein, durch das die Bewegung der heutigen Glaubenssituation am stärksten auf das Material der biblischen Quellen übergreift«[35].

Die allgemeine hermeneutische Regel, wonach das Frageinteresse die Erkenntnis leitet, bewirkte in der Soteriologie in der Wahrnehmung früher Kommentatoren dieser Entwicklung eine Konzentration auf »zwei Tendenzen, die in der Auswahl und Auslegung der biblischen Texte übermächtig wurden«[36]: zum einen die Bemühungen um eine Fundierung der Satisfaktionslehre des

---

[34] Vgl. 2. Vatikanisches Konzil, Dekret über die Priesterausbildung »Optatam totius«, Nr. 16.
[35] Dietrich Wiederkehr, Zu den Bänden I, III/1, III/2, IV/1 (1981), 227 f. Wiederkehr macht diese Beobachtung in einem ergänzenden Rückblick auf die bald nach dem 2. Vatikanischen Konzil erschienene, mehrbändige Dogmatik »Mysterium Salutis«, die sich als »Grundriss heilsgeschichtlicher Dogmatik« verstand. Dieses viel beachtete erste Grundlagenwerk in der nachkonziliaren Zeit nimmt bereits im Titel mehrfach Bezug auf soteriologische Aspekte.
[36] Karl Lehmann, »Er wurde für uns gekreuzigt« (1982), 299.

Anselm von Canterbury durch biblische Hinweise auf Jesu »genugtuende Bußleistung«, zum anderen die Ausrichtung des Interesses auf das biblische »Sündenbock«-Motiv – ein Anliegen zunächst insbesondere in der evangelisch-lutherischen Soteriologie, später dann in der Schule von Raymund Schwager[37] auch der römisch-katholischen Theologie. Beide die Erkenntnis leitenden Interessen konzentrieren den Blick auf den Tod Jesu, so dass sich der Eindruck einstellte: »Der sehr komplexe Schriftbefund wird durch diese nachhaltigen Traditionen in seiner Variabilität und Fülle weithin überlagert und eingeengt«[38].

Der Klage in der Systematischen Theologie über die Schwierigkeit, konsensfähige exegetische Erkenntnisse rezipieren zu können, entspricht einer Klage der exegetischen Zunft über die Vorentscheidungen allein schon in der Begriffsbildung in dogmatischer Tradition. So fragt etwa Herbert Haag nach seiner Analyse der Rede vom Heil in einzelnen dogmatischen Beiträgen: »Könnten und sollten sich die Fachtheologen nicht ein bisschen mehr Mühe geben, eine Sprache zu sprechen, die auch der ›einfache‹ Theologe, vielleicht sogar der ›gewöhnliche‹ Christ versteht? Es fiele ihm dann leichter, dort Heilung zu suchen, wo sie ihm umsonst zuteil wird (Jes 55,1 f.)«[39]. Pastorale Motivationen wie bei Haag und eigenständige exegetische Interessen ließen in den ersten Jahrzehnten nach dem 2. Vatikanischen Konzil zahlreiche Beiträge entstehen, die für eine exegetisch fundierte Soteriologie auch heute noch von großer Bedeutung sind, da in ihnen der exegetische Diskussionsstand recht leicht zugänglich zusammengefasst wird.[40] Gewiss gibt es auch viele Einzelstudien zur biblischen Soteriologie.[41]

---

[37] Vgl. Raymund Schwager, Brauchen wir einen Sündenbock? (1978; ³1994); Józef Niewiadomski / Wolfgang Palaver (Hg.), Vom Fluch und Segen der Sündenböcke (1995); Józef Niewiadomski (Hg.), Heilsdrama (2015). Siehe dazu auch hier unten Abschnitt VI.2.
[38] Karl Lehmann, »Er wurde für uns gekreuzigt« (1982), 299.
[39] Herbert Haag, Die Rede vom Heil (1992), 97.
[40] Vgl. Stanley B. Marrow, Principles for interpreting the New Testament soteriological terms (1990); Gerhard Friedrich, Die Verkündigung des Todes Jesu im Neuen Testament (²1985); Hubert Frankemölle (Hg.), Sünde und

Exegetische Bemühungen um eine Orientierung der christlichen Heilsverkündigung zielen eine Weitung des Gesichtsfelds an, was sich insbesondere an dem seit Mitte des 20. Jahrhunderts verstärkten Einbezug der alttestamentlich überlieferten Rede von Gottes Heilshandeln zeigt. Das im systematisch-theologischen Diskurs gestiegene Interesse an der heilenden Lebenspraxis Jesu[42] korrespondiert mit entsprechenden exegetischen Neigungen.

Wie die Christologie sieht sich die Soteriologie in besonderer Weise gefordert, angesichts der Vielfalt der biblischen Deutungen des erlösenden Handelns Gottes in metaphorischer Rede[43] nach jener Einheit zu suchen, die Verstehen im jeweiligen Heute ermöglicht.[44] Die Heiligen Schriften geben ihre Antwort auf die so-

---

Erlösung im Neuen Testament (1996); Karl Kertelge (Hg.), Der Tod Jesu (1976); ders., Krankheit und Leid in neutestamentlicher Sicht (1973); Jürgen Becker, Die neutestamentliche Rede vom Sühnetod Jesu (1990); ders., Das Heil Gottes (1964); Gerhard Dautzenberg, Reich Gottes und Erlösung (1987); Gerd Theißen, Soteriologische Symbolik in den paulinischen Schriften (1974); Wolfgang Schrage, Heil und Heilung im Neuen Testament (1986); Michael Marsch, Heilen (1983); Martin Hasitschka, Befreiung von Sünde nach dem Johannesevangelium (1989); Karl Löning, Der gekreuzigte Jesus – Gottes letztes »Opfer«? (1994); Stanislas Lyonnet / Léopold Sabourin, Sin, Redemption, and Sacrifice (1970); Bernd Janowski, Sühne als Heilsgeschehen (1982); Victor Maag, Erlösung wovon? Erlösung wozu? (1980); Franz Karl Heinemann, Erlösung im Alten Testament (1982); Heinrich Groß, Gottes Heil im Alten Testament (1984); Alfred Jepsen, Die Begriffe des »Erlösens« im Alten Testament (1978); Herbert Haag, Die Rede vom Heil (1992), bes. 88–95; Martin Karrer, Jesus Christus im Neuen Testament (1998); Rudolf Weth (Hg.), Das Kreuz Jesu (2001); Werner H. Ritter (Hg.), Erlösung ohne Opfer? (2003); Sylvia Hagene, Zeiten der Wiederherstellung (2003); Jörg Frey / Jens Schröter (Hg.), Deutungen des Todes Jesu im Neuen Testament (2005); Hans Jörg Sellner, Das Heil Gottes (2007); Jan Gabriël van der Watt (Hg.), Salvation in the New Testament (2005).
[41] Ich kann hier nur exemplarisch einzelne aufführen: Teresa Morgan, Being ›in Christ‹ in the Letters of Paul (2020); Daniela Riel, Kyrios und Gottessohn (2020); Torsten Jantsch, Jesus, der Retter (2017); Franz Prosinger, Geheiligt in Wahrheit (2021).
[42] Siehe dazu unten Abschnitt IV.3.
[43] Siehe dazu unten Abschnitt III.
[44] Vgl. Arno Schilson / Walter Kasper, Christologie im Präsens (1974), 9–12.

teriologische Frage in Gestalt geschichtlich situierter Glaubenszeugnisse, deren einende Erfahrungsbasis zu ermitteln die präzise Kenntnis der Geschichte der Zeugnisse und ihrer innerbiblischen Kontexte voraussetzt. Jeder erneute soteriologische Redeversuch steht damit vor einer sehr anspruchsvollen Aufgabe.

(3) Konzeptionell denkend

Theologische Ansätze zu unterscheiden und sie mit den Namen der sie vertretenden Theologinnen und Theologen zu identifizieren, ist in der Systematischen Theologie ein vertrautes Verfahren. Als Reflexionsbewegung, die auf der Basis der Bereitschaft zur gläubigen Zustimmung zu den Lehrgehalten nach einer rationalen Begründung der eigenen Annahmen sucht (fides quaerens intellectum), begibt sich die Theologie in den Bereich der Anschauungen, die ohne Begriffe blind bleiben. Christlich-theologisches Denken ist ein Deutegeschehen, das zwar in dem einen personalen Christusereignis gründet, jedoch in einem geschichtlich sich wandelnden Wettstreit der Meinungen konkrete Gestalt gewinnt.

Die in der Tradition vorgelegten christologisch-soteriologischen Entwürfe sind zahlreich und vielgestaltig. Das »plurale Gefüge der Erlösungsmotive«[45] ist das Ergebnis von geschichtlichen Prozessen, in denen das erlösende Handeln Gottes in Anknüpfung an »Zeit und Umwelt des jeweiligen Zeugen«[46], durch Umgestaltung und Korrektur des Anschauungsmaterials[47] und durch »Elementarisierung im Kontext der je gegenwärtigen Lebenserfahrung«[48] verkündigt wird.

---

[45] Karl Lehmann, »Er wurde für uns gekreuzigt« (1982), 303. Karl Lehmann weist in diesem Zusammenhang auf die »Zurückhaltung im Bereich der Soteriologie« (ebd.) hin, mit der das kirchliche Lehramt eine Anerkennnis der Legitimität vielfältiger konzeptioneller Deutungen des einen Erlösungsgeschehens vornehme.
[46] Ebd., 302.
[47] Vgl. ebd., 302 f.
[48] Ebd., 303.

Karl Lehmann betont die Notwendigkeit, in aller Vielfalt der Konzeptionen das Verbindend-Verbindliche zu wahren. Als inhaltliche Bestimmung des soteriologischen Kontinuums benennt Lehmann fünf Elemente: die *Ausgangsbasis* (Sklaverei der Sünde), die *Vollzugsform* (Gottes Wirken in der Lebenshingabe Jesu Christi), die *Wirkweise* (»für uns«), das *Ziel* (Vergebung und Teilhabe an Gottes Leben) und den *Grund* (Liebe und Erbarmen Gottes) des Erlösungsgeschehens in Christus Jesus.[49] Bei allen historisch überlieferten Konzepten der Soteriologie werden diese Aspekte zu bedenken sein.

Unter der Überschrift »Soteriologische Konzepte« lässt sich sowohl die Diskussion um die Unterscheidung und Zuordnung des soteriologischen (inkarnatorischen, vitalen, staurozentrischen) Ansatzes einzelner Autoren, als auch die Frage nach zentralen Begriffen (Motiven, Metaphern, Kategorien, Deutemustern) subsumieren. Beide Aspekte sind in konkreten Entwürfen miteinander verbunden, die Bevorzugung eines Ansatzes begünstigt die Wahl bestimmter Leitbegriffe. Das Gespräch über die Intentionen der einzelnen soteriologischen Deutungen hat durch die von Vertreterinnen und Vertretern der narrativen Theologie erhobene Forderung, die (biblische) Erzählung als Basis bei der Bildung von Deutekategorien wiederzuentdecken und die Einheit des Heilshandelns Gottes als eine Erzählung von Erzählungen zu verstehen, Bereicherung erfahren.[50] In diesem Zusammenhang sind auch einzelne Studien zur politisch motivierten Theologie einzuordnen, die Narration und Befreiungserfahrungen eng verbinden.[51] Anschlussfähig daran sind auch die in jüngerer Zeit verstärkten Bemühungen um eine Verbindung zwischen der Biographiefor-

---

[49] Vgl. ebd., 303–305. Vgl. auch die Strukturelemente der biblischen Erlösungslehre in der Analyse von Hans Urs von Balthasar, Theodramatik, Bd. 3 (1980), 221–224, auf die Lehmann Bezug nimmt.
[50] Vgl. exemplarisch: Bernard Sesboué, Erzählung von der Erlösung (1992).
[51] Vgl. Hans Kessler, Erlösung als Befreiung (1972); ders., Erlösung als Befreiung? (1973); ders., Sucht den Lebenden nicht bei den Toten (1985); ders., Reduzierte Erlösung? (1987); ders., Wie heute von Heil und Erlösung reden? (1992/1993).

schung und der Theologie, die im soteriologischen Kontext auch die eschatologische Dimension des Lebens bedenken.[52]

In zunehmendem Maße wird heute im Bemühen um eine soteriologische Begriffsbildung bewusst, dass die lateinisch-westlichen und die griechisch-östlichen Denktraditionen, die bisher die Geschichte der Erlösungslehre weitgehend bestimmten, als kontextuell bedingte zu begreifen sind, die für andere religiös geprägte Kulturen nur schwer zugänglich sind.[53] Versuche einer Neuformulierung der Soteriologie in den nicht durch die europäische Tradition geprägten Rezeptionsräumen erfahren nicht zuletzt bedingt durch die ökumenische Bemühung um ein weltweites Gespräch über die Rechtfertigungslehre derzeit neue Aufmerksamkeit.[54]

(4) Den Dialog suchend

In dem Maße, wie die Soteriologie nicht (mehr) als eine theologische Spezialthematik aufscheint, sondern als Gesamttheologie, die die Heilsbedeutsamkeit des Christusereignisses für die gesamte Schöpfung und (darin) für die Menschheit gedanklich zugänglich machen will, wird plausibel, dass sie ihrer Aufgabenstellung nur durch den Dialog sowohl mit den Human- und Gesellschaftswissenschaften als auch mit den nichtchristlichen Religionen und deren Weltsicht gerecht werden kann.

Der Aufgabe, eine Theologie der Religionen zu konzipieren und dabei das »proprium christianum« zu formulieren, stellt sich die Systematische Theologie seit dem 2. Vatikanischen Konzil in

---

[52] Vgl. Dorothea Sattler, Bei Gott schmerzlich heilend sich vollendende Lebenszeit (2000); dies., Selbstthematisierung im Selbstgericht (1999); dies., Lebensgeschichte(n) – eschatologisch betrachtet (2010). Siehe dazu unten auch Abschnitt VI.4.
[53] Siehe dazu unten Abschnitt V.
[54] Vgl. Wolfgang Greive (Hg.), Rechtfertigung in den Kontexten der Welt (2000); Karen L. Bloomquist / Wolfgang Greive (Hg.), The Doctrine of Justification (2003).

hoher Bewusstheit.⁵⁵ Das Gespräch zwischen Soteriologie und Psychologie hat im 20. Jahrhundert eine weniger durch Vorbehalte und stärker durch wechselseitige Wertschätzung geprägte Gestalt angenommen. Weniger zahlreich sind die Versuche, in der Soteriologie einen wissenschaftlichen Diskurs mit einzelnen Sozialwissenschaften zu führen. Eine lange Tradition hat hingegen der Dialog zwischen Theologie und Philosophie bei der rationalen Verifikation der soteriologischen Rede. Hier anzuknüpfen könnte sich im Blick auf alle Dialoge als hilfreich erweisen.

2. Umbrüche und Aufbrüche in der Traditionsgeschichte

Eine Gesamtgeschichte der Soteriologie ist noch nicht geschrieben – aus vielen guten Gründen.⁵⁶ Wer sich je vor eine solche Aufgabe gestellt sah, hatte die Wahl zwischen unterschiedlichen Optionen, denen ich hier in der angemessenen Kürze folge: eine begründete Begrenzung der Fragestellung unter vorausgehender Offenlegung der dabei leitenden Interessen (Abschnitt a.) oder eine immer mit der Sorge der Verkürzung der Differenziertheit der Wirklichkeit einhergehende Typisierung der Geschichte durch Einteilungen in Epochen, deren Bestimmung sich nicht allein durch soteriologische Kriterien ergibt (Abschnitt b.), oder das Augenmerk auf einzelne Besonderheiten, durch die eine allgemeine

---

[55] Vgl. einführend in diese Fragestellung: Bertram Stubenrauch, Dialogisches Dogma (1995); Michael von Brück / Jürgen Werbick (Hg.), Der einzige Weg zum Heil? (1993); Heinrich Fries u. a., Heil in den Religionen und im Christentum (1982); Andreas Bsteh (Hg.), Erlösung im Christentum und Buddhismus (1982). Bertram Stubenrauch versucht, die Rede von der »Kenosis« Gottes für eine dogmatisch-theologische Grundlegung des interreligiösen Gesprächs fruchtbar zu machen. Wie bereits im Titel dieser Arbeit anklingt, greift Stubenrauch an verschiedenen Stellen auf die Relationalität der Wirklichkeit Gottes zurück: vgl. Bertram Stubenrauch, Dialogisches Dogma (1995), bes. 77–79; 183–189.
[56] Gunther Wenz versammelt »Soteriologische Fallstudien« in seinem Buch »Versöhnung« in chronologischer Folge, weil jede historisch überlieferte Argumentation es wert ist, eigens erschlossen zu werden: vgl. Gunther Wenz, Versöhnung (2015).

Kennzeichnung in chronologischer Folge problematisch erscheint (Abschnitt c.). Für all das gibt es Beispiele – und auch an dieser Stelle kann nicht viel mehr geschehen als Verweise auf weitere Studien. Selbst die Geschichte der Versöhnungslehre in der evangelischen Theologie der Neuzeit ließ sich bereits in den 80er Jahren des 20. Jahrhunderts nur in zwei umfangreichen Buchbänden zusammenfassen.[57] Beständig erscheinen neue Einzelstudien.

Eine grundlegende Schwierigkeit sei von Beginn an beschrieben: Da die Soteriologie kein eigenständiges, von anderen Bereichen klar zu unterscheidendes Teilgebiet der Dogmatik ist[58], fällt es nicht leicht zu entscheiden, welche Aspekte zur Thematik gehören und welche nicht. In der christlichen Traditionsgeschichte war es insbesondere in der westlichen Theologie vorrangig die Sündenlehre, auf die bezogen soteriologische Konzepte entwickelt wurden. Folgerichtig lassen sich enge Bezüge zur Geschichte der Gnadenlehre und später der Rechtfertigungstheologie erkennen. Die Frage der Todesbedrohung blieb vielfach der Eschatologie zugeordnet. In den Spuren des Augustinus, die in der Reformationszeit neu aufgenommen wurden, blieb die Sündenlehre der Bezugspunkt, auf den hin sich soteriologische Konzepte orientierten. Erfahrungsnahe Zugänge zum Unheil im individuellen wie im kosmischen Zusammenhang sind erst seit dem 19. Jahrhundert intensiver bedacht worden. Dabei wurde die Theodizee-Thematik[59] in der Lehre der Dogmatik der Schöpfungslehre zugeordnet. Reichhaltige Bezüge zur Soteriologie gibt es in allen Jahrhunderten der christlichen Traditionsbildung gewiss zu Fragen der Christologie. Wie sich zeigen wird, bedurfte es im 20. Jahrhundert eines Neuansatzes im Denken, durch den die soteriologische Relevanz der altkirchlichen Christologien als Motivation bei der Dogmenbildung aufgezeigt wurde. Wegweisend waren in diesem Zusammenhang die Beiträge von Basil Studer.[60]

---

[57] Vgl. Gunther Wenz, Geschichte der Versöhnungslehre in der evangelischen Theologie der Neuzeit (1984 / 1986).
[58] Siehe dazu hier unten Abschnitt II.3.
[59] Vgl. Michael Böhnke u. a., Leid erfahren – Sinn suchen (2007).
[60] Vgl. Basil Studer, Soteriologie in der Schrift und Patristik (1978); ders., Gott und unsere Erlösung im Glauben der Alten Kirche (1985).

a. Von Interessen geleitete Begrenzungen angesichts der Weite der Thematik

Die Größe und Weite der Aufgabenstellung erschreckt und ermutigt zugleich zu einer Wahl von durch Interessen geleiteten Ausschnitten: »Jeder problemgeschichtliche Zugang wirft sogleich die Frage auf, an welchem Punkt der Ideengeschichte anzusetzen ist. Ein dogmengeschichtliches Verfahren müsste sich dem ersten Vorkommen des fraglichen Gedankens widmen und seine weitere Entwicklung verfolgen. (...) Weitet man das Interesse auf die Religionsgeschichte im weiteren Sinne aus, dann wäre zudem die biblische Überlieferung heranzuziehen: Sowohl das Judentum als auch die christliche Urgemeinde haben in herausragender Weise die Idee der Erlösung zur Sprache gebracht und nehmen unter den Erlösungsreligionen einen bedeutenden Platz ein. Damit ist auch bereits die letzte hier denkbare Ausweitung des Themenfeldes anvisiert, insofern es sich bei den Erlösungsvorstellungen um weit verbreitete, kulturübergreifende Komplexe handelt, die in vielen religiösen Überlieferungen in unterschiedlicher Weise zu finden sind, die aber auch bei einem engeren Begriff der Erlösung zumindest im Hinduismus und im Buddhismus eine zentrale Rolle spielen.«[61] Diese in der Einleitung zu der Habilitationsschrift des evangelischen Systematikers Claus-Dieter Osthövener – eine der jüngsten Studien, die den schlichten Titel »Erlösung« hat – zu findende Überlegung kann als signifikant gelten: Wer immer sich in die Geschichte der Erlösungslehre begibt, weiß um die Überforderung bei jedem Bemühen um Vollständigkeit. Vor diesem Hintergrund ist es nicht erstaunlich, dass beständig neue Studien zu Einzelaspekten der Soteriologie in historischer Perspektive erscheinen.[62] Nicht selten sind es nicht thematische Aspekte, die die

---

[61] Claus-Dieter Osthövener, Erlösung (2004), 10f.
[62] Vgl. exemplarisch: Theresa Denger, »Die Liebe ist stärker als der Tod«. Jon Sobrinos Theologie des Martyriums und ihre Konsequenzen für die Soteriologie (2019); Gabriela Wozniak, Göttliche Erlösung und geschöpfliche Partizipation. Die mariologische Dimension des Paschamysteriums bei Hans Urs von Balthasar (2021); Markus Weisser, Der Heilige Horizont des Herzens. Perspektiven einer trinitarischen Soteriologie im Anschluss an

Begrenzung der Aufgabenstellung bewirken, sondern Bezüge auf die Werke einer Person oder auch einer begrenzten Zahl von Personen im Vergleich miteinander. Ein solches Vorgehen erscheint überschaubar. Wie viele andere auch begrenzt Osthövener sein Vorhaben und konzentriert sich auf die Transformationen, die insbesondere die im 16. Jahrhundert ausgebildete Sündenlehre im 19. Jahrhundert erfahren hat. Typisch für nicht wenige evangelische systematisch-theologische Beiträge beginnt Osthövener mit einer Erörterung des Themas Sünde und Erlösung bei Martin Luther[63], um sich dann den Konzepten von Friedrich Schleiermacher[64], Arthur Schopenhauer[65], Richard Wagner[66] und Friedrich Nietzsche[67] zuzuwenden. Das Verhältnis zwischen dem Reformationszeitalter

---

Karl Rahner (2018); Mary Lou Shea, Medieval women on sin and salvation (2010); Filippo Ciampanelli, »Hominem reducere ad Deum« (2010); Jacob Nordhofen, Durch das Opfer erlöst? (2010); Christoph J. Amor, »Um unseres Heiles Willen ...« (2009); Markus Ebenhoch, Das Theologoumenon des »gekreuzigten Volkes« als Herausforderung für die gegenwärtige Soteriologie (2008); Bernhard Green, The soteriology of Leo the Great (2008); Holger Balder, Glauben ist Wissen (2007); Karl Friedrich Ulrichs, Christusglaube (2007); Jun-Hyung Jhi, Das Heil in Jesus Christus bei Karl Rahner und in der Theologie der Befreiung (2006); Linus Ibekwe, The universality of salvation in Jesus Christ in the thought of Karl Rahner (2006); Ralph Fischer, Macht der Glaube heil? (2006); Frederick G. McLeod, The roles of Christ's humanity in salvation (2005); Jeannine Michele Graham, Representation and substitution in the atonement theologies of Dorothee Sölle, John Macquarrie, and Karl Barth (2005); Markus Mühling, Versöhnendes Handeln – Handeln in Versöhnung (2005); Stephan Schaede, Stellvertretung (2004); Chen Binshan, Auf dem Weg zu einer chinesischen Soteriologie (2004); Martin Rohner, Glück und Erlösung (2004); Stefan Tobler, Jesu Gottverlassenheit als Heilsereignis in der Spiritualität Chiara Lubichs (2003); Michael Stickelbroeck, Christologie im Horizont der Seinsfrage (2002); Thomas Rigl, Die Gnade wirken lassen (2001); David Ford, Self and salvation (2000); Albert Dahm, Die Soteriologie des Nikolaus von Kues (1997).

[63] Vgl. Claus-Dieter Osthövener (2004), 17–58.
[64] Vgl. ebd., 58–107.
[65] Vgl. ebd., 109–139.
[66] Vgl. ebd., 139–177.
[67] Vgl. ebd., 178–246.

und der neuzeitlichen Moderne steht im Mittelpunkt zahlreicher evangelischer Studien zu ideengeschichtlich relevanten Fragestellungen. Auffällig ist, dass Osthövener die in den biblischen Schriften entfalteten Vorstellungen offenkundig als Teil der Religionsgeschichte betrachtet und auch später nicht mehr in seinen Diskurs einbringt. Anregend sind die von Osthövener am Ende seiner Durchsicht der Geschichte der Soteriologie des 19. Jahrhunderts gewonnenen Erkenntnisse: Die Erlösungslehre in ihrer traditionellen Gestalt in Aufnahme der reformatorischen Sündenlehre wurde im 19. Jahrhundert in ihrer der menschlichen Vernunft zugänglichen Wertigkeit zunehmend destruiert und daher in ihren überlieferten Formen kaum noch gelehrt; zugleich wurde die existentielle Suche nach Lebenssinn und Daseinsbegründung gerade im Gespräch mit religionskritischen Stimmen neu begründet.[68] Diese historisch verifizierte systematisch-theologische Erkenntnis ist auch in den gegenwärtigen ökumenischen Diskursen mit ihrer Suche nach einer lebensnahen Sprache in der Verkündigung der Rechtfertigungsbotschaft[69] von hoher Relevanz. Osthövener kommt ganz am Ende seiner theologiegeschichtlich ausgerichteten Studie zu dem Ergebnis: »Die in vielfältigen Formen identifizierbare Sehnsucht nach Erlösung prägte einen wesentlichen Teil des 19. Jahrhunderts. Es spricht wenig dafür, dass sich daran bis heute etwas Grundsätzliches geändert hat, wenngleich die Phänomene erheblich an Deutlichkeit verloren haben. Der christliche Erlösungsgedanke mag innerhalb dieser Vielfalt – obwohl auch vielgestaltig an sich selbst – nur einen Teilbereich zur Darstellung bringen können. Er kann aber, als Reflexionskategorie eingesetzt, auch die innere Einheit in dieser Vielfalt zum Bewusstsein bringen und damit dazu beitragen, dass die Idee der Erlösung dem kulturellen Gedächtnis erhalten bleibt.«[70] Im Blick auf die Zukunft der Soteriologie erinnert Osthövener an Entwicklungen des 19. Jahrhunderts, in dem offenkundig in der theologischen

---

[68] Vgl. ebd., 252 f.
[69] Siehe dazu hier unten Abschnitt V.2.
[70] Ebd., 294.

Ausbildung die Erlösungslehre stark in den Hintergrund trat.[71] Das in dieser Konsequenz einsetzende Schweigen über diese Thematik in den sonntäglichen Ansprachen im kirchlichen Raum konnte den Eindruck erwecken, diese Gedanken seien »für alltags wie zu schade«[72] – diese Notiz übernimmt Osthövener in anregender Weise von Theodor Fontane. Sie hinterlässt eine weitere Spur im Blick auf die mit der Soteriologie offenkundig zu allen Zeiten verbundene Frage nach der Erfahrungsnähe dieses christlichen Verkündigungsgehalts, die Menschen sich erhoffen und die zugleich in der neuzeitlichen Theologie auf der Basis der aus dem 16. Jahrhundert überlieferten christlichen Deutemodelle für erlöstes Dasein selbst im reformatorischen Traditionsraum kritisch hinterfragt wurde.

Es zeigt sich hier exemplarisch, dass historisch versierte Einzelstudien sich im Gesamt der Geschichte der Soteriologie verorten lassen. Meine Auswahl spezifisch der Studie von Osthövener ist neben der Tatsache der Nähe zu gegenwärtigen Diskursen auch dem zu verdanken, dass es auch aus meiner Sicht in der Soteriologie heute verstärkt einer theologischen Auseinandersetzung mit der Religionskritik des 19. Jahrhunderts bedarf. In der Aufteilung der theologischen Traktate kam diese Aufgabe innerhalb der römisch-katholischen Theologie insbesondere der Fundamentaltheologie zu. Heute lassen sich solche Zuordnungen nicht mehr trennscharf durchhalten.

b. Unterscheidungen zwischen Epochen
der soteriologischen Reflexion

In aller Regel sehen sich Lexikon- und Handbuchartikel zu den Stichworten »Erlösung/Soteriologie«[73] oder »Heil und Erlösung«[74]

---

[71] Vgl. ebd., 292.
[72] Theodor Fontane, Der Stechlin (1899), Einundvierzigstes Kapitel (ders., Werke in vier Bänden, Bd. 4 [1982], 463).
[73] Vgl. Giovanni Filoramo u. a., Art. »Erlösung/Soteriologie« (⁴1999).
[74] Vgl. Günter Lanczkowski u. a., Art. »Heil und Erlösung« (1986), 605–637.

oder »Erlösung«[75] oder auch »Soteriologie«[76] vor die Aufgabe gestellt, einen den zugemessenen Umfang nicht überschreitenden Überblick über die Geschichte dieser Thematik zu geben. Es gibt signifikante Unterschiede in der Darstellung, die sich vor allem durch die in der römisch-katholischen und der reformatorischen Tradition unterschiedlich hohe Aufmerksamkeit auf das Reformationszeitalter ergeben.

In den Übersichten lassen sich folgende wiederkehrende inhaltliche Leitlinien erkennen: In den ersten Jahrhunderten der christlichen Zeitrechnung wurde insbesondere die Menschwerdung Gottes in Christus Jesus hinsichtlich ihrer soteriologischen Relevanz bedacht. Kaum ein Lexikonartikel verzichtet auf die Erwähnung der durch die Inkarnation ermöglichten »Vergöttlichung« des Menschen im Sinne der Wiederherstellung der durch den Sündenfall verlorenen Gottebenbildlichkeit in der Theologie der drei Kappadozier. Insbesondere ein Gedanke von Athanasius wird vielfach zitiert: »Gott wurde Mensch, damit der Mensch göttlich werden konnte«[77]. Weniger das Kreuzesleiden als vielmehr die Auferstehung Jesu Christi als Sieg über die Mächte der Unterwelt war Gegenstand der theologischen Betrachtung, wie auch die frühen ikonographischen Zeugnisse belegen. Festgehalten wird in den Durchsichten der Traditionsgeschichte am Ende der Schilderungen des Altertums zumeist die Trennlinie in der Weiterentwicklung im Osten und dem Westen: Während die östliche Tradition weiterhin den Spuren der göttlichen Verheißung der Verwandlung des Menschen durch Gottes Menschwerdung sowie die Sendung des Heiligen Geistes folgte, geriet die westliche Soteriologie in die Fahrwasser der durch das römische Rechtsdenken und das frühmittelalterliche Lehnswesen geprägten Vorstellung von einem Ausgleich zwischen Soll und Haben sowie einem Verdienst, den der Mensch vor Gott zu erbringen habe, um sich der

---

[75] Vgl. Jürgen Werbick / Johanna Christine Janowski, Art. »Erlösung« (2005).
[76] Vgl. Rowan Williams, Art. »Soteriologie« (^{3}1996); Harald Wagner, Art. »Soteriologie« (^{3}2000).
[77] Athanasius, De Incarnatione verbi 54,3: PG 25, 192B.

Erlösung wert zu erweisen. Unter dem Vorzeichen der beständig erinnerten Sündenlehre des Augustinus[78] wurden Begriffe wie Gehorsam, Ehre, Beleidigung und Entschädigung zu neuen Leitbegriffen in der Soteriologie. Ohne Zweifel kommt keine Darstellung der Geschichte der Soteriologie an einer intensiven Befassung mit dem Werk des Anselm von Canterbury, seiner zeitgenössischen (auch bereits kritischen) Rezeption insbesondere im Werk des Thomas von Aquin, den späteren Missdeutungen seiner Anliegen sowie der frömmigkeitsgeschichtlichen Rezeption der Satisfaktionslehre vorbei.[79] In den Lexikonartikeln fehlt es auch nicht an Hinweisen auf die Vielgestalt der Soteriologien im frühen Mittelalter. Unter den Konzepten, die sich deutlich von Anselm unterscheiden, wird vor allem auf jenes von Abaelard[80] verwiesen. Von dort ergeben sich Gedankenwege in die Mystik[81], deren Erforschung gerade auch im Hinblick auf die Vorgeschichte der Reformation in jüngerer Zeit ein Forschungsschwerpunkt geworden ist. Nach meiner Wahrnehmung gilt es, die Gesamtgeschichte der mystischen Erfahrung unter dem Formalobjekt der soteriologischen Erkenntnis noch zu schreiben. Im Blick auf das Reformationszeitalter liegt es nahe, in Beiträgen in evangelischen Lexika ausführlich zu werden und auf die bereits im 16. Jahrhundert offenkundig werdenden Differenzen zwischen der lutherischen und der reformierten Theologie einzugehen, die bis heute auch das inner-evangelische Gespräch über die Rechtfertigungslehre prägen.[82] Angesichts der immensen Zahl an theologischen Konzepten in der nachreformatorischen Zeit, aus Sicht der Religionskritik im 19. Jahrhundert sowie unter den gut erforschten Vorzeichen der unterschiedlichen Strömungen im 20. und begonnenen 21. Jahr-

---

[78] Vgl. Volker Henning Drecoll, Die Entstehung der Gnadenlehre Augustins (1999); Winrich Löhr, Sündenlehre (2007); Otto Hermann Pesch, Frei sein aus Gnade (1983), bes. 128–134.
[79] Siehe dazu hier unten Abschnitt IV.1 im thematischen Zusammenhang.
[80] Vgl. Rolf Peppermüller, Erlösung durch Liebe (2003); Richard E. Weingart, The logic of devine love (1970).
[81] Vgl. als Standardwerk zur mittelalterlichen Mystik: Kurt Ruh, Geschichte der abendländischen Mystik (1990–1999).
[82] Siehe dazu unten Abschnitt V.2.

hundert erscheint einzig die Wahl von Einzelstudien ein wissenschaftlich begründeter Weg, den Quellen gerecht zu werden. Neben der zunehmenden Verdichtung des Zweifels an einer rational zu begründenden Stimmigkeit der christlichen Soteriologie erscheinen folgende Aspekte kennzeichnend für die neuesten Entwicklungen: die nachhaltige Anerkenntnis der Verbundenheit zwischen Gotteslehre und Soteriologie; das Erfordernis eines Neuverständnisses des Sündenbegriffs im Gespräch mit den Erfahrungswissenschaften; die Bereitschaft zu einer Kontextualisierung jeder theologischen Rede unter Einbezug sozialer, wirtschaftlicher und kultureller Aspekte; das Eingeständnis, durch soteriologische Reflexionen nicht mehr erreichen zu können als den Nachweis der Begründung einer religiösen Option, die das Christentum mit anderen Erlösungsreligionen[83] teilt; sowie die Achtsamkeit auf den Zusammenhang zwischen soteriologischen und anthropologischen Aspekten, bei denen die sozialethische Dimension der Überlegungen im Blick bleibt.

Nicht viele Theologinnen und Theologen haben sich bisher an die Aufgabe herangewagt, auf engem Raum über den »Wandel der Erlösungsvorstellungen in der Theologiegeschichte«[84] zu schreiben. Greshake begründet eingangs ausführlich seine nur zögerlich getroffene Vorentscheidung, eine »Typologie der Erlösungsvorstellungen«[85] vorlegen zu wollen, mit der Sorge, auf diese Weise eine »zu starre Systematisierung«[86] zu inszenieren. Er kann sich bei seinen Bemühungen auf nur wenige vorausgehende Versuche mit analoger Zielsetzung berufen, unter denen jener von Gustaf Aulén[87] angesichts seiner weit reichenden Rezeptions-

---

[83] Vgl. zur Geschichte der Kategorie: Hans Gerhard Kippenberg, Die Entdeckung der Religionsgeschichte (1997), 172–178.
[84] Gisbert Greshake, Der Wandel der Erlösungsvorstellungen in der Theologiegeschichte (1983).
[85] Ebd., 50.
[86] Ebd., 51.
[87] Vgl. Gustaf Aulén, Den kristna Försoningstanken. Huvudtyper och Brytningar (1930; englische Übersetzung: Christus Victor [1931]); ders., Die drei Haupttypen des christlichen Versöhnungsgedankens (1931); vgl. Joseph J. Anderlonis, The soteriology of Gustaf Aulén (1988).

geschichte von besonderer Bedeutung ist. Die von Aulén getroffene Unterscheidung zwischen den drei Motiven »Christus victor« (Christus als Sieger über den Tod), »Christus victima« (Christus als stellvertretend leidendes Opfer) und »Christus exemplar« (Christus als Beispiel für eine neue Lebensexistenz) hat aus meiner Sicht bleibende Gültigkeit, auch wenn diese Motivik nicht notwendig einzelnen geschichtlichen Epochen gar in chronologischer Folge zuzuordnen ist. Greshake entwirft seine Typologie stärker unter formalen Aspekten und erkennt als Kennzeichen der Antike die Vorstellung von der »Erlösung als Paideia durch Christus«[88], als zentrale Perspektive des Mittelalters die Idee der »Erlösung als innere Begnadung des einzelnen«[89] (unter besonderer Berücksichtigung des Ordo-Gedankens) und als vorerst letzte Epoche den Leitgedanken »Erlösung als inneres Moment der Geschichte der neuzeitlichen Subjektivität«[90]. Am Ende seiner Überlegungen[91] blickt Greshake nüchtern auf den Ertrag seiner Bemühungen zurück: Typologische Erschließungen einer zweitausendjährigen Theologiegeschichte machen zum einen auf die Zeitbedingtheit jedes durch historische Forschungen zu erschließenden Entwurfs aufmerksam; so entsteht Freiheit auch für neue Denkansätze. Die Wahrnehmung der bereits in das Nachdenken über die Erlösung investierten Gedankenkraft lässt zum anderen vorsichtig sein bei der Annahme, ganz neue Vorstellungen entwickeln zu können. Wichtig erscheint ihm insbesondere der Gedanke, dass die Erlösungstheologie in der Zukunft am Ende der Neuzeit noch viel stärker als bisher nach den Bedingungen zu fragen habe, unter denen sich die menschliche Freiheit und die Subjektivität vollzieht, »Bedingungen, die konkreter, welthafter, gesellschaftlicher Art sind und die somit ihrerseits auch die Freiheit des Menschen als konkrete, welthafte, gesellschaftliche Freiheit zu begründen vermögen«[92]. Greshake mahnt an, was viele in dieser Zeit tun

---

[88] Vgl. Gisbert Greshake, Der Wandel der Erlösungsvorstellungen in der Theologiegeschichte (1983), 52–63.
[89] Vgl. ebd., 63–73.
[90] Vgl. ebd., 73–78.
[91] Vgl. ebd., 78 f.
[92] Ebd., 79.

und noch immer ein Desiderat ist: eine neue Erfahrungsnähe in der Soteriologie.

c. Einzelne (im guten Sinne) irritierende Auskünfte

Zu den im Rückblick auf die Traditionsgeschichte immer wieder bedachten Konzepten gehört jenes von Anselm von Canterbury, das er in seiner Schrift »Cur Deus homo«[93] beschrieben hat. Dieser wirkungsgeschichtlich höchst bedeutsame Entwurf wird hier in dem zu erwartenden thematischen Zusammenhang der Auseinandersetzung um die Notwendigkeit des Leidens eines einzelnen Menschen (des in Jesus Christus Mensch gewordenen Gottes) zur Sühne für die Sünden aller Geschöpfe eingehend besprochen.[94] Anselm hat in historischen Übersichten zur Soteriologie in der Regel keine gute Reputation. Zugleich gibt es lange schon und immer wieder Bemühungen, seine Überlegungen aus ihrem Entstehungskontext heraus und ihm möglichst wohlwollend gerecht werdend zu betrachten.[95]

Vor diesem Hintergrund erscheint es mir angemessen, an eine Besonderheit in seinem Gedankengut zu erinnern. Die christliche theologische Tradition stellt uns mit Anselm eine bildhafte Vorstellung vom Geschehen der Erlösung vor Augen, die beim ersten Hinsehen Verwunderung auslösen könnte: Jesu Tun ist dem Handeln und Erleiden einer werdenden Mutter vergleichbar. »Erlösen« ist wie »Gebären«. Anselm von Canterbury nahm diese metaphorische Rede in seiner vor 1085 datierten »Oratio ad sanctum Paulum« in Anspruch, um von der Leben stiftenden Sterbebereitschaft Jesu zu sprechen: »Und du, Jesus, liebster Herr, bist du nicht auch Mutter? Wahrlich du bist eine Mutter, die Mutter aller Mütter. Du hast den Tod geschmeckt, in deinem Wunsch, deinen

---

[93] Anselm von Canterbury, Cur deus homo (hg. von Franciscus Salesius Schmitt, ⁵1995).
[94] Siehe unten Abschnitt IV.1.
[95] Vgl. Gerhard Gäde, Eine andere Barmherzigkeit (1989); Gisbert Greshake, Erlösung und Freiheit (1983); ders., Erlöste Freiheit (1978); vgl. auch in neuerer Zeit: Stephan Schaede, Stellvertretung (2004).

Kindern Leben zu geben«[96]. Die Erinnerung an die Erfahrung gebärender Frauen, in den Wehen des Todes zu liegen und diese Wehen zu bejahen in der liebenden Bereitschaft, sich selbst schmerzvoll den Leib zerreißen lassen zu wollen, damit das lange getragene Leben ans Licht kommen und schreiend sein Dasein zu Gehör bringen kann, illustriert die theologische Rede von der soteriologischen Relevanz des Todes Jesu und verleiht ihr Aussagekraft.

Anselm von Canterbury steht mit seiner Bildrede von der Mütterlichkeit Jesu in einer breiten Tradition patristischer und mittelalterlicher Soteriologie.[97] Diese metaphorische Sprechweise hat biblische Wurzeln[98], sie ist sowohl in der östlichen als auch in

---

[96] Diese deutsche Übersetzung eines Ausschnittes aus einem Gebet des Anselm findet sich in: Sybille Fritsch / Bärbel von Wartenberg-Potter (Hg.), Die tägliche Erfindung der Zärtlichkeit (³1990), 19. Das lateinische Original lautet in seinem Zusammenhang: »Sed et tu Iesu, bone domine, nonne et tu mater? An non est mater, qui tamquam gallina congregat sub alas pullos suos? Vere, domine, et tu mater. Nam et quod alii parturierunt et pepererunt, a te acceperunt. Tu prios illos et quod perererunt parturiendo mortuus es et moriendo peperisti. Nam nisi parturisses, mortem non sustinuisses; et nisi mortuus esses, non peperisses. Desiderio enim gignendi filios ad vitam mortem gustasti, et moriens genuisti. Tu per te, illi iussi et adiuti a te. Tu ut auctor, illi ut ministri. Ergo tu, domine deus, magis mater« (Anselm von Canterbury, Oratio ad sanctum PAULUM: Franciscus Salesius Schmitt [Hg.], S. Anselmi Cantuariensis Archiepiscopi Opera Omnia T. 2, Vol. 3, Oratio 10 [1968], 40).

[97] Vgl. André Cabassut, Une dévotion médiévale peu connue: la dévotion à Jésus notre mère (1949); Balthasar Fischer, »Jesus, unsere Mutter« (1985).

[98] Im Hintergrund der christologischen Verwendung des Bildes der lebenschenkenden Geburt stehen entsprechende biblische Bildreden von Gottes »Mütterlichkeit« in seinem schöpferischen Gebären und Nähren (Num 11,11–13; Dtn 32,18; Hos 11,1–11; Jes 66,13): vgl. Marie-Theres Wacker, Gott als Mutter? (1989); Helen Schüngel-Straumann, Denn Gott bin ich, und kein Mann (1996); Virginia R. Mollenkott, Gott eine Frau? (³1990), bes. 21–31; Irmgard Kampmann, Vom Gebären Gottes (1996); Luzia Sutter-Rehmann, »Geh, frage die Gebärerin ...« (1995). Balthasar Fischer verweist im Blick auf das neutestamentliche Zeugnis auf die auch von Anselm angesprochene Selbstdarstellung Jesu im Bild einer Henne, die ihre Küken unter ihre Flügel nehmen will (Mt 23,27): vgl. Balthasar Fischer, »Jesus unsere Mutter« (1985), 148. Die neutestamentliche Bildrede von der Mütterlichkeit der

der westlichen Väterliteratur belegt[99], und sie blieb im Mittelalter insbesondere in der zisterziensischen Frömmigkeit – vor allem in den Schriften des Bernhard von Clairvaux – präsent. All dies ist nicht in jeder Übersicht über die Geschichte der Soteriologien nachzulesen. Auf den für Frauen spezifischen Kontext soteriologischer Themen werde ich hier später zurückkommen.[100]

3. Die Soteriologie im Miteinander der dogmatischen Traktate

a. Dogmatik auf der Suche nach ihrer »heilsgeschichtlichen« Grundstruktur

Es ist eine gute Übung auch noch in der heutigen Dogmatik, Bedeutung und Grenzen der Darbietung ihrer Lehrgehalte in Form einzelner Traktate selbstkritisch zu reflektieren. Sie steht dabei in der Tradition der Neubesinnung auf Inhalte und Methoden der Dogmatik, die in Auseinandersetzung mit der neuscholastischen Handbuchliteratur bereits lange vor dem 2. Vatikanischen Konzil begann. In den späten 50er Jahren festigte sich eine Idee, die erst nach dem Konzil in dem mehrbändigen Werk »Mysterium Salutis«[101] ihre Verwirklichung fand: die Erarbeitung einer Dogmatik als Gemeinschaftswerk von Autoren, die zusammen einem Leitgedanken folgen und sich zugleich in ihren Teilbereichen spezifisch kompetent erweisen. Der Aspekt einer intendierten Nachzeichnung der »Heilsgeschichte« war dabei zentral. Dies lässt sich im Sinne einer Zustimmung zur hohen Bedeutung der Soteriologie in der Dogmatik bei gleichzeitiger Achtsamkeit auf die Bezogenheit der Rede von Gottes erlösendem Handeln auf die Geschichte der Offenbarung verstehen. Die Herausgeber von

---

Apostel (1 Thess 2,7; Gal 4,19) hatte Einfluss auf die Ausbildung der mittelalterlichen Vorstellung von der Mütterlichkeit der Äbte.
[99] Vgl. Balthasar Fischer, »Jesus, unsere Mutter« (1985), 150 f.
[100] Siehe unten Abschnitt V.1.
[101] Vgl. Johannes Feiner / Magnus Löhrer (Hg.), Mysterium Salutis, 5 Bde. (1965–1976; Ergänzungsband 1981).

II. Rückblicke

»Mysterium Salutis« legten großen Wert darauf, zunächst einleitend an die lange Tradition dieses Anliegens zu erinnern, das keineswegs zuvor unbekannt war: »Trotz aller Neuansätze, die in einer heutigen heilsgeschichtlichen Dogmatik auszubilden sind, bedeutet diese keinen Bruch mit der vorausgehenden theologischen Überlieferung. Wenn heute die Heilsgeschichte in den Mittelpunkt theologischer Betrachtung rückt oder zumindest eine zentrale Frage ist, der sich das theologische Denken zu stellen hat, so handelt es sich dabei doch nicht einfach um eine Neuentdeckung. Mit viel mehr Recht spricht man von einer Neubesinnung auf eine Sicht, die in der Schrift ihre Wurzeln hat und bei den Kirchenvätern (…) ausgestaltet wird, die aber auch in der Scholastik trotz aller tiefgreifenden Änderung des theologischen Denkens noch beheimatet ist«[102]. Das Erfordernis, gerade angesichts der historischen Ereignisse im 20. Jahrhundert den Begriff der »Heilsgeschichte« zu erläutern, war bei der Konzeption dieses ambitionierten Vorhabens von Beginn an im Blick.[103] Ist es nicht eher die »Unheilsgeschichte« der Schöpfung, in der sich Gottes Handeln dennoch als erlösend erweist?

Einen wichtigen Anstoß für das Nachdenken über die angemessene Aufteilung der Gebiete der Dogmatik unter gleichzeitiger Berücksichtigung einer Grundidee gab Karl Rahner in seinem 1954 erstmals veröffentlichten »Versuch eines Aufrisses einer Dogmatik«[104], bei dem er offenkundig gleich zu Beginn das Empfinden hatte, sich für ein solches Vorhaben rechtfertigen zu müssen: »Wenn es heute fast unmöglich zu werden scheint, dass ein Theologe allein eine ganze Dogmatik schreibt, die mehr als ein Schulbuch oder – im ganzen – eine gefällige Zusammenfassung dessen ist, was man darüber zu sagen pflegt, dann ist auch ein nicht ausgeführtes Programm einer Dogmatik als Vorschlag und erste Diskussionsgrundlage für die Frage: wie sollte eine Gruppe von Theologen zusammen eine katholische Dogmatik von heute auszuarbeiten versuchen? doch vielleicht nicht nur unbescheidene

---

[102] Johannes Feiner / Magnus Löhrer, Einleitung (1965), XXIII.
[103] Vgl. Adolf Darlap, Fundamentale Theologie der Heilsgeschichte (1965).
[104] Karl Rahner, Über den Versuch eines Aufrisses einer Dogmatik (1954), 9.

Besserwisserei.«[105] Der von Rahner am Ende seiner grundlegenden Überlegungen vorgelegte »Aufriss einer Dogmatik«[106] gibt den soteriologischen Aspekten einen hohen Stellenwert: Rahner unterscheidet zwischen einem ersten Hauptteil (Formale und fundamentale Theologie) und einem zweiten Hauptteil (Spezielle Dogmatik). Dieser zweite Hauptteil hat wiederum zwei Teile: der erste befasst sich mit dem Menschen und seiner Lebenswelt, der zweite ist mit »Fall und Erlösung« überschrieben.[107] Anthropologie (schöpfungstheologisch geweitet) und Soteriologie sind die beiden Hauptthemen, denen Rahner die weiteren Fragen zuordnet. Die Gotteslehre, die Gnadenlehre und Teile der Christologie sind – gewiss problematisch – an die Anthropologie (im Sinne der Klärung des Verhältnisses zwischen Gott und dem Menschen) rückgebunden. Unter dem Vorzeichen der Rede von »Erlösung« werden alle weiteren Themen behandelt, die ihren Ausgangspunkt in der Sündenlehre haben. Fragen der Ekklesiologie, der Sakramentenlehre und der Eschatologie sind unter dieses soteriologische Vorzeichen gestellt. Unter der Überschrift »Theologische Anthropologie des Erlösten«[108] versammelt Rahner Gedanken zum Leben der Getauften im Sinne der Rechtfertigungsbotschaft, zur Ämterlehre auf der Basis der Charismenlehre, zur Eucharistietheologie und zur Theologie der Buße. Gewiss lässt sich über die Anordnung der Themen der Dogmatik im Aufriss von Rahner streiten – insbesondere über die konsequente Zuordnung des Gottesgedankens zu Fragen der Anthropologie. Eines erscheint mir jedoch nachhaltig von Bedeutung: Es verändert den Blick auf die Dogmatik insbesondere in Hinsicht auf die Reflexionen über das kirchliche Handeln, wenn diese konsequent der Frage zugeordnet werden, welche Bedeutung diesen Überlegungen angesichts des »Sündenfalls« der Geschöpfe zukommt. Die soteriologische Zentrierung der Gedankengänge trägt zu einer – im guten Sinne gemeinten – Relativierung der Einzelthemen bei: Jeder Gedanke

---

[105] Ebd., 9.
[106] Vgl. ebd., 29–47.
[107] Vgl. ebd., 39.
[108] Vgl. ebd., 44–47.

dient der Erschließung der soteriologischen Relevanz der in der Dogmatik bedachten Institutionen im großen Drama der folgenreichen Geschichte des »Sündenfalls«. Gerade weil die Unterscheidung zwischen der »supralapsarischen« Existenz des Menschen (ohne oder vor dem Sündenfall) und seinem »infralapsarischen« Dasein (nach dem Sündenfall und mit seinen Folgen) nicht als Widerschein einer linear-zeitlichen, chronologischen Folge gar mit historischer Begründung missverstanden werden darf, gilt es die Bedeutung der Wendebewegungen vom Heil ins Unheil und wieder ins Heil in jedem dogmatischen Lehrstück zu bedenken. Die Einteilung in Traktate hat dann nur noch eine pragmatische Intention: Die eine große Frage nach der in Gott begründeten Hoffnung auf Erlösung lässt sich nicht zu jeder Zeit unter allen Rücksichten zugleich betrachten.

b. Die Idee des »nexus mysteriorum«

Der überlieferte Gedanke, dass es einen inneren Zusammenhang aller Glaubensgeheimnisse gibt, einen »nexus mysteriorum«, ist in einer Zeit entstanden, in der die Lehrtradition intensiv über das Verhältnis zwischen Glaube und Vernunft[109], über »fides et ratio«, nachdachte: im Kontext des 1. Vatikanischen Konzils und seinen Überlegungen zur Tragweite der »natürlichen Gotteserkenntnis«[110]. Dieses Konzil verteidigte die menschlichen Möglichkeiten zu einer Gesamtschau der Geheimnisse des Glaubens und bestimmte zugleich deren Grenzen (in Auseinandersetzung sowohl mit dem Fideismus als auch mit dem Rationalismus): »Zwar verlangt die vom Glauben erleuchtete Vernunft, wenn sie fleißig, fromm und nüchtern forscht, sowohl aufgrund der Analogie mit

---

[109] Vgl. zu den jüngeren Überlegungen zu einer angemessenen Verhältnisbestimmung zwischen Glaube und Vernunft exemplarisch: Klaus Müller, Vernunft und Glaube (2005); Christoph Böttigheimer, Wie vernünftig ist der Glaube? (2005); Alain de Libera, Raison et foi (2003); Erwin Dirscherl / Christoph Dohmen (Hg.), Glaube und Vernunft (2008).
[110] Vgl. Michael Kappes, »Natürliche Theologie« als innerprotestantisches und ökumenisches Problem? (1989).

dem, was sie auf natürliche Weise erkennt, als auch aufgrund des Zusammenhanges der Geheimnisse selbst untereinander [e (sic!) mysteriorum ipsorum nexu inter se] und mit dem letzten Zwecke des Menschen mit Gottes Hilfe eine gewisse Erkenntnis der Geheimnisse, und zwar eine sehr fruchtbare; niemals wird sie jedoch befähigt, sie genauso zu durchschauen wie die Wahrheiten, die ihren eigentlichen ›Erkenntnis‹gegenstand ausmachen. Denn die göttlichen Geheimnisse übersteigen ihrer eigenen Natur nach so den geschaffenen Verstand, dass sie, auch wenn sie durch die Offenbarung mitgeteilt und im Glauben angenommen wurden, dennoch mit dem Schleier des Glaubens selbst bedeckt und gleichsam von einem gewissen Dunkel umhüllt bleiben, solange wir in diesem sterblichen Leben ›ferne vom Herrn pilgern: im Glauben wandeln wir nämlich und nicht im Schauen‹ [2 Kor 5,6 f.].«[111]
Die Erkenntnis der inneren Stimmigkeit der Glaubenslehren gibt aus Sicht des 1. Vatikanischen Konzils Anlass, auf deren Anerkenntnis zu vertrauen. In einer aus meiner Sicht sinngemäß geschehenden Erweiterung dieses Gedankens kann dies zu einer verstärkten Bemühung um Erfahrungsnähe in allen theologischen Lehrgehalten ermutigen: Menschen heute erkennen nur dann eine Stimmigkeit in der religiösen Rede, wenn sie diese in Verbindung bringen können mit ihren Alltagserfahrungen. Insbesondere die Soteriologie ist in dieser Hinsicht gefordert.

Die Vorstellung von einem bestehenden »nexus mysteriorum« wurde im Umfeld des 2. Vatikanischen Konzils insbesondere von Hermann Volk aufgenommen.[112] Die Systematische Theologie hatte und hat in ihrer Geschichte vielfältigen Anlass, über die Möglichkeiten und die Grenzen ihrer Wirksamkeit nachzudenken. Diese grundlegenden Überlegungen haben immer wieder dazu veranlasst, das Offenbarwerden der göttlichen Heilsbotschaft in Christus Jesus als den (oft zu wenig explizit bedachten)

---

[111] 1. Vatikanisches Konzil, Dogmatische Konstitution über den katholischen Glauben »Dei Filius«: DH 3016.
[112] Vgl. Hermann Volk, Einheit als theologisches Problem (1961). Dies veranlasste Heribert Löbbert dazu, seine Dissertation über das theologische Werk von Hermann Volk unter dem Titel »Zusammenhang« zu veröffentlichen: vgl. Heribert Löbbert, Zusammenhang (1995), bes. 97–125.

»Knotenpunkt« aller Überlegungen zu betrachten, an dem alle »Einzelfäden« der theologischen Erkenntnisse fest miteinander verknüpft sind. Wie oben ausgeführt[113], ist es das Verdienst der systematisch-theologischen Reflexion in der Zeit nach dem 2. Vatikanischen Konzil, an die Verbundenheit aller Verkündigungsgehalte mit der Rede vom erlösenden Handeln Gottes erinnert zu haben.

c. Die ökumenische Relevanz der christologisch bestimmten »Hierarchie der Wahrheiten«

In der christlichen Ökumene steht außer Frage, dass der beständige Bezug auf das Christus-Geschehen den inneren Zusammenhang aller gemeinsamen Überzeugungen begründet. Um die wichtige Aufgabe zu erfüllen, die Christologie (Rede vom personalen Wesen Jesu Christi) und die Soteriologie (Rede von der Bedeutung Jesu Christi für die Schöpfung) in eine angemessene Beziehung zueinander zu setzen, wird hier später noch ausführlich Gelegenheit sein.[114] An dieser Stelle möchte ich zunächst nur darauf hinweisen, dass es ein hohes, auch ökumenisch-theologisch begründetes Interesse an einer soteriologischen Zentrierung der Systematischen Theologie gibt.

In diesem Zusammenhang wirkte sich die Äußerung des 2. Vatikanischen Konzils über die bestehende »Hierarchie der Wahrheiten« als hilfreich aus.[115] Das Dekret über den Ökumenis-

---

[113] Siehe oben Abschnitt II.1.
[114] Siehe unten Abschnitt IV.2.
[115] Vgl. Heribert Mühlen, Die Lehre des Vaticanum II über die »hierarchia veritatum« und ihre Bedeutung für den ökumenischen Dialog (1966); Ulrich Valeske, Hierarchia Veritatum (1968); Waslaw Hryniewicz, La hiérarchie des vérités (1978); Yves Congar, La »Hierarchia Veritatum« (1982); Armin Kreiner, »Hierarchia Veritatum« (1992); Wolfgang Thönissen, Hierarchia Veritatum (2000); Otto Hermann Pesch, »Hierarchie der Wahrheiten« – und die ökumenische Praxis (2001); Bernd Jochen Hilberath, Theologischer Kommentar zum Dekret über den Ökumenismus (2005), 150–157; Dorothea Sattler, Salus animarum – suprema veritas (2008).

mus »Unitatis redintegratio« lehrt: »Beim Vergleich der Lehren miteinander soll man nicht vergessen, dass es eine Rangordnung oder ›Hierarchie‹ der Wahrheiten innerhalb der katholischen Lehre gibt, je nach ihrer verschiedenen Art des Zusammenhangs mit dem Fundament des christlichen Glaubens. So wird der Weg bereitet werden, auf dem alle in diesem brüderlichen Wettbewerb zur tieferen Erkenntnis und deutlicheren Darstellung der unerforschlichen Reichtümer Christi angeregt werden.«[116] Der Gedanke, eine qualitative Rangordnung unter den allesamt als wahr zu betrachtenden römisch-katholischen Lehrmeinungen vorzunehmen, wurde bereits in einer frühen Phase der Konzils, zwischen der ersten und der zweiten Sitzungsperiode im Sommer 1963, mit dem Ziel in das Gespräch gebracht, den protestantischen kirchlichen Traditionen eine schrittweise Rückkehr zur vollen Wahrheit zu ermöglichen: Nach der erfolgten Anerkennung des christologisch-soteriologischen Fundamentaldogmas erschien es demnach aussichtsreich, dann auch die anderen Lehren einsichtig werden zu lassen, so die sakramentale Gemeinschaft vorzubereiten und schließlich auch auf eine institutionelle Einheit hinzuwirken. Vor dem Hintergrund der bereits geführten theologischen Diskussion hielt Erzbischof Andrea Pangrazio von Gorizia (Görz) bei der ersten Beratung des Schemas des späteren Ökumenismusdekrets am 25. November 1963 eine viel beachtete Rede, in der er insbesondere an die christologische Mitte des gemeinsamen Bekenntnisses erinnerte, auf das Wirken des Heiligen Geistes auch außerhalb der römisch-katholischen Kirche hinwies und die bereits bestehende Einheit der Kirchen als begründete Annahme darstellte. Den Begriff der (objektiv bestehenden) »hierarchia veritatum« übernahm Pangrazio von Christophe-Jean R. Dumont, differenzierte jedoch nochmals zwischen Wahrheiten, die das Ziel der Glaubensexistenz im Blick haben (vor allem die religiöse Zustimmung zum Bekenntnis der Erlösung durch den dreieinigen Gott), und anderen, die die Wege der Vermittlung beschreiben (sakramentale und institutionelle Wirklichkeit der Kir-

---

[116] 2. Vatikanisches Konzil, Dekret über den Ökumenismus »Unitatis Redintegratio«, Nr. 11.

che). Einem Textmodus von Kardinal Franz König, Wien, ist es zu verdanken, dass die Rede von der »Hierarchie der Wahrheiten« in das Konzilsdokument Aufnahme fand. In – aus Sicht von Yves Congar – »mäßigem Latein« (»latin médiocre«[117]) hatte dieser einen gegenüber den bis dahin vorliegenden Entwürfen nochmals veränderten Textvorschlag in die Konzilsberatungen eingebracht, der dann so wörtlich in die heutige Nr.11 des Ökumenismusdekrets aufgenommen wurde. Diese Passage gehört zu nicht wenigen, die bei den Beratungen des Konzils aufgrund ihrer selbst in der lateinischen Fremdsprache bewahrten leichten gedanklichen Zugänglichkeit auf allgemeine Zustimmung trafen.

Die konziliare Rede von der »Hierarchie der Wahrheiten« kann im Blick auf ihre Rezeption wie kaum eine andere auf eine Erfolgsgeschichte zurückblicken: Bereits kurz nach Ende des Konzils wurde sie in mehreren Beiträgen einer umfassenden – von Beginn an den inner-römisch-katholischen Raum überschreitenden – theologischen Prüfung unterzogen. Im Vordergrund stand dabei vor allem die Frage, ob diese Lehrmeinung als ein Traditionsbruch verstanden werden müsse. Gut im Gedächtnis war noch die Enzyklika Pius' XI. »Mortalium animos« von 1928[118], die – in formaler Hinsicht – die Gleichrangigkeit aller römisch-katholischen Lehrmeinungen einforderte und sich gegen die Übernahme der in der evangelischen Theologie vielfach besprochenen »Fundamentalartikel« verwahrte. Kontinuitäten nachweisen zu können oder Diskontinuitäten einräumen zu müssen – diese Aufgabenstellung war in der unmittelbar nachkonziliaren Zeit vor allem angesichts der konziliaren Aussagen in den Themenkreisen Religionsfreiheit und Ökumene von hoher Bedeutung. Im Blick auf die Rede von der »Hierarchie der Wahrheiten« fällt es nicht schwer, auf Quellen in den Väterschriften und in der mittelalterlichen Literatur hinzuweisen, die Differenzierungen im Blick auf den Stellenwert einzelner Lehraussagen vorgenommen haben.

---

[117] Yves Congar, Diversités et communion (1982), 187.
[118] Text in: Anton Rohrbasser (Hg.), Die Heilslehre der Kirche (1953), Nr. 669–689.

Auch in späteren Zeiten hat das Interesse an einer angemessenen Interpretation der »Hierarchie der Wahrheiten« nicht nachgelassen. Bestimmend blieb dabei insbesondere der ökumenische Kontext der Überlegungen. Im Rahmen des Besuchs von Johannes Paul II. 1984 beim Ökumenischen Rat der Kirchen (ÖRK) in Genf kam es auch zu einer Begegnung mit dem langjährigen Generalsekretär William A. Visser't Hooft, der aus diesem Anlass erneut seine Wertschätzung der Rede von der Hierarchie der Wahrheiten zum Ausdruck brachte, die er bereits zur Zeit des 2. Vatikanischen Konzils formuliert hatte.[119] Visser't Hooft regte eine gemeinsame Anstrengung der Gemeinsamen Arbeitsgruppe der Römisch-Katholischen Kirche und des ÖRK an, die durch diese konziliare Lehre eröffneten Möglichkeiten auszuloten. Er traf mit diesem Vorschlag auf breite Zustimmung. In dem daraufhin vereinbarten und 1990 verabschiedeten Studiendokument[120] geschieht eine umfassende Sichtung der Tragweite eines solchen Ansatzes in der ökumenischen Hermeneutik. Die in UR 11 verwendeten Begriffe »Hierarchie«, »Fundament« und »Zusammenhang« werden einer eingehenden Prüfung unterzogen. Eindeutig ist die gemeinsame Zustimmung zur christologisch-soteriologischen Zentrierung in der Auslegung der Rede vom »Fundament des christlichen Glaubens«: »Bei jedem Versuch, dieses Fundament auf einer konzeptionellen Ebene zu beschreiben, sollte auf die Person und das Geheimnis Jesu Christi als wahrer Gott und wahrer Mensch Bezug genommen werden. (…) In Leben, Tod und Auferstehung des Sohnes des Vaters ist Gott zu unserer Erlösung unter uns gekommen, und der Heilige Geist ist in unsere Herzen gegossen worden.«[121] Die Zeit der Suche nach den »Kurzformeln des Glaubens« war inzwischen gekommen und eine neue Runde in der Suche nach dem »Wesen des Christentums« wurde eröffnet – diesmal unter ökumenischen Vorzeichen.[122] Im weltweiten Kontext be-

---

[119] Vgl. die Belege bei Ulrich Valeske, Hierarchia Veritatum (1968), 51 f.
[120] Vgl. Der Begriff der »Hierarchie der Wahrheiten« – eine ökumenische Interpretation (1990).
[121] Ebd., 756 (Nr. 22).
[122] Vgl. Mariano Delgado (Hg.), Das Christentum der Theologen im 20. Jahrhundert (2000).

trachtet, bewirkte die innerchristliche Zersplitterung weiterhin eine Schwächung des missionarischen Impulses. Es galt, die christlichen Kräfte zu bündeln und gemeinsam auf das Wesentliche zu schauen – jedenfalls dann, wenn durch Handlungen etwas bewirkt werden sollte.

Neue Wertschätzung hat die Rede von der Hierarchie der Wahrheiten im Umfeld der »Gemeinsamen Erklärung zur Rechtfertigungslehre« erlangt, die am 31. Oktober 1999 in Augsburg von Repräsentantinnen und Repräsentanten des Lutherischen Weltbunds und der Römisch-katholischen Kirche unterzeichnet wurde.[123] In einer sehr viel und auch kontrovers besprochenen Passage des Dokuments[124] heißt es: »(17) Gemeinsam sind wir der Überzeugung, dass die Botschaft von der Rechtfertigung uns in besonderer Weise auf die Mitte des neutestamentlichen Zeugnisses von Gottes Heilshandeln in Christus verweist: Sie sagt uns, dass wir Sünder unser neues Leben allein der vergebenden und neu schaffenden Barmherzigkeit Gottes verdanken, die wir uns nur schenken lassen und im Glauben empfangen, aber nie – in welcher Form auch immer – verdienen können. (18) Darum ist die Lehre von der Rechtfertigung, die diese Botschaft aufnimmt und entfaltet, nicht nur ein Teilstück der christlichen Glaubenslehre. Sie steht in einem wesenhaften Bezug zu allen Glaubenswahrheiten, die miteinander in einem inneren Zusammenhang zu sehen sind. Sie ist ein unverzichtbares Kriterium, das die gesamte Lehre und Praxis der Kirche unablässig auf Christus hin orientieren will.«[125]

Kriterien dienen als Unterscheidungsmerkmale. Sie zielen Handlungen an. Die offene Rede von einer bestehenden Hierarchie der Wahrheiten lässt noch nicht erkennen, was geschieht, wenn eine Lehrmeinung weit entfernt erscheint von der Mitte der christlichen Glaubensexistenz. Kriteriologien gehen diesbe-

---

[123] Vgl. Gemeinsame Erklärung zur Rechtfertigungslehre des Lutherischen Weltbunds und der Katholischen Kirche (1999).
[124] Vgl. Dorothea Sattler, »… Die gesamte Lehre und Praxis der Kirche unablässig auf Christus hin orientieren …« (1998).
[125] Gemeinsame Erklärung zur Rechtfertigungslehre (1999), 424 (Nr. 17 f.).

züglich einen Schritt weiter: Sie können dazu herangezogen werden, die argumentative Grundlage für die Marginalisierung einzelner Sachpositionen zu bilden. Was randständig ist, darf nicht den Anspruch erheben, in gleicher Intensität handlungsrelevant zu werden wie elementare christliche Wahrheiten. Es sollte eine Entsprechung geben zwischen der Formulierung der Mitte des christlichen Glaubens und den Konsequenzen auf der Handlungsebene auch in ekklesiologischer Perspektive. Auf die ökumenischen Implikationen einer soteriologisch ausgerichteten ökumenischen Hermeneutik werde ich später wieder zurückkommen.[126]

d. Das besondere Verhältnis von Protologie, Soteriologie und Eschatologie

Neben Bezügen zur Christologie werden in der Soteriologie mit guten Gründen Verbindungen zur Schöpfungslehre und der Eschatologie aufgesucht. Dabei haben Blicke auf die Eschatologie eine längere Tradition, weil in christlicher Perspektive Erlösung nur unter Einbezug der Lebensperspektive über den Tod hinaus angemessen zu besprechen ist. Aus meiner Sicht ist es heute jedoch ebenso wichtig, die Schöpfungslehre bereits im soteriologischen Zusammenhang zu betreiben. Das alte Lehrstück von der Schöpfungsmittlerschaft Jesu Christi ist in diesem Zusammenhang wieder neu zu bedenken.[127]

In einer knappen Zusammenschau, die eine weitere Hilfe zum Verständnis der Grundanliegen dieses Buches sein soll, stellt sich der Zusammenhang zwischen der Schöpfungslehre (Protologie), der Erlösungslehre (Soteriologie) und der Vollendungslehre (Eschatologie) bezogen auf die Wirklichkeit des Lebens aus meiner Sicht in Stichworten, die später manche Wiederaufnahme erfahren werden, so dar:

---

[126] Siehe unten Abschnitt V.2.
[127] Vgl. Dorothea Sattler, »Ohne das Wort wurde nichts, was geworden ist« (Joh 1,3) (2010). Siehe dazu auch unten Abschnitte IV.2 und IV.3.

II. Rückblicke

(1) Grundlegende Aussagen

Das erlöste und vollendete Leben lässt sich schöpfungstheologisch betrachten: *Leben für alle* ist in der Gemeinschaft aller Geschöpfe möglich. Die Schöpfungstheologie legt es nahe, in jedem Kontext und in jedem Augenblick auf die göttliche Bejahung jedes Geschöpfes aufmerksam zu sein. *Schon immer*: Das Geschenk des Lebens ist eine bleibende Vor-Gabe Gottes. Die Schöpfungslehre erinnert an die immer allein in Gottes Wirken begründete Bewahrung des Lebens. Das Leben gestaltet sich *im Miteinander*. Die Schöpfungslehre hält im Blick auf das Menschsein das fruchtbare Miteinander von Mann und Frau als die von Gott gewollte Lebensform fest. Gewiss ist es angemessen, Zweisamkeit und Fruchtbarkeit in einem weiten Kontext möglicher Konkretisierungen zu verstehen.

Das erschaffene und vollendete Leben lässt sich soteriologisch betrachten: Jede Lebensweise ist ein *Wagnis*, das personal zu verantworten ist. Gott und auch die Geschöpfe sind freiheitlich eingebunden in das Geschehen der Erlösung. In den *Wendezeiten* des Lebens sind Entscheidungen zu treffen. Die Erlösungslehre nimmt die kritischen Momente im Leben mit besonderer Aufmerksamkeit in den Blick. Auch Gott selbst wollte sich in einer Entscheidungssituation (im Tod seines Gesandten Christus Jesus) in letzter Klarheit verständlich machen in seiner abgründigen Liebe. Gott verheißt Leben *trotz Sünde und Tod*. Die beständigen Bezugspunkte in der Soteriologie sind Sünde (Schuldverstrickung) und Tod (Endlichkeit). Gottes Zusage des Lebens gilt auch den Sünderinnen und Sündern. Vollendetes Leben gibt es nur im Gedächtnis des irdischen Lebens.

Das erschaffene und erlöste Leben lässt sich eschatologisch betrachten: *Für alle* besteht eine Verheißung neuen Lebens. Die paradiesischen Verhältnisse erstehen neu. Die gesamte Schöpfung ist dazu berufen, wieder in die ohne Bedrohung existierende Gemeinschaft mit Gott zurück zu finden. Für alle soll alles gut werden. *Auf immer* soll das Leben unbedroht bleiben. Wer je aufmerksam ist auf die Schwierigkeiten auch im eigenen Leben, »paradiesische« Zustände auf Dauer zu bewahren, wird ermessen können, was eine solche Verheißung impliziert: Offenkundig eine vorbehaltlose liebevolle Anteilnahme aneinander als Geschöpfe, die Menschen in ihrem Alltag nicht immer leicht fällt. Die Anteilnahme aneinander schließt auch die sensible Wahrnehmung aller Leiden ein. Erlöstes Leben gestaltet sich *in beständiger Wachheit*. Es gibt viele Bilder von der eschatologischen Vollendung. Ewige Ruhe und beständige Wachheit stehen auf der Bildebene in Konkurrenz miteinander. Vielleicht gibt es ja diese Erfahrung im erlösten Dasein einstmals: Wach ruhend um die Lösung aller Lebenssorgen wissen – und dabei sich angenommen erfahren von Gott – und möglichst auch von allen anderen Wesen.

(2) Ausgewählte Detailfragen

In einzelnen biblisch konnotierten Themenbereichen wird die Verbindung zwischen der Soteriologie und der Schöpfungslehre besonders deutlich: Jesus Christus wird in den deutero-paulinischen Schriften (vgl. Eph 1,3–10; Kol 1,15–20) als eine Gestalt der Verheißung beschrieben, in der Schöpfung und Erlösung sich verbinden. Dabei werden Motive der alttestamentlichen Weisheitslehre aufgenommen (vgl. Spr 8,22–31). Der sich nicht leicht erschließende theologische Gedanke dabei kann so zusammengefasst werden: Von allem Anfang an hat Gott der Schöpfung eine sehr gute Ordnung – einen Sinn (logos) – gegeben. Dieser zunächst verborgene Sinn der Schöpfung ist in Jesus Christus Mensch geworden. Auch die (echten) paulinischen Schriften kennen den Zusammenhang zwischen Schöpfung und Erlösung. Sie sind noch weniger christologisch, vielmehr stärker soteriologisch ausgerichtet: Die gesamte Schöpfung wartet auf die Erlösung.

Es bestehen darüber hinaus vielfältige Möglichkeiten, die Themen der Eschatologie in eine enge Verbindung mit Fragen der Soteriologie zu bringen: Bei der Thematik der eschatologischen *Läuterung* erscheinen Erkenntnisse der Biographieforschung heute weiterführend: Rückblickend auf die eigene Lebensgeschichte entwirft der Mensch ein Konzept seiner Persönlichkeit; er versucht Zusammenhänge zu erschließen; vorstellbar ist, dass in Gottes Heiligem Geist Selbstwahrnehmungen (der Person in der Läuterung) und Fremdwahrnehmungen (der mitlebenden Menschen) zueinander geführt werden können. Das Ziel dieser rückblickenden Betrachtung der Lebensgeschichte ist immer die Versöhnung – die eigene Selbstannahme des Menschen angesichts der Zuwendung Gottes zu ihm und zugleich Einsicht in die zu Teilen selbst verursachten Zusammenhänge in den Leidensgeschichten der Menschen.

Die neuere systematisch-theologische Rede von Gottes *Gericht* steht vor keiner leichten Aufgabe: Die herkömmliche Vorstellung der Trennung von Leib und Seele im Tod der Einzelnen, von dem sofortigen individuellen, besonderen Gericht über die Seele sowie einem »Wartezustand« vor dem universalen, allgemeinen Gericht am Jüngsten Tag über die mit ihren Leibern wiederbekleideten Seelen, dieses eschatologische Szenario büßte in den letzten Jahrzehnten seine einstige Plausibilität ein. Eine solche Vorstellung scheint nicht zu der ganzheitlichen biblischen Anthropologie zu passen. Das Modell problematisiert die in die Ewigkeit eingetragenen linearen Zeitvorstellungen nicht und es vermag die zu keiner Zeit aufzulösende Verbundenheit des Lebens der Einzelnen mit dem Leben der anderen Geschöpfe nicht zum Ausdruck zu bringen. Das Unbehagen gegenüber diesem Modell motivierte zur Entwicklung von Alternativen – insbesondere zu der Vorstellung einer »Auferstehung im Tod«. So ist sowohl die Rede vom »Einzelgericht« als auch die Rede vom »Weltgericht« theologisch unverzichtbar. Beide Redegestalten bringen je Eigenes zur Sprache: Die einzelnen Menschen stehen in unvertretbarer Verantwortung vor Gott: Einzelgericht geschieht. Das Unrecht und Gottes Gerechtigkeit werden vor aller Augen offenbar: Universales Gericht geschieht. Im eschatologischen Kontext werden die ethischen Implikationen der Soteriologie deutlich bewusst.

Der (neue) eschatologische *Begriff von Leiblichkeit* versteht diese als die durch gestaltete Beziehungen gewordene Lebensgeschichte. Ein solches Vorstellungsmodell nimmt an, dass eine Vollendung des Lebens sich nur in versöhnter Gemeinschaft mit den in irdischer Zeit begegnenden Personen ereignen kann. Wer immer in Zeit und Geschichte Bedeutung für mich hat(te), wird mir wieder begegnen in verwandelter Gestalt. Die der eschatologischen Wirklichkeit angemessene Versöhnungsbereitschaft lässt sich bereits hier und heute einüben. Auf den Weg des Gesprächs mit der Eschatologie gewinnt die Soteriologie präsentische Handlungsrelevanz.

III. Grundlagen – oder:
Biblische Metaphern für »Erlösung« neu entdecken

1. Legitime Vielfalt soteriologischer Metaphorik in biblischer Tradition

Die Erlösungslehre spricht in Bildern. Diese Bildreden greifen Erfahrungen von Menschen auf, in denen eine Wende zum Guten – zumindest zum Besseren – erkennbar ist. Das neue geistliche Lied »So ist Versöhnung«[1] greift für viele Menschen heute naheliegende Erlebnisse auf und deutet sie als Erfahrung von Versöhnung. Vor dem Refrain »So ist Versöhnung. So muss der wahre Friede sein. So ist Versöhnung. So ist Vergeben und Verzeihn«, werden viele Bildreden in drei Strophen erinnert: »1. Wie ein Fest nach langer Trauer, wie ein Feuer in der Nacht, ein offnes Tor in einer Mauer, für die Sonne aufgemacht. Wie ein Brief nach langem Schweigen, wie ein unverhoffter Gruß, wie ein Blatt an toten Zweigen, ein ›Ich-mag-dich-trotzdem-Kuss‹. 2. Wie ein Regen in der Wüste, frischer Tau auf dürrem Gras, wie Heimatklänge für Vermisste, alte Feinde Hand in Hand. Wie ein Schlüssel im Gefängnis, wie in Seenot ›Land in Sicht‹, wie ein Weg aus der Bedrängnis, wie ein strahlendes Gesicht. 3. Wie ein Wort von toten Lippen, wie ein Blick, der Hoffnung weckt, so wie ein Licht auf steilen Klippen, wie ein Erdteil, neu entdeckt. Wie der Frühling, wie der Morgen, wie ein Lied, wie ein Gedicht, wie das Leben, wie die Liebe, wie Gott selbst, das wahre Licht.«

Ja, so ist Versöhnung: Immer ist lebensnah von Erfahrungen einer Wende die Rede. Die im Lied genannten Beispiele können erweitert werden. Sie nehmen auf Erlebnisse sowohl in der Natur als auch in der sozialen Wirklichkeit der Menschen miteinander

---

[1] Jürgen Werth, Wie ein Fest nach langer Trauer (So ist Versöhnung) ([15]2008).

Bezug. Je nach der eigenen Nähe von Menschen zu den geschilderten Begebenheiten stellt sich Verstehen ein. Von den Erlebnissen kann erzählt werden. Bildreden laden zur Kommunikation ein. Dabei ist es in einer geschichtlich geformten Glaubensgemeinschaft wichtig, sich miteinander auf vertraute Bildreden einzulassen, weil diese identitätsstiftende Bedeutung haben. Angesichts der zumindest anzuzielenden gemeinsamen Hörbereitschaft aller Getauften auf die biblischen Zeugnisse kommt den in ihnen verwendeten Metaphern für erlöstes Dasein eine besondere Bedeutung zu. Vertraut zu sein mit den biblischen Landschaften und den damaligen Lebensweisen ist oft eine Bedingung dafür, sich den Bildgehalt erschließen zu können. In den biblischen Schriften finden sich jedoch auch viele Sprachbilder für das Geschehen der Erlösung, die von solch grundlegender Gestalt sind, dass Menschen sich auch in späteren Zeiten unter geschichtlich veränderten Voraussetzungen daran anschließen können. Hans-Josef Klauck[2] hat diese in einem hilfreichen Beitrag zusammengestellt und reflektiert. Er bezeichnet die unterschiedlichen Metaphern (Bildwelten) als Paradigmen – als Beispiele, die sich auch als einzelne betrachten lassen, um Aussagen über Gottes Heilshandeln zu machen.

Klauck vermittelt eingangs die Erkenntnis: »Eine Metapher kommt selten allein. Die bringt ihrerseits ihr eigenes Bildfeld mit und drängt schon dadurch zur Expansion, sie kann sich andererseits mit weiteren, benachbarten oder auch fernen Metaphern verbinden, so dass förmliche metaphorische Cluster entstehen oder metaphorische Netze, die sich über ein Textcorpus breiten«[3]. Klauck unterscheidet folgende Paradigmen:

(1) Das *medizinische Paradigma*: Das Erleben von Krankheiten und die Hoffnung auf Heilung sind Begebenheiten, die viele Menschen gedanklich sehr beschäftigen. JHWH wird als Arzt beschrieben (vgl. Ex 15,26). Die vielen Krankenheilungen Jesu lassen sich in diesem Zusammenhang betrachten. In der Folge bildete sich in der Patristik die Rede vom »Christus medicus« aus. Viel-

---

[2] Hans-Josef Klauck, Heil ohne Heilung? (1996).
[3] Ebd., 20.

fältig und im Ergebnis nicht eindeutig sind die biblischen Reflexionen auf den Zusammenhang zwischen Krankheit und Sünde.

(2) Das *soziale Paradigma*: Die Befreiung aus der Sklaverei war in biblischen Zeiten eine reale Wirklichkeit. Dies geschah durch einen Loskauf, durch das Bezahlen eines Lösegeldes, eines Kaufpreises. Alt- und neutestamentliche Texte nehmen diese Bildwelt auf (vgl. Jes 43,3; 53,10–12; Mk 10,45; 1 Kor 6,20). Die Metaphorik des Loskaufs ist eng mit den Erzählungen vom Exodus Israels aus Ägypten verbunden. Sie findet sich jedoch auch bei der Rede von der Auslösung des ansonsten verwirkten und dem Tod verfallenen Lebens im privaten Schadensersatzrecht. »Die Metaphorik vom Lösegeld und vom Kaufpreis impliziert also eine Konzeption von Sünde als eine den Menschen versklavende Macht.«[4]

(3) Das *finanzielle Paradigma*: Wer je stark verschuldet war, kann ermessen, was an Erlösung es bedeutet, wenn durch ein Geldgeschenk oder zumindest durch einen annehmbaren Kredit neue Bewegungsmöglichkeiten entstehen. Eine spürbare Entlastung tritt dann ein. Dabei besteht in der biblischen Zeit eine Verwandtschaft zwischen der Herauslösung aus der Sklaverei und der Erlösung aus der Not der Verschuldung. Diese Metaphorik wird wirkungsgeschichtlich höchst relevant in der fünften Vaterunserbitte aufgenommen (vgl. Mt 5,12; Lk 11,4). In zahlreichen neutestamentlichen Gleichnissen wird das Verhältnis zwischen Schuldnern und Gläubigen aufgenommen (vgl. Mt 18,23–35; Lk 7,36–50). Die Bildrede vom zerrissenen Schuldschein (vgl. Kol 2,14) gehört in diesen Kontext.

(4) Das *forensische Paradigma*: Freigesprochen zu werden vor Gericht, ist eine Erlösungserfahrung. Die Bildwelten des Gerichtswesens (das Gesetz nicht beachten, urteilen, begnadigen und freisprechen) sind in den biblischen Schriften vielfach vertraut. Insbesondere die paulinische Rechtfertigungslehre ist von dieser Metaphorik geprägt; an diese Beobachtung lassen sich Überlegungen zum Verhältnis zwischen einem forensischen und einem

---
[4] Ebd., 28.

effektiven Verständnis der Rechtfertigung[5] anschließen. Bei der Rede vom Geist Gottes ist das Bildwort des Parakleten, des herbeigerufenen Anwalts, in biblischer Tradition (vgl. Joh 14,16; 16,7) wichtig geworden.

(5) Das *rituelle Paradigma*: Reinigungen und Waschungen sind in sozialen Bezügen eine Voraussetzung für eine angenehme Gestaltung von Gemeinschaft. Reinigungsriten (das Abwaschen von Befleckungen) sind insbesondere in Kulturen vertraut, in denen die Witterungsbedingungen die Gefahr der Ausbreitung von Krankheiten bergen. Auch in diesem Zusammenhang ist eine Verbindung zu anderen Paradigmen – an dieser Stelle besonders dem medizinalen Paradigma – ganz naheliegend. Auffällig ist, dass bereits in der biblischen Tradition der Zusammenhang des »Reinwaschens« von der Sünde in reflektierter Gestalt aufgenommen wird (vgl. Ps 51,4; Jer 2,22). Diese Metaphorik findet – vermittelt durch Paulus – Aufnahme in die christliche Tauftheologie (vgl. 1 Kor 6,11; Apg 22,16) und in die soteriologische Deutung des Christusgeschehens (vgl. 1 Joh 1,7; Offb 7,14).

(6) Das *kommunikative Paradigma*: Eingeständnisse von Schuld im Bekenntnis können zur Versöhnung führen. Es kann befreiend wirken, zur eigenen Tat zu stehen und von einem Gegenüber dann nicht verurteilt zu werden. Verborgene Schuld belastet, eröffnete Schuld befreit (vgl. Ps 32,3–5). Auch bei dieser Metaphorik kommt es leicht nachweislich zu einer Mischung der Bildwelten: Heilung und Entlastung geschieht durch das Bekenntnis. Das Sakrament der Versöhnung greift diese Erfahrungen auf. In der Tradition der Taufe durch Johannes (vgl. Mk 1,14) gehört das Sündenbekenntnis als öffentliches Zeugnis für die Bereitschaft zur Umkehr zur Initiationshandlung und verbindet sich in christlicher Tradition später mit dem Glaubensbekenntnis, in dessen Mitte das Christusbekenntnis steht (vgl. Apg 19,18; Jak 5,16; 1 Joh 1,9).

(7) Das *motorische Paradigma*: Was Klauck das »fachsprachliche« Paradigma (Sünde und Umkehr) nennt[6], lässt sich auf der Bildebene im Sinne einer veränderten Bewegung – einer Umkehr

---

[5] Siehe dazu hier unten Abschnitt V.2.
[6] Vgl. Hans-Josef Klauck, Heil ohne Heilung? (1996), 41.

III. Grundlagen

im Gehen – verdeutlichen. Im Hintergrund steht die in den biblischen Schriften vielfach belegte Wegmetaphorik. Die Erfahrung des Herumirrens in der Fremde, ohne einen Ausweg zu finden, ohne an das Ziel zukommen, ohne wieder in vertrauter Umgebung in Sicherheit zu Hause zu sein, kann als Erfahrungshintergrund gelten (vgl. Lk 1,68–78; Mk 13,5 f.; 2 Petr 2,15; Hebr 5,2; Jak 5,19). Wie bei vielen anderen Bildwelten sind dabei die Folgen eines verkehrten Handelns (einer Sünde) im Blick: Sie führen in die Isolation, die lebensgefährlich sein kann. Die beiden in der biblischen Tradition leitenden Bildworte für die Sünde sind Verirrung und Gemeinschaftsbruch. Diese Redeformen nehmen offenkundig insbesondere die leidvollen Auswirkungen des menschlichen Handelns im sozialen Kontext in den Blick.

Ich betrachte die von Klauck dargestellte Vielfalt der soteriologischen Metaphorik als wegweisend für jeden systematisch-theologischen Entwurf, der sich der Erkenntnis der Bildhaftigkeit jeder religiösen Sprache verpflichtet weiß. Unter den von Klauck genannten weiteren biblischen Metaphern für das göttliche Heilsgeschehen finden sich zwei, die ich später in anderem Zusammenhang intensiver bedenken werde: das *kultische Paradigma* im Sühnopfer[7] sowie das *existentielle Paradigma* in der Wende vom Tod in das Leben[8].

Hans-Josef Klauck gesteht zu Beginn seiner Überlegungen ein: »Die Literatur zur Metapherndiskussion kann man nur mit einer Metapher beschreiben: Sie ist uferlos, und wer sich ohne Not in dieses Gewässer begibt, braucht sich nicht zu wundern, wenn er sehr rasch darin zu ertrinken droht«[9]. Die angesprochenen »Gewässer« sind in den Zwischenzeiten noch tiefer und stürmischer geworden.[10] In der Systematischen Theologie haben

---

[7] Siehe dazu unten Abschnitt IV.1.
[8] Siehe dazu unten Abschnitt IV.4.
[9] Hans-Josef Klauck, Heil ohne Heilung? (1996), 19.
[10] Vgl. zur Metapherndiskussion in unterschiedlichen Disziplinen: Anselm Haverkamp (Hg.), Theorie der Metapher (^{2}1996); ders., Die paradoxe Metapher (1998); Ruben Zimmermann, Metapherntheorie und biblische Bildersprache (2000), bes. 112–118, Gerhard Kurz, Metapher, Allegorie, Symbol (^{6}2004); Lutz Danneberg, Sinn und Unsinn einer Metapherngeschichte

grundlegende Überlegungen zur metaphorischen Struktur der religiösen Rede heute eine hohe Bedeutung. Bei ihrem Nachdenken über ihre eigene Sprachstruktur hat die Theologie Erkenntnisse der Metapherntheorien zu rezipieren, die in der philosophischen Hermeneutik und auch in der Philologie gewonnen wurden. Demnach sind Metaphern nicht poetischer, bildhafter Ersatz für das Eigentliche, das im Begriff Gemeinte, wie die alte Substitutionstheorie der Metaphernlehre im Anschluss an Aristoteles meinte. Metaphorische Rede muss vielmehr als Eröffnung eines kommunikativen Geschehens begriffen werden, an dem die Sprechenden und die Hörenden je auf ihre Weise teilhaben. Die Metaphernlehre spricht in diesem Zusammenhang von der Interaktionstheorie. In metaphorischer Rede kommt die Welt zur Sprache, die je nach den Voraussetzungen des Verstehens bei Sprechenden und Hörenden eine unterschiedliche sein kann. Die Wahrheit der Aussage lässt sich nur im Austausch der Erfahrungen, der je eigenen, geschichtlich bedingten Deutungen des Erlebten, erkennen. Wahr sind jene Bilder, die sich im Gespräch der Gemeinschaft bewähren, weil sie den Vielen Verstehen eröffnen, weil sie leben lehren, trösten und ermutigen, ermahnen und beruhigen. Sprechen ist immer auch Handeln: ein Aufruf, ein Versprechen, eine Mahnung, ein Zeugnis, eine Verheißung. Sowohl die von Gott Sprechenden als auch die das Wort Hörenden sind aktiv beteiligt am Werden und Wachsen ihrer Vorstellung vom lebendigen Gott. So hat metaphorisches Sprechen von Gott unmittelbar Relevanz für die gläubige Lebenspraxis.

Jürgen Werbick greift diesen Ansatz zum Verständnis metaphorischer Rede auf und spricht vom »Beziehungsreichtum der Gott-Metaphern«[11]: Die in Metaphern Sprechenden verbinden spezifische Sinngehalte mit den verwendeten Wörtern; sie stellen Bezüge zur eigenen Lebens- und Erfahrungswelt her, auf die die

---

(2002). Im theologischen Zusammenhang sind bleibend wichtige Beiträge: Jürgen Werbick, Bilder sind Wege (1992), bes. 66–78; Paul Ricœur, Stellung und Funktion der Metapher in der biblischen Sprache (1974); Eberhard Jüngel, Metaphorische Wahrheit (1974; 1980).
[11] Jürgen Werbick, Bilder sind Wege (1992), 77. Vgl. auch: ders., Prolegomena ([2]2002), 33.

Metapher selbst nicht festlegt, für die sie aber offen ist. Soll die mit dem Beziehungsreichtum der metaphorischen Rede von Gott gegebene Unbestimmtheit vor der drohenden Gefahr unklarer Mehrdeutigkeit bewahrt bleiben, müssen in einem gemeinschaftlichen Bemühen die biblischen Erzählzusammenhänge wiederhergestellt werden, in denen die Metaphern ihren Ursprung hatten.

Bei allgemeinen Überlegungen zur metaphorischen Rede von Gott[12] und auch bei der Analyse konkreter Bildworte findet sich häufig der Hinweis, dass die geschichtliche Erfahrung der in Bildern Sprechenden und der die Bildworte Hörenden den Aussagesinn mitkonstituiert: »Die metaphorische Prädikation ›reflektiert‹ offenkundig eine Erfahrungs- und Begegnungsgeschichte dessen, der die Metapher gebraucht, mit dem in der Metapher Ausgesprochenen. (...) Die Metapher (...) legt den in ihr Ausgesprochenen nicht fest, sie versteht sich auch nicht als endgültige Sachverhaltsangabe; sie erinnert und erhofft eine Geschichte, in der immer wieder neu aufscheinen – evident werden – kann, wie sie ihn trifft; in der sich womöglich andere Metaphern als noch treffender erweisen«[13]. Metaphern deuten eine erfahrene Wirklichkeit, und ihre Bedeutung unterliegt einem geschichtlichen Wandel. Metaphorische Sprachbilder thematisieren nicht nur eine Beziehungswirklichkeit, sie selbst sind eine solche: In der bildhaften Interpretation der Wirklichkeit setzen sich die Interpreten in Beziehung zu dieser.

Im Blick auf die biblischen Gott-Metaphern legt Erich Zenger dar, sie zielten keine Aussage über das Wesen Gottes an, in ihnen komme vielmehr zum Ausdruck, welche Wirkung die besprochene Wirklichkeit auf den Sprechenden ausübe, welche Ängste und welche Hoffnungen dieser mit ihnen verbinde: »Me-

---

[12] Vgl. Jean-Pierre van Noppen (Hg.), Erinnern, um Neues zu sagen (1988); Josef Meyer zu Schlochtern, Die Bedeutung der Metapher für die religiöse Sprache (1990); Ingolf U. Dalferth, Religiöse Rede von Gott (1981).
[13] Jürgen Werbick, Bilder sind Wege (1992), 68 f. Im Blick auf die biblische Bildwelt entfaltet Erich Zenger ähnliche Gedanken: »Die biblischen Gott-Metaphern erwachsen aus Erfahrung und können/müssen sich in der Erfahrung bewähren. (...) Sie kommen aus erlebten Geschichten und evozieren neue Geschichten« (Erich Zenger, Am Fuß des Sinai [1993], 117).

taphern sind nicht einfach ›Abbilder *von* etwas‹, sondern ›Bilder *für* etwas‹. Sie sind keine Vergleiche (›Gott ist für mich *wie* ein Hirte‹), sondern konstituieren oder evozieren die bildhaft konturierte Wirklichkeit selbst (›Gott ist / soll sein für mich der Hirte‹). (...) Eine gelungene Metapher lässt unerwartete Zusammenhänge und Horizonte aufbrechen und lebendig werden. Sie stellt Verknüpfungen und Vernetzungen zwischen den einzelnen Erfahrungen her und öffnet sie auf Gott hin«[14].

Die Soteriologie als Theo-logie, als Rede von Gott, partizipiert an den Grundregeln für jedes Sprechen von Gott. Als eines der konsensfähigen Ergebnisse neuerer Soteriologie kann die Aussage gelten, dass die schon in den biblischen Schriften vorzufindende Vielfalt soteriologischer Leitideen und deren am geschichtlichen Wandel erkennbare Zeit- und Kulturgebundenheit die Frage »nach der Einheit der gemeinten Sache in der Variabilität der Ausdrucksweisen und nach der Kontinuität der bezeugten Wahrheit unter dem Wechsel der geschichtlich in den Vordergrund tretenden Vorstellungskomplexe«[15] nicht nur legitim machen, sondern unübergehbar. Eine ausdrückliche Reflexion auf die kategoriale Bedingtheit der sprachlichen Bilder für das Erlösungsgeschehen setzte erst im 20. Jahrhundert ein.[16] Inzwischen kann ein solches Bemühen als eines der Hauptanliegen vieler Beiträge zu soteriologischen Fragen gelten.[17] Im Blick auf gegenwär-

---

[14] Erich Zenger, Am Fuß des Sinai (1993), 116 f. Hervorhebungen im Original. Zenger verdeutlicht seine These am Beispiel der Klagepsalmen: Die Betenden legen ihre divergierenden Wahrnehmungen von Gott offen (der Schöpfer überlässt den Menschen dem Todesgeschick) in der Hoffnung, Gott selbst löse den erfahrenen Widerspruch auf.
[15] Martin Seils, Art. »Heil und Erlösung IV (Dogmatisch)« (1985), 624.
[16] Richtungsweisend wirkte dabei: Gustaf Aulén, Die drei Haupttypen des christlichen Versöhnungsgedankens (⁸1931). Vgl. zur Typologie der Schule von Lund auch: Harm Alpers, Die Versöhnung durch Christus (1964).
[17] Vgl. Bernard Sesboüé, Jésus-Christ – l'unique Médiateur, Bd. 1 (1988); ders., Esquisse critique d'une théologie de la Rédemption (1984/1985); Gisbert Greshake, Wandel der Erlösungsvorstellungen in der Theologiegeschichte (1983); ders., Heilsverständnis heute (1983), 16–18; 41–44; Karl-Heinz Ohlig, Fundamentalchristologie (1986); Wolfhart Pannenberg, Grundzüge der Christologie (1964; ⁷1990); Wolfgang Beinert, Jesus Chris-

tige Versuche, eine soteriologische Konzeption vorzulegen, benennt Martin Seils demgemäß die »Schwierigkeit (...), dass man nicht mehr unreflektiert einer der aussage- und erkenntnisleitenden Metaphern den Vorzug geben kann. Vielmehr muss man eine dieser worthaften Metaphern bewusst wählen«[18]. Die Notwendigkeit, eine solche Wahl zu begründen, ist ebenso einsichtig wie Seils Aufforderung, »sachlich unentbehrliche Implikate anderer soteriologischer Grundvorstellungen«[19] in die eigene Konzeption einzubringen. Die in dieser Positionsbeschreibung zum Ausdruck kommende, nach dem »linguistic turn« im gesamten Bereich der Theologie[20] verstärkt zu konstatierende Besprechung der Metaphorik religiöser Sprache hat auch in der Soteriologie deutliche Spuren hinterlassen.[21]

2. Ausgewählte Metaphernfelder

Ich greife im Fortgang einzelne der in der biblischen Tradition stehenden Metaphernfelder auf und verbinde sie mit systematisch-theologischen Anliegen. Auf diese Weise kann die hohe Zahl

---

tus, der Erlöser von Sünde und Tod (1983); Thomas Pröpper, Erlösungsglaube und Freiheitsgeschichte ([2]1988), 38–69; 253–259; Max Seckler, Theosoterik und Autosoterik (1982), 297; ders., Theosoterik – eine Option und ihre Dimensionen (1992), 282–284; Karl Lehmann, »Er wurde für uns gekreuzigt« (1982), 300–303; Gerhard Ludwig Müller, Neue Ansätze zum Verständnis der Erlösung (1992), 58–61; Viktor Hahn, Zum theologischen Problem der Erlösung (1982), 58–60.

[18] Martin Seils, Art. »Heil und Erlösung IV (Dogmatisch)« (1985), 624.
[19] Ebd.
[20] Vgl. grundlegend: Richard M. Rorty (Hg.), The Linguistic turn (1967; [2]1992); Christopher Norris, The linguistic turn (1995). Vgl. im theologischen Zusammenhang: Bernhard Casper, Sprache und Theologie (1982); Ingolf U. Dalferth, Religiöse Rede von Gott (1981); ders., Analytische Religionsphilosophie (1988); ders., Art. »Sprache und Theologie« (1995); Stylianos G. Papadopoulos, Theologie und Sprache (2007); Johannes Hartl: Metaphorische Theologie (2008); Klaus Bayer, Religiöse Sprache ([2]2009).
[21] Vgl. Jürgen Werbick, Soteriologie (1990), 135–137; Bernard Sesboüé, Jésus-Christ, Bd. 1 (1988), 59–67; ders., Esquisse critique d'une théologie de la Rédemption (1984/1985), 802–812.

der gedanklichen Anschlussmöglichkeiten in der Soteriologie deutlich werden. Einzelne in der soteriologischen Reflexion – rezeptionsgeschichtlich betrachtet – wichtige Metaphernfelder wie Opfer, Sühne, Stellvertretung, Rechtfertigung und Leben werde ich in späteren Abschnitten behandeln.[22]

a. Das medizinische Paradigma: Heilung von Krankheiten

»Die seelisch-körperlichen Zusammenhänge von Krankheiten und deren Heilungen sind bekannt. Ebenso kennt aber auch jeder Beispiele, wie eine Krankheit die sozialen Beziehungen eines Menschen beeinträchtigt. So kann die Krankheit wegen der damit verbundenen fehlenden oder gestörten Sozialkontakte für den Kranken zu schweren seelischen Belastungen führen. Die Heilung des Kranken von der Krankheit bedeutet somit auch eine Heilung im Sozialbereich des Menschen«[23]. Krank zu sein, ist ein psychosomatisches Geschehen: Die Einheit von Körper (soma) und Seele (psyche) wird im Blick auf die Ursachen sowie die Wirkungen einer Krankheit spürbar. Beispielsweise können sich Belastungen angesichts der zurückliegenden Lebensgeschichte in Gestalt von Rückenschmerzen bemerkbar machen, und Schuldgefühle sich in Form von Nierenleiden äußern. Die mit Krankheiten verbundenen Behinderungen des Lebens wirken sich auf die Lebensstimmung aus.

Das Thema Krankheit ist für viele Menschen von hoher Lebensrelevanz. Bei Ausblicken auf die Zukunft (etwa anlässlich von Festen) wird als Wunsch nicht selten formuliert: »Hauptsache gesund bleiben« – auch dann, wenn im hohen Lebensalter eine solche Vorstellung den realistischen Erwartungen widerspricht. Insbesondere schwere Krankheiten werden als Vorboten des Todes

---

[22] Siehe dazu unten die Abschnitte IV.1–4 sowie V.2.
[23] Franz Schnider, Überlegungen zur Heilsverkündigung Jesu (1984), 65. Vgl. dazu auch Wolfgang Schrage, Heil und Heilung im Neuen Testament (1986), bes. 205f.; Hans-Josef Klauck, Heil ohne Heilung? (1996), 22–26; Barnabas Flammer, Jesus der Arzt in der Sicht der Evangelien (1985).

erfahren. Der Thematik der Heilung von Krankheiten kommt daher in den gegenwärtigen Bemühungen um eine erfahrungsnahe Rede von Erlösung mit Recht eine hohe Bedeutung zu. Die biblische Begründung eines solchen Vorhabens ist unbestritten.

Die Metapher »Arzt« kommt in den alttestamentlichen Schriften in Ex 15,26 als Selbstbezeichnung von JHWH vor und ist in den größeren Zusammenhang der Überlieferung von Gottes heilendem Wirken zu stellen. Diese bildet den Hintergrund, vor dem die zahlreichen neutestamentlichen Zeugnisse für Jesu heilendes Tun zu verstehen sind. Die biblische und die altkirchliche Tradition des »Christus medicus«[24] ist in der jüngeren Vergangenheit aus ganz unterschiedlichen Gründen zum Gegenstand intensivierter Forschung geworden: Die Stärkung des Bewusstseins, gemeinsam im Dienst am Heil des Menschen zu stehen, ist das Anliegen derer, die sich um ein Gespräch zwischen Medizin und Theologie bemühen.[25] Die Untersuchung der biblischen Sichtweise des Zusammenhangs zwischen seelischen und körperlichen Leiden sichert den medizinisch und psychotherapeutisch ausgerichteten praktisch-theologischen Bemühungen eine Basis für die Argumentation. Dem nach dem neutestamentlichen Zeugnis den Jüngern und Jüngerinnen Jesu in seiner Nachfolge aufgetragenen Dienst der Krankenheilung und Dämonenaustreibung wird nachhaltig insbesondere in kirchlichen Gruppierungen, die

---

[24] Vgl. Reinhard von Bendemann, Christus der Arzt (2022); Markwart Herzog, Christus medicus, apothecarius, samaritanus, balneator (1994); Ekkart Sauser, Christus Medicus – Christus als Arzt und seine Nachfolger im frühen Christentum (1992); Gerhard Fichtner, Christus als Arzt (1982); Jörg Hübner, Christus medicus (1985). Die reiche Tradition der Verkündigung Jesu Christi als des »wahren und einzigen Arztes« in der Väterliteratur des 2.–5. Jahrhunderts (beginnend mit Ignatius von Antiochien und stark entfaltet bei Augustinus) verfolgt zumeist apologetische Interessen in Auseinandersetzung mit der Verehrung des heidnischen Heilsgottes Asklepios. Die Einzigartigkeit der ärztlichen Tätigkeit Jesu Christi wird von den altkirchlichen Schriftstellern insbesondere dadurch zum Ausdruck gebracht, dass sie ihn als »medicus et medicamentum« bezeichnen: Das vergossene Blut Jesu Christi heilt von der Krankheit der Sünde (vgl. die Belege bei: Jörg Hübner, Christus medicus [1985], 325).
[25] Vgl. etwa Eugen Biser, Theologie als Therapie (1985).

Ausgewählte Metaphernfelder

der charismatischen Erneuerungsbewegung oder evangelikalen Kreisen nahestehen, hohe Aufmerksamkeit geschenkt.[26] Im ökumenischen Dialog ist die besondere Wertschätzung, die das therapeutische Wirken Jesu in der orthodoxen christlichen Tradition erfahren hat, neu bewusst geworden.[27] Das exegetische Interesse an einer Erforschung der Pentateuch-Redaktion ließ eine genauere Untersuchung der Herkunft der Selbstvorstellungsformel von JHWH als Arzt in Ex 15,26 als bedeutsam erscheinen.[28] Im Kontext der Auseinandersetzung um das rechte Verständnis der neutestamentlichen Erzählungen von Wundertaten Jesu wurden auch die vielen Heilungswunder zum Gegenstand des exegetischen Fachdialogs.[29]

In Untersuchungen zum alttestamentlichen Verständnis der Krankheit und ihrer Heilung wird häufig auf deren soteriologisch-theologische Dimension aufmerksam gemacht: »It is apparent that the themes of healing, forgiveness, and salvation are not (and cannot be) separated in Scripture. Healing involves not merely physical restoration; it includes the deeper dimension of forgiveness and restoration into fellowship with God. (...) In short, ›healing‹ in the biblical sense, is the experience or process which restores fallen, alienated human beings to intimate fellowship, friendship, and communion with God«[30]. Krankheiten sind in den Psalmen und in der Weisheitsliteratur ein Grund zur bitteren Klage (vgl. Ps 73; 88; Ijob 10 u.ö.). Heilungen gelten als Frucht des Gebets und der Gottesfurcht. Einzelne Autoren sehen einen Zusammenhang zwischen der – im Vergleich zu den Nachbarvölkern – in Israel

---

[26] Vgl. Martin Parmentier, »Heil und Heilung« (1992); Michael Marsch, Heilen (1983).
[27] Vgl. die Zusammenschau von: Stanley S. Harakas, Health and Medicine in the Eastern Orthodox Tradition (1989).
[28] Vgl. Norbert Lohfink, »Ich bin Jahwe, dein Arzt« (1988); Herbert Niehr, JHWH als Arzt (1991); Paul Deselaers, Jahwe – der Arzt seines Volkes (1982); ders., Das Buch Tobit (1990).
[29] Vgl. Gerd Theißen, Urchristliche Wundergeschichten (1974); Otto Knoch, Dem, der glaubt, ist alles möglich (1986); Rudolf Pesch, Jesu ureigene Taten? (1970); Joachim Gnilka, Jesus von Nazaret (1990), 118–141; Helmut Merklein, Jesu Botschaft von der Gottesherrschaft (1983), 68–72.
[30] Gerhard F. Hasel, Health and Healing in the Old Testament (1983), 201 f.

III. Grundlagen

offenkundig nur wenig entwickelten medizinischen Kunst und der sehr ausgeprägten Weise, Gott als den wahrhaft Heilenden zu betrachten.[31] Der Zuordnung des Phänomens der Krankheit zum Bereich des Religiösen entspricht es, wenn im alttestamentlichen Zeugnis vielfach die Anschauung belegt ist, die Krankheit sei eine Folge der Sünde.[32] In der gesamten altorientalischen Welt erschien es zunächst sehr naheliegend, Krankheiten auf eigene Sünden oder Schuldverhängnisse in der Sippen- und Familiengemeinschaft zurückzuführen (vgl. Ex 20,5; Dtn 5,9). Bereits in alttestamentlicher Zeit werden Zweifel an der Gültigkeit eines universal gültigen Tun-Ergehen-Zusammenhangs laut, die durch die neutestamentliche Jesustradition aufgenommen werden (vgl. Lk 13,1–5; Joh 9). Nicht nur die Kranken haben gesündigt, alle Menschen sind zur Umkehr gerufen.

Nach Norbert Lohfink ist der ursprüngliche Ort der Verehrung von JHWH als eines Heilenden in der Familienfrömmig-

---

[31] Vgl. Paul Humbert, Maladie et médecine dans l'Ancient Testament (1964), bes. 23–28; Johannes Hempel, »Ich bin der Herr, dein Arzt« (1957); Albrecht Oepke, Art. »ἰάομαι – ἰατρός« (1938), 195–200; Klaus Seybold / Ulrich B. Müller, Krankheit und Heilung (1978). Das Verständnis der Heilung von Krankheiten als Tat Gottes wirkte sich auch auf die Konzeption des priesterlichen und des prophetischen Dienstes aus: »In Ägypten waren die meisten Ärzte Priester, und die medizinischen Bibliotheken, deren Texte einen historischen Niedergang von der Medizin zur Magie bezeugen, waren oft untergebracht in Tempeln (...). Dagegen fungierten die israelit.[ischen] Priester nur als Untersuchungs- und Entscheidungsinstanz (vgl. Lev 13 f.), und es waren die mit dem göttlichen Wort begabten Propheten, die als Handelnde bei einer Heilung auftreten« (Michael L. Brown, Art. »רפא [rafah]« [1993], Sp. 623). Herbert Niehr widerspricht der verbreiteten Annahme, die medizinische Kunst menschlicher Ärzte habe in Israel wenig Bedeutung gehabt: »Dass wir über die Medizin im Alten Israel wenig wissen, hängt mit der Einseitigkeit der a[lt]t[estament]l[ichen] Quellen zusammen und ist nicht damit zu erklären, dass es keine Medizin in Israel gegeben habe« (Herbert Niehr, JHWH als Arzt [1991], 17).

[32] Vgl. Gerhard F. Hasel, Health and Healing in the Old Testament (1983), 201; Paul Humbert, Maladie et médecine dans l'Ancient Testament (1964), 25 f.; Hubert Frankemölle, Jesus von Nazareth (1976), 62 f.; Klaus Seybold / Ulrich B. Müller, Krankheit und Heilung (1978), 141–144. Vgl. zum Ganzen auch: Robert Koch, Alttestamentliches Ganzheitsdenken und Sündenbegriff (1980).

keit zu finden: »Man holte, am liebsten bei Propheten, eine Prognose ab, ob die Krankheit zum Tod führen werde oder nicht. Man tat selbst Buße und sprach Bittgebete. Man sicherte sich aber auch die Fürbitte wirkmächtiger Beter, vor allem von Propheten. Man dankte nach der Genesung Jahwe am Heiligtum und ließ sich von ihm wieder der Gemeinschaft restituieren. In all diesen Zusammenhängen war es selbstverständlich, dass Jahwe der ist, der die Heilung bewirkt, der wieder belebt«[33]. Während ein solches Vertrauen in die heilenden Kräfte der Götter bei Krankheiten einzelner Menschen auch in Israels Umgebung verbreitet war, gelten die zahlreichen Belege für die Vorstellung, JHWH heile das ganze Volk, als für das alttestamentliche Zeugnis typisch. Insbesondere in den prophetischen Schriften[34] finden sich viele Texte, in denen das »Subjekt, das krank ist und Jahwe zur Heilung braucht, (...) Israel, Juda oder Jerusalem [ist] – also auf jeden Fall eine kollektive Größe, die den Rahmen der Familie überschreitet«[35]. Entsprechend weitet sich auch der Begriff der Krankheit aus: »Zur leiblichen Krankheit der einzelnen Menschen treten andere Dinge hinzu: gesellschaftliche und wirtschaftliche Störungen, Nöte und Lebensminderungen jeder Art. (...) Der Kern dieser umfassenden Krankheit Israels (...) ist die zerbrochene Gottesbeziehung«[36]. Gesundung und Wohlergehen sind nach alttestamentlicher Vorstellung als ein Segen zu begreifen, der denen zuteil wird, die den Bund mit Gott halten, die sich als bundestreu erweisen: »Dies alles bildet den Kontext der Aussage von JHWH als dem Arzt seines Volkes (Ex 15,22-27) (...). Langes Leben, Gesundheit und Fruchtbarkeit (von Mensch, Tier und Land) werden in den Segen für Bundesgehorsam eingeschlossen (...), während Unfruchtbarkeit

---

[33] Norbert Lohfink, »Ich bin Jahwe, dein Arzt« (1988), 125 f.; vgl. Herbert Niehr, JHWH als Arzt (1991), 6-8.
[34] Vgl. die Belege in: Michael L. Brown, Art. »רָפָא (rafah)« (1993), Sp. 621. Brown weist besonders auf Jer 30,17 (»Ich lasse dich genesen und heile dich von deinen Wunden – Spruch des Herrn«) und Jer 33,6 (»Seht, ich bringe ihnen Genesung und Heilung; ich mache sie wieder heil und gewähren ihnen ständiges Wohlergehen«) hin.
[35] Norbert Lohfink, »Ich bin Jahwe, dein Arzt« (1988), 127.
[36] Ebd.

III. Grundlagen

und unheilbare Abtrünnigkeit (...) zu den Konsequenzen des Bundesbruches gehören, da die Ablehnung JHWHs als Gott auch seine Ablehnung als Heiler bedeutet«[37]. Die soteriologische Relevanz des Bundes zwischen Gott und Israel wird durch die der Alltagserfahrung nahe Rede von der von Gott erwirkten Gesundung Israels anschaulich und konkret. Der im Blick auf die alttestamentlichen Schriften skizzierte Zusammenhang zwischen dem Erweis der Bundestreue Gottes und der ganzheitlich und umfassend verstandenen Gesundung der Menschen bleibt auch im neutestamentlichen Zeugnis gültig. Das heilende Wirken Jesu ist im neutestamentlichen Schrifttum vielfach belegt.[38] Die Historizität einzelner Heilungswunder scheint in der Fachexegese unstrittig zu sein.[39] Ebenso einmütig

---

[37] Michael L. Brown, Art. »רפא (rafah)« (1993), Sp. 624. Vgl. Norbert Lohfink, »Ich bin Jahwe, dein Arzt« (1988), 129–138. Lohfink nimmt als Entstehungszeit der Verse Ex 15,25b–26, die an die Erzählung der Ereignisse in Mara (Wandel des bitteren Wassers in süßes) angehängt sind, die nachexilische Zeit an: Die Leiden des Volks in dieser Zeit könnten als »Erprobung« gedeutet worden sein, deren Bestehen in treuer Bundeswilligkeit erwarten ließ, dass Jahweh sich neuerlich als Heilender und Segenswilliger erweisen wird: »Nun lebte man wieder, aus Babel zurückgekehrt, im Land um den neu aufgebauten Tempel herum – aber das Wasser des Meeres unten in der Senke blieb salzig, und Seuchen zogen durchs Land, die Kinder starben wie eh und je dahin, und wenige Menschen nur erreichten ein hohes Alter. Die Frage richtete sich an Jahwe. Unser Texterergänzer antwortete mit der Theodizee der Erprobung. Feierlich erneuerte er die Lehre vom Zusammenhang zwischen der Treue zu der besonderen, Israel von seinem Gott gegebenen Gesellschaftsordnung und dem Durchbruch des Wunders der allgemeinen Gesundheit. Und wenn das Wunder noch nicht durchgebrochen war, dann befand sich Israel doch kurz davor, sein Gott war gerade dabei, es auf die Probe zu stellen« (ebd., 151).
[38] Vgl. die zahlreichen Fundstellen in: Albrecht Oepke, Art. »ἰάομαι – ἰατρός« (1938); Hermann Wolfgang Beyer, Art. ϑεραπεύω« (1938). Rudolf Schnackenburg weist auf die große Bedeutung hin, die das heilende Wirken Jesu bei Lukas hat: »Der ›Arzt‹ ist für ihn [Lukas] Jesus, der mit [von] Gott verliehener Kraft alle Kranken heilt und seine Heilkraft auch der werdenden Kirche nach Ostern verleiht« (Rudolf Schnackenburg, Die Person Jesu Christi im Spiegel der vier Evangelien [1993], 215).
[39] »Dass Jesus Kranke geheilt hat, wird von keinem Forscher bestritten« (Jacob Kremer, »Heilt Kranke ... Treibt Dämonen aus!« [1977], 6). Vgl. auch

Ausgewählte Metaphernfelder

wird die Bedeutung der Heilungen auf der theologischen Ebene angesetzt: Sie sind als eschatologisch qualifiziertes »Geschehensereignis der Gottesherrschaft«[40] zu begreifen, in denen sich die Sendung Jesu zeichenhaft erfüllt und die von den Glaubenden als solche erkannt werden[41]. Nach übereinstimmender Darstellung aller Evangelien hat Jesus viele Kranke geheilt: aussätzige, blinde, gelähmte, taube oder gar für bereits tot erklärte Menschen finden zurück in die Lebensgemeinschaften, die vor ihrer Krankheit für sie wichtig waren (vgl. etwa Mk 5; Mt 8,1-4; Lk 7,1-17 u.ö.). Der Zusammenhang zwischen den vielen Phänomenen des Krankseins und des drohenden Ausschlusses aus der Gemeinschaft der Lebenden ist der biblischen Tradition wichtig. Hohe Aufmerksamkeit wird insbesondere der Fähigkeit Jesu zur Austreibung von Dämonen zugeschrieben (vgl. Lk 4,40-41). Die Erzählung von der Heilung eines Blindgeborenen (vgl. Joh 9) wird nach dem Johannesevangelium zum Anlass für den Streit um die göttliche Sendung Jesu. »Blindheit« gibt es demnach nicht allein im somatischen Bereich, sondern auch im Hinblick auf die Anerkenntnis der messianischen Berufung Jesu. Vielfach ist in den Evangelien und in der Apostelgeschichte beschrieben, dass die Jünger Jesu an

---

Friedrich M. Fiederlein, Die Wunder Jesu und die Wundererzählungen der Urkirche (1988), bes. 61-64. Helmut Merklein differenziert zwischen der einmütigen Annahme geschichtlicher Ereignisse im Hintergrund der Wundererzählungen und der mit den Erkenntnismethoden der historischen Forschung nicht möglichen Sicherung einzelner Details: »Ipsissima facta Jesu im Sinne von historisch verifizierbaren konkreten Einzelwundern ausfindig machen zu wollen, ist (...) kaum mehr möglich. Ebensowenig lassen sich ipsissima facta im Sinne von unverwechselbaren, nur auf Jesus zutreffenden Wunder*phänomenen* behaupten (...). Dennoch hat die Rede von *ipsissima facta* Jesu ihr sachliches Recht, insofern die Wunder Jesu ihr unverwechselbares und unaustauschbares Spezifikum haben. Jedoch liegt dieses nicht im Phänomen der Wunder als solchem, sondern (...) darin, dass *Jesus* Wunder vollbracht hat. Ihre spezifische Bedeutung lassen die Wunder Jesu also erst dann erkennen, wenn sie im Rahmen der Sendung Jesu gewürdigt werden« (Helmut Merklein, Jesu Botschaft von der Gottesherrschaft [1983], 70f. Hervorhebungen im Original).

[40] Vgl. Helmut Merklein, Jesu Botschaft von der Gottesherrschaft (1983), 62-72 (passim).
[41] Vgl. dazu Helge Kjær Nielsen, Heilung und Verkündigung (1987).

III. Grundlagen

seinem heilenden Handeln an den Kranken Anteil hatten. Die markinische Fassung der Aussendungsrede Jesu hält als Wirkung am Ende zusammenfassend fest: »Die Zwölf machten sich auf den Weg und riefen die Menschen zur Umkehr auf. Sie trieben viele Dämonen aus und salbten viele Kranke mit Öl und heilten sie« (Mk 6,12 f.). Die rituelle Salbung der Kranken mit Öl übernahmen die christlichen Gemeinden aus der jüdischen Tradition (vgl. Lev 14,10–31; dort im Kontext der Reinigung und Wiedereingliederung eines aussätzigen Menschen in die Gemeinde beschrieben). Nach dem Zeugnis des Lukasevangeliums gibt es eine enge Verbindung zwischen dem Dienst der Verkündigung und der Heilung der Kranken (vgl. Lk 9,6). Aufmerksamkeit auf die Kranken und Heilungen zum Erweis des geschehenen Anbruchs der messianischen Zeit werden auch in den Erzählungen vom nachösterlichen Wirken der Apostel (insbesondere im Blick auf Petrus, Philippus und Paulus) geschildert (vgl. Apg 3,1–10; 8,4–8; 14,8–20). Die Heilungen erregen Anstoß, weil sie zur Entscheidung für oder gegen Jesus Christus herausfordern (vgl. Apg 4,5–12). Die Apostel heilen in seinem Namen zum Erweis seiner göttlichen Sendung und der mit ihm angebrochenen Gottesherrschaft. Jesus beansprucht für sich, als Arzt zu den Kranken und nicht zu den Gesunden gesandt zu sein (vgl. Mk 2,17; Mt 9,12; Lk 5,31). Der Streitpunkt im Kontext ist Jesu Bereitschaft, selbst mit Sündern und Zöllnern Gemeinschaft zu leben. Zu den Besonderheiten einzelner Wundererzählungen gehört es, dass sie von Berührungen – zumeist Handauflegungen – wissen, durch die Jesus die Kranken heilte.[42] Das darin – neben der christologisch-theologischen Aussageabsicht dieser überlieferten Einzelheiten[43] – auf der Erzähl-

---

[42] Vgl. z. B. Mk 1,31; 5,23.41; 6,5; 7,32; 8,23.25; 9,27; Lk 4,40; 13,13; 14,4. Vgl. dazu Werner Grimm, Art. »θεραπεύω (therapeuō)« (1981), Sp. 356.

[43] Die insbesondere in den markinischen Wundererzählungen häufig vorkommende Bemerkung, Jesus habe seine Hand ausgestreckt und den Kranken berührt, ist vor dem alttestamentlichen Hintergrund als christologisches Bekenntnis zur göttlichen »Macht« Jesu zu verstehen: »Das Ausstrecken der Hand ist im AT Gestus Gottes und des wunderwirkenden Mose (und Aarons) (vgl. Ex 4,4; 7,19; 8,1; 9,22 f.; 14,16.21.26 f. u. ö.), also des Typus des Endzeitpropheten Jesus« (Rudolf Pesch, Das Markusevangelium, 1. Teil

Ausgewählte Metaphernfelder

ebene auch zum Ausdruck kommende Moment der Nähe in dieser Gestalt einer personalen Begegnung lässt sich mit der Beobachtung verbinden, dass nach dem Zeugnis der Evangelien die Kranken häufig selbst auf Jesus zukommen mit ihrer Bitte, geheilt werden zu wollen.[44] Beide Einzelaspekte können für den Gedanken in Anspruch genommen werden, in Christus Jesus werde die segensreiche Wirkung des Bundes zwischen Gott und der Schöpfung geschichtlich offenbar im Zeichen leibhafter Gesundung.[45]

Es gibt viele Möglichkeiten, auf die Gegenwartsrelevanz der gedanklichen Verbindung zwischen der Rede von der Erlösung und der Heilung von Kranken hinzuweisen. Eine möchte ich wählen: Die Ökumenische Bewegung hat von Beginn des 20. Jahrhunderts an einen engen Zusammenhang zwischen dem missionarischen Wirken der Kirchen und der Sorge für die Gesundheit der Menschen weltweit gesehen. Körperliche Heilung und inneres Heil werden in eine Verbindung miteinander gebracht.[46] Auch die Bedeutung der Bildung für die Gesundheitsvorsorge war in ökumenischen Kontexten früh im Blick. Bis heute gibt es weltweit entsprechend umfangreiche Programme im Ökumenischen Rat der Kirchen. Ein Schwerpunkt ist dabei die Aids-Prävention sowie die Sorge für HIV-Infizierte. In all diesen Zusammenhängen gilt es die sozialen Rahmenbedingungen der Krankheit eines Individuums zu bedenken. Angesichts der vielen charismatischen und pfingstlerischen Gemeinschaften heute, bei denen die Krankenheilungen oft in der Mitte der Verkündigung steht, sind alle Kirchen gefordert, dieser Thematik entsprechende Aufmerksamkeit zu schenken.

[1984], 145). Wie die Berührung mit der Hand, so ist auch die in Mk 7,33 erwähnte Berührung der Zunge des Taubstummen mit Speichel im Kontext der antiken Mana-Tradition (Vorstellung der Wirkung übernatürlicher Kräfte in einzelnen Menschen) zu verstehen (vgl. ebd., 395).
[44] Vgl. z. B. Mk 1,41.43; 3,5; 6,34; 7,31; 8,2; 9,19; Joh 11,33.38. Vgl. dazu Werner Grimm, Art. »θεραπεύω (therapeuō)« (1981), Sp. 356.
[45] Vgl. Wolfgang Schrage, Heil und Heilung im Neuen Testament (1986), 212.
[46] Vgl. Peter Dabrock, Heil und Heilung (2006).

b. Das soziale Paradigma: Befreiung aus Sklavereien

»Befreiung« ist in biblischer Tradition eine weitere Erfahrung, bei der eine Wirklichkeit, die von Menschen als einengend und lebensbegrenzend erlebt wird, eine Wandlung, eine Veränderung, erfährt. Damit genügt diese Metaphorik dem Anspruch der gegenwärtigen Soteriologie, lebensnah von Erlösung zu sprechen. Wie bei jeder Metapher, so ist es auch bei der Metapher »Befreiung«: Erst durch die im Erzählen erschlossene Vergegenwärtigung der persönlichen Kontexte dieser Erfahrung stellt sich das Verstehen ein. Diese Erkenntnis lässt sich durch Beispiele erläutern:

Im historischen Kontext der Befreiung der letzten Überlebenden aus den Konzentrationslagern in der Zeit der Schreckensherrschaft des deutschen Nationalsozialismus kommt im Blick auf die jüngere Geschichte auch emotional nahe, was es bedeutet, befreit zu werden – aus beständiger Todesbedrohung, quälender Erniedrigung und leibhaftiger Hungerfolter. In der autobiographischen Erzählung »Die Nacht« von Elie Wiesel[47] wird diese Erfahrung der Befreiung in der literarischen Gestaltung in die Nähe zu der Schilderung des Todes des Vaters gebracht, der am Ende seines Lebens schwer erkrankt ist und vom Aufseher nur mit Schlägen, die seinen Kopf zertrümmerten, zum Schweigen gebracht werden konnte: »Am 29. Januar erwachte ich im Morgengrauen. Anstelle meines Vaters lag ein anderer Kranker auf der Pritsche unter mir. Vermutlich hatte man ihn vor Tagesanbruch in die Gaskammer gebracht. Vielleicht atmete er noch ... Es wurden keine Gebete über seinem Grab gesprochen, zu seinem Andenken wurde keine Kerze entzündet. Sein letztes Wort war mein Name gewesen. Ein Ruf, den ich nicht beantwortet hatte. Ich weinte nicht, und es tat mir weh, nicht weinen zu können. Aber ich hatte keine Tränen mehr. Hätte ich mein schwaches Gewissen bis ins Tiefste erforscht, vielleicht hätte ich dort etwas wie das Wörtchen ›endlich frei!‹ entdeckt ...«[48]. Im Blick auf die ersten Handlungen nach der Auflösung des Konzentrationslagers Buchenwald

---
[47] Vgl. Elie Wiesel, Die Nacht (1958; dt. Neuausgabe 2008).
[48] Ebd., 153.

durch amerikanische Soldaten schreibt Wiesel: »Unsere erste Handlung in der Freiheit: wir stürzten uns auf den Proviant. Man dachte an nichts anderes. Weder an Rache noch an die Eltern. Man dachte nur an Brot«[49].

Wie in vielen Bereichen der erfahrungsnah konzipierten Zugänge zur Soteriologie sind auch unter dem Leitbegriff »Befreiung« Bezüge zur Psychotherapieforschung naheliegend. Viele Menschen leben in dem Zwang, familiäre Erwartungen insbesondere bei der Wahl einer standesgemäßen Partnerschaft und eines angemessenen Berufs erfüllen zu sollen. Es ist nicht leicht, sich aus diesen Gefügen zu befreien, weil neben emotionalen Hindernissen auch finanzielle gegeben sind. Manche Eltern machen die Unterstützung der Lebenswege ihrer Kinder von Bedingungen abhängig. Sich aus diesem System zu befreien, setzt ein hohes Maß an eigener Entschiedenheit und Tatkraft voraus. In der Psychotherapie werden zudem vielfältige Formen von Zwangsneurosen bedacht: Wer je mit einem Menschen beispielsweise mit einem Waschzwang gelebt hat, kann ermessen, welche Folgen für das alltägliche Miteinander eine solche psychische Krankheit hat. Auch die natürliche Angst vor unbekannten dunklen oder engen Räumen kann zu bedrängenden Formen von Platzangst (Klaustrophobie) auch in überschaubaren Situationen führen. Menschen, die sich aus diesen Neurosen befreien können, erleben ihr Dasein mit einem bis dahin unbekannten Maß an Entfaltungsmöglichkeiten und an einer neuen Offenheit für Entscheidungen.

Die biblischen Schriften enthalten viele Erzählungen, in denen Menschen eine Erfahrung von Befreiung gemacht haben: Befreiung von der Möglichkeit des Todesurteils aufgrund einer Sünde (Kain wird von Gott mit einem Mal geschützt: vgl. Gen 4,15); Befreiung von der Not der Kinderlosigkeit (exemplarisch für die ohne Gottes Hilfe kinderlos bleibenden Paare seien Abraham und Sara sowie Zacharias und Elisabeth genannt: vgl. Gen 18,1-15; 21,1-7; Lk 1,5-80); Befreiung aus der Fremdherrschaft mit Verlust der politischen, territorialen und religiösen Gewissheiten im Babylonischen Exil (vgl. Jes 41). Das vorrangige biblische Leitbild

---

[49] Ebd., 156.

III. Grundlagen

jeder Rede vom befreienden Exodus ist gewiss die biblische Erzählüberlieferung vom Auszug der Israeliten aus der Fremdherrschaft in Ägypten (vgl. Ex 13,17–14,31). Die gegenwärtige Exegese prüft die historischen Hintergründe dieser wirkungsgeschichtlich höchst relevanten innerbiblischen Tradition. Jenseits solcher Detailfragen ist zu achten, dass in Verbindung mit der frühen prophetischen Kritik dem sozialen Stand der Geschöpfe in der biblischen Überlieferung eine hohe Aufmerksamkeit geschenkt wurde. Gott ist ein Befreier. Die Perikope der göttlichen Namensoffenbarung JHWH (vgl. Ex 3,14) und die eng mit ihr verbundene Erzählung vom Exodus enthalten eine gemeinsame theologische Verheißung: Der in jeder Zeit und an allen Orten mit den Geschöpfen seiende Gott geht an die Orte der Leiden und führt aus diesen heraus.

In der systematisch-theologischen Soteriologie haben die Metaphernfelder »Befreiung« und »Freiheit« nach dem 2. Vatikanischen Konzil Formen der Rezeption auf ganz unterschiedlichen Ebenen bewirkt: Die Befreiungstheologie[50] versteht sich als Reflexion auf die befreiende Praxis, zu der sie die christliche Gemeinde im Evangelium ermutigt und verpflichtet sieht. Angeregt vor allem durch Ausführungen in der Pastoralkonstitution des 2. Vatikanischen Konzils »Gaudium et spes«[51] haben Theologen zunächst in Lateinamerika, später auf allen Kontinenten versucht, eine Verbindung zwischen der Erlösungsbotschaft des Christentums und erlebter Befreiung aus der meist wirtschaftspolitisch bedingten Unfreiheit zu entdecken. Orientiert an den biblischen Leitbildern der Exodus-Erfahrung Israels, seiner Befreiung aus

---

[50] Vgl. das Standardwerk: Gustavo Gutiérrez, Theologie der Befreiung (1973); vgl. als neuere Übersichten: Horst Goldstein, »Selig ihr Armen« (1989) (mit zahlreichen Literaturverweisen); Ignacio Ellacuría / Jon Sobrino (Hg.), Mysterium Liberationis (1995); Gustavo Gutiérrez, An der Seite der Arment (2004). Vgl. speziell zum Erlösungsverständnis der Befreiungstheologie: Leonardo Boff, Jesus Christus, der Befreier (1986); Hans Kessler, Reduzierte Erlösung? (1987); Florencio Galindo, »Es genügt nicht, Grundsätze zu verkünden ...« (1985).
[51] Vgl. 2. Vatikanisches Konzil, Die pastorale Konstitution über die Kirche in der Welt von heute »Gaudium et spes«, bes. Nr. 29–32; 39 f.; 66; 74–76.

der Knechtschaft in Ägypten und dem Christusgeschehen als Verheißung universaler Befreiung, ist die Erlösungsbotschaft der Befreiungstheologen zentriert auf die Stichworte »Option für die Armen« und »Primat der (befreienden) Praxis«. Ein Anlass zu Kritik und Auseinandersetzung mit einzelnen Vertretern und Gruppierungen innerhalb der Befreiungstheologie war zum einen ihre Verwendung von Begriffen und Vorstellungen der marxistischen Geschichts- und Wirtschaftsanalyse zur Beschreibung der Ursachen der gesellschaftlichen Unrechtssituation, zum anderen Veränderungen in den Strukturen ekklesialer Verantwortung in Theorie und Praxis der Basisgemeinden. Im Blick auf Aussagen zu befreiungstheologischen Themen in kirchlich-offiziellen Schreiben kann von einem Prozess der zunehmenden Differenzierung und (damit verbunden) der wachsenden Anerkenntnis von Motivation und Gestalt der Befreiungstheologie gesprochen werden. Dies zeigt ein Vergleich der beiden Instruktionen der Kongregation für die Glaubenslehre »Über einige Aspekte der ›Theologie der Befreiung‹« (1984) und »Über die christliche Freiheit und die Befreiung« (1986). Während das Schreiben von 1984 betonte, »die Hirten« müssten »über die Qualität und den Inhalt der Katechese und der Ausbildung wachen, welche immer die *Heilsbotschaft in ihrer Ganzheit* und, in deren Rahmen, die Forderungen der wahren menschlichen Befreiung darstellen sollen«[52], somit also »Befreiung« (bloß) als Teilaspekt von Erlösung betrachtete[53], liest sich die Instruktion von 1986 als Versuch, das gesamte christliche Erlösungsverständnis unter den Leitworten »Freiheit« und »Befreiung« zu explizieren: »Die menschliche Geschichte, die durch die

---

[52] Kongregation für die Glaubenslehre, Instruktion über einige Aspekte der »Theologie der Befreiung« (1984), Nr. XI,16. Hervorhebung im Original.
[53] Als Inhalte, die bei einer »ganzheitlichen Darlegung des christlichen Mysteriums« (ebd., Nr. XI,17) als »wesentlich« zu betrachten sind und in der Befreiungstheologie gefährdet erscheinen, nennt die Instruktion von 1984: »die Transzendenz und die Ungeschuldetheit der Befreiung in Jesus Christus, der wahrer Gott und wahrer Mensch ist; die Souveränität seiner Gnade, die wahre Natur der Heilsmittel, besonders der Kirche und der Sakramente« (ebd.). Die Instruktion erinnert an den »authentischen Sinn der Sünde« und warnt vor einer »Politisierung der menschlichen Existenz« (ebd.).

III. Grundlagen

Erfahrung der Sünde gekennzeichnet ist, würde uns in die Hoffnungslosigkeit führen, wenn Gott seine Schöpfung sich selbst überlassen hätte. Aber die göttlichen Verheißungen der Befreiung und ihre siegreiche Vollendung im Tod und in der Auferstehung Christi sind das Fundament der ›freudigen Hoffnung‹, aus der die christliche Gemeinde ihre Kraft für ein entschiedenes und wirksames Handeln im Dienst der Liebe, der Gerechtigkeit und des Friedens schöpft. Das Evangelium ist eine Botschaft der Freiheit und eine Kraft zur Befreiung«[54].

Auch bei genauerem Hinsehen fällt es schwer, Bezüge zwischen den Anliegen der Befreiungstheologie und westlich-europäisch situierten Deutungen des christlichen Erlösungsgedankens unter dem leitenden Gedanken »Freiheit« herzustellen, bei denen Gemeinsamkeiten und nicht nur Abgrenzungen zum Ausdruck zu bringen sind. Die begriffliche und zeitliche Nähe zwischen der befreiungstheologischen Bewegung und soteriologischen Entwürfen, die die Rede von der Freiheit in den Mittelpunkt rücken, konnte für letztere sogar hinderlich wirken: »Im Blick auf die Befreiungstheologie wird die sakrale Bedeutung von Erlösung verdächtig. Und im Blick auf die Befreiungstheologie erscheint es anderen verdächtig, von Erlösung als Befreiung zu sprechen. Beiden Richtungen kann im Blick auf Paulus geantwortet werden, dass die Erlösungstat Christi auf keinen Fall mit der gesellschaftsverändernden Kraft sozialer Befreiung identifiziert werden kann. Andererseits spricht nicht erst die Befreiungstheologie, sondern schon Paulus von der Freiheit der Kinder Gottes. Christliche Freiheit ist weder ein Randthema des Evangeliums noch ein Privileg von Sekten und Außenseitern, sondern, wenn auch immer wieder missbraucht (…), Zentralanliegen des Christentums«[55]. Als ein

---

[54] Kongregation für die Glaubenslehre, Instruktion über die christliche Freiheit und die Befreiung (1986), Nr. 43. Der letzte Satz ist ein Zitat der Instruktion von 1984 (vgl. dies., Instruktion über einige Aspekte der »Theologie der Befreiung« [1984], Vorwort), die die Legitimität der Rede von Freiheit und Befreiung in soteriologischem Zusammenhang keineswegs in Frage stellen wollte, ihr besonderes Augenmerk jedoch auf einzelne »Gefahren der Abweichung« (ebd.) richtete.
[55] Joseph Möller, Freiheit und Erlösung (1982), 284.

die Befreiungstheologie und die vom Begriff der Freiheit geprägte Soteriologie verbindendes Moment lässt sich am ehesten der gemeinsame Rückgriff auf die Rede von Gottes Freiheit gewährendem Handeln in den biblischen Schriften bestimmen.[56] Der vor allem im deutschen Sprachraum situierten soteriologischen Reflexion des Begriffs »Freiheit«[57] eigen ist das Anliegen, die christliche Erlösungsvorstellung als kompatibel mit zentralen Inhalten der neuzeitlichen Philosophie zu erweisen: »Könnte es so sein, dass der autonome Mensch der Neuzeit nicht nur Zeugnis ablegen würde für die Notwendigkeit der Erlösung, weil Freiheit den Menschen in seinen Spannungen zeigt und darum Befreiung fordert, sondern dass die Philosophie der Neuzeit als Philosophie der Freiheit zugleich eine Philosophie der Erlösung darstellt? Damit ist nicht Einholung von Theologie durch Philosophie beansprucht, wohl aber eine philosophisch-anthropologische Relevanz theologischer Verkündigung. Gilt es nicht Erlösung wieder hereinzuholen in den Bereich des Wesens, dem Erlösung zuteil werden soll, d. h. des Menschen?«[58].

Die von Thomas Pröpper unter dem Titel »Erlösungsglaube und Freiheitsgeschichte« erarbeitete soteriologische Konzeption greift in ihrem Kernstück den Freiheitsbegriff von Hermann Krings[59] auf. Pröpper geht es dabei um eine transzendentalphi-

---

[56] Vgl. Thomas Pröpper, Erlösungsglaube und Freiheitsgeschichte (²1988), 173-179. Pröpper nennt als »theologische Gründe« für seine Wahl des Paradigmas »Freiheit« zur Darstellung des christlichen Erlösungsverständnisses biblische Aspekte und äußert seine Erwartung, durch diese Wahl einzelne gnadentheologische Probleme besser besprechen zu können. Zur theologischen Problematik des Verhältnisses zwischen Gnade und Freiheit vgl. grundlegend: Otto Hermann Pesch, Frei sein aus Gnade (1983), bes. 250-328; Gisbert Greshake, Geschenkte Freiheit (1977).
[57] Vgl. die Übersicht bei: Gisbert Greshake, Heilsverständnis heute (1983), 32-38.
[58] Joseph Möller, Freiheit und Erlösung (1982), 276. Vgl. zur Begründung von Notwendigkeit und Chance des Gesprächs zwischen christlicher Soteriologie und neuzeitlicher Freiheitsphilosophie auch: Thomas Pröpper, Erlösungsglaube und Freiheitsgeschichte (²1988), 179-182.
[59] Vgl. Thomas Pröpper, Erlösungsglaube und Freiheitsgeschichte (²1988), 182-194.

III. Grundlagen

losophische Vermittlung des Erlösungsglaubens, um einen Aufweis der Möglichkeitsbedingung des Gegebenen, die beim Faktischen ansetzt und dieses als Konsequenz, als selbst Bedingtes, erschließt.[60] Das Ziel dieser Bemühung kann weder ein Beweis der Existenz Gottes noch ein Zurückweisen der Unableitbarkeit seiner geschichtlichen Offenbarung sein; wohl aber soll der Gedanke Gottes in einer Weise bestimmt erscheinen, »die sich sowohl mit dem Freiheitsbewusstsein des Menschen als auch mit dem christlichen Zeugnis der geschichtlichen Selbstoffenbarung Gottes verträgt und deren Sinn ausweist, ohne sie ableiten oder ablösen zu können«[61]. Mit Hermann Krings unterscheidet Pröpper zunächst zwischen formeller (transzendentaler, abstrakter) und existierender (materialer, wirklicher) Freiheit[62]. Erstere meint »das schlechthin ursprüngliche und vom Menschsein unabtrennbare Vermögen, zu jeder Gegebenheit und Bestimmtheit, zu den Systemen der Notwendigkeit und noch der Vorfindlichkeit des eigenen Daseins sich verhalten, d. h. sie distanzieren, reflektieren, affirmieren (oder negieren) zu können«[63]. Die formelle Freiheit ist zwar durch Reflexion zu vergewissern, entzieht sich letztlich aber einer Begründung, ist daher unbedingt, wird immer schon vorgefunden und ist die Voraussetzung der Konstitution von menschlichem Willen und menschlicher Identität. Die existierende Freiheit ist immer bedingt zu denken, welthaft und intersubjektiv. Die Realisierung der formellen Möglichkeit menschlicher Freiheit macht eine materiale Bestimmung der Freiheit erforderlich. Daher expliziert Hermann Krings[64] Freiheit als Selbstbestimmung, negativ im Sinne der »Unabhängigkeit von Fremdbestimmung«, positiv als Möglichkeit, »dem Willen einen Inhalt zu geben, der ihn zum bestimmten Willen macht«[65]. Soll nun diese inhaltliche Bestimmung weder bloße Willkür noch fremd und äußerlich blei-

---

[60] Vgl. ebd., 182 f.
[61] Ebd., 190.
[62] Vgl. ebd., 183–185. Pröpper bezieht sich auf Hermann Krings, System und Freiheit (1980), 115 f.
[63] Thomas Pröpper, Erlösungsglaube und Freiheitsgeschichte (²1988), 184.
[64] Vgl. Hermann Krings, Freiheit (1970), bes. 230–233.
[65] Ebd., 230.

bende Vorgabe sein, dann kann die Selbstbestimmung des Willens nur als ein Sich-öffnen für unbedingt Einforderndes gedacht sein, das mit der Annahme der eigenen Freiheit schon mitgegeben ist und ihr entspricht: »Der erfüllende Inhalt der Freiheit kann, sofern er ihr der Form und Dignität nach nicht nachstehen soll, kein anderer sein als Freiheit. Das aber bedeutet: Freiheit gibt sich letztlich und erstlich dadurch einen Inhalt, dass sie andere Freiheit bejaht. Nur im Entschluss zu anderer Freiheit setzt sich Freiheit selbst ihrer vollen Form nach«[66]. Als Vorgang des Sich-öffnens meint der Freiheitsvollzug immer ein interaktives Geschehen. Freiheit ist »Freiheit für Freiheit«[67]. Jede Tat der Freiheit geschieht

---

[66] Ebd., 232. Mit den Worten von Thomas Pröpper: »Der Maßstab dafür, was das Erfüllende der Freiheit sein könne, kann nicht ein äußerer, sondern nur das ursprüngliche Sichöffnen der Freiheit selbst sein. Als der ihr angemessene Gehalt kommt deshalb nur ein solcher in Frage, der selber durch Freiheit und zwar durch eine andere Freiheit bestimmt ist, denn nur er kann der formellen Unbedingtheit der Freiheit entsprechen und sie, weil von ihr verschieden, bestimmen (…); denn erst in der Affirmation anderer Freiheit ist (…) ihr Unbedingtheitscharakter als solcher gesetzt, wird die Unbedingtheit ihres Sichöffnens und Sichbestimmens nicht nur implizit, sondern explizit gemacht und verwirklicht. Insofern ist im Begriff des Subjekts der Begriff der Intersubjektivität schon enthalten« (Thomas Pröpper, Erlösungsglaube und Freiheitsgeschichte [²1988], 186).

[67] Hermann Krings, Freiheit (1970), 236. Karl-Heinz Menke versteht seine Überlegungen als Weiterführung der transzendentalphilosophischen Freiheitsanalyse von Krings und ihrer Rezeption bei Pröpper (vgl. Karl-Heinz Menke, Stellvertretung [1991], 387–398). Im Rückgriff auf Gedanken von Emmanuel Lévinas fragt er, ob »der Andere«, die fremde Freiheit, nicht mehr ist als Bedingung der Möglichkeit der eigenen Freiheit, denn im Antlitz des Anderen geschehe Erkenntnis der Verantwortung für dessen Wohl und darin ereigne sich Freiheit: »Der ›Widerstand‹, der im Antlitz des Anderen begegnet, wird zur *Befreiung* meines Willens aus dem Käfig der Endlichkeit, wird zur *Verwandlung des Willens in Freiheit*, sobald ich mein Erkennen in Anerkennen, mein Begreifen- und Habenwollen in Verantwortung umkehre. (…) Was vordergründig als Autonomie gilt, wird als Begrenzung des Subjekts auf seine eigene Endlichkeit entlarvt; was vordergründig als Heteronomie, als Begrenzung durch den Anderen, erscheint, entpuppt sich als Befreiung« (ebd., 396; Hervorhebungen im Original). Selbstfindung ereignet sich in der Übernahme von Verantwortung, in der Begegnung mit dem, was mich unbedingt angeht, im »Ein-Fallen« des Unbedingten in das Bedingte (vgl. ebd., 398). Mir scheint, dass sich Pröpper und Menke zwar

im Vorgriff auf unbedingte Freiheit, die im endlichen Freiheitsvollzug mitbejaht ist:»Der Vollzug der Freiheit als Bejahung anderer Freiheit enthält einen unbedingten Anspruch; er besitzt als unbedingtes Sich-öffnen die Dimension des Unbedingten und greift, kraft seiner eigenen Form, auf unbedingte Freiheit vor. Transzendentale Freiheit realisiert sich darum in der Bejahung anderer Freiheit und im Vorgriff auf unbedingte Freiheit«[68]. In dieser Reflexion leuchtet der Gottesgedanke auf als eben diese unbedingte Freiheit, die immer schon vertrauend vorausgesetzt ist in der freiheitlich tätigen Antwort auf das unbedingt Seinsollende, die Bejahung fremder Freiheit. Endliche Freiheit kann angesichts dieser Gesamtstruktur menschlichen Freiheitsvollzugs nur »symbolisch« realisiert werden[69], sie verspricht im interaktiven Miteinander etwas, das sie angesichts ihrer Endlichkeit und ihrer Angewiesenheit auf situative Evidenz im letzten nicht halten kann. Das angesichts der bleibenden Brüchigkeit und drohenden Endlichkeit gelingender Freiheit erfahrene Leiden erweist die Freiheit als auslangend nach Unverbrüchlichkeit, Dauer und Zukunft: »Denn gerade wo eine Freiheit sich formell unbedingt für andere Freiheit entschließt und damit deren eigener Unbedingtheit entspricht, will sie mehr, als sie verwirklicht und jemals verwirklichen kann. Gerade indem sie den anderen ›selbst‹ meint und sein Seinsollen unbedingt intendiert, eben dies aber nur symbolisch, bedingt und vorläufig, ins Werk setzen kann, wünscht sie ihm eine Zukunft, die sie selbst nicht verbürgen und herbeiführen kann«[70].

---

durch die Wahl ihrer Bezugsgrößen und Erkenntnisquellen, nicht jedoch im Ergebnis unterscheiden. Was sich nach Pröpper durch transzendentale Reflexion erschließt, wird nach Menke (und Lévinas) im Blick des Anderen konstituiert: Ein Mensch allein für sich kann nicht frei sein, die Existenz eines anderen freien Wesens ist die Voraussetzung der Freiheit, die stets Freiheit für Freiheit ist (vgl. Thomas Pröpper, Erlösungsglaube und Freiheitsgeschichte [²1988], 186 f.).
[68] Hermann Krings, Freiheit (1970), 233.
[69] Vgl. Thomas Pröpper, Erlösungsglaube und Freiheitsgeschichte (²1988), 188 f.
[70] Ebd., 192.

Ausgewählte Metaphernfelder

In seiner Überleitung zu der Frage, wie sich die christliche Soteriologie angesichts der vorgetragenen Reflexion auf den Freiheitsvollzug explizieren lässt, formuliert Pröpper den Gedanken, angesichts der Vorläufigkeit und Gefährdung der Freiheit als Bejahung der Freiheit anderer bedürfe sie »der Ermutigung durch eine Begegnung, die den Grund ihrer intendierten Hoffnung selbst nahebringt und verbürgt«[71]. Der christliche Glaube erkennt den Grund seiner Hoffnung im Christusereignis: »In der Freiheit der Vollmacht, mit der er [Jesus] sich den Menschen zuwandte, einer Freiheit jedoch, die sich selbst aus der Zuwendung Gottes verstand und die eigene Rechtfertigung ihm überließ, ist er, da sich Gott zu ihm bekannte, Gottes freie Selbstoffenbarung als Liebe«[72]. Im Leben Jesu wird Gottes Wesen als Liebe gegenwärtig und eröffnet darin menschlicher Freiheit ihre inhaltliche Bestimmung. Erst in der Auferweckung vom Tod erweist sich das Versprechen der Liebe als eingelöst, in ihr hat sich Gott als unbedingte und schöpferische Liebe erwiesen. »Erst durch sie [die Auferweckung: D.S.] wurde der menschlichen Freiheit die ihre formelle Unbedingtheit endgültig erfüllende Wirklichkeit verheißen und also eine Weise der Selbstbestimmung ermöglicht, die das Gesetz der Angst und Selbstbehauptung durchbricht. Wo diese durch die Erinnerung des Glaubens verbürgte Verheißung von menschlicher Freiheit ergriffen und in der Entschlossenheit der Liebe gegenwärtig gesetzt wird, sind Menschen ›aus dem Tod ins Leben geschritten‹ (1 Joh 3,14). Und eben dies ist Erlösung«[73]. Im Horizont des neuzeitlichen Freiheitsbegriffs kann das Christusereignis als Erlösungsgeschehen expliziert werden, da Freiheit als Freiheit für Freiheit in ihm zeitliche Wirklichkeit wird und zeitlose, eschatologisch-endgültige Gültigkeit erfährt.

Pröpper vermag – ausgehend von seinem soeben nur in Skizzenform wiedergegebenen Ansatz – bei einer transzendentalphi-

---

[71] Ebd., 193.
[72] Ebd., 196.
[73] Ebd., 198.

losophischen Analyse des menschlichen Freiheitsvollzugs[74] wesentliche Anliegen und Inhalte der Soteriologie auf neue Weise zu erschließen[75]: Sünde und Vergebung, die Gegenwartsrelevanz der Erlösungswirklichkeit, die soziale Dimension der Heilsvermittlung und die Hoffnung auf eine Zukunft, in der der Tod nicht mehr ist. Seine Bewährung, so betont Pröpper abschließend nachdrücklich, erfährt der Glaube an Erlösung durch die Praxis der Liebe, die Gottes unbedingtes Ja zu jedem Menschen in geschichtlicher Zeit erfahrbar darstellt und darin Freiheit als Freiheit für fremde Freiheit lebt.[76]

c. Das fiskalische Paradigma: Bezahlung einer Schuld

In der Alltagssprache ziehen Menschen oft Bildreden aus dem Finanzwesen heran, um Situationen von Heil und Unheil sprachlich zu benennen: Menschen können einander ein schweres Erbe hinterlassen; Familienangehörige verschulden sich während ihres Lebens aneinander; auf Heller und Pfennig genau gilt es, einander Rechenschaft abzulegen im Blick auf die Motivationen bei der Änderung einer Lebenssituation; das Beziehungskonto darf nicht überzogen werden; den erwiesenen Vertrauensvorschüssen gilt es später gerecht zu werden; Menschen verraten und verkaufen einander; einen Preis muss bezahlen, wer in Beziehungen allein neue Wege begeht; einem feindlich agierenden Menschen etwas mit gleicher Münze heimzahlen zu können, ist für manche Menschen ein Ansporn.

Diese Beispiele für alltagssprachliche Redewendungen zeigen deutlich, dass sich das Geldwesen in zweifacher Hinsicht anbietet, als Bildspender in soteriologischen Kontexten zu dienen: zum einen kommt die Erwartung nach einem gerechten Ausgleich in

---

[74] Dieser folgt auch Jürgen Werbick in zentralen Passagen seiner Soteriologie: vgl. Jürgen Werbick, Soteriologie (1990), bes. 158–171.
[75] Vgl. Thomas Pröpper, Erlösungsglaube und Freiheitsgeschichte (²1988), 199–220.
[76] Vgl. ebd., 220–224.

Ausgewählte Metaphernfelder

personalen Verhältnissen ins Wort, zum anderen wird die generationenübergreifende Zusammengehörigkeit der Menschen in Haben und Soll zur Sprache gebracht. Synchron wie diachron erfolgen Taxierungen der Wirklichkeit. In wechselnder Begrifflichkeit in Detailaussagen – bezogen jeweils auch auf die gerade gegebenen Selbstverständlichkeiten im Finanzwesen – birgt die Geldmetaphorik offenkundig einen großen Reichtum an Möglichkeiten der Übertragung dieser Erfahrungswelt auf menschliche Beziehungswirklichkeiten.

Die Vorstellung, bestehende Schuldkonten durch freiwillige Verdienste ausgleichen zu sollen, um so Beziehungsgerechtigkeit bewirken zu können, ist offenkundig ein Leitgedanke in der systemischen therapeutischen Beratung und dementsprechend abgesichert durch vielfältige Erfahrungsdaten. Wichtig erscheint mir dabei, dass auch in der psychologischen Literatur darauf aufmerksam gemacht wird, dass solche Verrechnungen nicht bedingungslos ihr Ziel erreichen. Es macht einen Unterschied, ob Taten unter Zwang oder durch Wahl geschehen. Nur eine freiwillige Handlung »erwirtschaftet« einen »Verdienst«. Zudem müssen die Intention und die Realisierungen kommunikativ bedacht werden, damit Missverständnisse möglichst vermieden bleiben.

In der ökumenischen Gesprächssituation im Kontext der Rechtfertigungslehre wird das Denken unter Bezugnahme auf Lohn und Verdienst oft problematisiert. Dokumente, deren Autoren um die Problematik des Verdienstbegriffs angesichts seiner kontroverstheologischen Missverständlichkeit wissen, nehmen nicht selten Zuflucht zur biblischen Rede vom für Menschen zu erwartenden Lohn für ihre guten Taten: »Viele Gegensätze könnten einfach dadurch überwunden werden, dass der missverständliche Ausdruck ›Verdienst‹ mit dem wahren Sinn des biblischen Begriffs ›Lohn‹ gesehen und bedacht wird«[77]. Vielfach ist auch ohne einen ausdrücklich erwartbaren ökumenischen Horizont in lexikographischen Übersichten zur bibeltheologischen Tradition

---

[77] Ebd., 74. Vgl. zum Stichwort μισθός (misthos) die reichhaltigen Hinweise in Herbert Preisker / Ernst Würthwein, Art. »μισθός – αντιμισθία« (1942).

III. Grundlagen

des Verdienstgedankens zu lesen, diese Vorstellung müsse in enger Verbindung mit der darin vertrauteren Rede vom (gerechten) Lohn betrachtet werden. Nur angedeutet kann hier sein, dass nach meiner Wahrnehmung die Verdienstthematik sowohl im jüdisch-christlichen Gespräch als auch in der innerchristlichen Ökumene insbesondere durch eine vertiefte biblisch-theologische Betrachtung an kontroverstheologischer Schärfe verloren hat.[78] Eigene Aufmerksamkeit wäre dabei der Frage zu schenken, inwieweit die angenommene Nähe zwischen Mentalitäten in der jüdischen Glaubensgemeinschaft und dem beobachteten Vorkommen einer entsprechenden Metaphorik insbesondere in den alttestamentlichen Texten einer kritischen Prüfung der dabei zum Ausdruck kommenden Vorverständnisse standhalten könnte. So bezeichnet Günther Bornkamm die »selbstverständliche Gleichsetzung von Lohn und V.[erdienst]«[79] als der jüdischen Gerichtserwartung verpflichtet, deren Bildwelt folgende Bezüge signifikant häufig aufweise: »Buchführung im Himmel, Abwägen guter und böser Werke, himmlisches Kapital aus Werken, abgestufte Auszahlung von Lohn und Zinsen, Anrechnung der V.[erdienst]e der Väter beim Gericht«[80].

---

[78] Vgl. als Beleg exemplarisch folgenden Hinweis: Während es im Blick auf die neutestamentlichen Zeugnisse in der 3. Auflage des RGG noch heißt: »Der V.[erdienst]gedanke hat in Jesu Verkündigung keinen Raum, wohl aber der Lohngedanke« (Günther Bornkamm, Art. »Verdienst. III. Im NT« [³1962], Sp. 1263), formuliert die 4. Auflage bereits vorsichtiger: »Der V.[erdienst]- bzw. Lohngedanke thematisiert in der gesamten n[eu]t[estament]l[ichen] Überlieferung die Gegensätzlichkeit von Gegenwart und Zukunft mit Hilfe des Tat-Folge-Schemas. (...) Versuche, den Verdienstgedanken mit dem Gedanken der Rechtfertigung des Gottlosen zu systematisieren oder ihn als frühjüd.[ische] Lohnethik zu disqualifizieren, erscheinen weniger hilfreich als ihn jeweils kontextuell auszulegen (Roman Heiligenthal, Art. »Verdienst. III. Neues Testament« [⁴2005], Sp. 947). Martin Winter schreibt einleitend zum Stichwort »Lohn« in der Theologischen Realenzyklopädie: »Als ein grundlegendes Ergebnis der Forschung kann festgehalten werden, dass die Versuche, den Lohngedanken in der Verkündigung Jesu zu bestreiten oder interpretativ zu eliminieren, gescheitert sind« (Martin Winter, Art. »Lohn« [1991], 447).
[79] Günther Bornkamm, Art. »Verdienst. III. Im NT« (³1962), Sp. 1263.
[80] Ebd.

Ausgewählte Metaphernfelder

Die Lohnmetaphorik ist im Kontext der reformatorischen Theologie zunächst weniger problematisch als die Verdienstmetaphorik. Verdienste erscheinen von Menschen erworben zu sein, der Lohn für gute Taten wird allein von Gott gezahlt. Anerkannt ist dabei der präsentisch-eschatologische Kontext der Verwendung dieser Metaphern, die vor allem in Zusammenhang mit der Gerichtserwartung zu bringen sind: Wer sich im irdischen Leben durch Guttaten Verdienste erwirbt, wird im himmlischen Leben den Lohn dafür erhalten. In der Lebenszeit verborgen bleibende Verdienste werden einstmals offenkundig werden. Auch wenn der momentane Eindruck nicht selten ein anderer zu sein scheint, so zeigt doch die weisheitliche Erfahrung, die in den biblischen Schriften bezeugt ist, dass ganz am Ende auf die Gerechten der angemessene Lohn wartet. Anleihen auf der metaphorischen Ebene beim Rechnungswesen, Erwartungen eines Ausgleichs zwischen Gut und Böse, sind somit der gesamtbiblischen Tradition nicht fremd. Auf diese Weise kommen auch die ernsten Folgen menschlicher Entscheide ins Wort. Gott ist es nicht einerlei, wie seine Geschöpfe sich zueinander verhalten. Er schaut genau hin. Er rechnet auf. Exemplarisch wird auch an dieser Stelle die enge Verbundenheit zwischen Soteriologie und Eschatologie deutlich.

Offenkundig hat die scholastische Tradition die nachdenklich stimmende Möglichkeit ergreifen wollen, zwischen einem Verdienst, der einem Menschen durch Bescheid eines (unbeteiligten) Dritten mit Gnadenerlass zuteil wird (*meritum de congruo*) und einem Verdienst anderer Art, der sich intersubjektiv von der Sache her ohne weiteres Urteil eines Dritten von selbst erschließt (*meritum de condigno*), unterscheiden zu können.[81] Im Hintergrund dieser Differenzierung steht die Frage, ob denkbar sein könnte, dass Gott in seiner Beziehung zu den Geschöpfen zu Differenzierungen bereit ist, die in seiner unterschiedlichen Wahr-

---

[81] Vgl. im Sinne einer ersten Übersicht zu diesem Themenkreis mit weiteren Literaturhinweisen: Eva-Maria Faber, Art. »Verdienst. II. Theologie- und dogmengeschichtlich« (³2001); vgl. als grundlegende Studie zur Thematik: Tommi Lehtonen, Punishment, Atonement and Merit in Modern Philosophy of Religion, Helsinki 1999.

III. Grundlagen

nehmung der jeweiligen Verdienstlichkeit eines menschlichen Handelns begründet wäre. Ist es Gott einerlei, ob ein Mensch sich tätig um Versöhnung bemüht? Begegnet er dem verstockten genau gleich wie dem zerknirschten Menschen? Könnte der theologische Rekurs auf die universale Sündenverfallenheit der gesamten Menschheit daran hindern, noch Unterschiede in der Gestaltung zumindest des zwischengeschöpflichen Versöhnungsgeschehens anzunehmen? Wird nicht doch – dem heutigen Lebensempfinden nach – ein »meritum de condigno« einem »meritum de congruo« der Tendenz nach immer vorzuziehen sein? Sollen nicht die den Lohn ihrer Bemühungen bekommen, die auch die Anstrengungen zu deren Erwerb auf sich nehmen? Wer aber trifft diese Unterscheidung? Welche Zuwendung erfahren jene Geschöpfe, die es nicht zu verdienen scheinen, dass ihnen Versöhnungsbereitschaft begegnet? Die Lohn- und Verdienstmetaphorik gerät an ihre Grenzen, wenn Menschen in den Blick kommen, die Leistungsgesichtspunkten nicht entsprechen können. Muss dies aber schon bedeuten, dass jegliche Einflussnahme des Tuns eines Menschen auf das eigene Ergehen oder das Ergehen eines mitlebenden Menschen ausgeschlossen bliebe? Aus meiner Sicht wäre in diesem Zusammenhang deutlicher zu unterscheiden zwischen der konfessionell unbestrittenen christlich-anthropologischen Grundaussage der Sündenverfallenheit aller Geschöpfe und den faktisch zu konstatierenden Auswirkungen des verdienstvollen Handelns versöhnungsbereiter Menschen in ihren jeweiligen Lebensbezügen.

Aus meiner Sicht ist es bedauerlich, dass ökumenische Konvergenztexte im Hinblick auf mögliche Konkretisierungen in der Beschreibung des problematischen Verdienstcharakters der guten Werke des Menschen keine Versuche unternehmen, auf die Erfahrungswirklichkeit Bezug zu nehmen. Dieses Desiderat ist in der Rezeption der Gemeinsamen Erklärung zur Rechtfertigungslehre, die diese Aufgabenstellung auch selbst anspricht[82], vielfach bedacht worden. Die theologischen Grundlinien im ökumenischen Gespräch sind klar, offen bleibt jedoch, wie genau vorstellbar wäre,

---

[82] Vgl. Gemeinsame Erklärung zur Rechtfertigungslehre (1999), 430 (Nr. 43).

dass Menschen sich Verdienste erwerben können, die sich in der eschatologischen Wirklichkeit als lohnend auszahlen. »Als Geschenk sind die guten Werke ›Verdienste‹«[83] – was könnte diese Aussage einer vielfach rezipierten ökumenischen Studie auf einer Ebene, die Verstehen auch für andere Wissenschaften erschließen möchte, bedeuten? Könnte es nicht sein, dass das theologische Wissen um die Unbezahlbarkeit der menschlichen Schuld vor Gott dazu neigen lässt, Differenzierungen in Verrechnungssystemen im zwischenmenschlichen Versöhnungsgeschehen gering zu achten – entgegen aller Erfahrung?

Die Geldmetaphorik in Gestalt eines Ausgleichs von Verdienstkonten wirkt weit kühler und sachlicher als andere Metaphernbereiche zur Besprechung eines personalen Versöhnungsgeschehens, in dem eine Rechnung niemals ohne freiheitliche Zustimmung aller Beteiligten aufgeht – anders als bei einem Kontenausgleich im Finanzwesen. Personale Schuldkonten sind nur auszugleichen, wenn dazu eine innere Bereitschaft besteht. In Jesus Christus ist die göttliche Bereitschaft dazu uns in Zeit und Geschichte verlässlich offenbar geworden. In seinem Geist können Menschen daran Anteil gewinnen – ob es dabei wirklich angemessen erscheint, die Börsengeschäfte als Vergleich zu wählen, erscheint mir mehr als fraglich. Gleichwohl geschehen auch diese offenkundig vor allem aufgrund eines Vertrauens in die Verhältnisse. Wie kaum ein anderes soteriologisches Metaphernfeld ist jenes viel verwendete fiskalische Bildrede in der Erlösungslehre mancher Rückfrage bedürftig. Diese Anfrage hat auch im ökumenischen Kontext im Gespräch mit pentekostalen und charismatischen Gemeinschaften weltweit heute hohe Bedeutung: »Prosperity« – »Wohlergehen« (finanziell wie gesundheitlch) erscheint als eine Gabe, die Gott den Gottesfürchtigen schenkt, wenn sie seine Gebote achten.[84] Jedoch gewinnen nicht immer die Menschen, die für sich auf alles verzichten, ein reicheres geistliches

---

[83] Karl Lehmann / Wolfhart Pannenberg (Hg.), Lehrverurteilungen – kirchentrennend?, Bd. 1 (1986), 73. Hervorhebung im Original.
[84] Vgl. Wilfred Asampambila Agana, Succeed here and in Eternity (2016).

Leben. Die Zusammenhänge sind komplexer. Viele Situationen im Lebensalltag sind unberechenbar.

d. Das forensische Paradigma: Freispruch im Prozess

Nach biblischer Tradition haben alle Geschöpfe, die auf Christus Jesus vertrauen, in jeder Lebenssituation mit einem Freispruch zu rechnen,»denn es gibt keine Verurteilung mehr für die, die in Christus Jesus sind« (Röm 8,1). Entgegen der Tradition des Freispruchs im Sinne der paulinischen Rechtfertigungslehre, die hier im ökumenischen Kontext aufzunehmen ist[85], hat die Rede von der »Strafe« im göttlichen »Gericht« die metaphorische Rede in der Theologie vielfach bestimmt.[86] In der Traditionsgeschichte hat diese Bildwelt in der Hamartologie (Sündenlehre) sowie in der Eschatologie eine intensive Wirkungsgeschichte entfaltet. Im Zusammenhang der Darstellung der Konzeption von Anselm von Canterbury wird darauf zurückzukommen sein.[87] Oft war dabei nicht im Blick, welche folgenreichen Perspektivwechsel bei dieser Inanspruchnahme einer dem Rechtswesen nahen Metaphorik in der Soteriologie erforderlich sind.

Die reale Gerichtswirklichkeit folgt in vielen Regionen der politischen Welt nicht nur heute sehr unterschiedlichen Gesetzmäßigkeiten. Früher und auch gegenwärtig sind Gerichte nicht immer ein Ort, an dem die Hoffnung auf erfahrene Gerechtigkeit ohne Zweifel bliebe. Gleichwohl steht aus berechtigten Gründen das Gut der Rechtssicherheit in modernen Staatssystemen in hohem Ansehen, weil auf diese Weise jeder Willkür der Herrschenden durch Gewaltenteilung vorgebeugt werden kann.

Die in der Systematischen Theologie angesichts der biblischen Überlieferung prägende Gerichtsvorstellung ist die eines Prüfverfahrens in einem Wortgeschehen. Dabei sind die Rollen

---

[85] Siehe dazu hier unten Abschnitt V.2.
[86] Siehe dazu auch unten Abschnitt IV.1 im Kontext der Nachzeichnung der Konzeption von Anselm von Canterbury.
[87] Siehe dazu hier unten Abschnitt IV.1.

festgelegt: Angeklagte werden beschuldigt, Richter urteilen, Verteidiger bemühen sich um Entlastung, Ankläger versuchen ihre Sicht zu beweisen, Zeugen sagen aus, Indizien liegen vor, das Strafmaß wird bestimmt – und die Taten (Delikte) und ihre Folgen für die Opfer bleiben nicht selten im Hintergrund. Die Konzentration ist auf die Täter und Täterinnen gerichtet. Das Interesse der passiv beteiligten Prozessbeobachter ist jedoch nicht selten durch das Mitgefühl mit den Leidtragenden bestimmt.

Aufmerksam zu werden darauf, dass das biblisch geleitete Gerichtsmodell im Wesentlichen auf der Basis eines Wortaustauschs gedacht ist, bedeutet auch, anzuerkennen, dass die zerstörerischen Folgen der getanen Tat und die neue versöhnende Kraft künftiger Taten weniger im Blick ist. »Gericht« wird stattdessen eher als von Taten losgelöste geistige Erkenntnis verstanden.

Es gibt in den Rechtswissenschaften drei Grundmodelle der Strafbegründung: (1) die Strafe ist eine Vergeltung für das dem Opfer angerichtete Übel (vindikatives Modell); (2) die Strafe dient der Besserung des Täters (medizinales / therapeutisches Modell); (3) die Strafe schützt vor weiteren Gewalttaten (a) den Täter selbst (Individualprävention) oder (b) die Allgemeinheit durch Abschreckung (Generalprävention). In der Regel gibt es bei der Strafbegründung in der Rechtsprechung eine Mischmotivation, wobei einzelne Aspekte besonders hervorgehoben sein können.

In den 80er und 90er Jahren kam es insbesondere auf Initiative der Evangelischen Kirche in Deutschland (EKD) zu neuen theologisch begründeten Überlegungen zur Humanisierung des Strafvollzugs.[88] Dabei standen folgende Gedanken im Vordergrund: Auch straffällig gewordene Menschen sind von Gott als Sünder und Sünderinnen (dennoch) in Gnade und Barmherzigkeit angenommene Geschöpfe; jede Strafe hat zukunftsorientiert zu sein – daher gilt es, die Kontexte zu verbessern, in denen der Strafvollzug geschieht; das Ziel des Gerichtsgeschehens ist die Versöhnung zwischen Täter und Opfer; kein Täter darf allein für seine Tat verantwortlich erklärt werden, vielmehr ist bei der Analyse

---

[88] Vgl. dazu die Denkschrift: Kirchenamt der Evangelischen Kirche in Deutschland (Hg.), Strafe. Tor zur Versöhnung? (1990).

III. Grundlagen

und bei der Festsetzung des Strafmaßes das soziale Umfeld mit zu bedenken.

Der Gedanke eines anzuzielenden Ausgleichs zwischen Tätern und Opfern hat in der neueren Systematischen Theologie insbesondere im Zusammenhang der Gotteslehre Aufnahme gefunden.[89] Wie lässt sich angemessen über das Verhältnis zwischen der Gerechtigkeit und der Barmherzigkeit Gottes sprechen? Kann Gott nur jenen Menschen Erlösung zuteil werden lassen, denen gegenüber sich auch die um ihr Leben gebrachten Geschöpfe als versöhnungsbereit zeigen? Insbesondere im Blick auf die Unheilsgeschichte des 20. Jahrhunderts bleiben hier im jüdisch-christlichen Gespräch offene Fragen. Ich werde sie am Ende dieser Studie im Kontext der Thematik einer möglichen »Allversöhnung« wieder aufnehmen.[90]

e. Das kommunikative Paradigma: Bekenntnis und Versöhnung

Durch die Beweislast erzwungene Schuldeingeständnisse vor Gericht stehen in anderen Zusammenhängen als in Freiheit ergebnisoffen geführte Gespräche über bis dahin unbedachte Auswirkungen des eigenen Verhaltens auf andere. Für viele Menschen wird das kommunikative Paradigma in biblischer Tradition vor allem im lebensgeschichtlichen Erzählen erfahrbar, bei dem nicht selten auch Aspekte der selbst erkannten Schuldgeschichte bedacht werden. Die Rezeption von Erkenntnissen der Biographieforschung ist in der theologischen Reflexion heute wichtig.[91] Rückblickend auf ihr Leben, suchen Menschen im Gespräch Erlösung zumindest durch eine verstehende Deutung der Einflüsse auf das eigene Handeln, das sich später als mit leidvollen Folgen verbunden erwies.

---

[89] Vgl. Dirk Ansorge, Gerechtigkeit und Barmherzigkeit Gottes (2009).
[90] Siehe dazu hier unten Abschnitt VI.4.
[91] Martin Kohli, ein führender deutscher Biographieforscher, hat dies in zahlreichen Untersuchungen nachweisen können; vgl. Martin Kohli, Zur Theorie der biographischen Selbst- und Fremdthematisierung (1981). Vgl. Stephanie Klein, Theologie und Biographieforschung (1994). Siehe dazu auch hier unten Abschnitt VI.4.b.

Ausgewählte Metaphernfelder

Drei Anliegen sind der Biographieforschung eigen: (1) Sie richtet ihren Blick auf das gesamte Leben eines Menschen; (2) sie beschreibt die Eigenperspektive der Handlungsträger; (3) sie berücksichtigt individuelle Prozesse und Entwicklungen. Die biographische Methode will das Konkret-Besondere in den Blick nehmen. Sie ist aufmerksam auf die Tiefendimensionen und die Feinstrukturen der alltäglichen Lebenswirklichkeit. Wandlungen im Lebenslauf einzelner Menschen werden wahrgenommen. Von den zahlreichen Erkenntnissen der Biographieforschung gelten insbesondere vier als von großer Bedeutung: (1) Elemente biographischen Erzählens sind in der Alltagskommunikation sehr verbreitet.[92] Zu den primären Funktionen, die biographische Bemerkungen im Alltag haben, zählen zum einen die rechtfertigende Begründung (ein apologetisches Moment), die Selbstvergewisserung (ein anamnetisches Geschehen) und schließlich die Handlungsorientierung (ein prognostischer Zug). Auffällig ist bei dieser Zusammenstellung das Vorkommen der dreifachen Zeitstruktur menschlicher Wirklichkeitswahrnehmung: Wir erinnern, gegenwärtigen und planen unser Leben, und all dies geschieht mehr oder weniger bewusst.

(2) Die Wahrnehmung der eigenen Zeitlichkeit wirkt sich auf die Gestalt der Thematisierung des widerfahrenen Lebens aus. Das Wissen um die Endlichkeit des Lebens und das Erspüren der Besonderheit bestimmter Zeiten gelten als wichtige Motivationen für die Bereitschaft von Menschen, von sich zu erzählen. In Krisenzeiten kommen größere Zeiträume in den Blick der von sich Erzählenden. Wenn Diskontinuitäten im Lebenslauf eintreten, wenn Entscheidungen anstehen oder ein Abschied zu bestehen ist, dann erhöht sich die Bereitschaft, autobiographisch zu erzählen.

(3) Bei der erzählerischen Selbstthematisierung entwerfen die Subjekte ein Konzept ihres Lebens. Der Lieferant des Materials ist das Gedächtnis, das wichtig Erscheinendes erinnert, eine Verkettung von Ereignissen herstellt und Deutungen vornimmt.

---

[92] Vgl. aus theologischer Perspektive: Michael Schneider, Krisis (^{2}1995); Gion Condrau, Lebensphasen – Lebenskrisen – Lebenshilfen (1981), 73–107.

(4) Beim biographischen Erzählen wird die unverwechselbare Eigenart des einzelnen menschlichen Lebens offenkundig. Zugleich tritt aber auch die unaufhebbare Verbundenheit der einzelnen mit den Anderen in Erscheinung. Die Beschreibung des eigenen Lebens kommt ohne die Beschreibung des Lebens der Anderen nicht aus. Gelebtes und Erlittenes verbinden sich zu einer unverwechselbaren Geschichte mit den Anderen und durch die Anderen. Die Mit-Lebenden sind beim Erzählgeschehen gegenwärtig.

Kurz gesagt, zeigt sich somit: Beim Nachdenken über die Strukturen des biographischen Erzählens treten die Temporalität, die Subjektivität und die Sozialität menschlicher Lebenswahrnehmung vor Augen. Die hohe Bereitschaft zur Selbstthematisierung auch im Alltag lässt sich als ein Hinweis auf das Streben der Menschen deuten, das Leben zu verstehen, um handeln zu lernen.

Vor dem Hintergrund der Erkenntnisse der Biographieforschung lässt sich in der Theologie mit verändertem Bewusstsein über die Bedeutung des Sündenbekenntnisses nachdenken. Viele Menschen erfahren Lebenssituationen, in denen es wichtig ist, mit einem Menschen in ein Gespräch zu kommen, der die Gabe hat, in geduldiger und kundiger Weise Einsicht in die unheilstiftenden Lebenszusammenhänge zu vermitteln und Wege der Aussöhnung mit dem gewordenen Dasein aufzuzeigen. Einzelne Taten haben oft tiefliegende Motivationshorizonte, die es zu lichten gilt. Erst ein solches einfühlendes Verstehen der Kontexte menschlichen Handelns birgt die Aussicht auf dauerhafte Besserung. Das Charisma der Heilung von Lebenswunden ist nicht jedem gegeben. Persönliche Reife ist erforderlich für eine fruchtbare Wirksamkeit in der Begegnung mit Menschen, die unter ihrer Schuld leiden. Bestehende Begabungen für diesen Dienst können durch eine entsprechende fachliche Qualifizierung gefördert werden. In vielen großen Städten und an Wallfahrtsorten gibt es Beichtzentren, an denen Priester anzutreffen sind, die sich in jahrelanger Weiterbildung auf ihren Dienst vorbereitet haben. In dem Maße, wie Menschen das Gespräch über ihr mit Schuld beladenes Leben als erlösend und befreiend erleben, werden sie die Orte aufsuchen, an denen ihnen dieses widerfährt. In diesem Geschehen wird von

Menschen als hoch bedeutsam erfahren, ob sie ihr personales Gegenüber als authentisch, zugewandt und wohlwollend erleben. In historischer Betrachtung ist das Sündenbekenntnis ein vielfältig sich wandelndes Phänomen. Ein Kennzeichen des Kanonischen Bußwesens im Altertum war sein Öffentlichkeits-Charakter: Der Ausschluss aus der Gemeinde trat als Folge der schweren Sünde ein. Die als gottesdienstliche Feier gestaltete, an das Schuldbekenntnis sich anschließende Aufnahme des Sünders oder der Sünderin in den Büßerstand galt als erste Stufe im langwierigen Prozess der Wiederaufnahme in die Gemeinde. In auch äußerlich erkennbarer, zeichenhaft gelebter Weise bekundeten die Umkehrwilligen durch zum Teil langwierige, das Leben spürbar verändernde Bußübungen ihre neue Gesinnung. Das Sündenbekenntnis war in der Zeit der öffentlichen Buße weniger bedeutsam; alle Angehörigen der kleinen christlichen Gemeinden wussten ohnehin von den Vorfällen. Entscheidend war zunächst die Bereitschaft zur tätigen Umkehr. Das Sündenbekenntnis war das Initialgeschehen für ein öffentliches Verfahren, um deren Dringlichkeit die Gemeinde bereits wusste und es einmal im Leben zugestand.

Nach der Konstantinischen Wende und mit der Entwicklung des Christentums zur vorherrschenden Gestalt der Religiosität änderten sich auch die Formen der Versöhnungsfeiern. Im frühen Mittelalter bildete sich eine häufig zu vollziehende, auch im Falle kleinerer Verfehlungen sinnvoll erscheinende Buße heraus, bei der das Sündenbekenntnis und die Bußauflage im Sinne der Bestimmung eines festen Bußtarifs vorrangig bedeutsam waren (sogenanntes Tarifbußwesen). Diese Bußgestalt war ein Erbe des klösterlichen Gemeinschaftslebens und gewann im Zuge der Mission iro-schottischer Mönche auf dem europäischen Festland ab dem 7./8. Jahrhundert zunehmend an Bedeutung. Die neue Bußgestalt unterschied sich von der bis dahin geübten in der Häufigkeit (unbeschränkte Wiederholbarkeit), im Zeitpunkt (kein Aufschub in die Sterbestunde aus Angst vor der sonst möglicherweise zu frühzeitig ergriffenen einmaligen Bußmöglichkeit und den harten, dauerhaft belastenden Bußauflagen), im existentiellen Bezug (auch leichtere Sünden), im Verfahren (ohne Öffentlichkeit der

III. Grundlagen

Gemeinde, veränderte Bedeutung des Sündenbekenntnisses als Tat der Selbstbeschämung und zur Festlegung adäquater Bußtarife) und im angenommenen Grund der Wirksamkeit (Ausübung von Gott ermöglichter geistlicher Vollmacht der Beichtväter). Das Schuldbekenntnis war nun primär die Grundlage für die Bemessung einer der Schwere der Schuld entsprechenden Bußleistung, bei deren Festlegung detaillierte Angaben in Bußbüchern Hilfestellung gaben.

Die Wandlung der Sinngebung des Schuldeingeständnisses von einem Geschehen zunächst mit öffentlich erkennbarer sozialekklesialer Bedeutung zu einer Voraussetzung für ein Gespräch im Rahmen der geistlichen Begleitung eines Menschen, die im ausgehenden Altertum einsetzte, hat sich trotz mancher Reformvorhaben bis heute durchgehalten. Auch an dieser Stelle ist es möglich, Bezüge zur Psychotherapieforschung herzustellen.[93]

3. Reflexionen in Bezug auf das Grundverständnis der Soteriologie

Die hier im Anschluss an die Vielfalt biblischer Metaphorik in der Soteriologie zurückgebundenen Überlegungen zur Aufnahme einzelner Bildwelten in Bereichen der Systematischen Theologie belegen einmal mehr, wie weit verzweigt eine auf menschliche Erfahrungen Bezug nehmende Rede von Erlösung ist. Gedankliche Anschlüsse an mehrere pastorale Handlungskontexte erscheinen angesichts der gewählten Paradigmen leicht möglich: an die Klinikseelsorge mit ihrem Blick auf die Krankheiten der Menschen, an die Migrantenpastoral mit ihrem wachsamen Auge auf die von Menschen in Not gewählten Wege in die Freiheit, an die Schuldnerberatung im Wissen um die Begrenzungen des Lebens durch Geldnöte, an die Gefängnisseelsorge angesichts der sozialen Folgen auferlegter Strafen oder die Beratungstätigkeit in Lebenskrisen, bei denen das lebensgeschichtliche Erzählen hohe Relevanz hat.

---

[93] Siehe dazu hier unten Abschnitt V.4.

Eine an der biblischen Metaphorik orientierte Soteriologie ermöglicht Kontextualisierungen auch in heutigen Lebensbezügen. In diesem Zusammenhang ist das Gespräch mit den Humanwissenschaften von sehr hoher Bedeutung. Jan-Hendrik Mönch hat in seiner in interdisziplinärer Kooperation mit dem Psychologen Michael Schredl von mir begleiteten Dissertation[94] zeigen können, dass die in Träumen begegnenden Bildwelten vom unerlösten und vom erlösten Dasein eine große Nähe zu den biblisch überlieferten Metaphern aufweisen: Durch emprirische Studien lassen sich in menschlichen Träumen wiederkehrende Bildwelten identifizieren, die einen engen Bezug zum Lebensalltag haben und von Menschen als bedrängende oder beglückende Erlebnisse beschrieben werden. Die für die Wahrnehmung eines Menschen, »erlöst« zu sein, charakteristische Suche nach einer Wende zum Guten wird in Traumsequenzen in verdichteter Gestalt anschaulich. In vielen Träumen werden Situationen konstelliert, in denen Menschen etwas vergeblich suchen oder zu spät kommen. Auch die Freude an beglückender Erotik und an köstlichen Speisen ist in Träumen präsent. Es lässt sich zeigen, dass die in den biblischen Schriften für unerlöstes oder erlöstes Dasein in Anspruch genommene metaphorische Rede in hohem Maße eine Korrespondenz zu den von Menschen erinnerten Traumwelten aufweist.

Jenseits einer Problematisierung der Einteilung der Dogmatik in Traktate stellt sich die Frage, ob die theologische Reflexion nicht besser fächerübergreifend als Reflexion von Erfahrungstatsachen strukturiert wäre, so dass eine intensivere Zusammenarbeit der biblischen, historischen, systematischen und praktischen Disziplinen bezogen auf eine Themenstellung gewährleistet wäre. Die in diesem Buch im Anschluss an die biblische Metaphorik ausgewählten Beispiele für die erlösungstheologische Metaphorik nehmen in ihrer Mehrzahl jenen Bereich in den Blick, der in der dogmatischen Lehre als »redemptio subjectiva« bezeichnet wird: Reflexionen auf die Folgewirkungen des gläubigen Wissens um

---

[94] Vgl. Jan-Hendrik Mönch, Traum und Wirklichkeit menschlicher Existenz (2023); Michael Schredl / Jan-Hendrik Mönch, Dreaming of God and the Role of Faith in Everyday Life (2023).

die in Christus Jesus geschehene Erlösung im tagtäglichen Lebensvollzug im Sinne einer verwandelten Lebensexistenz. Von der »redemptio subjectiva« wurde in der Tradition die »redemptio objectiva« unterschieden: Reflexionen auf die in Gott selbst gegebene Begründung seines erlösenden Handelns, das Menschen in Zeit und Geschichte offenbar wird. In diesem Zusammenhang wurden – oft ohne sie als metaphorische Redeweisen formal erkannt zu haben – in aller Regel Bilder verwendet, die dem juristischen, fiskalischen oder kultischen Kontext verbunden sind: Annahme selbst eines/einer Schuldigen als gerecht vor Gott; Bezahlung des Lösegeldes mit Gottes eigenen Mitteln; Darbringung des Opfers des eigenen Lebens zur Sühne für die Sünden der Geschöpfe. Eine Erweiterung des Blickfeldes hinsichtlich der biblischen Metaphorik kann auch zu der Frage führen, ob die »redemptio objectiva« nicht auch mit Bezug auf Bilder beschrieben werden kann, die eine (tendenziell höhere) emotionale Beteiligung Gottes an diesem Geschehen in der Rede über das Geschehen zum Ausdruck bringen: beispielsweise in der Vorstellung von einem zuhörenden Gott (kommunikatives Paradigma), der angesichts dessen, was ihm erzählt wird, bemerkt, wie gute und böse Motivationen oft miteinander verwoben sind und Folgen entstehen, die nicht intendiert waren. Auch ein Gott, der angesichts der Krankheiten und Leiden seiner Geschöpfe Mitgefühl zeigt (medizinisches Paradigma), ist der biblischen Tradition keineswegs fremd. Das beschriebene Desiderat hat Bezüge zu Konzepten der Gotteslehre, bei denen im Sinne der Prozesstheologie des 20. Jahrhunderts[95] der Teilhabe Gottes am Schöpfungsgeschehen mehr Aufmerksamkeit geschenkt wird.

Bei aller Unterschiedlichkeit in den Details lassen sich einzelne wiederkehrende Grundthemen in der biblischen Bildrede vom erlösten Dasein erkennen. Es zeigt sich: Sünde und Tod sind die

---

[95] Vgl. grundlegend: John B. Cobb / David R. Griffin, Prozess-Theologie (1979); Chales Hartshorne, Omnipotence and other theological mistakes (1984); Roland Faber, Prozeßtheologie (2000); ders., Gott als Poet der Welt (2003); Julia Enxing, Gott im Werden (2013); Karlheinz Ruhstorfer (Hg.), Das Ewige im Fluss der Zeit (2016).

durchgängigen Bezüge in der christlichen Erlösungslehre. Erfahrungen einer Wende werden angesprochen:
Aus dem Tod in das Leben: Die Erfahrung des Todes lässt sich nicht auf das Ende der irdischen Lebenszeit reduzieren. Es gibt den Tod mitten im Leben, wenn Lebensmöglichkeiten auf immer beschnitten erscheinen. In der schweren Krankheit kommen die Ängste im Blick auf das mögliche Lebensende besonders nahe. Aber auch ein Leben unter Fremdherrschaft in der Sklaverei kann als ein Leben in Todesnähe erfahren werden. Wer angesichts eines drohenden Todesurteils freigesprochen wird, erlebt das Dasein neu. Auch bei Verirrungen lassen sich Erfahrungen der Todesnähe erahnen.

Aus der Isolation in die Gemeinschaft: Ein unerlöstes Dasein zu erfahren, bedeutet aus biblischer Sicht immer auch, aus einer Gemeinschaft ausgeschlossen zu sein – aufgrund einer ansteckenden Krankheit, durch eine Gefangenschaft, durch Reduktion auf die elementaren Lebensbedürfnisse in der Armut oder durch das Verstummen in der Gesprächsgemeinschaft.

Aus der Zeit in die Ewigkeit: Die biblischen Erlösungsmetaphern betrachten zunächst das Leben vor dem Tod mit seinen Erfahrungsfeldern. Auch im Diesseits gibt es Erlösungserfahrungen, von denen sich metaphorisch erzählen lässt. Zugleich ist allen Metaphern der tiefe Ernst der Todesbedrohung nahe: Krankheiten können tödlich enden, Sklaven entkräftet sterben, Todesurteile ausgesprochen werden, Selbstverschließungen aus der Gemeinschaft in den Selbstmord treiben. Im Hintergrund aller Erfahrungen von Unheil lauert der Tod.

IV. Vergewisserungen – oder: Wiederkehrende Anfragen bedenken

»Die Dinge zusammenbringen *und* auseinanderhalten: Epik«[1]. Nicht in epischer Weite, vielmehr in erforderlicher Konzentration soll genau dies hier geschehen: Fragen der Soteriologie in Verbindung bringen mit Themen der Christologie und dabei zugleich die Unterscheidungen nicht übersehen. Eines erscheint dabei gewiss: Entscheidend für die Antwort auf die Frage nach der soteriologischen Relevanz des Christusgeschehens ist eine theologische Auskunft über die personale Identität des Jesus von Nazareth, die in christologischen Reflexionen gegeben wird. An diese Aufgabenstellung lässt sich mit unterschiedlicher Perspektive herantreten: mit Blick auf das Leben Jesu (vitaler Ansatz), in Konzentration auf Sterben, Tod und Auferstehung Jesu (staurologischer Ansatz), durch ein Nachdenken über die Menschwerdung Gottes in Jesus Christus (inkarnatorischer Ansatz) oder hinsichtlich des Erweises der Wahrheit des christlichen Bekenntnisses aufgrund seiner Wirkungsgeschichte (pneumatologischer Ansatz). Alle diese Perspektiven werde ich im Fortgang einnehmen. Dabei werden in methodischer Vorentscheidung aus Rücksicht auf die Rezeptionsmöglichkeit in der Darstellung »Dinge« auseinander gehalten, die es eigentlich gilt, zusammen zu bringen. Ein Wettstreit zwischen den genannten Ansätzen erscheint mir unangemessen. Jeder einzelne erbringt Erkenntnisse.

Neuere soteriologische Beiträge bemühen sich darum, das Leben, das Sterben und die Auferweckung Jesu sowie die Sendung des Geistes Gottes als ein Gesamtgeschehen der heilsgeschichtlichen Offenbarung Gottes zu begreifen. Es gilt, die Weise des Sterbens Jesu im größeren Zusammenhang der Botschaft Gottes zu

---

[1] Peter Handke, Phantasien der Wiederholung (1983), 48. Hervorhebung im Original.

IV. Vergewisserungen

verstehen, die Jesus in seinem Leben als wahr bezeugt hat. Ich werde daher hier versuchen, den inneren Zusammenhang zwischen Leben und Sterben Jesu im Anschluss an die biblischen Schriften zu erschließen. Wichtig erscheint es mir zudem, eine Deutung der biblisch überlieferten Vorgänge zu versuchen, bei der das unableitbar freie Handeln der Zeitgenossen Jesu Beachtung behält. Gott wirkt nicht in einer Weise in die Geschichte ein, dass dabei der Eigenwille der Geschöpfe seine Wirksamkeit verlieren könnte. Das Geheimnis des Handelns Gottes in den freien Taten der Menschen muss auch im Zusammenhang der Deutung des Sterbens Jesu noch aussagbar bleiben. Menschen haben Jesus getötet; Gott hat seinen Gesandten zum unverlierbaren Leben erweckt. Diese Einsicht der lukanischen Kontrastformeln (vgl. Apg 3,15; 4,10, 5,30) hat bleibende Gültigkeit, auch wenn sie nur eine der neutestamentlichen Deutungen des Todesgeschicks Jesu darstellt. Lange schon ist aufgefallen, dass bei Lukas kaum Ansätze zu einer sühnetheologischen Deutung des Todes zu finden sind. Dies muss jedoch nicht bedeuten, dass es kein soteriologisches Konzept bei Lukas gibt. Am Ende ihrer Studie zur lukanischen Soteriologie hält Sylvia Hagene fest: »Als Ergebnis konnte die Interpretation des Kreuzestodes bei Lukas als eine ausschließlich destruktive Erfahrung festgehalten werden, welcher – konstruktiv – das Bekenntnis Gottes zu seinem leidenden Knecht und dessen Rehabilitierung in der Auferweckung gegenübersteht. Die Deutung des eigenen Todes durch Jesus im Kontext des letzten Abendmahls greift auf die Hermeneutik der Exodusmemoria zurück und lässt in den Deuteworten sowie im Anamnese-Auftrag nicht ein Sühnetod-Verständnis erahnen, sondern antizipiert die Rettung durch den mächtigeren Gott und stellt so die Brücke über die ›Stunde der Finsternis‹ hinweg zur Verfügung«.[2] Die Vielfalt der neutestamentlichen Konzepte zu einer theo-logisch begründeten Soteriologie anzuerkennen, ist in der Systematischen Theologie von hoher Relevanz. Ihre Einheit besteht in der Rede von dem einen Gott in seinem Handeln an und in Jesus Christus.

---

[2] Sylvia Hagene, Zeiten der Wiederherstellung (2003), 325.

IV. Vergewisserungen

1. »Musste« Jesus für uns leiden?

Wer in Gesprächen mit Menschen ist, die gegenwärtig über ihr eigenes Christsein kritisch nachdenken, wird bemerkt haben, dass der Zusammenhang zwischen dem qualvollen Kreuzestod Jesu und der Erlösung der Schöpfung sich weniger und weniger der Vernunft erschließt.[3] Ich beginne daher bewusst mit dieser Frage.

a. Die Frage aller Fragen

»Im Kreuz ist Heil, im Kreuz ist Leben, im Kreuz ist Hoffnung« – im Schall dieses dreifachen Bekenntnisses nähert sich die christliche Glaubensgemeinschaft in der Liturgie des Karfreitags dem Kreuz. Sie verweilt bei Gesten der Verehrung dem enthüllten Leichnam Jesu gegenüber, der an den Balken eines Holzkreuzes von Menschen zu Tode gequält wurde. Dem scheinbaren Widersinn dieses Lobpreises des gewaltsamen Todesgeschicks Jesu haben Menschen von der frühen neutestamentlichen Zeit an widersprochen. Paulus weiß um die Schwierigkeit, in der christlichen Mission mit der Botschaft vom Kreuz zu werben. Er sagt zu den Christen in Korinth: »Die Juden fordern Zeichen, die Griechen suchen Weisheit. Wir dagegen verkündigen Christus als den Gekreuzigten: für Juden ein empörendes Ärgernis, für Heiden eine Torheit, für die Berufenen aber, Juden wie Griechen, Christus, Gottes Kraft und Gottes Weisheit. Denn das Törichte an Gott ist weiser als die Menschen, und das Schwache an Gott ist stärker als die Menschen« (1 Kor 1,22–25).

In unseren Zeiten wird die Heilsbedeutsamkeit des Todes Jesu nicht nur von Kritikern des Christentums infrage gestellt.

---

[3] Vgl. zur kritischen Auseinandersetzung mit dem staurologischen Zugang zur Soteriologie: Willibald Sandler, Die gesprengten Fesseln des Todes (2011); Magnus Striet / Jan-Heiner Tück (Hg.), Erlösung auf Golgatha? (2012); Josef Imbach, Ist Gott käuflich? (2011); Jürgen Werbick (Hg.), Sühne, Martyrium und Erlösung? (2013); Julia Knop / Ursula Nothelle-Wildfeuer (Hg.), Kreuz-Zeichen (2013); Denny Weaver, Gewaltfreie Erlösung (2016).

»Musste« Jesus für uns leiden?

Anders als vor wenigen Jahrzehnten wird auch im christlichen Binnenraum der Zweifel laut, ob die Rede vom Heil im Kreuz berechtigt erscheint. Konkret werden vor allem folgende Anfragen formuliert: Wie kann es sein, dass das Leben für alle durch den Mord an einem einzigen Menschen errungen worden sein soll? Muss Gott milde gestimmt werden durch das Leiden eines Schuldlosen? Ist die Rede von der heilvollen Bedeutung des Todes Jesu als eine Aufforderung zu verstehen, die eigenen Lebenswünsche opfern zu sollen? Sollen Christen lieber das Leiden suchen als die Lebensfreude, um Jesus Christus nachzufolgen?

Es erscheint mir wichtig, diese Anfragen, die heute von vielen Menschen an die christliche Erlösungslehre gerichtet werden, sehr ernst zu nehmen. Menschen nähern sich heute dem Kreuz zunächst mit einem Blick auf das brutale Geschehen der Kreuzigung.[4] Die äußerst quälerische und schmerzvolle Form der Hinrichtung wird wahrgenommen. Ein bereits durch die Geißelung geschwächter Mensch, der viel Blut verloren hat, wird mit seinen Händen an einen Querbalken genagelt. Er wird mit diesem Balken nach oben gezogen. Die Füße werden angenagelt; scheinbaren Halt soll der langsam Sterbende finden in seinem Kampf um Atemluft. Ein stundenlanges Ringen setzt ein, bis die Kräfte erlahmen – grausam ist das. Ein Mord geschieht, ein ungerechtes Töten, in keiner Weise begründet durch das Leben Jesu – so empfinden viele Menschen. Kinder stehen bestürzt vor dem Kreuz und fragen, was das bedeutet, was sie sehen. Die große Herausforderung der Kreuzeskatechese wird in unseren Zeiten, in denen der christliche Glaube an Vertrautheit verloren hat, erschreckend bewusst.

Zu den Kontexten, in denen Anfragen an die soteriologische Relevanz des Todes Jesu gestellt werden, gehören neben der Religionspädagogik[5] und der theologischen Frauenforschung[6] lange

---

[4] Vgl. Gerhard Lohfink, Der letzte Tag Jesu (2009); Martin Ebner, Jesus von Nazaret in seiner Zeit (2003), 204–214; Gerd Theißen / Annette Merz, Der historische Jesus (⁴2011), 388–410.
[5] Siehe dazu hier unten Abschnitt V.5.
[6] Siehe dazu hier unten Abschnitt V.1.

IV. Vergewisserungen

schon Beiträge aus der Psychotherapieforschung: Menschen erkennen oft erst spät, welche Lebensbelastungen mit ihrer religiösen Prägung durch »dämonische Gottesbilder«[7] verbunden sind. In literarisch anspruchsvoller Weise hat Tilmann Moser stellvertretend für viele eine Anfrage an Gott formuliert: »Ich habe dich, wie es mir deine Diener nahelegten, angestaunt ob deiner Güte, Abraham den Isaac nicht schlachten zu lassen. Du hättest es ja so leicht fordern können, er hätte es *für dich* getan, und mit dem Rest von Menschenwürde in deinem auserwählten Volk hätte es nur noch ein wenig fürchterlicher ausgesehen. Oder hast du vielleicht nur ein unverschämtes Glück gehabt, dass dir in letzter Sekunde die Idee kam, einen Engel an den Ort des geplanten Gemetzels zu schicken? Vielleicht wären dem guten Abraham doch noch Zweifel an den Vorteilen einer privilegierten Beziehung zu dir gekommen, wenn ihn erst Isaaks Blut angespritzt hätte? Bei deinem eigenen Sohn warst du dann ungenierter und hast deinem Sadismus freien Lauf gelassen. Man hat mir weismachen wollen, dass du mit seiner Opferung am Kreuz den neuen Bund der Liebe hast einläuten wollen. Und wiederum habe ich versucht, auf allgemeine Aufforderung hin, dich anzustaunen, weil du für mich armen Sünder deinen einzigen Sohn geopfert hast. Das macht natürlich Eindruck: Wie schlecht muss ich sein, dass es einer solchen Inszenierung bedarf, um mich zu erlösen! Seltsam, seltsam – keiner von den Predigern hat je Verdacht geschöpft, dass vielleicht nicht mit *uns*, sondern mit *dir* etwas nicht stimmt, wenn du vor lauter Menschenliebe deinen Sohn schlachten lassen musstest. Und uns gibst du ihn dann zu trinken und zu essen, wie es heißt, zur Versöhnung«[8].

Viele Aspekte der Frage nach der soteriologischen Relevanz des Todes Jesu werden in diesem Zitat angesprochen, die bis heute von hoher Bedeutung sind: die Erfahrung, in der christlichen Ver-

---

[7] Vgl. Karl Frielingsdorf, Dämonische Gottesbilder (1992). Zu den »dämonischen Gottesbildern« zählt Frielingsdorf den strafenden Richtergott, den Leistungsgott, den Buchhaltergott und den Todesgott.
[8] Tilmann Moser, Gottesvergiftung (1976), 20 f. Hervorhebungen im Original.

kündigung keine Unterstützung zu haben, wenn Zweifel an der Stimmigkeit des Bekenntnisses aufkommen; die Auseinandersetzung mit biographisch bedingten Veränderungen der eigenen Sichtweisen religiöser Überlieferungen; der Vergleich der Erlösungslehren im Judentum und Christentum; der Zusammenhang zwischen der Selbstbetrachtung als Sünderin und Sünder und der Erlösungslehre; die enge Verbundenheit der Verkündigung des Todes Jesu mit liturgischen Feiern – insbesondere Abendmahl und Eucharistie. Tilmann Moser hat seinem Buch den Wunsch voran gestellt: »Freut euch, wenn euer Gott freundlicher war«[9].

Auch der systematisch-theologischen Reflexion ist nicht entgangen, dass die Anfragen an die soteriologische Relevanz des Todes Jesu gerade im Hinblick auf die Zukunftsfähigkeit des Christentums von hoher Bedeutung sind. Einer der ersten Theologen, der dies bald nach dem 2. Vatikanischen Konzil explizit formulierte, war Joseph Ratzinger: »Für sehr viele Christen und besonders für jene, die den Glauben nur ziemlich von weitem kennen, sieht es so aus, als wäre das Kreuz zu verstehen innerhalb eines Mechanismus des beleidigten und wiederhergestellten Rechtes. Es wäre die Form, wie die unendlich beleidigte Gerechtigkeit Gottes mit einer unendlichen Sühne wieder versöhnt würde (...). Von manchen Andachtstexten her drängt sich dem Bewusstsein dann geradezu die Vorstellung auf, der christliche Glaube an das Kreuz stelle sich einen Gott vor, dessen unnachsichtige Gerechtigkeit ein Menschenopfer, das Opfer seines eigenen Sohnes, verlangt habe. Und man wendet sich mit Schrecken von einer Gerechtigkeit ab, deren finsterer Zorn die Botschaft von der Liebe unglaubwürdig macht. So verbreitet dieses Bild ist, so falsch ist es«[10]. Um diese These zu belegen, macht Ratzinger auf Missdeutungen der Satisfaktionslehre von Anselm von Canterbury aufmerksam und verweist auf die biblischen Schriften. Beiden Spuren folge ich nun auf meine Weise. Dabei leitet mich ein Gedanke, den Ratzinger thetisch so fasst: »Das Handelnlassen Gottes an uns – das ist das

---

[9] Ebd., 5 (unbeziffert).
[10] Joseph Ratzinger, Einführung in das Christentum (1968), 231.

christliche Opfer«[11]. Jesus Christus wird nicht als unser menschliches Opfer Gott dargebracht. Gott »opfert« vielmehr Jesus Christus »für uns«: Gott schenkt der Menschheit das Lebenszeugnis Jesu, das sich im Tod bewährt, damit diese versteht, wer Gott ist. Erlösung ist ein geschichtlich vermitteltes Geschehen der Erkenntnis jenes Gottes, zu dem er selbst sich in Freiheit bestimmt hat: Er ist ein auch die sündige Schöpfung liebender Gott; und er möchte, dass die Geschöpfe dies bereits in ihrer Lebenszeit wissen.[12]

b. Nachwirkungen der Satisfaktionslehre des Anselm von Canterbury

Kaum eine philosophisch-theologische Konzeption hat eine derart breite Wirkungsgeschichte gehabt, wie die sogenannte »Satisfaktionslehre« Anselms von Canterbury. Seine Argumentation wurde bereits von einzelnen mittelalterlichen Theologen in wesentlichen Aspekten korrigiert; in z. T. sehr verkürzter und daher entstellender Form leben die Gedanken Anselms jedoch bis heute fort und beleben auf diese Weise immer wieder das theologische Fachgespräch.[13]

Die späte Übernahme des aus dem römischen Rechtswesen stammenden Begriffs »satisfactio«[14], der im ersten christlichen

---

[11] Ebd., 233.
[12] Die Thematik »Opfer« und »Jesu Sterben für uns« werde ich im Kontext der Eucharistielehre nochmals aufnehmen: siehe dazu hier unten Abschnitt VI.2.
[13] Angesichts der recht zahlreichen theologischen Studien zur Gedankenwelt Anselms von Canterbury drängt sich geradezu der Eindruck auf, wir erlebten seit einiger Zeit eine Art »Anselm-Renaissance«: vgl. zu der Literatur, die in den 60er und 70er Jahren zu Fragen der Anselm-Forschung veröffentlicht wurde, den Bericht von Wolfgang L. Gombocz, Anselm von Canterbury (1980). Zur soteriologischen Konzeption Anselms vgl. Gerhard Gäde, Eine andere Barmherzigkeit (1989); Helmut Steindl, Genugtuung (1989).
[14] Vgl. zu den Anfängen der Verwendung des Wortes »satisfactio« in der Bußlehre des Theologen und Juristen Tertullian vor allem Gösta Hallonsten, Satisfactio bei Tertullian (1984).

Jahrtausend zunächst nur in der christlichen Bußlehre rezipiert wurde, auch in die christologisch-soteriologische Reflexion geschah wohl erstmals im Werk des Theologen Petrus Damiani[15]; eigentliche Bedeutung in der Erlösungslehre erlangte dieser Begriff aber erst, als Anselm von Canterbury ihn zur Deutung des (uns) erlösenden Todes Jesu Christi heranzog.

Der Grundgedanke der Soteriologie Anselms, den er in seiner Schrift »Cur Deus homo«[16] entfaltet hat[17], lässt sich in folgender Weise skizzieren: Gott wurde Mensch, um so die einzig mögliche (weil einzig vor der Vernunft vertretbare) Weise der Erlösung des Menschengeschlechts Wirklichkeit werden zu lassen. Nur der Mensch und Gottessohn Jesus Christus konnte eine adäquate *satisfactio* für den von den Menschen durch ihre Sünde unternommenen Angriff auf die Ehre Gottes und die Störung der Schöpfungsordnung leisten. In Folge der Sünde hatte der Mensch (aus eigenen Kräften irreversibel) die Gemeinschaft mit Gott verloren und sich als Strafe den Verlust des ewigen Heils zugezogen. Eine Erlösung »sola misericordia« (allein aus Erbarmen) lehnt Anselm bewusst ab, weil diese für ihn einen Widerspruch darstellte zu dem mit dem Gottesgedanken wesensmäßig verbundenen Begriff der »Gerechtigkeit«.[18] Auch eine Erlösung des Menschen aus eigenen Kräften schließt Anselm aus, da die geforderte Genugtuung aufgrund der unüberbietbaren Wirkung der menschlichen Sünde und des vorausgesetzten Grundsatzes einer notwendigen Äquiva-

---

[15] Vgl. Jean Riviere, Sur les premières applications du terme »satisfactio« a l'oeuvre du Christ (1924).
[16] Anselm von Canterbury, Cur deus homo (hg. von Franciscus Salesius Schmitt, ⁵1995). Im Folgenden zitiert als: Cdh.
[17] Vgl. die in der Literatur bereitgestellten Inhaltsanalysen der Schrift »Cur deus homo«: Hans Kessler, Die theologische Bedeutung des Todes Jesu (²1971), 83–116; Gunther Wenz, Geschichte der Versöhnungslehre in der evangelischen Theologie der Neuzeit, Bd. 1 (1984), 42–44; Klaus Kienzler, Glauben und Denken bei Anselm von Canterbury (1981), 198–219; Gerhard Gäde, Eine andere Barmherzigkeit (1989), 37–45; Walter Kasper, Jesus der Christus (1974), 260 f.; Georg Plasger, Die Not-Wendigkeit der Gerechtigkeit (1993).
[18] Vgl. Cdh I, 12.

lenz zwischen Sünde und Strafe[19] Gott etwas geben müsste, was der Mensch ihm nicht geben kann. Auch die Genugtuung müsste unüberbietbar groß sein, weil die »Ehre Gottes« selbst durch die menschliche Sünde verletzt wurde. »Notwendig« wäre: »aliquid maius quam omne quod praeter deum est« (etwas Größeres als alles, was es außer Gott gibt)[20]. Dies aber kann kein Mensch Gott geben, zumal der Mensch Gott ohnehin alles schuldet.[21] Nur ein Mensch, der zugleich Gott ist, ein Gott-Mensch konnte die vom Menschengeschlecht geforderte satisfactio erbringen: Gott zurückgeben, was Gottes ist. Vor der Alternative »aut satisfactio aut poena« (entweder Genugtuung oder Strafe)[22] entscheidet sich Gott für die satisfactio, deren mögliche Leistung die Menschwerdung Gottes zur denkerisch notwendigen Voraussetzung hatte. Die freiwillige und ungeschuldete Selbsthingabe des Sohnes in seinem Sterben begründete vor Gott ein »meritum«, das Jesus Christus den Menschen zu ihrer Erlösung zuwandte: Erlösung geschieht durch Teilhabe an Christi meritum.

Über die Behauptung der Unmöglichkeit anderer Erlösungswege und der alleinigen Vernunftgemäßheit der christlichen Erlösungslehre hinaus, will Anselm in einem zweiten Beweisgang zeigen, dass die Erlösung des Menschengeschlechts mit Notwendigkeit erfolgte, weil Gott allein auf diese Weise in Treue zu sich selbst sein ursprüngliches Schöpfungsziel, das Heil der Menschen, erreichen konnte.[23] Bevor wir die an Anselms Konzeption gerichteten kritischen Anfragen aufgreifen, soll zunächst der Versuch gemacht werden, Anselms Konzeption durch die Einbindung in

---

[19] Vgl. Cdh I, 20.
[20] Cdh II, 6. Vgl. dazu Gerhard Gäde, Eine andere Barmherzigkeit (1989), 40 f.
[21] Auf die Frage seines fiktiven Gesprächspartners Boso, ob der Mensch nicht doch etwa durch Werke der Enthaltsamkeit oder durch gottesfürchtigen Gehorsam Teile seiner Schuld büßend abtragen kann, antwortet Anselm mit einer Gegenfrage: »In oboedientia vero quid das deo quod non debes, cui iubenti totum quod es et quod habes et quod potes debes?« (Im Gehorsam aber was gibst du Gott, was du nicht schuldest, dem du, sobald er befiehlt, alles, was du bist und hast und kannst, schuldig bist? [Cdh I, 20]).
[22] Vgl. Cdh I, 15.
[23] Vgl. Cdh II, 4.

ihre Verstehensvoraussetzungen vor unberechtigter Kritik zu schützen.

(1) Die Verstehensvoraussetzungen der Konzeption Anselms

Erste Ansatzpunkte zum besseren Verständnis der Konzeption Anselms kann bereits die unverkürzte Kenntnisnahme seiner Schrift »Cur Deus homo« erbringen. Gleich auf den ersten Seiten dieses Werkes wird nämlich deutlich, dass Anselm vor allem für »Ungläubige« (Juden und Moslems) schreibt, denen er einen streng philosophischen Beweis für die Notwendigkeit der Inkarnation (Menschwerdung) Gottes zur Erlösung der Menschheit erbringen will.[24] Wegen dieser Zielsetzung verzichtet Anselm bewusst auf biblische Argumente, da solche von seinen Adressaten nicht akzeptiert werden könnten.[25] »Sola ratione« (allein mit der Vernunft)[26] will Anselm argumentieren. Diese Selbstbeschränkung – das weiß auch Anselm – birgt nicht wenige Gefahren. So drückt Anselm im Schlusskapitel des Werkes seine Hoffnung aus, das biblische Zeugnis möge seine philosophische Argumentation bekräftigen.[27]

Immer wieder angefragt durch seinen fiktiven Gesprächspartner, nimmt Anselm manche der zentralen Einwände gegen seine Konzeption selbst vorweg und argumentiert etwa in der Frage nach dem rechten Verständnis der »notwendig« erfolgenden Inkarnation und Erlösung durchaus differenziert.[28] Dennoch mel-

---

[24] Vgl. Cdh I, 1-4.
[25] Anselms Gesprächspartner Boso, der Anwalt der Argumentation der Ungläubigen, fordert: »Monstranda ergo prius est veritatis soliditas rationabilis, id est necessitas quae probet deum ad ea quae praedicamus debuisse aut potuisse humiliari« (Es ist also ein vernunftgemäßer fester Untergrund der Wahrheit aufzuzeigen, das heißt die Notwendigkeit, die beweist, dass Gott zu dem, was wir verkünden, sich erniedrigen musste oder konnte [Cdh I, 4]).
[26] Cdh I, 20. Zu den Konsequenzen dieser selbstauferlegten Voraussetzung des Beweisgangs bei Anselm: Gerhard Gäde, Eine andere Barmherzigkeit (1989), 26-37.
[27] Vgl. Cdh II, 22.
[28] Vgl. Cdh II, 17.

deten sich gerade im Blick auf diese Frage die nachhaltigsten Bedenken, weil mit einer solchen These die Ungeschuldetheit und denkerische Unableitbarkeit des göttlichen Handelns in Frage steht. Unter den neueren Versuchen, der Konzeption Anselms gerecht zu werden, hat besonders ein von Gisbert Greshake unternommener Beachtung gefunden.[29] Greshake greift den bei Anselm zentralen Begriff der »Ehre Gottes« auf und versucht unter Bezug auf Textpassagen in »Cur Deus homo«[30] zu zeigen, dass die durch die menschliche Sünde bedingte Verletzung der »Ehre Gottes« nicht eigentlich Gott schadet, sondern sich – da wesentlich Störung der Schöpfungsordnung – leidvoll für den Menschen selbst auswirkt. Fordert daher Gott die »Wiederherstellung« seiner Ehre durch die Leistung einer angemessenen »satisfactio«, so geht es ihm dabei nicht um die Versöhnung seiner selbst, sondern um das Wohl der Menschen. Greshake glaubt den so verstandenen Ehrbegriff im germanischen Lehnswesen beheimatet.[31]

---

[29] Vgl. Gisbert Greshake, Erlösung und Freiheit (1983), 80–104; ders., Erlöste Freiheit (1978), 7–14.

[30] Vgl. Cdh I, 14–15.

[31] Greshake schreibt: »Die Ehre ist im Germanentum nicht bloß irgendeine Tugend, kein moralischer Wert, nicht das persönliche Ehrgefühl, auch nicht die Wertschätzung durch andere (honor ist nicht gloria), sondern Ehre ist die anerkannte Stellung, die jemand im Zusammenhang des öffentlichen Lebens einnimmt. So ist die Ehre der Inbegriff der gesellschaftlichen Existenz. Damit wird im Lehnswesen die Respektierung und Durchsetzung von ›Ehre‹ zur Wurzel der gesellschaftlichen Freiheits-, Rechts- und Friedensordnung. Recht, Frieden, Freiheit sind geradezu Synonyme für ›Ehre‹, wie umgekehrt Ehrlosigkeit und Ehrverletzung, Recht- und Friedlosigkeit, Unfreiheit und Ruin bedeuten. Der Staat mit seinem Recht ist also nach germanischer Vorstellung keine abstrakte Größe, keine Art von fiktiver juristischer Person, sondern der Staat ist identisch mit seinen personalen Trägern und ihren wechselseitigen Beziehungen. Das gilt vor allem vom König: seine Stellung, sein ›honor‹ (Ehre) ist staats- und rechtskonstitutiv schlechthin. Er ist mithin nicht Individuum, Einzelperson, sondern in seiner anerkannten Stellung garantiert er die allgemeine öffentliche Friedensordnung. Wird seine ›Ehre‹ verletzt, so ist der Friedstand gebrochen, der Zusammenhalt des sozialen Gefüges gefährdet. Die Wiederherstellung der Königsehre ist somit nicht nur gefordert um der persönlichen Genugtuung des Amtsträgers wil-

Versuche, der Anselm'schen Soteriologie wohlwollend gerecht zu werden, haben Gerhard Gäde und Helmut Steindl in ihren beide 1989 erschienenen Dissertationen vorgelegt. Gäde zieht – stärker als andere Interpreten vor ihm – den Gottesbegriff Anselms (»id quo nihil maius cogitari potest«; das, worüber hinaus Größeres nicht gedacht werden kann) zur Deutung auch von dessen Soteriologie heran und vertritt (begründet) folgende These: »Der Tod Jesu ist im Verständnis Anselms nicht ein Lösepreis, der den Menschen vom Teufel loskauft, auch nicht eine Leistung, die einen zornigen Gott besänftigen soll, sondern Ausdruck des Gottesverhältnisses Jesu selbst, der sich durch keine Macht der Welt davon abhalten ließ, Gott als ›quiddam maius quam cogitari possit‹ (etwas größeres als gedacht werden kann) anzuerkennen und auf ihn hin zu leben und damit jegliche Vergötterung kreatürlicher Wirklichkeit zu verweigern. Wer in dieses sein Gottesverhältnis eintritt, das auch der Tod nicht zerstören konnte, erhält Anteil an der Liebe Gottes, die ihr Maß nicht am Menschen oder einer von ihm erbrachten Satisfaktionsleistung hat, sondern am Sohn, der selbst ›größer‹ ist als alles, was außer Gott existiert. In diesem trinitarischen Erlösungsmodell findet Anselm denn auch jene ›andere‹ Barmherzigkeit, die er gesucht hat, nämlich eine, wie sie größer und gerechter nicht gedacht werden kann. Sie ist unüberbietbar, weil sie mit Gott selbst identisch ist und ihn dabei Gott sein lässt. Gott hat keine andere Barmherzigkeit für die Menschen als die Liebe zu seinem Sohn.«[32] Steindl versucht das biblische (alttestamentliche) Versöhnungsverständnis, das er als »Genugtuung leisten« im Sinne einer Überwindung des Bösen durch

---

len, sondern um der Wiederherstellung der Ordnung des Ganzen wegen. (...) Gottes Weltregiment ist von Anselm konzipiert nach Analogie eines germanischen Königs oder obersten Lehnsherrn, dessen ›Ehre‹ den allgemeinen Rechts-, Ordnungs- und Friedensstand begründet und garantiert. Die Sünde des Menschen ist sein Anschlag auf diesen ›honor dignitatis‹ (...), sie ist Treubruch, Entzug der Unterwerfung, die Gott gebührt, und damit ist sie gleichzeitig auch Zerstörung der Weltordnung, Bruch des universalen Friedstandes.« (Gisbert Greshake, Erlöste Freiheit [1978], 10). Vgl. ausführlich dazu ders., Erlösung und Freiheit (1983), 87–92.

[32] Gerhard Gäde, Eine andere Barmherzigkeit (1989), 291.

Gutestun charakterisiert, in Beziehung zu setzen zu Anselms soteriologischer Konzeption. Als biblisches Modell der Versöhnung analysiert Steindl vor allem die Josephsnovelle (Gen 37–50). Dabei zeigt sich seines Erachtens: »Anselms Idee der Genugtuung steht (...) in gleicher Weise wie in der Josephsgeschichte im Dienste einer echten Versöhnung, bei der die Ansprüche beider Seiten, sowohl die des Menschen als auch die Gottes, ausgewogen Berücksichtigung finden sollen. Es geht darum, den Menschen in die Lage zu versetzen, erhobenen Hauptes vor Gott hinzutreten. Auch in der christlichen Erlösungskonzeption Anselms von Canterbury vermag nur eine freie und aktive Schuldbewältigung das Böse auf Dauer zu überwinden. Es ist geradezu verblüffend, in welchem Maß sich Anselm hier wesentlichen biblischen Einsichten nähert.«[33]

(2) Kritische Stellungnahmen zu einzelnen Aspekten der Konzeption Anselms

Ungeachtet der Versuche, Anselm zu »rehabilitieren«, überwogen in Geschichte und Gegenwart in der Fachtheologie die ablehnenden Äußerungen zu seinem soteriologischen Konzept. Dabei bildeten sich zunehmend zwei Schwerpunkte der Kritik heraus: Die von Anselm ausgesagte »Notwendigkeit« der Menschwerdung Gottes zur Erlösung des Menschengeschlechts ließ die freie »Gnädigkeit« des Erlösungsgeschehens in Frage gestellt erscheinen (1). Die bei Anselm gedachte Äquivalenz zwischen der menschlichen Sünde und der von Gott eingeforderten Strafe ließ das Todesleiden des Gottmenschen als eine weitere Denknotwendigkeit erscheinen, durch die ein freier Lauf der Geschichte verhindert war, denn »es musste« ja so geschehen (2).

Unter den kritischen mittelalterlichen Reaktionen auf Anselms Konzeption[34] ist vor allem die des Thomas von Aquin von

---

[33] Helmut Steindl, Genugtuung (1989), 302 f.
[34] Einen Überblick über die noch zu Lebzeiten Anselms einsetzende Kritik

besonderem Gewicht.³⁵ Thomas wehrt in seiner Summa theologica entschieden die Vorstellung ab, Gott hätte die Menschheit gar nicht anders als durch die satisfactio des Gottmenschen erlösen können: »haec justitia dependet ex voluntate divina ab humano genere satisfactionem exigente pro peccato. Alioquin, si voluisset absque omni satisfactione hominem a peccato liberare, contra justitiam non fecisset« (diese Gerechtigkeit hängt vom göttlichen Willen ab, der vom Menschengeschlecht Genugtuung für die Sünde forderte. Andererseits, wenn Gott den Menschen ohne jede Genugtuung von der Sünde hätte befreien wollen, hätte er nicht gegen die Gerechtigkeit verstoßen)³⁶. Eine Erlösung ohne satisfactio widerspricht nach Thomas nicht der göttlichen Gerechtigkeit, da Gott seine Gerechtigkeit in freier Selbstbestimmung in seiner Barmherzigkeit gründen ließ: »opus autem divinae justitiae semper praesupponit opus misericordiae et in eo fundatur« (ein Werk der göttlichen Gerechtigkeit setzt immer ein Werk der Barmherzigkeit voraus und gründet in ihm)³⁷. Die satisfactio des Gottmenschen Jesus Christus in seinem freiwilligen Leiden war nicht conditio sine qua non der Erlösung des Menschengeschlechts, es war vielmehr eine Geste der Barmherzigkeit Gottes, dass er einen Menschen teilhaben ließ an der Bereitung der Erlösung.

Anselms Argument, dass der Mensch aufgrund seiner übergroßen Schuld nicht in der Lage sei, Gott eine »äquivalente« satisfactio zu leisten, lehnt Thomas wegen eines anderen Verständnisses der Äquivalenz ebenfalls ab. In »äquivalentem« Verhältnis

---

an seiner Konzeption gibt Gunther Wenz, Geschichte der Versöhnungslehre in der evangelischen Theologie, Bd. 1 (1984), 60–62.
³⁵ Im Blick auf die Gemeinsamkeiten und Differenzen in der Satisfaktionslehre Anselms von Canterbury und Thomas von Aquin vgl. bes. Hans Kessler, Die theologische Bedeutung des Todes Jesu (²1971), 170–188; Walter Kasper, Jesus der Christus (1974), 261; Gisbert Greshake, Erlösung und Freiheit (1983), 93 f. Vgl. zum soteriologischen Konzept des Thomas von Aquin auch: Rüdiger Feulner, Die Soteriologie des Thomas von Aquin (2017).
³⁶ Thomas von Aquin, Summa theologica III q46 a2 ad3. Im Folgenden zitiert als: Sth.
³⁷ Sth I q21 a4 c.

müssen nach göttlichem Willen eben nicht die sündige Tat und eine nach quantitativen Gesetzmäßigkeiten bemessene Strafe stehen, sondern die sündige Tat und die von Gott in seiner Barmherzigkeit »akzeptierte« Anstrengung des Menschen: Der Unendlichkeit der göttlichen Beleidigung entspricht die Unendlichkeit seiner Barmherzigkeit, aufgrund derer Gott das, was dem Menschen möglich ist, als »äquivalenten Ausgleich« für seine sündige Tat annimmt.³⁸ Das heißt: »non potest homo Deo satisfacere si ly ›satis‹ aequalitatem quantitatis importet; contingit autem si importet aequalitatem proportionis« (der Mensch kann Gott keine Genugtuung leisten, wenn das ›Genug‹ eine Gleichheit des Ausmaßes bedeutet; es kann aber sein, wenn es eine Gleichheit des Verhältnisses bedeutet)³⁹.

Gisbert Greshake führt die Differenzen in den Positionen Anselms und Thomas' darauf zurück, dass bei Thomas der soziologische Kontext, in dem allein der Anselm'sche Begriff der »Ehre Gottes« verstehbar ist, nämlich das germanische Lehnsrecht, nicht mehr gegeben ist: »Gott wird bei Thomas nicht mehr primär konzipiert als der durch seine Ehre die Weltordnung Konstituierende, sondern als der absolut Souveräne, der im Falle menschlicher Schuld nach Art eines Privatmannes handeln kann. Gott kann die Sünde des Menschen aus reiner Barmherzigkeit nachlassen (ohne satisfactio!).«⁴⁰ Die Neigung, die Möglichkeit einer Erlösung durch satisfactio an die göttliche *acceptatio* dieser satisfactio zurückzubinden, verstärkte sich in den spätmittelalterlichen soteriologischen Konzeptionen (vor allem bei Johannes Duns Sco-

---

³⁸ »Sicut offensa habuit quandam infinitatem ex infinitate divinae majestatis, ita satisfactio accipit quandam infinitatem ex infinitate divinae misericordiae, prout est gratia informata, per quam acceptum redditur quod homo reddere potest« (Wie die Beleidigung aufgrund der Unendlichkeit der göttlichen Würde eine gewisse Unendlichkeit hatte; so erhält die Genugtuung aufgrund der Unendlichkeit der göttlichen Barmherzigkeit eine gewisse Unendlichkeit, sofern sie [die Genugtuung] durch die Gnade beformt ist, durch die [Gott] wohlgefällig wird, was der Mensch erstatten kann [Sth Suppl. q13 a1 ad1]).
³⁹ Sth Suppl. q13 a1 c.
⁴⁰ Gisbert Greshake, Erlösung und Freiheit (1983), 93.

tus und Gabriel Biel) mehr und mehr und erzeugte ihrerseits die Gefahr, nun in das gegenteilige Extrem der Annahme einer reinen »Willkür« Gottes bei seinem erlösenden Handeln zu verfallen. Die gegenwärtige theologische Reflexion erkennt und beschreibt im Rückgriff auf das biblische Zeugnis im Gedanken der göttlichen Selbstbestimmung zur Liebe eine Möglichkeit, die Extreme der Notwendigkeit wie der Willkürlichkeit des Heilshandelns Gottes aufzuheben. Liebe kann nicht anders als lieben. Höchste Freiheit ist hier zugleich höchste Notwendigkeit.

*c. Biblisch orientiertes Nachdenken
über die Notwendigkeit im Handeln Gottes*

Es gibt gewiss mehrere Möglichkeiten, sich dem biblischen Zeugnis vom Heilsplan Gottes zu nähern, den er selbst entworfen und eingehalten hat. Solche Formulierungen sind nicht frei von Vorannahmen: Könnte es nicht auch sein, dass Gott selbst immer wieder von der geschichtlichen Wirklichkeit überrascht wird, die seine Geschöpfe in Freiheit gestalten? Können die Möglichkeiten, die Gott zum Heil der Schöpfung ergreift, nicht offener in ihrer Variabilität betrachtet werden, als dies in der Traditionsgeschichte geschah? Antworten auf diese Fragen setzen Überlegungen zu einem angemessenen Verständnis der Ewigkeit Gottes voraus.[41]

Einer der in der Forschung eingeübten Wege der Reflexion auf die Thematik der Notwendigkeit im Handeln Gottes ist der Blick auf eine neutestamentliche Redegestalt, die sich in der Verwendung der Worte δεῖ (es muss) oder δέον ἐστί (es muss sein) bündelt.[42] Der Textbefund, seine traditionsgeschichtlichen Bezüge

---

[41] Vgl. Dorothea Sattler, Der Ewige und seine Zeit für uns (2000). Siehe dazu hier unten auch Abschnitt VI.4.
[42] Vgl. Walter Grundmann, Art. »δεῖ, δέον ἐστί« (1954); Wiard Popkes, Art. »δεῖ« (1980); Erich Fascher, Theologische Beobachtungen zu δεῖ (1954); Hermann Patsch, Abendmahl und historischer Jesus (1972), bes. 189–194; William J. Bennett, »The Son of Man must ...« (1975); Volker Hampel, Menschensohn und historischer Jesus (1990), bes. 260–282; Ulrich Kmiecik, Der Menschensohn im Markus-Evangelium (1997), bes. 94–115.

IV. Vergewisserungen

und die theologischen Aussageintentionen haben in der exegetischen Literatur vielfach Beachtung gefunden. Die im Neuen Testament häufige Verbindung zwischen den Leidensankündigungen im Mund Jesu und der Verwendung des Begriffes δεῖ steht im Mittelpunkt der exegetischen Betrachtung. Was bedeutet die biblische Aussage, der Messias habe leiden müssen?

Ausgangspunkt vieler exegetischer Anmerkungen zum δεῖ im Handeln Gottes ist Mk 8,31, der wohl älteste Text, der eine Selbstdeutung des Leidensgeschicks Jesu überliefert und dabei auf die Vorstellung einer bestehenden Notwendigkeit dieses Geschehens rekurriert. Im erzählerischen Zusammenhang des Bekenntnisses des Petrus, Jesus sei der Messias, belehrt Jesus die Jünger, »der Menschensohn müsse vieles erleiden und von den Ältesten, den Hohenpriestern und den Schriftgelehrten verworfen werden; er werde getötet, aber nach drei Tagen werde er auferstehen. Und er redete ganz offen darüber« (Mk 8,31 f.). Während sich im markinischen Sinn eine Interpretation des δεῖ als Schrifterfüllung in Konzentration auf die Passionsereignisse nahelegt (vgl. Mk 9,11–13; 14,31), erscheint die im Lukasevangelium stark erweiterte Verwendung dieses Begriffes (41 von 102 neutestamentlichen Belegen) als Ergebnis einer frühchristlichen Reflexion auf die heilsgeschichtliche Bedeutung des Christusgeschehens, bei der hellenistisch-judenchristliche Einflüsse zu vermuten sind.

Lukas betrachtet das gesamte Leben Jesu als von Gott selbst initiierte Gestalt seiner Offenbarung, die in der geschichtlich überlieferten Form notwendig war, um zur wahren Gotteserkenntnis zu gelangen. Von der Jugendzeit Jesu an korrespondiert sein Handeln mit dem Willen Gottes, sich im Menschenleben Jesu kund zu machen: Jesus musste im Tempel bleiben, dem Ort der Gegenwart Gottes (vgl. Lk 2,49); er muss von Kafarnaum aufbrechen, um auch den anderen Städten das Evangelium vom Reich Gottes zu verkündigen (vgl. Lk 4,43); er muss weiterwandern und als Prophet in Jerusalem sterben (vgl. Lk 13,33); er muss im Haus des Zachäus zu Gast sein, um Gottes Erbarmen mit den Sündern und Sünderinnen zu bezeugen (vgl. Lk 19,5). Mehrere Leidensankündigungen Jesu (vgl. Lk 9,22; 17,25) und österliche Deutungen des mit ihm Geschehenen (vgl. Lk 24,7.26; Apg 1,16; 3,21; 17,3) greifen auf die Begriffe δεῖ oder δέον ἐστί zurück. Der auferstandene Jesus fragt die Jünger, die mit ihm auf dem Weg nach Emmaus sind: »Begreift ihr denn nicht? Wie schwer fällt es euch, alles zu glauben, was die Propheten gesagt haben. Musste nicht der Messias all das erleiden, um so in seine Herrlichkeit zu gelangen. Und er legte ihnen dar, ausgehend von Mose und allen Propheten, was in der gesamten Schrift über ihn geschrieben steht« (Lk 24,25-27).

Lukas legt hohen Wert darauf, dass die nachösterliche christliche Gemeinschaft in das Geschehen der Bereitschaft Gottes zur Selbstoffenbarung einbezogen wird und gleichfalls unter dem δεῖ des Willens Gottes steht (vgl. Lk 12,12; Apg 9,16; 14,22; 19,21; 23,11; 27,24). Das Leidensgeschick des Paulus wird in der lukanischen Theologie zum Ort der erzählerischen Verifikation der Heilswege Gottes im Durchgang durch die Leiden der irdischen Zeit.

Als gemeinsame Überzeugungen der in Detailfragen variierenden exegetischen Betrachtungen der Verwendung von δεῖ oder δέον ἐστί im biblischen Schrifttum vermag ich zu erkennen:

(1) Der Gebrauch der Begriffe setzt Reflektionen voraus, die im Leben des irdischen Jesus in dieser Weise kaum anzunehmen sind. Vielmehr ist der Sitz im Leben dieser Überlieferung im Geschehen der Selbstvergewisserung der nachösterlichen christlichen Gemeinschaften anzunehmen, die angesichts der sie gegenwärtig bedrohenden Leidensgestalten voller Hoffnung auf das Geschick Jesu blicken. Jesus hat ihnen den Weg vom Tod in das Leben gewiesen: »Der Hinweis auf das ›es muss so kommen‹ hat paränetischen Charakter; es geht um Trost für die angefochtene Gemeinde, die sich nicht zu ängstigen braucht, weil ›diese Dinge eben nicht unvorhergesehen geschehen‹«[43]. Die nachösterliche christliche Nachfolgegemeinschaft soll ermutigt werden, auch ihrerseits in den Leiden auszuharren.

(2) Die lukanische Rezeption und Neugestaltung der griechisch-hellenistischen Vorstellung eines von einer unpersönlichen Schicksalsmacht der Götter vorherbestimmten Weltenlaufs integriert jüdisch-alttestamentliche Überlieferungen, die insbesondere in apokalyptischen Schriften von der Notwendigkeit und der

---

[43] Volker Hampel, Menschensohn und historischer Jesus (1990), 214.

IV. Vergewisserungen

Bereitschaft Gottes, sich in Eindeutigkeit in der Geschichte zu erweisen, Zeugnis ablegen. Die Ermittlung eines Bezugs zwischen der irdischen Geschichte und dem Heilsplan Gottes ist der jüdisch-christlichen Reflektion eigen.

(3) Die Sinnmitte der Rede vom δεῖ im göttlichen Handeln ist die Verkündigung des eschatologischen Willens Gottes zur Selbstkunde seines Wesens: »Es ist das δεῖ des geheimnisvollen Gottes, der im eschatologischen Geschehen seine Pläne mit der Welt durchführt. Nicht blinder Schicksalsglaube, sondern Glaube an Gottes ewige Pläne formuliert dieses δεῖ. An diese Pläne – das zeigt das δεῖ – ist Gott in sich selbst gebunden. So wird es zum Ausdruck einer in Gottes Wesen selbst liegenden Notwendigkeit, die zur Durchsetzung seiner Pläne im eschatologischen Geschehen führt.«[44]

(4) Die Passion Jesu muss im Gesamt seiner Lebensgeschichte gedeutet werden. Insbesondere Lukas verortet dieses Lebensgeschick Jesu im eschatologischen Ringen Gottes um die Erkenntnis seines Wesens: »Sein ganzes Leben und Handeln und Leiden sieht Jesus unter diesem, in einem δεῖ sich zusammenfassenden Willen Gottes. (…) Leiden, Tod und Auferstehung des Christus sind Teile des eschatologischen Dramas. Christus ist also nicht nur Verkünder der Eschatologie, sondern seine Geschichte ist Eschatologie«[45].

Als konsensfähig in neueren systematisch-theologischen Darstellungen der biblischen Soteriologie gilt, dass die Zeugnisse eine Mehrzahl von bildhaften Deutungen des Heilsgeschehens enthalten, deren geschichtlich geprägte Voraussetzungen bei dem Bemühen um Verstehen jeweils zu bedenken sind. Das historische Faktum des Kreuzestodes Jesu erweist sich als offen für geschichtlich kontingente menschliche Deutungen. Diese Erkenntnis macht die dem christlichen (wie dem jüdischen) Glauben eigene sozial-ekklesiale Dimension des Glaubens offenkundig. Das Vertrauen auf die Glaubwürdigkeit des Christuszeugnisses jener Frauen und Männer, die sein Leiden und Sterben sowie die nachösterlich ver-

---

[44] Walter Grundmann, Art. »δεῖ, δέον ἐστί« (1954), 23f.
[45] Ebd.

wandelte Gestalt seiner lebendigen Gegenwart erfahren haben, wirkt gemeinschaftsstiftend. Der christliche Glaube lässt sich nur in gedächtnisfeiernder Versammlung bewahren.

Nach meiner Wahrnehmung ist zu wenig im theologischen Bewusstsein, dass die biblischen Zeugnisse nicht allein von Gottes Festlegung auf einen Heilsplan, den er selbst einhalten müsste, wissen, es vielmehr auch eine differenzierte biblische Tradition gibt, die Gottes Handeln mit einem »vielleicht« verbindet. Es entspricht offenkundig der Erfahrung des gläubigen Gottesvolkes, oft lange im Ungewissen zu sein über die Wege des wahren Gottes mit ihnen.

In den alttestamentlichen Schriften begegnet das hebräische Wort אוּלַי (ulaj) vorwiegend in den Erzählungen der Geschichtsbücher und bei den Propheten als Hinweis auf eine bestehende Ungewissheit im bevorstehenden Handeln Gottes.[46] Während sich der Blick in der Rede von Ungewissheiten über eine Handlungsweise von Menschen zumeist in die Vergangenheit richtet, somit bereits vergangene Ereignisse gedanklich erwogen werden, sind die Belege für die »vielleicht« zu erwartenden Taten Gottes eher in Zusammenhängen zu finden, in denen Menschen sich auf die Zukunft ausrichten: Befürchtungen und Hoffnungen kommen darin zur Sprache. In Worten von Bileam kommt die Freiheit in der Entscheidung Gottes, den Menschen nahe zu sein, eindrücklich zur Sprache. Bileam begibt sich nach einem Brandopfer auf eine kahle Höhe und ist von der Aussicht bewegt, dort Gottes Angesicht sehen zu können. Zu seinem zurückbleibenden Begleiter sagt er: »Vielleicht begegnet mir der Herr« (Num 23,3; vgl. auch Num 23,27). JHWH begegnet ihm dort und an anderen Orten und legt ihm Orakel in den Mund. Eines dieser Gottesworte bespricht die Verlässlichkeit seines Handelns: »Gott ist kein Mensch, der lügt, kein Menschenkind, das etwas bereut. Spricht er etwas, und tut es dann nicht, sagt er etwas und hält es dann nicht? Sieh her, ich habe es übernommen zu segnen; so muss ich segnen, ich kann's nicht

---

[46] Vgl. Ernst Jenni, Art. »אוּלַי (vielleicht)« (1971). Andere Lexika zum biblischen Vokabular verzichten auf eine Darstellung des Sinngehaltes dieses Begriffes.

widerrufen« (Num 23,19 f.). Gott hat sich selbst dazu entschlossen, seinem Wesen nicht untreu zu werden. Alle Rede vom »Vielleicht« im Handeln Gottes steht unter dem Vorzeichen dieser Verheißung.

Zwei Situationen sind es vor allem, in denen die biblischen Autoren auf das Wort »vielleicht« zurückgreifen, um angesichts der gewordenen Gegenwart das Kommende zu bedenken: (1) die Situation der Not und Gefahr, in der sich der Blick hoffend auf Gottes rettende Hilfe richtet und (2) die Situation der Schuld, in der das Gericht Gottes bangend erwartet wird und zugleich die Zuversicht nicht verloren geht, Gott könne »vielleicht« seinen gerechten Zorn besänftigen.

Die Mehrzahl der Belege, in denen die vielleicht gegebene Möglichkeit der Rettung durch Gottes Eingreifen in den biblischen Schriften erörtert wird, findet sich in den Geschichtsbüchern. Im Kontext der Erzählungen von der Verteilung des Westjordanlandes wendet sich der Kenasiter Kaleb an Josua und fordert das ihm als Lohn für seine treue Gottesfurcht zustehende Bergland um Hebron ein. Er ist bereit, gegen die dort ansässigen Anakiter zu kämpfen. Seine Hoffnung gründet in der Erwartung der Hilfe von JHWH: »Vielleicht ist der Herr mit mir, so dass ich sie vertreiben kann, wie der Herr gesagt hat« (Jos 14,12). In einer kriegerischen Auseinandersetzung mit den Philistern ermutigt Jonatan, der Sohn Sauls, seinen Waffenträger mit den Worten: »Komm, wir wollen hinübergehen zu den Posten dieser Unbeschnittenen. Vielleicht wird der Herr für uns handeln; für den Herrn ist es ja keine Schwierigkeit zu helfen, sei es durch viele oder durch wenige« (1 Sam 14,6). Als König David von einem Fluch getroffen wird, richtet er seine Hoffnung auf Gott: »Vielleicht sieht der Herr mein Elend an und erweist mir Gutes für den Fluch, der mich heute trifft« (2 Sam 16,12).

Die Hoffnung auf Gottes rettende Hilfe ist in Israel geschichtlich begründet: Das Gedächtnis der früher erlebten Wunder ermutigt dazu. So sollen sich die Gesandten des Königs Zidkija vor Jeremia darauf berufen, wie JHWH bereits einmal gehandelt hat. Ihre Bitte an den Propheten lautet: »Befrag doch den Herrn für uns! Denn Nebukadnezzar, der König von Babel, führt gegen uns

Krieg; vielleicht handelt der Herr an uns wie bei all seinen früheren Wundern, so dass Nebukadnezzar von uns abziehen muss« (Jer 21,2). Die durch den Propheten vermittelte Antwort Gottes erfüllt die Hoffnung nicht, sondern kündigt Gottes Strafgericht an: »Ich selbst kämpfe gegen euch mit hoch erhobener Hand und starkem Arm, mit Zorn, Grimm und großem Groll« (Jer 21,5). Die von Gott eröffnete Wahl, dennoch den Weg des Lebens und nicht des Todes bestreiten zu können, setzt die Bereitschaft voraus, sich Gottes Urteil zu beugen und freiwillig in die Gefangenschaft nach Babylon zu ziehen (vgl. Jer 21,8f.). An mehreren Stellen verbindet sich in der prophetischen Literatur die Aussicht auf Gottes Erbarmen mit der nüchternen Anerkenntnis der Schuldverstrickung Israels, aus der nur Gottes Bereitschaft, seinen Zorn selbst zu besänftigen, befreien kann. Auf die unverdiente Barmherzigkeit Gottes hofft Israel, die er in seiner Freiheit vielleicht gewährt. Menschen können sie lediglich demütig erbitten. Zephanja ermutigt Juda zu Umkehr und neuer Hoffnung: »Sucht den Herrn, ihr Gedemütigten im Land, die ihr nach dem Recht des Herrn lebt. Sucht Gerechtigkeit, sucht Demut! Vielleicht bleibt ihr geborgen am Tag des Zornes des Herrn« (Zef 2,3). Gott kann Völker und auch einzelne Menschen gnädig verschonen: Die Priester der durch die Pest und eine Mäuseplage geschlagenen Philister raten ihren Führern, die gestohlene Bundeslade zusammen mit einem Sühnegeschenk an Israel zurückzugeben: »Macht (...) Abbilder eurer Pestbeulen und der Mäuse, die euer Land verwüsten, und gebt dem Gott Israels die Ehre! Vielleicht lässt er seine Hand leichter werden über euch, eurem Gott und eurem Land« (1 Sam 6,5). Vergeblich hoffte David auf den Erweis von Gottes Erbarmen in der Rettung des Lebens seines auf Wegen des Unrechts geborenen Sohnes; er dachte: »Wer weiß, vielleicht ist der Herr mir gnädig, und das Kind bleibt am Leben« (2 Sam 12,22).

An einzelnen Stellen in den Prophetenbüchern ist die im »Vielleicht« des Handelns Gottes thematisierte Offenheit des künftigen Geschehens mit der bildhaften Rede von seiner Möglichkeit, die Androhung des Unheils zu bereuen, verbunden[47]:

---

[47] Vgl. Jörg Jeremias, Die Reue Gottes (1975).

IV. Vergewisserungen

Die Stadt Ninive lässt sich von Jona zur Umkehr bewegen und denkt dabei: »Wer weiß, vielleicht reut es Gott wieder, und er lässt ab von seinem glühenden Zorn, so dass wir nicht zugrunde gehen« (Jona 3,9). Eindringlich mahnt und ermutigt Joel zugleich: »Zerreißt eure Herzen, nicht eure Kleider, und kehrt um zum Herrn, eurem Gott! Denn er ist gnädig und barmherzig, langmütig und reich an Güte, und es reut ihn, dass er das Unheil verhängt hat. Vielleicht kehrt er um, und es reut ihn, und er lässt Segen zurück« (Joel 2,13f.). Im prophetischen Wort bleibt die Spannung zwischen der Gewissheit über das barmherzige Wesen Gottes und der Ungewissheit über seine geschichtlich wirksamen Entscheide erhalten. Menschen können auf Gottes Umkehr, auf seine Abkehr von den Wegen der Strafe, lediglich hoffen, sie nicht prognostizieren: »Das ›Vielleicht‹ der Hoffnung gehört zur Demut des Beters (...); in der Verkündigung des Boten unterstreicht es, dass der zur Umkehr Gerufene zunächst unter der Gerichtsbotschaft steht (...) und ihr standhalten muss. Dass der treue und barmherzige Gott auch gegenüber seinem Zorn frei ist, begründet die Hoffnung im ›Vielleicht‹.«[48] Nach Hans Walter Wolff bezeichnet das Wort »vielleicht« immer »die Freiheit Gottes gegenüber denen, die sich ihm zuwenden«[49]. Die menschliche Bitte um Gottes Erbarmen hat Aussicht auf Erhörung, wenn sie mit der Bereitschaft zur Umkehr verbunden ist. Gottes Tora, Gottes Weisung zu einem Leben der Gerechtigkeit, wird durch den Erweis seiner Barmherzigkeit nicht außer Kraft gesetzt. Gott gewährt den hartherzigen Sünderinnen und Sündern keine Sicherheit, Güte zu erfahren. Es gilt das Wort im Buch des Propheten Amos: »Hasst das Böse, liebt das Gute, und bringt bei Gericht das Recht zur Geltung! Vielleicht ist der Herr, der Gott der Heere, dem Rest Josefs dann gnädig« (Am 5,15).

In den neutestamentlichen Evangelien ist in den Reden Jesu kein Beleg für ein »Vielleicht« im Handeln Gottes zu finden. Es mag sein, dass das Anliegen der Evangelisten, die Vollmacht zu

---
[48] Hans Walter Wolff, Dodekapropheton, Bd. 2 (³1985), 59.
[49] Ebd.

betonen, mit der Jesus seine Gerichtsreden und seine Verkündigung des Erbarmens Gottes vollzieht, zu diesem negativen Befund beigetragen hat. Die griechischen Worte für »vielleicht« haben an einzelnen Stellen des Neuen Testaments jedoch eine hervorgehobene Bedeutung: Nach Lukas überlegt das Volk, ob nicht vielleicht Johannes der erwartete Messias sei (vgl. Lk 3,15). Einzig in der lukanischen Version des Winzergleichnisses zeigt sich der Besitzer des Weinbergs ungewiss, ob die Winzer, die die pachteinfordernden Knechte vertrieben haben, mit dem Sohn des Besitzers anders verfahren: »Da sagte der Besitzer des Weinbergs: Was soll ich tun? Ich will meinen geliebten Sohn zu ihnen schicken. Vielleicht werden sie vor ihm Achtung haben« (Lk 20,13). Markus und Matthäus betonen durch den Verzicht auf das »Vielleicht« in den Überlegungen des Vaters dessen argloses Vertrauen in die Menschen. Lukas hebt die Größe des Wagnisses des Vaters hervor, der die Gefahr erkannt hat, seinen Sohn verlieren zu können und ihn dennoch zu den Menschen sendet. Paulus gesteht Menschen die Bereitschaft zu, »vielleicht« für einen guten Menschen sein Leben zu wagen (vgl. Röm 5,7). Bei allen neutestamentlichen Belegen des »vielleicht« ist das ungewisse Handeln von Menschen beschrieben – mit einer Ausnahme: Die in manchen Übersetzungen textlich verborgene Ungewissheit des Paulus, »vielleicht« von den Toten aufzuerstehen (vgl. Phil 3,11), ist rückzubinden an seine Überzeugung, dass das unverlierbare Leben Gottes Geschenk ist, das ihm vielleicht zuteil wird. Auf Gott zu hoffen, ist die diesem Geschehen entsprechende menschliche Haltung.

Die Durchsicht der neutestamentlichen Zeugnisse für die Rede von einem »Vielleicht« zeigt, dass die wesentlichen Gehalte der Christusverkündigung mit dieser Thematik in Verbindung zu bringen sind: Jesu vollmächtig vorgetragene Gottesbotschaft, die Ungewissheit über das Kommen des Messias, Gottes Sendung des Sohnes, das Wagnis der Lebenspreisgabe aus Liebe zu den Menschen und die Hoffnung auf das Geschenk der Teilhabe an Gottes Leben. Aus neutestamentlicher Perspektive betrachtet, ist das Erbarmen Gottes mit den umkehrwilligen Sünderinnen und Sündern nicht mehr ungewiss. Gott hat ein Wunder an uns getan und seinen Willen geoffenbart, selbst diejenigen in Liebe anzunehmen, die in der tödlichen Feindschaft zu seinem Sohn die Sünde zur bittersten Herrschaft haben gelangen lassen. Es zeigt sich somit, dass der in der Rezeption des Anselm von Canterbury in der christlichen Traditionsgeschichte bestehenden Neigung, Zwänge auszumachen, denen Gott selbst erlegen wäre, unter Bezugnahme auf die biblische Tradition widersprochen werden kann: Gott »muss« keinen spezifischen Weg der Erlösung wählen. Die biblische Rede bemüht sich einzig darum, den inneren Zusammenhang der Handlungsweisen Gottes in der Schöpfung im gläubigen Rückblick auf die Erfahrungen in der Geschichte der Glaubensgemeinschaften aufzuzeigen. Jede biblisch bezeugte Tat Gottes war nur »vielleicht« zu erwarten. Möglicherweise bedarf es einer neuen systematisch-theologischen Betrachtung der Heilsgeschichte unter diesem Vorzeichen.

d. Sühne und Stellvertretung

Vor dem Hintergrund der im Glaubensbewusstsein weit verbreiteten Vorstellung, »im Kreuz Christi habe sich Gottes Zorn ausgetobt«[50], ist gut verständlich, wenn in systematisch-theologischen Entwürfen die exegetische Erkenntnis, auch das alttestamentliche Sühnegeschehen verstehe sich als Feier der heilvollen Taten Gottes an Menschen, die ohne Sühne ihr Leben verwirkt hätten, als sehr hilfreich betrachtet wurde.[51] Eine These von Hartmut Gese hat in der Rezeption große Zustimmung erfahren: »Sühne heißt nicht, Sünden, Verfehlungen, die reparabel sind, vergeben. Da sehe der Mensch selbst zu; Wiedergutmachung leisten, wo dies möglich ist, ist eine Selbstverständlichkeit. Sühnen heißt nicht versöhnlich stimmen, heißt nicht vergeben sein lassen, was wiedergutgemacht

---

[50] Jürgen Becker, Die neutestamentliche Rede vom Sühnetod Jesu (1990), 30. Becker führt diese »unheilvolle Ansicht« (ebd.) auf die dogmengeschichtliche Tradition zurück und denkt dabei gewiss an die Rezeption des Anselm von Canterbury.
[51] Vgl. etwa Karl Lehmann, »Er wurde für uns gekreuzigt« (1982); Jürgen Werbick, Soteriologie (1990), bes. 234–239; Gerhard Ebeling, Der Sühnetod Christi als Glaubenssaussage (1990), bes. 25–28.

werden kann. Gesühnt werden heißt, dem verdienten Tod entrissen werden«[52]. Sein Versuch, im Begriff der »Existenzstellvertretung«[53] eine personale Deutung des Sühnegeschehens vorzunehmen, blieb jedoch auch nicht unwidersprochen. Neben der Anfrage, ob in der von Gese gezeichneten Sühnevorstellung die differenzierte Vielgestalt der alttestamentlichen Anschauungen gebührend zu Wort komme, artikulierte sich der Widerstand seiner Kollegen von der neutestamentlichen Exegese insbesondere gegen die Bemerkung von Gese: »Die Heilsbedeutung des Todes Jesu ist nur mit dem Sühnegedanken zu fassen«[54]. Diese Aussage ist als »Tübinger Antithese«[55] gegen die von Rudolf Bultmann vertretene Meinung zu verstehen, dass die Vorstellung einer stellvertretenden Sühne im Lebensopfer Jesu Christi, »in der sich Opfervorstellungen und eine juristische Satisfaktionstheorie mischen«[56], heute nicht mehr nachvollziehbar sei.

---

[52] Hartmut Gese, Sühne (³1989), 90 f.
[53] Ebd., 87. Im Kontext argumentiert Gese so: »Der biblische Begriff – er wird mit der hebräischen Wurzel *kpr* bezeichnet – setzt zumindest eine Störung des Gottesverhältnisses im weitesten Sinn, die Versündigung, den Verlust an kosmischer Integrität voraus, und zwar eine Verschuldung, die von seiten des Menschen irreparabel ist. Es geht um die das Leben selbst umgreifende Verschuldung, um die Situation, in der die Existenz verwirkt ist; es geht um das Sein. Durch Sühne lässt sich die das eigene Sein betreffende Wiedergutmachung, lässt sich ein solcher letzter Ausgleich leisten, bei dem dann eben Stellvertretung stattfinden muss oder bei dem sich die Sühnung im Zeichenhaften vollzieht. So wird *kopär*, die Sühneleistung, eine Art Wergeld, stets als Existenzstellvertretung verstanden. (...) Sühne geschieht also eigentlich durch eine (stellvertretende) Totalhingabe, ist damit Lebensrettung, die der Mensch erstrebt und Gott ermöglicht. Gott befiehlt nicht die Sühne, sondern der Mensch erbittet sie. Die kosmische Ordnung bedarf des Ausgleichs, auch und gerade im Letzten; aber die Sühne ermöglicht die menschliche Weiterexistenz. Sie ist Aufrichtung des Gefallenen, Heilung des Todkranken« (ebd.).
[54] Ebd., 105. Zur Problematik des in den neutestamentlichen Schriften zu greifenden christlichen Antijudaismus, dessen Unheil stiftende Atmosphäre sich auch mit der zitierten Passage belegen lässt, vgl.: Rainer Kampling (Hg.), »Nun steht aber diese Sache im Evangelium ...« (1999).
[55] Vgl. Ingolf U. Dalferth, Die soteriologische Relevanz der Kategorie des Opfers (1991), bes. 174.
[56] Rudolf Bultmann, Neues Testament und Mythologie (1951), 42.

Als weiterführend betrachte ich dabei eine Frage, die Ingolf U. Dalferth im Anschluss an die skizzierte Auseinandersetzung zwischen Bultmann und Gese formulierte: »Ist die soteriologische Polyphonie des Neuen Testaments als vielfältige Interpretation des Opfertodes Christi zu verstehen, *oder* ist die Rede vom Opfertod Christi selbst eine, vielleicht eine zentrale, jedenfalls aber nicht die einzig adäquate soteriologische Interpretation der Heilsbedeutung des Todes? Anders gefragt: Wird mit dem Opfertod Christi das Interpretandum aller soteriologischen Aussagen oder ein soteriologisches Interpretament unter anderen zur Sprache gebracht?«[57]. Dalferth selbst kommt in seiner Untersuchung zu dem Ergebnis, dass »es nicht (…) die Kategorie des Sühnopfers [ist], sondern das, was mittels dieser Kategorie ausgesagt wird, worauf es theologisch ankommt«[58]. Dies aber, worauf es theologisch ankommt, ist nach Dalferth inhaltlich zu fassen als die im Kreuzesgeschehen »ein für allemal vollzogene eschatologische Inkorporation in die Gemeinschaft mit Gott«[59]. Vom alttestamentlichen Sühnegeschehen will Dalferth das neutestamentliche unterschieden wissen durch die Aspekte »exklusive Theozentrik, anthropologische Universalität, christologische Historizität, eschatologische Endgültigkeit«[60]. Dalferth verbindet das Sühnegeschehen im Kreuzestod mit dem Inkorporationsgedanken und fordert ein Denken in »relationalen Gemeinschaftskategorien«[61] ein.

Eine in der neueren evangelischen wie katholischen systematischen Theologie viel besprochene Fragestellung ist, welche biblische und philosophische Legitimation die im deutschen Sprachraum erst Ende des 18. Jahrhunderts in der Soteriologie aufgekommene Rede von der Stellvertretung der Menschen durch Jesus Christus habe[62], und welche Hilfestellung zum Verständnis des Heilshandelns Gottes sie geben könne. Das dem biblischen

---

[57] Ingolf U. Dalferth, Die soteriologische Relevanz der Kategorie des Opfers (1991), 179. Hervorhebung im Original.
[58] Ebd., 185. Zitat im Original hervorgehoben.
[59] Ebd., 187.
[60] Ebd.
[61] Ebd., 192.
[62] Vgl. Karl-Heinz Menke, Stellvertretung (1991), 24; Eberhard Jüngel, Das

Vokabular fremde Abstraktum »Stellvertretung« war der neuzeitlichen philosophischen Tradition verdächtig, weil darin eine Infragestellung der Freiheit und Autonomie des menschlichen Geistes zum Ausdruck gebracht schien.

Mit der Studie von Karl-Heinz Menke[63] liegt eine umfängliche Untersuchung der Geschichte des Begriffs »Stellvertretung«, seiner Verwendung in theologischen Konzepten, seines biblischen Fundaments und seines theologisch-philosophischen Gehalts vor. Menke formuliert die These, »Stellvertretung« meine, »dass jemand durch Selbsthingabe und Selbsteinsatz einem anderen die ›Stelle‹ für dessen eigenes Dasein eröffnet und ihn so freisetzt ins Selbst-Sein«[64]. Dies bedeute, dass »ein ›eigentlicher‹ Stellvertreter ›den Anderen‹ als anderen ermöglicht und ihn deshalb nicht ›ersetzt‹, sondern ›setzt‹«[65]. Menkes Überlegungen haben zum Ziel, die theologische Formulierung von der stellvertretenden Erlösung in Christus Jesus biblisch zu fundieren und philosophisch zu reflektieren. Sein Ausgangspunkt ist die Bestimmung des eigentlichen Stellvertretungsbegriffs, mit dem gemeint sei, dass Menschen einander Raum eröffnen können, Menschen einander die Freiheit zum Selbstsein erschließen können[66]. Das »geeignetste ›Modell‹ zur Erhellung der christologischen und ekklesiologischen Stellvertretung«[67], das Menke im philosophischen Raum entdecken kann, ist mit dem Namen Emmanuel Lévinas verbunden[68]. Nach Lévinas besteht der Sinn des menschlichen Daseins darin, »Geisel für den Anderen« zu sein (»être otage pour autrui«)[69], mit dem eigenen Leben, das dem Anblick des Anderen ausgesetzt

---

Geheimnis der Stellvertretung (1984), 71 f.; Stephan Schaede, Stellvertretung (2004).
[63] Vgl. Karl-Heinz Menke, Stellvertretung (1991).
[64] Ebd., 24.
[65] Ebd., 20.
[66] Vgl. ebd., 24.
[67] Ebd., 398.
[68] Vgl. zur Bedeutung der Gedanken von Lévinas für die Neubegründung der Christologie und Soteriologie auch: Josef Wohlmuth, Jesu Weg – unser Weg (1992), bes. 227 f.
[69] Vgl. Emmanuel Lévinas, Die Spur des Anderen (1983), 295–330.

ist, für dessen Leben einzustehen. Wie die Zeit des Anderen bricht auch der Tod in das eigene Leben ein. In der gewaltlosen Annahme des Todesgeschicks, in der den Anderen freisetzenden Hingabe geschieht Versöhnung, ereignet sich die Begegnung mit dem Ewigen: »Erst wenn ich auf *mein* Können – und das heißt konkret: auf jede Gewalt – verzichte, wenn sich meine Herrschaft über das Sein in ein Sein-für-den-Andern verwandelt, wenn ›ich‹ also gar nicht mehr das alles Seiende für sich vereinnahmende Subjekt, sondern ›außerhalb‹ dieses Subjekts bin, kann ›mich‹ der Tod nicht zerstören. Erst wenn ich den törichten Versuch aufgebe, den Tod vorwegnehmen bzw. beherrschen zu wollen, wenn ich die Grundmöglichkeit des Opfers realisiere und meine Zeit in die Zeit des Anderen hingebe, erfahre ich mich einbezogen in eine Beziehung, die sich selbst nicht ›machen‹ oder herstellen kann: in eine Beziehung zur Anderheit (zum Tod, zum Antlitz des anderen Menschen, zur Zukunft), und das heißt in die Beziehung zu etwas Unbedingtem, Unendlichem, und deshalb Unzerstörbarem«[70]. Wer sich in die Verantwortung für den Anderen rufen lässt und die Zeit des Anderen zur eigenen macht, erfährt, dass er nicht ins Bodenlose fällt, sondern immer schon in einer Beziehung aufgefangen ist.

Das biblische Fundament eines solchen Verständnisses von der Stellvertretung ist in einem Beitrag von Karl Lehmann so zusammengefasst: »Ebenso wie die alttestamentliche Sühne nicht da etwas vergeben will, wo der Mensch selbst wiedergutmachen kann, ist auch Jesus Christus kein Ersatzmann, der all das vollzieht, was der Mensch zwar tun kann, aber nicht tut oder sogar nicht tun will. So nimmt ›Stellvertretung‹ dem Menschen den personalen Selbstvollzug nicht ab und übergeht auch nicht die Würde des menschlichen Partners, vielmehr schafft sie überhaupt erst einmal den Raum, d. h. eröffnet eine Stelle, wo der Mensch grundsätzlich wieder ja sagen kann zu Gott und zum Mitmenschen. In

---

[70] Karl-Heinz Menke, Stellvertretung (1991), 393 f. Hervorhebung im Original.

diesem Sinne *ermöglicht* die Stellvertretung Jesu Christi ›für uns‹ eine neue Freiheit, aber sie ist nicht ihr Ersatz«[71].

In der aus Sicht der Menschen unwandelbar unheilvollen Not eröffnet Gott selbst in Christus Jesus neuen Lebensraum. Darin geschieht nicht etwas, was auch Menschen tun könnten, sondern stellvertretend für uns wendet Gott das Unheil in Heil. Ein solches Verständnis von Stellvertretung ermöglicht einen Einbezug des gesamten Christusereignisses (Menschwerdung, Leben und Tod) mitsamt seiner pneumatologischen Dimension in die soteriologische Reflexion.

e. Qualifizierung der Todesstunde als »sakramentalerm« Ort der Erkenntnis

In einzelnen soteriologischen Konzepten wird der Frage Aufmerksamkeit geschenkt, in welcher Weise die Gewissheit des bald bevorstehenden gewaltsamen Todes Jesu eine qualifizierte Zeugnisgestalt darstellt. Jürgen Werbick erschließt den Gehalt der Botschaft, die Jesus in seinem Tod vermittelt, in enger Verbindung zu seinen Ausführungen zum Leben Jesu, gleichwohl verwendet er Qualifikationen wie »unzerreißbar geknüpft[e]« Beziehung[72], »in extremis erbrachte[r] Beweis einer Liebe«[73], »bleibende Gemein-

---

[71] Karl Lehmann, »Er wurde für uns gekreuzigt« (1982), 315. Hervorhebung im Original. Vgl. mit ähnlicher Intention: Karl Rahner, Versöhnung und Stellvertretung (1983); Norbert Hoffmann, Sühne (1981), 68–70 (mit Hinweisen auf die theologiegeschichtliche Tradition dieser Grundaussage). Zur biblischen Sicht vgl. bes. Martin Hengel, Der stellvertretende Sühnetod Jesu (1980). Im trinitarischen Bezugsrahmen argumentiert: Hans Urs von Balthasar, Theodramatik, Bd. 3 (1980), 309–315; vor dem Hintergrund des interkonfessionellen Gesprächs erinnert Otto Hermann Pesch an die notwendige Verwiesenheit der stellvertretenden Sühne an die Wortverkündigung: vgl. Otto Hermann Pesch, Erlösung durch stellvertretende Sühne – oder Erlösung durch das Wort? (1992).
[72] Jürgen Werbick, Soteriologie (1990), 175.
[73] Ebd., 176.

schaft«⁷⁴, sich als »tragfähig« erweisende Beziehung⁷⁵, die die Besonderheit der Situation in der Nähe des Todes erfassen. Ausgangspunkt der Denkbewegung Werbicks hin auf ein Verstehen des soteriologischen Sinngehaltes des Todes Jesu⁷⁶ ist die Bestimmung der menschlichen Sünde, die er als »beziehungsfeindliche[s] Un-wesen des Menschen«⁷⁷ bezeichnet. Eigentliches Wesen des Menschen, das ihm zuinnerst Entsprechende ist Bejahtsein, Zuspruch des Gewolltseins. Faktisch erfahren Menschen in vielfältiger Weise Verneinung, Ablehnung und Entzweiung. In diesem Zusammenhang hat das sichere Wissen um die eigene Sterblichkeit besonderes Gewicht: »im Tod wird das unerbittliche ›Nein‹ der Wirklichkeit zu mir – wie es scheint – endgültig. Wenn dieses Nein wahr ist, so sind alle Beziehungen, in denen doch wenigstens ein anfanghaftes ›Ja‹ der Beziehungspartner zueinander laut wird, hilflose Täuschung und Selbsttäuschung«⁷⁸. Das »unwiderrufliche Ausgesetztsein und Verlassenwerden«⁷⁹, das mit der menschlichen Geburt beginnt, wird angesichts des Todes in aller Radikalität offenkundig.

Werbick will mit seinen Überlegungen einen Zugang zum Verständnis des Sündenverhängnisses schaffen, aus dem Menschen sich nicht selbst befreien können, deren Überwindung allein durch eine göttliche Initiative gelingt. Die Beschreibung der Zusammenhänge zwischen Sündenwirklichkeit und Todesschicksal verdichten sich in der Schilderung der »beziehungsfeindliche[n] Dynamik der Sünde«⁸⁰, deren Auslöser das Nein über dem zeitlebens vom tod-sicheren Ende geprägten Menschendasein ist:

---

⁷⁴ Ebd., 177, mit Bezug auf Gerd Theißen, Soteriologische Symbolik in den paulinischen Schriften (1974), 293.
⁷⁵ Jürgen Werbick, Soteriologie (1990), 178.
⁷⁶ Ausdrücklich charakterisiert Werbick sein Bemühen als »perspektivische Annäherung« (ebd., 197) und will damit seine Überzeugung zum Ausdruck bringen, dass jede theologische Deutung des Todesschicksals Jesu nicht mehr sein könne, als der Versuch, das Geschehene unter Offenlegung des bezogenen Standorts denkerisch zu betrachten und zu deuten.
⁷⁷ Ebd., 197.
⁷⁸ Ebd.
⁷⁹ Ebd.
⁸⁰ Ebd., 198.

»Der Sünder hört dieses ›Nein‹ zuinnerst – er ›internalisiert‹ es. So verneint und verachtet er sich selbst als den, zu dem keiner ›ja‹ sagen kann, weil es in ihm offenbar keinen Grund gibt, ›ja‹ zu sagen. Und die Selbstverachtung schlägt um in die Verachtung derer, in der Wut auf die, die keinen Grund finden, zu mir ›ja‹ zu sagen; in den Hass gegen den, der *in allem ›nein‹ zu mir sagt*«[81]. Der auf diese Weise genährte »Gotteshass speist – da ich ihn zu verleugnen suche – den Selbsthass: den Hass gegen mich, der ich nicht so bin, wie ich sein sollte; und der Selbsthass wird – da ich ihn nicht aushalten kann – im Hass gegen die anderen ausagiert: gegen die anderen, die Schuld daran sind, dass ich so bin, wie ich bin; die mich nicht der sein lassen, der ich von mir aus wäre. Verachtung und Hass isolieren, reißen Abgründe auf, ent-*fernen* und entfremden die potentiellen Beziehungspartner voneinander«[82].

Im Fortgang seiner Ausführungen bestimmt und konkretisiert Werbick Jesus als Gottes menschgewordenes »›Ja‹ in Person«[83]. Bereits in der Weise, wie Jesus mit Menschen lebte, wurde die bejahende Beziehungswilligkeit Gottes geschichtlich erfahrbar. In spezifischer Gestalt wird die beziehungswillige Liebe Gottes in Jesu Leiden und Tod ansichtig[84]. Die »Dynamik der Sünde«, die sich immer weiter potenzierende Beziehungsfeindlichkeit, ist durch die Tat des auch in dieser Situation beziehungswillig bleibenden Jesus beendet: Jesus antwortet auf das »Nein«, das der Tod über die menschliche Existenz spricht, mit einem »Ja« zum Leben. Sein Ja ist begründet in seinem Vertrauen auf Gott.

Werbick bringt an dieser Stelle den Aspekt der Stellvertretung in seine Argumentation ein und bedient sich dabei der Rede vom Platztausch, die die frühe christliche Theologie als soteriologisches Motiv verwendete: »Führt man das Problem des Platztauschs auf die Metapher des Anteilgebens und Anteilnehmens zurück, so wird man den Sinn der Solidarität darin sehen, dass der Solidarische durch den Einsatz des Eigenen und die Bereit-

---

[81] Ebd. Hervorhebung im Original.
[82] Ebd. Hervorhebung im Original.
[83] Ebd., 199.
[84] Vgl. ebd., 207.

schaft zum Mittragen des fremden Leidens eine Beziehung stiftet, die über allen Beziehungsabbruch hinauszuführen verheißt. Jesu Pro-Existenz hat diese Verheißung in sich, und dies um so mehr, als sie Sünde und Tod ›umgreift‹. Jesus ist bei den Sündern, nicht weil er die Sünde ignorierte, sondern weil er sich dem tödlichen Unwesen der Sünde – ihrer beziehungsfeindlichen, verneinenden Mächtigkeit – bis zum Letzten aussetzt, so dass er der Sünde zum Opfer fällt«[85]. Jesus tritt an die Stelle der Sünder, nimmt ihre Beziehungsfeindlichkeit, die »in der Beziehungslosigkeit des Todes ihr Telos hat«,[86] als sein Dasein an. Im Austausch schenkt er teilgebend sein Leben und stiftet darin eine unverbrüchliche Beziehung zwischen Gott und Menschen: »Jesu Solidarität wird nur dann nicht von der Macht der Nichtigkeit widerlegt, wenn sie ein Mit-Sein bezeugt, das sich auch in der äußersten Konsequenz der Sünde – dem für Menschen definitiven Beziehungsabbruch des Todes – noch durchhält; Jesu Solidarität ist nur dann nicht leere Verheißung, wenn es das ›Außerhalb‹ gibt, von woher die rettende Beziehung auf die der Sünde und dem Tod Verfallenen übergreifen kann«[87]. Ohne die Wahrheit des sich in seiner Beziehungswilligkeit bewährenden Gottes wäre auch das an Jesus Geschehene bloß eine Bestätigung der sündigen Beziehungsfeindlichkeit der Welt. Als erlösend ist das Christusereignis nur dann zu begreifen, wenn es Botschaft Gottes ist: »Jesus Christus ist der Immanuel – der Gott-mit-uns; als der dem Tod überlieferte, als der mitsterbende Immanuel ist er den Mitsterbenden der Gott-mit-ihnen, die rettende, schlechthin ›erhellende‹ Anwesenheit des bejahenden und Beziehung stiftenden Gottes inmitten der Nacht der Verneinung und der Beziehungslosigkeit. In Jesu Lebens- und Sterbenszeugnis und mit der Auferweckung des Gekreuzigten erweist Gott sich als der rückhaltlos Bejahende, als der grenzenlos Beziehungsmächtige und Beziehungswillige, dessen Beziehungsmächtigkeit auch dort

---

[85] Ebd.
[86] Ebd., 208.
[87] Ebd.

nicht versagt, wo menschliche Beziehungen unwiderruflich zerbrechen: im Tod«[88].

Werbick beruft sich an dieser Stelle seiner Argumentation auf Gedanken von Eberhard Jüngel, der das Todesschicksal Jesu streng theo-logisch deutet und trotz anderer Wortwahl, nämlich der Rede von »Verhältnissen« statt von »Beziehungen«, den Ausführungen Werbicks in der Sache sehr nahe ist: »Für jemanden dasein heißt: sich zu ihm verhalten. Wenn aber Gott auch im Tode nicht aufhört, sich zu uns zu verhalten, ja wenn er sich mit dem toten Jesus identifizierte, um sich durch den Gekreuzigten allen Menschen gnädig zu erweisen, dann erwächst mitten aus der Verhältnislosigkeit des Todes ein *neues Verhältnis* Gottes zum Menschen. Wohlgemerkt: das neue Verhältnis Gottes zum Menschen besteht darin, dass Gott die von ihm entfremdende Verhältnislosigkeit des Todes selber erträgt. Wo die Verhältnisse abbrechen und die Beziehungen enden, genau eben da setzt Gott sich selber ein. Und in diesem selbstlosen Selbsteinsatz Gottes offenbart Gott sein eigenes Wesen. Indem Gott sich mit dem toten Menschen Jesus von Nazareth zugunsten aller Menschen identifiziert, offenbart er sich als ein den endlichen Menschen unendlich *liebendes* Wesen. Denn wo alles verhältnislos geworden ist, schafft nur die Liebe neue Verhältnisse. Wo alle Beziehungen abgebrochen sind, schafft nur die Liebe neue Beziehungen«[89]. Werbick und Jüngel betrachten die rela-

---

[88] Ebd., 209.
[89] Eberhard Jüngel, Tod (1971), 139. Hervorhebungen im Original. Im Hintergrund dieser Positionsbestimmung von Jüngel stehen seine kontrovers diskutierten Überlegungen zum »Tod Gottes«, von denen Werbick sich distanziert: vgl. Jürgen Werbick, Soteriologie (1990), 210, Anm. 47. Bezogen auf die Frage nach dem Ende der sündigen Verhältnislosigkeit, das Gott im Christusereignis wirkt, formuliert Jüngel: »Während (…) im Alten Testament Gott vom Tode unendlich entfernt und von der tödlichen Verhältnislosigkeit ganz und gar unberührt erschien, erträgt er im Tode Jesu die Berührung des Todes. Indem Gott sich mit dem toten Jesus identifizierte, setzte er sich der aggressiven Gottfremdheit des Todes wirklich aus, setzte er die eigene Gottheit der Macht der Negation aus« (Eberhard Jüngel, Tod [1971], 138 f.). Die Abgrenzung der neutestamentlichen von der alttestamentlichen Gottesbotschaft im Bezug auf Gottes Todesnähe macht im christologischen Kontext zwar Sinn, gleichwohl wird theologisch gefordert sein,

tional denkende Metaphorik bei der Rede von der soteriologischen Relevanz des Todes als hilfreich, weil sie eine Wirklichkeit erinnert, die hinsichtlich ihrer näheren Bestimmung qualifiziert werden kann: Im gewaltsamen Tod des Gottessohnes kulminiert die als Bruch der Gemeinschaft zwischen Gott und Mensch theologisch erfasste Tat-Wirklichkeit Sünde. Sie bedroht den Bestand der Beziehung zwischen Gott und Mensch. In der auch im Sterben durchgehaltenen, ja durchlittenen Beziehungswilligkeit Jesu offenbart sich die Qualität der Beziehungswilligkeit Gottes: Sie bleibt der Selbstbestimmung zur Liebe auch in der stärksten aller denkbaren Anfechtungen treu und spricht darin das erlösende Ja zum sündigen Menschen, der so befähigt wird, sein Nein zu den Anderen in ein Mitsprechen von Gottes Ja zu verwandeln.[90]

---

die Frage nach Gottes Mühen um die erlösende Überwindung lebensfeindlicher Beziehungslosigkeit gerade auch in den alttestamentlichen Zeugnissen zu erkennen. Jüngel verweist an anderer Stelle auf Gedanken Dietrich Bonhoeffers, die ihn bei seiner Rede vom »Tode Gottes« und von Gottes Weise, in Beziehung zur Welt zu sein, beeinflussten: vgl. ders., Gott als Geheimnis der Welt (^{2}1977), 74–83; Jüngel bezieht sich auf: Dietrich Bonhoeffer, Widerstand und Ergebung (1961). Wie Bonhoeffer will Jüngel »Gott als den *sich aus der Welt herausdrängen Lassenden* und gerade so *sich auf die Welt Beziehenden* denken« (Eberhard Jüngel, Gott als Geheimnis der Welt (^{2}1977), 80; Hervorhebung im Original). Jüngel gibt zu erkennen, dass die Theologie des Kreuzes im Hintergrund der angestellten Überlegungen steht: »Die Behauptung, dass Gott ›sich aus der Welt herausdrängen‹ lässt, ist am Kreuz orientiert und insofern soteriologisch zu verstehen. Sie enthält aber darüber hinaus eine tiefe Einsicht in die ontologische Eigenart des göttlichen Seins. Denn wenn Gott ›sich aus der Welt herausdrängen‹ lässt, und die Welt am Kreuz als die ihn nicht ertragende erträgt, dann ist das Sein Gottes in der Tat als ein die Alternative von Anwesenheit und Abwesenheit sprengendes Sein zu denken« (ebd., 81). Die Weise, wie Gott in der Hinnahme seiner im Kreuzesgeschehen kulminierenden Ablehnung durch die Menschen »abwesend« ist, ist erlösende »Anwesenheit«, bleibende Beziehungswilligkeit: »Sich-herausdrängen-Lassen, Abschied, Weggehen ist etwas anderes als Beziehungslosigkeit. Es kann vielmehr intensivste Beziehung bedeuten« (ebd., 80). Vgl. zu Jüngels Position auch: ders., Vom Tod des lebendigen Gottes (1972); ders., Der Tod als Geheimnis des Lebens (1976).
[90] Bernhard Langemeyer kommt im Zusammenhang seiner Erörterung der Rezeption des Dialogischen Personalismus in der Theologie auch auf die

Die Deutung des Christusereignisses als erlösendes Beziehungsgeschehen ermöglicht es, Leben und Tod Jesu unter gleichem Aspekt zu betrachten. Jesu Todesstunde erscheint in ihrem soteriologischen Gehalt dem Grade, nicht dem Wesen nach von Jesu Lebensstunden unterschieden. Ein solcher gedanklicher Ansatz erfüllt damit ein in der neueren soteriologischen Reflexion häufig geäußertes Desiderat: Die Verengung der christlichen Rede von Erlösung auf eine Betrachtung des Kreuzesgeschehens soll überwunden werden durch eine angemessenere, breitere Besprechung des gesamten erlösenden Lebens Jesu, ohne dass sein Tod seine besondere Bedeutung einbüßt.

In anderen Kontexten – der Theologie des Todes und der Reflexion auf die Bedeutung des Lebenszeugnisses, des Martyriums – haben weitere Theologen im 20. Jahrhundert an die besondere Situation des Todes im Leben eines Menschen erinnert:

Was macht das Zeugnis zu einem Zeugnis? Klaus Hemmerle[91] beantwortet diese Frage in seiner Beschreibung des Phänomens des menschlichen Zeugnisgebens in vierfacher Weise: (1) Das Zeugnis eröffnet ansonsten Verborgenes; (2) das Zeugnis erinnert Vergangenes um der Zukunft willen; (3) die bezeugte Einsicht drängt sich auf; (4) das Zeugnis ist angewiesen auf das

---

Deutung der erlösenden Wirkung des Todes Jesu zu sprechen: »Mit Jesus von Nazareth ist jemand in die Du-verschlossene Menschheit eingetreten, der sich an das Du wendet und dies rein ausspricht durch seine Liebe bis zur letzten Konsequenz. Er setzt sich der Du-verneinenden Haltung des Menschen aus, ohne sich ihr gegenüber zu behaupten und abzusichern. Infolgedessen kann sie sich an ihm in ihrer eigentlichen Tendenz voll auslassen. Dem Du widersprechen heißt ihm das Leben absprechen. Die Du-Verneinung auf sich nehmen heißt daher den Tod auf sich nehmen. Indem Jesus im Erleiden der todbringenden Du-Verneinung selber dem Du liebend zugewendet bleibt, hält er den liebenden Anspruch an die Menschen über deren tödliche Verneinung hinaus aufrecht. So bringt er in die Du-verschlossene Situation der Menschen ein für allemal die erlösende Öffnung zum Du (...). Unter dem Anruf Christi kann der Mensch seine Du-verneinende Haltung als Sünde erkennen und von Grund auf umkehren« (Bernhard Langemeyer, Das dialogische Denken und seine Bedeutung für die Theologie [1979], 12).
[91] Vgl. Klaus Hemmerle, Wahrheit und Zeugnis (1970).

menschliche Wort, die menschliche Aussagebereitschaft und Sprachfähigkeit.

(1) Ein Zeugnis ist dadurch gekennzeichnet, dass es eine ansonsten unzugängliche Wirklichkeit in den Raum der Erfahrung holt. Dabei bleibt zunächst offen, ob das Zeugnis in einem Vorgang besteht, also ein Geschehen, eine Geste, eine Rede und eine Tat meint, oder ob das Zeugnis als Objekt aus vergangener Zeit vorliegt: als Gegenstand, Bauwerk, Urkunde und Brief beispielsweise. Sowohl in der Handlung eines Subjekts als auch durch die Anwesenheit eines Objekts bietet das Zeugnis die Gelegenheit zur Gegenwärtigung von ansonsten Verborgenem.

(2) Das Zeugnis ist kein absichtsloses Gedächtnis, es geschieht nicht ohne Intention. Das Zeugnis beansprucht Gültigkeit. Das Zeugnis ist nicht nur die Kundgabe von einer ansonsten entzogenen Zeit, die unbetroffen zurückgelassen werden könnte. Das wahre Zeugnis fordert auf Zukunft hin ein. Das Zeugnis beansprucht Bedeutung und Wert für das Leben heute und morgen.

(3) Wenn Menschen Zeugnis von einer ansonsten verborgenen Wirklichkeit ablegen, die bleibende Gültigkeit hat, dann erfahren sie sich darin als überwältigt, als von außen angegangen, als angesprungen von einer Gewissheit, die sie sich nicht selbst gebildet haben. Im Zeugnis besprechen Menschen eine ihnen auferlegte geschenkte Einsicht, eine nicht selbst erdachte Wahrnehmung. Der Zeuge und die Zeugin sind frei, sich dieser Einsicht zu verschließen oder sich ihr zu öffnen.

(4) Das Zeugnis hat Wortcharakter; es ist die Aussage einer Person. Das Zeugnis ist darin verwiesen an den Dialog, die Rede erwartet Gegenrede. In seinem Wortcharakter leuchtet die unvertretbare Subjektivität des Zeugnisses auf. Das eigene Wort kann niemand dem anderen Menschen streitig machen. Das Wort des Zeugnisses ist unvertretbar, ein personales Wort in letzter freiheitlicher Entschiedenheit. Das zeugnisgebende Wort des Menschen muss nicht aus gesprochenen Silben bestehen, entscheidend ist vielmehr der Aspekt der unvertretbaren, personalen Aussage über die Gegebenheit einer Wahrnehmung. Eine solche Aussage ist

auch möglich »in der Gebärde, im Schrei, im Lied, im Tun, im Werk, im Schweigen, in der Liebe, im Tod«[92].

Die von Hemmerle zusammengetragenen Aspekte zur allgemeinen Bestimmung des Wesens des Zeugnisses legen offen, dass das Zeugnis eine Gestalt des wirksamen Gedächtnisses ist, zu dem Menschen sich herausgefordert empfinden und zu dem sie sich in Freiheit entscheiden, um die Gegenwart und Zukunft wirksam zu verwandeln.

In einem streng systematisch-theologischen Gedankengang hat sich Karl Rahner[93] bereits in den frühen Jahren seines theologischen Schaffens mit dem Gotteszeugnis im Martyrium befasst. Sein Zugang zur Wirkweise des menschlichen Zeugnisses geschieht über eine Betrachtung der Bedingung der menschlichen Möglichkeit, in Freiheit lieber den Tod zu wählen, als den Glauben zu verleugnen.[94] Der Kontext der Rede Rahners von der Kraft des Zeugnisses ist seine Theologie des Todes. In seinem transzendentaltheologischen Zugang zu der Frage, was Menschen zum Martyrium ermutigt, betrachtet Rahner das Martyrium als einen Sonderfall der Situation, vor der alle Menschen stehen. Für jeden und jede ist der Tod letztlich unausweichlich. Die Weise, wie Menschen ihr sterbliches und von Unversöhntheit immer wieder bedrohtes Leben annehmen und in Hoffnung und Liebe bestehen, ist nach

---

[92] Ebd., 66.
[93] Vgl. Karl Rahner, Zur Theologie des Todes (1958), bes. 73–106; ders., Zu einer Theologie des Todes (1972).
[94] Vielfach ist in der theologischen Literatur besprochen worden, dass die Identifikation der gläubigen Zeugenschaft mit dem Lebensopfer von Gottesfürchtigen der Weite der biblischen Sprechweise vom Gotteszeugnis nicht gerecht wird. Gleichwohl lassen sich Bezüge herstellen zwischen den biblischen Schriften und dem Verständnis des Martyriums im Sinn eines Gotteszeugnisses im Lebensopfer. Wenn Christinnen und Christen sich in der Situation befinden, den Tod vor Augen zu haben und sich zu dieser Situation glaubend-vertrauend stellen zu wollen, dann wissen sie sich verbunden mit der Weise, wie Jesus seinen Tod gedeutet hat. Auch Jesus hat den Tod nicht bloß erlitten, er hat ihn erlebt – das Sterben als Tat durchstanden. Die Erwartung eines qualvollen Todes wird wohl im Erleben noch grausamer sein als das Sterben selbst. Die Getsemani-Erfahrung verbindet die Märtyrer Gottes.

Rahner der Ort, an dem Menschen im Zeitlichen Zeugnis für den Ewigen ablegen. Drei Überlegungen, die Rahner zum Verständnis des Todes anstellt, bereiten seine Ausführungen zur Zeugniskraft des freiwilligen Lebensopfers vor:

(1) Der Tod ist eine Tat. Menschen erleiden den Tod nicht nur passiv; zeitlebens wissen Menschen, dass das Sterben getan sein will. Das Leben ist Einübung des Sterbens, das als ein Lassen, ein Loslassen, ein Sichüberlassen zu verstehen ist: »weil wir den Tod im Leben sterben, weil wir dauernd lassen, dauernd Abschied nehmen, dauernd durchschauen auf das Ende hin, dauernd enttäuscht werden, dauernd durch Wirklichkeiten hindurch in ihre Nichtigkeit durchbrechen, dauernd durch die tatsächlichen Entscheidungen und das wirklich Gelebte die Möglichkeiten des freien Lebens einengen, bis wir das Leben in die Enge des Todes getrieben und verbraucht haben, weil wir immer das Bodenlose erfahren, immer über das Angebbare hinausgreifen ins Unverfügbare, ins Unbegreifliche, und weil wir überhaupt nur so eigentlich menschlich existieren, darum sterben wir durch das ganze Leben hindurch«[95].

(2) Die höchste Freiheit ergreifen die Menschen, die angesichts der endlichen Begrenztheit der Wahlmöglichkeiten die Vorstellung aufgeben, sich selbst ein erfülltes Leben bereiten zu können. Karl Rahner wirbt dafür, die höchste und wahrhaft freie Freiheit des Menschen als den Mut zu erkennen, mit dem Menschen sich frei dem Tod überlassen, liebevoll, bejahend, wissend, dass darin alle Möglichkeiten der Selbstbestimmung erschöpft sind, vertrauend allein darauf, dass es Gott gibt und dass dieser Gott die tiefe Sehnsucht nach unverlierbarem Leben erfüllt, die Menschen haben.

(3) Im Sterben wird offenbar, dass der Gottesglaube in einem letztlich grundlosen Vertrauen besteht. Glauben heißt, besitzlos zu verbleiben bei den bewährten Deutungen derer, die zuvor den Tod vertrauend bestanden haben. Im Blick auf das einzelne individuelle Sterben bleibt der vertrauende Gottesglaube abgründig grundlos. Menschen stürzen, fallen in den Tod. Die Einübung

---

[95] Karl Rahner, Zur Theologie des Todes (1958), 76 f.

einer vertrauensvollen Bewältigung dieser Situation geschieht zeitlebens. Das Gewahrwerden des Zeugnisses derer, die hoffnungsvoll sterben, vermag die eigene Bereitschaft zu stärken, sich dem Unvertrauten vertrauensvoll zu überlassen.

Worin unterscheidet sich das Gotteszeugnis der Märtyrerinnen und Märtyrer von jener Todesbewältigung, die allen Menschen aufgegeben ist? Es unterscheidet sich im Blick auf alle drei der soeben umschriebenen Aspekte des menschlichen Todes: (1) durch das intensivere, bewusstere Durchleben der Sterbesituation, die einer tätigen Deutung bedarf; (2) durch das freie, entschiedene Ausschlagen der Alternative zum Tod, im Verzicht also auf die Lebensverlängerung; (3) durch die in der Situation des quälerischen Leidens naheliegende größere Anfechtung durch den Zweifel an Gottes Dasein. Diese drei Aspekte lassen die Sterbesituation des Märtyrers und der Märtyrerin als eine den Menschen besonders herausfordernde Sterbesituation erscheinen. Der Zeugnischarakter dieser Sterbeweise ist graduell, nicht prinzipiell unterschieden von jenem Gotteszeugnis, das alle Menschen im eigenen Sterben zu geben in der Lage sind. Durch das höhere Maß an Öffentlichkeit, in der der Märtyrertod oft geschieht, verstärkt sich jedoch die Wirkung, die das Zeugnis einer solchen Sterbeweise entfalten kann.

Eine Konvergenz in auch recht unterschiedlich situierten Beiträgen besteht in der Betonung des Offenbarungs-Charakters des Todesgeschicks Jesu: Gottes von jeder Gewalt freie Liebe kommt in der Gewaltlosigkeit des Gekreuzigten zeichenhaft zum Ausdruck.[96] Jesus Christus ist das Sakrament des erlösenden Wesens Gottes. Das Wesen Gottes ist seine Bereitschaft, die ihm feindlich gesinnten Geschöpfe trotz allem an seinem Leben teilhaben zu lassen.

---

[96] Vgl. Georg Baudler, Das Kreuz (1997), bes. 259–265. Baudler stützt seine Argumentation auf Überlegungen von Joseph Ratzinger, der in seiner frühen Auslegung des Glaubensbekenntnisses das Kreuzesgeschehen als »Ausdruck jener törichten Liebe Gottes, die sich weggibt, in die Erniedrigung hinein, um so den Menschen zu retten«, gedeutet hat: Joseph Ratzinger, Einführung in das Christentum (1968), 232.

IV. Vergewisserungen

Die sakramentale Christologie und Soteriologie betrachtet das Menschenleben Jesu – und darin die Weise seines Sterbens – als Ort der erfahrbaren Gegenwart Gottes. In der neueren systematisch-theologischen Reflexion ist es vertraut, den Begriff »Sakrament« in analoger Weise zu verwenden[97]: In den neutestamentlichen Schriften gibt es keinen Begriff, der die Zeichenhandlungen, die in späterer Zeit in der theologischen Tradition der Kirchen als »Sakramente« bezeichnet wurden, zusammenfasst. Frühe lateinische Bibelübersetzungen haben das griechische Wort μυστήριον mit *sacramentum* übersetzt. Der Gebrauch des Wortes μυστήριον, das im Deutschen zumeist mit »Geheimnis« wiedergegeben wird, ist in den biblischen Schriften vielgestaltig. Als Grundbedeutungen der nicht unmissverständlichen Rede vom göttlichen Geheimnis gelten: Erwählung durch Gott, unergründlicher Ratschluss Gottes, freie, sich schenkende Liebe Gottes. Mit Geheimnis wird somit die allein von Gott selbst zu entscheidende, die Geschöpfe immer als Gabe, als Geschenk erreichende Zuwendung Gottes benannt. Es besteht kein Anspruch auf Gottes Geheimnis. Er allein kann es lichten. Gott allein kann sich dazu entschließen, sich als Geheimnis mitzuteilen. Der Kolosserbrief verkündigt Jesus Christus als das offenkundig gewordene »Geheimnis Gottes« (Kol 2,2). Jesus Christus ist nach dem neutestamentlichen Sprachgebrauch das einzig(artig)e »Sakrament« Gottes: Im Tod des Gekreuzigten wird die Tiefe der Liebe Gottes erkennbar. Das »Geheimnis der verborgenen Weisheit Gottes« (1 Kor 2,7) ist in einem Menschenleben erfahrbar gewesen, und es wird in jeder Zeit durch Gottes Geist wirksam im Gedächtnis der Glaubenden bewahrt. Der kirchliche Dienst der Verkündigung dient der fortwährenden Enthüllung dieses Geheimnisses Gottes (vgl. Röm 16,25; Eph 3,8f.).

---

[97] Vgl. Theodor Schneider, Zeichen der Nähe Gottes (⁹2009), bes. 13–38; ders. / Dorothea Sattler, Hermeneutische Erwägungen zur »Allgemeinen Sakramentenlehre« (1990).

2. Welches erlösende Lebenszeugnis gibt Jesus?

a. Hermeneutische Vorüberlegungen

»Vor jeder Begegnung: Denk, was der andere für einen Weg hatte«[98]. Diesen Ratschlag zu befolgen, empfiehlt sich nicht nur im menschlichen Leben, er hat auch auf der Reflexionsebene Bedeutung bei einer erneuten Begegnung mit einer vertrauten Frage und ihrer langen Geschichte. Die historischen Analysen der Leben-Jesu-Forschung in exegetischer und systematisch-theologischer Perspektive sind kaum noch von einer einzelnen Person zu überschauen. Manche hilfreiche Übersicht über die (bisher) fünf Phasen in der Geschichte der Leben-Jesu-Forschung ist erschienen.[99] Inzwischen besteht offenkundig wieder mehr Zutrauen in die Möglichkeit einer Erschließung der Lebensgeschichte Jesu mit Anspruch auf eine durch historische Forschung erwiesene Begründung. Auch für die Lebensgeschichte Jesu gilt: Bei der Begegnung mit ihr ist das Wissen um den Weg Jesu als Jude in seiner Zeit unerlässlich wichtig.

Die Bemühungen zwischen der neutestamentlichen Exegese und der Systematischen Theologie, in Fragen der Christologie und der Soteriologie eine Verständigung zu erreichen, haben bereits eine lange Geschichte. Bald nach dem 2. Vatikanischen Konzil waren es Karl Rahner und Wilhelm Thüsing, die zu Beginn der 70er Jahre des 20. Jahrhunderts in der römisch-katholischen Theologie eine intensivere Zusammenarbeit auch in der Lehre einforderten: »Zu den wichtigsten Desideraten der Studienreform gehören interdisziplinäre Lehrveranstaltungen, die themenspezifisch orientiert sind und so die Fächerstruktur des bisherigen Studiums durch eine Themenstruktur so weit wie möglich korrigieren«[100]. Inzwischen haben die modularisierten Studiengänge die Erwar-

---

[98] Peter Handke, Phantasien der Wiederholung (1983), 42.
[99] Vgl. Gerd Theißen / Annette Merz, Der historische Jesus (⁴2011), 21–33; Martin Ebner, Jesus von Nazaret (2007), 19–27; Ingo Broer, Die Bedeutung der historischen Rückfrage nach Jesus (2004).
[100] Karl Rahner / Wilhelm Thüsing, Christologie – systematisch und exegetisch (1972), 3.

tungen an eine thematische Zusammenschau der theologischen Inhalte jenseits der Grenzen der theologischen Disziplinen verdichtet. Lässt es sich vor diesem Hintergrund überhaupt verantworten, ein Lehrbuch der Soteriologie allein aus systematisch-theologischer Perspektive zu verfassen? Es sind mir nur wenige Sammelbände bekannt, die biblische und systematische Beiträge zur soteriologischen Bedeutung der Geschichte Jesu erfassen.[101] Im Blick auf die Soteriologie ist dabei auch die alttestamentliche Exegese entsprechend gefordert.

Nicht ohne Grund stehen diese Vorüberlegungen in diesem Lehrbuch vor Beginn eines Abschnitts, in dem ich Zusammenhänge zwischen der Lebensexistenz Jesu und der Soteriologie erschließen möchte. Geht dies ohne eine exegetische Absicherung? Wie kann eine solche jedoch gelingen, wenn ganz offenkundig in der gegenwärtigen exegetischen Fächergruppe kein Konsens in der Einschätzung der historischen Valenz der neutestamentlichen Überlieferungen besteht, wie dies anlässlich der Kommentierungen[102] der beiden Bände des Jesus-Buches von Papst Benedikt XVI., Joseph Ratzinger[103], erneut deutlich wurde?

Exegetische Einzelstudien oder auch Zusammenfassungen in Grundlagenwerken zu Themen, die aus systematisch-theologischer Perspektive betrachtet als soteriologisch relevant gelten, gibt es in großer Zahl[104]: Studien zur Teilhabe Jesu am Ruf zur Umkehr Israels im Sinne des Täufers Johannes; zur Verkündigung Jesu, das Reich Gottes sei bereits angebrochen; zu seiner eigenen Lebensweise als Wanderprediger mit Zeiten der Entsagung und auch der Festfreude; zu den Zeichenhandlungen Jesu – insbesondere zu den Austreibungen der Dämonen und anderen Heilungen von Kran-

---

[101] Vgl. Ingo Broer / Jürgen Werbick (Hg.), »Auf Hoffnung hin sind wir erlöst« (1987); dies. (Hg.), »Der Herr ist wahrhaft auferstanden« (1988).
[102] Vgl. Thomas Söding (Hg.), Das Jesus-Buch des Papstes (2007); ders. (Hg.), Ein Weg zu Jesus (2007); ders. (Hg.), Tod und Auferstehung Jesu (2011); vgl. auch ders., Die Verkündigung Jesu – Ereignis und Erinnerung (2011).
[103] Joseph Ratzinger – Benedikt XVI., Jesus von Nazareth (2007; 2011).
[104] Vgl. die Literaturhinweise jeweils zu Beginn der entsprechenden Abschnitte in: Gerd Theissen / Annette Merz (^{4}2011).

ken; zu den ethischen Weisungen Jesu für ein Leben in einer gegenwärtig bereits erfahrbaren erlösten Gemeinschaft – spezifisch zur Liebe der Nächsten und auch der Feinde; zu Jesu eigenem Umgang mit seinem drohenden Tod; zu den Erwartungen Jesu über Heil und Unheil in Israel und der gesamten Schöpfung. Vieles spricht dafür, dass insbesondere die Überlieferung vom letzten Mahl Jesu in vertrautem Kreis Aufschluss über sein eigenes Selbstverständnis ermöglicht.[105]

Bei all dem gilt: Aussagen über das Leben des irdischen Jesus sind immer eine Rekonstruktion aus Quellen, die selbst nicht den Anspruch darauf erheben, historische Fakten zu berichten. Die systematisch-theologische Reflexion sieht sich dabei in einem Dilemma: Ohne die Möglichkeit, zumindest im Grundansatz von einer geschichtlichen Basis ihrer Aussagen über Jesus aufgrund wissenschaftlicher Erkenntnisse ausgehen zu können, verlieren Überlegungen insbesondere zum Handeln Gottes in Jesus Christus in Zeit und Geschichte jede Bedeutung. Wenn etwas so gar nicht geschah, dann kann es auch nicht als Erweis für Gottes Handeln in der religiösen Deutung in Anspruch genommen werden. Zugleich gelten die frühen Überlieferungstraditionen auch im Erzählen über das Leben Jesu in den Evangelien als Quelle der Erkenntnis – in Teilen narrativ gestaltet, in Teilen bereits mit einem hohen Anspruch auf eigene theologische Reflexionen der Autoren (beispielsweise in der johanneischen Tradition). Nachdenklich stimmt die Systematische Theologie, dass sich offenkundig früh schon Gemeinden in der Nachfolge Jesu Christi gebildet haben, deren Mitglieder Jesus selbst nicht begegnet sind, die wohl aber durch die Begegnung mit bereits Christgläubigen zum Glauben an ihn kamen und sich dann entschieden, auf diesem Weg weiter zu gehen.

---

[105] Siehe dazu hier unten Abschnitt VI.2.

b. Kontroversen um die soteriologische Bedeutung des Lebens Jesu

Die Frage, zu welchen Ergebnissen die historische Rückfrage nach Jesus im soteriologischen Sinn mit wissenschaftlicher Begründung finden kann, hat eine lange und kontrovers gestaltete Geschichte: Ende der 60er Jahre setzte vor allem in der deutschen und niederländischen römisch-katholischen Theologie eine Diskussion über die Frage ein, ob und in welcher Weise dem Leben Jesu jene soteriologische Relevanz zugesprochen werden müsse, die bis dahin der Menschwerdung und dem Tod Jesu Christi vorbehalten schien. Diese Frage schloss sich dabei konkret an das 1972 erschienene Buch »Erlösung als Befreiung« von Hans Kessler an, der im Hinblick auf die Bedeutung der Erschließung des Lebens Jesu für die Soteriologie als These formulierte: »Inkarnation und Sühnetod waren Deutekategorien, mit welchen man etwas über die erlösende Bedeutung des gesamten irdischen Wirkens Jesu zu sagen versuchte. Erlösung darf nun heute nicht mehr einfach mit dem überkommenen Deutemuster Inkarnation, welches sich an den Anfang der irdischen Existenz Jesu, nämlich an Empfängnis und Geburt, heftete, verbunden werden. Erlösung darf ebenso wenig mit dem anderen Deutemuster des sühnenden, genugtuenden Opfertodes verbunden werden, mit welchem man lange Zeit den Kreuzestod, also das Ende Jesu, zu verstehen versuchte. Beide Wege endeten in einer Engführung, und beide Wege führten von dem ab, was sich im Auftreten und Wirken Jesu tatsächlich zugetragen hat. Allein dieses historisch greifbare, irdische Wirken Jesu von Nazareth vermag aber das zu erschließen, was sich in Jesus wirklich ereignet hat und was christlich ›Erlösung‹ bedeutet«[106]. Als inhaltliche Bestimmung des erlösenden Wirkens des irdischen Jesus gab Kessler die »neue, befreiende Praxis Jesu« an[107], die er spezifizierte als »Solidarität mit den Unterdrückten«[108], »Beseitigung von Unterdrückung und zwangsfreie Kommunikation aller«[109], »Offenheit

---

[106] Hans Kessler, Erlösung als Befreiung (1972), 61.
[107] Vgl. ebd., 62–74.
[108] Vgl. ebd., 62–64.
[109] Vgl. ebd., 64–67.

für jeden, Einsatz für sein Recht«[110] und »aktive Überwindung von Feindschaft und Gewalt«[111]. Zu einem Brennpunkt der Kontroverse wurde die von Kessler vorgenommene Zusammenfassung der in Jesus geschehenen Erlösung im Begriff der »Emanzipation« im Sinne der Frankfurter Schule: »Emanzipation in dem Sinne, wie die Kritische Theorie den Begriff fasst, kommt nirgendwo anders als in der christlich-abendländischen Tradition vor (...). Bei Jesus findet sich (...) vorbehalt- und zwanglose Kommunikation nicht nur erstmals als utopische Idee, sondern zugleich schon als Praxis, die in Jesu Jüngerkreis eingeübt und realisiert wird«[112]. Kesslers Kritiker[113] übersahen häufig, dass seine soteriologische Konzep-

---

[110] Vgl. ebd., 67–69.
[111] Vgl. ebd., 69–73.
[112] Ebd., 109. Vgl. zu der anfangs der 70er Jahre geführten Diskussion zwischen Vertretern der deutschen katholischen Dogmatik über das Verhältnis von Erlösung und Emanzipation: Leo Scheffczyk (Hg.), Erlösung und Emanzipation (1973); Bardo Weiß, Erlösung als Ermöglichung von Emanzipation? (1972).
[113] Vgl. das Referat der Gegenpositionen und Kesslers weiterführende Antworten in: Hans Kessler, Erlösung als Befreiung? (1973); ders., Erlösung als Befreiung? (1974). Eine umfängliche wissenschaftliche Besprechung der soteriologischen Thesen Kesslers legte Karl Hillenbrand vor: vgl. Karl Hillenbrand, Heil in Jesus Christus (1982), bes. 109–231. Neben dem christologischen Werk von Hans Küng sind in dieser Dissertation die Schriften Kesslers analysiert, was Hillenbrand dadurch gerechtfertigt sieht, dass sich in ihnen »Möglichkeiten und Grenzen einer Rückfrage nach Jesus zur Begründung gegenwärtigen Erlösungsverständnisses nicht zuletzt deswegen gut aufzeigen [lassen], weil dieser nach seinem Erscheinen vieldiskutierte soteriologische Entwurf gleichzeitig einen Rezeptionsversuch der ›Kritischen Theorie‹ der Frankfurter Schule beinhaltet und in gewisser Hinsicht als paradigmatisch für die Auseinandersetzung christlichen Erlösungsdenkens mit einer bestimmten Form ›säkularen Problembewußtseins‹ gelten darf. Neben der Frage nach der ›christologischen Mitte‹ des Heilsverständnisses geht es dabei vor allem um das Problem, wo die entscheidenden Dimensionen in der Erlösungsbedürftigkeit des Menschen anzusetzen sind« (ebd., 13). Hillenbrands kritische Abgrenzungen von Kesslers Positionen erscheinen mir gelegentlich überzogen und werden oft ohne Hinweis auf dessen spätere Klarstellungen und Korrekturen vorgetragen. So wird m. E. die Einschätzung Hillenbrands, Kessler trage an die biblischen Texte ein Vorverständnis von Menschsein heran, das auf die Dimension »Sünde« verzichte (vgl. ebd., 163 f.), den Ausführungen Kesslers nicht gerecht, ist doch des-

tion sich keineswegs darauf beschränkte, zu einer Imitation der befreienden zwischenmenschlichen emanzipatorischen Praxis Jesu aufzufordern, er diese vielmehr in einen (im engeren Sinn) theologischen Kontext stellte und Jesu Gotteserfahrung als den Grund seines Lebens verstand. Die Frage, wie die neue Praxis Jesu möglich ist, beantwortet Kessler in folgender Weise: »Sie ist möglich aus seiner Erfahrung Gottes als der lauteren Gnade, als der verlässlichen Treue, als der grenzenlosen Güte, die ihn birgt und hält, erfasst und frei macht. Eine derart ungetrübte, unverfälschte Erfahrung Gottes, wie sie bei Jesus begegnet, ist aber selbst nur möglich in jener letzten menschlichen Offenheit, die Jesus lebt. Die Möglichkeit derartiger Offenheit kann jedoch ihrerseits nur so gedacht werden, dass Gott selbst (...) diese menschliche Offenheit bewirkt, sie also jene Gotteserfahrung, wie sie sich bei Jesus findet, gewissermaßen selbst voraussetzt«[114]. Neben der von Kessler im Rückblick auf die Diskussion um sein Buch vorgenommenen Klarstellung, sein Bestreben sei gewesen, »den Fundamentcharakter und sachlichen Vorrang der Versöhnung mit Gott vor allen zwischenmenschlichen oder gesellschaftlichen Versöhnungen aufzuzeigen«[115], trug sein wachsendes Bemühen um eine Vermeidung von alternativen Formulierungen bezüglich des soteriologischen Ansatzes bei Menschwerdung, Leben und Tod Jesu zu einer Entspannung der Kontroverse bei. Diese konsolidierte sich durch Kesslers Eingeständnis, er habe bisher lediglich einen »Teilbeitrag zu einer umfassenderen Erlösungslehre«[116] vorgelegt, dessen besondere Aufmerksamkeit dem »Zwischenstück«[117] zwischen Geburt und Tod Jesu gegolten habe, um »von heutiger Erfahrung her einen ersten *Zugang* zum Verständnis der christlichen Er-

---

sen recht konkrete Rede von der Möglichkeit einer Befreiung aus unheilen Zuständen durch die Übernahme der Praxis Jesu nur unter Zustimmung zu der Tatsache verständlich, Menschen lebten (noch) in schuldhaft verursachtem Leid.
[114] Hans Kessler, Erlösung als Befreiung (1972), 91.
[115] Ders., Erlösung als Befreiung? (1973), 853.
[116] Ebd., 852.
[117] Ebd., 851.

lösungsbotschaft zu bahnen«[118]. Was in »Erlösung als Befreiung« nach Anschauung des Autors von ihm noch nicht geleistet wurde, nämlich »eine Interpretation der ›Endpunkte‹ vom ›Zwischenstück‹ her«[119], ließ er bald darauf folgen[120], wobei ihm in der Folgezeit insbesondere an einer pneumatologischen und darin ekklesiologischen Vertiefung bei der Interpretation des erlösenden Christusereignisses lag.

Hans Kesslers besonderes Augenmerk auf das Zwischenstück des Lebens Jesu, das die in altkirchlicher Zeit geformten christlichen Glaubensbekenntnisse in auffälliger Weise übergehen, da sie (nur) von Empfängnis, Geburt, Leiden, Tod und Auferstehung Jesu Christi künden[121], gewann auch in anderen Werken an Bedeutung[122]. Im römisch-katholischen Bereich schlug sich das neu erwachte Interesse am Leben Jesu insbesondere in den Schriften

---

[118] Ebd., 850. Hervorhebung im Original.
[119] Ebd., 851.
[120] Vgl. ders., Erlösung als Befreiung? (1974); ders., Wie heute von Heil und Erlösung reden? (1992/1993). Sowohl mit dem Verständnis des Todes Jesu in der christlichen Tradition, als auch mit dem neutestamentlichen Zeugnis der Auferstehung Jesu hat sich Kessler in Einzelstudien auseinandergesetzt: vgl. ders., Die theologische Bedeutung des Todes Jesu (^{2}1971); ders., Sucht den Lebenden nicht bei den Toten (1985). Vgl. auch Kesslers Gesamtdarstellung der Christologie: ders., Christologie (^{2}2002), und seine Behandlung der theologiegeschichtlichen und systematisch-theologischen Abschnitte des Stichworts »Auferstehung Christi« in der 3. Auflage des Lexikons für Theologie und Kirche: vgl. ders., Art. »Auferstehung Christi II.–III.« (^{3}1993).
[121] Vgl. ders., Erlösung als Befreiung (1972), 43, im Anschluss an Heinrich Schlier, »Gelitten unter Pontius Pilatus, gekreuzigt, gestorben, begraben« (1967), 28–31.
[122] Vgl. als Übersichten über die christologische Landschaft in den 70er Jahren: Arno Schilson / Walter Kasper, Christologie im Präsens (1974); Albert Raffelt, Aspekte gegenwärtiger Christologie (1977); Walter Kasper, Neuansätze gegenwärtiger Christologie (1977); Klaus Reinhardt, Neue Wege in der Christologie der Gegenwart (1977); Ludwig Hödl, Neuansätze in der dogmatischen Christologie (1979).

von Hans Küng[123] und Edward Schillebeeckx[124] nieder. Auch die im Gefolge des 2. Vatikanischen Konzils entstandene mehrbändige Dogmatik »Mysterium Salutis«[125] zeigte sich grundsätzlich offen für den vitalen Ansatz der neueren Soteriologie, wie Dietrich Wiederkehr zurückschauend feststellt: »Es bedeutete eine Bereicherung der Christologie und Soteriologie, wenn Mysterium Salutis die vorher ausgefallene Lebensgeschichte Jesu zwischen Menschwerdung und Kreuz / Auferstehung wieder einzubringen suchte und aus der patristischen Theologie, aus Spiritualität und Liturgie einige geheimnisträchtige Stationen des Lebens Jesu heraushob und zum Leuchten brachte: Taufe, Versuchung, Verklärung, Wunder (...). Trotzdem ist damit noch nicht alles erfasst, was die biblische Theologie für eine Soteriologie bereithält, wie sie gerade der neuzeitlichen und menschlich – konkreten Heilserwartung und -praxis entspräche. Immer noch sind die ausgezeichneten und spektakulären Situationen ausgewählt, nicht aber die ›gewöhnlichen‹ Wegerfahrungen, Begegnungen und Taten Jesu«[126].

---

[123] Vgl. bes. Hans Küng, Christ sein (1974); ders., Menschwerdung Gottes (1970). Unter dem im Untertitel benannten Gesichtspunkt »Der christologische Begründungszusammenhang im Erlösungsverständnis und die Rückfrage nach Jesus« untersuchte Karl Hillenbrand auch die christologischen Schriften Küngs: vgl. Karl Hillenbrand, Heil in Jesus Christus (1982), 232–559. In dieser Dissertation Hillenbrands finden sich auch zahlreiche Literaturhinweise zum »Fall Küng«.
[124] Vgl. bes. Edward Schillebeeckx, Jesus (1975); ders., Christus und die Christen (1977); ders., Die Auferstehung Jesu als Grund der Erlösung (1979); ders., Menschliche Erfahrung und Glaube an Jesus Christus (1979). Eine wohlwollende Darstellung der Soteriologie Schillebeeckx liegt mit einer 1982 erschienenen Studie vor: vgl. Tadahiko Iwashima, Menschheitsgeschichte und Heilserfahrung (1982).
[125] Vgl. Johannes Feiner / Magnus Löhrer (Hg.), Mysterium Salutis. Die 5 Bände (in 7 Teilbänden) erschienen zwischen 1965 und 1976. Die Teilbände III/1 (1970) und III/2 (1969) stellen das »Christusereignis« dar.
[126] Dietrich Wiederkehr, Zu den Bänden I, III/1, III/2, IV/1 (1981), 241 f. Wiederkehr bezieht seine abwägende Würdigung auf die Darstellung der »Mysterien des Lebens Jesu« im 8. Kapitel von Bd. III/2: vgl. Alois Grillmeier, Geschichtlicher Überblick über die Mysterien Jesu im allgemeinen (1969); Raphael Schulte, Die Mysterien der ›Vorgeschichte‹ Jesu (1969); Christian Schütz, Die Mysterien des öffentlichen Lebens und Wirkens Jesu

Bei Wiederkehr klingt im Fortgang an, was sich mehr und mehr als theologisch-inhaltliche Klammer zwischen dem vitalen und dem staurologischen Ansatz der Soteriologie erwies: Jesu Verkündigung des angebrochenen Reiches Gottes.[127] Für diese zentrale Botschaft legen das Leben wie das Sterben Jesu zeichenhaft Zeugnis ab. Die Frage, wie Jesus selbst seinen bevorstehenden Tod verstand, ist in engem Zusammenhang mit der Überlieferung des letzten Abendmahls zu betrachten.[128]

Die in den 70er Jahren im römisch-katholischen Raum geführte Diskussion um die Bedeutung des Lebens Jesu für die Konzeption der christlichen Soteriologie fand auch in der evangelischen Theologie Beachtung.[129] In der reformatorischen Tradition

---

(1969). Vgl. als anerkennende Besprechung des Versuchs, in Mysterium Salutis, Bd. III/2, der Darstellung des Lebens Jesu mehr Raum zu geben, auch: Cornelius Mayer, Von der satisfactio zur liberatio? (1974), 406 f. Der etwa zeitgleich zu Mysterium Salutis, Bd. III/2, in »Bilanz der Theologie im 20. Jahrhundert« 1970 erschienene Überblick über Tendenzen der Christologie und Soteriologie kommt ebenfalls darauf zu sprechen, dass »Christi menschliches Leben (...) in allem heilsbedeutend [ist]« (Robert Lachenschmid, Christologie und Soteriologie [1970], 112), behandelt diesen Aspekt jedoch nicht unter der (auch vorkommenden) Überschrift »Geheimnisse des Lebens Jesu« (vgl. ebd., 106–109), sondern unter dem Stichwort »Einheit von Christologie und Soteriologie« (vgl. ebd., 111 f.).
[127] Vgl. Dietrich Wiederkehr, Zu den Bänden I, III/1, III/2, IV/1 [1981], 242 f. Vgl. zur Reich-Gottes-Verkündigung Jesu bes.: Helmut Merklein, Jesu Botschaft von der Gottesherrschaft (1983); ders., Jesus, Künder des Reiches Gottes (1985). Die exegetische Diskussion um das Verhältnis zwischen Jesu Verkündigung und seinem Todesverständnis wurde im katholischen Raum insbesondere von Heinz Schürmann und Rudolf Pesch vorangetrieben: vgl. bes. Heinz Schürmann, Jesu ureigener Tod (1975); Rudolf Pesch, Das Abendmahl und Jesu Todesverständnis (1978); vgl. auch den Forschungsüberblick bei Anton Vögtle, Grundfragen der Diskussion um das heilsmittlerische Todesverständnis Jesu (1985).
[128] Siehe dazu hier unten Abschnitt VI.2.
[129] Vgl. Reinhard Slenczka, Christusbekenntnis und Christologie. Slenczka fragt in diesem Aufsatz u. a. nach den Konsequenzen der Konzeptionen Küngs und Schillebeeckx' im Hinblick auf eine mögliche Gefährdung des evangelisch-katholischen Konsenses in der Christologie. Slenczka kann insofern als ein kundiger Kommentator betrachtet werden, als seine Habilitationsschrift der Geschichte der historischen Jesusfrage von den Tagen der

ist diese in der römisch-katholischen Theologie eher spät aufgegriffene Frage nicht losgelöst von der Debatte um die Theologie von Rudolf Bultmann und – früher noch – um Anliegen und Grenzen der »Leben-Jesu-Forschung« zu behandeln.[130]

Die Jesusliteratur, die seit den 70er Jahren des 20. Jahrhunderts erschienen ist, ist pluriform: Viele Abhandlungen zum Leben Jesu kamen auf den Büchermarkt, die für sich selbst den Anspruch erhoben haben, wissenschaftlichem Standard zu genügen, diesem bei näherem Hinsehen jedoch kaum entsprechen können.[131] Neben Zugängen zur Person Jesu mit psychologisch ge-

---

»Leben-Jesu-Forschung« bis in die 60er Jahre unseres Jahrhunderts gewidmet ist: vgl. ders., Geschichtlichkeit und Personsein Jesu Christi. Vgl. für den Diskussionsstand der 60er Jahre aus katholischer Feder auch: Wolfgang Trilling, Fragen zur Geschichtlichkeit Jesu.

[130] Vgl. zur Geschichte und Problematik der historischen Jesusfrage bes.: Karl Lehmann, Die Frage nach Jesus von Nazaret (1985); Hansjürgen Verweyen, Gottes letztes Wort (1991), 368–416; Josef Pfammatter, Katholische Jesusforschung im deutschen Sprachraum (1991); Thomas Pröpper, Erlösungsglaube und Freiheitsgeschichte (^{2}1988), 226–230; Reinhard Slenczka, Geschichtlichkeit und Personsein Jesu Christi (1967); Joachim Gnilka, Das theologische Problem der Rückfrage nach Jesus (1991); Peter Fiedler / Lorenz Oberlinner, Jesus von Nazareth (1972); Erich Gräßer, Die historisch-kritische Methode als Verstehenshilfe (1991). Von Relevanz auch für die Erfassung der soteriologischen Dimension des Lebens Jesu sind die Ausführungen von Peter Stuhlmacher zur Frage, ob und wie Jesu Verkündigung und Geschick in die Darstellung einer Theologie des Neuen Testaments einbezogen werden sollen (vgl. Peter Stuhlmacher, Jesus als Versöhner [1975]). Der viele Hinweise enthaltende Beitrag referiert die unterschiedlichen Antworten auf diese Frage, die Stuhlmacher zu den theologischen Problemen zählt, »die selbst dann nicht liegenbleiben dürfen, wenn die Arbeit von Generationen zu ihrer Bewältigung erforderlich ist« (ebd., 87). Stuhlmachers Votum für den Einbezug von Worten und Taten in die neutestamentliche Theologie begründet er mit der Überlegung, dass nur auf diese Weise die Genese der urchristlichen Verkündigung von Christus als dem Versöhner verständlich werde. Die im historischen Zugang vor Augen tretende geschichtliche Gestalt Jesu legitimiert das Werden des urgemeindlichen Christuskerygmas. Trotz entgegengesetzter Intention erweist sich Stuhlmachers Ansatz ebenso interessegeleitet wie die Anfänge der Leben-Jesu-Forschung: Was er apologetisch erweisen möchte, bestritt letztere in liberaler Grundhaltung.

[131] Vgl. die Übersicht bei Ulrich Ruh, Ein anderer Jesus? (1991). Ruh sieht

schultem Blick[132], treten feministisch-theologische Arbeiten[133] zahlenmäßig hervor. Von eigener Bedeutung sind die Darstellungen der Person Jesu durch jüdische Theologen[134]. Zahlreiche Studien sind sowohl der religions- als auch der sozialgeschichtlichen Einbindung der Gestalt Jesu in seine Zeit gewidmet[135]. Die Frage,

---

einen Hauptgrund für das neu erwachte Interesse an Jesus in der Erwartung, dass Jesus »entscheidende Hilfestellungen für die Bewältigung von Selbstfindungs- und Beziehungsproblemen vermitteln kann« (ebd., 24). Recht breit angelegt ist auch der Literaturbericht über Jesus und die Christologie des Neuen Testaments, den Heinz Giesen 1991 veröffentlichte: vgl. Heinz Giesen, Der irdische Jesus – Ursprung der neutestamentlichen Christologie (1991).

[132] Vgl. etwa Helmut Jaschke, Psychotherapie aus dem Neuen Testament (1987); Michael Nüchtern, Was heilen kann (1994).

[133] Vgl. bes. die Überblicke von: Martina Blasberg-Kuhnke, Jesus – wie Frauen ihn sehen (1992); Elisabeth Moltmann-Wendel, Frauen sehen Jesus (1993); Roselies Taube / Claudia Tietz-Buck / Christiane Klinge, Frauen und Jesus Christus (1995); Julie Hopkins, Feministische Christologie (1996). Zur historischen Rückfrage nach Jesus vgl. aus feministischer Sicht: Elisabeth Schüssler Fiorenza, Zur Methodenproblematik einer feministischen Christologie des Neuen Testaments (1991). Elisabeth Schüssler Fiorenza weist nachdrücklich auf den Ansatzpunkt der historischen Rückfrage im jeweiligen Heute hin und bestimmt diesen aus feministischer Sicht in eigener Weise: »Jesus Christus als zentrales Symbol christlichen Glaubens darf nicht als historisch-sachliches Datum antiquiert oder theologisch-spiritualistisch universalisiert werden. Vielmehr ist Jesus nur in und durch die Befreiungserfahrung und dem Zeugnis, das seine NachfolgerInnen davon geben, zu verstehen. (...) Beginnend mit den Befreiungserfahrungen von Frauen heute muss feministische Christologie den Spuren von christlichem Befreiungszeugnis nachgehen und die Anfänge, nicht das Fundament, christologischer Befreiungstraditionen urchristlich zu verorten suchen« (ebd., 143).

[134] Vgl. bes. Schalom Ben-Chorin, Bruder Jesus (1967); David Flusser, Jesus in Selbstzeugnissen und Bilddokumenten (1968). Vgl. auch die Übersichten: Friedrich-Wilhelm Marquardt, Das christliche Bekenntnis zu Jesus, dem Juden (1990/1991); Johann Maier, Jesus von Nazareth in der talmudischen Überlieferung (1978); Gösta Lindeskog, Die Jesusfrage im neuzeitlichen Judentum (1973); Trude Weiß-Rosmarin (Hg.), Jewish Expressions on Jesus (1977); Clemens Thoma, Jüdische Zugänge zu Jesus Christus (1978); Leonard Swidler, Der umstrittene Jesus (1993).

[135] Marcus J. Borg bezeichnet die Frage nach »Jesus' relationship to his social world« als eine der beiden in den USA im christologischen und soteriologi-

IV. Vergewisserungen

welchen jüdischen Gruppierungen Jesus am nächsten stand, führte zu einer verstärkten Aufmerksamkeit für die Qumran-Forschung[136].

Auffällig ist, dass einzelne Theologen, die mit den Methoden historischer Bibelexegese durchaus zu arbeiten wissen, sich um einen (auch) »narrativen« Zugang zur Person und zum Leben Jesu bemühen.[137] Darin kommt die Einsicht zum Tragen, dass die sote-

---

schen Kontext meisttraktierten: vgl. Marcus J. Borg, Portraits of Jesus in contemporary North American scholarship (1991), 2. Als zweites erkenntnisleitendes Interesse nennt Borg bei amerikanischen Theologen die eschatologische Dimension der Verkündigung Jesu: vgl. ebd., 1 f. Borg analysiert in seinem Aufsatz unter diesen beiden für die Forschung in den USA vorherrschenden Gesichtspunkten fünf ausgewählte Jesusbücher.

[136] Vgl. einführend: Klaus Berger, Qumran und Jesus (1993).

[137] Bereits in den 70er Jahren votierte Johann Baptist Metz für eine »memorativ-narrative Soteriologie«, welche »das christliche Erlösungsgedächtnis als gefährlich-befreiendes Gedächtnis erlöster Freiheit erzählend wachzuhalten und argumentativ zu schützen« (Johann Baptist Metz, Erlösung und Emanzipation [1977], 119) habe. In der Christologie setzte sich insbesondere Edward Schillebeeckx für die Verwendung narrativer Rede ein und begründete dies in folgender Weise: »Wenn Menschen noch mehr zu sagen haben, als sie rational zum Ausdruck bringen können, beginnen sie, Geschichten und Parabeln zu erzählen« (Edward Schillebeeckx, Die Auferstehung Jesu als Grund der Erlösung [1979], 148 f.). Vgl. dazu auch: Gottfried Bachl, Der beneidete Engel (1987); Raymund Schwager, Dem Netz des Jägers entronnen (1991); Bernard Sesboüé, Jésus-Christ, Bd. 2 (1991); Gerd Theißen, Der Schatten des Galiläers (1986; [17]2004). Gerd Theißen intendiert gemäß dem Untertitel seines Buches eine »historische Jesusforschung in erzählender Form«. Eine solche muss sich seines Erachtens vor der Fachwelt legitimieren, was Theißen im Vorwort auch tut: »Ich möchte in erzählender Form ein Bild von Jesus und seiner Zeit entwerfen, das sowohl dem derzeitigen Stand der Forschung entspricht als auch für die Gegenwart verständlich ist. Die Erzählung soll so gestaltet sein, dass nicht nur das Ergebnis, sondern der Prozess des Forschens dargestellt wird. Ich wähle die erzählende Form, um Erkenntnisse und Argumente der Wissenschaft auch Lesern nahe zu bringen, die keinen Zugang zu historischen Studien haben« (ebd., 9 f.). Theißen unterbricht seine Erzählung immer wieder durch Briefe an einen fiktiven »Kollegen Kratzinger«, in dem die dem Wissenschaftsethos verpflichtete historisch-kritische Forschung symbolisiert ist (vgl. ebd., 259) und demgegenüber Theißen seine Darstellung erläutert bzw. rechtfertigt. Auf diese Weise enthält das Buch zahlreiche Reflexionen über das Verhältnis

riologische Relevanz des Lebenszeugnisses Jesu allein im antwortenden Zeugnis der von ihm Betroffenen und deshalb von ihm Erzählenden erfasst werden kann.[138] Nur wenn die historische Jesusforschung eingebunden bleibt in jenen pneumatologisch-ekklesialen Kontext[139], in dem die Gestalt des irdischen Jesus nach dem neutestamentlichen Zeugnis immer schon steht, kann sie zur Klärung der Frage beitragen, welche heilvolle Bedeutung das Leben Jesu hat. Unter dieser Voraussetzung ist sie auch heute unverzichtbar wichtig.[140] Gleichwohl scheint mir auch nach Jahrzehnten intensiver Diskussion um die soteriologische Relevanz des Lebens Jesu das Desiderat fortbestehend, diese im Gesamt des erlösenden Christusereignisses so darzulegen, dass sowohl den exegetischen Erkenntnissen als auch den pastoralen Erfordernissen Genüge geleistet ist.

Hans Kessler bestimmt zu Beginn der 90er Jahre des 20. Jahrhunderts als Aufgabe der Zukunft die Ablösung der »Epoche der Wesensmetaphysik mit ihrer eher statischen Sicht der Wirklichkeit«[141], denn: »Wir befinden uns im Übergang zu einem mehr dynamischen, geschichtlich-prozesshaften, relational-vernetzenden (und so auch wieder kosmischen) Denken, dem das biblische Reden von Jesus Christus in Kategorien von Ereignis, Geschehen

---

narrativer Rede von Jesus und historisch-kritischer Bibelexegese. Vgl. zur »narrativen Soteriologie« auch: Thomas Pröpper, Erlösungsglaube und Freiheitsgeschichte (²1988), 157–160.

[138] Reinhard Feiter, Antwortendes Handeln (2002).

[139] Dies ist auch als Ergebnis der Studie von Karl Hillenbrand anzusehen, die der historischen Jesusfrage in christologisch-soteriologischer Absicht nachging: »Eine in christologischer Absicht unternommene Rückfrage nach Jesus (…) verlangt (…) nicht nur die Öffnung einer von dorther gewonnenen ›Theologie des Lebens Jesu‹ auf eine Ganzheit und Einheit des Christusgeschehens hin, das Leben, Tod und Auferweckung einschließt; gefordert ist in einer solchen umfassenden Perspektive genauso der Ansatz zu einer *Ekklesiologie des Bekenntnisses Christi*, die erst eine umfassende und tragfähige ›Ortsbestimmung‹ der Erlösungsaussagen ermöglicht« (Karl Hillenbrand, Heil in Jesus Christus [1982], 561. Hervorhebung durch Unterstreichung im Original).

[140] Vgl. Ferdinand Hahn, Der Ertrag der historisch-kritischen Bibelauslegung für den Glauben und die Kirche (1991).

[141] Hans Kessler, Christologie (²2002), 386.

und heilend-erlösender Beziehung wieder näher liegt und das durchaus offen ist für eine entsprechende relationale Ontologie der Beziehung (Sein als ›In-Beziehung-Sein‹ statt als Was-Bestand; Leitkategorie Person als ›Selbstsein in Bezogenheit‹ statt Substanz und Subjektivität). Die Krise ist zugleich Chance. Sie ermöglicht eine erneuernde Rückbesinnung auf den Ursprung und eine universellere Ausprägung des Christusglaubens«[142]. Diesem Votum sind seit Ende des 20. Jahrhunderts manche Konzepte der Soteriologie gefolgt. So entstand auch eine größere Offenheit für kontextuelle Soteriologien.[143] Universal gültige Bekenntnisse lassen sich nur noch in Anerkenntnis der Pluralität der Lebensorte und der Lebensherausforderungen beschreiben.

c. Perspektiven in der Berufung auf das Leben Jesu in der Soteriologie

In der Literatur sind zwei Sichtweisen zu unterscheiden, unter denen das erlösende Leben Jesu betrachtet wird: die Erfahrung der Verwandlung des eigenen Daseins durch die Begegnung mit Jesus sowie der Aspekt der Herauslösung aus Schuldverstrickungen durch ein Leben in der Gemeinschaft derer, die Jesus nachfolgen.

(1) Jesus begegnet Menschen auf eine Weise, in der sie »Erlösung« als befreiende Verwandlung in der Begegnung erfahren

Der größte Anteil der Literatur, die sich mit der soteriologischen Relevanz der Begegnungen zwischen Jesus und seinen Mitmenschen beschäftigt, ist der Pastoraltheologie und Pastoralpsychologie zuzuordnen. Das spezifische Anliegen dieser Ausführungen ist die Suche nach Möglichkeiten, in Anerkenntnis der heilenden Seelsorge Jesu bei der Bestimmung der eigenen kirchlichen Wege

---
[142] Ebd., 386 f.
[143] Siehe dazu hier unten Abschnitt V.

der Pastoral in Lebenskrisen Hilfen zu gewinnen. Fragen der Rückbindung an methodische Vorfragen bleiben dabei weithin unbedacht.

Selbstkritisch und programmatisch formuliert Konrad Baumgartner: »Bei der Frage der Nachfolge Jesu bzw. eines Lebens in seinem Geiste haben wir bislang zu einseitig die aszetisch-spirituellen Dimensionen bedacht: den Gehorsam Jesu, seine Hingabebereitschaft, sein Gebetsleben, seine Selbstlosigkeit, seine Armut u.ä. Ebenso wichtig ist die Orientierung an den Weisen seines Umgangs mit den Menschen; sie sind die ›Außenseite‹ des Erlösers, die erfahrbare Dimension des Heiles, der angebrochenen Gottesherrschaft. Wenn sich diese ›Praxis des Heiles‹ nicht abbildet im Leben der Kirche, der Gemeinden, der Seelsorger und der Gläubigen, dann vollzieht sich eine weltlose Frömmigkeit, die von ›Jesus-Vergessenheit‹ geprägt ist.«[144] In differenzierter Gestalt trägt Isidor Baumgartner einzelne Aspekte der »Typik jesuanischer Heilungspraxis«[145] vor: (a) Jesus nimmt in den Menschen die Not wahr, die ihr Leben unheil macht. Er sieht auf die Person und spricht dieser Person Gutsein zu. Auf diese Weise aktiviert Jesus die selbstheilenden Kräfte im Menschen. (b) Jesus praktiziert ein »kommunikatives Heilungshandeln«: »Wenn Jesus heilt, so geschieht dies nicht nach Art einer Fernheilung. Vielmehr ist es ein personales, beziehungsdichtes Geschehen. Es gibt bei Jesus keine Gesundung an Leib, Seele und Gottesbedürftigkeit ohne wirkliche Begegnung«[146]. (c) Jesus konfrontiert die Menschen ohne lange Umschweife mit dem, was sie das Leben als unheil erfahren lässt. Er bringt sie auf diese Weise dazu, sich dem Leben und den Möglichkeiten zu einer Wende zum Guten zu stellen. (d) Jesus macht sich zu einem Diener der Kranken. Er handelt nicht von oben

---

[144] Konrad Baumgartner, Leben, wie er gelebt hat (1989), 138. Vgl. zur Rede von der Notwendigkeit einer »redemptiven Kompetenz« in der Nachfolge Jesu insbesondere die Beiträge: Hermann Stenger, Erlösend einander begegnen (²1989); ders., Erlösend (»redemptiv«) einander begegnen (1982); ders., Begegnung ist Verkündigung (²1989); ders., Beziehung als Verkündigung (1976).
[145] Isidor Baumgartner, Heilende Seelsorge in Lebenskrisen (1992), 44.
[146] Ebd., 45.

herab, sondern erniedrigt sich selbst, um Menschen nahe zu sein. (e) Jesus nimmt den Widerstand und die Verachtung in Kauf, die ihm sein Handeln einbringen. Er lässt sich um der guten Sache willen selbst auf den tödlichen Konflikt ein. (f) Jesus macht deutlich, dass er sein Handeln als Repräsentation der heilenden Sorge Gottes begreift. Grundlage seines Wirkens ist seine Gottesbeziehung. (g) Die heilende Praxis Jesu ist nicht Mittel zu einem anderen Zweck – etwa der eigentlichen Gottesbotschaft. Die Tatsprache Jesu ist Gottesauslegung in Vollgestalt.[147]

Einen eigenen Akzent setzt Wilhelm Bruners bei seiner Deutung des heilenden Beziehungswirkens Jesu, wenn er betont, Jesus wahre in aller Nähe auch Distanz: »Jesus bindet die Geheilten nicht an sich (...). Da, wo sich ein ›Gefesselter‹ nach seiner Befreiung erneut ›binden‹ will, schickt Jesus ihn nach Hause. (...) Das Motiv der Distanz begegnet uns immer wieder als roter Faden durch die Evangelien«[148]. Bruners bringt seine Beobachtungen zum Schriftzeugnis in Verbindung mit der aus der Psychotherapieforschung vertrauten Vorstellung, dass therapeutische Beziehungen, in denen sich symbiotische Abhängigkeiten ergeben, nicht wirklich heilsam wirken können.[149]

Einzelne Autoren, die die Weise, wie Jesus selbst Menschen begegnet ist, als erlösungsrelevant betrachten, bedenken die methodischen Grenzen eines solchen Vorgehens: »Schon die Bibel bietet, je nach den theologischen Anliegen der Autoren, verschiedene Bilder von Jesus. Zeigen diese verschiedenen Jesusbilder der Evangelien bereits bloß Teilaspekte seiner Persönlichkeit und sind nicht frei von manchen Idealisierungen und Projektionen der frühen Gemeinden und der Verfasser (...), so wird mit zunehmender Tradition und Interpretation diese Gefahr immer größer. Die je persönliche Frömmigkeit und Spiritualität bedeuten eine weitere Quelle für eine jeweils persönlich verzerrte Sicht Jesu. Wünsche, Ängste, Hoffnungen (nach völliger Perfektion oder endlich gestillter Sehnsucht beispielsweise) werden auf seine Gestalt projiziert.

---

[147] Vgl. ebd., 47.
[148] Wilhelm Bruners, Wie Jesus glauben lernte (1988), 85 f.
[149] Vgl. ebd., 82 f.

Die Beziehung zu ihm wird dann mehr und mehr von der Beziehung zum eigenen idealisierten Ich überlagert, wenn sie nicht kritisch reflektiert und an anderen Beziehungen überprüft wird«[150].
Voraussetzungen für eine angemessene Wahrnehmung der Gestalt Jesu und seines Beziehungslebens sind der unverstellte Blick auf das gesamte Zeugnis der neutestamentlichen Evangelien und die Offenheit für das Anderssein der begegnenden Person Jesus. Das Seelsorgekonzept mit dem Leitbild einer redemptiv wirkenden Beziehungsgestaltung in der Nachfolge Jesu versteht sich selbst als auf theologischem Fundament ruhend: »Wenn ich (...) redlich um meine Beziehungsfähigkeit bemüht bin, bin ich dabei, Gottes Handwerk zu ergreifen und sein Handeln in unsere Welt hinein fortzusetzen. Richtiger gesagt, Gott selbst befähigt mich, seiner Beziehungswilligkeit und Bundestreue nachzueifern und er ist es auch, der mir meine mannigfachen täglichen ›Bundesbrüche‹ vergibt«[151].

(2) Leben in Gemeinschaft als Sündenvergebung

In einzelnen systematisch-theologischen Beiträgen[152] dient das Stichwort »Communio« als zusammenfassende Bezeichnung für die intendierte Wirkung der Wort- und Tatverkündigung des irdischen Jesus: »Communio« heißt sein »Programm«[153]. In der Sache gemeint ist damit, dass Jesus den Anbruch der Gottesherrschaft als neu gestiftete Gemeinschaft zwischen Gott und allen Menschen verkündigte und in seinem Handeln präsent setzte. In diesem Zusammenhang kommt den zahlreich überlieferten Heilungserzählungen ein besonderer Stellenwert zu, bedeutete doch Krankheit häufig auch Ausschluss aus der Gemeinschaft: »Dämonenaustreibung heißt (...) Befreiung aus Isolierung, neue Ermög-

---
[150] Peter F. Schmid, »Ecce homo! – Seht, was für ein Mensch!« (1992), 20 f.
[151] Hermann Stenger, Erlösung einander begegnen (²1989), 192.
[152] Vgl. Alexandre Ganoczy, Communio – ein Grundzug des göttlichen Heilswillens (1972); Gisbert Greshake, Erlöst in einer unerlösten Welt? (1987), bes. 80–84.
[153] Vgl. Gisbert Greshake, Erlöst in einer unerlösten Welt? (1987), 80.

lichung von sozialen Beziehungen, Wiederherstellung zwischenmenschlicher Kommunikation. Auch durch die Solidarisierung mit den Sündern, Verfolgten und Randexistenzen zeigt Jesus, dass er Ausgrenzungen und Abgrenzungen überwinden und alle zur Gemeinschaft mit sich und untereinander zusammenführen will«[154].

Große Beachtung findet in der Literatur in diesem Zusammenhang die im Neuen Testament gut bezeugte Tisch- und Mahlgemeinschaft, die Jesus mit Sündern und Sünderinnen aufnahm. Die theologische Tragweite dieses Handelns Jesu entfaltet Edward Schillebeeckx mit Bezug auf die Erzählung von der Salbung Jesu durch eine Sünderin im Haus eines Pharisäers (Lk 7,36–50): »Der Liebeserweis der Frau und die Zusage der Sündenvergebung durch Jesus werden verständlich aus der Heilsgemeinschaft, die sich in diesem Geschehen verwirklicht. Jesu Gegenwart *ist* Angebot der Heilsgemeinschaft, die im Glauben von der Sünderin ergriffen wird. Jesus hat die Frau gewähren lassen, nicht weil er nicht gewusst hätte, dass sie eine Sünderin war, sondern gerade deshalb: um der Sündigen vergebende Gemeinschaft zu erschließen«[155].

Im Rückgriff auf eine wesentliche Dimension des biblischen Sündenverständnisses, nämlich den Gemeinschaftsbruch, die unheilvolle Störung des Beziehungsgefüges zwischen Gott und den Menschen, beschreibt Hans Kessler die theologische Tragweite des gemeinschaftsstiftenden, beziehungswilligen Mitseins Jesu gerade mit Sündern und Sünderinnen: »*Der soteriologische Kern des Wirkens Jesu besteht darin, dass er denen, die sich auf ihn einlassen, Anteil an seinem eigenen Gottesverhältnis gibt und so Gemeinschaft mit Gott vermittelt, in der das Heil im Grunde besteht und aus der es gegenwärtig schon erwächst.* (...) Bei denen, die sich dem Angebot Jesu öffnen und auf es eingehen, kommt Gott bereits gegen-

---

[154] Ebd., 82.
[155] Edward Schillebeeckx, Jesus (1975), 184. Hervorhebung im Original. Vgl. im Blick auf die ökumenische Bedeutung des Zusammenhangs von Sündenvergebung (Wirkung, Ziel) und (Mahl-)Gemeinschaft (Weg, Zeichen): Karl Lehmann / Wolfhart Pannenberg (Hg.), Lehrverurteilungen – kirchentrennend?, Bd. 1 (1986), 118; vgl. zur Sache auch: Theodor Schneider, Zeichen der Nähe Gottes (⁹2009), 148.

wärtig zur Herrschaft. Sie finden Gemeinschaft mit Gott, und das heißt umgekehrt: *Die Trennung von Gott (die Sünde) ist überwunden*«[156]. Die biblisch überlieferten, heilbringenden Begegnungen zwischen Jesus und den in Unheil lebenden Menschen haben Symbolcharakter, sie vergegenwärtigen das Verheißene und bestimmen die Basis, auf der ganzheitlich erneuertes Leben möglich ist: »Jesu heilbringendes Handeln setzt nicht nur bei äußeren Beschädigungen des Lebens und Zusammenlebens der Menschen, sondern auf einer tieferen Ebene an: dort, wo es nicht nur um einzelnes Fehlverhalten und seine Folgen geht, sondern wo die Grundlagen zerstört sind. Sünde als Getrenntheit von Gott, dem eigenen und gemeinsamen Lebensgrund, schneidet den Menschen von der Quelle der Erneuerung des eigenen Lebens und der Lebensverhältnisse ab. Moralische Appelle bringen deshalb oft nicht viel. Jesus (bzw. der Geist Jesu) eröffnet dem Menschen eine neue Beziehung zu Gott, so dass er in einem neuen Kraftfeld steht, aus dem ihm ein erneuertes, gekräftigtes Leben zuwächst; ein Vertrauensverhältnis, in dem er auch in erneuter Schuld, Versagen oder Scheitern Vergebung erfahren und sich unbedingt gehalten wissen darf«[157]. Eigens betont Kessler, dass die heilsam gewandelte, sündenvergebende Gottesbeziehung sich auszuwirken habe in erneuerten geschöpflichen Beziehungen[158].

Somit lässt sich festhalten: Alle hier besprochenen Ausführungen zu den soteriologischen Aspekten des Lebens Jesu thematisieren auf ihre Weise die (im engeren) theologische Bedeutung des Erkannten. Damit verlassen sie die rein historische Ebene und fragen – wie auch die neutestamentlichen Schriften selbst – nach einer gottes-gläubigen Deutung des geschichtlichen Geschehens um Jesus von Nazareth. Diesbezüglich lassen sich zwei Aspekte

---

[156] Hans Kessler, Christologie (^{2}2002), 403 f. Hervorhebungen im Original. Vgl. auch Jürgen Werbick, Soteriologie (1990), bes. 199–201.
[157] Hans Kessler, Christologie (^{2}2002), 404.
[158] »Indem Jesus Christus den Menschen von der Sünde zum Geborgensein in und zur Gemeinschaft mit Gott, von bannenden Mächten und der Angst um sich selbst zum Subjekt-sein-Können befreit, befreit er ihn zugleich zur teilnahmsvollen Beziehung mit den andern Menschen und Geschöpfen und zur Gemeinschaft mit ihnen« (ebd., 408).

unterscheiden: Der in Jesu Beziehungsleben geschichtlich erfahrbar gegenwärtige Gott wird in seinem Wesen präsent; er möchte Begegnungen, die heilvoll verwandeln. Zudem: Die in Jesu Gemeinschaftsleben mit Sündern und Sünderinnen geschehende Vergebung konstituiert eine gewandelte Wirklichkeit – erfahrbar in einem neuen Miteinander unter dem Vorzeichen der Annahme des Anderen als eines freien Gegenübers auch in der Gemeinschaft, die in Jesu Nachfolge treten möchte.

3. Ist Jesus Christus der Mensch gewordene göttliche Retter?

»Es ist seltsam: Der und der hat mich heute angesprochen, die und die haben mich angestarrt, der und der hat mich ›erkannt‹ – und jetzt, am Abend, denke ich: Niemand sieht mich, niemand bemerkt mich, niemand erkennt mich«[159]. Ob es Jesus auch so ergangen sein könnte? Zweifelte Jesus am Abend seiner Lebenstage daran, ob die Menschen ihn wahrhaft erkennen? Welche Eigensicht leitete Jesus in seinem Handeln? Niemand wird diese Frage wissenschaftlich verantwortet beantworten können. Die Suche nach einem angemessenen theologischen Zugang zur Thematik des Wissens und Selbstbewusstseins Jesu hält an.[160] Die christliche Reflexion der soteriologischen Relevanz des Lebens Jesu basiert nicht auf einer Nachzeichnung seiner Selbstdeutung. Vom Ursprung des Christentums an ist das Zeugnis der Gemeinschaft um Jesus ein Grund für die Glaubwürdigkeit der Botschaft von der Besonderheit seines Lebens. In den neutestamentlichen Schriften ist die Erfahrung des Erkennens und Verkennens vielfach präsent. Im Markus-Evangelium ist das Motiv des Unverständnisses der Jünger als eine thematische Grundlinie zu erken-

---

[159] Peter Handke, Phantasien der Wiederholung (1983), 72.
[160] Vgl. exemplarisch: Franz Mußner, Wege zum Selbstbewußtsein Jesu (1968; 1999); Internationale Theologenkommission, Jesu Selbst- und Sendungsbewusstsein (1987); Matthias Kreplin, Das Selbstverständnis Jesu (2001). Vgl. auch Gerd Theißen / Annette Merz, Der historische Jesus (^{4}2011), 447–489.

nen.¹⁶¹ Selbst Petrus gelingt es nicht, sein Bekenntnis zu Jesus, dem Messias, in stimmige Verbindung zu bringen mit dem bevorstehenden Leiden und Tod Jesu (vgl. Mt 16,13-23). Für wen halten die Leute Jesus Christus bis heute? Und wer war er wirklich? Eine Antwort auf diese Frage ist nur im Glauben und auf der Basis der Auslegung des gesamten Kanons des Neuen Testaments möglich. Die Inkarnation Gottes in der Menschengestalt Jesu ist dabei das nicht zu überlesende Grundbekenntnis der frühen Gemeinden.

Es gibt eine Vielzahl von Studien, die die soteriologische Bedeutung der Menschwerdung Gottes in Christus Jesus im Rahmen der unterschiedlichen neutestamentlichen Zugänge besprechen.¹⁶² Alle neutestamentlichen Deutungen greifen auf Vorformen des Denkens zurück, die aus der alttestamentlichen Überlieferung stammen: Gottes Weisheit und Gottes Wort werden Mensch in Christus Jesus. Sowohl die Sophia-Christologie als auch die Logos-Christologie haben eine soteriologische Intention, die bereits in altkirchlicher Zeit angesichts der differenzierten Spekulationen über das Wesen Jesu Christi aus dem Blick zu geraten drohte. Die soteriologische Bedeutung der Rede vom trinitarischen Sein Gottes gilt es heute wieder neu zu entdecken.

Die Frage, ob es von soteriologischer Relevanz ist, dass Gott (unbestritten) als Mann Mensch geworden ist, hat sich weder in der biblischen noch in der patristischen Zeit gestellt. Die gegenwärtigen Kontroversen um die Christusrepräsentation¹⁶³ im sa-

---

[161] Vgl. Rudolf Pesch, Das Markusevangelium, 1. Teil (⁴1984), bes. 275 f. Pesch bedenkt den Zusammenhang zwischen Glaube an die Auferstehung und Deutung des Leidens Jesu: »Unglaube ist für Markus (...) mangelndes Verständnis für die *verborgene* Geschichte der Gottesherrschaft, in der Situation der Jünger auch: für den Weg Jesu ans Kreuz, der zugleich zur Norm des Weges des Jüngers werden soll (...). Unter diesem Aspekt werden Messiasgeheimnis und Jüngerunverständnis verknüpft. Der Glaube an den Auferstandenen erschließt das Geheimnis seines Leidens, deshalb kann im Glauben die Bedrohung der Gegenwart bestanden werden« (ebd., 276. Hervorhebung im Original).
[162] Vgl. Ralf Miggelbrink, Verbum Caro (2006); Michael Rieger, Inkarnation (1993).
[163] Vgl. Margit Eckholt / Johanna Rahner (Hg.), Christusrepräsentanz (2021).

kramentalen Amt ausschließlich von Männern oder auch von Frauen sind nach meiner Wahrnehmung der gesitlichen Tiefe der Erkenntnis der Menschwerdung Gottes in Jesus Christus unwürdig. Die in der Taufe begründete Berufung zur Teilhabe an der Mission zum Zeugnis für Jesus Christus betrift Männer wie Frauen. Paulus argumentiert so: »Es gibt nicht mehr Juden und Griechen, nicht Sklaven und Freie, nicht Mann und Frau, denn ihr alle seid ›einer‹ in Christus Jesus« (Gal 3,28).

a. Jesus erkennen angesichts der Vielgestalt neutestamentlich überlieferter Erkenntnisse

Jesus »erkennen«, dies ist nach einzelnen neutestamentlichen Theologien ein soteriologisches Programm, eine Verwandlungsgeschichte[164]: »Das wahre Licht, das jeden Menschen erleuchtet, kam in die Welt. Er war in der Welt, und die Welt ist durch ihn geworden, aber die Welt erkannte ihn nicht. Er kam in sein Eigentum, aber die Seinen nahmen ihn nicht auf. Allen aber, die ihn aufnahmen, gab er Macht, Kinder Gottes zu werden, allen, die an seinen Namen glauben« (Joh 1,9–12). Was die lukanische Kindheitserzählung (vgl. Lk 2,7) als Herbergssuche erzählerisch vermittelt, fasst Johannes begrifflich: Gott hat die von ihm gewünschte Aufnahme in seiner Schöpfung nicht gefunden. In seiner Knechtsgestalt, als Kind in der Krippe von Betlehem, erkennen ihn nur die Engel und die Hirten als den, der er ist. Die Engel sagen: »Fürchtet euch nicht, denn ich verkünde euch eine große Freude, die dem ganzen Volk zuteilwerden soll: Heute ist euch in der Stadt Davids der Retter geboren; er ist der Messias, der Herr« (Lk 2,10–11). Nach dem Zeugnis des Johannes-Evangeliums ist Jesus die Kunde Gottes, die Auslegung, die Exegese des Wesens Gottes: »Niemand hat Gott je gesehen. Der Einzige, der Gott ist und am Herzen des Vaters ruht, er hat Kunde gebracht (ἐξηγήσατο)« (Joh 1,18). Erlösung geschieht als neue, als frohe Botschaft

---

[164] Vgl. Paul Deselaers, Hat Gott Einfälle? (2007); ders., Auf dem Weg zur Krippe (2008); ders., Weihnachten (2009).

von Gott. Diese setzt die Selbstentschiedenheit Gottes voraus, für den Gehalt dieser Botschaft selbst einzustehen. Nach christlicher Überzeugung hat Gott die Erkenntnis seines Wesens in Christus Jesus in einer Weise ermöglicht, wie sie transparenter nicht hätte sein können. Dennoch haben nicht alle zum Glauben an ihn gefunden.

Die Pluralität der neutestamentlichen Christologien ist eine heute unbestrittene Tatsache. Ihr Grund liegt vor allem in der unterschiedlichen Prägung der Verfasser der christologischen Bekenntnisse (palästinensisch-jüdisch oder hellenistisch-jüdisch) sowie der unterschiedlichen Adressaten der einzelnen biblischen Schriften (judenchristlich oder heidenchristlich). Die Pluralität der Zeugnisse bezieht sich nicht nur auf die Vielfalt der zur Deutung des Christus-Ereignisses herangezogenen, alttestamentlich überlieferten Interpretamente, sie betrifft auch das damit zusammenhängende Verständnis der Göttlichkeit des Menschen Jesus von Nazareth. War Jesus (nicht mehr) als einer der Propheten Gottes? War Jesus ein Mensch, der angesichts seiner Lebensgestalt von Gott im Alter von etwa 30 Jahren – während seiner Lebenszeit also – als »Sohn« angenommen wurde, wie eine adoptianistische Auslegung der Taufperikope im Markus-Evangelium (vgl. Mk 1,9-11) es nahe legen könnte? Andere neutestamentliche Christologien widersprechen einem solchen Verständnis, weil sie darin eine Gefährdung ihrer soteriologischen Erkenntnis befürchten: »Er [Christus] war Gott gleich, hielt aber nicht daran fest, wie Gott zu sein, sondern entäußerte sich und wurde wie ein Sklave und den Menschen gleich. Sein Leben war das eines Menschen; er erniedrigte sich und war gehorsam bis zum Tod, bis zum Tod am Kreuz« (Phil 2,6-8). Diese paulinische Linie der Deszendenz, des Abstiegs bis zur tiefsten Tiefe der Erniedrigung im Kreuzestod, wird später in der johanneischen Tradition zur expliziten Prä-Existenzaussage: »Im Anfang war das Wort, und das Wort war bei Gott, und das Wort war Gott. Im Anfang war es bei Gott« (Joh 1,1-2).

Die Einheit der neutestamentlichen Christologie besteht in dem Bemühen, das geschichtliche Geschehen der durch Jesus erfolgten Gottesverkündigung in ihrer Relevanz für die Deutung des sündigen und sterblichen Lebens der Geschöpfe auszusagen. Die einende Mitte der neutestamentlichen Christologie hat eine personale Gestalt: das Gedächtnis eines Menschenlebens in seiner Bedeutung für die Beziehung zwischen den Geschöpfen und dem einen Schöpfer. Aus dem geschilderten Grundverständnis der neutestamentlichen Christologien ergibt sich, dass die Einheit der unterschiedlichen Redegestalten auf der soteriologischen Ebene liegt: in dem Bemühen, die Wende in das Heil zu erfassen, die sich für die Schöpfung angesichts des Christus-Ereignisses ergeben hat. Die biblischen Schriften unterscheiden in diesem Zusammenhang zwei Ansätze: die Frage nach der Wahrheit der von Jesus überlieferten Gottesrede (Sendungs-, Deszendenz- oder Abstiegs-Christologien) und die Frage nach der Verlässlichkeit der Möglichkeit, an der heilvollen Vollendung des Lebens Jesu teilzuhaben (Aszendenz- oder Erhöhungs-Christologien). Beide Ansätze machen (bereits in der frühen urchristlichen Zeit) eine Aussage über die Eigenart der Person, der Herkunft und der Zukunft Jesu erforderlich. Die soteriologische und die christologische Frage hängen unlöslich zusammen.

Die reiche Bildtradition, mit der die neutestamentlichen Schriften die soteriologische Relevanz des Christus-Ereignisses zu erfassen versuchen, kennt zwei wiederkehrende Motive: die von Gott erwirkte zeiterhabene Erhöhung des leidenden Jesus in die ihm entsprechende Stellung unter den Lebenden und die geschichtliche Sendung Jesu als Mensch unter Menschen, um Gottes Sorge um die Ärmsten der Armen vorzuleben: die beiden neutestamentlichen Grundtypen der Christologie (Aszendenz und Deszendenz). Beide Bewegungen sind in Phil 2,5–11 in einer literarischen Gestalt, in einem Hymnus, miteinander verbunden. Auf der soteriologischen Ebene ist bei den Aszendenzvorstellungen die Frage bedeutsam, welche Vollendungs-Gestalt des geschöpflichen Daseins in Jesus vorgebildet ist; bei Deszendenzvorstellungen ist von Interesse, woher Jesus das Wissen von Gottes Heilswillen hat, das er verkündigt.

Der Aszendenz-Gedanke hat seinen Ursprung im Passionsgeschehen: Jesus stirbt »erhöht« am Kreuzesbalken; Gott erweckt ihn und verleiht ihm die Hoheit, die seiner Person entspricht.

Frühe Konzepte der »Zwei-Stufen-Christologie« (Röm 1,3; 1 Thess 1,9–10) betrachten das wahre Menschsein Jesu als Gestalt der Niedrigkeit, die durch Jesu Kreuzesleiden hindurch von Gott in die Gestalt der Hoheit des Auferweckten verwandelt wird. Dieses Konzept lässt sich durchaus mit der Vorstellung von einer göttlichen Erwählung des Menschen Jesus in dessen Lebenszeit verbinden. Der Deszendenz-Gedanke kommt in den neutestamentlichen Schriften in zwei Varianten vor, die ganz unterschiedliche Herkunftsorte haben: Diese sind zum einen der (in den älteren Texten zu greifende: Gal 4,4–6; Röm 8,12–17) palästinensisch-jüdische Sendungsgedanke (nahe verwandt dem Motiv der Erwählung), zum anderen die hellenistisch-jüdischen Präexistenz- und Inkarnationsvorstellungen: Gottes menschgewordenes Wort und Gottes unter den Menschen lebende Weisheit.

Die urchristliche Glaubensgemeinschaft hat eine hoch anzuerkennende theologische Leistung vollbracht: Sie hat sich an die ihr vertrauten jüdisch-alttestamentlichen Deutemöglichkeiten des Christus-Ereignisses rückgebunden und zugleich eine angesichts des konkreten geschichtlichen Geschehens – insbesondere im Erleben der Zurückweisung der Botschaft Jesu und seines Todes – erforderliche Neuinterpretation der Wege Gottes bei seiner Selbstkunde gewagt. Die johanneischen Aussagen zum Beistand des Geistes Gottes, der die Gemeinde an alles erinnern wird, was Jesus getan und gesagt hat (vgl. bes. Joh 14), lassen sich in Verbindung bringen mit der lukanischen Überlieferung des Pfingstgeschehens als die Einsicht, nur durch das Wirken des Geistes Gottes zu einer solchen gläubigen Sicht des Christusereignisses gefunden zu haben.

Die Anknüpfung an die jüdische Tradition war erleichtert durch die darin vertraute Erwartung der geschichtlich erkennbaren Selbstbezeugung Gottes und durch die nach dem Babylonischen Exil stärker werdende Hoffnung auf die Mittlerschaft eines erwählten Menschen bei der Durchsetzung der Heilspläne Gottes. Eine Neugestaltung war erforderlich, weil weiten Teilen der jüdischen Tradition die Verbindung messianischer Hoffnungen mit Leiden und Tod des von Gott Erwählten unvertraut war. Die wenigen Hinweise auf eine solche Erwartung in den alttestamentlichen Schriften bekommen in den neutestamentlichen Texten insbesondere in den Passionserzählungen der Evangelien einen hohen Stellenwert. Der in Stellvertretung für andere leidende Gottesknecht wird zum Vorbild für das Geschick Jesu: Jesus leidet stumm; er wird geschlagen und verhöhnt; er ist ein Mann voller Schmerzen; an seinem Leib sind Wunden; er wird zu den Verbrechern gerechnet (vgl. Mt 26–27 in Verbindung mit Jes 50,4–9; 52,13–53,12). Die Verheißung hat sich erfüllt: Der Messias »musste« leiden.[165] Inhaltlich betrachtet, kommen die in neuer Weise aufgegriffenen Interpretamente für das Christus-Ereignis in dem Zeugnis überein, in der selbst erwählten Niedrigkeit des Gesandten Gottes könne seine wahre Größe und Hoheit erkannt werden.

Die frühchristliche Christologie geht bei ihrer Deutung von Sendung und Person Jesu über das hinaus, was Jesus selbst ausdrücklich über sich gesagt hat. Die Erkenntnis der nachösterlichen Prägung auch der Titel Jesu macht zum einen die dem christlichen (wie dem jüdischen) Glauben eigene ekklesiale Dimension des Bekenntnisses offenkundig, sie lässt zum anderen vor Augen treten, dass geschichtliche Ereignisse (wie die Gottes-Verkündigung im Leben und Sterben Jesu) nie zwingend nur eine Deutung erlauben. Das Vertrauen auf die Glaubwürdigkeit des Zeugnisses der Zeugen ist konstitutiv für den christlichen Glauben. Er lässt sich nur in gedächtnisfeiernder Gemeinschaft bewahren.

Die einzelnen neutestamentlich überlieferten christologischen Titel lassen sich nicht eindeutig dem Aszendenz- oder dem Deszendenz-Gedanken zuordnen. Charakteristisch für das biblische Interpretationsbemühen ist es vielmehr, immer das Gedächtnis des Gotteszeugnisses Jesu und sein Leidens- und Todesgeschick zum orientierenden Bezugspunkt bei der Deutung seiner Existenz zu machen.

Die Möglichkeit einer Selbsterkenntnis oder Selbstbezeichnung Jesu als des»*Gesalbten*« (*Messias/Christus*) *Gottes* (vgl. Joh 11,17–27; Mt 16,13–20; Mk 14,55–65; Mk 15,25–32) wird von den meisten Exegeten heute eher ausgeschlossen. Die in der Le-

---

[165] Siehe dazu hier oben Abschnitt IV.1.

benszeit Jesu vorrangig politisch gefärbte Messias-Erwartung könnte Jesus in dieser Hinsicht zögerlich gestimmt haben. Neben der messianischen Erwartung einer Neubegründung des davidischen Königtums (mit der Hoffnung auf Eigenständigkeit und Unabhängigkeit Israels von fremden Herrschern) gab es vor allem auch stärker durch die prophetische Tradition geprägte messianische Vorstellungen (Herstellung eines universalen Reichs der miteinander versöhnten Schöpfung). Die Salbung bringt zeichenhaft die göttliche Erwählung und Sendung eines Menschen zum Ausdruck.

Der *Kyrios*-Titel ist offen für vielfältige Interpretationen. Ihm eigen ist die Vorstellung von Hoheit, Erhabenheit, Ansehen, Größe und Ehre. In vorexilischer Zeit trägt Israels König diesen Titel, weil er als Gottes irdischer Stellvertreter angesehen wurde. Eigene Beachtung hat in der Literatur gefunden, dass der Verzicht auf das Aussprechen des Gottesnamens JHWH dazu führte, beim Lesen der Schriften an dieser Stelle »Adonai« zu sagen. Die griechische Übersetzung des AT, die Septuaginta (LXX), übersetzt den Gottesnamen mit κύριος. Die neuere Literatur ist eher zurückhaltend im Blick auf den Versuch, in der frühchristlichen Rede von Jesus als dem Kyrios eine Gottesprädikation (im engeren Sinn) zu erblicken. Vermutlich ist der Ursprung dieser Bekenntnisgestalt im liturgischen Ruf nach der Wiederkehr des erhöhten Kyrios zu sehen.

Während die Bezeichnung »*Sohn Gottes*« eng mit der institutionellen Rolle des Königs von Israel verbunden ist, bringt die Rede von der »Sohnschaft« eher das persönlich-vertraute Verhältnis zwischen Jesus und seinem »abba« (Papa, Vater) zum Ausdruck. Wichtig ist es den neutestamentlichen Zeugnissen, dass allen Geschöpfen durch den einen Sohn Gottes die Teilhabe an der Sohnschaft ermöglicht worden ist.

Die Deutung der Gottesverkündigung Jesu im Sinne einer Erneuerung alttestamentlicher *prophetischer* Tradition lag nahe (vgl. Lk 4,16–21): Insbesondere die Jesus eigene Sorge um die Armen, die Entrechteten, die Vergessenen und die Marginalisierten lässt ihn in der Nachfolge der Schriftpropheten stehen. Die Nähe der Verkündigung Jesu zu einer schöpfungstheologischen Argumentation bei der Begründung des universalen Erbarmens Gottes lässt ihn der exilisch-nachexilischen prophetischen Tradition verwandt erscheinen. Auch die eschatologischen Züge in der Erwartung des (Friedens-)Reiches Gottes können als Verstärkung dieser Wahrnehmung seines Wirkens gelten.

Der Titel »*Menschensohn*« ist der einzige, bei dem die Frage von vielen Exegeten mit hohem Ernst diskutiert wird, ob Jesus ihn möglicherweise für sich selbst beansprucht haben könnte. Drei Hypothesen werden dabei vertreten: Jesus hat sich selbst als Menschensohn bezeichnet; Jesus hat auf die Ankunft eines anderen Menschensohnes verwiesen; erst in nachösterlicher Zeit kam die Deutung des Christus-Ereignisses als Leben des Menschensohnes in den Blick. Die ungewöhnlich breite Rezeption dieses Titels in den Evangelien spricht eher für eine Verbindung dieser Redegestalt zum Selbstzeugnis Jesu. Offen ist dann aber, welche Deutung Jesus mit dieser Vorstellung verbunden haben könnte. Übereinstimmung herrscht unter den Exegeten, dass der Titel »Menschensohn« einen besonderen Menschen bezeichnet. Zu bedenken ist auch die Aufgabe des Menschensohnes bei Gottes Gericht über die Sünder und Sünderinnen (vgl. Lk 12,8–9).

Die vor allem im Hebräerbrief zu greifende Deutung des tödlichen Lebensgeschicks Jesu als einem *(hohe-)priesterlichen* Dienst betont die Ablösung der Fremd- und Tieropfertradition durch das personale Selbstopfer in Gestalt der liebenden Lebenshingabe zum Zeugnis für den lebendigen Gott (vgl. Hebr 4,14–5,10).[166]

Die in den Schriften des Lukas und im Hebräerbrief zu findende Rede von Jesus als dem »*Anführer*« des Lebens und des Heils (vgl. Apg 3,15; Hebr 2,10) unterstreicht zum einen die soteriologische Wende, die durch seine Existenz in der Schöpfung bekannt geworden ist; sie konzentriert den Blick zugleich auf die mögliche Teilhabe der gesamten Schöpfung an dem in ihm offenbaren Willen Gottes, die Sündigen und Sterblichen nicht dem Tod zu überlassen.[167]

---

[166] Vgl. Paul Deselaers / Dorothea Sattler, Jesus hat »die Himmel durchschritten« (2005).
[167] Vgl. dazu hier unten Abschnitt IV.4.

Das Geschehen der Deutung des Christus-Ereignisses ist jeder Zeit neu aufgetragen.[168] Bei dieser notwendig immer auch begrifflich-sprachlich sich vollziehenden Interpretation sind die kontextuellen Voraussetzungen zu berücksichtigen, unter denen in der Entstehungszeit ein Verständnis erreicht wurde. Die Zeiten ändern sich – und mit ihnen die Vorverständnisse. Verbindlich zu tradieren sind nicht die isoliert vom Zeitkontext betrachteten Begriffe aus biblischer Zeit, sondern das mit ihnen abgelegte Christus-Zeugnis, das in neuen Zusammenhängen auch anders gesagt werden muss, damit es dasselbe bleiben kann. Diese Grundeinsicht leitete auch Hans Küng, als er bereits in den 70er Jahren des 20. Jahrhunderts anregte, die überlieferten Titel daraufhin zu befragen, ob sie von Menschen heute noch in dem ursprünglich gemeinten Sinn verstanden werden können. Unter den von ihm vorgeschlagenen (neuen) Titeln sind solche wie Beauftragter, Sprecher, Sachwalter, Repräsentant oder auch Vertrauter oder Freund Gottes.[169]

Christus Jesus wird von den urchristlichen Zeugen in vielfältiger Weise als Ort der verlässlichen Gotteskunde umschrieben. Diese ergeht an die von Sünde und Tod bedrängten Geschöpfe. Diese Gotteskunde lautet: Ich, Gott Immanuel, bin euch treu trotz allem. Vertraut auf die Lebensbotschaft meines geliebten Sohnes, des Einziggeborenen, des Unvergleichlichen, des Unverwechselbaren unter allen Geschöpfen. Die besondere Wesenheit Jesu wird in den neutestamentlichen Bekenntnissen mit der Menschwerdung Gottes in Jesus verbunden: Gottes Weisheit hat unter Menschen als Mensch gelebt. Gottes Wort ist in Worten eines Menschen zu hören gewesen.

---

[168] Siehe dazu hier unten die Abschnitte in Kapitel V.
[169] Vgl. Hans Küng, Christ sein (1974), 465–480, bes. 473.

b. Jesus Christus: Gottes Mensch gewordene Weisheit des Lebens

»Der Verlust der weisheitlichen Dimension ist die eigentliche Krise der Gegenwart«[170]. Dieser Diagnose von Walter Kasper stimmen viele Theologen und Theologinnen heute zu. Die Entdeckung der lange Zeit unerkannten Bedeutung der alttestamentlichen Weisheitstheologie für das Verständnis der neutestamentlichen Christologie ist das Ergebnis von exegetischen und zunehmend auch von systematisch-theologischen Studien von Frauen und Männern.[171] Im Leben und im Sterben erweist sich Jesus als die inkarnierte Weisheit. Silvia Schroer[172] unterscheidet im Anschluss an Elizabeth A. Johnson[173] und Elisabeth Schüssler Fiorenza[174] zwischen drei Reflexionsstufen innerhalb der neutestamentlichen Sophia-Christologie: (1) Jesus wird als Bote der Weisheit betrachtet; (2) Jesu Tod wird in einen Zusammenhang gebracht mit dem Schicksal der Gesandten der Weisheit; (3) Jesus wird als inkarnierte Weisheit verkündigt.

(1) Zu den neutestamentlichen Texten, die Jesus als den Boten der Weisheit theologisch deuten, zählen jene Logien der Jesusüberlieferung, die in der Tradition der alttestamentlich-jüdischen Spruchweisheit stehen: »Nicht die Gesunden brauchen den Arzt,

---

[170] Walter Kasper, Gottes Gegenwart in Jesus Christus (1987), 320.
[171] Vgl. Silvia Schroer, Jesus Sophia (1991); dies., Der Geist, die Weisheit und die Taube (1986); dies., Die Weisheit hat ihr Haus gebaut (1996); Elizabeth A. Johnson, Jesus (1985); dies., Ich bin, die ich bin (1994); Elisabeth Schüssler Fiorenza, Auf den Spuren der Weisheit – Weisheitstheologisches Urgestein (1991); dies., Jesus – Miriams Kind, Sophias Prophet (1997); Felix Christ, Jesus Sophia (1970); Bernd Janowski (Hg.), Weisheit außerhalb der kanonischen Weisheitsschriften (1996); Hans-Josef Klauck, »Christus, Gottes Kraft und Gottes Weisheit« (1992); Hermann von Lips, Weisheitliche Traditionen im Neuen Testament (1990); ders., Christus als Sophia? (1991); William Gray, Wisdom Christology in the New Testament (1986); Martin Hengel, Jesus als messianischer Lehrer der Weisheit und die Anfänge der Christologie (1979); Martin Ebner, Jesus – ein Weisheitslehrer? (1998); ders., »Weisheitslehrer – eine Kategorie für Jesus? (2001); ders., Wo findet die Weisheit ihren Ort? (2003).
[172] Vgl. Silvia Schroer, Jesus Sophia (1991), 115–119.
[173] Vgl. Elizabeth A. Johnson, Jesus (1985).
[174] Vgl. Elisabeth Schüssler Fiorenza, Auf den Spuren der Weisheit (1991).

sondern die Kranken« (Mk 2,17); »Wer sucht, der findet, und wer anklopft, dem wird aufgetan« (Lk 11,10); »Wo dein Schatz ist, da wird auch dein Herz sein« (Lk 12,34). Die exegetische Forschung kann auf eine große Zahl solcher Jesusworte hinweisen, die die Nähe zwischen Jesu Verkündigung und weisheitlichem Denken ausweisen.

(2) Jesus teilt das Schicksal der Propheten und Prophetinnen der Weisheit: Er wird verfolgt, gegeißelt und getötet (vgl. Lk 23,34–38). Nicht zuletzt die Mahlfeiern Jesu mit Sünderinnen und Sündern und der darin implizierte Anspruch, neue Gemeinschaft zu stiften und Versöhnung zu wirken, wurden als Provokation erfahren und lösten Reaktionen aus. Seine Praxis, mit denen Mahl zu halten, die am Rand der Gesellschaft lebten, könnte auch der Anlass gewesen sein, in ihm die geschichtliche Offenbarung der Weisheit Gottes zu erkennen.[175] In Spr 9,1–5 heißt es: »Die Weisheit hat ihr Haus gebaut, ihre sieben Säulen behauen. Sie hat ihr Vieh geschlachtet, ihren Wein gemischt und schon ihren Tisch gedeckt. Sie hat ihre Mägde ausgesandt und lädt ein auf der Höhe der Stadtburg. Wer unerfahren ist, kehre hier ein. Zum Unwissenden sagt sie: Kommt, esst von meinem Mahl, und trinkt vom Wein, den ich mischte«. Die nachösterliche Deutung des Handelns Jesu im Gleichnis vom Festmahl (vgl. Mt 22,1–14; Lk 14,15–24) ist nur vor dem Hintergrund der alttestamentlichen Weisheitstradition verständlich.

(3) Die inkarnierte Weisheit ist dem Leben zugewandt. In ihr wird Gottes Freude am Werk seiner Schöpfung erfahrbar. Sie symbolisiert Leichtigkeit und spielerische Lust am Dasein. Jesu ein-

---

[175] Die Bezugnahme auf weisheitliches Denken bei der Analyse einzelner Kennzeichen der Jesusüberlieferung ist innerhalb der feministischen Theologie nicht unstrittig. Luise Schottroff hat die insbesondere von Elisabeth Schüssler Fiorenza angenommene Verbindung zwischen der Weisheitslehre und Jesu Sorge für die Armen und Kranken infrage gestellt, und diesen Aspekt der Jesusüberlieferung statt dessen der alttestamentlich-prophetischen Tradition zugewiesen: vgl. Luise Schottroff, Wanderprophetinnen (1991); Elisabeth Schüssler Fiorenza, Zu ihrem Gedächtnis ... (1988), 177–189. Vgl. zu dieser Auseinandersetzung: Lucia Scherzberg, Grundkurs Feministische Theologie (1995), 169 f.

ladender Aufruf, die mit den Mühen des Lebens Beladenen sollten zu ihm kommen, denn sein Joch drücke nicht, und die Lasten, die er auflege, seien leicht (vgl. Mt 11,28 f.), verspricht die Erfüllung jener Verheißung, die nach Sir 6,28–30 denen geschenkt ist, die die Weisheit gefunden haben: Bei ihr finden die Weisen Ruhe, und Lebensfreude erfüllt sie. Paulus verkündigt in den ersten Kapiteln des ersten Korintherbriefes Christus Jesus als Gottes Kraft und Gottes Weisheit (1 Kor 1,23 f.). Allgemein wird in der exegetischen Diskussion angenommen, der Johannesprolog verdanke sich »in Weltbild, Motivik und Sprache (…) der weitverzweigten jüdisch-hellenistischen Weisheitsspekulation«[176].

Da Einzelfragen der Sophia-Christologie noch unbeantwortet sind, gilt dieser Themenbereich als ein fruchtbares Forschungsfeld, auf dem insbesondere europäische und nordamerikanische Theologinnen und Theologen arbeiten. Deutlich ist zu erkennen, dass Frauen den weisheitlichen Zugang zum Verständnis des Christusereignisses in ihrer Spiritualität und Theologie schätzen gelernt haben.[177] Viele Frauen sehen in der Gestalt der »Frau Weisheit« eine Identifikationsfigur, die das vermeintlich allein männliche Gottesbild der jüdisch-christlichen Tradition bereichert. Die Weisheit ist eine Gestalt, die zur Lebensannahme einlädt und Lebensfreude verspricht. Frauen erkennen in der Sophia-Christologie eine Möglichkeit, die Soteriologie kosmologisch-schöpfungstheologisch zu weiten.

Einladend wirkt der Ruf der Weisheit Gottes, mit ihr Mahl zu halten, so wie Jesus es mit Sünderinnen und Sündern tat. Nach Sir 24,21 sagt die Weisheit von sich: »Wer von mir isst, wird weiter nach mir hungern, und wer von mir trinkt, wird weiter nach mir dürsten«. Das Johannes-Evangelium (vgl. Joh 6,35) bezeugt die

---

[176] Jürgen Becker, Das Evangelium nach Johannes (1979), 71. Vgl. auch: Jürgen Habermann, Präexistenzaussagen im Neuen Testament (1990), bes. 347–403; Michael Theobald, Im Anfang war das Wort (1983); ders., Die Fleischwerdung des Logos (1988).
[177] Vgl. Susan Cady / Marian Ronan / Hal Taussig, Sophia (1986); Verena Maria Kitz / Verena Wodtke, »Frau Weisheit« durchwaltet voll Güte das All (1991). Zu Fragen der Kontextualität soteriologischer Konzepte siehe auch hier unten die Abschnitte in Kapitel V.

Erfahrung, dass diejenigen, die von Jesu Weisheit kosteten, nicht mehr hungern und dürsten. Jesus war weise – weiser, als es alle bis dahin als weise Bezeichneten waren.

c. Jesus Christus: Gottes Mittler in der gesamten Schöpfung

Die neutestamentlichen Schriften entfalten die Bezüge zwischen Jesus Christus und der Schöpfung mit Hinweisen auf die Mensch gewordene Weisheit Gottes und das Mensch gewordene Wort Gottes. Eine lichtende Botschaft, eine erhellende Erkenntnis wird durch Jesus Christus vermittelt: Erlösung geschieht durch die Erkenntnis des wahren Gottes. Für wahre menschliche Gotteserkenntnis lebte Jesus, für sie starb er, mit ihr will er allen im Gedächtnis sein. Jedes Nachdenken über die Schöpfung kommt ohne die Hoffnung auf eine universale Vollendung nicht aus. Der Schöpfer Gott gibt der Schöpfung sein erlösendes Wort und löst es in Menschengestalt ein.

Bibeltheologische Überlegungen zur Schöpfungs-Christologie setzen zumeist entweder staurologisch-paschatisch oder inkarnatorisch an: Sie denken den neutestamentlichen Zeugnissen über den Beginn der neuen Schöpfung im gekreuzigten und auferweckten Christus nach oder sie besprechen die Menschwerdung des göttlichen Weisheitswortes in der Lebensexistenz Jesu Christi. Sendung, Geburt und Tod Jesu sind – vermittelt vor allem durch die paulinische Soteriologie und bis heute nachwirkend in der Traditionsgeschichte – die vorrangigen thematischen Kontexte auch der protologisch und eschatologisch motivierten Erlösungslehre. Die hier bereits beschriebene Klage über die Vernachlässigung des Blicks auf das Leben Jesu als Ort der erlösenden Erkenntnis[178] soll hier jedoch nicht weiteren Anlass finden, denn es liegt sehr nahe, eine Verbindung zwischen der Gottesverkündigung des irdischen Jesus und der Schöpfungstheologie herzustellen, die in der Forschung auch auf die Vertrautheit Jesu mit dem Propheten

---

[178] Siehe dazu hier oben Abschnitt IV.2.

Deuterojesaja[179] zurückgeführt wird. Ein Gedicht von Werner Bergengruen[180] kann das Gemeinte zunächst anschaulicher zum Ausdruck bringen als andere Zugänge:

> *Um Verborgnes zu bedeuten,*
> *sprach der Herr – entsinnt ihr euch? –*
> *gern von Hirten, Ackersleuten,*
> *Feigenbaum und Dorngesträuch,*
>
> *von der Henne Flügelheben,*
> *Stein und Schlange und Skorpion.*
> *Ich der Weinstock, ihr die Reben,*
> *und ich bin des Winzers Sohn.*
>
> *Dem Gebornen quoll entgegen*
> *warmer Tiergeruch im Stall,*
> *und es stand an seinen Wegen*
> *Lamm und Fisch allüberall.*
>
> *Fische strömten in die Netze,*
> *und das Senfkorn wurde groß.*
> *In den Äckern lagen Schätze,*
> *Perlen still im Muschelschoß.*
>
> *Vor das Volk der Synagogen*
> *hat er offne Flur gestellt,*
> *Vögel unterm Himmelsbogen,*
> *Lilien im Blütenfeld.*
>
> *Eselsfüllen, Geistestaube,*
> *Salz und Distel fehlte nicht.*
> *Und mit feuchtem Erdenstaube*
> *gab er Blinden das Gesicht.*
>
> *Brunnen, Seen, Flüssen, Teichen*
> *war er innig im Verein*
> *und erhob zum höchsten Zeichen*
> *unser Brot und unsern Wein.*

---

[179] Vgl. Werner Grimm, Weil ich dich liebe (1976).
[180] Vgl. Werner Bergengruen, Christus in der Schöpfung (1950).

*Nichts, das aus der Erde Mitten
nicht sein rechtes Bild empfing!
Und von rechtem Holz geschnitten,
war das Kreuz, daran er hing.*

*Am verlassnen Sarkophage
vor Marie von Magdala
früh am ersten Ostertage
stand er als ein Gärtner da.*

*Und zuletzt, den Erdengleisen
fast entrückter Pilgersmann,
sich den Jüngern zu erweisen,
nahm er Fisch und Honig an.*

*Selig, selig, die da glauben,
selig, denn sie werden sehn.
Einst wird sich das Kreuz belauben
und die Schöpfung auferstehn.*

Die Verkündigung Jesu ist durch zahlreiche Bezugnahmen auf die Schöpfungswirklichkeit charakterisiert.[181] Jesus spricht von Gottes Königreich, das hier und heute bereits angebrochen und unter dem Aspekt der Nähe zu betrachten ist. Das Reich Gottes steht auch umkehrbereiten Sündern und Sünderinnen bereits offen und muss von den Menschen nicht erst mühsam erarbeitet werden. Es ist Gottes Geschenk, ein Geschehen der Gnade. Es fällt auf, dass Jesus in seinen Gleichnissen (vgl. bes. Mt 13) oft auf Vorgänge in der Natur zu sprechen kommt. Seine Bildwelt ist durch Bezugnahmen auf den Ackerbau, die Viehzucht, das Hirtenleben, den Fischfang und den Weinbau geprägt. Offenbar hat er in einem engen emotionalen Bezug auch zur nicht-menschlichen Schöpfung gelebt.

Jesus greift nach dem neutestamentlichen Zeugnis in seinen Reden den aus der Weisheitsliteratur und den Psalmen vertrauten Gedanken der Sorge Gottes für seine Geschöpfe auf (vgl. Mt

---

[181] Vgl. Marius Reiser, Der »grüne« Christus (1996); Paul Hoffmann, Zukunftserwartung und Schöpfungsglaube in der Basilaeia-Verkündigung Jesu (1988); Daniel Kosch, Vom galiläischen Wanderprediger zum göttlichen Logos (2003).

6,25–34). In Jesu Nachfolge soll das vorrangige Mühen der Menschen eine Sorge um mitmenschliche Gerechtigkeit und um Gemeinschaftstreue sein. Auch das Gebot der Feindesliebe begründet Jesus schöpfungstheologisch (vgl. Mt 5,43–48): So wie der Schöpfer geduldig ist mit all seinen Geschöpfen, die Sonne aufgehen lässt über Gute und Böse, es regnen lässt für Gerechte und Ungerechte, so sollen auch die Menschen nicht nur die lieben, von denen sie selbst geliebt werden. Menschen sollen einander nie aufgeben, ihnen vielmehr jederzeit zutrauen, eine Hinkehr zum Guten zu vollziehen. Die Ethik Jesu ist als sein Bemühen um die Wiederherstellung der ursprünglichen Schöpfungsordnung zu verstehen. Das Sabbatgebot erhält so seinen ursprünglichen Sinn zurück.

Die Frage, ob der irdische Jesus über seine Sendung an das Volk Israel hinaus an die Möglichkeit einer universalen Adressatenschaft seiner Gottesbotschaft gedacht hat, wird in der Literatur kontrovers besprochen.[182] Unbestritten ist dabei, dass die Öffnung der soteriologischen Perspektive über Israel hinaus insbesondere von Paulus schöpfungstheologisch begründet wird. Nicht ausgeschlossen erscheint dabei, dass Erinnerungen an die Verkündigung des irdischen Jesus durch Vermittlung der frühkirchlichen Zeugengemeinschaften dabei nachhaltig wirksam waren.

Die frühen paulinischen Zeugnisse für die Schöpfungsmittlerschaft Jesu Christi schließen stärker an die Sophia-Tradition als an die Logos-Tradition an: Die Gestalt einer personifizierten (Frau) Weisheit (vgl. Spr 3,19; 8,22–31; Sir 1,4; 24,1–22; Weish 7,12.21)[183], die bei Gottes schöpferischem Wirken gegenwärtig war und unter der ein lebensfrohes (etwa die Mahlgemeinschaft wünschendes), spielerisch leicht wirkendes Gegenüber zum Schöpfergott vorstellbar ist, kann mitgedacht werden, wenn Paulus im christologischen Kontext von »Gottes Kraft und Gottes Weisheit« (1 Kor 1,24) spricht. Paulus bemüht sich um eine Unterscheidung zwischen der Torheit der Menschen und der Weisheit Gottes.

---

[182] Vgl. Gerd Theißen / Annette Merz, Der historische Jesus (⁴2011), bes. 221–255.
[183] Vgl. Claudia Sticher, »Frau Weisheit hat ihr Haus gebaut.« (2009).

Dabei ist er herausgefordert durch das Todesgeschick Jesu, das sich unter den zeitgenössisch vorausgesetzten Annahmen theologisch nur schwer in Verbindung bringen ließ mit messianischen Erwartungen. Gottes Weisheit ist eine andere als die menschliche Weisheit. Insbesondere die alttestamentlichen Vorstellungen von der Präexistenz der Weisheit und von ihrer Gegenwart beim schöpferischen Wirken Gottes lassen in der Übertragung auf Jesus Christus die soteriologische Zielsetzung der biblischen Rede erkennen: In der Mensch gewordenen Weisheit Gottes kommt die Freude Gottes an seiner Schöpfung zum Ausdruck, der alles so geordnet hat, dass die Geschöpfe das wahre Leben erlangen können, wenn sie sich der Weisheit Gottes anvertrauen.

In der exegetischen Literatur ist das Verhältnis zwischen der Rede von der präexistenten Weisheit und dem Wort Gottes, das in Jesus Christus Mensch geworden ist, vielfach besprochen worden.[184] Insbesondere die Frage, ob dem Prolog des Johannesevangeliums (vgl. Joh 1,1–18) ein Weisheitshymnus als Vorlage diente (eine These, die heute kaum noch vertreten wird[185]), hat das Interesse befördert, diese beiden Interpretamente des durch eine weitere Wirklichkeit vermittelten schöpferischen Handelns Gottes in einen Vergleich miteinander zu bringen. Dabei wurde auch dem Aspekt Bedeutung geschenkt, dass das Geschlecht der hebräischen חָכְמָה (chokhmāh) und דָּבָר (dabar) und griechischen σοφία (sophia) und λόγος (logos) Begrifflichkeit unterschiedlich ist, die Redeformen für »Weisheit« (wie auch im Deutschen) weiblich, jene für das Wort männlich sind. Möglicherweise lag es eher nahe, bei der Übertragung der Vorstellung von der Schöpfungsmittlerschaft

---

[184] Demnach »verkörpert die Weisheit eher die alles gut ordnende Menschenfreundlichkeit des Schöpfers, das Wort eher seinen herrscherlich gebietenden Willen« (Medard Kehl, Und Gott sah, dass es gut war [2006], 148).
[185] Angenommen wird in der Regel, dass Joh 1,1–18 ein vorchristlicher, von der Logos-Vorstellung des jüdisch-hellenistischen Gelehrten Philo von Alexandrien inspirierter Hymnus zugrunde lag: vgl. Folker Siegert, Der Logos, »älterer Sohn« des Schöpfers und »zweiter Gott« (2004). Vgl. vor allem auch: Masanobu Endo, Creation and Christology (2002).

auf Jesus Christus dem grammatikalisch männlich strukturierten Begriff den Vorzug zu geben.

Es ist an dieser Stelle nicht möglich, einen Überblick über die neueren exegetischen Auslegungen des Johannesprologs zu geben.[186] Aus systematisch-theologischer Sicht ist es wichtig festzuhalten, dass sich die Erschaffung der gesamten Wirklichkeit durch das göttliche Wort an die priesterliche Schöpfungserzählung mit ihrer wiederholt eingebrachten Rede vom schöpferischen Sprechen Gottes rückbinden lässt. Die willentliche göttliche Zustimmung zu allen Schöpfungswerken kommt so zum Ausdruck: »Alles ist durch das Wort geworden, und ohne das Wort wurde nichts, was geworden ist« (Joh 1,3). Das universale Dabeisein des Wortes beim schöpferischen Handeln Gottes gewährleistet der gesamten Schöpfung eine Sinnprägung, die Spuren hinterlässt, deren Rückverfolgung zur Erkenntnis und Anerkenntnis Gottes führen kann. Durch die Teilhabe des Wortes am Schöpfungshandeln wird die gesamte Schöpfung zu einem Offenbarungswort Gottes. In systematisch-theologischer Perspektive lassen sich hier Verbindungen zur Frage der natürlichen Gotteserkenntnis aus den Werken der Natur herstellen.[187]

Es gibt weitere neutestamentliche Texttraditionen, in denen die Schöpfungsmittlerschaft Jesu Christi thematisch beansprucht wird: Insbesondere im deuteropaulinischen Kolosserbrief (vgl. Kol 1,15–20) und in der Apokalypse (vgl. Offb 1,17; 2,8; 22,13): Jesus Christus ist der »Erstgeborene der ganzen Schöpfung« (Kol 1,15) und auch der »Erstgeborene der Toten« (Kol 1,18). Jesus Christus

---

[186] Vgl. Michael Theobald, Die Fleischwerdung des Logos (1988); ders., Im Anfang war das Wort (1983); Hans Weder, Ursprung im Unvordenklichen (2008); Craig A. Evans, Word and Glory (1993); Peter M. Philipps, The Prologue of the Fourth Gospel (2006); Jürgen Habermann, Präexistenzchristologische Aussagen im Johannesevangelium (1997); vgl. zudem einen Sammelband, in dem auch traditionsgeschichtliche Bezüge bedacht werden: Günter Kruck (Hg.), Der Johannesprolog (2009). Die Kommentare zum Johannesevangelium behandeln allesamt gewiss ausführlich den Prolog. Die vorausgehende Forschung ist in Auszügen referiert in: Michael Theobald, Das Evangelium nach Johannes (2009).

[187] Vgl. 1. Vatikanisches Konzil, Dogmatische Konstitution »Dei Filius« über den katholischen Glauben: DH 3004.

»ist vor aller Schöpfung, in ihm hat alles Bestand« (Kol 1,17). Die Zielperspektive des Kolosserhymnus ist es, das versöhnende Wirken Jesu Christi in der gesamten Schöpfung zu beschreiben (vgl. Kol 1,20). Der Epheserhymnus greift dieses soteriologische Anliegen auf. Er nimmt dabei Bezug auf die Erwählung der Schöpfung in ihm, in Jesus Christus, »vor der Erschaffung der Welt« (Eph 1,4). Anfang und Ende, Alpha und Omega, sind in Jesus Christus personifiziert. Die Zielausrichtung der Aussagen ist die Verheißung der Vollendung der gesamten Schöpfung. Nicht Spekulationen über den zeitlichen Beginn (initium) motivieren die biblischen Autoren, sondern die Verkündigung des göttlichen Grundes (principium) der Hoffnung, dass Gott sein Werk vollenden wird. Mit dieser Kunde ist insbesondere in den späteren Schriften des Neuen Testaments auch eine Verpflichtung der Geschöpfe zu einem Leben gemäß der göttlichen Verheißung verbunden: Die begnadeten Geschöpfe sollen »heilig und untadelig leben vor Gott« (Eph 1,4; vgl. auch Eph 2,10).

Die gesamte Schöpfung ist »in Christus«, »durch Christus« und »auf Christus hin« erschaffen. Auf diese Weise fasst Medard Kehl[188] die Anliegen der neutestamentlichen Zeugnisse aus systematisch-theologischer Perspektive zusammen. Jesus Christus ist demnach zum einen die »Exemplarursache« der Schöpfung, ihr Urbild, in dem sich die gottgewollte gute Grundgestalt der Schöpfung spiegelt. »In Christus« geschaffen sein, bedeutet dann, nicht ohne ein Leitbild für das gottgewollte Leben der Schöpfung zu leben. Zum anderen ist die Schöpfung »durch Christus« geschaffen. Als »Instrumentalursache« ist Jesus Christus als Mensch gewordenes Wort Gottes eine personifizierte Zusage des Gutseins der Schöpfung in ihrer ursprünglichen, gottgewollten Ordnung. Schließlich ist Jesus Christus die »Zielursache« der Schöpfung, da das von ihm erworbene Leben der sündigen Schöpfung die verheißene Aussicht ist, auf die hin die gesamte Schöpfung ausgerichtet bleibt.

Alle drei genannten Betrachtungsweisen der Schöpfungsmittlerschaft stehen auf eigene Weise in einem soteriologischen

---

[188] Vgl. Medard Kehl, Und Gott sah, dass es gut war (2006), 152 f.

Kontext. Sie besprechen die durch das Christusgeschehen eingetretene Wende zum Guten, die durch die präexistente Gestalt des schöpferisch wirkenden Wortes von allem Anfang an verheißen ist. Dabei meint die Rede vom »Anfang« die jenseits aller Zeitmomente in Gott begründete Beziehung zur Schöpfung, die in der Zeit durch das Wort Gottes offenbar wird.

d. Gott wird Mensch: Er gibt uns sein Wort

»Der Logosbegriff hat eine lange Geschichte in Philosophie und Theologie«[189]. In soteriologischer Perspektive möchte ich an dieser Stelle mit Bezügen zu menschlichen Erfahrungen mit dem wirkenden Wort wenige Aspekte weiter bedenken.

»Wort, du hast so vielerlei Gestalt und bist so unerreichbar alt« – so beginnt ein nachdenkliches Lied von Udo Jürgens. Er fügt hinzu: »Wort, du wirst missbraucht und kommandiert, hast ganze Völker schon verführt, denn Deine Wirkung ist nicht nur im Guten groß.« Die Thematik des rechten Redens und mehr noch des rechten Schweigens ist nahezu unerschöpflich in der älteren Weisheitsliteratur: »Tod und Leben stehen in der Macht der Zunge; wer sie liebevoll gebraucht, genießt ihre Frucht« (Spr 18,21). Vor Gericht ist das Geschick eines Beschuldigten auch heute noch oft auch eine Folge der Worte, die Zeugen über ihn sprechen. »Was das Herz plant, bleibt solange im Verborgenen, bis die Zunge es öffentlich macht und Gutes und Böses, Leben und Tod daraus erwachsen« (Sir 37,16–18). Im menschlichen Zusammenleben wandeln die Worte der einen die Wirklichkeit der anderen. Ungezählte Zeugnisse in den biblischen Schriften und in der Dichtung bedenken die Wirksamkeit des Wortes. Ein tiefes Erfahrungswissen ist in diesen Gedanken versammelt: Worte können trösten und verletzen, locken und erschrecken, aufhellen und vertuschen, aufbauen und niederreißen, belehren und verwirren. Worte verwandeln die Wirklichkeit zum Guten und zum Bösen.

---

[189] Jutta Leonhardt-Balzer, Der Logos und die Schöpfung (2004), 295.

Eine der bedeutenden Entwicklungen in der Philosophie des 20. Jahrhunderts ist die gewachsene Bereitschaft, das Sprechen der Menschen zu bedenken. Sprechen ist ein Handeln. Im Wortgeschehen ereignet sich Weltgestaltung. Worte bilden eine auch ohne sie gegebene Wirklichkeit nicht bloß ab, sie verweisen nicht einfach auf eine vorhandene nichtsprachliche Welt. Durch das Wort geschieht Neues: verbindliche Vereinbarungen werden getroffen, Besitzverhältnisse verändern sich, die Bewegungsfreiheit eines Verurteilten wird begrenzt, Versammlungen werden eröffnet und Verhandlungen abgeschlossen. Worte sind daher nicht einfach wahr oder falsch, sie gelingen oder missglücken vielmehr, sie erreichen ihr Ziel oder verfehlen es. Auf den Erfolg oder den Misserfolg der Worthandlung wirken die Sprechenden und die Hörenden ein. Nicht immer hören wir das heraus, was ein anderer sagen wollte über eine Sache, von sich selbst, über unsere Beziehung und zu seinen Erwartungen. Die Menschen hören eine Botschaft mit dieser vierfachen Aufmerksamkeit, die sich oft durch prägende Erlebnisse in der Lebensgeschichte herausgebildet hat. Manche Menschen nehmen vor allem wahr, wozu ein Gegenüber sie auffordern könnte. Andere Menschen bedenken insbesondere die (vermeintlich) eingeschlossene Aussage über das Verhältnis der Dialogpartner zueinander. Wieder andere wollen rein sachlich bleiben. Am schwersten fällt es wohl, sich darin zu üben, die Selbstkunde eines Sprechenden sensibel aufzunehmen und aus der Sicht des Anderen die Welt zu betrachten.

Gottes selbsterwähltes Wesen ist es, von sich Kunde zu geben, sich selbst auszusagen, sich mitzuteilen, seinen Namen preiszugeben. Die biblischen Schriften greifen bei ihrer Verkündigung dieser Entschiedenheit Gottes zur Selbstkunde auf die menschlichen Erfahrungen mit der verwandelnden Wirksamkeit des Wortes zurück. Der Prophet Jesaja überliefert Gottes Zuversicht, seine Worthandlung werde gelingen: »Denn wie der Regen und der Schnee vom Himmel fällt und nicht dorthin zurückkehrt, sondern die Erde tränkt und sie zum Keimen und zum Sprossen bringt, wie er dem Sämann Samen gibt und Brot zum Essen, so ist es auch mit dem Wort, das meinen Mund verlässt: Es kehrt nicht leer zu mir zurück, sondern bewirkt, was ich will, und erreicht all das, wozu ich es ausgesandt habe« (Jes 55,10 f.). Gottes Gegenwart im Wort ist vielgestaltig: schöpferisch, mahnend und sinnerhellend. Gott spricht sein Ja zu allem, was lebt. Dieses Ja entzieht er auch denen nicht, die das Leben verneinen und beschädigen. Gottes Aber klagt jedoch das Unrecht an und schützt so die Lebenden vor den Anfeindungen der Mitgeschöpfe. In allem ringt Gott um Einsicht und Zustimmung. Die christliche Glaubensgemeinschaft bekennt ihr Vertrauen darauf, dass Gott nicht im Verborgenen leben will, vielmehr die Entscheide seiner Liebe und darin den Sinn des Daseins kund machen wollte. Gott möchte die Nacht der Fragen im Leben der Geschöpfe erhellen; er möchte Licht bringen in das Dunkel der existentiellen Fragen, die die alten menschenverbindenden Fragen sind: Woher kommen wir und wohin gehen wir? Wie sind wir geworden, die wir sind? Wer nimmt uns an und bejaht uns in der begegnenden Gestalt? Was bleibt von all dem, was wir in der Zeit wirken? Wandelt sich das Dasein der Anderen durch unsere Existenz?

Das Wort, das »im Anfang« schon war, ist jenes Wort, das Gott immer schon sagen möchte. Dieses Wort Gottes, das von seinem Wesen nicht loszulösen ist, ist ein das Dasein erhellendes Wort. Es ist ein Wort der Bejahung, der Gutheißung, der Annahme, der Lossprechung von der Möglichkeit des Todes im Angesicht der Sünde. Christen bekennen gemeinsam ihr gläubiges Vertrauen, dass in der Gestalt des Menschen Jesus von Nazareth Gottes eigenes Wort ertönt. Dieses Wort ist eine Zusage Gottes, die lautet: Du Mensch sollst sein. Auch die anderen Geschöpfe sollen sein. Ich habe sie erschaffen. Achte auf sie und schädige niemanden. Und wisse, dass ich Dich auch dann nicht fallen lasse, wenn Du es tust. Vertraue darauf! In eindrücklicher Weise formuliert der Titusbrief die christliche Grundüberzeugung von der Erlösung der Schöpfung durch Gottes Handeln in Christus Jesus: »Als (…) die Güte und Menschenliebe Gottes, unseres Retters, unter uns erschien, hat er uns gerettet – nicht weil wir Werke vollbracht hätten, die uns gerecht machen können, sondern aufgrund seines Erbarmens – durch das Bad der Wiedergeburt und der Erneuerung im Heiligen Geist« (Tit 3,4–5).

Der Titusbrief bindet unsere Erlösung an das Erscheinen der Güte und Menschenliebe Gottes in Christus Jesus. In dieser Menschengestalt macht Gott selbst in Zeit und Geschichte eschatologisch endgültig, verlässlich, untrüglich und unverbrüchlich offenbar, dass seine Zuwendung nicht die Belohnung für eine menschliche Guttat ist, sondern in Gottes eigenem Wesen begründet ist. Gott bleibt seiner Schöpfung auch dann noch liebevoll zugewandt, wenn diese sich von ihm abkehrt. Das in den biblischen Texten mehrfach überlieferte innere Ringen Gottes um seine Treue in der Liebe auch zu den Sünderinnen und Sündern (vgl. bes. Hos 11,1-9; Jes 54,1-10; Jer 31,20) ist in seinem Ausgang nicht mehr ungewiss: Gott spricht sein entschiedenes Ja auch zu denen, die in der Tötung des Gottessohnes das Nein zu Gottes Liebe in tiefster Tiefe erfahren lassen. Der Weg der Erlösung ist Gottes unverbrüchliche Bundeswilligkeit, die er in der Fülle der Zeit in Christus Jesus hat erscheinen lassen, damit alle Geschöpfe Vertrauen fassen können. Gott ist im Wort.

Auch in der für die christliche Glaubensgemeinschaft bleibend gültigen Weisung, die fordert, das Lebens- und Daseinsrecht der Mitlebenden unbedingt zu achten, geht der Indikativ der Gemeinschaftszusage Gottes, seine Selbstverpflichtung zur Bundestreue, dem Imperativ der Gebote voraus (vgl. Dtn 5,6; Ex 20,2). Gott sagt sich als der mitgehende und mitseiende Gott zu. An allen Orten und in allen Zeiten will er als Freund des Lebens erkannt sein. Alle Geschöpfe sollen leben können. Gottes Ja gilt auch den Fremden, den Unfreien, den Armen und den Schwachen. Seine Gebote schützen ihr Leben. Mit Israel hält die christliche Glaubensgemeinschaft daran fest, dass Gottes Weisungswort unbedingte Gültigkeit hat, das Gesetz also nicht aufgehoben ist. Gottes Tora ist die Weisung, das Leben der Mitlebenden unbedingt zu schützen: die Alten vor dem Vergessen und vor der sozialen Not; niemand soll gemordet werden; das Versprechen der liebevollen Sorge der Vertrauten füreinander soll Bestand haben; niemand soll durch eine Falschaussage vor Gericht um sein Leben bangen müssen. Mitmenschliche Gerechtigkeit soll unter den Geschöpfen im dankbaren Wissen um Gottes Ja zu allen Gestalten des geschöpflichen Lebens sein.

Gott ist im Wort. Aber kann Gott das Versprechen, das er uns gibt, halten? Wir leben in einer Zeit, in der Bücher, die vorgeben, über Gottes Biographie Aufschluss geben zu können, gerne gelesen werden. Es scheint so, dass für Menschen von heute ein Gott, in dessen Leben auch nicht alles so lief, wie er sich das vorstellte, sympathisch wirkt. Von Gottes Schwächen, von seinen Gefühlen, von seinem Ringen mit dem ihm unverhofft Widerfahrenen zu hören, das lässt viele Menschen wieder Vertrauen fassen in ihn. Starke, unwandelbare, allmächtige, ewige Götter sind gegenwärtig weniger gefragt. In dieser Verkündigungssituation, in der die tiefe Betroffenheit gottesgläubiger Menschen über die unbegreiflichen leidvollen Widerfahrnisse im eigenen Leben Geltung beansprucht, erscheint es wichtig, das Bekenntnis zum ewigen Gott als ein Bekenntnis zur Mächtigkeit Gottes, Zeit zu gewähren und Zeit zu wandeln, nahezubringen.

Die theologische Rede von Gottes schöpferischem Wort im Anfang der Zeiten bespricht Gottes Gottsein als Gewähr von Zeit. Gott ist Geber und Quelle von allem, was ist. Gottes bejahende Gutheißung erwartet das Werdende. Die Zeit ist den Geschöpfen mitgegeben mit ihrem Dasein in Gestalt der Lebenszeit. Gott möchte sich nicht selbst erschöpfen in seinem seligen Leben. Er gewährt Zeit in seiner tätigen Willigkeit, überhaupt etwas an seinem Leben teilhaben zu lassen. Gott ist als der Grund des Zeitlichen auch das Ziel des Zeitlichen. Am Ende geschieht Ankunft, Heimkehr, Versöhnung, Vollendung, Erfüllung. Die Lebenszeit ist die von Gott gewährte Zeitspanne, in der werden soll, was dann immer ist: Zutrauen zu der sich bewährenden Liebe.

Der ewige Gott weiß immer schon um die Möglichkeit und um die Wirklichkeit der Macht der Sünde, die von den Zeitlichen in der ihnen geschenkten Freiheit getan wird. Gott ist immer schon entschieden für das Leben der Erlösungsbedürftigen. Sein Vorauswissen und seine Vorsehung machen die Geschöpfe nicht unfrei. Gott wird gewahr, was in Freiheit geschieht. Die in der Fülle der Zeit geschehende Erlösung von der Möglichkeit der Nichtigkeit der Zeitlichen geschieht in dem ewig-einen Augenblick, da Gott sich entschließt, die Gemeinschaftsbrüchigen, die zur Beziehung Unwilligen, die Selbstbezogenen, die In-sich-Verkrümmten, die Sünderinnen und Sünder mit der Gabe des Lebens zu beschenken.

Der ewig-eine Augenblick, da Gott sich selbst erkennt als einen unverbrüchlich Gemeinschaftstreuen, als einen unbeirrbar Bejahenden ist die Fülle der Zeit, in der Erlösung von der Möglichkeit des Ausschlusses des sündigen Lebens aus Gottes Gemeinschaft geschieht. »Als die Zeit erfüllt war, sandte Gott seinen Sohn« (Gal 4,4). Jesus hat in seiner Lebenszeit Gottes Entschiedenheit für das Daseinsrecht auch der Sünderinnen und Sünder sinnlich – sichtbar und hörbar – zur Erscheinung gebracht.

Das Lied, mit dem das Johannes-Evangelium beginnt, preist das Wort, durch das alles geworden ist. Gottes Wort bewirkt, dass überhaupt etwas ist und nicht nichts. In jedem Augenblick sind wir, weil es diese Zusage Gottes gibt. »In ihm«, in dem Wort, »war das Leben, und das Leben war das Licht der Menschen« (Joh 1,4). Gottes Wort vertreibt den Tod. Es vertreibt die Angst, die in der Finsternis ihr Zuhause hat. Gottes Wort ist Licht; es erhellt das Leben und macht es leicht, denn der Ausgang ist gewiss: am Ende erwartet uns die Fülle des unverlierbaren Lebens. Jesus tritt mit seinem eigenen Leben dafür ein, dass auch die Menschen von Gott angenommen, gewollt und geliebt werden, die Gottes Liebe aus Verblendung, aus Angst oder aus Starrsinn zurückweisen. Jesus hat noch am Abend vor seinem Leiden Zeichen gesetzt, die Gottes unverbrüchliche Gemeinschaftstreue bezeugen.[190] Gott ist im Wort.[191]

e. Soteriologische Aspekte in den altkirchlichen Konzilsaussagen zur Christologie

Das Verhältnis zwischen der biblischen Überlieferung der soteriologischen Relevanz des Christus-Geschehens und der Bekenntnis-Bildung in der altkirchlichen Zeit ist vielfach sehr kritisch bespro-

---

[190] Siehe dazu hier unten Abschnitt VI.2.
[191] Vgl. zur Soteriologie des Johannesevangeliums: Hansjürgen Verweyen, War das Wort bei Gott? (2019).

chen worden. Insbesondere die Begrifflichkeit, die die frühen Konzile in Nizäa (325 n. Chr.) und Chalzedon (451 n. Chr.) verwendet haben, um Zeugnis für Jesus Christus abzulegen, haben diesen gedanklichen Bemühungen dem Verdacht der Hellenisierung des Christentums ausgesetzt. Der von Adolf von Harnack[192] erhobene Vorwurf ist bis heute Gegenstand einer noch immer kontrovers geführten Studienarbeit.[193] Zugleich ist insbesondere auch durch die neueren ökumenischen Gespräche zwischen den christlichen Traditionen, die aufgrund ihres unterschiedlichen Christusbekenntnisses im Altertum eigene Wege gegangen sind[194], das Bewusstsein dafür gewachsen, dass die Theologen in den ersten Jahrhunderten mit den begrifflichen Ressourcen ihrer Zeit Zeugnis für die in Jesus Christus von Gott gewirkte Erlösung ablegen wollten. Die Begriffe waren nur ein Hilfsmittel bei dieser leitenden Intention, die heute neu entdeckt wird. In knapper Übersicht lassen sich die nachbiblischen Entwicklungen so zusammenfassen:

Die in den biblischen Schriften zu findenden Ansätze zu einer (eher palästinensisch-jüdischen) Erwählungs-, Erhöhungs- und Sendungs-Christologie wie auch die (eher hellenisch-jüdischen) Präexistenz- und Inkarnations-Christologien sind in der nachbiblischen Zeit belegt. Dabei sind die Deutenden mit ihrem jeweiligen Vorverständnis in den Deutungen gegenwärtig. Zwei Modelle der Bestimmung des Verhältnisses von Gott und Jesus Christus stehen in der nachbiblischen Zeit diametral gegeneinander: der Modalismus (Jesus *ist* Gott in anderer Gestalt) und der Subordinatianismus (Jesus *ist* Mensch und steht daher unter

---

[192] Vgl. Adolf von Harnack, Das Wesen des Christentums (1900); ders., Mission und Ausbreitung des Christentums in den ersten drei Jahrhunderten (1902); ders., Die Entstehung der christlichen Theologie und des kirchlichen Dogmas (1927); ders., Lehrbuch der Dogmengeschichte (^{5}1931).
[193] Vgl. exemplarisch: Joachim Drumm, Art. »Hellenisierung« (^{3}1995); Carl-Friedrich Geyer, Religion und Diskurs (1990); Matthias Lutz-Bachmann, Hellenisierung des Christentums? (1992); Dorothea Wendebourg, Hellenisierung des Christentums – Epoche oder Erfüllung der Kirchengeschichte? (2009).
[194] Vgl. Peter Neuner, Spaltung und Versöhnung (2002); Dorothea Wendebourg, Chalkedon in der ökumenischen Diskussion (1995); Rudolf Kirchschläger / Alfred Stirnemann (Hg.), Chalzedon und die Folgen (1992).

Gott). Diese beiden Extremlösungen der Verhältnisbestimmung zwischen Gott und Jesus setzen sich in der theologischen Diskussion nicht durch und fanden aus guten Gründen keine Anerkennung in der lehramtlichen Bekenntnisformung.

Der Modalismus betont das Gottsein des in Jesus erschienenen Logos sehr stark; er möchte auf diese Weise das Bekenntnis zur Einheit und Einzigkeit Gottes wahren. Diese theologische Position zeigt keine Offenheit für Gottes Möglichkeit, sich als Mensch ganz auf Zeit und Geschichte einzulassen, sich selbst zu erniedrigen (Kenosis) und auf diese Weise die Schöpfung als sein eigenes Leben anzunehmen. Unter diesen Voraussetzungen erscheint es zudem schwierig, die biblischen Zeugnisse, die von einem dialogischen Gegenüber von Jesus und Gott sprechen, auszulegen. Jesus führt dann Selbstgespräche.

Der *Subordinatianismus* legt großen Wert auf die Verkündigung des Menschseins Jesu. Überliefert sind Erwählungs- und Erhöhungs-Christologien und adoptianistische Konzepte. Intendiert wird (wie beim Modalismus) die Wahrung des Bekenntnisses zur Einheit und Einzigkeit Gottes, der sich deutlich von dem ihm untergeordneten Menschsein Jesu unterscheidet. Problematisch ist dabei die Vorstellung, Gott habe sich in der Zeit verändert, indem er in einem bestimmten Augenblick der irdischen Zeit einen Sohn für sich erwählt, adoptiert hat. Nicht einzubeziehen in die Argumentation sind zudem die biblischen Texte, die vom präexistenten Wesen des Logos sprechen.

Das Konzil von Nizäa ist in seinem christologisch-soteriologischen Aussagegehalt nicht ohne Bezug auf Arius zu verstehen. Arius aus Alexandrien (gestorben 336 in der Verbannung) knüpfte bei seiner subordinatianischen Christologie an die Logosspekulationen des Mittleren Platonismus an. Diese philosophische Schule unterteilte den Kosmos in drei Bereiche: (1) Die oberste Welt ist die Welt Gottes; sie ist für die Menschen völlig unzugänglich; der unendlich ferne und fremde Gott lebt dort für sich. (2) Ein Mittelwesen – der Logos – hat Funken des Göttlichen empfangen; er hat von Gott ahnungsweise Anteil erhalten an der Erkenntnis des Göttlichen und gibt diese Erkenntnis weiter. (3) Ganz unten ist der Bereich der vergänglichen Welt und der

Menschen. Sie sitzen – bildlich gesprochen – im Dunkeln und können allenfalls durch die Wirksamkeit des Logos ahnungsweise zur Erkenntnis des Guten, des Wahren und des Schönen gelangen. Arius modifiziert dieses Konzept insofern, als er die Wirklichkeit (im Sinne des jüdisch-christlichen Schöpfungsglaubens) zweigeteilt sein lässt: Es gibt die ungeschaffene Wirklichkeit Gottes und die geschaffene Welt. Der Logos gehört zu den Geschöpfen; er ist Gott nicht wesensgleich; er ist das erste der Geschöpfe und hat daher einen größeren Anteil an Gotteserkenntnis, als dies der übrigen Schöpfung möglich ist.

Das Konzil von Nizäa[195] weist die Position des Arius zurück, indem es ein ortskirchliches Glaubensbekenntnis umformuliert. Das Bekenntnis zu Jesus Christus, der dem Vater wesensgleich (ὁμοούσιος – homo-ousios) ist, wird (gegen Arius) in den Text aufgenommen; der Sohn ist gezeugt, nicht geschaffen; er ist wahrer Gott vom wahren Gott. Die theologischen Anliegen des Konzils sind: (1) Das Bekenntnis zu Gott, der in Christus Jesus selbst engagiert ist bei der Erlösung der Welt; (2) das Bekenntnis zu Gott, der sich erniedrigt, Mensch wird und darin der Menschheit göttliche Würde zuteil werden lässt; (3) das Bekenntnis zur Göttlichkeit des Logos, der wirklich Kunde von Gott bringen kann. Gedanklich leitend ist dabei das johanneische Bekenntnis: »Niemand hat Gott je gesehen. Der Einzige, der Gott ist und am Herzen des Vaters ruht, er hat Kunde gebracht« (Joh 1,18). In Gegenrede zu Arius betont das Konzil von Nizäa, dass der göttliche Sohn Gott kennt und daher von ihm Kunde bringen kann. Die Konzilsväter wollten im Rückgriff auf eine nicht der biblischen Tradition entlehnte Begrifflichkeit die erlösende Botschaft der neutestamentlichen Zeugnisse bewahren: Jesus Christus ist immer schon vertraut mit Gott. Er hat ihn nicht erst in seiner Lebenszeit kennen gelernt. Die Beziehung zwischen dem göttlichen Ursprung und seinem in die Zeit gesandten Menschen ist als eine Gemeinschaft in demselben göttlichen Wesen zu verstehen. Wäre es nicht so, bliebe die Welt im Ungewissen über den einen wahren Gott.

---

[195] DH 125 f.

Die Formulierungen des Konzils von Nizäa sind insofern zeitbedingt und vorläufig, als die Inhalte des Bekenntnisses zum göttlichen Geist im 3. Abschnitt des trinitarisch strukturierten Glaubensbekenntnisses dort noch nicht formuliert wurden. Dies geschieht erst im Kontext des Konzils von Konstantinopel (381 n. Chr.)[196], dessen Geistbekenntnis aus soteriologischer Perspektive insbesondere auch unter dem Aspekt des Leben schenkenden und bewahrenden Handelns des Geistes in der gesamten Schöpfung wertzuschätzen ist: Gottes Geist ist es, der alles lebendig macht.[197] Der Geist ist Gott; ihm kommt dieselbe Verehrung zu wie Sohn und Vater.

Das nizäno-konstantinopolitanische Glaubensbekenntnis enthält im christologischen zweiten Abschnitt die Aussage, der Sohn sei dem göttlichen Vater wesensgleich. Auf diese Weise wird das Gottsein Jesu Christi sehr stark betont. Das Konzil von Chalzedon[198] hat das Bekenntnis angesichts der auch nach dem Konzil von Nizäa anhaltenden christologischen Debatten daher um ein klares Bekenntnis zur Menschheit Jesu Christi erweitert: Christus Jesus ist wesensgleich dem Vater der Gottheit nach und wesensgleich auch uns (Menschen) der Menschheit nach. Das Konzil weist somit sowohl die Extreme der antiochenischen Trennungs-Christologie (Gott und Mensch stehen unverbunden gegeneinander) als auch der alexandrinischen Einigungs-Christologie (wenn Gott erscheint, muss der Mensch weichen) zurück.

In bewusster Rückbindung an die biblische Tradition der überlieferten Hoheitstitel geschieht in Chalzedon die Deskription des Christus-Geschehens in einer bewusst symmetrischen Grundstruktur, bei der Gottheit und Menschheit Jesu Christi auf je eigene Weise als wahr beschrieben sind: Der innergöttlichen Zeugung des Sohnes entspricht seine Geburt in der irdischen Zeit. In den reflektierenden Partien der Formel wird das Verhältnis der göttlichen und der menschlichen Natur, die in einer göttlichen Person geeint sind, näher umschrieben. Die Darstellung verbleibt dabei

---

[196] DH 150.
[197] Siehe dazu auch hier unten Abschnitt IV.5.
[198] DH 300–303.

IV. Vergewisserungen

bei einer die Extrempositionen ausschließenden, rein negativen Erfassung im Zueinander der beiden Naturen. Positiv ist die Aussageabsicht zu greifen, den von Gott gesicherten Bestand der wahren menschlichen Natur auch angesichts der Einigung mit der göttlichen Natur auszusagen. Die göttliche Person ist als der Einigungsort der einzige Garant dafür, das wahre Menschsein Jesu auch nach dessen Verbindung mit der göttlichen Natur in vollem Sinn zu bewahren. Die erst auf dem 2. Konzil v. Konstantinopel (553 n. Chr.)[199] näherhin bedachte Vorstellung einer »hypostatischen Union« im Sinne der Einigung der göttlichen und der menschlichen Natur Jesu Christi in der einen göttlichen Person hat diese Intention: Diese theologische Konzeption traut Gott selbst zu, als Mensch in Zeit und Geschichte in Erscheinung zu treten, ohne dass dabei sein Gottsein und sein Menschsein Schaden leiden.

Die christologische Formel des Konzils von Chalzedon war und ist ein beständiger Bezugspunkt kontroverser theologischer Reflexionen. Vielfach zu Unrecht erscheint sie oft als eine bloß menschlicher Spekulationsfreude dienende Bestreitung des Geheimnisses des göttlichen Wirkens in Jesus Christus. Die Konzilsväter hatten dagegen in ihrer Zeit Sorge um die Konsistenz der theologischen Begründung der soteriologischen Relevanz des Christusgeschehens: Nur dann, wenn Jesus Christus (auch) wahrer Gott ist, kann er der letzte, der gültige, der Vertrauen begründende Künder von Gott sein. Und nur dann, wenn Jesus Christus (auch) wahrer Mensch ist, erscheint im Leben des Jesus von Nazareth das Leben aller Menschen angenommen und durch Leiden und Tod in das Leben verwandelt. Die Tatsache, dass die christologische Formel von Chalzedon erst den Anfang und nicht das Ende der Reflexionen bildet[200], steht den beschriebenen soterio-

---

[199] DH 421–438.

[200] So etwa Karl Rahner: »Wer die ›Geschichtlichkeit‹ der menschlichen Wahrheit (in die sich auch die Wahrheit Gottes in seiner Offenbarung inkarniert hat) ernst nimmt, sieht ein, dass von da aus weder die abschaffende Überholung einer Formel noch ihre versteinernde Bewahrung der menschlichen Erkenntnis gerecht werden. Denn Geschichte ist einerseits gerade nicht das atomisierte Immer-neu-anfangen, sondern (je geistiger sie ist)

logischen Erkenntnissen nicht im Weg. Das Bekenntnis von Chalzedon lädt selbst dazu ein, sich der weiteren Anstrengung zu unterziehen, die göttliche und die menschliche Natur Jesu Christi in ein Verhältnis zueinander zu setzen, das nicht allein Positionen ausschließt, die nicht hinreichend sind. Oder könnte es sein, dass dem Menschen eine größere Erkenntnis nicht möglich ist?

f. Gnoseologische und/oder partizipatorische Ansätze in der Inkarnationssoteriologie

Zwei Wege müssen nicht immer zu demselben Ziel führen. Es kann aber so sein. Auf beiden Wegen könnten sich bereichernde Eindrücke von der Wirklichkeit gewinnen lassen. Vieles spricht dafür, dass seit der neutestamentlichen Zeit mit den in den biblischen Schriften überlieferten Ansätzen bei der Antwort auf die Frage, wer Jesus Christus war und ist, zwei gläubige Reflexionen gewagt wurden, die beide eine gute Begründung haben: (1) Die Menschwerdung Gottes in Jesus Christus hat auf gnoseologischer

---

das Neu-werden, das das Vergangene bewahrt, und zwar um so mehr *als* das Alte, je geistiger die Geschichte ist. Aber dieses Bewahren, das ein echtes Ein-für-allemal kennt, ist geschichtliches Bewahren nur, wenn – die Geschichte weitergeht und die Bewegung des Denkens von der erreichten Formel weggeht, um sie (sie, die alte, selbst) wiederzufinden.
Das gilt auch von der chalkedonischen Formulierung des Geheimnisses Jesu. Denn diese Formel ist – eine Formel.
Wir haben somit nicht nur das Recht, sondern die Pflicht, sie als Ende *und* als Anfang zu betrachten. Wir werden immer wieder von ihr wegstreben, nicht um sie aufzugeben, sondern um sie zu verstehen, zu verstehen mit Geist und Herz, um durch sie hindurch dem unsagbaren Unnahbaren selber näherzukommen, dem namenlosen Gott, der sich von uns in Jesus dem Christus wollte finden und durch ihn hindurch suchen lassen. Wir werden zu dieser Formel immer wieder zurückkehren, weil, wenn kurz gesagt werden soll, was uns begegnet in der unsagbaren Erkenntnis, die unser Heil ist, wir immer wieder bei der bescheidenen, nüchternen Klarheit der Formel von Chalkedon ankommen werden. Aber wirklich ankommen bei ihr (was etwas anderes ist als sie einfach wiederholen) werden wir nur, wenn sie uns nicht nur Ende, sondern auch Anfang ist.« (Karl Rahner, Chalkedon – Ende oder Anfang? [1954], 4).

Ebene soteriologische Relevanz: Erlösung geschieht durch die durch Jesus (in seiner Verkündigung, seinem Leben und seinem Sterben) begründete nun für immer verlässliche Gotteserkenntnis. Und / oder: (2) Die Menschwerdung Gottes in Jesus Christus bezeugt die Bereitschaft zur Kenosis, zur Selbsterniedrigung Gottes, der an allem partizipieren möchte, was Geschöpfe durchleiden, selbst die todbringenden Wirkungen der Sünde. Erlösend ist dann die gläubige Erwartung, genau wie der Mensch gewordene Gott Jesus Christus auch selbst aus den Fängen des Todes in der Auferweckung befreit zu werden.

(1) In der frühen nachbiblischen Epoche der christologisch-soteriologischen Traditionsbildung hat die in den neutestamentlichen Schriften vorgeformte Deutung der erlösenden Wirkung des Christusgeschehens im Sinne einer neuen Gotteserkenntnis größere Zustimmung erfahren. Im Streit der Meinungen um die wahre Gotteserkenntnis erschien eine solche Position leichter zu vertreten zu sein als die Annahme, Gott habe sich als ein mitleidendes Wesen in einem Menschen geoffenbart. Die frühen Konzilsbekenntnisse sind daher stärker von dem Deszendenz-Gedanken bestimmt als vom Aszendenz-Gedanken. Es galt die theologische Einsicht abzusichern, dass Gott in Jesus Christus wahre Selbstkunde geschenkt hat.

In diesem Zusammenhang sind auch die frühen Begriffsbildungen in der Trinitätslehre zu verstehen: Das eine göttliche Wesen zeigt sich in drei Personen in Zeit und Geschichte. Der Ursprung des Personbegriffs ist in der antiken Theaterwelt zu finden: Als πρόσωπον (griechisch, prosopon) und *persona* (lateinisch) werden ursprünglich die Stabmasken bezeichnet, die Schauspieler sich vor Augen halten, um ihre Identität zu wechseln. Wenn Menschen sich Masken vor die Augen halten, dann verbergen sie ihr wahres Angesicht voreinander. Menschliche Masken bewirken einen Entzug des eigentlichen Wesens dahinter. Die in der trinitätstheologischen Rede vertraute Vorstellung der Erscheinung Gottes in einer menschlichen Maske betont dagegen die positive Bereitschaft Gottes, in einer für die Geschöpfe erkennbaren Gestalt in Zeit und Geschichte in Erscheinung zu treten. Die Maske, in der Gott auftritt, ermöglicht dialogisch-personal-freiheitlich-relational Gotteserkenntnis in einem geschichtlich situierten »Spiel«, das im Menschenleben des Jesus von Nazareth (nach christlicher Überzeugung) seine eindeutige, eschatologisch-endgültige, verlässliche, letzte Aussage gefunden hat, im Erkenntnisgeschehen jedoch bleibend angewiesen ist auf die gläubige Bereitschaft der Menschen, an diesem »Spiel«, das für Jesus tödlich endete und alle in seiner Nachfolge in dieses »Spiel« hineinzieht, teilhaben zu wollen – im Vertrauen auf die Wahrheit der in Christus Jesus begegnenden Gestalt Gottes.

Bei aller von Gott geschenkten Erkenntnis seines Wesens, bleibt Gott ein Verborgener, immer ein Geheimnis. Karl Rahner[201] wurde nicht müde zu betonen, dass die Rede von Gott als einem bleibenden Geheimnis nicht bedeutet, eine ungelöste Denkschwierigkeit in der Beschreibung des göttlichen Wesens eingestehen zu müssen. Nicht die Grenze der menschlichen Erkenntnisfähigkeit motiviert zu dieser Aussage, sondern die Anerkenntnis der dem menschlichen Zugriff entzogenen freien göttlichen Selbst-Gabe, die die Voraussetzung jeglicher Gotteserkenntnis ist. So wie Menschen füreinander (auch und gerade als Liebende) ein Geheimnis bleiben, weil ihr Versprechen und ihre Zusage zueinander niemals der Freiheit entzogen sind, sondern immer wieder bejaht und darin erneuert werden müssen, so ist auch Gott niemals für Menschen zu haben, nicht zu besitzen. Gotteserkenntnis kann immer wieder nur neu erlebt werden. Erkenntnis und Liebe sind zwei Bewegungen, die einander bedingen: Nur zur Anerkenntnis des möglicherweise Fremden bereite Menschen erkennen wahrhaft; wahre Liebe ist nicht blind, sondern sie geschieht in Rücksicht auf den wahrgenommenen Bezugspunkt der Liebe. Die Liebe zum göttlichen Geheimnis setzt eine Einsicht in die Eigenheit des Geliebten voraus. Nach christlicher Überzeugung hat Gott in Christus Jesus sein Geheimnis kundgemacht. Gottes Bild kann sich nicht mehr in ein gegenteiliges Zerrbild verkehren. Gott ist Liebe auch zu seinen Widersachern. Sein Geheimnis ist das unverdiente Geschenk dieser Liebe – die immer wieder

---

[201] Vgl. ders., Erfahrungen eines katholischen Theologen (1984).

überraschende Neuzusage in der Bejahung auch der Sünder und Sünderinnen.

(2) Was nicht angenommen ist, ist auch nicht erlöst. Dieser in altkirchlicher Zeit in Variationen wiederholte Lehrsatz, blieb in der östlichen christologisch-soteriologischen Reflexion nachhaltiger präsent. Der Gedanke kann als ein Leitmotiv des zweiten Weges der Erlösung durch die Menschwerdung Jesu Christi betrachtet werden: Durch die Teilhabe Gottes selbst am gesamten Menschengeschick verwandelt sich die sündige und vom Tod bedrohte geschöpfliche Existenz. In der Partizipation Gottes am Leben der Geschöpfe wird seine Bereitschaft zur Solidarisierung erkennbar. Im Durchleben und Durchleiden der zeitlichen Existenz des Menschen zeichnet Gott selbst einen Weg der Erlösung vor, der durch das Leiden in das unverlierbare Leben führt. Das Motiv der »Stellvertretung« kann in diesem Zusammenhang als eine von Gott exemplarisch in Menschengestalt gewährte Vorausschau« gedeutet werden. Anschlussfähig erscheint dieses Konzept auch an die Rede vom »wunderbaren Tausch«, an den »fröhlichen Wechsel«[202], der sich aus Sicht von Martin Luther in Jesus Christus ereignet hat: Gott nimmt selbst den Tod auf sich, um den Menschen ihren Weg in das Leben zu weisen. Dieses partizipatorisch denkende Konzept in der Deutung der soteriologischen Relevanz der Menschwerdung Gottes kann sich auf viele biblische Zeugnisse berufen – insbesondere auf Texte, die die Kenosis Gottes in Jesus Christus verkündigen und das Leiden und die Auferstehung Jesu als einen stellvertretenden Weg im Vorausblick auf das Geschick der gesamten Schöpfung begreifen. Durch die größere Nähe dieser Konzeption zum Gedanken des in Christus Jesus mitleidenden Gottes ist dieser Ansatz heute vielen Menschen sehr nahe.

Ich kenne keinen Text, der die erlösende Wirkung der Partizipation des ewigen Gottes am zeitlichen Geschick der Menschheit so eindrücklich formulierte, wie jener, den Karl Rahner in den 50er Jahren des 20. Jahrhunderts als Meditation zu Weihnachten formulierte: »Wenn wir aber im Glauben, im entschlossenen

---

[202] Martin Luther, Von der Freiheit eines Christenmenschen (1520; WA 7, 25, 34).

nüchternen und über alles andere hinaus tapferen Glauben sagen: es ist Weihnacht, dann sagen wir: es ist in die Welt und in mein Leben ein Ereignis eingebrochen, das dies alles, was wir Welt und unser Leben nennen, verwandelt hat (...) Denn der Herr ist da. Der Herr der Schöpfung und meines Lebens. Er sieht nicht mehr aus dem ewigen ›alles in einem und auf einmal‹ seiner Ewigkeit bloß dem ewigen Wechsel meines verrinnenden Lebens tief unter sich zu. Der Ewige ist Zeit, der Sohn ist Mensch, die ewige Weltvernunft, die allumfassende Sinnhaftigkeit aller Wirklichkeit ist Fleisch geworden. Und dadurch ist die Zeit und das Menschliche verwandelt worden. Dadurch, dass Gott selber Mensch geworden ist. Nicht insofern, dass er aufgehört hätte, Er selbst, das ewige Wort Gottes selbst mit all seiner Herrlichkeit und unausdenkbaren Seligkeit zu sein. Aber er ist wahrhaft Mensch geworden. Und jetzt geht ihn diese Welt und ihr Schicksal selber an. Jetzt ist sie nicht nur sein Werk, sondern ein Stück von ihm selbst. Jetzt sieht er ihrem Lauf nicht mehr nur zu, jetzt ist er selber drinnen, jetzt ist ihm selbst zumute, wie es uns zumute ist, jetzt fällt auf ihn unser Los, unsere irdische Freude und unser eigener Jammer. Jetzt brauchen wir ihn nicht mehr zu suchen, in den Unendlichkeiten des Himmels, in denen sich unser Geist und unser Herz weglos verlieren, jetzt ist er selbst auch auf unserer Erde, auf der es ihm nicht besser geht als uns, auf der ihm keine Sonderregelung zuteil wurde, sondern unser aller Los: Hunger, Feindschaft, Todesangst und ein elendes Sterben. Dass die Unendlichkeit Gottes die menschliche Enge, die Seligkeit die tödliche Trauer der Erde, das Leben den Tod annahm, das ist die unwahrscheinlichste Wahrheit. Aber sie nur – dieses finstere Licht des Glaubens – macht unsere Nächte hell, sie allein macht heilige Nächte.«[203]

---

[203] Karl Rahner, Weihnachten (1954), 14 f.

4. Ist Jesus leiblich auferstanden?

a. Eigenarten der österlichen Erkenntnis des auferweckten Christus Jesus

»Jeder Mensch erlebt wohl die biblischen Geschichten, aber ohne die Ereignisse darin; jeder geht einmal nach Emmaus, aber da kommt ihm nichts entgegen als – die mächtige Leere«[204]. Die neutestamentliche Erzählung von der verwandelnden Erkenntnis der Zusammenhänge in der Lebensgeschichte Jesu, die den beiden Jüngern auf ihrem Weg mit dem auferweckten Christus Jesus nach Emmaus widerfahren ist (vgl. Lk 24,13–35), enthält selbst eine Notiz, die sich mit dem zitierten literarischen Text in Verbindung bringen lässt: Die beiden Jünger »waren wie mit Blindheit geschlagen, so dass sie ihn [Jesus Christus] nicht erkannten« (Lk 24,16). Ohne die geöffneten Augen des Glaubens im Innern des Menschen kommt dem nach-sinnenden menschlichen Bewusstsein der auferstandene Christus Jesus nicht entgegen, auch wenn Jesus im Sinne der Erzählung auf die Jünger zugeht und sie begleitet. Eine österliche Erfahrung lässt sich nicht ohne entsprechende gläubige Bereitschaft machen. Die Begegnung mit dem Auferweckten erzwingt die erlösende Erkenntnis nicht. Lange Wegstrecken sind oft erforderlich – mit einem offenen Ausgang. Nicht ohne Grund wird die Emmaus-Erzählung mit ihren Wegetappen immer wieder als Grundriss für die geistliche Begleitung von Menschen gewählt, die ihrem Bekenntnis zur Erlösung in Christus Jesus mit eigenen existentiellen Bezügen nachgehen möchten.[205] Einmal nach Emmaus zu gehen, ist oft nicht hinreichend, um die Hoffnung auf die Auferweckung zu begründen.

Das Motiv der oft spontan nicht gelingenden Wiedererkenntnis des irdischen Jesus in der Gestalt des auferweckten Christus findet sich in den neutestamentlichen Erzählungen von der Er-

---

[204] Peter Handke, Phantasien der Wiederholung (1983), 87.
[205] Vgl. Paul Deselaers, Sensible Wege zur Botschaft der Auferstehung (2008); Peter Bohlemann / Michael Herbst, Geistlich Leiten (2011), 134–136; Willi Lambert, Geistliche Begleitung auf dem Glaubensweg (2001), 23 f.

scheinung des Auferstandenen sehr oft. Selbst Persönlichkeiten, die zuvor in den Evangelien als gut vertraut mit Jesus geschildert werden, erkennen ihn in seiner verwandelten Gestalt nicht wieder: Maria von Magdala verwechselt ihn mit dem Friedhofsgärtner (vgl. Joh 20,11–18); Petrus muss sich am See von dem Lieblingsjünger Johannes sagen lassen, dass Jesus am Ufer steht (vgl. Joh 21,1–14); Thomas will erst die Wunden Jesu sehen und berühren, bevor er glaubt und bekennt: »Mein Herr und mein Gott« (Joh 20,28). Das Thema, das sich in der johanneischen Tradition von Beginn an findet, wird auch am Ende aufgenommen: Erlösung geschieht in der Erkenntnis Jesu Christi. Diese setzt innere Bereitschaft voraus. Gläubige Erkenntnis ist immer ein Wagnis, erneut eine personale Beziehung zu leben.

In narrativer Gestalt vermitteln die neutestamentlichen Erzählungen, dass der auferweckte Christus Jesus nicht einfach identisch ist mit seinem wiederbelebten Körper. Dennoch gibt es Linien der Kontinuität zwischen dem irdischen Jesus und jener Gestalt, die nach Ostern begegnet. Die Jüngerinnen und Jünger erkennen ihn an seiner Stimme (Jesus nennt Maria bei ihrem Namen: vgl. Joh 20,16), an seiner Schriftauslegung auf dem Weg nach Emmaus, an seinen Gesten, unter denen der Friedensgruß und das Brotbrechen hervortreten, sowie an seinen Wundmalen. Hintergründig werden die nachösterlichen Gemeinden, für die diese Erzählungen geschrieben und überliefert sind, daran erinnert, dass auch sie die Möglichkeit haben, den auferweckten Christus Jesus zu erkennen, auch wenn er ihnen nicht mehr erscheinen wird, denn: »Selig sind, die nicht sehen und doch glauben« (Joh 20,28). Im Leben der Gemeinden bleiben die genannten Erkennungszeichen der Gegenwart des Auferweckten bewusst. Die Wortverkündigung und das Mahl bilden sich als identitätsstiftende christliche Zeichenhandlungen heraus. Gastfreundschaft prägt das Miteinander. Die orientierende Mitte jeder Versammlung ist das Gedächtnis des gekreuzigten Jesus.

Die neutestamentlichen Ostererzählungen haben eine soteriologische Intention: Sie möchten Menschen von den Zweifeln befreien und zum Glauben bringen. Dabei ist die gemeinschaftliche, die kommunionale Gestalt christlicher Existenz besonders hervorgehoben: Die Jünger und Jüngerinnen Jesu finden am Ostermorgen zu einem neuen Bewusstsein ihrer gemeinsamen Identität. Die Zeuginnen und Zeugen des lebendigen Christus befolgen den Auftrag Jesu, sie laufen aufeinander zu und lassen einander teilhaben an der ihnen widerfahrenen Freude. In vielen Erzählungen kommt die Bedeutung, die die Erlebnisse zunächst einzelner Menschen für die gesamte Glaubensgemeinschaft haben, eindrücklich zur Sprache. Im persönlichen Zeugnis und durch die Bestätigung der anderen Menschen, denen der Auferweckte auch erschienen ist, formt sich die Gewissheit im Glauben. Der Glaube hat immer ekklesiale Dimension. Die kirchliche Tradition hat sich vor allem in der Gestalt der Maria von Magdala ein Gedächtnis der unlöslichen Verbindung zwischen dem Geschehen der Erwählung zum österlichen Glauben und der Sendung zur Verkündigung des Evangeliums bewahrt. Maria wird als die »Apostelin der Apostel« bezeichnet, da sie von dem Auferweckten zu den Jüngern gesandt wurde, um von ihrer Begegnung mit dem auferweckten Christus Zeugnis abzulegen (vgl. Joh 20,17 f.). Wie Israel weiß sich auch die Christengemeinschaft gedrängt, den ihnen nun neu geschenkten Namen Gottes weiterzusagen: Es ist derselbe Gott, der den Himmel und die Erde geschaffen, Israel aus der Sklaverei in Ägypten befreit und Jesus von den Toten auferweckt hat (vgl. Röm 4,24; Gal 1,1; 2 Kor 4,14; Kol 2,12). Im Namen dieses Gottes versammeln sich die Christinnen und Christen.

Die älteste Überlieferung des Glaubens an Gottes Tat der Auferweckung Jesu Christi ist in den paulinischen Schriften zu finden. In formelhaft wirkenden, vermutlich bereits in der Liturgie verwendeten Bekenntnissen wird Gottes Handeln an Jesus sprachlich als ein Geschehen gefasst, das (nach der Überzeugung des Paulus) als ein geschichtlich-momentanes Ereignis in der Zeit zu verstehen ist. Die frühen kurzen Formeln wurden später um zusätzliche inhaltliche Einzelheiten erweitert: hinsichtlich der Begegnung mit dem Auferweckten als Auslöser des Bekenntnisses (vgl. 1 Kor 15,4 f.); hinsichtlich der gegenwärtigen Stellung des erhöhten Christus (vgl. Röm 1,3 f.); hinsichtlich der soteriologischen Relevanz dieses Ereignisses (vgl. 1 Thess 4,14; Röm 8,34); hinsichtlich der Folgen des Geschehens in Bekehrung und Taufe (vgl.

Röm 6,3f.; Kol 2,12f.). Diese Erweiterungen zeigen, dass von frühester Zeit an die Verwandlung der Lebensexistenz derer, die an Jesus Christus glauben, im Bewusstsein war.

Die synoptischen und johanneischen Erzählungen von den Erscheinungen des Auferweckten stimmen mit den frühen paulinischen Texttraditionen darin überein, dass ein Begegnungsgeschehen, eine Erscheinung zum Osterglauben führte. Da diese Erzählungen wie alle Evangelientexte der nachösterlichen Verkündigung dienen wollen, voneinander textlich abhängen (Mk und Redequelle Q lagen Mt und Lk vor) und nicht als Protokolle historischer Ereignisse missverstanden werden dürfen, ist es nicht erstaunlich, dass sich die Textaussagen in vielerlei Hinsicht nicht harmonisieren lassen. Diese Beobachtung bezieht sich vor allem auf die Frage der Ersterscheinung, der Protophanie, und auf die Bedeutung der Frauen im Kreis der Apostel. Gemeinsam ist den Erzählungen, dass die Erkenntnis des auferweckten Christus nicht zwingend war, vielmehr vertrauenden Glauben und die Bereitschaft zur erinnernden Vergegenwärtigung des vorösterlichen Jesus voraussetzte. Die Adressaten der Evangelien sollten auf diese Weise ermutigt werden, ihre eigenen Möglichkeiten zu erkennen und zu ergreifen, auch nach der begrenzten geschichtlichen Zeit der Erscheinungen zum Osterglauben zu finden. In der lukanischen Tradition bezeichnet die Auffahrt Jesu Christi in den Himmel diesen Einschnitt in der nachösterlichen Zeit (vgl. Lk 24,50–53; Apg 1,9–11). Neben der Wiedererkennungsthematik ist als zweites das Sendungs- und Beauftragungsmotiv in vielen Erzählungen zu finden: Es ist der Auftrag der Osterzeuginnen und Osterzeugen, das Erlebte anderen zu verkündigen.

Die Glaubwürdigkeit des Osterzeugnisses lässt sich am ehesten durch die Wahrnehmung begründen, dass sehr bald nach Jesu Tod seine Jünger und Jüngerinnen mutig in der Öffentlichkeit für seine Gottesbotschaft eintraten, auch wenn sie dabei ihr Leben gefährdeten. Die frühe christliche Gemeindebildung und die entsprechende Taufpraxis lassen sich kaum verständlich erklären, wenn die Jüngerinnen und Jünger sich nicht durch eine gemeinsame Erfahrung dazu ermutigt erlebt hätten. Die neue christliche Identität wurde nicht durch eine allgemeine Erkenntnis des Lebens auch von Toten begründet. Das Gedächtnis des irdischen Jesus, seiner Lebensweise bis zum Tod, bildet (bis heute) den Konstruktionspunkt der christlichen Identität. Die Begegnung mit dem Auferweckten ließ die Deutung zu, dass Gott immer schon mit ihm und in ihm ist.

b. Jüdisch-christliche Verkündigung der Hoffnung über den Tod hinaus

Die Vorstellung, dass Tote von Gott zum Leben erweckt werden, war den Jüngerinnen und Jüngern Jesu nicht unbekannt. Vermutlich standen sie – wie Jesus selbst auch – der Tradition der Pharisäer nahe, die anders als die Sadduzäer (vgl. Mt 22,23–33) den jüngeren Tendenzen in der jüdischen Lehre zustimmten, die von der Annahme eines Lebens nach dem Tod ausgingen. Jesus verkündigte mit seiner jüdischen Tradition den Gott der Väter und fragte seine sadduzäischen Gesprächspartner: »Habt ihr (…) nicht gelesen, was Gott euch über die Auferstehung der Toten mit den Worten gesagt hat: Ich bin der Gott Abrahams, der Gott Isaaks und der Gott Jakobs? Er ist doch nicht der Gott der Toten, sondern der Gott der Lebenden« (Mt 22,31f.). Offenkundig war die Beharrlichkeit, mit der Jesus an der Erwartung des Lebens nach dem Tod festhielt, eine Quelle seiner Zurückweisung durch führende jüdische Religionslehrer seiner Zeit. Sehr gut möglich ist, dass die von Jesus in der Tradition des Täufers Johannes gehaltenen Gerichtsreden eine Spur aufgenommen haben, die in der späten alttestamentlichen Literatur vielfach begegnet: Gottes Gericht erlöst die gottesfürchtigen Gerechten aus der Not der Missachtung durch frevlerische Menschen, die meinen, dass ihre Schandtaten mit ihrem Tod in Vergessenheit geraten. Das Gericht über den Tod hinaus ist eine gesamtbiblische Hoffnungsbotschaft.

Aus biblischer Sicht geschieht das Gericht als Begegnung mit Gott: Am »Tag des Herrn« (vgl. Am 5,18; Zef 1,7) kommt JHWH zum Gericht. An diesem Tag kommt alles, was im Dunklen und Verborgenen war, an das Licht der Erkenntnis. Gerechtigkeit wird von Gott gewirkt. Auch die christliche Parusie-Erwartung, die

Hoffnung auf das Wiedererscheinen des auferweckten gekreuzigten Jesus Christus am Ende der Zeiten, ist mit der Vorstellung verbunden, dass der Menschensohn auf dem Richterthron sitzt (vgl. Mt 25,31–46). Niemand wird dem Gericht Gottes entkommen. Das Gericht geschieht nach den Werken der Menschen. Diese jenseitige Voraussicht verwandelt das Leben bereits im Diesseits. Wachsamkeit im Blick auf die ständige Suche nach dem Guten ist die angemessene Konsequenz. Die beiden Petrusbriefe bringen den Zusammenhang zwischen der Erwartung des Gerichts Gottes und der gegenwärtigen Lebensexistenz anschaulich zum Ausdruck: »Das Ende aller Dinge ist nahe. Seid also besonnen und nüchtern, und betet! Vor allem haltet fest an der Liebe zueinander, denn die Liebe deckt viele Sünden zu« (1 Petr 4,7f.). Durchgängig wird in den biblischen Schriften nicht etwa Gottes Freude an der Not der Sünderinnen und Sünder beschrieben, vielmehr ist die Aufrichtung von Gerechtigkeit das Ziel des Gerichts (vgl. Mal 3,5). Gottes besondere Achtsamkeit gilt denen, die ohne die von anderen Menschen erfahrene Gerechtigkeit nicht lebensfähig sind: Witwen und Waise, Fremde, Flüchtlinge und alte Menschen.

In der späten alttestamentlichen Literatur (vgl. exemplarisch Weish 4–5) zeigt sich folgende Argumentationsstruktur: Im Leben können die auf Kosten anderer Menschen lebenden Frevler (scheinbar) sich über die Gottesfürchtigen erheben: Diese leben manchmal nur kurz und erleiden Armut und Verfolgung, während die Frevler ohne materielle Not bleiben. Der Tod kann als Freund der Frevler missverstanden werden, weil in ihm alles zunichte wird. Dagegen steht die biblische Gerichtsvorstellung, die eine Hoffnung für die Gottesfürchtigen darstellt: Für alle wird im Gericht universal offenkundig, wer ein Frevler und wer ein Gottesfürchtiger ist. Erlösung geschieht dann im Aufdecken der Verhältnisse. Offen bleibt dabei die Frage, ob es auch im Gericht noch zu einer Versöhnung zwischen Gottesfürchtigen und Frevlern kommen kann. Nur so wäre eine Hoffnung auf die Versöhnung zwischen allen Geschöpfen zu denken.[206]

---

[206] Siehe dazu hier unten Abschnitt VI.4.

Die neutestamentlichen Schriften (insbesondere die paulinische und die johanneische Theologie) legen Wert auf die Erkenntnis, dass das eschatologische Gericht bereits in der Lebenszeit der Menschen geschieht: »Denn Gott hat die Welt so sehr geliebt, dass er seinen einzigen Sohn hingab, damit jeder, der an ihn glaubt, nicht zugrunde geht, sondern das ewige Leben hat. Denn Gott hat seinen Sohn nicht in die Welt gesandt, damit er die Welt richtet, sondern damit die Welt durch ihn gerettet wird. Wer an ihn glaubt, wird nicht gerichtet; wer nicht glaubt ist schon gerichtet, weil er an den Namen des einzigen Sohnes Gottes nicht geglaubt hat« (Joh 3,16–18). Die alltägliche Lebensbedeutung des christlichen Bekenntnisses wird anschaulich. Die Folgen des eigenen Handelns sind bereits das Gericht über die Taten.

Jenseits und Diesseits stehen in der biblischen Tradition in einer engen Wechselwirkung. Ein Kennzeichen vieler Zeugnisse innerhalb der alttestamentlichen Eschatologie ist es, dem Leben vor dem Tod hohen Wert zu schenken: Das glückende Leben besteht in der Freude über die Nachkommen, einem Wohnen in Sicherheit in einem fruchtbaren Land, dem Austausch in einer Kommunikationsgemeinschaft, der Freiheit in der selbstbestimmten Religiosität. Am Beispiel der Freude über die Kinder lässt sich die erlösende Dimension dieser Diesseitserfahrung im biblischen Sinn veranschaulichen: Mit der göttlichen Gabe eigener Nachkommen ist die Verheißung verbunden, im Leben niemals in Vergessenheit zu geraten; Nachkommen bewahren den Vorfahren Gedächtnis. Wer im Gedächtnis ist, der lebt. Nachkommen im weiteren Sinn können auch kinderlose Menschen haben, die jüngeren Menschen ihr Lebenswissen weitersagen und so lebendig im Gedächtnis bleiben.

c. »Leibliche« Auferstehung

Der eschatologisch vollendete »Leib« des Menschen ist nicht sein Körper, sondern seine in Beziehungen gestaltete Lebensgeschichte. In der eschatologischen Begegnung mit Gott setzt die Fähigkeit des Menschen, für sich wahrnehmen zu können, dass er oder sie als eine unverwechselbare Persönlichkeit zu einem unverlierbaren Leben erschaffen und berufen ist, den Fortbestand von Gedächtnis und Erkenntnis voraus. Diese Überlegung motiviert bis heute zur Annahme der Existenz einer menschlichen Seele, der Gott über den Tod hinaus Leben schenkt. Die Voraussetzung dazu ist Gottes Bereitschaft zur dialogischen Beziehung auch über den Tod hinaus.[207]

Nach christlicher Überzeugung hat Gott Jesus über seinen Tod hinaus die Beziehung bewahrt, und diese Bereitschaft auch in Zeichenhandlungen in Zeit und Geschichte bekundet: Gott hat den auferweckten Christus Jesus seinen Jüngerinnen und Jüngern erscheinen lassen. Eine eigene Frage dabei ist, ob die nur in den Evangelien zu findende Erzählung vom leeren Grab ein historisches Fundament hat. Die meisten Ausleger dieser Überlieferung lassen die Frage offen, weil auch die Tatsache eines leeren Grabes bereits in den neutestamentlichen Zeugnissen noch immer unterschiedliche Deutungen zuließ: Der Leichnam hätte beispielsweise an eine andere Stelle gebracht werden können, um seine Auferstehung von den Toten vorzutäuschen. Auch die vermeintliche Sicherheit, mit der manche Ausleger[208] behaupten, dass Jesus in ein Massengrab geworfen wurde, ist problematisch. Eigentlich sah die Rechtsordnung vor, dass Gekreuzigte am Holzpfahl hängen bleiben und von Vögeln zerrissen werden. Wäre dies geschehen, wäre eher anzunehmen, dass die Überlieferung vom leeren Grab sich nicht hätte bilden können. Vermutlich lag auch den jüdischen Betreibern der Kreuzigung Jesu daran, dass sein Leichnam vor den anstehenden Festtagen begraben wurde. Zu denken gibt jedoch auch, dass sich in Jerusalem (anders etwa als bei den Gräbern der Apostel Petrus und Paulus in Rom) keine Tradition der Grabverehrung bildete. Eine eindeutige, schlüssige Erklärung für die Überlieferungen vom leeren Grab lässt sich somit kaum angeben. Aus systematisch-theologischer Perspektive betrachtet, ist jedoch vor allem wichtig, dass der Leib des auferstandenen Christus wie

---

[207] Vgl. Joseph Ratzinger, Eschatologie – Tod und Ewiges Leben (1977), bes. 124–132. Vgl. auch Gerhard Nachtwei, Dialogische Unsterblichkeit (1986).
[208] Vgl. Gerd Lüdemann, Die Auferstehung Jesu (1994), bes. 63–67.

auch der menschliche Auferstehungsleib nicht identisch war mit einem wiederbelebten, dann erneut sterblichen Körper. Diesbezüglich ist die in der Frömmigkeitsgeschichte vielfach favorisierte Vorstellung von einem leeren Grab eher hinderlich für ein angemessenes Verständnis der eschatologisch erlösten Lebensexistenz. Nach den Erzählungen der Evangelien vermag der Auferstandene durch verschlossene Türen und Fenster zu gehen; er kann an mehreren Orten gleichzeitig erscheinen. All dies setzt voraus, dass der auferweckte Leib Jesu ein verwandelter war und nicht einfach sein wiederbelebter Körper. Nochmals: »Leibliche« Auferstehung meint das lebendige Gedächtnis der gesamten Lebensgeschichte eines geschöpflichen Daseins.

Die theologische Bedeutung des Glaubens an die leibliche Auferstehung Jesu Christi lässt sich unter drei Aspekten zusammenfassen: (1) Die transzendental-philosophische Frage, warum überhaupt etwas Zeitliches ist und nicht nichts, findet zu der zuversichtlichen Antwort: Alles Begrenzte wird verwandelt, nicht auf immer zerstört. (2) Angesichts der dialogischen Struktur des Daseins als Leben im Miteinander ist die Hoffnung auf die Rettung des geliebten Du vor der letzten Vernichtung eine Bedingung der Möglichkeit, Gottvertrauen zu gewinnen. (3) Im Blick auf das ungerechte Leiden so vieler Geschöpfe wäre ein Leben ohne Erwartung von letztlich erfahrbarer Gerechtigkeit nicht vertrauenswürdig: Allumfassendes Gedächtnis, universale Anamnese der Leiden und der Freuden soll sein bei der Auferstehung der Leiber.

d. Leben mit dem Tod als universalem Existential des Menschen

Jesus teilte mit der gesamten Menschheit das Sein zum Tod. Er lebt wie alle Geschöpfe und geht zugleich in seiner Auferweckung allen voraus. In der exegetischen Forschung[209] ist einem Christustitel in der jüngeren Vergangenheit verstärkte Aufmerksamkeit geschenkt worden, der früher bei der Bestimmung der soteriologischen Be-

---

[209] Vgl. einführend: Gerhard Friedrich, Die Verkündigung des Todes Jesu im Neuen Testament (^{2}1985), bes. 156–175.

deutung des Lebens und Sterbens Jesu wenig Beachtung fand: Jesus Christus ist der ἀρχηγός τῆς σωτηρίας, der »Urheber des Heils« (Hebr 2,10); er ist der ἀρχηγός τῆς ζωῆς, der »Urheber des Lebens« (Apg 3,15). Als leitender Gedanke bei der Verwendung dieses Titels gilt die »Vorstellung einer Schicksals- und Solidargemeinschaft des ›Anführers‹ und Wegbereiters mit denen, die ihm auf seinem Wege folgen«[210]. Dabei fällt auf, dass der Christustitel ἀρχηγός sowohl in der Apostelgeschichte als auch im Hebräerbrief in textlicher Nähe zu Ausführungen über die Gestalt des Mose erscheint. Gegenüber der alttestamentlichen Verwendung des Bildes vom Wegführer eigen, und zugleich für alle vier neutestamentlichen Belege der Christusprädikation ἀρχηγός charakteristisch ist es jedoch, dass diese in enge Verbindung mit Aussagen über die Passion und die Auferweckung Jesu Christi gebracht sind: Unter Verwendung einer »Kontrastformel«[211] lässt Lukas Petrus den »Anführer zum Leben« verkündigen, den Menschen töteten, und den Gott auferweckt hat (vgl. Apg 3,15). Den »Anführer und Retter« hat Gott zu sich erhöht, um Israel zu erlösen (vgl. Apg 5,31). Gott hat den »Anführer des Heils« durch Leiden vollendet (vgl. Hebr 2,10). Jesus ist der »Anführer und Vollender des Glaubens«, der das Kreuz auf sich genommen und sich zur Rechten Gottes gesetzt hat (vgl. Hebr 12,2). Jesus Christus ist der Wegbereiter des Lebens und des Heils. Die soteriologische Sinnspitze der Erstbegehung des heilvollen Weges durch Jesus Christus lässt sich nach Ansicht der Kommentatoren der Theologie des Hebräerbriefes nur unter Berücksichtigung der Teilhabe der Jesus Nachfolgenden an dem von ihm eröffneten Weg begreifen: Das »Gleichwerden des Erlösers mit den Menschen«[212] durch die in der Inkarnation geschehene »Teilnahme des Erlösers an Fleisch und Blut der Menschen«[213] bewirkt, dass Jesus Christus für alle Men-

---

[210] Hans-Friedrich Weiß, Der Brief an die Hebräer ([15]1991), 210. Auch Erich Gräßer betont, dass bei der theologischen Verwendung des Christustitels ἀρχηγός »die Zusammengehörigkeit von Erlöser und Erlösten der entscheidende Punkt ist« (Erich Gräßer, An die Hebräer, I. Teilband [1990], 131).
[211] Vgl. Luger Schenke, Die Kontrastformel Apg 4,10b (1982).
[212] Erich Gräßer, An die Hebräer, I. Teilband (1990), 132.
[213] Ebd., 133.

schen wirksam »die Todesmacht als Anführer zur himmlischen Heimat«[214] durchbrechen kann.

Der universalen Dimension der Todesbedrohung aller Geschöpfe gewahr zu werden, kann ein Weg sein, auch die universale Bedeutung des erlösenden Christusgeschehens zu erschließen. Ein erster möglicher Zugang zu der Frage, welche Bedeutung das Nachdenken über den Tod in der Geschichte der Menschheit hat, ist durch einen Blick in die Evolutionsgeschichte möglich: Bei der Beschreibung des Tier – Mensch – Übergangsfeldes gelten (neben anderen Kriterien) auch veränderte Verhaltensweisen bei der Bestattung von Toten als für die humane Existenz kennzeichnend: Tierkadaver werden nicht nur mit Erde bedeckt, um die Herde aufgrund eines in den Instinkten bewahrten Erfahrungswissens vor Seuchen zu schützen, es werden vielmehr irgendwann die Orte des Begräbnisses eines bestimmten Wesens bezeichnet, um es später wiederzufinden. Mit diesen neuen Formen der Begräbniskultur entstehen erste Fragen im Hinblick auf die Fortexistenz der Verstorbenen zumindest im Gedächtnis der Nachlebenden. Bis heute sind die vielfältigen Themenaspekte des Bestattungswesens auch von hoher theologischer Bedeutung. Einzelne Studien widmen sich der Frage, welche Vorstellungen von Erlösung beispielsweise in Todesanzeigen, Nachrufen oder Grabsteingestaltungen zu finden sind.[215]

Die unterschiedlichen (und auch vergleichbaren) Weisen, wie Tiere und Menschen mit dem Sterben, dem Tod und der Trauer umgehen, ist in der vergleichenden Verhaltensforschung vielfach bedacht worden. Ein wichtiger Aspekt ist dabei, dass das Wissen um die eigene unabwendbare Sterblichkeit nur von Menschen in Sprachgestalt reflektiert wird, wie ein Gedicht von Erich Fried[216] einprägsam beschreibt:

---

[214] Ebd.
[215] Vgl. dazu exemplarisch: Birgit Hosselmann, Todesanzeigen als memento mori? (²2003); Andrea K. Thurnwald, Trauer und Hoffnung (2003); Thomas Klie (Hg.), Performanzen des Todes (2008).
[216] Erich Fried, Definition (1964).

Ein Hund

der stirbt
und der weiß
dass er stirbt
wie ein Hund
und der sagen kann
dass er weiß
dass er stirbt
wie ein Hund

ist ein Mensch

Anders als andere Lebewesen, wissen Menschen darum, dass sie sterben werden. Menschen können darüber nachdenken, was diese Gewissheit für ihre zeitlich befristete Existenz bedeutet. Im worthaften, sprachlichen Geschehen der Todesdeutung erfahren Menschen Gemeinschaft in der Suche nach einer Antwort auf diese universal verbindende Erfahrung der Sterblichkeit.

In allen Epochen der Menschheitsgeschichte war der Tod Thema in literarischen und ikonographischen Werken. Dabei lassen sich gewisse Eigenheiten in der Todeswahrnehmung unterscheiden: In der Antike war das Empfinden vorherrschend, von undurchschaubaren Mächten abhängig zu sein, die die Lebensschicksale bestimmen, ohne dass die Menschen in Freiheit darauf Einfluss nehmen könnten. Im Mittelalter war der Tod ein gewichtiges Thema in allen kulturellen Bereichen. Insbesondere Höllenängste und Schuldgefühle plagten die Menschen in der Erwartung des eigenen Sterbens. Frömmigkeitspraktiken, die dem menschlichen Werk hohe Bedeutung für den Erwerb der Ewigkeit versprachen, wirkten anziehend. An der Wende zwischen Mittelalter und Neuzeit bricht die Frage auf, warum Gott die Geschöpfe als leidende und sterbliche Wesen erschaffen hat – spricht dies nicht gegen die Existenz Gottes? Insbesondere der frühe Tod geliebter Menschen provozierte. Im 19. und 20. Jahrhundert werden der Schrecken des Krieges und das Grauen des Tötens in aller Deutlichkeit beschrieben. In jüngerer Zeit erscheinen viele (auto)biographische Werke, in denen Menschen erzählen, wie sie sich dem nahen Sterben gegenüber fühlen und diese Situation zu bewältigen versuchen. In manchen Texten lässt sich das verzweifelte Bemühen nach Verdrängung der Todesgewissheit erkennen – etwa durch Flucht in den Witz oder die Ironie.

Auch manche Christinnen und Christen sterben sehr schwer. Trotz oder gerade wegen ihres lange eingeübten Bekenntnisses zur österlichen Hoffnung ist die Begegnung mit dem eigenen nahen Tod eine besondere Herausforderung. Auf der professionellen Ebene sprechen und schreiben Theologen und Theologinnen oft über den Tod. Auf der existentiellen Ebene haben viele der von der Nachwelt als »groß« bezeichneten Theologen die Veränderungen im Denken und Empfinden beschrieben, die sich in der gewiss werdenden Todesnähe einstellen. Nicht wenige – unter ihnen auch Thomas von Aquin – sind am Ende verstummt.[217] Karl Rahner sagte an seinem 80. Geburtstag wenige Wochen vor seinem Tod rückblickend auf sein Leben: »Mir will scheinen, dass die Vorstellungsschemen, mit denen man sich das Ewige Leben zu verdeutlichen sucht, meist wenig zur radikalen Zäsur passen, die doch mit dem Tod gegeben ist. Man denkt sich das Ewige Leben, das man schon seltsam als ›jenseitig‹ und ›nach‹ dem Tod weitergehend bezeichnet, zu sehr ausstaffiert mit Wirklichkeiten, die uns hier vertraut sind (...). Ich fürchte, die radikale Unbegreiflichkeit dessen, was mit Ewigem Leben wirklich gemeint ist, wird verharmlost und was wir unmittelbare Gottesschau nennen, wird herabgestuft zu einer erfreulichen Beschäftigung neben anderen, die dieses Leben erfüllen; die unsagbare Ungeheuerlichkeit, dass die absolute Gottheit selber nackt und bloß in unsere enge Kreatürlichkeit hineinstürzt, wird nicht echt wahrgenommen.«[218] Rahner denkt die Gottesbegegnung in der eschatologischen Vollendung in Verbundenheit mit der menschlichen Wahrnehmung des eigenen Lebens; dabei wird »die wahre Essenz der getanen Freiheit«[219] zu unterscheiden sein von dem »Müll, den wir unsere Geschichte nen-

---

[217] Vgl. Otto Hermann Pesch, Thomas von Aquin (1988), 51; Josef Pieper, Über Thomas von Aquin (1948), 77–79.
[218] Karl Rahner, Erfahrungen eines katholischen Theologen (1984), 118 f.
[219] Ebd., 119.

nen«[220]. Nicht jede oft vergebliche Anstrengung wird eschatologisch verwandelt werden. Am Ende erscheint »unser bisheriges, noch so langes Leben nur als eine einzige Explosion unserer Freiheit (...), die uns wie in Zeitlupe gedehnt vorkam, eine Explosion, in der sich Frage in Antwort, Möglichkeit in Wirklichkeit, Zeit in Ewigkeit, angebotene in getane Freiheit umsetzte«.[221]

e. Theologie mit den anderen Wissenschaften im Gespräch über den Tod

Angesichts der Tatsache, dass alle Menschen um den eigenen und den fremden Tod immerzu wissen, und diese Gewissheit das Leben Tag für Tag begleitet, ist es wenig erstaunlich, dass viele Wissenschaften mit jeweils den ihre Erkenntnis leitenden Interessen auf das Phänomen des Todes blicken. Einzelne Aspekte möchte ich an dieser Stelle herausgreifen:

Die Thanatologie und die Thanatotherapie sind gegenwärtig viel beachtete Zweige der Sozialpsychologie. Der Tod wird in solchen Studien keineswegs tabuisiert. Die Weisen, wie Menschen ihre Todeserwartung gestalten, werden in Versuchsreihen mit simulierten Situationen wissenschaftlich untersucht. Das Ziel dieser Bemühungen ist es, den Einfluss der Todeserwartung auf die Gestaltung des Lebens zu ermitteln.

Ein Ergebnis dieser Forschungen ist, dass Todesangst und Todessehnsucht sich oft verbinden: Die ängstigende Gewissheit des Todes stärkt die Bereitschaft, ihn (vielleicht sogar selbst) bald herbeizuführen. Der ohnehin aussichtslose Kampf gegen den Tod soll möglichst schnell beendet sein. Die Todesnähe zeigt sich dabei als ein vielschichtiges Phänomen: physisch als Alterungsprozess, psychisch als Verlust an Freiheit, Selbständigkeit und Rationalität und sozial als wachsende Einsamkeit. Die Todessehnsucht tritt im Alter häufig im Wunsch entgegen, anderen nicht länger eine Last

---

[220] Ebd.
[221] Ebd.

zu sein. Die Wahrnehmung der erlebten Beziehungswirklichkeit ist oft entscheidend bei dieser Empfindung. Es besteht ein enger Zusammenhang zwischen den lebensgeschichtlich anstehenden existentiellen Fragen und der Deutung des Todes. Krisenzeiten, in denen der Tod mit besonderer Bedrängnis wahrgenommen wird, sind die Pubertät mit latenten, oft durch Aggressivität überdeckten Lebensängsten angesichts des Verlustes des Schutzes durch das Elternhaus; die Lebensmitte angesichts der Erkenntnis der Letztgültigkeit getroffener Entscheidungen; das Alter in der Sorge darum, wie die letzten Schritte – möglichst ohne vermeidbare Schmerzen – gut zu gehen sind.

Vielfach besprochen werden die zu erwartenden Phasen im Sterbeprozess, die allerdings keineswegs immer in linearer zeitlicher Folge auftreten: (1) Verneinung und Isolation; (2) Zorn und Auflehnung gegen das Schicksal; (3) Herauszögern durch gesteigerte Aktivität; (4) Depression und starkes Bedürfnis nach Nähe; (5) Annahme und Bejahung des zeitlich begrenzten Lebens. Die Erkenntnis dieser (bei aller Unterschiedlichkeit doch bestehenden) Gemeinsamkeiten im Sterbeprozess hat zu einer Intensivierung der fachlich geschulten Begleitung des Sterbens beigetragen. Wichtig dabei ist es, alle Stufen- und Phasenmodelle in der Psychologie und Pädagogik nicht als normativ vorgegebene Modelle zu betrachten, die vielfältigen Beobachtungen vielmehr bei der Analyse der Situation der Sterbenden heranzuziehen.

Bei der Lebensgestaltung sind immer auch wirtschaftliche Interessen virulent. Ökonomische Überlegungen werden insbesondere angesichts der Kosten des Gesundheitswesens angestellt. Im Einzelnen stellen sich beispielsweise folgende Fragen: Ist es angemessen ist, die Behandlungsarten und Wartezeiten abhängig sein zu lassen vom privaten oder gesetzlichen Versicherungsschutz? Soll das Alter Einfluss nehmen auf die Entscheidung, bestimmte Behandlungen (etwa Organtransplantationen) noch zur Anwendung zu bringen? Deutlich wird an dieser Stelle, dass bei diesen Themen eine sozial-ethische Urteilsbildung erforderlich ist. Ein gesellschaftlicher Konsens wird heute nicht (mehr) auf der Ebene der Zustimmung zu einer Gestalt der religiös bestimmten Anthropologie möglich sein.

Fragen der »Euthanasie« beschäftigen weltweit die gesetzgebenden Institutionen und führen zu unterschiedlichen Regelungen bezüglich der aktiven und passiven Sterbehilfe sowie ihren Grenzbereichen. In Deutschland steht die Mithilfe bei der aktiven Sterbehilfe unter Strafe. Durch den Vollzug der (ethisch umstrittenen) Todesstrafe wird eine Fremdeinwirkung auf das Ende des Lebens eines Menschen legalisiert. Weitere juristisch relevante Themenfelder sind der »Tyrannenmord« im Sinne der Begründung der Tötung eines Menschen, um größeres Unheil für viele weitere Menschen zu vermeiden, sowie die Tötung ungeborener Lebewesen mit dem Anspruch auf Straffreiheit nach Beachtung einer Beratungspflicht bis zu einer bestimmten Wochenfrist oder durch Vorlage von Indikationen. In den unterschiedlichen Voten in einzelnen der geschilderten Konfliktsituationen sind nicht selten Vorentscheidungen leitend, die auch durch Kultur- und Geistesgeschichte geprägt sind.

In der philosophischen Tradition lassen sich drei Umgangsweisen mit dem Tod unterscheiden: (1) Nach stoischer Sicht ist der Tod ein natürliches Geschehen, das mit aller Gelassenheit ertragen werden muss; in der zugemessenen Zeit gilt es, ehrenhaft zu leben; (2) Nach hedonistischer Überzeugung ist der Tod als Problem zu leugnen: Solange wir leben, betrifft er uns nicht; wenn wir tot sind, merken wir keinen Verlust; wichtig erscheint es, in der Lebenszeit den Lustgewinn möglichst zu steigern; (3) in existentialistischer Perspektive lässt sich das Leiden unter dem gewissen Ende des jetzt erlebbaren Daseins nicht leugnen. Menschen erfahren sich als ungefragt in das Dasein geworfen. Jede Entscheidung legt fest und verhindert die Alternative. Daseinsängste sind daher ganz naheliegend; sie wollen bewältigt sein – mit dem Ziel der größtmöglichen Authentizität und Freiheit in der Lebensgestaltung.

Bis in jüngste Zeit hinein hatte die These von der gesellschaftlichen Tendenz zur Tabuisierung des Todesgeschicks eine große Plausibilität. Gegenwärtig wird auch in den Medien dem Sterben des Menschen große Beachtung geschenkt – beispielsweise in biographisch angelegten Dokumentationsberichten über die Pflege eines Menschen in der Familie. Der Tod ist in der Nachrichtenwelt allgegenwärtig.²²² Vieles deutet darauf hin, dass das Thema Tod heute zwar nicht tabuisiert, wohl aber privatisiert wird: Im engsten Familienkreis werden die Sterbephasen begleitet und die Vorbereitungen auf das Begräbnis besprochen. Die Gestaltung dieser Zeiten steht primär unter den Vorzeichen des persönlichen Willens des Individuums. Analysen der Kennzeichen der gegenwärtigen Gesellschaftsformation haben immer auch die Altersstruktur zu berücksichtigen. Im Blick auf das Verhältnis der Generationen zueinander stellen sich Anschlussfragen mit Bezug auf weitere Wissenschaften.

Eine christliche Soteriologie, die die Erwartungen an Erfahrungsnähe und Lebensrelevanz, die in der jüngeren Zeit gerade an diesen Traktat der theologischen Reflexion herangetragen wurden, erfüllen möchte, wird im Blick auf das Themenfeld Tod und Leben nicht ohne Bezüge zu anderen Wissenschaften, deren Erkenntnisse das Lebensempfinden vieler Menschen prägen, bleiben können und wollen. Offenkundig ist auch bei einem raschen Blick in die behandelten Bereiche, dass eine solche Aufgabe nicht ohne einen intensiven Austausch der Fachdisziplinen je gelingen kann. Auch im inner-theologischen Diskurs sind bei einer solchen Programmatik die Bündnisse zu stärken – in der Soteriologie nicht zuletzt zwischen der Dogmatik und den ethischen Disziplinen (Moraltheologie und Christliche Gesellschaftslehre).

f. Erlöste Zeit des Menschen
angesichts der Ewigkeit Gottes

Bei der Behandlung der Thematik des Todes wird die begrenzte Lebenszeit der Menschen bewusst. Im christlichen soteriologischen Kontext lässt sich denken, dass der Mensch durch eine gläu-

---

²²² Großer Beliebtheit erfreuen sich gegenwärtig True-Crime-Formate. In Podcasts oder Dokumentation werden reale Kriminalfälle, in erster Linie Mordfälle erzählt und Einblicke in juristische, forensische und soziologische Hintergründe gegeben.

bige Bezugnahme auf die Ewigkeit Gottes Erlösung in der eigenen Lebenszeit erfährt: In der Gewissheit der Ewigkeit Gottes wird die Zeit verwandelt.

Thomas von Aquin sah einen Weg, ausgehend von menschlichen Zeiterfahrungen ein Verständnis der Ewigkeit Gottes zu erschließen: »In cognitionem aeternitatis opportet nos venire per tempus«[223]. Wenn wir erkennen wollen, was mit der Wirklichkeit der Ewigkeit gemeint ist, dann müssen wir von menschlichen Zeiterfahrungen ausgehen. Zu diesen menschlichen Zeiterfahrungen gilt es im Sinne der Soteriologie dann auch wieder zurückzukehren – nur gewandelt sollen sie sein.

Vordergründig, oft unbewusst und unbedacht, frag-los wird Zeitlichkeit vor allem im Wechsel des Bestehenden wahrgenommen. Alles wandelt sich beständig. Keinen Augenblick können wir zum Verweilen zwingen, auch wenn wir es ersehnen. Der Strom, der Fluss ist eine naheliegende Bildrede für die Erfahrung des unaufhaltsamen Schwindens des eben noch Erwarteten. Dichter haben das Erlebnis des Wechsels der Zeiten in ungezählte Worte gefasst. Liebende leiden besonders darunter. Wechsel setzt Bewegung voraus. Zu den großen, einflussreichen Denkern, die sich mühten, die Zeit begrifflich zu bestimmen, gehört Aristoteles. Aristoteles definiert im 4. Buch seiner Physik die »Zeit« als »die Zahl der Bewegung in Bezug auf das Früher und Später«[224]. Schnell ist ein Gefährt, wenn es einen Ortswechsel in wenigen Zeiteinheiten vollendet. Zeiterfahrung setzt Raumerfahrung voraus. Das objektive Maß der Zeit wird bestimmt durch den Lauf, die Bewegung der Gestirne.

Die Zeit misst den Wechsel, die Veränderung. Aber dieser beständige Übergang von dem Nochnicht in das Nichtmehr ist nur erkennbar, wenn eine Sammlung der Zeiten im Bewusstsein des Menschen geschieht: Gedächtnis des Früheren und Erkenntnis des Späteren. Der Materialaspekt der Zeit ist die Bewegung, der Formalaspekt das menschliche Bewusstsein. Vor allem mit dem

---

[223] Thomas von Aquin, Summa theologica I q10 a1 c.
[224] Aristoteles, Physik IV 219b. »τοῦτο γάρ ἐστιν ὁ χρόνος, ἀριθμὸς κινήσεως κατὰ τὸ πρότερον καὶ ὕστερον.«

Namen des Augustinus[225] verbindet sich diese Zeitwahrnehmung. Er hat sie im 11. Buch seiner Confessiones eindrücklich beschrieben. Wer genau sein möchte, so sagt Augustinus, der kann von drei Zeiten nur sprechen im Sinne jeweiliger Gegenwart: Gegenwart des Vergangenen in der Erinnerung, Gegenwart des Gegenwärtigen in der Anschauung, Gegenwart des Zukünftigen in der Erwartung. Die Sammlung der Zeiten geschieht in der Seele des Menschen, in seinem erinnernden, anschauenden und erwartenden Bewusstsein. Menschen sind der Qual des fliehenden Augenblicks nicht ohnmächtig ausgeliefert. Es gibt die Möglichkeit der Sammlung. Nichts muss je verloren sein. Das menschliche Gedächtnis kann jedoch niemals das Gesamte behalten. Selektion geschieht, Gewichtung, Deutung von Zusammenhängen. Die Biographieforschung achtet sehr aufmerksam auf solche Vorgänge.[226]

Der dritte Aspekt menschlicher Zeitwahrnehmung setzt die beiden besprochenen voraus und bringt eine neue Erfahrung ein: Sonderung geschieht. Innerhalb der unbegrenzt erscheinenden Zahl der Wechsel, der Übergänge, gibt es solche, die ausgesondert werden, denen besondere Bedeutung gegeben wird, die daher eher und nachdrücklicher im Bewusstsein gesammelt werden. Es sind im Geschehen der Erinnerung beispielsweise die Zeiten der Reue, in der Anschauung etwa die Zeiten der Freude, in der Erwartung die Zeiten der Angst. Wie lang kann die Zeit werden im Dunkeln alleine, wenn ungewiss ist, ob der Bombentod droht! Und wie kurz kann die Zeit sein, wenn Liebende sich begegnen! Die biblischen Schriften belegen diese zumeist als »qualitatives Zeitverständnis« bezeichnete Zeitwahrnehmung in vielen Zusammenhängen. Nicht jede Zeit ist eine Zeit zum Gebären, zum Lachen, zum Heilen, zum Tanzen. Es gibt die Zeit, da die Klage, das Suchen, das Schweigen angemessen sind, so schreibt Kohelet im 3. Kapitel. Seine Worte werden oft zitiert, weil er ausspricht, was viele von uns empfinden:

---

[225] Augustinus, Confessiones XI 26.
[226] Vgl. Werner Fuchs-Heinritz, Biographische Forschung (⁴2009); Wolfgang Voges (Hg.), Methoden der Biographie- und Lebenslaufforschung (1987); Peter Alheit / Erika M. Hoerning (Hg.), Biographisches Wissen (1989). Zur theologischen Relevanz dieser Erkenntnis vgl. Dorothea Sattler, Selbstthematisierung im Selbstgericht (1999).

Ist Jesus leiblich auferstanden?

Es gibt besondere Zeiten. Das biblische Zeugnis verheißt in diesen besonderen Zeiten eine Wende, durch die das Bisherige durch das Eingreifen Gottes gewandelt wird. Nicht immer ist das Erscheinen Gottes für alle Grund der Freude. Der »Tag Jahwes«, dieser besondere Tag, ist ein Tag der Entscheidung, der Scheidung, der Krisis, ein Tag des Gerichts. Gerechtigkeit geschieht, denn es wird offenbar, wer Wunden schlägt und wer heilt.

Eine vierte Zeitwahrnehmung nimmt wahr: Zeit steht noch aus, unbekannt ist, was kommt, was uns erwartet. In der Erwartung des noch Ausständigen ist anderes noch zu bedenken als die Tatsache, dass das Bewusstsein nie die gesamte Wirklichkeit versammeln kann: Das Ausstehende ist das noch Unbekannte, das uns als Geschenk Gegebene, das Erbetene oder Befürchtete. In den Naturwissenschaften (Biologie, Physik und Kosmologie) wird gerade diesem Zeitaspekt gegenwärtig große Aufmerksamkeit geschenkt: Was wird, ist ungewiss; das Kommende lässt sich nicht aus den Gegebenheiten erschließen. Der Begriff »Chaos« wird dazu verwendet, die nicht festgelegte Offenheit der Entwicklung des Kosmos zu erfassen. Alexandre Ganoczy hat den Prozess der schöpfungstheologischen Rezeption dieser Erkenntnisse gefördert.[227] Indeterminierte Vorgänge in der Zeit werden beobachtet. Jede erkannte Struktur, jedes stabile System erscheint wie in einer Warteschleife vor einem Zeitsprung, über dessen Verlauf sich im Voraus keine Aussage machen lässt. Auch zyklische Vorgänge erweisen sich als letztlich immer einzigartige. Das scheinbar Unveränderliche in der Natur variiert beständig seine Gestalt.

Thomas von Aquin macht darauf aufmerksam, dass die Rede von der »Ewigkeit« Gottes menschliche Zeiterfahrungen aufgreift. Zeigen möchte ich nun, dass bei der Bildung der Vorstellung von »Ewigkeit« die menschlichen Zeiterfahrungen durch eine Affirmation, eine Bekräftigung, die eine Negation einschließt, in verwandelter Gestalt aufgegriffen werden.

Die Rede von »Ewigkeit« verheißt Dauer und Beständigkeit, Langwierigkeit. Der Wechsel der Zeiten bleibt erhalten; er ist nun aber unendlich, unbegrenzt, grenzenlos gedacht. Das hebräische

---
[227] Alexandre Ganoczy, Chaos – Zufall – Schöpfungsglaube (1995).

Wort, das im deutschen mit dem Wort »ewig« übersetzt wird, ist עוֹלָם ('ôlām). Seine Grundbedeutung ist »fernste Zeit«, fernste Zeit früher und fernste Zeit später. Gott ist von Ewigkeit zu Ewigkeit derselbe, der eine, so verkündigt Deuterojesaja (Jes 40,28; 41,4; 44,6; 48,12). Gott überdauert die endlosen Zeiten in seiner Ewigkeit. Der Wechsel der Zeiten bedroht ihn nicht; für ihn sind tausend Jahre wie der erinnerte gestrige Tag (Ps 90,4).

Die wohl bekannteste Definition von »Ewigkeit«, die in der philosophisch-theologischen Tradition geformt wurde, ist die des Boethius: »aeternitas est interminabilis vitae tota simul et perfecta possessio«[228]: »Ewigkeit ist voller und vollkommener Besitz des unbegrenzten Lebens«. Die Sammlung, die Habe, wird gesteigert zu einem Besitz, der nicht mehr vom Verlust bedroht ist. Unbedrohte Gegenwart im ewigen Jetzt ist gemeint. Boethius hat seinen Gedanken an Plotin angelehnt, der den Begriff Ewigkeit bestimmt als »ein Denken oder ein Leben, welches immer im Selbigen bleibt und immer das Gesamt gegenwärtig hat, nicht etwa jetzt dies und jetzt jenes, sondern alles zumal«[229]. Sammlung aller Zeitmomente geschieht in Gottes Gedächtnis. Die Betenden bitten, Gott möge jede Träne sammeln in seinem Krug (Ps 56,9). Nichts soll dem Gedächtnis Gottes verloren gehen. Das Johannes-Evangelium verkündigt die Wirksamkeit des Geistes Gottes in der Erfahrung der bleibenden Gegenwart des Christus-Ereignisses. Der von Christus Jesus vor seinem Abschied herbeigerufene Beistand wird die Glaubensgemeinschaft an all das erinnern, was er gesagt und getan hat (Joh 14,26). Die Memoria Gottes, sein Gedächtnis, ist der Heilige Geist.

Gottes Ewigkeit ist kein unbestimmtes Einerlei. Es gibt darin eine Sonderung, die jedoch nicht bewirkt, dass Nachfolgendes an Wert verliert. Zu denken ist dabei eine ewige Steigerung der Besonderheit der unverlierbaren Lebendigkeit: Taumel von Leben zu Leben. Karl Rahner hat sich sehr darum bemüht zu zeigen, dass die Vorstellung von Ewigkeit, bei der der Aspekt des endlosen

---

[228] Boethius, De consolatione philosophiae V 6.
[229] Plotin, Enneaden III 7.

Weitergehens vorherrscht, bedrohlich erscheinen muss.[230] Langeweile füllte dann die ewige Ruhe, nichts ereignete sich mehr, was freudig erwartet werden könnte. Lineare Zeitvorstellungen geraten an ihre Grenze, wenn sie dazu herangezogen werden, das Zeitempfinden der vollendeten Ewigkeit zu erfassen, es erfordert Behutsamkeit, den Aspekt der Sonderung mit der Vorstellung von Ewigkeit zu verbinden. Zu denken, zu schauen wäre ein Geschehen, bei dem die mit der Idee der Sonderung verbundene Unterscheidung zwischen erst diesem und dann jenem keinerlei Minderung an frohstimmender Lebendigkeit zur Folge hat: Das Neue, das Andere, das Kommende ist immer noch schöner als das je Gewesene. Alles bereits Erfahrene ist Ahnung des Künftigen und weckt Lust auf mehr. Ewig ungestillte Lebendigkeit erfüllt zugleich und entfacht neue Sehnsucht; sie ist nie erschöpfte Fülle.

Ewigkeit und Ausstand, Erwartung des Künftigen und Ewigkeit, wie lassen sich diese Aspekte verbinden? Evangelische Theologen zeigen besondere Sensibilität für die Wahrnehmung von Gottes Auf-uns-zu-Kommen.[231] Es ist ein Kommen, das stets Geschenk ist, immer Gnade, immer ungeschuldet, immer frei, immer unerwartbar erfüllend: Gabe, die im dankenden Lobpreis eine ihr angemessene Antwort erfährt. Wolfhart Pannenberg konzentriert sich bei seinen Überlegungen zur Ewigkeit auf die Frage, ob es für Gott Zukünftigkeit geben kann. Ja, es gibt Zukünftigkeit für Gott, so sagt Pannenberg, Zukünftigkeit aber nicht als Zeitgewinn für Gott selbst, sondern als reine Gabe, als ein Geschehen des Kommens der Herrschaft Gottes zu den Geschöpfen. Nur dann, wenn Gott der Schöpfung Zukünftigkeit gewährt, besteht berechtigte Hoffnung auf die Vollendung des Zeitlichen.

Ewigkeit ist für Gott dauernder Besitz von Lebendigkeit und für uns Gabe vollendeter Zeitlichkeit, Gabe von Zukünftigkeit, Selbst-Gabe Gottes in Gestalt der Teilhabe an seinem Leben. Analog ist zu sprechen von Gottes Ewigkeit und der Ewigkeit, die Gott den Zeitlichen bereitet. Ewig ist Gott seiner Natur, seinem Wesen

---

[230] Vgl. Karl Rahner, Ewigkeit aus Zeit (1980), bes. 424f.
[231] Vgl. Karl Barth, Die kirchliche Dogmatik, Bd. II/1 (1958), 685–722; Wolfhart Pannenberg, Systematische Theologie, Bd. 1 (1988), 433–443.

nach; ewiges Leben wird uns Geschöpfen aus Gnade zuteil aufgrund der Zeitgabe des Drei-Einen an uns.

Die genannten vier Dimensionen der Zeitwahrnehmung – Wechsel, Sammlung, Sonderung und Ausstand – haben Bedeutung auch bei der Beschreibung der Wandlung der Zeitwahrnehmung, die durch das gläubig-vertrauende Bekenntnis zur Ewigkeit Gottes ermöglicht ist.

Karl Rahner hat Gedanken zum »Trost der Zeit« formuliert.[232] Ein Jahreswechsel lädt ihn dazu ein, über Zeit und Ewigkeit nachzudenken. Trost erfährt Rahner durch den Gedanken, dass die geschenkte Zeitdauer des Lebens immer die Möglichkeit der Umkehr, des Neubeginns, der Versöhnung bietet. Die Zeitlichen können niemals völlig ausschöpfen, was das Leben ihnen als Möglichkeit bietet. Wahrer Trost geschieht in der verrinnenden Zeit denen, die darauf vertrauen, dass alles Ersehnte und doch Versäumte noch zuteil werden wird. Rahner schreibt: »Trost der Zeit! Wir verlieren nicht, sondern gewinnen beständig. (...) Das Leben versammelt sich immer mehr, je mehr scheinbar Vergangenheit hinter uns liegt. Je mehr es so scheint, um so mehr haben wir vor uns. Und wenn wir ankommen, finden wir unser ganzes Leben und alle seine eigentlichen Möglichkeiten, die uns gegeben waren. Es gibt nicht nur eine Auferstehung des Fleisches, sondern eine Auferstehung der Zeit in Ewigkeit«[233].

Gewissheit über den Grund des Daseins ist den Glaubenden möglich. In der Gemeinschaft der Glaubenden geschieht eine Deutung der zeitlichen Existenz, die von den Gottesfürchtigen in biblischer Zeit einst errungen wurde und die nun immer wieder neu feiernd vergegenwärtigt wird in Liturgie und Leben der Gemeinden. Teilhabe der Zeitlichen an Gottes Ewigkeit geschieht in der Sammlung der Gotteserfahrungen, die die Glaubensgemeinschaft erinnernd vergegenwärtigt. Anamnese geschieht, ein Gedächtnis, das Gewissheit bewirkt. »Habe« wird das Errungene jedoch für die Zeitlichen nicht: Glauben heißt besitzlos da-

---

[232] Karl Rahner, Trost der Zeit (1967), 169–188.
[233] Ebd., 187.

beibleiben. Vertrauen ist eine Gestalt des Seins, eine lebendige Tätigkeit.

Wachsamkeit sollen wir üben zu jeder Zeit. Die Sonderung der Zeiten geschieht bei denen, die im Glauben gewiss sind, an Gottes Ewigkeit teilzuhaben, in der Anerkenntnis des »Kairos«-Charakters der Zeit. Die in der Fülle der Zeit von Gott gewirkte Wende macht unsere Lebenszeit zur Entscheidungszeit, in der es gilt, wachsam zu sein und das Gute zu ergreifen. Die Zeit des Gerichts ist keine bloß zukünftige, die erst noch bang zu erwarten wäre. »Jetzt ist er da, der Tag der Rettung« (2 Kor 6,2). Paulus zitiert den Propheten Jesaja (Jes 49,8). Kurz ist die verbleibende Lebenszeit; nahe ist die Parusie des lebendigen Gekreuzigten. Jetzt gilt es, die heilsame Wirksamkeit seines Lebens mit dem eigenen Leben zu bezeugen. Christen wissen sich zeitlebens in einer besonderen Zeit. Sie sind immer darum bemüht, die Lebendigkeit der Schöpfung zu erhalten: mit der eigenen kleinen Kraft möglichst allen frohes, unbedrohtes Leben zu bereiten.

Mit Zuversicht erwarten Glaubende das noch Ausstehende. Christen leben eine hoffende Existenz. Spannend ist das Leben, doch der Ausgang ist gewiss: aufgrund der Selbst-Zusage Gottes, seiner Kunde, unsere Zukunft sein zu wollen. Gott kommt auf uns zu. Er eilt uns entgegen, so erzählt Jesus am Beispiel jenes Vaters, der seinen Sohn bereits erblickt, als er noch in der Ferne ist, und dann mit offenen Armen auf ihn zuläuft (Lk 15,20).

5. Leben Christinnen und Christen erlöst(er)?

a. Vorüberlegungen zum Verhältnis zwischen Soteriologie und Pneumatologie

»Wie erschüttert ich bin, wenn einmal jemand mir gerecht wird«[234]. Menschen können einander im Lebensalltag eine Erlösung, eine befreiende Erfahrung, aus der Situation der Missdeutung der vermeintlichen Intentionen bei ihren immer der Deu-

---

[234] Peter Handke, Phantasien der Wiederholung (1983), 87.

tung bedürftigen Handlungen bereiten. Hörbereitschaft aufeinander ist dazu erforderlich. Sind Christinnen und Christen jedoch als solche Menschen erfahrbar, die anderen Geschöpfen erlebbar bezeugen, sich von Gott erlöst zu wissen aus der Not, angesichts der eigenen Schuldverstrickung dem Tod der Gottesferne nicht entkommen zu können? Wird Gottes Zuspruch der Erlösung aus dieser Not weitergesagt? Hat die gläubige Gewissheit um die in Gott allein begründete Erlösung eine erkennbare, einen Unterschied ausmachende Folge im Miteinander der Menschen?

Solche Fragen zu stellen, ist in der Soteriologie eher unvertraut. Ihre Thematisierung hat mit dem frühestens seit der Mitte des 20. Jahrhunderts gewachsenen Bewusstsein für die Bedeutung pneumatologischer Reflexionen in der gesamten Theologie zu tun. Stellvertretend für viele andere Stimmen sei an eine Mahnung erinnert, die der evangelische Theologe Emil Brunner bereits in den 30er Jahren des 20. Jahrhunderts aussprach: »Vom Werk des heiligen Geistes zu wissen ist für den Christen und die Kirche genau so entscheidend wie vom Werk des Schöpfers und vom Werk des Sohnes zu wissen. Denn dieses Werk des Geistes ist ja nichts anderes als das Christsein und das Sein der Kirche. Dass wir heute davon in der ganzen Christenheit nur als ›Säuglinge in Christo‹, als ›die neu geborenen Kindlein‹ reden können, wird dem hier gebotenen Versuch als mildernder Umstand zugebilligt werden. Aber er ist gewagt worden in dem Bewusstsein, dass es dabei um nichts anderes ging als um ein neues Hören auf das Wort der ersten Zeugen.«[235] Deutlich wird hier, wie unvertraut die Reflexionen auf das Wirken des Geistes Gottes selbst lange schon in der theologischen Lehre tätigen Menschen erscheinen.

An den Heiligen Geist musste sich die westliche Tradition der Christenheit im 20. Jahrhundert erst wieder erinnern. Erinnert wird, wer sonst vergessen zu werden droht. Die in der Mitte des 20. Jahrhunderts zunehmend vertraut gewordene Rede von der »Geistvergessenheit« in der Theologie, deren begrifflicher Ursprung mit dem Namen Otto A. Dilschneider[236] in Verbindung zu

---

[235] Emil Brunner, Vom Werk des heiligen Geistes (1935), 3 (Vorwort).
[236] Vgl. Otto A. Dilschneider, Die Geistvergessenheit der Theologie (1961).

bringen ist und im Kontext der systematisch-theologischen Auseinandersetzung mit den Anliegen von Rudolf Bultmann verortet ist, dient auch in neueren Beiträgen zur Geschichte der Pneumatologie noch als Hintergrundfolie, vor der sich die in den westlichen Konfessionsgemeinschaften seit dieser Zeit abzeichnende »Geisterinnerung« profiliert darstellen lässt. Inzwischen scheint die viel besprochene Zeit der »Geistvergessenheit« längst vergangen zu sein. Stattdessen liegt eine kaum noch überschaubare Zahl an Einzelstudien zur Pneumatologie vor.[237]

Vgl. zur frühen Wirkungsgeschichte dieses Begriffs: Josef Freitag, Geist-Vergessen – Geist-Erinnern (1995), bes. 55–57.

[237] Es gibt in der deutschsprachigen Theologie sowohl aus evangelischer als auch aus römisch-katholischer Sicht Veröffentlichungen, die auf die bis in die zweite Hälfte des 20. Jahrhunderts hinein zu beklagende Geistvergessenheit Bezug nehmen und entsprechende Veränderungen konstatieren, die sich in der evangelischen Theologie insbesondere auf Karl Barth zurückführen lassen und im römisch-katholischen Raum vor allem mit den Namen Yves Congar, Hans Urs von Balthasar sowie Karl Rahner verbunden sind. Vgl. mit vielen weiterführenden Literaturhinweisen im Blick auf die evangelische Theologie: Christian Henning, Die evangelische Lehre vom Heiligen Geist und seiner Person (2000); Michael Welker, Gottes Geist (1992); Chien-Ju Lee, Der Heilige Geist als Vollender (2009); Hon-Hsin Lin, Die Person des Heiligen Geistes als Thema der Pneumatologie in der reformierten Theologie (1998); Ulrich H. J. Körtner, Die Gemeinschaft des Heiligen Geistes (1999); Jürgen Moltmann, Der Geist des Lebens (1991); Markus Dröge, Kirche in der Vielfalt des Geistes (2000); Joachim Heubach, Der Heilige Geist im Verständnis Luthers und der lutherischen Theologie (1990); Udo Hahn, Heiliger Geist (2001); Gabriele Obst, Veni Creator Spiritus! (1998); Dorothee Schlenke, Die systematische Bedeutung der Pneumatologie für Friedrich Schleiermachers Theorie der christlichen Frömmigkeit (1999). Vgl. im Blick auf die römisch-katholische Pneumatologie: Yves Congar, Der Heilige Geist (^{2}1986); Elizabeth Teresa Groppe, Yves Congar's theology of the Holy Spirit (2004); Thomas Freyer, Pneumatologie als Strukturprinzip der Dogmatik (1982); Bernd Jochen Hilberath, Pneumatologie (1994); Bertram Stubenrauch, Pneumatologie – Die Lehre vom Heiligen Geist (1995); Christian Schütz, Einführung in die Pneumatologie (1985); Erwin Dirscherl, Der Heilige Geist und das menschliche Bewusstsein (1989); Augustinus Jünemann, Kirche – Werkzeug des Geistes (2003); Bernhard Nitsche (Hg.), Atem des sprechenden Gottes (2003); Kossi K. Joseph Tossou, Streben nach Vollendung (1983); Renate Kern, Theologie aus Erfahrung des Geistes (2007); Jürgen Bründl, Gottes Nähe (2010).

Das Verhältnis zwischen der Pneumatologie und der Soteriologie ist in der Literatur bisher wenig bedacht worden.[238] Die in der theologischen Tradition vorgenommene Unterscheidung zwischen der *redemptio objectiva* (die menschlichem Einfluss entzogene Begründung der Erlösung allein in Gottes Handeln) und der *redemptio subjectiva* (der persönliche vertrauende Glaube an die geschehene Erlösung) bewirkte eine Nähe der Soteriologie zu den theologischen Traktaten Christologie und Gnadenlehre, führte jedoch nicht dazu, der Pneumatologie innerhalb der Soteriologie Raum zu geben. Das Desiderat der Erfahrungsferne der Pneumatologie hat Zusammenhang mit der vielfach konstatierten Lebensferne auch der Soteriologie.

Nicht zuletzt im interreligiösen Gespräch – vorab mit dem Judentum – wird die Frage, ob das Christentum sich angesichts der in der Geschichte offenkundig verbliebenen hohen Gewaltbereitschaft mit historisch begründetem Recht als Versöhnungsreligion bezeichnen darf, mit guten Gründen bezweifelt.[239] Kann Jesus Christus der Messias sein, wenn die Gemeinschaft, die ihre Identität nach ihm bestimmt, so unerlöst wirkt – nicht ohne Äußerungen von Gewalt auch auf struktureller Ebene und vielfach ängstlich angesichts des eigenen Todes? Christinnen und Christen leben offenkundig vielfach nicht erlöst(er) als Menschen mit anderer religiöser Prägung. Was als Desiderat zu beklagen ist, kann auch als ein Hinweis auf die universale Verbundenheit aller Geschöpfe in ihrem Leben aus dem einen Geist Gottes verstanden werden.

---

[238] Frank Ewerszumrode nimmt in seiner Habilitationsschrift »Der Geist, der uns mit Gott verbindet« (2021) dieses Desiderat auf und stellt einen soteriologischen Entwurf vor, der in seiner trinitarischen Konzeption das erlösende Wirken des Heiligen Geistes integriert und entfaltet.
[239] Siehe dazu auch hier unten Abschnitt V.3.

b. Geisterfahrung als erlösende Gotteserfahrung

Karl Rahner hat einen theologischen Entwurf vorgelegt, in dem der Aspekt der Geisterfahrung von vorrangiger Bedeutung ist. Menschliche Alltagstätigkeiten (arbeiten, gehen, sitzen, sehen, lachen, essen, schlafen) sind für Rahner zunächst der Anlass, Nachdenkliches zu sagen.[240] In der Reflexion werden die Geschehnisse zu Erfahrungen mit religiöser Dimension: Das Sitzen (nach langer Tätigkeit am Abend oder bei einer Wanderschaft als Ruhepause) lässt beispielsweise erahnen, dass der Mensch Sehnsucht nach einem Ruheort hat, Heimat sucht, zufrieden zurückblicken möchte auf das getane Werk. Der Mensch möchte im Nachsinnen zu sich selbst finden, still werden, keine Ausflüchte mehr suchen angesichts der sich einstellenden Gedanken, ankommen im Augenblick beim eigenen Leben. Dem Sehen widmet Rahner Gedanken, die der Soteriologie sehr nahe sind: »Am Auge sieht man (...) dem Menschen seine Angst, sein Heimweh, seinen Stolz, sein Erbarmen, seine Güte, seine Bosheit, seine Missgunst, seinen Spott, seinen Neid und seine Falschheit an«[241]. Klarheit in seinem Blick auf andere Menschen kann der Mensch im religiösen Kontext erreichen. Rahner beschreibt den neuen, den erlösten Menschen so: Dieser ist »der offene, der umsichtige, der auch dem Fernen und Unverfügbaren Zugetane«[242]. Karl Rahner sieht es als möglich an, solche Reflexionen, die jedem Menschen offen stehen, als Erfahrung des Wirkens des Geistes Gottes zu betrachten: Sie haben ihren Grund nicht in der Eigentätigkeit der menschlichen Vernunft, sie sind vielmehr eine Gabe, eine Eingabe Gottes in das Bewusstsein des Menschen, das auf diese Weise eine Verwandlung erlebt.

Die Beispiele, die Rahner in seinen Veröffentlichungen – gewiss auch bezogen auf seine alltägliche Existenz in einer Ordensgemeinschaft – wählt, um Geisterfahrungen zu veranschau-

---

[240] Vgl. Karl Rahner, Alltägliche Dinge (1964).
[241] Ebd., 18.
[242] Ebd., 19.

lichen[243], haben Zusammenhang: Es geht um Situationen, in denen Menschen im Blick auf die eigenen Perspektiven auf das Leben etwas völlig Unerwartetes tun: hoffen ohne Grund, vergeben selbst den Feinden, die Pflicht tun ohne Anerkennung und Lohn, schweigen auch im Recht, gehorchen ohne innere Zustimmung, verzichten ohne je Dank zu erwarten, loslassen ohne jede Bitterkeit, Dunkelheiten des Lebens annehmen ohne raschen Trost. In den Worten von Rahner wird die Unselbstverständlichkeit einer solchen Handlungsweise – metaphorisch bezogen auf das fiskalische Paradigma[244] – anschaulich: »Da ist einer, der mit der Rechnung seines Lebens nicht mehr zurecht kommt, der die Posten dieser Rechnung seines Lebens aus gutem Willen, Irrtümern, Schuld und Verhängnissen nicht mehr zusammenbringt, auch wenn er, was ihm oft unmöglich scheinen mag, diesen Posten Reue hinzuzufügen versucht. Die Rechnung geht nicht auf, und er weiß nicht, wie er darin Gott als Einzelposten einsetzen könnte, der Soll und Haben ausgleicht. Und dieser Mensch übergibt sich mit seiner unausgleichbaren Lebensbilanz Gott oder – ungenauer und genauer zugleich – der Hoffnung auf eine unkalkulierbare letzte Versöhnung seines Daseins, in welcher eben der wohnt, den wir Gott nennen«[245]. Erfahrung des Geistes Gottes ist für Rahner »Erfahrung des Wagnisses und des (…) Vertrauens, das eigentlich keine ausweisbare, dem Erfolg dieser Welt entnommene Begründung mehr hat«[246].

Karl Rahner hat mit dem Begriff »Geisterfahrungen« menschliche Lebensweisen erfasst, die Zeugnis ablegen von der Bereitschaft der Menschen, das eigene Leben für andere preiszugeben. Rahner geht der Frage nach, was als die Bedingung der Möglichkeit des erlebbaren, erfahrbaren menschlichen Verhaltens bestimmt werden kann. Welche impliziten, oft nicht thematisierten, unbewussten Voraussetzungen hat das Handeln eines Menschen, wenn dieser etwa zugunsten eines Anderen auf etwas verzichtet,

---

[243] Vgl. Karl Rahner, Erfahrung des Heiligen Geistes (1978).
[244] Siehe dazu hier oben Abschnitt III.2.
[245] Ebd., 239.
[246] Ebd., 243.

was ihm zumindest im Augenblick einen Lustgewinn bereiten könnte? Was motiviert uns zum Verzicht? Warum erfüllen wir unsere Pflicht? Warum halten wir auch an denen fest, die uns feindlich begegnen? Warum lassen wir uns unsere Lebensmöglichkeiten beschneiden, damit Andere leben können – warum, da wir doch wissen, dass unsere Tage gezählt sind und keine Stunde, kein versäumter Genuss sich uns in derselben Weise wieder bietet?

Karl Rahner antwortet in seiner Sprache mit folgenden Worten auf diese Frage: »Der Akt personaler Liebe zum menschlichen Du ist (...) der umfassende, allem anderen Sinn, Richtung und Maß gebende Grundakt des Menschen«[247]. In der Liebe, in der Offenheit für das Du, so Rahner, begegnet der Mensch sich selbst in seiner ganzen Fraglichkeit. Des Menschen »Leiblichkeit, seine Zeitlichkeit und Geschichtlichkeit, seine letzte Uneinholbarkeit durch Reflexion, der Charakter der Unergründlichkeit und des Wagnisses in seinem Dasein, die Antizipation seiner Zukunft in Hoffnung oder Verzweiflung (...), seine dauernde Konfrontiertheit mit dem namenlosen, schweigenden, absoluten Geheimnis, das sein Dasein umfasst, seine Bereitschaft zum Tod (...): all das zusammen sind notwendig auch Wesenszüge der Liebe zum Du«[248].

Karl Rahner macht darauf aufmerksam, dass jede wahre Tat der Liebe, die den Nächsten in seinem Daseinsrecht und in seinem Streben nach Glück und Vollendung gelten lässt, ein Erweis der Möglichkeit von Menschen ist, sich darauf zu verlassen, dass diese Liebe Sinn macht, dass sie nicht ins Leere geht, dass jeder und jede nochmals umfangen ist von einer Liebe, einer Zusage zum Dasein, die auch vor dem Tod, vor der immer bedrohlichen, immer gegenwärtigen Endlichkeit alles Seienden nicht zurückschreckt, vielmehr das Gute erstrebt. Das Christus-Gedächtnis ist das Leitbild einer solchen Geisterfahrung. Der Heilige Geist erinnert die Gemeinschaft der an Christus Jesus glaubenden Menschen immer wieder an die Mitte ihrer Glaubensüberzeugung: mit dem dienen-

---

[247] Karl Rahner, Über die Einheit von Nächsten- und Gottesliebe (^{2}1968), 288.
[248] Ebd., 289 f.

den und leidenden Jesus mitgehen zu allen Bedürftigen. Der »Erinnerer« Geist verteidigt all jene, die Lebenskräfte lassen in der Sorge um die ansonsten vergessenen Geschöpfe.

c. Erlösende Erinnerung an Jesus Christus im Heiligen Geist

Die Verbindungen zwischen dem Wirken Jesu und deren bleibender Gedächtnisgestalt im Heiligen Geist sind in den neutestamentlichen Schriften eng geknüpft. Die Aussage »Der Herr (κύριος) ist der Geist« (2 Kor 3,17) kann als eine profilierte Zusammenfassung der Geistchristologie des Paulus gelten. Dabei bleibt offen, ob mit κύριος Gott oder der erhöhte Christus Jesus gemeint ist. Gottes Handeln an Jesus in seiner Auferweckung wird von Paulus als ein geistgewirktes Geschehen beschrieben (vgl. Röm 1,4). In mehreren paulinischen Grußworten am Beginn und am Ende der Briefe wird Gottes Geist in enger Verbindung mit Gott und Jesus Christus genannt: »Die Gnade Jesu Christi, des Herrn, die Liebe Gottes und die Gemeinschaft des Heiligen Geistes sei mit euch allen« (2 Kor 13,13; vgl. auch Röm 16,24; 1 Kor 16,23–24; Gal 6,18; Phil 4,23; 1 Thess 5,28). Wie sonst nur im Schlusskapitel des Matthäus-Evangeliums (der sogenannte »Taufbefehl« in Mt 28,19) finden sich bereits bei Paulus Redeweisen von Gott, Christus und Geist in einem Sinnzusammenhang. Vermutlich haben manche dieser »Dreierformeln« liturgischen Ursprung.

Inhaltlich wird von Paulus in der Regel das Gut der Gemeinschaft und der Liebe mit der Rede vom Geist verbunden. Der Geist wirkt gemeinschafts- und lebensstiftend. Bei Paulus finden sich auch zweigliedrige Segensformeln (Gott und Christus). Dies lässt sich so interpretieren, dass Paulus den Geist nicht als eigenständige Größe versteht, sondern dem Wirken Gottes in Christus Jesus zuordnet. Bei Paulus findet sich noch keine entfaltete Pneumatologie oder gar Trinitätstheologie. Mit der Rede vom »heiligen« (קָדוֹשׁ, qadosch – ἅγιος, hagios) Geist (nur in 2 Kor 13,13) geschieht eine Zuordnung dieser Wirklichkeit zum Bereich Gottes.

Das theologische Hauptthema in den Schriften des Paulus ist die Verkündigung der Teilhabe der (unbeschnittenen) Heiden an der in Jesus Christus von Gott erwirkten Erlösung. Die Heiden werden mit Gottes Geist begabt aufgrund des Glaubens an Jesus Christus: »Jesus Christus hat uns freigekauft, damit den Heiden durch ihn der Segen Abrahams zuteil wird und wir so aufgrund des Glaubens den verheißenen Geist empfangen« (Gal 3,14). Der Freikauf derer, die unter dem Gesetz stehen, geschieht in der Sendung des Sohnes; die Sendung des Sohnes und das Wirken des Geistes werden von Paulus in enge Verbindung gebracht (vgl. Gal 4,4–6). Die Teilhabe an der Sohnschaft geschieht durch das Wirken des Geistes. Paulus entfaltet auch die Tauftheologie geisttheologisch. Die Lebenswende in der Taufe besteht in einer Abkehr von einem Leben »nach dem Fleisch« und einer Hinkehr zum Leben »im Geist«: »Ihr aber seid nicht vom Fleisch, sondern vom Geist bestimmt, da ja der Geist Gottes in euch wohnt. Wer den Geist Christi nicht hat, der gehört nicht zu ihm. Wenn Christus in euch ist, dann ist zwar der Leib tot aufgrund der Sünde, der Geist aber ist Leben aufgrund der Gerechtigkeit« (Röm 8,10).

Am Beispiel der Charismen-Lehre des 1. Korinther-Briefes lässt sich zeigen, dass die biblische Rede von der Wirksamkeit des Geistes Gottes durch die geschichtliche Situation bestimmt ist, in der diese verortet ist. Korinth war zur neutestamentlichen Zeit eine große Hafenstadt an zwei Meeren. Soziale Spannungen prägten das Miteinander der Bewohner. In der kleinen christlichen Gemeinde waren alle sozialen Schichten vertreten. Einzelne Gruppen lebten eher eine freizügige Ethik, andere vertraten eine rigoristische, enge Askese. Es gab judenchristliche und (mehrheitlich) heidenchristliche Anteile in der Gemeinde. Paulus hat wohl mehrere Briefe nach Korinth geschrieben. Er antwortet dabei vor allem auf Anfragen, die die Gemeinde von Korinth ihm vorgetragen hat. Diese Fragen sind auf die konkrete Gemeindesituation von Korinth bezogen. Paulus betont im Gespräch mit der Gemeinde von Korinth (vgl. 1 Kor 12,1–11; 14,1–19) die Bedeutung der Funktion der unterschiedlichen Charismen in der Gemeinde: Sie dienen dem Aufbau der Gemeinde. Nur wenn ersichtlich ist, dass ein Charisma den anderen Gemeindemitgliedern nützt, ist die Gewähr gegeben, dass es sich um eine göttliche Geistesgabe handelt. In der Phase des Gemeindeaufbaus erscheint es Paulus als sehr wichtig, dass die Rede von Gott verständlich ist, dass nicht nur unverständliche Silben in Ekstase gesprochen werden, sondern vielmehr eine sinnvolle Rede entsteht. Paulus betont auch, dass alle Gemeindemitglieder je auf ihre Weise eine Geistesgabe von Gott erhalten haben. Er wendet sich auf diese Weise gegen eine Minderbewertung der Bedeutung der einfachen Leute in der Gemeinde von Korinth. Charismen sind keine kurzzeitig ergreifenden Gefühle, sie sind vielmehr einzelnen Menschen von Gott auf Dauer geschenkt, und sie sollen sich als wirksam erweisen beim Aufbau der christlichen Gemeinde. Mit Bezug auch auf andere Stellen in den Briefen des Paulus – vor allem Röm 12,6–8 – lassen sich folgende Charismen unterscheiden: (1) kerygmatische Geistesgaben wirksam im Dienst der Verkündigung des Evangeliums, in der Weisheitsrede und Prophetie; (2) therapeutische Geistesgaben bei Krankenheilungen; (3) ekstatische Geistesgaben bei der Zungenrede (Glossolalie); (4) organisatorische Geistesgaben in der amtlichen Gemeindeleitung.

Johannes, Lukas und Paulus, die drei neutestamentlichen Pneumatologen, setzen eigene Akzente, die mit ihrer eigenen theologischen Prägung sowie mit den Erwartungen der Adressaten zusammenhängen. Durchgängig ist der Bezug auf Gottes Handeln in Jesus Christus, das wirksam im Gedächtnis bleiben soll. Bei Paulus und Lukas sind die ekklesiologischen Aspekte stärker entfaltet als bei Johannes. Der neutestamentlichen Überlieferung ist der Gedanke keineswegs fremd, dass die christlichen Gemeinden – dazu befähigt in Gottes Geist – in ihrer Gesamtgestalt Zeugnis für das erlösende Christusgeschehen ablegen sollen. Das ist ihre Berufung. Früh schon wurde offenkundig, dass Spaltungen in der Gemeinde die Glaubwürdigkeit des Auftrags, die von Gott der Schöpfung geschenkte Versöhnung im Leben zu bezeugen, beeinträchtigen werden, denn: »Der irdisch gesinnte Mensch (...) lässt sich nicht auf das ein, was vom Geist Gottes kommt. Torheit ist es für ihn, und er kann es nicht verstehen, weil es nur mit Hilfe des Geistes beurteilt werden kann« (1 Kor 2,14). Paulus beklagt die irdische, streitsüchtige Mentalität selbst in den christlichen Gemeinden, die auch dazu führt, dass Parteiungen untereinander mit Berufung auf menschliche Anführer (Paulus gegen Apollos) entstehen. Gemeindegründer und spätere Leiter einer Gemeinde stehen auch angesichts der heutigen Gemeindestrukturen im Wettstreit miteinander. Für alle gilt in gleicher Weise: »einen anderen Grund kann niemand legen als den, der gelegt ist: Jesus Christus« (1 Kor 3,11). Dieses Schriftwort wird auch im ökumenischen Kontext oft erinnert.

d. Schöpfungstheologische Perspektiven im Blick auf die universale Geisterfahrung

Für Karl Rahner ist der Blick auf Menschen, die auch ohne eine explizite Erklärung zur Zugehörigkeit zur christlichen Bekenntnisgemeinschaft der Berufung zu einem Leben im Geist Jesu folgen, ein Anlass, von »anonymen« Christinnen und Christen zu sprechen.[249] Diese Redeweise hat eine kritische Auseinandersetzung ausgelöst[250] – insbesondere deshalb, weil Menschen, die sich explizit nicht als Christinnen und Christen verstehen, hier um die Souveränität ihrer Selbstbestimmung betrogen erscheinen. Karl Rahner hatte ein anderes Anliegen: Er wollte darauf aufmerksam machen, dass es viele Menschen gibt, die als liebende und hoffende Wesen – auch im Sterben – ihr Dasein gestalten, ohne dass sich diese Menschen als Christinnen und Christen bezeichnen. Rahner betrachtet das universale Wirken des Geistes Gottes als Bedingung der Möglichkeit für dieses Phänomen. Im Hintergrund dieser

---

[249] Vgl. Karl Rahner, Die anonymen Christen (1965); vgl. dazu Nikolaus Schwerdtfeger, Gnade und Welt (1982); ders., Der »anonyme Christ« in der Theologie Karl Rahners (1994); Albert Raffelt, »Anonyme Christen« und »konfessioneller Verein« bei Karl Rahner (1997).
[250] Vgl. Hans Urs von Balthasar, Cordula oder der Ernstfall (^{4}1987); Johann Baptist Metz, Karl Rahners Ringen um die theologische Ehre des Menschen (1994); Hans Waldenfels, Die neuere Diskussion um die »anonymen Christen« als Beitrag zur Religionstheologie (1976); Reinhold Bernhardt, Christentum ohne Christusglaube (2010); Gregor Maria Hoff, Der fremde Ort des eigenen Gottes (2007); Siegfried Hübner, Die nichtchristliche Menschheit im Licht christlichen Glaubens (2004).

Überlegungen steht die Erwartung, der Hoffnung auf die Erlösung der gesamten Schöpfung neue Nahrung zu geben.

Das neutestamentliche Zeugnis enthält zahlreiche Texte, in denen die Überzeugung der christlichen Glaubensgemeinschaft zum Ausdruck kommt, es sei Gottes Wunsch, seine gesamte Schöpfung zu erretten: »Die Schöpfung ist der Vergänglichkeit unterworfen, nicht aus eigenem Willen, sondern durch den, der sie unterworfen hat; aber zugleich gab er ihr Hoffnung: Auch die Schöpfung soll von der Sklaverei und Verlorenheit befreit werden zur Freiheit und Herrlichkeit der Kinder Gottes« (Röm 8,20–21). Was nach dem christlichen Bekenntnis in Jesu Leben, Tod und Auferweckung als Gottes Gottsein in Erscheinung getreten ist, hat universale Bedeutsamkeit; es betrifft die gesamte Schöpfung. Gott hat in dem ewig-einen Augenblick, da er sich selbst dazu bestimmt, Schöpfer zu sein, vor Augen, dass sich seine Schöpfung gegen ihn wenden wird. Gott entscheidet sich für das Dasein der Geschöpfe. Er wählt das Leben der Geschöpfe, auch wenn er um die in Freiheit gewählte Sünde weiß. Gott ist ein Liebhaber des Lebens seiner Schöpfung.

Die theologische Tradition denkt den Gedanken, dass Gott nur dann recht getan hat mit seiner Erschaffung der immer auch zur Sünde versuchten Menschheit, wenn er einen Weg weiß, diese sündige Schöpfung auch zu erlösen, sie zu vollenden. Der Weg der Erlösung ist Gottes unverbrüchliche Bundeswilligkeit, die er in der Fülle der Zeit in Christus Jesus hat erscheinen lassen, damit alle Geschöpfe Vertrauen fassen können. Die pneumatologisch ausgerichtete Soteriologie berührt sich an dieser Stelle mit der Protologie und der Eschatologie.

Während in vielen anderen Bereichen der theologischen Systematik die beklagte Geistvergessenheit inzwischen überwunden zu sein scheint, gilt die pneumatologische Erfassung der Soteriologie noch als Desiderat der Forschung. Erst ein pneumatologischer Zugang zur Soteriologie ermöglicht es jedoch, das Erlösungsgeschehen als protologisch begründete, eschatologisch sich vollendende und in Jesus Christus geschichtlich erfahrene Einbeziehung der Schöpfung in das Leben Gottes zu begreifen: »Wird die Heilsökonomie verstanden als die der inneren Disposi-

Leben Christinnen und Christen erlöst(er)?

tion Gottes vollkommen entsprechende Öffnung des innergöttlich-trinitarischen Beziehungsgeschehens auf die Menschen hin und wird die Heilsökonomie zur Sprache gebracht von der Gottes Wesen ursprünglich ausmachenden grenzenlosen Beziehungsfähigkeit und Beziehungswilligkeit Gottes her, so kann von Gottes Dreieinigkeit – dem Mysterium der ›ursprünglichen‹ göttlichen Beziehungsmächtigkeit – theologisch angemessen eigentlich nur im Hinblick auf das Zum-Ziel-Kommen dieser Beziehungsmächtigkeit im Eschaton gesprochen werden. Das Letzte wird dem unvordenklichen, ewigen Ursprung entsprechen; in der vollendeten Gottesherrschaft wird Gottes Wille uneingeschränkt geschehen. Und er wird so geschehen, dass der Heilige Geist die Erwählten – die sich erwählen ließen – zuinnerst mit Jesus Christus verbindet und sie so – als Schwestern und Brüder des ›eingeborenen Sohnes‹ – Kinder des Vaters sein lässt. Wo der Wille Gottes uneingeschränkt geschieht, da wird sich denen, die ihn an sich geschehen lassen, auch das Geheimnis der göttlichen Beziehungsmächtigkeit erschließen.«[251]

Die theologische Rede von Gottes Geist als jener göttlichen »Person«, in der die Schöpfung an Gottes Leben teilhat, ohne die geschöpfliche Freiheit zu verlieren, ist Aussage von Gottes ursprünglicher, seinem Wesen entsprechender Beziehungswilligkeit, ohne die niemals etwas geworden wäre, noch jemals etwas Bestand behielte. Die in der Protologie reflektierte Erschaffung und Erhaltung des Geschöpflichen ist von soteriologischer Relevanz und kann als Aufnahme und treue Gewähr der im Heiligen Geist geschehenden Gottesbeziehung verstanden werden. Die im Anfang gegebene, selbstbestimmte und freie Willigkeit Gottes, durch sein erschaffendes Handeln Wesen mit geschöpflicher Freiheit in seiner göttlichen Beziehungswirklichkeit Raum zu geben, erscheint in ihrer eschatologischen Vollendungsgestalt als eine von Gott selbst neu errungene. Die Heilsgeschichte (und darin das Christusereignis) kann vor diesem Hintergrund als die von Gott initiierte Ermöglichung eines Einblicks in seine trotz der Sünde bewahrte

---

[251] Jürgen Werbick, Trinitätslehre (²2002), 569 f.

Beziehungswilligkeit betrachtet werden, in deren geschichtlicher Offenbarkeit der Glaube seinen Grund hat.

Die Todesstunde Jesu kann durch die Inanspruchnahme der Deutekategorie Beziehungswilligkeit bei der Rede von Gottes erlösendem Wesen als eine in besonderer Weise qualifizierte Situation begriffen werden: Menschen töteten den, dessen Leben ihre Daseinsgewähr ist. Im Tod des Gottessohnes erreicht die geschöpfliche Sünde, der Gemeinschaftsbruch, ihre bitterste Gestalt. In eigener Weise qualifiziert ist dieses Geschehen durch die Endgültigkeit des im Töten realisierten Beziehungsabbruchs. In der Auferweckung des bis in seinen Tod hinein beziehungswilligen Gottessohnes wird das Erlösungsgeschehen als erneu(er)te Einbeziehung der Geschöpfe in Gottes Leben offenbar: Gottes Geist bewirkt, dass mit Christus Jesus die gesamte Schöpfung auf ewig an Gottes Leben teilhat. Auch in dieser Stunde verschließt sich Gott nicht; er bleibt offen für die, die sich dem deutlichsten Zeichen seiner Liebe verschlossen haben. Im Geist Gottes bleibt die sich selbst der Gottesbeziehung verweigernde Schöpfung mit Gott in Beziehung. Das Leben steht denen offen, die sich von Gott ergreifen lassen. Die Erlösungsordnung hebt wie die Schöpfungsordnung die geschöpfliche Freiheit nicht auf.

Die Ermittlung der soteriologischen Relevanz der Weise Jesu, Beziehungen heilvoll zu gestalten, ist durch die Berücksichtigung des pneumatologischen Zusammenhangs erleichtert: In der Gemeinde Jesu Christi ist nicht nur eine Erinnerung an Jesu Beziehungshandeln gegenwärtig, er selbst ist in seinem Geist erfahrbar, wo immer Menschen Beziehungen so leben, dass ihnen darin Leben eröffnet ist. Die neutestamentliche Überlieferung der Begegnungen mit Jesus, in denen Menschen eine Wandlung ihrer unheilen Lebenswirklichkeit, ihrer Gefangenheit in den Fesseln der Selbstbezogenheit und der Krankheit, erfahren haben, können als geschichtliche Konkretionen der offenstehenden Möglichkeit betrachtet werden, sich auch heute vom Geist Jesu Christi zu einer Wandlung des Daseins ermutigen zu lassen.

Die Thematisierung der geisttheologischen Dimension einer auf relationale Kategorien zurückgreifenden Soteriologie vermag dieser zudem ihre gesellschaftliche Bedeutung zu sichern: Das

Heil, das für die offenbar ist, die Jesus begegnet sind, hat in seiner geschichtlichen Konkretheit universale Bedeutung. Dabei gilt: »Der Leib Christi, die Kirche, ist größer und weiter als die institutionellen Grenzen der Kirche; sie besteht von Anfang der Welt; zu ihr gehören alle, die sich in Glaube, Hoffnung und Liebe vom Geist Christi leiten lassen«[252]. Im Sprachspiel der in relationalen Begriffen sprechenden Soteriologie heißt dies: Erlöst sind alle, die sich im Leben – auch in Zeiten erfahrenen Unrechts und drohender Gefährdung des eigenen Daseins – darauf einlassen, für die Begegnung mit anderen offen zu sein und trotz allem Gemeinschaft unter den Geschöpfen zu leben. Mit einer solchen Bestimmung eröffnen sich auch im ökumenischen Kontext neue Fragen im Blick auf das Verhältnis von Erlösung und Ethik.

---

[252] Walter Kasper, Jesus der Christus (1974), 322.

V. Kontexte – oder:
Zusammenhänge in Gesprächen erschließen

»In den unfreien Weltgegenden beklagt man sich: ›Jemand folgt mir‹; und in den nicht unfreien: ›Niemand folgt mir‹«[1]. Was in dem einem Weltkontext aufgrund der beständigen Bedrohung der eigenen Freiheit Grund zur Ängstigung ist, kann in einem anderen Weltkontext ein Anlass zur Bitterkeit werden: Die einen hören die Schritte der Machthabenden und ihrer Gefolgsleute ständig gefährlich wirkend hinter sich. Die anderen sehnen sich danach, aufmerksam wahrgenommen zu werden durch andere Personen. Wer hört wann wo welche Klage und handelt erlösend? Gesellschaftspolitische Kontexte haben eine große Bedeutung bei dem Bemühen, erfahrungsbezogen von Erlösung zu sprechen.

Das Wort Kontext wird in theologischen Beiträgen in unterschiedlicher Weise verwendet.[2] Ich fasse diesen Begriff hier recht weit und verstehe unter Kontexten jegliche Gestalt einer das Bewusstsein prägenden Lebenssituation. Diese Kontexte der soteriologischen Reflexion sind zum einen die aktuellen sozialen, wirtschaftlichen und politischen Lebensumstände, zum anderen die auf das Empfinden, Denken und Sprechen einwirkenden, über lange Zeiten mentalitätsgeschichtlich, ethnisch, kulturell gepräg-

---

[1] Peter Handke, Phantasien der Wiederholung (1983), 63.
[2] Vgl. Peter Beer, Auswahlbibliogrpahie (1996); Michael Bongardt, Glaubenseinheit statt Einheitsglaube (1998); Wolfgang Beinert, Kontextualität als Struktur der Theologie (1998); Clemens Sedmak, Lokale Theologien und globale Kirche (2000); Heinrich Schäfer, Praxis – Theologie – Religion (2004), bes. 71–86; Hans Waldenfels, Die Theologie in der Vielfalt ihrer Kontexte (2006); ders., Kontextuelle Fundamentaltheologie ([4]2005); Ingolf U. Dalferth, Kontextuelle Theologie in einer globalen Welt (2010); Stephanie Klein / Heike Walz, Kontextuelle Theologien (2003); Thomas Schreijäck (Hg.), Theologie interkulturell (2009); Giancarlo Collet, Kontextuelle Theologien (2001); Klaus Schäfer, Kontextuelle Theologien (2002).

ten Traditionen auch bei der religiösen Deutung des Lebens. Die erstgenannten Kontexte lassen sich als situative zusammenfassen, die zweiten als habituelle, wobei die letztgenannten in der Reflexion oft weniger bewusst sind. Beide Formen von Kontextualität lassen sich nicht immer klar voneinander abgrenzen; sie beeinflussen sich wechselseitig. Konfessionelle Kontexte haben insbesondere in der christlichen Soteriologie eine reichhaltige Tradition hinterlassen; sie werden heute in ökumenischer Verbundenheit miteinander bedacht (Abschnitt 2). Der interreligiöse Kontext stellt gegenwärtig eine große Herausforderung für alle christlichen Traditionen dar (Abschnitt 3). Unter den Wissenschaften, die im theologischen Kontext der Soteriologie zu bedenken sind, ist die Psychotherapieforschung von besonderer Relevanz, weil auch sie die Möglichkeiten des Heilwerdens des Menschen in reflektierter Gestalt bedenkt (Abschnitt 4). In eigener Weise ist zu betrachten, wie sich die Erwartungen im Hinblick auf das Erlernen soteriologischer Erkenntnisse in den Bereichen der religiösen Bildung erfüllen lassen (Abschnitt 5). Ich beginne im Blick auf die Kontextualisierung der Soteriologie bewusst mit Entwürfen, in denen dieser Gesichtspunkt am intensivsten reflektiert wurde: in der Befreiungstheologie und in der theologischen Frauenforschung (Abschnitt 1). Beide Kontexte stehen in enger Verbindung zueinander.

Vor allen weiteren Überlegungen möchte ich auf die grundlegende Frage antworten, ob unter der Prämisse eines Begriffs von Kontextualität im Sinne bewusstseinsprägender Lebenssituationen, denen auch das theologische Denken ausgesetzt ist, die unterschiedlichen Kontexte lediglich zur Legitimation des jeweils gewählten Ausschnitts dienen, der in dem vorausgesetzten Kontext als relevant betrachtet wird, oder ob die kontextuell betriebene Soteriologie auch von allgemeiner Bedeutung ist, weil sie einen Lernprozess initiiert, der allgemeine Gültigkeit beanspruchen kann. Ich votiere für die zuletzt beschriebene Option: Die Wahrnehmung der Kontextualität soteriologischer Reflexionen ermutigt zur Betrachtung auch des Fremden, um im Eigenen zu lernen. Es geht dabei nicht nur um eine Verteidigung der Vorläufigkeit der eigenen Sichtweisen in apologetischer Intention, es geht auch um einen universalen Austausch der Perspektiven mit Potentialen zur Verwandlung der eigenen Sichtweisen.

Jede Gestalt der christlichen Soteriologie ist perspektivisch und nimmt ausschnitthaft wahr. Bezogen auf den jeweiligen Kontext ist sie immer als ein Entwurf zu achten, der das gesamte Christusgeschehen in den Blick nehmen möchte. Die immer kontextuell geprägte Form der Soteriologie hat in dem Maße universale Bedeutung, als es ihr gelingt, den normativen apostolischen Ursprung dieser Bekenntnistradition – das personale Christus-Ereignis – in die sich wandelnden Lebenszusammenhänge zu übersetzen. Die Entscheidung über Gelingen oder Misslingen der Aktualisierung des Evangeliums ist Aufgabe der Gemeinschaft der Kirche, die durch die Gegenwart des Heiligen Geistes Gottes – des Geistes Jesu Christi – wirksam an das Christus-Ereignis erinnert wird. Die Kirche ist in diesem Sinne eine Erzählgemeinschaft[3], in der Frauen und Männer mit ihrem Christus-Zeugnis zu Wort kommen.

Jegliche Christologie und Soteriologie ist allein schon durch die unabwendbare Notwendigkeit, sie sprachlich formen zu müssen, eine bedingte, eine relative, zeit- und kulturbezogene. Diese Relativität gilt auch für die ersten Erzählungen von der Bedeutung des Christus-Ereignisses: für die biblischen Christologien. Normativität in der Erzählgemeinschaft Kirche hat das biblische Christusbekenntnis, das sich trotz seiner kanonisch gewordenen Vielgestalt nicht in Widersprüchlichkeiten auflöst. Die in der kirchlich-theologischen Tradition geformten Sprachgestalten zur Deutung des Christus-Ereignisses sind allesamt Bemühungen, die Ursprungserfahrungen mit dem lebenden, sterbenden und auferweckten Christus Jesus in neuer Zeit erinnernd zu gegenwärtigen. An diesem Geschehen einer lebendigen Tradierung wirken alle mit, die nach der Bedeutung des Christus-Bekenntnisses in ihrem Lebenskontext fragen.

Der für jeden Menschen spezifische biographische Kontext setzt sich aus objektiven und subjektiven Faktoren zusammen:

---

[3] Vgl. die Beiträge in: Rolf Zerfaß (Hg.), Erzählter Glaube – erzählende Kirche (1988).

Die jeweiligen Lebenssituationen bilden den situativen Zusammenhang, auf den die deutenden Wahrnehmungen bezogen sind. Der erzählerische, intersubjektive Austausch der Wahrnehmungen[4] hat angesichts der unvertretbaren, personalen Komponente bei der Deutung der Wirklichkeit immer auch Zeugnis-Charakter.

1. Aus Sicht der Armen weltweit

*a. Ein Beispiel für die Eigenarten
in der Verbundenheit von Kontexten*

Es bedarf an dieser Stelle einer Vorüberlegung, die begründet, warum zunächst die beiden Kontexte Armut und Frausein hier im Zusammenhang reflektiert werden. Diese Konzeption nimmt ein Anliegen auf, das Frauen selbst artikuliert haben. Theologinnen aus den damals noch als die »Dritte Welt« bezeichneten Kontexten erinnerten im Anschluss an das 2. Vatikanische Konzil sehr früh schon nachdrücklich daran, dass ihr Frausein ohne die Berücksichtigung der kulturellen, sozialen und politischen Bedingungen ihres Lebens nicht angemessen zu beschreiben ist: »Wie afrikanische Frauen Christus wahrnehmen und akzeptieren, ist sowohl von ihrem Frausein als von ihrem Afrikanerinsein mitgeprägt. Ihr Engagement aus dem Glauben heraus ist zugleich ein Engagement für ein volles Frausein (Menschsein), für das Überleben menschlicher Gemeinschaften, für das Gebären, Ernähren und Bewahren des Lebens, für liebevolle Beziehungen und für menschliches Leben, das von der Liebe genährt wird«[5]. Der afrikanische Kontext ist anders als der asiatische: »Asiatische Frauen haben sich mit den zwei verschiedenartigen aber sich gegenseitig beeinflussenden Kontexten zu befassen: ihr Asiatisch- und ihr Frausein. (…) Mit Frausein ist nicht eine bloße Mischung von biologischen oder psychologischen Faktoren gemeint, sondern das Bewusstsein

---

[4] Vgl. Manuela Kalsky, Christaphanien (1996), bes. 141–143.
[5] Elizabeth Amoah / Mercy Amba Oduyoye, Wer ist Christus für afrikanische Frauen? (1992), 85.

über das, was es bedeutet, im heutigen asiatischen Kontext Frau zu sein. (...) In einem sich modernisierenden Land wie Indien sind die Frauen weiterhin Opfer des alten Mitgiftsystems, der Verbrennung von Ehefrauen, der genitalen Verstümmelung, sati (Witwenverbrennung) und in jüngster Zeit werden sie zu Opfern der Zwangssterilisation und der pränatalen Geschlechtsbestimmung. Frauen aller asiatischen Länder haben ihre eigene persönliche Geschichte mitzuteilen«[6].

Westliche, östliche, nördliche und südliche Weisen einer Verbindung von Christologie, Soteriologie und Frauenerfahrung haben das gemeinsame Anliegen, im jeweiligen biographischen Kontext nach der soteriologischen Relevanz des Christusbekenntnisses zu fragen. Eine Rezeption von Erkenntnissen der in den neueren Sozialwissenschaften betriebenen Biographieforschung geschieht in der theologischen Frauenforschung seit den 90er Jahren in verstärkter Weise.[7] Jede Lebensgeschichte ist eine eigene und unverwechselbare. In der autobiographischen Erzählung deuten die Subjekte das ihnen Widerfahrende[8]: Sie stellen Zusammenhänge zwischen Fakten her; sie versuchen, das Gewordene zu verstehen, um Orientierung für die Gestaltung des noch Ausstehenden zu gewinnen.

Die Frage nach der Kontextualität der eigenen Beiträge zur Christologie und Soteriologie begegnet in der feministischen Theologie in doppelter Weise: Zum einen als Frage nach den spezifisch weiblichen Zugängen zu christologisch-soteriologischen Aussagen sowie nach den Widerständen gegen christologische Positionen in der christlichen Tradition, zum anderen als Frage nach den unterschiedlichen sozialen und kulturellen Kontexten, in denen Frauen leben, die sich zu christologischen Fragen äußern. Die

---

[6] Virginia Fabella, Eine gemeinsame Methodologie verschiedener Christologien? (1992), 181 f.
[7] Vgl. Monika Maaßen, Biographie und Erfahrung von Frauen (1993); Stephanie Klein, Theologie und empirische Biographieforschung (1994). Vgl. in unserem Zusammenhang auch: dies., Miteinander über Jesus Christus im Gespräch (1995).
[8] Vgl. zum Ganzen: Walter Sparn (Hg.), Wer schreibt meine Lebensgeschichte? (1990).

christliche Soteriologie ist innerhalb der feministischen Theologie zu einer Thematik geworden, anhand derer die Frauenforschung exemplarisch lernt, dass das Frausein (nur) ein Kontext innerhalb verschiedener Kontexte ist, die allesamt das theologische Denken prägen.

»Nicht *die* Christologie in ihrer dogmatischen Form ist der Bezugspunkt feministisch-christologischer Konzepte, sondern die Frage, was Heil/Befreiung/Erlösung, christlich-theologisch gesprochen Christus, für Frauen konkret in den unterschiedlichen Kontexten bedeutet. Feministische Christologien können demnach nicht systematisch-theologisch am Schreibtisch erarbeitet werden, sondern werden in der lebendigen Begegnung unterschiedlicher Frauen in ihren viel-dimensionalen Unterdrückungsgeschichten sichtbar. Nicht die Suche nach einer einheitlichen, universalen Heilsauffassung wäre dann das Ziel der gemeinsamen theologischen Arbeit, sondern die Mit-teilung des konkreten Verlangens nach Heil«[9]. Manuela Kalsky formuliert zusammenfassend das Ergebnis eines längeren Diskussionsprozesses innerhalb der theologischen Frauenforschung, die sich eingestehen musste, die unterschiedlichen sozialen, politischen und kulturellen Kontexte des jeweiligen Frau-Seins in der Anfangsphase der feministisch-theologischen Theoriebildung zu wenig beachtet zu haben. Selbstkritische Reflexionen über die Gefahr einer »Romantisierung der Schwesternschaft« setzten einen Lernprozess in Gang, in dem sich die Überzeugung von der Kontextualität jedes feministisch-theologischen Beitrags festigte.[10]

Die Tatsache, dass die Diskussion um die Kontextgebundenheit feministisch-theologischer Positionen erst recht spät einsetzte[11], ist durch die zu Beginn der Bewegung weithin gegebene

---

[9] Manuela Kalsky, Vom Verlangen nach Heil (1991), 226. Hervorhebung im Original.
[10] Vgl. Renate Jost / Ursula Kubera (Hg.), Befreiung hat viele Farben (1991); Themenheft »Feministische Theologie weltweit« (1996); Ursula King (Hg.), Feminist Theology from the Third World (1994); Virginia Fabella / Mercy Amba Oduyoye (Hg.), Leidenschaft und Solidarität (1992).
[11] Vgl. zur Geschichte der feministischen Theologie in den unterschiedlichen Kontexten: Lucia Scherzberg, Grundkurs Feministische Theologie

kulturelle und soziale Homogenität ihrer Trägerinnen zu erklären. Die feministische Theologie war zunächst eng mit der allgemeinen Frauenbewegung und mit der ökumenischen Bewegung verbunden. Weiße Frauen aus Nordamerika und Europa prägten ihre Erscheinung in der Anfangsphase. Inzwischen melden sich auch Frauen aus Asien, Afrika und Lateinamerika zu Wort.[12] In Amerika schlossen sich schwarze Theologinnen zu der eigenen Gruppierung der »Womanist Theology«[13] zusammen, die sich in einzelnen theologischen Fragestellungen und Antworten deutlich von der lange Zeit vorherrschenden Sicht weißer Frauen aus der gesellschaftlichen Mittelschicht abgrenzt – und dies insbesondere in Fragen der Christologie und Soteriologie[14].

*b. Vielgestalt der soteriologischen Anliegen
in der theologischen Frauenforschung*

Die im weltweiten Horizont innerhalb der feministischen Christologien festzustellenden Unterschiede[15] betreffen im Wesentlichen drei Fragebereiche: (1) die Diskussion um das Mann-Sein

---

(1995), 11–20; Hedwig Meyer-Wilmes, Rebellion auf der Grenze (1990), bes. 19–53; Ruth Ahl, Eure Töchter werden Prophetinnen sein ... (1990), 22–29; Rita Burrichter / Claudia Lueg, Aufbrüche und Umbrüche (³1989); Christel Voss-Goldstein / Horst Goldstein (Hg.), Schwestern über Kontinente (1991).
[12] Vgl. Letty M. Russell (Hg.), In den Gärten unserer Mütter (1990). Dieses Buch sammelt Beiträge, in denen Frauen aus unterschiedlichen Kulturkreisen in Form von autobiographischen Erzählungen die Wurzeln ihres weiblichen Lebensempfindens aufspüren.
[13] Vgl. Katie G. Cannon, Black Womanist Ethics (1988); Roundtable Discussion: Christian Ethics and Theology in Womanist Perspective (1989); Christine Schaumberger, Art. »Womanistin/womanistisch« (1991).
[14] Jacquelyn Grant, White Woman's Christ und Black Woman's Jesus (1989); Manuela Kalsky, Vom Verlangen nach Heil (1991), 218 f.; Virginia Fabella / Mercy Amba Oduyoye (Hg.), Leidenschaft und Solidarität (1992). Insbesondere die in diesem Band gesammelten theologischen Stimmen von Afrikanerinnen und Asiatinnen nehmen vorrangig zu Fragen der Christologie Stellung.
[15] Vgl. Manuela Kalsky, Christaphanien (1996); dies., Vom Verlangen nach

Jesu; (2) den Streit um die soteriologische Relevanz des Leidens Jesu und (3) den Stellenwert pneumatologischer Argumentationen.

(1) Befreiungstheologisch motivierte afrikanische und lateinamerikanische Frauen betrachten die in der westlichen feministischen Theologie situierte Streitfrage, ob die Vorstellung, von einem Mann erlöst worden zu sein, eine für Frauen annehmbare sei[16], als Ausdruck der Gefangenschaft in den Stricken der Kritik am gesellschaftlichen Patriarchat. Frauen dagegen, die nicht die Herrschaft des Mannes über die Frau als Ursache der größten Übel betrachten, sondern vor allem andere Formen der Unterdrückung beklagen, sehen in Jesus einen »personal friend«[17], der die Sache der Entrechteten vertritt: »Jesus stands out in Scripture as a critic of the status quo, particularly when it engenders social injustices and marginalization of some in society. This is the kind of Christ whose ›function‹ of ›iconoclasm‹ is thought by many participants in the African independent churches to be ›incarnated‹ in their founder members whom they sometimes hail as ›Black Messiahs‹. These prophetic leaders in Africa have emerged in continuity with the prophetic role of Christ as the champion of the cause of the voiceless, and the vindicator of the marginalized

---

Heil (1991); Lucia Scherzberg, Grundkurs Feministische Theologie (1995), bes. 163–167.

[16] Als Protagonistinnen dieser Diskussion gelten Mary Daly und Rosemary Radford Ruether: vgl. Mary Daly, Jenseits von Gottvater, Sohn & Co (⁴1986), bes. 88–117; Rosemary Radford Ruether, Sexismus und die Rede von Gott (1985), bes. 145–170. Während für Daly Jesu Mann-Sein unvereinbar ist mit der ihm zugedachten Rolle eines Erlösers aller Menschen, betrachtet Ruether die Männlichkeit Jesu als unbedeutend angesichts seines befreienden Einsatzes für die Armen und Marginalisierten. Virginia Fabella problematisiert die Aufmerksamkeit, die die westliche feministische Theologie dem Mann-Sein Jesu schenkt: »Während der asiatischen Frauenkonferenz in Manila war die Tatsache, dass Jesus ein Mann war, kein Thema, weil er niemals so gesehen wurde, dass er sein Mannsein gebraucht habe, um Frauen zu unterdrücken oder zu beherrschen. Auch führt die Tatsache seines Mannseins nicht notwendig zu dem Schluss, dass Gott männlich sei« (Virginia Fabella, Eine gemeinsame Methodologie verschiedener Christologien? [1992], 183).
[17] Teresa M. Hinga, Jesus Christ and the Liberation of Women in Africa (1994), 266.

in society«[18]. Mercy Amba Oduyoye und Elizabeth Amoah, zwei Theologinnen aus Ghana, formulieren ihre Bereitschaft, die Solidarität Jesu mit den leidenden Frauen anzuerkennen, mit den Worten: »Gott hat ein menschliches Gesicht in Christus, und Gott leidet in Christus zusammen mit den Frauen Afrikas«[19].

(2) Die theologische Diskussion über die Frage, ob es angemessen sei, zwischen einem »unterdrückenden« und einem »erlösenden« Leiden zu unterscheiden, wird zwar auch innerhalb des westlichen Kontextes der feministischen Theologie kontrovers geführt[20], diese Fragestellung bekommt aber in anderen gesellschaftlichen Zusammenhängen ganz neue Bedeutung: Afrikanische und lateinamerikanische Theologinnen thematisieren das Leiden der Gerechten als Weg zur Befreiung.[21] Asiatische Theologinnen spre-

---

[18] Ebd., 267. Manuela Kalsky weist darauf hin, dass aus der Sicht afrikanischer Frauen gerade das Mann-Sein Jesu ihm die Chance biete, Männern einen alternativen Lebensstil vorzuleben: vgl. Manuela Kalsky, Vom Verlangen nach Heil (1991), 220.

[19] Elizabeth Amoah / Mercy Amba Oduyoye, Wer ist Christus für afrikanische Frauen? (1992), 84 f. Bezogen auf die afrikanische Lebenswirklichkeit begründen die beiden Theologinnen ihre besondere Aufmerksamkeit auf den leidenden Christus in folgender Weise: »In Afrika, wo physisches Leiden zum Leben zu gehören scheint, wo Hunger und Durst Bestandteil der alltäglichen Erfahrung von Millionen von Menschen sind, geht vom leidenden Christus eine starke Anziehungskraft aus. Dabei wird er allerdings mehr wie ein Gefährte gesehen, der nicht davon ausgeht, dass Not und Entbehrung unabwendbares Los und Schicksal der Menschen sind, sondern der vielmehr in seinem Tun und Handeln gezeigt hat, dass solches Leiden nicht Gottes Plan entspricht. (...) Durch sein Leben hat Jesus Christus dem Leben eine neue Kraft und Dimension gegeben, wo es vorher vom Tod überschattet wurde. Er hat sogar das Leben neu erweckt, wo der Tod vorzeitig eingetreten war. In der Mitte der Christologie der charismatischen Kirchen erscheint Christus daher als der große Heiler« (ebd., 76).

[20] Vgl. Lucia Scherzberg, Grundkurs Feministische Theologie (1995), 167.

[21] Vgl. Thérèse Souga, Das Christusereignis aus der Sicht afrikanischer Frauen (1992), 59 f.; Louise Tappa, Das Christus-Ereignis aus der Sicht afrikanischer Frauen (1992), 66 f. Eine Theologin aus Nicaragua schreibt: »Aus der Erfahrung heraus, am Leid unseres Volkes Anteil zu haben und sich in ihrem eigenen Kampf abzumühen, entdeckt die Frau ein neues Bild von Jesus: Jesus, der Bruder und Schwester ist, solidarisch auf dem Weg zur Befreiung, zu jener des ganzen Volkes und zu ihrer eigenen; Jesus, der Genosse

chen von einem selbst gewählten, aktiven Leiden, das erlösende Qualität habe.[22]

(3) Eine große Nähe zwischen Soteriologie und Pneumatologie ist insbesondere in Beiträgen von afrikanischen[23] und asiatischen Theologinnen gegeben. Letztere identifizieren Gottes Geist mit der in ihrer kulturellen Tradition vertrauten (weiblichen) Gestalt der »Shakti«: »The life experience of voiceless, faceless, powerless women of Asia who search for their organized power is essentially a spirituality. (...) Women's attempts to draw out their suppressed creativity, their songs, and their stories of struggle and liberation are deeply spiritual. It is a spirituality that would say ›yes‹ to life and ›no‹ to forces of death. It is life affirming, nurturing, creating spirituality (...) In sisterhood, in cummunal selfhood, in solidarity with all other oppressed people, in the simplicity of the lifestyle of the women's movement, and in their commitment to heal a wounded creation and wounded world,

---

beim Aufbau der neuen Gesellschaft. Das Gesicht Jesu zeigt sich in allen Männern und Frauen, die sich für die anderen abmühen und ihr Leben einsetzen« (Luz Beatriz Arellano, Gotteserfahrungen von Frauen im Aufbruch einer neuen Spiritualität [1992], 210).

[22] Die auf den Philippinen beheimatete Theologin Virginia Fabella macht darauf aufmerksam, dass es innerhalb der asiatischen Christologien erhebliche Differenzen gibt: vgl. Virginia Fabella, Eine gemeinsame Methodologie verschiedener Christologien? (1992), 171f. Für den philippinischen Lebenskontext gilt: »Wie Jesu Leiden, so hat das aktive Leiden der Frauen einen erlösenden Wert, denn aus der Perspektive des Glaubens gehört jedes Leiden, ob persönlich oder stellvertretend, das wegen des Engagements für eine gerechte Welt erfahren wird, zur Heilsgeschichte. Dieser historisch-erlösende Prozess fand seinen Höhepunkt im Kommen Jesu Christi, der das Reich Gottes feierlich einsetzte. Alles Leiden, Hoffen und Kämpfen erhält vom Standpunkt des Reiches Gottes, das Jesus ankündigte, eine endzeitliche Bedeutung. Die Zusicherung, dass das Reich Gottes in seiner Fülle kommen wird, ist der gekreuzigte und auferstandene Jesus Christus, der Anker der Hoffnung ist (Hebr 6,19). Auf den Philippinen geht Christus heute mit dem Kampf der Frauen gleichzeitig durch seine Agonie, die Kreuzigung und das Leben, von der Gefangenschaft hin zu einer vollen Menschenwürde in einer gerechten und gleichen Gesellschaft« (ebd., 175f.).
[23] Vgl. Teresa M. Hinga, Jesus Christ and the Liberation of Women in Africa (1994), 266f.

women are expressing an Asian feminist spirituality. Shakti, the feminine energy force, our liberator God, has re-emerged in splendour – to her we turn for a new vision of a new world order«[24].

Trotz aller Differenzen innerhalb der weltweiten theologischen Frauenforschung in ihren unterschiedlichen sozialen, politischen, wirtschaftlichen und kulturellen Kontexten lassen sich drei Gedanken formulieren, die die Entwürfe zu einer feministischen Christologie und Soteriologie miteinander verbinden:

(1) *Gott will das Leben der Welt.* Frauen verstehen die soteriologische Frage als eine nach der Möglichkeit des Heilwerdens des Kosmos. Die feministische Soteriologie kann damit als eine der neueren soteriologischen Strömungen gelten, die an die im engeren Sinn theo-logische Gründung der Verheißung von Heilwerden erinnern.[25] Gottes schöpferische Zustimmung zum Leben der Welt ist eine Heilsverheißung – und Frauen trauen ihr. Lebensfreude soll allen Geschöpfen zuteil werden.

(2) *Jesus ist Heilender, der in einem personalen Beziehungsgeschehen wirkt.* Die christologische Frage darf nicht von der soteriologischen losgelöst werden. Frauen sind auf der Suche nach der Relevanz des Christusereignisses für ihr Leben. Erfahrungsnähe soll die Bedeutung der Glaubensaussagen im Alltag erschließen. Auch mit diesem Anliegen stehen die Frauen in der gegenwärtigen soteriologischen Diskussion nicht allein.[26]

(3) *Die Menschen sind gut – zumindest auch gut.* Frauen sind skeptisch gegenüber Modellen, die die menschlichen Fähigkeiten zum Guten leugnen. Gott und Mensch werden nicht als miteinander Streitende betrachtet, die voreinander fliehen, sondern als solche, die Sehnsucht nach gelingender Beziehung haben. Die Identifikation der Frau mit der sündigen Eva hat die feministische

---

[24] Aruna Gnanadason, Women and Spirituality in Asia (1994), 359f.
[25] Vgl. Josef Ernst, Das Heil der Schöpfung (1992); Hans Kessler, Das Stöhnen der Natur (1990); Philipp Schmitz, Erlöste Schöpfung (1986).
[26] Vgl. Dorothea Sattler, Beziehungsdenken in der Erlösungslehre (1997), 88–92; vgl. dies., Gottes Weisheit lebt mit uns (1998).

Theologie in besonderer Weise für die hamartologischen Implikationen der Soteriologie sensibilisiert.[27]

Die theologische Frauenforschung weist somit in Fragen der Soteriologie Eigenheiten auf, in denen spezifische Anliegen zum Tragen kommen, die auch in anderen Bereichen der theologischen Reflexion zu erkennen sind: Die feministische Theologie versteht sich als eine lebensnahe und erfahrungsbezogene Reflexion, die zwischen den systematisch-theologischen und den sozial-ethischen Argumentationen eine begehbare Brücke schlagen will.

In zwei Gedanken, die weder in Anspruch nehmen, alle Frauenerfahrungen zu erfassen, noch postulieren, Erfahrungen aller Frauen zu thematisieren, möchte ich formulieren, was ein Bezug auf den weiblichen Lebenskontext aus meiner Sicht bei der Bestimmung der Relevanz und der Identität des soteriologischen Handelns Gottes in Christus Jesus leisten kann.

(1) Viele Frauen in Nordamerika und Mitteleuropa – auch in Afrika[28] – erfahren es als ihre spezifische Not, sich selbst nicht annehmen zu können; sie erfahren sich stattdessen als gemessen an Idealgestalten, bei deren Realisierung sie scheitern. Psychotherapeuten wissen von tiefen Schuldgefühlen zu berichten, die Frauen haben, weil sie dem Bild nicht entsprechen, von dem sie meinen, der mit ihnen in Beziehung lebende Mann oder die längst entfernt wohnende Mutter wünschte sie so. Erlösend ist in dieser Situation die Zusage: Es soll dich, dich Frau, geben. Du sollst so sein, wie du bist.

(2) Immer schon – in der biblischen und nachbiblischen Zeit der Traditionsbildung – war die Soteriologie auf Bildreden angewiesen, in denen zur Sprache kommt, was wir meinen, wenn wir von Erlösung sprechen. Loskauf, Rechtfertigung, Freispruch, Erziehung, Teilhabe, Sühnopfer, Befreiung, Gemeinschaft sind solche Bilder für Erlösung, deren Verständnis die Kenntnis der dabei implizierten Erfahrungen im geschichtlich sich wandelnden

---

[27] Vgl. Lucia Scherzberg, Sünde und Gnade in der feministischen Theologie (1991).
[28] Vgl. Louise Tappa, Das Christus-Ereignis aus der Sicht afrikanischer Frauen (1992), 66.

menschlichen Miteinander voraussetzt. Alle Bildreden gelten nach der Regel der Analogie. Neben den Erfahrungswelten, die Männern und Frauen zugänglich sind, gibt es andere, die Frauen angesichts ihrer besonderen physiologischen Gestalt eigen sind: gebären und nähren. Vieles spricht dafür, dass Frauen sich – teils in Zustimmung zu Vorgegebenem, teils aus freier Entscheidung – in besonderer Weise dem werdenden und scheidenden Leben nahe wissen: den Kindern, den Alten und den Gebrechlichen. Frauen können der Weltgemeinschaft die Erfahrung der in Beziehung geschehenden »Sorge für das Leben« als Bild für Erlösung bereitstellen und auf diese Weise die Glaubensgemeinschaft durch ein erfahrungsnahes Bild für Gottes schöpferische Gewähr und für Gottes schöpferischen Erhalt des Lebens reicher machen. Zwei afrikanische Theologinnen sagen: »Die anschaulichste Christologie [wird] immer diejenige sein, die still inmitten des Dramas des täglichen Lebens gelebt wird«[29].

c. Die Armen und Jesus Christus

»Arme habt ihr allezeit«[30] – so lautet der Titel einer Studie in Verantwortung der Evangelischen Obdachlosenhilfe, die auf die Präsenz der Armut in der eigenen Nähe, im vertrauten gesellschaftlichen Kontext, eben auch »bei uns« aufmerksam macht. Erfahrungsberichte vom Leben auf der Straße und Wege aus der Not werden beschrieben. All dies geschieht in einer Atmosphäre großer Wertschätzung der Menschen in Armut. Bilder vom Dasein im schützenden Karton, der im Winter das Erfrieren verhindert, erschüttern. Nicht alle Obdachlosen überleben jede Nacht. Vor Ort sind es in der Regel ökumenische Initiativen, die eine erste Hilfe leisten, ohne die strukturellen Bedingungen der jeweils entstandenen Situation verändern zu können. Zu den ersten Initia-

---

[29] Elizabeth Amoah / Mercy Amba Oduyoye, Wer ist Christus für afrikanische Frauen? (1992), 86.
[30] Evangelische Obdachlosenhilfe (Hg.), Arme habt ihr allezeit (²2009).

tiven im Umgang mit der Armut in Deutschland gehört die bereits früh schon ökumenisch organisierte Bahnhofsmission[31].

Die weltweiten Bemühungen um einen diakonischen Zugang zum Phänomen der Armut sind unüberschaubar.[32] Konzepte zum Begriff der Armut und zu deren Überwindung liegen vor und werden in theologischen Reflexionen bedacht.[33] In ihrer Armut überleben manche Menschen – oft schwer gezeichnet durch ihre Lebenssituation. Die über viele Medien informierte Weltgemeinschaft weiß jedoch auch darum, dass angesichts von Dürrezeiten in einzelnen Regionen der Erde Durst und Hunger in den Tod treiben. Wie schwer muss es sein, das eigene Kind nicht mehr ernähren zu können und auf der Flucht nicht einmal einen Ort des Begräbnisses in der ausgetrockneten Erde zu finden? Kontextuelle Soteriologien unter dem Vorzeichen der Reflexion auf die Armut der Menschen weltweit setzen sich solchen Anblicken gedanklich aus.

Im Zusammenhang der Rede von der »Befreiung« der Menschen aus der Not (auch) der Armut sind im soteriologischen Zusammenhang insbesondere mit bibeltheologischen Bezügen vielfache Reflexionen angestellt worden.[34] Die Rede vom »Christus der Armen«[35] ist zu einem Leitwort geworden, das wertschätzende Rezeption erfahren hat. Im Zusammenhang der kritischen – im Sinne von differenzierenden – Besprechung der Schriften von Jon Sobrino[36] haben die lange schon vorgetragenen Überlegungen neu

---

[31] Vgl. zur Geschichte der Bahnhofsmission: Konferenz für Kirchliche Bahnhofsmission in Deutschland (Hg.), 100 Jahre Bahnhofsmission (1994); Bruno W. Nikles, Soziale Hilfe am Bahnhof. Zur Geschichte der Bahnhofsmission in Deutschland (1994); Wolfgang Reusch, Bahnhofsmission in Deutschland 1897–1987 (1988).
[32] Siehe dazu auch hier unten Abschnitt VI.3.
[33] Vgl. exemplarisch: Renate Böhm / Robert Buggler / Josef Mautner (Hg.), Arbeit am Begriff der Armut (2003); Clemens Sedmak (Hg.), Option für die Armen (2005); Johannes Eurich u. a. (Hg.), Kirchen aktiv gegen Armut und Ausgrenzung (2011); Magdalena Holztrattner (Hg.), Eine vorrangige Option für die Armen im 21. Jahrhundert? (2005).
[34] Siehe dazu hier oben Abschnitt III.2.b.
[35] Vgl. Giancarlo Collet (Hg.), Der Christus der Armen (1988).
[36] Jon Sobrino, Christologie der Befreiung (1998); ders., Der Glaube an

an Aktualität gewonnen. Jon Sobrino hält daran fest, »dass die Unterdrückung nicht bloß einer unter anderen möglichen hermeneutischen Orten ist, um den Glauben an den Sohn Gottes darzustellen, sondern jener Ort, der *de facto* in Situationen der Dritten Welt der geeignetste und *de iure* derjenige ist, der in der Schrift immer wieder auftaucht, um die Erlösungsbotschaft zu erfassen«[37]. Die Nachfolge des gekreuzigten Christus im eigenen Leiden steht im Mittelpunkt dieser soteriologischen Betrachtung. Sobrino unterscheidet dabei vier Aspekte: (1) die »bewusst parteiliche Inkarnation«[38] im Sinne der in jeder eigenen Existenz zu treffenden Entscheidung für »Reichtum oder Armut, Eitelkeit oder Erniedrigung, Macht oder Dienst«[39]; (2) die Entschiedenheit für eine »Praxis der Befreiung«[40] bereits in der diesseitigen Lebenswelt; (3) die Bereitschaft »zur Hingabe des eigenen Lebens, dem Beweis der größten Liebe«[41] sowie (4) die gelebte Anerkenntnis der Ähnlichkeit des Lebensgeschicks der Armen mit jenem von Jesus Christus.[42] Die Option für die Armen hat sich im Kontext der Theologie der Befreiung zu einer Option der Armen verwandelt, bei der diese als Subjekte und nicht (bloß) als Objekte des Handelns betrachtet werden. Der geistliche Trost, der aufgrund der wahrgenommenen Ähnlichkeit zwischen dem Lebensgeschick der Armen und der Existenz Jesu zu finden ist, darf nicht der Anlass sein, zu einer befreienden Praxis im Lebensalltag zu ermutigen.

Nicht zuletzt in ökumenischen Kontexten wird heute vielfach bedacht, warum die befreiungstheologischen Aspekte, die nach dem 2. Vatikanischen Konzil hohe Wertschätzung erfahren haben, in den heutigen westlichen Theologien kaum noch Beachtung fin-

---

Jesus Christus. Eine Christologie aus der Perspektive der Opfer (2008); Bernhard Sesboüé, Jesus Christus aus der Sicht der Opfer (2007).
[37] Jon Sobrino, Der Glaube an den Sohn Gottes aus der Sicht eines gekreuzigten Volkes (1988), 127. Hervorhebungen im Original.
[38] Ebd., 131.
[39] Ebd.
[40] Ebd.
[41] Ebd., 133.
[42] Vgl. ebd.

den. Noch schwerer wiegt, dass gerade in Kontexten bestehender Armut heute der Ruf nach einer Praxis der Befreiung aus der realen Not durch religiöse Bewegungen zum Schweigen gebracht zu werden droht, die die Erlösung im Diesseits gering achten. Apokalyptische Strömungen verbinden sich mit multireligiös konnotierten Heilungspraktiken an auserwählten Persönlichkeiten. Die in ihren Eigenarten sehr unterschiedlichen christlichen Pfingstbewegungen[43] partizipieren an dieser Entwicklung, deren Folgen für die weltweite Christenheit noch nicht absehbar sind. Selbstkritisch werden die westlichen und nördlichen Theologien, die mit großem Wohlwollen die Option für die Armen begrüßt haben, eingestehen müssen, dass die eigenen soteriologischen Reflexionen noch zu sehr in Zirkeln stattfinden, die von der Not der Armen wenig berührt erscheinen.

2. In der christlichen Ökumene

»Um Tischgespräche zu führen, dürfte ich nicht selber der Koch sein«[44]. Martin Luther hat viele Tischreden gehalten, in denen er auch theologische Fragen bedachte.[45] Dabei handelte es sich – zumindest in der überlieferten Gestalt – gewiss nicht um Gespräche über die gelungene oder misslungene Gestaltung einer Mahlzeit, bei denen sich immer eine vornehme Zurückhaltung bei der Beurteilung der Ergebnisse der eigenen Bemühungen empfiehlt. Von Vorannahmen angesichts der eigenen Angehörigkeit zu einer konfessionellen Tradition gilt es bei den ökumenischen Tischgesprä-

---

[43] Vgl. Alexander F. Gemeinhardt (Hg.), Die Pfingstbewegung als ökumenische Herausforderung (2005); Walter J. Hollenweger, Charismatischpfingstliches Christentum (1997); Christoph Dahling-Sander / Kai M. Funkschmidt / Vera Mielke (Hg.), Pfingstkirchen und Ökumene in Bewegung (2001).
[44] Peter Handke, Phantasien der Wiederholung (1983), 32.
[45] Zur Tischrede als Gattung: vgl. Stefan Nienhaus, Art. »Tischrede« (2009); zu Martin Luthers Tischreden: vgl. Herbert Wolf, Martin Luther (1980), 150 f.; Michael Beyer, Tischreden (^{2}2010); Helmar Junghans, Die Tischreden Martin Luthers (2001).

chen über soteriologische Themen jedoch bis heute auszugehen. Dies hat auch den Grund, dass offenkundig Differenzen in der Soteriologie zumindest im 16. Jahrhundert der Anlass waren, eigener Wege im gemeinsamen Christsein zu gehen. Die Fragen beim Ursprung einer konfessionellen Trennung gehen mit auf den weiteren Wegen. Sie wirkten identitätsbildend und werden in diesem Sinne nicht selten mit dem Wunsch nach Unterscheidung und Abgrenzung vergegenwärtigt. Wer mit Hilfe von Sachregistern zu den ökumenischen Dokumenten[46] die in den internationalen ökumenischen Dialogen behandelten soteriologischen Themen aufsucht, wird in diesem thematischen Zusammenhang die vielen Gespräche über die Rechtfertigungsthematik vorrangig aufgeführt finden.

a. Heil und Erlösung als (seltener) Gegenstand ökumenischer Gespräche

Es mag zunächst überraschend erscheinen, dass mit Ausnahme der Rechtfertigungslehre soteriologische Aspekte wenig Beachtung in den ökumenischen Dialogen gefunden haben. Diese Tatsache steht im Widerspruch zur Relevanz dieser Thematik bei der Begründung der gemeinsamen christlichen Identität. Karl Rahner bestimmte wenige Tage nach dem Ende des 2. Vatikanischen Konzils »*die* Fragen der Theologie von morgen, die dieses Konzils würdig sein will«[47], im ökumenischen Kontext so: »wie man von Gott und seinem Dasein in der Mitte der Existenz des Menschen so reden könne, dass diese Rede bei den Menschen von heute und morgen ankommt; wie man Christus inmitten einer evolutiven Weltanschauung so verkündigen kann, dass das Wort vom Gottmenschen und der Inkarnation des ewigen Logos in Jesus von Nazareth nicht wie ein Mythos klingt, den man im Ernst nicht

---

[46] Vgl. Harding Meyer, Dokumente wachsender Übereinstimmung (1982–2003).
[47] Karl Rahner, Das Konzil – ein neuer Beginn (1966), 19. Hervorhebung im Original.

mehr glauben kann; wie sich menschliche Zukunftsplanung und -ideologie zur christlichen Eschatologie verhalten; (...) wie Gottes- und Nächstenliebe immer, aber bald auch epochal neu, eine absolute Einheit bilden, eine Liebe ohne die andere unverständlich und unvollziehbar ist, vor allem seitdem Gott durch Christus im Menschen und eigentlich für uns nur *so* da ist; wie und warum auch in der Zukunft einer fast geglückten Herrschaft des Menschen über seinen Daseinsraum das Kreuz bleibt, an dem der Mensch angenagelt ist, der Tod und die hoffende Geduld in der bleibenden Finsternis des Daseins der einzige Aufgang des ewigen Lebens sind.«[48] Rahner erinnert an diese »ewig alten und immer radikal neuen, niemals erledigten Fragen«[49] und meint: »nur wenn die Theologien aller christlichen Bekenntnisse sich *diesen* Fragen gemeinsam neu stellen und nicht nur (obzwar es auch sein muss) die alten kontroverstheologischen Probleme immer weiter diskutieren, werden sie wahrhaft ökumenische Theologie treiben und sich näher kommen.«[50]

Auffällig ist, dass eine Reflexion auf die Rede vom universalen Heil vorrangig in Gesprächen unter Beteiligung freikirchlich, evangelikal-missionarisch ausgerichteter Kirchentraditionen geschieht.[51] Im Hintergrund steht dabei in der Regel eine Verständigung über die existentielle Bedeutung von Glaube und Taufe bei der Gestaltung des erlösten Daseins. Im reformiert-baptistischen Kontext wurde folgende Einsicht formuliert: »Eine unserer Hauptschwierigkeiten liegt darin, dass es schwieriger geworden ist, zwischen ›Gläubigen‹ und ›Ungläubigen‹ zu unterscheiden. Es gibt in der Tat Menschen, die ihren Unglauben bekennen. Es gibt auch solche, die noch nicht zu einer vollen Glaubensentscheidung ge-

---

[48] Ebd., 18f. Hervorhebung im Original.
[49] Ebd., 19.
[50] Ebd. Hervorhebung im Original.
[51] Vgl. Bericht über die theologischen Gespräche zwischen dem Reformierten Weltbund und dem Baptistischen Weltbund (1977); Bericht der Gemeinsamen Kommission der Römisch-katholischen Kirche und des Weltrates Methodistischer Kirchen (1971); Bericht der Gemeinsamen Kommission der Römisch-katholischen Kirche und des Weltrates Methodistischer Kirchen (1976).

langt sind und trotzdem Glaubende genannt werden können wegen ihrer Beziehung zu Christus durch ihre traditionelle Kenntnis von ihm und die Denkweisen ihrer Gesellschaft. Solche Situationen stellen uns allen, Reformierten und Baptisten, eine besondere seelsorgliche Aufgabe.«[52]

Oft sind es Zwischenüberlegungen über die »heutige Situation«, in denen die soteriologische Thematik anklingt. Im Denver-Bericht (1971) über den methodistisch/römisch-katholischen Dialog heißt es: »Die heutige Situation verrät den Durst des Menschen nach dem Gott, den er zu finden sucht, oft ohne es zu wissen – ja, manchmal gerade, indem er ihn verwirft.«[53] Wurzeln und Erscheinungsweisen des Atheismus werden in diesem Bericht auf der Grundlage gemeinsamer Studien sensibel beschrieben. Die sich daraus ergebende gemeinsame Aufgabenstellung angesichts »der von vielen geteilten Erfahrung der Abwesenheit Gottes«[54] wird konsequent in pneumatologischer Perspektive beschrieben: »Wir müssen ernsthafter über die Weisen nachdenken, in denen der Hl. Geist wirksam ist in unseren negativen sowohl wie in unseren positiven Erfahrungen: Wir müssen deutlicher erkennen, wie der Hl. Geist auf den menschlichen Geist einwirkt – und zwar in jedem Stadium des Lebens des irdischen Menschen.«[55] Sehr ausführlich geht der Bericht über die Gespräche der methodistisch/römisch-katholischen Dialogkommission 1976 auf das Verständnis vom Heil der Schöpfung ein.[56] Angesichts der Feststellung, dass »das Verlangen nach Heil so universal ist wie die Menschheit selbst«[57], unterscheidet das Dokument zwischen drei Ebenen in der Rede von Heil und Errettung (das reine Überleben; Möglichkeiten der würdigen Gestaltung des Daseins; innere Ruhe im gläu-

---

[52] Bericht über die theologischen Gespräche zwischen dem Reformierten Weltbund und dem Baptistischen Weltbund (1977), 110 (Nr.11).
[53] Bericht der Gemeinsamen Kommission der Römisch-katholischen Kirche und des Weltrates Methodistischer Kirchen (1971), 401 (Nr. 57).
[54] Ebd., 398 (Nr. 45).
[55] Ebd.
[56] Vgl. Bericht der Gemeinsamen Kommission der Römisch-katholischen Kirche und des Weltrates Methodistischer Kirchen (1976), bes. 425–430.
[57] Ebd., 427 (Nr. 16).

bigen Wissen um das Transzendente)[58] und sondiert Gemeinsamkeiten im christlichen Umgang mit der Heilssuche aller Menschen, wobei die Aufgabe insbesondere darin besteht, »die ganze Tragweite der biblischen Sicht des Heils als neuer Schöpfung«[59] zu erforschen.

Das Verhältnis zwischen Schöpfung und Erlösung wird ausführlich in dem 1977 erschienenen Bericht über den Dialog zwischen dem Reformierten Weltbund und dem Sekretariat für die Einheit der Christen bedacht.[60] Die darin formulierten Konvergenzen sowie die sich anschließenden Fragen haben bleibende Gültigkeit.[61] Sie zielen durch die Betrachtung des Zusammenhangs zwischen Schöpfung und Erlösung eine gemeinsame Sicht der »politischen und sozialen Implikationen im Heilswerk Christi«[62] an. Im Sinne einer zusammenfassenden Zwischenbemerkung lässt sich festhalten, dass in den 70er Jahren des 20. Jahrhunderts die universale Bedeutung der Rede vom menschlichen Heil als den Kirchen gemeinsam aufgetragenes Thema betrachtet wurde. Dies spiegelt sich auch in der Weltmissionskonferenz des Ökumenischen Rates der Kirchen 1973 in Bangkok zum Thema »Das Heil der Welt heute«.[63] In den 80er Jahren erfolgen in den Dialogen zum einen thematische Zuspitzungen auf die Frage nach der ekklesialen Vermittlung des Heils[64], zum anderen wächst die Bereitschaft, im Kontext der Reflexionen auf das Verständnis von Mission und Evangelisation auch über den ganzheitlichen kirchlichen Heilungsdienst nachzudenken. Dies geschieht vorrangig in den Dialogen mit evangelikalen[65] und pfingstlerischen Gemeinschaf-

---

[58] Vgl. ebd., 427 (Nr.13).
[59] Ebd., 429 (Nr. 22).
[60] Vgl. Die Gegenwart Christi in Kirche und Welt (1977), bes. 497–503.
[61] Vgl. ebd., 498 f. (Nr. 48).
[62] Ebd., 498 (Nr. 44).
[63] Vgl. Das Heil der Welt heute (1973).
[64] Der Titel der Gemeinsamen Erklärung der Zweiten Anglikanisch / Römisch-katholischen Internationalen Kommission (ARCIC II) lautet »Das Heil und die Kirche« (1986). Bei den besprochenen Sachthemen stehen Fragen der Rechtfertigungslehre im Vordergrund.
[65] Vgl. den Dialog über Mission zwischen Evangelikalen und der Römisch-katholischen Kirche (1977–1984), bes. 410–421 (Nr. 95–145).

ten.⁶⁶ Die von evangelikalen Gruppen formulierte Position kommt in folgender Textpassage zum Ausdruck: »Evangelikale bestehen (…) darauf, dass nach dem Neuen Testament Menschen außerhalb von Christus ›verlorengehen‹ und sie Errettung nur in und durch Christus erhalten können. Sie sind deshalb tief berührt von dem Schicksal derer, die nie von Christus gehört haben. Die meisten Evangelikalen glauben, dass diese Menschen sich selbst zur Hölle verdammen, weil sie das Licht, das sie empfangen haben, zurückweisen. Viele sind zurückhaltender im Reden über deren Schicksal, weil sie die Souveränität Gottes nicht begrenzen wollen, und ziehen es vor, Gott die Sache zu überlassen. Andere gehen weiter in ihrer Offenheit für die Möglichkeit, dass Gott einige erretten kann, die nie von Christus gehört haben. Sie fügen jedoch gleich hinzu, dass, wenn Gott dies tut, er es nicht aufgrund von Religion, Aufrichtigkeit oder Taten tut (es gibt keine Rettung aufgrund guter Werke), sondern allein aufgrund seiner freien Gnade, die er auf der Grundlage des versöhnenden Todes Christi schenkt. Alle Evangelikalen erkennen die dringende Notwendigkeit an, das Evangelium von der Errettung der ganzen Menschheit zu verkündigen.«⁶⁷ Nach meiner Wahrnehmung ist der Frage, welche Bedeutung evangelikale Strömungen in den einzelnen Konfessionsgemeinschaften haben, bisher eine zu geringe Bedeutung in den Dialogen zwischen den Weltbünden und der Römisch-katholischen Kirche zugemessen worden.

Wichtig finde ich zudem die Wahrnehmung, dass es nicht wenige Dokumente unter orthodoxer Beteiligung (unter Aufnahme patristischer theologischer Traditionen) gibt, in denen eine Verbindung zwischen der schöpfungstheologischen Begründung und der eschatologischen Erwartung der universalen Erlösung ins Wort gebracht wird.⁶⁸

---

⁶⁶ Vgl. die Aufnahme des Themas »Das Heilen in der Kirche« in den Schlussbericht des Dialogs zwischen dem Sekretariat für die Einheit der Christen der Römisch-katholischen Kirche und einigen klassischen Pfingstlern (1977-1982), bes. 586–588 (Nr. 31–40).
⁶⁷ Dialog über Mission zwischen Evangelikalen und der Römisch-katholischen Kirche (1977–1984), 416 (Nr. 124).
⁶⁸ Vgl. exemplarisch zwei Dialoge der Gemeinsamen Lutherisch / Ortho-

Es zeigt sich somit, dass sowohl bei einer christologisch-missionarischen als auch bei einer pneumatologisch-kosmisch ausgerichteten ökumenischen Soteriologie Ausblicke auf das Heil aller Geschöpfe vermittelt werden. Die Soteriologie im umfassenden Sinn war bisher jedoch kein Gegenstand ökumenischer Dialoge.[69]

b. Bemühungen um eine soteriologische Konvergenz in der Rechtfertigungsthematik

Kaum ein ökumenisches Ereignis hat je eine so große Zahl an Kommentaren bewirkt, wie die »Gemeinsame Erklärung zur Rechtfertigungslehre« (GER)[70], die am 31. Oktober 1999 von Repräsentantinnen und Repräsentanten des Lutherischen Weltbunds sowie der Römisch-katholischen Kirche in Augsburg unterzeichnet wurde. An dieser Stelle ist nicht mehr möglich als ein knapp gehaltener Einblick in diesen Vorgang, bei dem auch die weltweite Rezeptionsgeschichte Berücksichtigung findet.[71]

»Ihr Völker alle, klatscht in die Hände; jauchzt Gott zu mit lautem Jubel!« (Ps 47,2) Dieses Wort mag so manchem tief im Sinn gewesen sein, der erlebte, wie sich am Reformationstag 1999 in der Augsburger St.-Anna-Kirche in einem anhaltenden, lauten Beifall spürbar die Spannung löste, mit der die Unterzeichnung

---

doxen Kommission: Das Verständnis des Heils im Lichte der ökumenischen Konzile (1995); Heil: Gnade, Rechtfertigung und Synergie (1998).
[69] Vgl. die gemeinsame altkatholisch – orthodoxe Erklärung zum Thema »Soteriologie« (1983). In der Darstellung werden im soteriologischen Kontext schöpfungstheologische und eschatologische Aussagen gemacht. Die Rede von der »Rettung des Menschengeschlechts« und (inklusiv) »der Menschen« ist dabei geläufig.
[70] Gemeinsame Erklärung zur Rechtfertigungslehre des Lutherischen Weltbunds und der Katholischen Kirche (1999).
[71] Vgl. das von Friedrich Hauschildt herausgegebene Handbuch mit allen wichtigen Quellen zum Entstehungs- und Rezeptionsprozess der GER: Die Gemeinsame Erklärung zur Rechtfertigungslehre (2009). Vgl. auch Wolfgang Greive (Hg.), Rechtfertigung in den Kontexten der Welt (2000); Karen L. Bloomquist / Wolfgang Greive (Hg.), The Doctrine of Justification (2003).

der »Gemeinsamen Offiziellen Feststellung« (GOF)[72] über den bestehenden Konsens in Grundwahrheiten der Rechtfertigungslehre zwischen den lutherischen Kirchen und der römisch-katholischen Kirche erwartet worden war. Das Händeklatschen setzte ein, als die Anwesenden die spontane und herzliche Umarmung wahrnahmen, mit der die beiden Sekretäre, Pfarrer Ishmael Noko vom Lutherischen Weltbund (LWB) und (damals noch) Bischof Walter Kasper vom Päpstlichen Rat zur Förderung der Einheit der Christen, ihre zuvor geleisteten Unterschriften unter die Erklärung bekräftigten. Nicht nur in St. Anna klatschten die Menschen, auch in den vielen Räumen, in die hinein das Geschehen live übertragen wurde. Die Hände ruhten erst wieder, als alle zehn Namenszüge unter das Dokument gesetzt waren: Vor den Sekretären hatten die beiden Präsidenten, Landesbischof Christian Krause und Edward I. Kardinal Cassidy, unterzeichnet. Sechs hochrangige Vertreterinnen und Vertreter des LWB bestätigten sodann mit ihren Unterschriften, dass das Geschehen in Augsburg in der weltweiten lutherischen Gemeinschaft auf große Zustimmung gestoßen war. Drei Frauen, die Schatzmeisterin des LWB und die beiden Vizepräsidentinnen für Afrika und Asien, unterschrieben das Dokument. Mit hoher Sensibilität hat die Festgemeinschaft dieses Zeugnis der evangelischen Katholizität der lutherischen Kirchen freudig anerkannt.

Eine erste Fassung der GER wurde 1994 von einer kleinen Gruppe lutherischer und römisch-katholischer Theologen erarbeitet. Der Text wurde im Januar 1995 den Kirchen in einer nicht zur Veröffentlichung bestimmten Form für die Beratung zugänglich gemacht. Auf der Basis der eingegangenen Modi nahm ein evangelisch/römisch-katholisches Expertenteam im Juni 1996 in Würzburg Textverbesserungen vor (Würzburg I). Weitere Eingaben von einzelnen Mitgliedskirchen des LWB und aus Rom veranlassten dazu, den Text nochmals bei einem Treffen in Würzburg zu bearbeiten. Die dort im Januar 1997 verabschiedete Fassung (Würzburg II) lag den Kirchen zur Beschlussfassung vor, die bis

---

[72] Gemeinsame offizielle Feststellung des Lutherischen Weltbundes und der Katholischen Kirche (1999).

zum 1. Juni 1998 erfolgt sein sollte. Trotz innerlutherischer Auseinandersetzungen – forciert vor allem durch das negative Votum von Theologinnen und Theologen – stimmte der LWB am 16. Juni 1998 einstimmig dem Entwurf zur GER zu.

Größte Irritationen hat in der Schlussphase dann die römisch-katholische Antwort auf die Frage, ob ein Konsens bestehe, ausgelöst. Ein Schreiben in Verantwortung der Glaubenskongregation vom 25. Juni 1998 stellt zunächst fest, es gebe einen Grundkonsens in der Rechtfertigungslehre, im Kleindruck werden dann aber Einschränkungen angefügt, die von lutherischer Seite und auch von den im Vorfeld beteiligten römisch-katholischen Theologen als höchst ärgerlich betrachtet wurden – z. B. die Infragestellung der Bedeutung des Beschlusses des LWB angesichts der unklaren Kompetenz dieses Gremiums. In der Sache wurden vor allem Bedenken bezüglich eines schon konsensfähigen Sündenverständnisses und der Heilsgewissheit formuliert: Ist der Mensch als Gerechtfertigter immer zugleich auch noch als Sünder zu bezeichnen (simul iustus et peccator), wie die lutherische Lehre vorgibt, oder ist – im Sinne der römisch-katholischen Erbsündenlehre – nur das als Sünde zu bezeichnen, was Getaufte in ihrer personalen Freiheit Böses tun? Kann auch der sündige Mensch sich in seiner subjektiven Glaubensentscheidung immer des Heils gewiss sein oder ist er nicht anzuhalten, sich immer wieder im Raum der kirchlichen Gemeinschaft sich dessen zu vergewissern?

Durch diese römisch-katholische Reaktion schien über lange Zeit eine feierliche Unterzeichnung der GER nicht mehr möglich. Ökumenisch engagierte Theologen haben schließlich auf recht undurchsichtigen Wegen erreichen können, dass die Glaubenskongregation sich nochmals mit dem Vorgang befasste. Auf den persönlichen Einsatz von Joseph Ratzinger, dem damaligen Präfekten der Glaubenskongregation, ist zurückzuführen, dass schließlich ein Zusatztext zur GER gemeinsam mit dem LWB vereinbart wurde. In diesem Anhang wird nochmals der bestehende Grundkonsens bekräftigt. Zudem werden Auslegungsregeln für die erste römisch-katholische Reaktion auf die GER vereinbart. Der Anhang wurde im Mai 1999 einvernehmlich verabschiedet und machte dann den Weg frei für die Unterzeichnung der »Gemeinsamen Offiziellen Feststellung«, die daran festhält, dass die in der GER getroffenen Aussagen den Lehrtraditionen der unterzeichnenden Konfessionen entsprechen.

Aufbau und Inhalt der GER stellen sich so dar: Die Präambel (Nr. 1-7) erinnert an die Geschichte der GER, an Vorläufertexte und bestimmt die Zielsetzung der GER: Nach einem mehr als 25jährigen Dialog über die Rechtfertigungstheologie soll Bilanz gezogen werden. Das gemeinsame Grundverständnis der Rechtfertigungslehre soll beschrieben werden; nicht alle Aspekte können zur Sprache kommen; die konfessionell geprägten Lehrtraditionen und die Geschichte der Konfessionen mit dieser Thematik sollen nicht korrigiert werden; lediglich der gemeinsame Lernerfolg, der heute erreichte Stand der Gespräche, soll in einem kirchenamtlichen Vorgang Anerkennung finden. Der erste Teil der Erklärung fasst (Nr. 8-12) das biblische Zeugnis zusammen.[73] Dies ist ein neuerlicher Erweis für die Tatsache, dass auch die römisch-katholische Dogmatik im Sinne der methodischen Vorgaben des 2. Vatikanischen Konzils[74] zunächst die Themen der Schrift vorzulegen hat. Ein kurzer 2. Abschnitt (Nr. 13) erinnert an die Bedeutung einer Verständigung über die Rechtfertigungslehre für den ökumenischen Dialog. Der wichtige Abschnitt 3. (Nr. 14-18) bestimmt das gemeinsame Verständnis der Rechtfertigung; Abschnitt 4. (Nr. 19-39) entfaltet die gemeinsame Grundaussage in der Rechtfertigungslehre unter sieben Gesichtspunkten: Verständnis der Sünde, der Vergebung, der Rechtfertigung durch Glauben und aus Gnade, das Sündersein des Gerechtfertigten, Gesetz und

---

[73] Die in der GER recht knapp gehaltenen bibeltheologischen Grundlegungen wurden von 2008-2011 in einem gemeinsamen Studienprojekt von einer internationalen Arbeitsgruppe lutherischer, methodistischer, reformierter und römisch-katholischer Wissenschaftlerinnen und Wissenschaftler aus den Bereichen Exegese und Systematische Theologie, die der Lutherische Weltbund, der Weltrat Methodistischer Kirchen, die Weltgemeinschaft Reformierter Kirchen und der Päpstliche Rat zur Förderung der Einheit der Christen bestellt hatten, vertieft: vgl. The Biblical Foundations of the Doctrine of Justification (2011).

[74] 2. Vatikanisches Konzil, Dekret über die Priesterausbildung »Optatam totius«, Nr. 16.

Evangelium, Heilsgewissheit, die guten Werke. Jeder Teilabschnitt ist so aufgebaut, dass zunächst die Übereinstimmung in den Sachfragen formuliert wird, dann in eigenen Abschnitten römisch-katholische bzw. lutherische Eigenheiten im Umgang mit der jeweiligen Thematik. Ein differenzierter Konsens[75] wird somit formuliert: Es besteht ein Konsens und zugleich bleiben geschichtlich bedingte, durch die konfessionellen Eigenentwicklungen geprägte Differenzen, die jedoch den Bestand der konsensfähigen Grundaussage nicht gefährden. Der 5. und letzte Abschnitt (Nr. 40-44) bestimmt die Bedeutung und die Tragweite des erreichten Konsenses: Die im 16. Jh. ausgesprochenen Verurteilungen der Lehre der jeweils anderen Konfession in Fragen der Rechtfertigung behalten den Status von »heilsamen Warnungen«; beide Konfessionen verpflichten sich, dafür zu sorgen, dass Leben und Lehre der Kirchen dem gemeinsam Gesagten entsprechen. Schließlich werden die noch offenen Fragen benannt, die noch zur Klärung anstehen: vor allem die Frage nach der Lehrautorität in der Kirche, nach dem Amt, den Sakramenten und nach dem Verhältnis zwischen der Rechtfertigungslehre und (sozial)ethischen Positionen.

In der Rezeption dieses Textes erscheint heute weithin anerkennenswert, dass hier der Versuch gemacht wurde, die langjährigen Bemühungen um einen lutherisch – römisch-katholischen Konsens in der Rechtfertigungsthematik zu bündeln. Die Bereitschaft der römisch-katholischen Kirche, mit der GER die herausragende und einzigartige Bedeutung der Rechtfertigungslehre für die gesamte Glaubenslehre anzuerkennen und damit das Hauptanliegen der Reformation im 16. Jh. gutzuheißen, wurde von lutherischer Seite wohlwollend zur Kenntnis genommen.

Die Rezeption lehrte auch, dass es nicht leicht fällt, die noch bestehenden konfessionellen Akzentsetzungen innerhalb des erreichten Konsenses im Grundverständnis angemessen zu be-

---

[75] Vgl. Harding Meyer, Die Struktur ökumenischer Konsense (1998); ders., Zur Bedeutung und Tragweite der »Gemeinsamen Erklärung zur Rechtfertigungslehre« (2000); ders., Ökumenischer Konsens als »differenzierter Konsens« (2009). Vgl. auch Harald Wagner (Hg.), Einheit – aber wie? (2000); Wolfgang Thönissen, Dogma und Symbol. Eine ökumenische Hermeneutik (2008), 227–253.

schreiben, ohne dabei wieder Verkürzungen vorzunehmen. Trotz dieser Gefahr sei es hier versucht: Die römisch-katholische Lehrtradition rechnet eher mit der Möglichkeit des Menschen, dauerhaft, beständig das Gute wirken zu können und in diesem Geschehen durch die kirchliche Gemeinschaft gestützt zu werden. Dagegen betont die lutherische Theologie stärker die immer bestehende, bleibende Sündigkeit des Menschen, seine Passivität im Erlösungsgeschehen, die Notwendigkeit der je neuen worthaften Zusage des Evangeliums, die Heilsgewissheit aufgrund der gnädigen Zuwendung Gottes (sola gratia), wirksam im vertrauenden Glauben (sola fide). Während die reformatorische Lehre eher ein forensisches Verständnis der erlösenden Rechtfertigung der Sünderinnen und Sünder bevorzugt und sich dabei an der metaphorischen Vorstellung eines Freispruchs vor Gericht orientiert, beschreibt die römisch-katholische Lehre die Vorzüge eines effektiven Verständnisses der Rechtfertigung, bei der die im Menschen durch Gottes Handeln bewirkte Verwandlung zum Guten im Blick bleibt.

Anthropologische und soteriologische Fragen sind in der Rechtfertigungslehre eng miteinander verbunden. Zugleich zeigte die zum Teil kritische Rezeption der GER in der lutherischen Theologie sehr deutlich, welche Anfragen auf evangelischer Seite an solche ökumenischen Bemühungen fortbestehen: Hat der erreichte Grundkonsens in der Rechtfertigungslehre Konsequenzen für das römisch-katholische Kirchenverständnis, die Ämterlehre und die Feier der Sakramente? Da dies kaum erkennbar ist, scheint auch der Grundkonsens nicht gegeben zu sein. Neben der Folgenlosigkeit der GER wird seit dieser Zeit auch die Erfahrungsferne der theologischen Redegestalten intensiv bedacht.

c. Multilaterale ökumenische Perspektiven
im Blick auf eine erfahrungsnahe Erlösungslehre

Die GER hat auf internationaler Ebene im weltweiten Luthertum weitreichende Überlegungen zur Gegenwartsbedeutung der Rechtfertigungslehre in den unterschiedlichen Lebenskontexten

In der christlichen Ökumene

der Menschen ausgelöst. Es liegen einige Veröffentlichungen vor, in denen die Versuche von Menschen weltweit, das Geschehen der Rechtfertigung in eine neue Sprache zu fassen, dokumentiert sind. In zwei Sammelbänden hat der Lutherische Weltbund die Ergebnisse entsprechender Bemühungen der Öffentlichkeit zugänglich gemacht.[76] In ihnen wird deutlich, wie stark das Verständnis der Rechtfertigungsbotschaft von den jeweiligen sozial-politischen Rahmenbedingungen abhängig erscheint, in denen christgläubige Menschen leben. Die Gottesfrage und ethische Themen nehmen einen vorrangigen Raum in den Gesprächen auch über die Rechtfertigungsbotschaft ein. Vor dem Hintergrund von anthropologischen Grundannahmen beispielsweise in Afrika fällt es sehr schwer, einzelne der im 16. Jahrhundert geformten theologischen Überzeugungen mitzutragen: Ist der Mensch wirklich selbst völlig passiv im Erlösungsgeschehen? Ist der Mensch nicht viel stärker als Mitglied einer Gemeinschaft zu verstehen, denn als Einzelpersönlichkeit in seiner subjektiven Glaubensentscheidung? Ist die anthropologische Prämisse, den Menschen als ein in seiner Natur zutiefst durch die Sünde verdorbenes Wesen zu betrachten, angemessen angesichts der Selbsterfahrungen des Menschen in seinem Ringen um das Gute? Deutlich wird in diesem Zusammenhang nochmals, wie stark Fragen der Anthropologie und der Erlösungslehre miteinander verbunden sind.

Nach der Zustimmung des Weltrats Methodistischer Kirchen zur GER[77] im Jahr 2006 wurden viele Bemühungen angestrengt, den erreichten bilateralen lutherisch – römisch-katholischen Konsens im multilateralen Gespräch zwischen allen christlichen konfessionellen Traditionen zu vertiefen.[78] Dabei zeigte sich etwa, dass in Fragen der Anthropologie einzelne evangelisch-freikirchliche Traditionen einem effektiven Verständnis der Rechtfertigung in

---

[76] Vgl. Wolfgang Greive (Hg.), Rechtfertigung in den Kontexten der Welt, Stuttgart 2000; Karen L. Bloomquist / Wolfgang Greive (Hg.), The Doctrine of Justification. Its Reception and Meaning Today, Genf 2003.
[77] Vgl. Die Gemeinsame Erklärung zur Rechtfertigungslehre (2009), Kapitel E.
[78] Vgl. Deutscher Ökumenischer Studienausschuss (DÖSTA), Von Gott angenommen – in Christus verwandelt (2006).

der Regel näher stehen als einem forensischen. Auch die Bedeutung der Teilhabe der Gemeinschaft der Glaubenden an der Förderung des subjektiven Empfindens, erlöst zu sein, stellt sich in diesen Kirchen anders dar. Eine Frucht dieser multilateralen Gespräche sind auch die Versuche, ein Desiderat einzulösen, das in der Rezeption der GER immer wieder angemahnt wurde: eine Vertiefung des erreichten Konsenses durch eine gemeinsame neue Sprache in der Verkündigung dieser Glaubenswahrheit, die nicht durch die Kontroversen des 16. Jahrhunderts geprägt ist, sondern auf die Lebenswelt der Menschen heute erfahrungsnah Bezug nimmt.

Insbesondere die Notwendigkeit einer Rücksichtnahme auf das Gerechtigkeitsempfinden vieler Gläubigen bei der Verkündigung der Rechtfertigungsbotschaft findet seit geraumer Zeit in entsprechenden Veröffentlichungen Beachtung: »Die Fragen, wie sich das Evangelium der Rechtfertigung der Sünder allein aus Glauben auf dem Hintergrund stark gewandelter und umgeformter Verstehensbedingungen verkündigen lässt, und wie es den Menschen erreicht, dem das Geschenk der Rechtfertigung gilt, gehören seit langer Zeit zu den elementaren Herausforderungen an die evangelische Theologie.«[79] Ähnlich lautende Sachaussagen sind im Umfeld der Erarbeitung und der Rezeption der GER mehrfach getroffen worden. Sie können sich auch auf den Wortlaut der römisch-katholischen Antwort vom 25. Juni 1998[80] auf die GER berufen, in der es im letzten Abschnitt heißt: »Schließlich sollen sich Lutheraner und Katholiken gemeinsam darum bemühen, eine Sprache zu finden, die imstande ist, die Rechtfertigungslehre auch den Menschen unserer Zeit verständlicher zu machen.«[81]

Insbesondere in deutschsprachigen Veröffentlichungen zur Rechtfertigungslehre wird vielfach betont, es könne niemals zu

---

[79] Michael Beintker, Rechtfertigung in der neuzeitlichen Lebenswelt (1998), Vorwort, o. S.
[80] Text in: Die Gemeinsame Erklärung zur Rechtfertigungslehre (2009), 809–813.
[81] Ebd., 813.

einer Vermittlung zwischen dem Lebenszeitempfinden der Menschen und der biblischen Rechtfertigungsbotschaft kommen. Die empfundene Schwierigkeit, einen Erfahrungsbezug für die Verkündigungssituation anzubieten, wird dabei als grundsätzlich unüberwindbar erachtet und entsprechende Bemühungen als im Ansatz verfehlt zurückgewiesen: »Solche Versuche, die Rechtfertigungslehre ›ins Leben zu übertragen‹, weisen erneut auf die beiden neuralgischen Punkte hin, die die Rechtfertigungslehre und ihre Rezeption von Anfang an mit sich führen: Wie lässt sich die Unanschaulichkeit der Rechtfertigung erfassen, und was folgt aus ihr?«[82] Diese von Gerhard Sauter gestellte Frage setzt bereits voraus, was er sodann argumentativ zu erweisen sucht: Die Unanschaulichkeit der Rechtfertigungsbotschaft ist demnach ein unaufhebbares Kennzeichen derselben. Von daher gehen jegliche Versuche grundlegend in die Irre, die nach einer Übersetzung der Botschaft in den Erfahrungsraum der Menschen suchen: »Diese Unanschaulichkeit bedeutet aber nichts anderes, als dass ›ich‹ ›mir‹ entzogen werde, indem Gott mich in die Wahrnehmung seines Handelns in Christus versetzt. Darum gehören die Rechtfertigung des Gottlosen und Glaubensgerechtigkeit dialektisch zusammen. Eines kann ohne das andere nicht gesagt werden; dies ist die Quintessenz der Rechtfertigungslehre, und so bleibt sie ein produktiver Unruhestifter innerhalb der Theologie.«[83] Demnach zeichnet es die Rechtfertigungslehre gerade aus, nicht den Maßstäben menschlichen Verstehens unterworfen zu sein, vielmehr im Letzten jeglicher geschöpflicher Einsicht entzogen zu bleiben: »Die Rechtfertigungslehre dient dazu, Gottes Wirklichkeitsurteil, das immer wieder von neuem ergeht, Raum zu lassen und diesen Raum auch nicht dadurch zu verstellen, dass sie einen Anspruch auf das erhebt, was wir für ›wirklich‹ halten und als ›konkret‹ bezeichnen.«[84]

Einzelne Entwürfe, die ein notwendiges Scheitern einer Aktualisierung der Rechtfertigungsbotschaft im neuzeitlichen Le-

---

[82] Gerhard Sauter, Art. »Rechtfertigung IV–VII« (1997), 362.
[83] Ebd., 362 f.
[84] Ebd., 362.

bensempfinden favorisieren, nehmen nicht selten auf die Vorgänge in Helsinki 1963 bezug.[85] Im zeitlichen Umfeld dieser Vollversammlung des Lutherischen Weltbunds sind zahlreiche Veröffentlichungen zur Thematik erschienen.[86] In Helsinki 1963 kam es aus meiner Sicht auch bereits zu hilfreichen Anregungen zum Themenfeld »Rechtfertigungsbotschaft heute«, in denen eine Konzentrierung auf das Gesamt des Christusgeschehens versucht wurde.[87] Gleichwohl gelang keine einmütige Neuformulierung der Rechtfertigungsbotschaft in Helsinki 1963. Hanns Lilje, der damalige Landesbischof von Hannover, schreibt in einer »Perspektivischen Überschau« über Helsinki 1963, über die »Notwendigkeit« einer »Aktualisierung der Botschaft« »sollte es keinen Zweifel geben«[88]. Dann fügt er hinzu: »Leider ist nicht zu leugnen, dass in Helsinki eine Tendenz erkennbar wurde, diese Orientierung [im Hinblick auf den modernen Menschen: D.S.] von vornherein mit Argwohn zu betrachten und geradezu als den Versuch einer falschen Akkomodation zu verstehen. Denn es liegt am Tage, dass unsere Generation nach einer Antwort wie der der lutherischen Rechtfertigungslehre geradezu schreit.«[89] Als Nachweis dieser These führt er sodann sympathischerweise zunächst die Dichter an.

Mich erstaunt, wie nachhaltig in der Literatur die Frage gestellt wird, ob ein Bemühen um die Vermittlung der Rechtfertigungsbotschaft in die Lebenswirklichkeit der Menschen heute erforderlich sei. Wie anders ließe sich deren theologische Begründung bezeugen? Ist es nicht Gott selbst, dem an einer Kunde über

---

[85] Vgl. Erwin Wilkens (Hg.), Helsinki 1963 (1964).
[86] Vgl. Peter Brunner, »Rechtfertigung« heute (1962); Martin J. Heinecken, Unsere geistige Lage und die Verkündigung von der Rechtfertigung (1962); Krister Stendahl, Rechtfertigung und Endgericht (1961).
[87] Vgl. Wolfgang Trillhaas, Rechtfertigungslehre unter neuen Voraussetzungen? (1963); Albrecht Peters, Zur Predigt der Rechtfertigung in einer sich wandelnden Welt (1964); Martin Lippold, Lutherische Rechtfertigungslehre in der gegenwärtigen theologischen Diskussion (1964); Wolfgang Metzger, Die Rechtfertigungslehre als Christusbekenntnis (1964).
[88] Hanns Lilje, Die theologische Arbeit der Vierten Vollversammlung des Lutherischen Weltbundes in Helsinki im Lichte der theologischen und geistesgeschichtlichen Lage (1964), 14.
[89] Ebd.

sein Wesen gelegen ist? Die bei einem solchen Bemühen anstehenden Herausforderungen sind groß: Es gilt, zeitgeschichtliche, kulturelle und geschlechterspezifische Gräben zu überbrücken. Hinter vielen Einzelfragen scheint nach meiner Wahrnehmung eine Thematik durch, die bisher im ökumenischen Gespräch noch nicht einvernehmlich zu besprechen ist, nämlich ob es denn überhaupt eine für Menschen erwartbare, suchbare, in ihrer Bedeutung erkennbare Antwort auf ihre Lebensnöte vor Gott geben kann – oder ist Gott immer in einer Weise unzugänglich und je neu überraschend zu denken, so dass eine solche Bezugnahme zwischen Botschaft und Leben in dauerhafter Gestalt nicht möglich ist – zumindest nicht über den Augenblick einer existentiellen Erkenntnis der Wahrheit im Hören auf Gottes Wort hinaus?

Diese Grundfrage ist immer wieder aufgegriffen worden.[90] Im Blick auf die Frage der Vermittlung der Rechtfertigungsbotschaft hat Otto Hermann Pesch[91] gegen Ende seines Lebens erneut thematisiert, was er in ähnlicher Weise auch an anderen Orten[92] eindrücklich zu sagen wusste. Sein Anliegen ist es, die Thematik der Rechtfertigung an die Gottesfrage zurückzubinden. Die Absurdität eines Lebens, das nicht im Glauben an den einen barmherzigen und lebenschaffenden Gott Halt und Trost findet, tritt vor Augen. Intensive Bemühungen um eine Aktualisierung der Rechtfertigungsbotschaft geschehen seit längerer Zeit auch im Freundes- und Schülerkreises von Gerhard Sauter.[93] Unter den

---

[90] Vgl. etwa Wilfried Härle / Peter Neuner (Hg.), Im Licht der Gnade Gottes (2004). Wenn ich es recht sehe, gehen jedoch nur wenige Beiträge sehr gezielt auf die hier interessierende Frage ein, die im Untertitel angekündigt wird.
[91] Vgl. Otto Hermann Pesch, Rechtfertigung ohne »Rechtfertigung« (2004). Das Anliegen eines Gesprächs zwischen Rechtfertigungsbotschaft und Herausforderungen der Gegenwart wird auch im zweiten Teil des Beitrags von Peter Steinacker in demselben Sammelband, der Referate auf einer Tagung des evangelischen und des römisch-katholischen Fakultätentags dokumentiert, aufgenommen: vgl. Peter Steinacker, Rechtfertigung und Ethik (2004); vgl. auch Dorothea Sattler, Ist ein Mensch trotz seines Lebens in Sünde gerecht(fertigt)? (2006).
[92] Vgl. Otto Hermann Pesch, Justification and the Question of God (2003).
[93] Vgl. Michael Beintker u.a. (Hg.), Rechtfertigung und Erfahrung (1995).

Beiträgen in einem möglicherweise bisher zu wenig beachteten Band, der Gerhard Sauter zu seinem 60. Geburtstag gewidmet ist, finden sich mehrere zum Themenkomplex Rechtfertigung und Ethik. Hilfreich erscheinen mir auch die von Michael Beintker[94] angestellten Reflexionen auf die Schulderfahrung heute und die Rede von der Selbstvergessenheit als Dimension der Rechtfertigungsbotschaft von Ernstpeter Maurer[95].

Den Versuch einer Zusammenschau mancher der bis dahin vorliegenden Bemühungen um eine Aktualisierung der Rechtfertigungsbotschaft hat Peter Schwanz[96] unternommen. Der Autor dieser in einem langen Entstehungsprozess erarbeiteten Studie, deren Ausgangspunkt die Vorbereitung eines Seminars mit Studierenden war, gesteht vorweg ein: »Es wurde mit Vorliebe Literatur herangezogen, an der sich die Ungereimtheiten, denen die Lehre von der Rechtfertigung zu erliegen droht, besonders deutlich demonstrieren lassen.«[97] Gleichmut und Selbstvergessenheit erscheinen Schwanz als vorrangig verbleibende Möglichkeiten zu einer Vermittlung der Rechtfertigungsbotschaft mit dem Lebensempfinden heute.

Aus meiner Sicht sind einzelne Beiträge von Michael Beintker[98] recht hilfreich bei dem Bemühen, Übersicht über die Problemaspekte zu gewinnen. Beintker erkennt folgende Bewährungsfelder der Rechtfertigungsbotschaft in der heutigen Lebenswelt[99]: die Frage nach dem Sinn des Lebens, das Konzept der Selbstverwirklichung des einzelnen Menschen, die Vergötzung des Jungen und Starken, das Bedürfnis nach Liebe und Geborgenheit, die Schuldfrage, die Suche nach Schritten zur Aussöhnung, die Frage nach der freiheitlichen Gestaltung des Lebens, die Frage

---

[94] Vgl. Michael Beintker, Neuzeitliche Schuldwahrnehmung im Horizont der Rechtfertigungsbotschaft (1995).
[95] Vgl. Ernstpeter Maurer, Selbstvergessenheit (1995).
[96] Vgl. Peter Schwanz, Der neue Mensch (1998).
[97] Ebd., Vorwort, VIII.
[98] Vgl. Michael Beintker, Rechtfertigung in der neuzeitlichen Lebenswelt (1998); ders. u.a, Geschenktes Leben (2002).
[99] Vgl. Michael Beintker, Rechtfertigung in der neuzeitlichen Lebenswelt (1998), 6f.

nach gerechten Strukturen im menschlichen Zusammenleben und die Ideologie der Machbarkeit. Zu einzelnen dieser Herausforderungen legt Beintker »erste Probebohrungen«[100] vor – insbesondere zu den Themenfeldern Freiheit und Rechtfertigung, Schuldverstrickung und Rechtfertigung sowie Sinnfrage und Rechtfertigung. Als mögliche Umschreibungen für das Rechtfertigungsgeschehen greift er die Redeweisen Freispruch, Zuspruch, Entlastung, vorbehaltlose Annahme, Vergebung auf. Zugleich möchte er nicht auf den Begriff »Rechtfertigung« verzichten.

Ein häufiger Bezugspunkt in der wissenschaftlichen Prüfung der Möglichkeit einer gegenwartsnahen Vermittlung der Rechtfertigungsbotschaft sind die Gedanken von Paul Tillich[101], die zumeist in folgender Weise zusammengefasst werden: Der Glaube an die Rechtfertigung des Sünders und der Sünderin bedeutet, anzunehmen, von Gott angenommen zu sein, auch wenn Menschen sich als unannehmbar erfahren. Ich war erstaunt zu lesen, wie sehr kritisch Gerhard Sauter das Bemühen von Tillich als »kein Ruhmesblatt, nicht bloß für die Rezeption der Rechtfertigungslehre, sondern auch für die theologische Urteilsbildung überhaupt«[102] bezeichnet, dies ausführt und am Ende schreibt: »Die Rechtfertigungslehre wendet sich gegen jeden Rückschluss von menschlichen Befindlichkeiten auf die Wirklichkeit Gottes.«[103] Aus meiner Sicht ist offen, ob Sauter mit dieser Gegenrede die Grundanliegen von Tillich angemessen aufgenommen hat.

Einzelne Sammelbände[104] sind erschienen, in denen einzelne Kontexte der Verkündigung der Rechtfertigungsbotschaft näherhin untersucht werden. Zu diesen gehört der jüdisch-christliche Dialog sowie Fragen der Frauenforschung, des schulischen Reli-

---

[100] Ebd., 7.
[101] Vgl. Paul Tillich, Der Mut zum Sein (1952).
[102] Gerhard Sauter, Art. »Rechtfertigung IV–VII« (1997), 343.
[103] Ebd., 344.
[104] Hans Martin Dober / Dagmar Mensink (Hg.), Die Lehre von der Rechtfertigung des Gottlosen im kulturellen Kontext der Gegenwart (2002); Siegfried Kreuzer / Johannes von Lüpke (Hg.), Gerechtigkeit glauben und erfahren (2002).

gionsunterrichts oder sozialwissenschaftliche Forschungen zur Erlebnisgesellschaft.

Im außereuropäischen Raum hat sich insbesondere der Lutherische Weltbund in Form von literarisch dokumentierten Symposien an der Suche nach einer lebensnahen Verkündigung der Rechtfertigungsbotschaft beteiligt.[105] Die Tagungen 1998 in der Lutherstadt Wittenberg und 2002 in Wartburg (Iowa, USA) zielten ein Gespräch von Theologinnen und Theologen mit einer Herkunft aus unterschiedlichen Kultur- und Sprachregionen an. Bei der ersten Tagung war die interreligiöse Dimension der Fragestellung ausdrücklich im Blick. Ungewohnte Themenstellungen, wie etwa die nach der Vereinbarung der globalisierten Wirtschaftssysteme mit Grundanliegen der Rechtfertigungsbotschaft, kamen in den Blick. Auch kommunikationswissenschaftliche und journalistische Aspekte fanden Beachtung. Die zweite Tagung erbrachte Ergebnisse in fünf Themengebieten: im Blick auf hermeneutische Fragen (Was meint die Rede von »Rechtfertigung«?), theo-logische Anliegen (Lassen wir Gott Gott sein?), anthropologische Erkenntnisse (Was ist das kennzeichnend Menschliche?), ethische Herausforderungen (Widerspricht die Rechtfertigungsbotschaft der Suche nach Gerechtigkeit?) sowie ekklesiologische Implikationen der Rechtfertigungsbotschaft (Welche Folgen haben ökumenische Konvergenzen hinsichtlich der amtlichen Gestalt der Kirchen?). Karen L. Bloomquist richtete am Ende einen deutlichen Appell an alle christlichen Konfessionen, die Anstrengungen zu vergrößern, die Kontextualität der Rechtfertigungsbotschaft in der Gegenwart wahrzunehmen sowie deren Verbundenheit mit ethischen Themen weltweit zu beachten. Sie schreibt: »Historical research on doctrinal understandings is insufficient apart from indepth consideration of embodied traditions and practices in particular social and historical settings today.«[106] Am Beispiel der Rechtfertigungslehre lässt sich demnach eindrücklich heraus-

---

[105] Vgl. Wolfgang Greive (Hg.), Rechtfertigung in den Kontexten der Welt (2000); Karen L. Bloomquist / Wolfgang Greive (Hg.), The Doctrine of Justification (2003).
[106] Karen L. Bloomquist, Some Implications for Future Ecumenical Theological Work (2003), 237.

arbeiten, wie sehr erforderlich eine Erneuerung der Hermeneutik ökumenischer Forschung und Lehre erscheint. Ohne erkennbare Einsicht in die Lebensrelevanz von Forschungserträgen auch bei historischen Studien zur Rechtfertigungslehre wird es kaum gelingen, das Interesse der Adressatinnen und Adressaten der christlichen Botschaft an dieser Thematik wachzuhalten. Konfessionelle Differenzen scheinen aus Sicht mehrerer Autorinnen der genannten Sammelbände heute den existentiellen und ethischen Herausforderungen unterzuordnen zu sein. Dieser Grundsicht möchte ich vorbehaltlos zustimmen und selbst auch weiterhin nach Wegen einer erfahrungsnahen Verkündigung der Rechtfertigungsbotschaft im Rahmen umfassender soteriologischer Überlegungen Ausschau halten.

d. Hintergründig wirksame konfessionelle Anliegen

Im Wissen auch um die Grenzen einer solchen Bemühung möchte ich in diesem Lehrbuch, das wohl vor allem in den Rahmenbedingungen der Ökumene in Deutschland rezipiert wird, in gewiss sehr knapper Form auf Grundanliegen in den Soteriologien (1) reformatorischer bzw. (2) römisch-katholischer Prägung aufmerksam machen:

(1) Die Formung der reformatorischen Christologie und Soteriologie lässt sich nicht ohne Bezugnahme auf die Geschichte dieser Konfessionsgemeinschaft verstehen. Der äußere Anlass zur Eigengestaltung der lutherischen Theologie war die in der Ablasspraxis und der eucharistischen Frömmigkeit, insbesondere der häufig bestellten Messopfer, zu Tage tretende Werkgerechtigkeit des Menschen, der von einer Verdienstlichkeit der guten Werke vor Gott ausgeht. Der reformatorischen Soteriologie ist in Konsequenz zu dieser Ursprungssituation eine Skepsis gegenüber den Fähigkeiten des Menschen eigen, die Wahrheit in der Gemeinschaft der Kirche zu erkennen oder aus eigener Kraft das Gute zu ergreifen und es zu bewahren. Das Heil des Menschen wirkt Gott vielmehr »von außen« (»extra nos«); der Mensch wird durch Got-

tes Wort im Glauben gewahr, als Sünder und Sünderin aus reiner Gnade gerecht vor Gott zu sein. Die kirchliche Gemeinschaft ist der Ort der Verkündigung des Wortes Gottes und der Feier der Sakramente (CA 7), ihre Bedeutung in der Vermittlung des Heils ist gegenüber der römisch-katholischen Tradition jedoch deutlich zurückgenommen, ja, der Begriff »Vermittlung« ist bereits ein Unwort im reformatorischen Denken. Gottes Wort trifft den einzelnen Glaubenden in seiner ganz persönlichen Situation unmittelbar. Der enge Bezug zur Heiligen Schrift als der einzigen Quelle der Offenbarung und die historisch bedingte Skepsis gegenüber der Scholastik hatten auch zur Folge, dass nicht-biblische Begriffe aus der hellenistisch-philosophischen Tradition, die im Altertum in die Lehrtradition der Konzilien Aufnahme gefunden haben, der Verstellung der ursprünglichen Offenbarung Gottes verdächtigt wurden. In der neueren reformatorischen Theologie finden dagegen viele Anleihen an die Erkenntnisse der neuzeitlichen Philosophie statt. Die reformatorische Theologie des 20. Jahrhunderts ist stark durch das Denken von Karl Barth und Rudolf Bultmann geprägt. Im Zentrum der Überlegungen steht Gottes Offenbarung im Paradox des Kreuzes. Ihm entspricht das Erfordernis der existentialen Antwort des Menschen auf Gottes Wort, das unerwartet in der Geschichte ergangen und allein im Glauben vernehmbar ist. Eigener Wege gingen Dietrich Bonhoeffer in seiner höheren Wertschätzung der Glaubensgemeinschaft[107] und Paul Tillich aufgrund seiner Bereitschaft, das Geschehen der Offenbarung in engere Verbindung mit anthropologischen Überlegungen zu bringen. Die der lutherischen Kreuzestheologie vertraute Nähe zum Leidensgeschehen verbindet sich bei Jürgen Moltmann und Dorothee Sölle mit Ansätzen einer (politischen) Theologie der Hoffnung. Folgende gemeinsame Tendenzen der reformatorischen Christologie und Soteriologie lassen sich erkennen: (a) Der Ausgangspunkt aller Rede von Jesus Christus ist die geschichtliche Offenbarung Gottes, die in den biblischen Schriften

---

[107] Vgl. Dietrich Bonhoeffer, Sanctorum Communio (²2005); ders., Nachfolge (³2002); vgl. Gerhard Ludwig Müller, Für andere da. Christus – Kirche – Gott in Bonhoeffers Sicht der mündig gewordenen Welt (1980).

In der christlichen Ökumene

überliefert ist. Gottes Wort ergeht in der Zeit, es bleibt aber der geschöpflichen Zeit immer »äußerlich« und will je neu im Glauben erkannt werden. Der Gehalt der Offenbarung Gottes ist für den Menschen mit Blick allein auf das geschöpfliche Leben nicht erschließbar. Gottes geschichtlich ergehendes Wort durchkreuzt jede menschliche Erwartung. (b) Für den Menschen ist es von entscheidender Bedeutung, ob er sich im Glauben auf das Geschehen der Offenbarung Gottes einlassen kann. Das Wort Gottes ruft nach einer existentialen Antwort. Die im Glauben angenommene Tat Gottes zur Offenbarung seines Wesens ist der bleibende Bezugspunkt in der christlichen Frömmigkeit. Einzelne Inhalte der Botschaft Jesu treten hinter der Frage nach dem Ereignis der Offenbarung Gottes in Christus Jesus zurück. (c) Der Tod Jesu Christi am Kreuz ist der vorrangige Ort der Erkenntnis Gottes. Die Größe der Liebe Gottes zu den Sündern und Sünderinnen wird in seiner Bereitschaft offenbar, den eigenen Sohn stellvertretend den Tod (als Sold der Sünde) erleiden zu lassen. Inkarnationstheologische und pneumatologische Argumentationen sind in der reformatorischen Theologie weniger stark ausgeprägt als staurologische. Bezugspunkt vieler reformatorischer Entwürfe ist die paulinische Rechtfertigungslehre. Dagegen werden die (ebenfalls paulinischen) Aspekte der Verwandlung und der Erneuerung im Geist Gottes weniger stark reflektiert. Viele lutherische Theologen haben daher Bedenken, im Gespräch der Religionen den Inklusivismus oder gar den Pluralismus zu vertreten. (d) Gottes Kommen in die Geschichte der Schöpfung wird in vielen Konzepten mit Bezug auch auf die neuzeitliche Geschichtsphilosophie reflektiert. Die Zeitlichkeit als Bedingung der Erkenntnis der Offenbarung Gottes wird sehr stark bedacht. Dabei ist die immer unerwartete Zukünftigkeit des je neuen Kommens Gottes in die Welt vor Augen. Trinitarisch-theologische Konzepte setzen vor allem bei der heilsökonomischen Offenbarkeit Gottes an. Gottes Sein ist im Kommen; sein Sein ist im Werden[108]. (e) In der reformatorischen Tradition bildet die Dogmatik zusammen mit der Ethik die Systematische Theologie. Die Hoffnung, dass sich bereits in der Zeit der

---

[108] Vgl. Eberhard Jüngel, Gottes Sein ist im Werden ([4]1986).

Geschöpfe eine im Glauben begründete und im Handeln gewirkte Wende der Not ereignet, kommt in einzelnen Konzepten zum Ausdruck. Dabei bleibt der nüchterne Blick auf das Leiden der Geschöpfe bestehen. In Auseinandersetzung mit der neuzeitlichen Religionskritik haben nicht wenige evangelische Autoren Entwürfe zur Theodizee vorgelegt. Dabei bleibt der an Martin Luther sich anschließende Gedanke der bleibend abgründigen Verborgenheit des im Paradox des Kreuzes offenbaren Gottes beständig im Sinn.

(2) In aller Unterschiedlichkeit der soteriologischen und christologischen Konzepte römisch-katholischer Autoren lassen sich einige konfessionell begründete Eigenheiten ausmachen: (a) Es besteht eine höhere Neigung, die Christologie ausgehend vom Geheimnis der Menschwerdung Gottes her zu betreiben. Dabei wird vor allem die soteriologische Relevanz des Geschehens der erlösenden Annahme und Verwandlung des Menschengeschlechts bedacht. Viele römisch-katholische Autoren versuchen die Christusgestalt durch anthropologische Reflexionen auf die Möglichkeit des Menschen, offen auf das Du des Anderen zu sein, zu erschließen. In jüngerer Zeit ist das durch intensive Schriftstudien erschlossene Leben des irdischen Jesus daher ein wichtiger Bezugspunkt der christologischen Reflexion. (b) Der existential-anthropologische Ansatzpunkt vieler römisch-katholischer Christologien wird zudem bei der Einbindung des Christus-Geschehens in das Gesamt der heilsgeschichtlichen Offenbarung Gottes weitergeführt: Gott ist der Grund (Ursprung) und das Ziel (Sinn) der Schöpfung, die im Christus-Ereignis der Erlösungswilligkeit Gottes eschatologisch-endgültig gewahr wird. Die protologischen und eschatologischen Reflexionen bereiten die christologischen Aussagen vor. (c) Anleihen an philosophische Begrifflichkeiten sind der römisch-katholischen Christologie so lange nicht fremd (oder gar verdächtig), als ihr Sinngehalt in neuer Zeit als eine Hilfe bei der Verkündigung des biblisch überlieferten Christus-Bekenntnisses erfasst werden kann. Die Rede von der Person, dem Wesen und dem Sein Jesu Christi wird dabei immer in Verbindung mit seiner heilsgeschichtlichen Sendung als dem mit Gott vertrauten, eschato-

logisch-endgültigen Künder Gottes betrachtet. In der wertgeschätzten Vielgestalt der neutestamentlichen Christus-Titel spiegelt sich die unterschiedliche Hörsituation der christlichen Gemeinden. (d) Die Ansätze zu einer pneumatologischen Reflexion des Christus-Ereignisses sind in der reformierten und der orthodoxen Tradition eher zu greifen als in der lutherischen. In der römisch-katholischen Christologie geschieht auf diese Weise eine trinitarisch-theologische Rückbindung der geschichtlichen Erscheinung des Menschen Jesus von Nazareth im Sinne der geistgewirkten Empfängnis, der Erhöhung des Gekreuzigten und der Sendung des Heiligen Geistes. Die Erfahrung der bleibenden Gegenwart Gottes im Geist Jesu Christi hat ekklesiologische Relevanz. Die Geist- und Gnadenerfahrung der Menschen geschieht im Hören auf den Anruf Gottes, in der Gestalt der Nächstenliebe die Gottesliebe zu erweisen. (e) In jüngerer Zeit werden auch im Zusammenhang der verstärkten Rezeption philosophischer Konzepte romanisch-sprachigen Ursprungs auf dem Weg der philosophischen Ästhetik neue Zugänge zur Christologie gesucht. Offenheit für das jüdisch-christliche Gespräch kennzeichnet viele neue Entwürfe. Zudem werden die liturgische Feier, die Ikonographie und die Literatur als Orte der Christus-Erkenntnis und der Christus-Gegenwart besprochen.

Allgemeine Tendenzen in den soteriologischen Konzepten konfessionell geprägter Autoren festzuhalten, birgt viele *Gefahren*: Pauschalisierungen können den Blick auf die ganz unterschiedlichen biblischen und philosophischen Bezüge verstellen, die die einzelnen Theologen wählen; die Konzentration auf einen Grundgedanken des jeweiligen christologischen Konzepts kann zu einer Minderung des Reichtums an Gedanken führen; das Sprechen (nur) über die vielen Werke sollte nicht an die Stelle der detaillierten Erarbeitung eines Entwurfs treten. Der daher begrenzte *Gewinn* einer Übersicht über die Grundtendenzen der Christologien und Soteriologien kann vor Augen führen, dass die einzelnen Konzepte in vielfältigen Kontexten entstehen; zu diesen zählt auch die konfessionelle Prägung der Autoren; eine zumindest anfanghafte Vergewisserung über konfessionell bestimmte Neigungen in der Theologie vermag dazu beizutragen, eher ausgeblendete Aspekte andernorts in den Blick zu nehmen; die Präsentation der Vielgestalt der christologischen Entwürfe in allen christlichen Konfessionen macht darauf aufmerksam, dass die hörenden und glaubenden Menschen bei ihrer Wahrnehmung des Christus-Ereignisses gestaltend gegenwärtig sind.

e. Perspektiven einer soteriologisch motivierten geistlichen Ökumene

Die Fragen nach Sünde und Tod leiten hin zur Mitte des christlichen Glaubens, von der aus die gegenwärtige ökumenische Theologie ihre Gegenstände bestimmt. Das 2. Vatikanische Konzil hat einen Weg zur Einheit der Kirchen vorgezeichnet, der sich von dem in der Zeit zuvor leitenden Gedanken der Rückkehr der anderen Christen zur einen römisch-katholischen Kirche deutlich unterscheidet, nämlich den Weg der eigenen Bekehrung, der inneren Erneuerung aller Kirchen in Gestalt einer gemeinsamen Hinkehr zur Mitte des christlichen Bekenntnisses. Die Einheitsvorstellung, die im Hintergrund dieser konziliaren Lehre steht, wurde erstmals 1925 bei der Weltkonferenz für Praktisches Christentum in Stockholm formuliert: Je näher die Christen dem gekreuzigten Christus kommen, desto näher kommen sie auch einander. Die Forderung nach einer geistlichen Erneuerung der eigenen Kirche ist verbunden mit dem Aufruf, »dass die Katholiken die wahrhaft christlichen Güter aus dem gemeinsamen Erbe anerkennen und hochschätzen (...). Es ist billig und heilsam, die Reichtümer Christi und das Wirken der Geisteskräfte im Leben der anderen anzuerkennen, die für Christus Zeugnis geben, manchmal bis zur Hingabe des Lebens«[109].

Das Leitmodell der Geistlichen Ökumene meint im Sinne des 2. Vatikanischen Konzils, dass das gesamte Leben und auch die Lehre der Kirche daraufhin zu überprüfen sind, ob darin die per-

---

[109] 2. Vatikanisches Konzil, Dekret über den Ökumenismus »Unitatis redintegratio«, Nr. 4.

sonale Mitte der Glaubensgemeinschaft sichtbar in Erscheinung tritt: der in Gottes Geist gegenwärtige Christus Jesus. Die Kraft des Geistes Gottes wird durch die im gesellschaftlichen Gefüge der Kirche wirksame Sünde geschwächt. Die Bereitschaft zur Schuldanerkenntnis und zum Umkehrwillen charakterisiert die geistliche Haltung, mit der die römisch-katholische Kirche seit dem 2. Vatikanischen Konzil an der ökumenischen Bewegung teilhat. Sie anerkennt, dass die Kirche »immerfort den Weg der Buße und Erneuerung«[110] zu gehen hat.

3. Anlässlich interreligiöser Gespräche

»Was mir immer wieder fehlt: dass ich nicht in einem *deutlichen* Kampf bin (höchstens in einem undeutlichen)«[111]. Diese Beschreibung eines Desiderats lässt sich auf den interreligiösen Dialog beziehen. Die Metapher »Kampf« ist gewiss problematisch, von einem Wettstreit der Meinungen in den Religionen um das wahre Verständnis von Erlösung lässt sich jedoch durchaus sprechen. Um die Differenzen in klaren Konturen erfassen zu können, bedarf es einer präzisen Kenntnis der besprochenen fremden Traditionen. Dies allein schon kann nur bei wenigen fachkundigen Menschen erwartet werden. Wie auch im ökumenischen Dialog erkennbar, verändern sich die Perspektiven durch eine persönliche Begegnung mit der von anderen Menschen gelebten Gestalt der religiösen Hoffnung. Noch immer wissen die Angehörigen der Religionsgemeinschaften zu wenig voneinander – und haben zu selten miteinander über ihre Lebensperspektiven gesprochen. Das ökumenische Projekt »Lade Deinen Nachbarn ein«[112] wollte

---

[110] 2. Vatikanisches Konzil, Dogmatische Konstitution über die Kirche »Lumen gentium«, Nr. 8.
[111] Peter Handke, Phantasien der Wiederholung (1983), 67. Hervorhebung im Original.
[112] Vgl. Ökumenische Centrale (Hg.), Lade Deinen Nachbarn ein (1998–2002). Im interreligiösen und stärker religionsdidaktischen Kontext kann verwiesen werden auf das Projekt des Zentralrats der Juden »Meet a jew«, das interessierten Gruppen die Möglichkeit einer Begegnung mit Jüdinnen

dies fördern: das Gespräch zwischen Kulturen und Religionen im Lebensalltag der Menschen. Auf wissenschaftlicher Ebene hat die Stiftung »Oratio Dominica« – gegründet von Theophil Herder-Dorneich – sich seit den frühen 70er Jahren des 20. Jahrhunderts um ein Gespräch zwischen den Religionen bemüht, das im Ansatz eine andere Methode wählt als eine Religionskunde oder eine vergleichende Religionswissenschaft, die aus der Perspektive einer Religion geschrieben ist: die authentische Begegnung zwischen Menschen unterschiedlicher Religionen. Die ersten beiden Bände, die dieses Bemühen dokumentieren, sind mit dem Titel »Heilswege der Weltreligionen«[113] überschrieben und besprechen die christliche Begegnung mit dem Judentum, Islam, Hinduismus, Buddhismus und Taoismus. Soteriologische Aspekte sind dabei beständig im Blick. In den in ihrer thematischen Struktur analog angelegten Bänden ist das dritte Kapitel bei Judentum und Islam mit »Erlösung«[114] überschrieben, bei Hinduismus, Buddhismus und Taoismus mit »Ursprung und Überwindung des Leidens«[115].

*a. Das Thema Heil und Erlösung
als Motivation zum interreligiösen Gespräch*

Die Literatur zu Grundlagen und Einzelfragen der Religionswissenschaft ist auch für Fachleute wohl kaum noch überschaubar.[116]

---

und Juden bietet. Informationen hierzu finden sich unter https://www.meet ajew.de/.
[113] Vgl. Walter Strolz (Hg.), Heilswege der Weltreligionen (1984 / 1986).
[114] Vgl. ebd., Bd. 1, bes. 63–79.
[115] Vgl. ebd., Bd. 2, bes. 57–82.
[116] Vgl. zur Einführung: Klaus Hock, Einführung in die Religionswissenschaft (2002); Hans G. Kippenberg / Kocku von Stuckrad, Einführung in die Religionswissenschaft (2003); Fritz Stolz, Grundzüge der Religionswissenschaft (1988); Peter Antes / Armin W. Geertz / Randi R. Warne (Hg.), New Approaches to the Study of Religion (2008); Burkhard Gladigow, Religionswissenschaft als Kulturwissenschaft (2005); Hubert Mohr / Christoph Auffahrt / Jutta Bernhard (Hg.): Metzler-Lexikon Religion (1999–2002); Hubert Cancik u. a. (Hg.), Handbuch religionswissenschaftlicher Grundbegriffe (1988–2001); vgl. zur Theologie der Religionen: Perry Schmidt-Leukel, Gott

Bereits ein erster Einblick in die Literatur der letzten Jahrzehnte zeigt, dass von den 70er Jahren an ein hohes Interesse an einem Vergleich der Erlösungslehren in einzelnen Religionen bestand.[117] Grundlegend stellt sich für christliche Autoren dabei die Frage, ob das Vorverständnis des Begriffs »Erlösung« überhaupt geeignet erscheint, nach möglichen Gemeinsamkeiten und Unterschieden Ausschau zu halten. Diese Unsicherheit führte auch dazu, innerhalb der unterschiedlichen Möglichkeiten, eine Religionstypologie zu entwerfen, den Begriff der »Erlösungsreligionen« zunehmend kritisch zu reflektieren, weil der dabei vorausgesetzte Begriff von Erlösung zu eng erscheint; das Interesse richtet sich dann insbesondere auf die Fragen, ob eine eschatologische Zielperspektive des Lebens vorgesehen ist und in irdischer Zeit ein Vermittler der Erlösung[118] erwartet wird. Die Schwierigkeit, auf solche Fragen zu antworten, ist auch darin begründet, dass alle Religionen eine Geschichte mit der eigenen religiösen Anschauung haben, Denkrichtungen und vor allem Handlungsweisen über die Jahrhunderte variierten. Wer sich vor Augen hält, wie unterschiedlich die christologischen Konzepte und die eschatologischen Erwartungen in diachroner und synchroner Perspektive waren und sind, wird sich über folgende Erkenntnis beispielsweise nicht wundern: »Der Buddhismus ist im Blick auf eine soteriologische Rolle Buddhas im Lauf seiner Geschichte unterschiedliche Wege gegangen. Für die Urbuddhisten stand eine Mittlerrolle Buddhas schon deswegen außer Betracht, weil es ihnen ja um den Durchbruch zum Nirwana ging und nicht um die Vereinigung von Göttlichem und Menschlichem. Auf diesem Weg, der zur Befreiung von Lebensgier

---

ohne Grenzen (2005); Ekkehard Wohlleben, Die Kirchen und die Religionen (2004); Thomas Roddey, Das Verhältnis der Kirche zu den nichtchristlichen Religionen (2005); Reinhold Bernhardt, Ende des Dialogs? (2005); Christian Danz / Ulrich H. J. Körtner (Hg.), Theologie der Religionen (2005).
[117] Vgl. Adel Theodor Khoury / Peter Hünermann (Hg.), Was ist Erlösung? (1985); Andreas Bsteh (Hg.), Erlösung in Christentum und Buddhismus (1982); Hansjörg Schmid / Andreas Renz / Jutta Sperber (Hg.), Heil in Christentum und Islam (2004); Kyong-Kon Kim, Der Mensch und seine Erlösung (2007).
[118] Vgl. Hans-Martin Barth, Dogmatik (^{3}2008), bes. 388–391.

und so vom Leiden führen sollte, gab es zunächst keinen Helfer, sondern eben nur den ›Weg‹. Die Rolle Buddhas konnte einzig darin bestehen, dass er einem den Anstoß gab, sich auf den Weg zu machen. Der historische Buddha war deswegen auch keineswegs als Einzelerscheinung von Belang: es gab viele Buddhas, die seinem Weg folgten. Aus dieser Sicht konnte sich dann aber im Zusammenhang des Mahayana-Buddhismus die Vorstellung einzelner Heilsgestalten durchaus entwickeln«[119]. Offenkundig gibt es innerhalb des Buddhismus unterschiedliche Anschauungen über das Verhältnis zwischen Selbsterlösung und Fremderlösung, die anschlussfähig sind an christliche Überlegungen. Auch die Vorstellung einer Erlösung durch das Erreichen letzter Leere sowie die in der Karma-Lehre enthaltene Erwartung der Rückwirkungen des Handelns im Bösen wie im Guten auf den und die Handelnde selbst sind vielfach Anlass zu Vergleichen zwischen den soteriologischen Grundanschauungen der Religionen. Einer solchen Bemühung hat sich auch die Internationale Theologische Kommission unterzogen.[120]

»Seit uralter Zeit sehnen sich die Menschen nach Heil und Erlösung. Davon zeugen die verschiedenen Religionen, welche die Suche nach Heil und nach wirksamen Mitteln zur Erlangung des Heils in die Mitte ihrer Bemühungen stellen«[121]. In der Religionswissenschaft ist die Erkenntnis der »Soteriozentrik« religiöser Anschauungen ein lange schon vertrauter Begriff: »Der Begriff der ›Soteriozentrik‹ wurde von Paul Knitter in die religionstheologische Diskussion eingeführt und zwar aus zwei Gründen. Zum einen reagiert Knitter damit auf kritische Einwände gegen ein ›theozentrisches‹ Verständnis der Religionen, zum anderen strebt er hierdurch eine Verbindung von Religionstheologie und Befreiungstheologie an«[122]. Knitter selbst schreibt: »Die Behauptung,

---

[119] Ebd., 389 f. Vgl. auch Martin Rötting, Erlösung im Buddhismus (2005).
[120] Internationale Theologische Kommission, Gott der Erlöser (1997), bes. 16–22.
[121] Adel Theodor Khoury, Vorwort, in: ders. / Peter Hünermann (Hg.), Was ist Erlösung? (1985), 7.
[122] Perry Schmidt-Leukel, Gott ohne Grenzen (2005), 265.

dass alle religiösen Soteriologien mit der Bestimmung eines heillosen oder gebrochenen Zustandes des menschlichen Lebens ansetzen, den sie dann zu beheben versuchen, mag grob vereinfacht erscheinen. Doch im Grunde stimmt es. Und es impliziert, dass alle Religionen – auf vielfältigste Weisen – versuchen, menschliches Wohlergehen herzustellen oder zu fördern«[123]. Knitter ist zuversichtlich: »Mit einer solchen soteriozentrischen Christologie können wir Christen wahrhaftig offen gegenüber anderen Religionen sein und einen echten Dialog eingehen«[124].

Der römisch-katholische Theologe Knitter kann sich mit seiner Berufung auf die soteriologische Grundausrichtung aller Religionen auf das 2. Vatikanische Konzil berufen. In der Erklärung über das Verhältnis der Kirche zu den nichtchristlichen Religionen heißt es: »Die Menschen erwarten von den verschiedenen Religionen Antwort auf die ungelösten Rätsel des menschlichen Daseins, die heute wie von je die Herzen der Menschen im tiefsten bewegen: Was ist der Mensch? Was ist Sinn und Ziel unseres Lebens? Was ist das Gute, was die Sünde? Woher kommt das Leid, und welchen Sinn hat es? Was ist der Weg zum wahren Glück? Was ist der Tod, das Gericht und die Vergeltung nach dem Tode? Und schließlich: Was ist jenes letzte und unsagbare Geheimnis unserer Existenz, aus dem wir kommen und wohin wir gehen?« (NA 1)[125].

b. Kontroverse Konzepte im Blick auf das Heil (allein) in Christus Jesus

Was ist das Besondere an Jesus? Ist er nicht eine unter den vielen beeindruckenden Gestalten, die zu den Stiftern religiöser Gemeinschaften geworden sind? Gibt es einen legitimen Pluralismus bei

---

[123] Paul F. Knitter, Religion und Befreiung (1991), 208.
[124] Ebd., 213.
[125] 2. Vatikanisches Konzil, Erklärung über das Verhältnis der Kirche zu den nichtchristlichen Religionen »Nostra aetate«, Nr. 1. Vgl. dazu Roman A. Siebenrock, Theologischer Kommentar zur Erklärung über die Haltung der Kirche zu den nichtchristlichen Religionen (2005).

der menschlichen Zugehörigkeit zu einem religiösen System?[126] So wie die Liebe, die eine Frau für einen bestimmten Mann empfindet, nicht der Anlass sein kann zu denken, alle Frauen sollten diesen einen Geliebten lieben (was ja eher auch beunruhigte), genau so könnte auch die Rede von der Einzigkeit der wahren Religion letztlich eine Aussage über die Einzigartigkeit der gewählten Religion für diejenigen sein, die sich ihr zugehörig erklären. Diese persönliche Bindung (*religio* seinem Wortsinn nach) kann dann nicht den Anspruch begründen, alle Menschen sollten die Wahrheit dieser einen Religion erkennen und ihr zustimmen. Jede geschichtliche Gestalt einer Religion, jedes gewordene religiöse Gebäude hat vielmehr unverwechselbare Eigenheiten (historical traditions). Letztlich entscheidend ist aber, dass alle Religionen eine alle Menschen verbindende Grundhaltung (faith) feiern, sie einklagen, sie anmahnen: nämlich die Grundhaltung der Offenheit für das Andere – für die Anderen, die Mitlebenden. Es ist vor diesem Hintergrund höchst sinnvoll, das Projekt »Weltethos« in enger Verbindung zum Gespräch der Religionen durchzuführen.[127]

Nach Cantwell Smith und John Hick[128], den Wegbereitern der Pluralismus-These, besteht die Erlösung (salvation), die Befreiung (liberation) oder die Erleuchtung (enlightenment) der Menschen in ihrer Herauslösung aus dem Zustand der Selbst-Zentriertheit (self-centredness) und ihrer Öffnung hin auf die Anerkenntnis der Wirklichkeit des Anderen (Reality-centredness), wobei diese Wirklichkeit (the real) – wie z. B. im jüdisch-christlichen religiösen Gebäude – ein personal gedachter Gott sein kann, der als Schöpfer verehrt wird.

Anders als der sogenannte Exklusivismus in der Theologie der Religionen, dem gemäß all jene, die nicht explizit die Wahrheit

---

[126] Vgl. als Hinführung zur Diskussion: Michael von Brück / Jürgen Werbick (Hg), Der einzige Weg zum Heil? (1993).
[127] Vgl. Hans Küng, Projekt Weltethos (1990); vgl. auch die Internetseite der Stiftung Weltethos für interkulturelle und interreligiöse Forschung, Bildung und Begegnung mit ausführlichen Bibliographien; Christel Hasselmann, Die Weltreligionen entdecken ihr gemeinsames Ethos (2002).
[128] Vgl. John Hick, A Philosophy of Religious Pluralism (1994).

einer Religion anerkennen und entsprechend leben, von der Möglichkeit eschatologischen Heils ausgeschlossen bleiben, und anders als der Inklusivismus, der davon ausgeht, dass es die Möglichkeit gibt, auch diejenigen, die nur implizit, unthematisch die Wahrheit des einen Gottes anerkennen, der Heils-Gemeinschaft letztlich doch zugehörig zu erklären, votiert der Pluralismus für die gleichwertige Anerkenntnis aller Religionen als die geschichtlich bedingten Ausgestaltungen und Hilfestellungen bei dem einen, alle Menschen verbindenden Bemühen, sich herauszulösen aus den Fängen der bloßen Selbstbezogenheit, die niemanden glücklich macht.

Im Gespräch der Religionen ist die Aufmerksamkeit geschärft worden für die Tatsache, dass es in vielen religiösen Gemeinschaften eindrückliche Zeugnisse gibt für die Bereitschaft von Menschen, den Anderen in seinem Daseinsrecht zu achten, sein Wohl zu fördern und seine Sehnsucht nach Heil-Sein zu stillen. Christliche Theologinnen und Theologen sind vorsichtiger geworden, etwa die Nächstenliebe in Gestalt der Feindesliebe als »Proprium christianum« zu preisen und dabei zu übersehen, dass auch andere Religionen eine solche Haltung einfordern. Zurückhaltung in der Behauptung einer christlichen Exklusivität in dieser Frage ist ja auch angesichts der Diskrepanz zwischen Anspruch und Verwirklichung angebracht, auch wenn der faktische Verstoß gegen dieses Gebot kein Einwand ist gegen die Tatsache, dass Christen, ihrem Selbstverständnis nach, solche sein wollen, die im Geist Jesu Christi auch denen ihr Daseinsrecht nicht bestreiten, die das eigene Leben gefährden.

Gewiss, da und dort sind die Zweifel groß, ob die der Pluralismus-These zugrunde liegende Behauptung stimmt, letztlich lebten alle Religionen von dem Gedanken, die Hinwendung zum Anderen werde von allen Menschen als Erlösung, als Befreiung erfahren. Aber auch ein solcher Zweifel kann dazu motivieren, genauer hinzuschauen und zunächst einmal anzuerkennen, welche Überzeugungen Anders-Gläubige zu welchem Handeln motivieren.

Wichtig erscheint aus christlicher Perspektive, ein Missverständnis aufzudecken, das dem sogenannten Inklusivismus zu

Unrecht entgegengehalten wird: Es geht denen, die an der universalen Bedeutung des Christus-Ereignisses festhalten, nicht darum, sich als Christen auf diese Weise als besser, höherwertig oder kenntnisreicher zu erklären. Es geht vielmehr um die Frage, ob da ein Gott ist, ob es diesen Gott gibt, in dessen Namen das Leben jedes Geschöpfes zu achten ist – auch dann, wenn die konkrete Gestalt einer solchen Achtung bedeutet, dabei das eigene Leben zu verlieren. Welche Motivation sollte es für eine solche Tat geben, wenn letztlich alle im Sterben ins Leere fallen, wenn nichts davon bleibt, was an Liebe gewirkt ist, ja sogar die Auflösung, die Nichtigkeit alles Irdischen, Leiblichen, Zeitlichen und Geschichtlichen als Zielgestalt des Daseins zu begreifen ist? Muss dann nicht der Verzicht auf Widerstand gegen denjenigen, der mich töten will, zugleich eine Zustimmung zur Nichtigkeit meines eigenen Lebens sein? Und ist dies nicht doch eine andere Motivation zu handeln als der Gedanke, in Verbundenheit mit dem einen Gott auch im Tod das Leben nicht zu verlieren, es vielmehr in gewandelter Gestalt auf ewig als Geschenk zu erhalten?

Nein, nicht überhebliche Besserwisserei motiviert zur christlichen Mission und zur Verkündigung der soteriologischen Relevanz des Christus-Ereignisses, sondern die Last und die Bürde, eine Glaubensüberzeugung in der Welt laut werden zu lassen – gelegen und ungelegen: die Überzeugung nämlich, dass die Liebe zu den Nächsten die Erfüllung der Weisung eines Gottes ist, der die Gerechten, die Gemeinschaftstreuen, nicht ins Leere fallen lässt. Im Dialog der Religionen führen alle Fragen über soteriologische Themen zurück zur Gottesfrage. Gibt es diesen einen Gott, den Schöpfer, Versöhner und Bewahrer jedes Lebens?

c. Perspektiven

Nüchternheit kennzeichnet heute die phänomenologischen Erhebungen zum Erlösungspotential religiöser Orientierungen: »Vergleicht man (...) unter dem Aspekt ihrer Heilswirksamkeit, also ihrem Potential zur Beförderung der menschlichen Heilssituation, die Geschichte der großen religiösen Traditionen miteinander, dann gibt es allem menschlichen Ermessen nach keine unter ihnen, die den heilshaften Prozess auf eine optimalere und deutlich effizientere Weise begünstigt hätte als alle anderen. Keine der großen Religionen hat sich diesbezüglich als die allen anderen überlegene erwiesen. Sie alle bezeugen ebenso gut die höchsten Ideale des spirituellen Lebens wie auch Beispiele tragischen Versagens. Sie alle haben hervorragende Früchte heilshafter Transzendenzbeziehung gedeihen lassen. Doch sie alle haben auch eine dunkle Seite voller Gewalt und Gräuel«[129]. Der Themenbereich »Religion und Gewalt« ist offenkundig heute stärker im öffentlichen Bewusstsein als die Vorstellung, Religionen könnten einen Beitrag zur Versöhnung der Menschheit leisten.

Eine Kommission des Ökumenischen Rates der Kirchen hat 2002 ein Dokument erarbeitet, das »Leitlinien für den Dialog und für die Beziehungen mit Menschen anderer Religionen« enthält.[130] Veränderungen werden wahrgenommen: »Mehr als je zuvor wächst unser Bedürfnis nicht nur nach Dialog mit Menschen anderen Glaubens, sondern auch nach echten Beziehungen zu ihnen.«[131] Der Friedensdienst, der mit dem interreligiösen Engagement verbunden ist, kommt mehrfach zur Sprache. Ausdrücklich werden schöpfungstheologische und eschatologische Aspekte in die Betrachtung der Erkenntnis Gottes eingebracht.[132] Die Erinnerung an das gemeinsame Menschsein als Geschöpfe Gottes sowie die eschatologische Vision der Wiederherstellung der gesamten Schöpfung sind die theologischen Leitgedanken. Auf dieser Basis werden dann Hinweise für ein angemessenes Verhalten gegenüber Menschen anderer Religionszugehörigkeit (im Respekt vor der religiösen Pluralität) gegeben.

---

[129] Perry Schmidt-Leukel, Gott ohne Grenzen (2005), 267f.
[130] Vgl. ÖRK-Leitlinien für den Dialog und für die Beziehungen mit Menschen anderer Religionen (2003).
[131] Ebd., 346 (Nr. 3).
[132] Vgl. ebd., 348 (Nr. 10).

4. In Verbindung zu psychotherapeutischen Reflexionen

»Manche Schmerzen sind wohl schon so sehr ich geworden, dass ich sie nicht mehr als Schmerz fühle: sie gehören zum Körperbewusstsein«[133]. Es gehört zu den Grundanliegen der Psychotherapie, Menschen aufmerksam werden zu lassen auf die Schmerzen ihres Lebens und mögliche Wege der Heilung bewusst werden zu lassen. Zwischen Körper und Psyche lässt sich dabei oft nicht unterscheiden. Wohl aber kann es gelingen, den Menschen als frei von Schmerzen zumindest zu denken. Unterscheidungen sind dabei wichtig – auch die Unterscheidung zwischen selbstverschuldeten und fremdverschuldeten Schmerzen. Im Zitat kommt zum Ausdruck, dass es sich um einen Prozess in der Zeit handelt, der Schmerzen gewahr zu werden. Heilungsgeschehnisse in Psyche und Körper bedürfen der Geduld. Erlösung kann sich ereignen, wenn Menschen Einblick in die Zusammenhänge der Lebenssituation gewinnen, die sie in der Gegenwart als eine nicht heile erfahren. In der christlichen Erlösungslehre gibt es eine Vielfalt an Möglichkeiten, in ein konstruktives Gespräch mit der Psychotherapieforschung einzutreten. Dieser Weg erscheint durch historisch bedingte und auch heute noch nachwirkende Vorbehalte vielfach verstellt.

a. Psychologie und Theologie

Die Geschichte der Begegnung zwischen Psychologie und Theologie ist von ihren Anfängen an sehr belastet.[134] Eine Wurzel der neuzeitlichen Religionskritik, die sich in konkreter Form als eine grundsätzliche Infragestellung des institutionalisierten Christentums insbesondere in der Gestalt der römisch-katholischen Kirchlichkeit darstellte, waren die Erkenntnisse der Psychoanalyse, die

---

[133] Peter Handke, Phantasien der Wiederholung (1983), 39.
[134] Vgl. Udo Rauchfleisch, Wer sorgt für die Seele? (2004); ders., Psychologie und Psychotherapie als Herausforderung für Theologie und Religion (2005); Themenheft »Psychologie – Religion – Theologie« (2000).

mit den Schriften von Sigmund Freud[135] eine große Öffentlichkeit erreichten. Wie auch andere Richtungen der Religionskritik des 19. Jahrhunderts wollte Sigmund Freud den Menschen zu sich selbst befreien: Die Unterscheidungen zwischen den Ich-Zuständen des Menschen (Ich – Es – Überich) dienten der Ermutigung zu einem selbst gewählten Leben. Welche Einwände hätte die christliche Lehre dagegen zu erheben? Im zeitgeschichtlichen Kontext des Konflikts erschien die Psychoanalyse jedoch als ein Weg, dem Menschen die Vorstellung von einer schuldhaften Eigenverantwortung bei der Entstehung von Konflikten zu nehmen. Das Anliegen der Befreiung des Menschen zu sich selbst erschien aus theologischer Sicht eher als ein Programm zur Selbstentmächtigung des Menschen mit Hinweis auf seine Triebe, unter denen der Sexualtrieb vorrangig bedacht wurde. Noch immer ist die Unsicherheit groß, über solche Themen in ein angemessenes Gespräch zwischen Theologie und Psychologie zu treten.

Heute gehört die gezollte Wertschätzung der Möglichkeiten zur Heilung von Menschen in der psychotherapeutischen Praxis zu den geforderten Grundhaltungen in allen Bereichen der pastoralen Tätigkeit. Grundwissen über die unterschiedlichen Schulrichtungen in der Psychotherapie[136] wird dabei erwartet: Die Psychoanalyse bemüht sich um eine Rekonstruktion der seit der Kindheit in einem Menschen wirksamen Antriebe bei der Formung der eigenen Persönlichkeit. Die Transaktionsanalyse befasst sich mit den Ich-Zuständen, aus denen heraus ein Mensch spricht und handelt (Kind-Ich, Eltern-Ich, Erwachsenen-Ich). Die Verhaltenstherapie versucht in einem überschaubaren Handlungskontext eine kontrollierte Veränderung des Verhaltens zu bewirken. In der personzentrierten Gesprächspsychotherapie bespricht der Mensch sein Leben mit einem Menschen, der in drei Grundhaltungen begegnet: mit Empathie (Einfühlung), Akzeptanz (Wertschätzung) und Authentizität (Echtheit). Es gibt sehr viele thera-

---

[135] Vgl. Siegmund Freud, Studienausgabe (1969–1975).
[136] Vgl. Walter Rebell, Psychologisches Grundwissen (2008); Klaus Kießling, Nützlich und notwendig (2002); Wilfried Engemann (Hg.), Handbuch der Seelsorge (2007), bes. 34–62; 202–307.

peutische Richtungen, die zunehmend auch in Verbundenheit miteinander arbeiten. Hohe Achtung genießen seit geraumer Zeit systemische Ansätze in der Psychotherapie, die der Einbindung jeglicher personaler Entscheidungen in das Gesamt seiner synchron und diachron erlebten Beziehungswirklichkeiten hohe Aufmerksamkeit schenken.[137] Diese Forschungsrichtung versteht sich als eine Alternative zur Psychoanalyse, die ihrer Tendenz nach krankhaft erscheinende Lebenswirklichkeiten eher allein im Blick auf ein einzelnes Individuum betrachtet.[138] In allen therapeutischen Vorgehensweisen ist die Frage nach der Beziehung zwischen Therapeut oder Therapeutin und Klient oder Klientin Teil der reflektierenden Betrachtung. Therapie ist ein veränderndes Beziehungsgeschehen. Dabei steht das Selbst- und Welterlebnis des Klienten oder der Klientin im Vordergrund. Der empfundene Mangel an Lebensreichtum, die Zielvorstellungen und die Realisierungschancen werden im Gespräch thematisiert. Der Therapeut oder die Therapeutin bemühen sich, das Mangelerlebnis durch Kontextualisierungen neu zu deuten und mit dem Klienten oder der Klientin begehbare Wege in eine veränderte Zukunft zu finden. In der Regel arbeiten alle therapeutischen Richtungen non-direktiv: Dem Klienten oder der Klientin wird keine Weisung erteilt, wie eine Besserung erfolgen könnte. Es geschieht lediglich eine therapeutische Wegbegleitung, eine orientierte und unterstützte Suche.

b. Schuldempfinden – psychologisch und theologisch betrachtet

Schuldempfinden ist Menschen unabhängig von ihrer religiösen Prägung eigen. Biographisch ausgerichtete Erzählungen von den

---

[137] Vgl. Helm Stierlin, Von der Psychoanalyse zur Familientherapie (1975). Stierlin hat insbesondere dem Phänomen der Unversöhntheit in Familien und den Möglichkeiten zur Aussöhnung hohe Aufmerksamkeit geschenkt: vgl. ders., Eltern und Kinder (1980); ders., Gerechtigkeit in nahen Beziehungen (2005).
[138] Vgl. einführend: Jürgen Kriz, Grundkonzepte der Psychotherapie (^{6}2007).

verursachten leidvollen Folgen des eigenen Handelns erschüttern: So fand beispielsweise ein Beitrag in der Zeitschrift »Stern«[139] Beachtung, weil er Schicksale von Menschen thematisierte, die ohne explizit freiheitliche persönliche Entscheidung in Schuldverstrickungen geraten sind: im »Fall Althaus« bei einer Skifahrt des Politikers, die für eine Frau tödlich endete; als Hubschrauberpilot in Österreich bei einem Abgang des transportierten Guts auf eine Seilbahn, deren Absturz auch viele Kinder in den Tod riss; als Zugführer beim Tod eines Menschen, der sich selbst auf die Gleise legte. Bei aller Unterschiedlichkeit der Situationen, von denen Menschen im Rückblick als von der Last erzählen, die ein Fehler mit tragischen Folgen bewirkte, wird deutlich, dass die leidvollen Folgen des eigenen Handelns auch dann sehr bedrückend wirken, wenn eine subjektive Schuld, eine willentliche Einwirkung auf das Geschehen, nicht zu erkennen ist. Viele Menschen suchen dennoch nach Wegen der Wiedergutmachung. Sie möchten konstruktiv mit dem Geschehenen umgehen. Schuldgefühle können angesichts der Tatsache, dass manches end-gültig nicht mehr zu ändern ist, auch zu schweren Depressionen führen. Professionelle psychotherapeutische Hilfe ist dann erforderlich. Ganz offen oder auch verdeckt ist das Thema »Schuld« in der Gesellschaft beständig gegenwärtig – in den Medien, in Gesprächen über Arbeitszusammenhänge, in Familien, in Freundeskreisen.

Die gewachsene gesellschaftliche Relevanz psychotherapeutischer Arbeit korrespondiert mit der hohen Bereitschaft vieler Menschen, das eigene Leben in seinen gewordenen Zusammenhängen zu bedenken. Die in aller Regel auch mit der Methode des biographischen Erzählens arbeitenden, in ihren anthropologischen Grundannahmen recht unterschiedlichen Schulrichtungen der Psychologie stimmen in der Überzeugung überein, dass die Befreiung eines Menschen von Lebensbeeinträchtigungen, die von ihm als nicht heil erfahren werden, nur im Gesamt der Beziehungswirklichkeit dieses Menschen gelingen kann. Daher werden die systemisch denkenden und arbeitenden Zweige der Psychotherapieforschung, die auf die Verwobenheit einzelner Lebens-

---

[139] Bernd Holland, Nach dem Fall Althaus (2009).

geschichten in das Gesamt der generationenübergreifenden Familienerfahrungen hinweisen, derzeit sehr wertgeschätzt. Der Mensch lebt immer in einem Beziehungsgeflecht. Beachtung findet zudem die spezifische Stärke gruppentherapeutischer Arbeit: Das Wissen darum, dass auch andere Menschen bei ihrer Suche nach gelingendem Leben schmerzliche Grenzen erfahren, tröstet und ermutigt dazu, miteinander nach erprobten Wegen der Besserung Ausschau zu halten.

In der praktisch-theologischen Betrachtung des Geschehens von Umkehr und Versöhnung gilt es, zum einen die Eigenart der christlichen Lebensdeutung zu bewahren, zum anderen an die außerkirchlichen Erfahrungen der Menschen bei ihrer Suche nach Verstehen und Aussöhnung anzuknüpfen. Anders als in der therapeutischen Arbeit üblich, die in der Regel auf die Formulierung einer präzisen Weisung zur Veränderung des Lebens verzichtet, spricht die christliche Glaubensgemeinschaft bei ihrem Ringen um ein versöhntes Miteinander der Geschöpfe im Namen Gottes eine Zusage und eine Mahnung aus: Gott bejaht das Leben der Sünderinnen und Sünder auf ewig, und er ruft dazu auf, die Lebensrechte der Mitgeschöpfe unbedingt zu achten. Er achtet die Geschöpfe in ihrer freiheitlichen Verantwortlichkeit, das Gute zu wirken, und hat Zutrauen zu dieser Bereitschaft. Der kirchlichen Feier der Versöhnung ist es somit im Vergleich mit therapeutischen Erfahrungen eigen, ein gerechtes und friedvolles Leben einzufordern. Die Zusage der Absolution ist kein Freispruch, der zu willkürlichem Handeln ermächtigte. Während einzelne Therapien allein auf die Selbsterkenntnis der Klientinnen und Klienten vertrauen und daher bewusst auf jede Verhaltensanweisung verzichten, ist in der biblischen Tradition die Verkündigung des Evangeliums mit der Aufforderung verbunden: »Geh und sündige von jetzt an nicht mehr!« (Joh 8,11). Wahre Reue setzt den Willen zur Besserung frei. Eigen ist den christlichen Feiern von Umkehr und Versöhnung auch, dass sie keinen Menschen je für unheilbar erachten. Selbst schwerste Formen der Sünde sind für Gott kein Anlass, einen reuigen Menschen aus der Gemeinschaft mit ihm zu verstoßen. Gott ist an den Grenzen der menschlichen Möglichkeiten noch nicht am Ende. Dies gilt auch im Angesicht des Todes.

c. Verzweiflung und Angst als Erfahrungen eines unerlösten Daseins

Zu den zeitgenössischen Persönlichkeiten, die das Gespräch zwischen der Psychotherapieforschung und der Theologie beständig gesucht haben, gehört Eugen Drewermann.[140] Er legte ein dreibändiges Werk mit dem Titel »Strukturen des Bösen« vor, in dem die Perikope Gen 1–11 exegetisch, psychoanalytisch und philosophisch dargestellt wird. Auch andere Erzähltraditionen (insbesondere Märchen) hat Drewermann im Blick auf den Zusammenhang zwischen Formen der Angst und der Versuchung zum Bösen ausgelegt. Es liegt ihm dabei im Sinne der neuzeitlichen Religionskritik an der Befreiung (der Erlösung) des Menschen aus den Fängen der Angst.

Drewermann greift Entwürfe auf, die bereits vor ihm über den Zusammenhang zwischen Angst und Schuld sowie Verzweiflung und Erlösung nachgedacht haben. Im Anschluss an Sören Kierkegaard[141] hat Fritz Riemann[142] vier Grundformen der Angst unterschieden, die Neurosen auslösen und in die Verzweiflung führen können. Im Hintergrund stehen dabei vier Grundformen der Sünde. Die vier Grundformen der Angst sind: (1) die Angst vor dem Du in der Nähe, (2) die Angst vor dem Alleinsein und der Beziehungslosigkeit, (3) die Angst vor dem Wechsel und (4) die Angst vor dem Beständigen. Mit diesen vier Angstformen treten die Sozialität und die Temporalität des Daseins als bestimmende Größen in Erscheinung. Die vier Angstformen treten in jedem Lebensvollzug auf, werden einzelne Ängste jedoch isoliert und zum einzig bestimmenden Moment der Lebenswahrnehmung, können sie zu Neurosen führen: (1) aus Angst vor dem Du spaltet sich das Ich in der schizoiden Neurose ab; (2) aus Angst vor dem

---

[140] Zu seinen Hauptschriften gehören (Auswahl): Eugen Drewermann, Strukturen des Bösen (1977 f.); ders., Psychoanalyse und Moraltheologie (1982–1984); Tiefenpsychologie und Exegese (1984 f.). Vgl. zur Theologie von Eugen Drewermann auch Matthias Beier, Gott ohne Angst (2010).
[141] Vgl. Sören Kierkegaard, Der Begriff der Angst (1992).
[142] Fritz Riemann, Grundformen der Angst. Eine tiefenpsychologische Studie (1961; ^{39}2009).

Alleinsein, verliert sich das Ich in der Depression; (3) aus Angst vor dem Wechsel entstehen Zwangsneurosen, in denen Menschen an Vorgängen unbedingt festhalten; (4) aus Angst vor dem Beständigen entstehen Formen der Hysterie. Diesen Neurosen sind die von Kierkegaard unterschiedenen Formen der Verzweiflung zuzuordnen: (1) die Verzweiflung, sich unendlich selbst bewahren zu wollen; (2) die Verzweiflung, sich unendlich hingeben zu müssen; (3) die Verzweiflung, nicht alle Möglichkeiten zu haben; (4) die Verzweiflung, vor keiner Notwendigkeit zu stehen. Vier Formen der Sünde lassen sich entsprechend unterscheiden: (1) der reine Selbstbezug, (2) die Suche nach Selbstverewigung in allem, (3) der Wunsch, selbst für andere notwendig zu sein, (4) die Scheu, sich selbst zu begrenzen.

Die beschriebenen Aspekte können aus meiner Sicht auch heute noch als eine Hilfe bei der Analyse des Zusammenhangs zwischen Angst und Sünde gelten. Im Sinne der psychoanalytischen Deutung der Wirklichkeit ist jedoch ein Zug zur Isolierung der einzelnen Persönlichkeit unverkennbar. In diesem Sinne ist die soziale Interaktion bei der Entstehung von Angstformen in neueren psychotherapeutischen Praktiken, den systemischen Ansätzen, heute stärker im Blick.

Im Anschluss an die vier Formen einer möglichen Verbindung zwischen Angst und Sünde, die sich in zwei Gruppen ordnen lassen, möchte ich andeuten, wie Wege zur Erlösung in diesem Zusammenhang erfahrungsnah möglich erscheinen: (1) Im Drama der angemessenen Gestaltung von Nähe und Distanz zum mitlebenden Du könnte die Erinnerung hilfreich sein, dass es in der deutschen Sprache die veraltete Rede davon gibt, um jemanden zu »freien«. Offenkundig gibt es ein altes Erfahrungswissen von der befreienden Wirkung der Liebe. In erlösten Beziehungen zu leben, kann sich konkret darin zeigen, dass Eigenstand und Beziehung gleichsinnig wachsen, somit nicht im Gegensatz zueinander stehen. Wer liebt, der vertraut. Die aus der Trinitätslehre im Sinne von Richard von St. Victor[143] als Vollendungsform bekannte »mit-

---

[143] Richard von Sankt-Victor, Die Dreieinigkeit (1980); vgl. Jürgen Werbick, Trinitätslehre (²2002), bes. 508–511; 536–543.

geliebte Dritte« kann in Beziehungen sehr konkret werden: in der Gutheißung all dessen, was dem oder der Anderen in ihrem Leben (auch sonst noch) liebenswert erscheint. (2) Im Blick auf die Temporalität, die zeitliche Begrenzung des Daseins, gilt es, sich selbst die Freiheit zu einem Handeln in der Gegenwart zu erlauben: »Carpe diem« – den Tag mit seinen Möglichkeiten ergreifen – ist dann das Gebot der Stunde. Zwar geschieht dies immer im Wissen um den Tod – im »memento mori« –, doch hindert diese Gewissheit nicht daran, die Freude am Leben im Augenblick wahrnehmen zu können.

d. Wege der Heilung in Beziehung(en)

»In jeder Psychotherapie spielt der Beziehungsaspekt der in sie involvierten Person eine tragende Rolle«[144]. Edmund Frühmann formuliert, was als psychotherapeutischer Grundkonsens gelten kann: Therapie ist ein veränderndes Beziehungsgeschehen. Im Hintergrund dieser stärker auf die therapeutische Methode und ihre Wirkung bezogenen und von allen Psychotherapien geteilten Überzeugung stehen nach Ansicht von Wilfried Datler und Toni Reinelt[145] Grundannahmen, die zusammengenommen ein gemeinsames Rahmenkonzept darstellen, innerhalb dessen von den

---

[144] Edmund Frühmann, Aspekte der Arzt-Patient-Beziehung in der Psychoanalyse (^{2}1987), 37.
[145] Der 1989 von Wilfried Datler und Toni Reinelt herausgegebene Sammelband »Beziehung und Deutung im psychotherapeutischen Prozeß« (1989) basiert im Wesentlichen auf Referaten, die 1984 auf einem Wiener Symposion von namhaften Vertretern der einzelnen therapeutischen Schulen gehalten wurden: vgl. Walter Spiel, Beziehung und Deutung aus der Sicht verschiedener psychotherapeutischer Schulen (1989), 1f. Ein aufwendiges editorisches Verfahren hat im Vorfeld der Veröffentlichung Bezugnahmen der Autoren aufeinander ermöglicht. Die Herausgeber fassen in ihrem abschließenden Beitrag die Ergebnisse zusammen: vgl. Wilfried Datler / Toni Reinelt, Konvergenzen, Differenzen und die Frage nach einer Verständigung zwischen verschiedenen psychotherapeutischen Ansätzen (1989). Die umfängliche Studie kann im Rahmen dieser Arbeit nicht im Detail gewürdigt werden. Die einzelnen Referate ermöglichen eine gute Orientierung über

Schulrichtungen Spezial- und Ergänzungstheorien vertreten werden[146]. Datler und Reinelt gehen von vier Grundannahmen in den Psychotherapien aus: (1) »Für das Verständnis psychischer und insbesondere auch psychopathologischer Prozesse ist die Frage nach der Art und Weise zentral, wie Personen sich und ihre Welt wahrnehmen, einschätzen, erleben und begreifen«[147]. Das Selbst- und Welterleben des Klienten bezeichnen sie als bewusste oder unbewusste Apperzeption. (2) Einige Momente der Apperzeption sind besonders wichtig für den therapeutischen Prozess: Mangelerleben, Zielvorstellungen und Realisierungschancen[148]. (3) In psychotherapeutischen Begegnungen versuchen Therapeuten, psychopathologische Tendenzen in der Apperzeption der Klienten zu verändern[149]. (4) Die Apperzeption des Therapeuten, seine eigene Selbst- und Weltdeutung, beeinflusst sein Verhalten[150]. Antwort auf die Frage, welche Bedeutung die therapeutische Beziehung für die Veränderung der Wirklichkeit des Klienten hat, gibt eine nähere Betrachtung der zweiten und dritten Grundannahme: »Psychotherapien [können] als Begegnungen angesehen werden (...), in denen Therapeuten gezielt versuchen, Patienten bestimmte Erfahrungen zu eröffnen (...); erstens sollten Patienten – im Fall einer erfolgreich gewesenen Psychotherapie – dann das, was für sie einen Mangelzustand darstellt, tendenziell neu und anders erleben. (...) Gelungene Psychotherapie müsste sich gleichzeitig aber auch darin manifestieren, dass Patienten nun neuartige Soll-Zustände als erreichbar apperzipieren und zu realisieren trachten. (...) Und Psychotherapie müsste Patienten

---

Grundaussagen zur Wirkweise der therapeutischen Beziehung in den einzelnen psychotherapeutischen Schulen.
[146] Vgl. Wilfried Datler / Toni Reinelt, Konvergenzen, Differenzen und die Frage nach einer Verständigung zwischen verschiedenen psychotherapeutischen Ansätzen (1989), 372. Datler und Reinelt sprechen von »anthropologische[n] Grundannahmen«. Die inhaltlichen Ausführungen rechtfertigen m. E. jedoch dieses Etikett nicht, weil in ihnen vor allem die Funktionsweise der therapeutischen Interaktion beschrieben wird.
[147] Ebd., 373.
[148] Vgl. ebd., 375.
[149] Vgl. ebd., 376 f.
[150] Vgl. ebd., 377.

überdies zur Erfahrung neuer Aktivitätsspielräume verholfen haben, so dass es Patienten nun möglich ist, über neue, erfolgversprechend(er)e Aktivitätstendenzen (›Strategien‹) zu verfügen«[151].

Innerhalb des skizzierten Rahmenkonzepts haben sich spezifische Spezial- und Ergänzungstheorien angesiedelt, die über inhaltliche Zielvorstellungen (Welche Erfahrungen sollen dem Patienten eröffnet werden?) und geeignete Verfahren, diese zu erfüllen (Wie soll der Therapeut vorgehen?), handeln[152]. Dabei wird, nach Kenntnis von Datler und Reinelt, schulenübergreifend *»eine Ansicht durchgängig geteilt*. Diese besagt, dass therapeutische Aktivitäten ohne die Ausgestaltung einer basal guten (d. h. tragfähigen) Beziehung zwischen Therapeuten und Klienten kaum möglich ist«[153]. Die jeweils vorgetragenen anthropologischen Begründungen für diese Annahme variieren stark; sie werden von Datler und Reinelt dem Bereich der Spezial- und Zusatzannahmen zugeordnet[154]. Autoren, die sich in ihrer Forschung der vergleichenden Psychotherapie widmen, konstatieren eine Übereinkunft zwischen den Repräsentanten einzelner Richtungen, den Beziehungsaspekt in Wirkeinheit mit Methoden der therapeutischen Intervention zu betrachten[155]. Auch Vertreter gesprächspsychotherapeutischer Schulen gehen heute zumeist davon aus, dass die Forderung nach einem den therapeutischen Prozess fördernden Basisverhalten des Therapeuten nicht im Widerspruch stehe zu dem Anspruch, »differentiell«[156] zu intervenieren[157]. Auf Klienten-

---

[151] Ebd., 376.
[152] Vgl. ebd., 378.
[153] Ebd., 381. Hervorhebung im Original.
[154] Vgl. ebd.
[155] Vgl. Dirk Zimmer, Überlegungen zu einem Modell der Therapeut-Klient-Beziehung (1983), 139 f.; Dieter Tscheulin, Einführende Gedanken über Beziehung und Technik in der Gesprächspsychotherapie (1983), bes. 13 f.
[156] »Differentiell vorgehen heißt, geplant und wissenschaftlich begründet bei unterschiedlichen Klienten oder Situationen sich unterschiedlich verhalten« (Dieter Tscheulin, Über differentielles therapeutisches Vorgehen in der klientenzentrierten Therapie [1983], 53).
[157] Vgl. ebd., 53–64; Eva-Maria Biermann-Ratjen / Jochen Eckert / Hans-Joachim Schwartz, Gesprächspsychotherapie (1979), 40–49; Alexa Franke,

seite kommen als Variablen, die zu einem differentiellen Verhalten des Therapeuten veranlassen, vor allem diagnostische Faktoren (spezifische »Störungen«, »Krankheitsbilder«)[158], situative Indikatoren (jeweilige Therapiephase)[159] und individuelle Bedingungen (Geschlecht und soziales Umfeld)[160] in Betracht. Nachdenklich macht, dass empirische Untersuchungen Unterschiede in der Effektivität einzelner therapeutischer Richtungen nicht nachweisen konnten[161]. Im Blick auf die Deutung dieses Phänomens gehen die Meinungen auseinander: »Häufig wurde die – langfristig gesehen – ähnliche Effektivität verschiedener therapeutischer Verfahren (...) dahingehend interpretiert, dass die Verfahren weniger die ent-

---

Klienten-zentrierte Psychotherapie – Verändern durch Beziehung? (1983), bes. 78 f.
[158] Dirk Zimmer erwartet vom Therapeuten »Flexibilität (...) nicht nur im Umgang mit verschiedenen Klienten, sondern auch in der Äußerung seines Verhaltens im Laufe einer Therapie« (Dirk Zimmer, Überlegungen zu einem Modell der Therapeut-Klient-Beziehung [1983], 149). In dem von Zimmer herausgegebenen Sammelband werden Beispiele für ein spezifisches therapeutisches Beziehungsangebot bei einzelnen Krankheitsbildern vorgestellt: vgl. ders., Die Therapeut-Klient-Beziehung bei der Behandlung von Phobien (1983); ders., Aspekte der Therapeut-Klient-Beziehung in der Partnerschaftstherapie (1983); Liz Echelmeyer, Die therapeutische Beziehung im Selbstsicherheitstraining (1983); Friederike T. Rötzer, Die therapeutische Interaktion in der Behandlung Depressiver (1983); Dieter Gerber / Gunther Haag, Die Therapeut-Klient-Beziehung in der Psychosomatik (1983); Steffen Fliegel / Brunhilde Walsheim, Therapeut und Klient in der Therapie sexueller Störungen (1983); Klaus Antons, Die therapeutische Beziehung bei der Behandlung des Alkoholismus (1983). In seinem Vorwort begründet Zimmer die exemplarische Aufnahme von Beiträgen, die sich mit spezifischen Klientengruppen befassen, mit der Überlegung, dass der Therapeut sein Beziehungsverhalten (auch) auf das Beziehungsangebot des Klienten auszurichten habe. Dieses werde wesentlich bestimmt durch dessen Vorerfahrungen: vgl. Dirk Zimmer, Einleitung (1983), 2.
[159] Vgl. Dirk Zimmer, Überlegungen zu einem Modell der Therapeut-Klient-Beziehung (1983), 143–148.
[160] Vgl. Doris Hartmann-Lange / Jost Ackermann, Probleme und Chancen in der Beziehung zwischen Mittelschicht-Therapeuten und Klienten aus Arbeiterfamilien und unteren sozialen Schichten (1983); Monika Hoffmann, Frauen und Therapie (1983).
[161] Vgl. Dirk Zimmer, Methodische Fragen bei der empirischen Erforschung der Therapeut-Klient-Beziehung (1983), 6.

scheidenden Bedingungen für den Erfolg gewesen seien, sondern dass die Art der therapeutischen Beziehung, d.h. die postulierten Gemeinsamkeiten zwischen den Schulen die wirksamen Momente seien«[162]. Die Auffassungen der Schulen über die angemessene Gestalt der therapeutischen Beziehung variieren allerdings erheblich. Die übereinstimmenden Anforderungen an das Basisverhalten des Therapeuten kommen in der Regel nicht über die Erwartung hinaus, dieser möge (vor allem in der Anfangsphase der Therapie) freundlich zugewandt sein[163].

Es zeigt sich somit, dass Aufmerksamkeit für die Wirkweise der therapeutischen Beziehung derzeit als ein gemeinsamer Grundzug aller Schulrichtungen gelten kann. Die durch empirische Erhebungen gestützte These, nicht erlernte Praktiken der Intervention, sondern natürliche Begabungen menschlicher Persönlichkeiten förderten das Heilungsgeschehen, erscheint mir sehr wichtig. Dabei darf aus theologischer Sicht jedoch nicht aus dem Blick geraten, dass es die »beziehungsweise« vermittelte Botschaft ist, die erlöst. Diese Botschaft der Annahme der Person trotz seiner Taten lässt sich offenkundig auch non-verbal in einer Begegnung erfahren.

e. Konkretisierung am Beispiel des Gedankens vom »Verdienst« in der Erlösungslehre

Nicht nur im ökumenischen Kontext ist der Gedanke an einen (vor Gott geltend zu machenden) »Verdienst« im soteriologischen Zusammenhang verdächtig. In therapeutischer Hinsicht gibt es einen weit unbefangeneren Umgang mit dieser Vorstellung: Wer in eine Beziehung investiert, wird Lohn daraus gewinnen. »Wie groß sind die Chancen, dass Sie sich als Partner in Zukunft gegen-

---

[162] Ebd. Zimmer schließt sich dieser Meinung nicht an. Er nimmt an, dass bei spezifischen Störungen nicht alle therapeutischen Verfahren in gleicher Weise wirksam sind.
[163] Vgl. ders., Empirische Ergebnisse der Therapieforschung zur Therapeut-Klient-Beziehung (1983), 24.

seitig mehr zu einem Wohlbefinden verhelfen können, das sich in Gefühlen von Glück, von Angenommen- und Wertgeschätztsein, aber auch von Wertschätzung für den Partner bezeugt? Oder, anders gefragt: Wie begründet ist die Hoffnung, dass mit der Neuverrechnung der Verdienstkonten nunmehr auch eine Auflösung von Verrechnungsnotständen ansteht?«[164] Diese Frage stellt ein Familientherapeut Paaren am Ende einer sechs- bis achtwöchigen Beziehungsphase, deren Gestaltung bewusst als ein »Experiment«[165] betrachtet wird, auf das sich die Beteiligten eigens einlassen müssen. Die Aufgabenstellung erscheint einfach: Mindestens einmal wöchentlich möge der Partner oder die Partnerin dem jeweiligen Gegenüber eine Überraschung bieten, deren inhaltliche Gestalt angesichts der gemeinsam erinnerten Beziehungsgeschichte die Aussicht birgt, mit Freude aufgenommen werden zu können. Kleinere und größere Überraschungen sind denkbar: ein Theaterbesuch, die Einladung zum Abendessen, eine Kurzreise, Geschenke und vieles mehr. Auf solche Weisen soll für eine vereinbarte Zeit eine Entschädigung für Versäumtes gezahlt werden, um die entstandene Schuldenlast im Beziehungsgefüge abzutragen.

Nach Auskunft von Stierlin sind die Ergebnisse seines therapeutischen Bemühens zwar vielgestaltig, nicht selten wirkte sich der von ihm vorgeschlagene Weg jedoch positiv aus: »Verrechnungsnotstände ließen sich erkennen und dann auch mildern oder aufheben«[166]. Sein »Schlüsselkonzept«[167], Menschen zu einer »bezogenen Individuation« befähigen zu wollen, lässt sich demnach realisieren, wenn Klientinnen und Klienten durch geförderte Aufmerksamkeit auf zwischen ihnen unausgeglichene Schuldkonten sich zu Neuverrechnungen bereit finden, bei denen sowohl die

---

[164] Helm Stierlin, Gerechtigkeit in nahen Beziehungen (2005), 121 (im Originaltext ist die intendierte Anrede in dieser konkreten Frage an zwei Menschen, die in einer Partnerschaft leben, durch die Kleinschreibung des ersten »sie« nicht mehr nachzuvollziehen; das Zitat wurde daher von mir korrigiert).
[165] Vgl. ebd., 119–123.
[166] Ebd., 122.
[167] Ebd., 52.

eigenen »Gerechtigkeitsprämissen«[168] als auch diejenigen derer, die in nahen Beziehungen leben, Berücksichtigung finden.
Stierlin unterscheidet zwischen vertikalen und horizontalen Beziehungen, somit zwischen transgenerativen und partnerschaftlichen Verhältnissen.[169] Aufschlussreich finde ich seine Aussage, dass er den in Beziehungswirklichkeiten stattfindenden Verrechnungsprozessen zunächst nur im transgenerativen Gefüge Aufmerksamkeit geschenkt hat.[170] Bei Kindern stellt sich offenkundig oft das Empfinden ein, angesichts der mit der eigenen Existenz verbundenen Schmerzen, Entbehrungen sowie Verantwortlichkeiten, die die Eltern auf sich genommen haben, ihnen zeitlebens etwas an Gutem zurückzahlen zu müssen, sich später Verdienste an den Eltern erwerben zu müssen. Dagegen ist die Wahrnehmung, als Kinder Eltern eine unausgleichbare Bereicherung zu sein, in aller Regel weniger handlungsleitend. Der Wunsch, das vermeintlich bestehende Schuldkonto ausgleichen zu wollen, kann insbesondere im Alterungsprozess der Eltern zu Konflikten zwischen den Generationen führen, wenn etwa die Wahl zwischen der eigenen Berufstätigkeit oder der Pflege der Eltern (zumeist noch immer für die Tochter oder Schwiegertochter) alternativ zu treffen ist. Nach Stierlin ist die Annahme, dass Mütter, die sich bei der Sorge für ihre Mütter Verdienste erworben haben, ihren Töchtern eine entsprechende Erwartungshaltung vermitteln, in seiner therapeutischen Praxis oft bestätigt worden.[171] Zwischenmenschliche »Verrechnungen« bleiben nach Stierlin »unsichtbar«, bis sie durch reflektierende Gespräche aufgedeckt werden. Früher allein dem Individuum zugerechnete Symptome – vor allem Suchterkrankungen – erweisen sich oft als aussagefähige Indikatoren für unausgeglichene Beziehungswirklichkeiten, die ohne eine solche Fluchtbewegung nicht mehr erträglich erscheinen. Symptome sind ein Teil des Verrechnungssystems.[172]

---

[168] Ebd., 54.
[169] Vgl. ebd., 9 f.
[170] Vgl. ebd.
[171] Vgl. ebd., 15 f.
[172] Vgl. ebd., 97–104.

Stierlin teilt folgende anthropologische Grundannahme mit anderen Vertretern und Vertreterinnen der systemischen Therapie: »Menschen führen innerlich Buch über das, was sie von anderen Menschen – und insbesondere von nahen anderen Menschen – an Gutem und Schlechtem bekommen und was sie diesen an Gutem und Schlechtem gegeben beziehungsweise was sie diesen angetan haben.«[173] Ohne Beziehungsgerechtigkeit – ohne ausgeglichene Schuldkonten – kann es demnach keine Versöhnung geben. Das Empfinden, der Verlierer zu sein und ausgebeutet zu werden, führt zu Wut, Trotz, Verzweiflung und Hass.[174] Anzunehmen, in personalen Beziehungen seien solche Automatismen wirksam, ist gewiss eine Voraussetzung, die im interdisziplinären Gespräch keine unumstrittene Basis darstellen wird. Auch Stierlin unterscheidet immerhin zwischen unfreiwillig übernommenen Zwangsloyalitäten und freiwillig eingegangenen Verdienst- bzw. Wahlloyalitäten, wobei in letzteren das Moment der reziproken Kooperation wirksam ist.[175] Einen Verdienst erworben zu haben, setzt demnach voraus, ungenötigt gehandelt zu haben und auf eine entsprechende Anerkennung des menschlichen Gegenübers hoffen zu können.

Vereinfachungen der komplexen Beziehungsgefüge, in denen jedes Menschenleben steht, sind bei der beispielhaft vorgestellten Publikation, die einen größeren Adressatenkreis erreichen möchte, wohl kaum zu vermeiden. In all ihrer Kritikwürdigkeit stimmt sie (mich) zugleich nachdenklich: Könnte es nicht doch sein, dass Menschen sich in ihrem Beziehungsleben im Geheimen immerzu im Geben und Nehmen einen gerechten Ausgleich erhoffen – und wäre ein solcher angesichts der Gleichheit der Geschöpfe vor Gott nicht auch angemessen?

Stierlin setzt sich selbst in Bezug zu Bert Hellinger[176], dessen

---

[173] Ebd., 14.
[174] Vgl. ebd.
[175] Vgl. ebd., 21.
[176] Einen ersten guten Einblick in das Gedankengut von Bert Hellinger vermittelt eine Publikation von Beiträgen, in denen er selbst Bezüge zu seiner Ordensexistenz sowie zu seinem priesterlichen Wirken in der römisch-katholischen Kirche herstellt und zugleich auf seine eigenen Wege aufmerk-

Methode der Familienaufstellungen[177] ihm zunächst hohe Anerkennung einbrachte, manche Nachbildungen initiierte, später jedoch zunehmend kritische Rückfragen aufkommen ließ.[178] Die Tatsache jedoch, dass die Tragweite der Erkenntnisse durch Familienaufstellungen nach Bert Hellinger wie kaum eine andere psychotherapeutische Methode auch in breiten Kreisen besprochen wurde, legt offen, wieviele Menschen auch intuitiv der Erkenntnis zustimmen können, dass der generationenübergreifende Lebenszusammenhang auf die Frage hin bedacht sein möchte, welche Lasten in welcher Form entstanden sind und gegebenenfalls genommen werden können. Schuldlasten im fiskalischen Sinn dienen als nahe liegende metaphorische Konkretisierungen für Lebensbelastungen im diachronen wie im synchronen menschlichen Beziehungsgefüge.

Nach Stierlin arbeitet auch Hellinger mit der Vorstellung eines bestehenden großen Anfangskapitals in Familienbeziehungen, das die gute Aussicht birgt, einen Kontenausgleich zwischen den Familienmitgliedern erreichen zu können.[179] Die Würdigung

---

sam macht: vgl. Bert Hellinger, Religion – Psychotherapie – Seelsorge (2000).

[177] Personen einer therapeutischen Gruppe stellen sich im Wechsel als Darsteller eines von einem Gruppenmitglied erinnerten Familienbildes zur Verfügung und werden nach ihren Wahrnehmungen befragt, so dass das (vermeintliche) Selbstempfinden der Familienakteure laut werden kann. Durch Veränderungen der szenisch repräsentierten Positionen im Raum sowie durch Worthandlungen ergeben sich Variationen, die von der Vorstellung entlasten sollen, das Gewesene nicht mehr verändern zu können. Nachträglich können etwa jüngere Kinder die älteren als ihnen vorgeordnet anerkennen oder ein Sohn seinem zuvor missachteten Vater die Ehre erweisen. Weithin Zustimmung hat erfahren, dass insbesondere die im Familienverband erinnerten Toten – etwa im Krieg getötete Feinde oder abgetriebene Kinder – hohen Einfluss auf die Fortentwicklung der Familiengeschichte haben.

[178] Vgl. die Liste der »Veröffentlichungen von und über Bert Hellinger«, in: ebd., 217–232; vgl. zu kritischen Kommentierungen und Weiterentwicklungen exemplarisch: Oliver König, Familienwelten (2004); Cora Besser-Siegmund / Harry Siegmund, Imaginative Familienaufstellungen mit der wingwave-Methode (2004).

[179] Vgl. Helm Stierlin, Gerechtigkeit in nahen Beziehungen (2005), 55.

des Lebenseinsatzes der Kinder den Eltern gegenüber und die damit verbundene Dankbarkeit, die bei Hellinger unter dem Aspekt der unbedingt zu achtenden Ordnung im Familiengefüge als Grundbedingung für eine mögliche Versöhnung eingefordert wird, kann in späteren Zeiten eine Chance sein, zu einer angemessenen Verrechnung der Verdienstkonten zu gelangen. Kinder haben demnach zeitlebens ihren Eltern gegenüber eine Niedrigerstellung einzunehmen und sie in ihren Entscheidungen zu ehren und zu achten. Gerade dieses als starr empfundene Ordnungsdenken bei Hellinger hat den größten Anteil an Kritik dieser Methode gegenüber auf sich gezogen. Was etwa ist, wenn Eltern angesichts ihres Verhaltens – eines sexuellen Missbrauchs zum Beispiel – einen zurückzahlenden Dank nicht »verdient« haben? So fragt Stierlin[180] und mit ihm alle, die sich kritisch gegenüber dem von Hellinger favorisierten Ordnungsdenken in der Familienhierarchie äußern.

Beachtlich erscheint mir bei aller Fragwürdigkeit der Anschauungen und Methoden von Hellinger seine vielfach bestätigte Erfahrung, dass Menschen angesichts ihres Schuldempfindens insbesondere toten Familienangehörigen gegenüber zu einer Form von Sühne neigen, die dem bereits bestehenden Übel ein weiteres hinzufügt. Im Blick auf ein Kind, dessen Mutter bei seiner Geburt starb und das aufgrund dieses Ereignisses zur Selbstbestrafung neigt, schreibt Hellinger: »Was wäre nun für dieses Kind eine Lösung, die ihm und seiner Mutter gemäß ist? Das Kind müsste sagen: ›Liebe Mama, wenn du schon einen solch hohen Preis für mein Leben bezahlt hast, dann soll es nicht umsonst gewesen sein; ich mach' was daraus, dir zum Andenken und dir zur Ehre.‹ Dann aber muss das Kind handeln anstatt zu leiden, leisten statt zu versagen und leben anstatt zu sterben. (...) Im Unterschied zum Ausgleich durch Sühne, der nur ein Ausgleich durch Schlimmes ist, durch Schaden und Tod, wäre dies ein Ausgleich im Guten. Im Unterschied zum Ausgleich durch Sühne, der billig ist und schadet und nimmt, ohne dass er dadurch versöhnt, ist der Ausgleich im Guten teuer. Doch er bringt Segen und bewirkt da-

---

[180] Vgl. ebd., 56.

her eher, dass sich die Mutter mit ihrem und das Kind sich mit seinem Schicksal versöhnt. Denn das Gute, das dieses Kind zum Andenken an seine Mutter vollbringt, geschieht ja durch sie. Sie hat durch ihr Kind Anteil daran und lebt und wirkt darin weiter.«[181] Die Mutter hat sich um das Kind verdient gemacht. Sie verdient ein tätiges Gedächtnis. Wenn das Kind Gutes tut, verdient es zu leben, auch wenn seine Mutter für es starb. Wer mit geschärftem Blick auf die gewählte Metaphorik schaut, wird – wie auch in diesem Beispiel – im Kontext der Versöhnungsthematik Anleihen aus dem Finanzwesen immer wieder begegnen.

In der Gemeinsamen Erklärung zur Rechtfertigungslehre von 1999[182] werden die Frage nach einer möglichen Mitwirkung des Menschen im Rechtfertigungsgeschehen und die Thematik der Verdienstlichkeit der guten Werke behandelt. Beide Begriffe – Mitwirkung und Verdienst – gelten seit dem 16. Jahrhundert als Reizworte im kontroverstheologischen Streit um die Rechtfertigungslehre. In beiden Bereichen geht es um eine erforderliche Klärung der Einflussnahme des Menschen auf sein Geschick.

Unter der Überschrift »Unvermögen und Sünde des Menschen angesichts der Rechtfertigung« wiederholt die Gemeinsame Erklärung zunächst die konvergenzfähige Grundanschauung, dass der Mensch als Sünder »unfähig« ist, »seine Rechtfertigung vor Gott zu verdienen«[183]. Aus römisch-katholischer Sicht schließt dies jedoch nicht aus, dass der Mensch im Versöhnungsgeschehen »mitwirke«. Diese Mitwirkung ist im Sinne einer angemessenen Vorbereitung auf Gottes Handeln sowie einer aufzubringenden Bereitschaft zur zustimmenden Annahme dieses Geschehens ver-

---

[181] Bert Hellinger, Religion – Psychotherapie – Seelsorge (2000), 41 f.
[182] Vgl. zur Geschichte und Bedeutung dieses Dokumentes aus multilateraler ökumenischer Perspektive: Von Gott angenommen – in Christus verwandelt. Die Rechtfertigungslehre im multilateralen Dialog. Studie des Deutschen Ökumenischen Stdienausschusses (DÖSTA). Im Auftrag des DÖSTA herausgegeben von Uwe Swarat, Johannes Oeldemann und Dagmar Heller, Frankfurt 2006.
[183] Gemeinsame Erklärung zur Rechtfertigungslehre des Lutherischen Weltbunds und der Katholischen Kirche (1999), Nr. 19.

standen, wobei beide Ereignisse »kein Tun des Menschen aus eigenen Kräften«, vielmehr »Wirkung der Gnade«[184] sind.

»Früchte der Rechtfertigung«[185] ernten zu können, ist das gemeinsame Anliegen der römisch-katholischen wie der reformatorischen Tradition. Unterschiede bestehen jedoch hinsichtlich der Angemessenheit der Rede von einer möglichen Verdienstlichkeit des menschlichen Handelns: »Wenn Katholiken an der ›Verdienstlichkeit‹ der guten Werke festhalten, so wollen sie sagen, dass diesen Werken nach dem biblischen Zeugnis ein Lohn im Himmel verheißen ist. Sie wollen die Verantwortlichkeit des Menschen für sein Handeln herausstellen, damit aber nicht den Geschenkcharakter der guten Werke bestreiten, geschweige denn verneinen, dass die Rechtfertigung selbst stets unverdientes Gnadengeschenk bleibt.«[186] Lutheranern liegt daran, die guten Werke »nicht als eigene ›Verdienste‹«[187] zu betrachten; das ewige Leben verstehen Lutheraner als »unverdienten ›Lohn‹ im Sinne der Erfüllung von Gottes Zusage an die Glaubenden«[188].

Auch in der Problematisierung des Verdienstgedankens bleibt die metaphorisch dabei beanspruchte Vorstellungswelt in der christlichen Versöhnungslehre präsent. Die Vorzeichen sind eindeutig gesetzt: Menschliche Verdienste sind unerheblich im Hinblick auf Gottes Entscheid, seinen Geschöpfen seine Versöhnungsbereitschaft zu bewahren. Gleichwohl behalten sie auf der mitmenschlichen Ebene eschatologische Bedeutung: einen himmlischen »Lohn« für gerechte Taten erhoffen sich auch reformatorisch geprägte Theologien. Auch diesen liegt an einer Betonung der Verantwortlichkeit des Menschen für sein Handeln sowie an der Verkündigung der eschatologischen Dimension des rechtfertigenden Handelns Gottes. Begriff und Sache sind nicht nur um einer ökumenischen Konvergenz willen zu unterscheiden. Das Konzil von Trient verteidigt »den Verdienstgedanken als Aussage

---

[184] Ebd., Nr. 20.
[185] Ebd., Nr. 37.
[186] Ebd., Nr. 38.
[187] Ebd., Nr. 39.
[188] Ebd.

über die Verantwortlichkeit des Menschen und die eschatologische Struktur der Gnade«[189], während »die reformatorische Theologie ihn als einen praktisch-ethischen (und seelsorglich anwendbaren!) Gedanken verwirft«[190]. Dennoch gilt: »*Ohne* den Verdienstbegriff halten ja auch die Reformatoren die Verantwortlichkeit des Menschen ebenso hoch wie die eschatologische Struktur der Rechtfertigung«[191]. Auch das Trienter Konzil betrachtet die menschlichen Werke nicht als Leistungen, durch die ein Anspruch auf Gottes Gnade erworben werden könnte.

Am Beispiel der Rede vom »Verdienst« zeigt sich, wie inspirierend ein lebensnahes Nachdenken über das Erlösungsgeschehen im Gespräch zwischen Theologie und systemisch arbeitender Psychotherapie sein kann.

5. Beim Nachdenken über Lernwege

»Jeder Priester müsste sich doch die ganze Woche (oder jeden Tag) darauf freuen, das Evangelium zu verlesen. Aber wie ist es wirklich? (Rhetorische Frage) – Die Mikrophone als der Tod der Frohbotschaften«[192]. Eine kritische Rückfrage an die personale Glaubwürdigkeit der Verkündigerinnen und Verkündiger der Erlösungslehre wird heute nicht nur von außen an die Kirche(n) herangetragen. Offenkundig ist es nicht leicht, in der Wahrnehmung der Lebensweisen und der Redegestalten in den christlichen Gemeinden die von Gott verbürgte Heilsbotschaft wiederzuerkennen. Nicht zuletzt die unerlöst erscheinenden Kommunikationsformen in der Gemeinschaft der Getauften sprechen nicht immer für die Glaubwürdigkeit des Evangeliums.

---

[189] Karl Lehmann / Wolfhart Pannenberg (Hg.), Lehrverurteilungen – kirchentrennend?, Bd. 1 (1986), 73.
[190] Ebd.
[191] Ebd. Hervorhebung im Original.
[192] Peter Handke, Phantasien der Wiederholung, Frankfurt 1989, 73.

V. Kontexte

a. Wege in einer erfahrungsbezogenen Erwachsenenbildung

Es gibt nur wenige Veröffentlichungen, die sich explizit mit der Frage nach den Lernwegen in der Soteriologie befassen. Dies erstaunt angesichts der zentralen Bedeutung dieser Thematik in der christlichen Verkündigung. Erneut begegnen vor allem Fragezeichen[193] im Zugang zu einem solchen Bemühen. Katrin Oberländer leitet ihren Beitrag über die Möglichkeiten, Erwachsene zum Verständnis der Erlösung hinzuführen, so ein: »Erlösung also. Zunächst stellen sich nur Fragen ein: Was ist Erlösung? Worin besteht sie? Erlösung wovon, woraufhin? Was wird anders? Und wie kommt es dazu? Erlöse ich mich selbst oder werde ich erlöst? Ertrage ich, dass ein anderer mich erlöst? Und was für einer könnte das sein? Oder will ich andere erlösen? Wie fühle ich mich als Erlöserin? Und wie fühlt es sich an, erlöst zu sein? Welcher Zustand, welches Gefühl oder körperliche Befinden stellt sich dann ein? Wie bin ich, wenn ich erlöst bin? Und sehe ich anderen an, dass sie erlöst sind?«[194] Allein diese Fragestellungen belegen, wie bedeutsam die Erfahrungsnähe und die Lebensbezüge bei gegenwärtigen Zugängen zur Soteriologie sind. Selbst die Frage nach dem Grund der Erlösung wird sehr bald schon zu einer Selbstanfrage: Werde ich von anderen Menschen erlösend wahrgenommen?

Auffällig ist, dass die Autorin gleich im Anschluss an die vielen gestellten Fragen bemerkt: »Bilder tauchen auf«[195]. Im Anschluss an grundlegende Überlegungen zur Spannung zwischen dem menschlichen Wunsch nach Autonomie und der Botschaft der Erlösung legt die Autorin ihren »Praxisentwurf«[196] vor, der einen Dreischritt vorsieht: (1) die eigenen Bilder von Erlösung werden entdeckt; (2) Bezüge zur Körpererfahrung mit diesen Bildern werden gesucht; (3) eine Orientierung an biblischen Bildern kann die persönlichen Vorstellungen verändern.

---

[193] Siehe dazu hier oben Abschnitt I.1.
[194] Katrin Oberländer, »Wird einmal ein Wunder geschehen?« (2002), 41.
[195] Ebd.
[196] Vgl. ebd., 46–58.

Dieses Modell einer Heranführung von Erwachsenen zum Verständnis von Erlösung steht im Kontext einer (im evangelischen Raum situierten) Bemühung um eine neue Wertschätzung des von Gott gewollten Glücks im Leben[197]. Viele Veröffentlichungen gerade einer evangelischen Autorenschaft weisen darauf hin, dass hier ein Korrekturbedürfnis besteht: Es gilt, die Suche nach dem menschlichen Glück nicht angesichts der anthropologischen Grundkonstante der Sündigkeit des Unglaubens zu verdächtigen. In diesem Zusammenhang erscheint es auch hilfreich, die »heilsame Dimension« des Lerngeschehens zu erkennen, die das Bibliodrama ermöglicht. Eleonore Näf[198] beschreibt diesbezüglich fünf Aspekte: die befreiende Lebensdeutung, die Sinnerfahrung, die Kontingenzbewältigung, die Initiierung von Versöhnung und die Umkehr.

b. Religionspädagogische Aspekte

Die Erlösungslehre ist unter dieser Bezeichnung kein vertrautes Stichwort in Lehrplänen für die Schulen. Gleichwohl gibt es ohne Zweifel Bezüge zu dieser Fragestellung angesichts der anthropologischen Themenkreise wie etwa »Leben in Gemeinschaft«, »Aneinander schuldig werden« oder »Sterben müssen«, gewiss zudem im schöpfungstheologischen und sakramententheologischen Kontext.[199] Auch im Zusammenhang der Behandlung der Feste des Kirchenjahres und bei der Erschließung des Lebens Jesu sowie (in

---

[197] Vgl. exemplarisch: Heinrich Bedford-Strohm (Hg.), Glück-Seligkeit (2011); Ioan Vik, Gottes Heil im Glück des Menschen (2008); Kerstin Schlögl-Fierl, Das Glück – literarische Sensorien und theologisch-ethische Reaktionen (2007); Luzia Sutter Rehmann / Ursula Rapp / Ulrike Metternich (Hg.), Zum Leuchten bringen (2006); Johann Hinrich Claussen, Glück und Gegenglück (2005); Martin Rohner, Glück und Erlösung (2004); Jörg Lauster, Gott und das Glück (2004); Stefan Gradl, Deus beatitudo hominis (2004); Rochus Leonhardt, Glück als Vollendung des Menschen (1998).
[198] Vgl. Eleonore Näf, Die heilsame Dimension des Bibliodramas (2008), bes. 92–104.
[199] Expliziter soteriologisch konzipiert stellen Tobias Ziegler und Annike Reiß je einen kreativ-experimentellen Zugang zu Fragen der Erlösungslehre

den weiterführenden Schulen) bei der Einführung in christologische Modelle werden vereinzelt Fragen der Soteriologie aufgenommen. Tod und Auferstehung Jesu Christi finden in den Lehrplänen große Beachtung. In ihrer Studie zeigt Michaela Albrecht, dass sich insbesondere die soteriologische Dimension des Kreuzestodes Jesu Jugendlichen jedoch nur sehr schwer erschließt.[200] Die Ergebnisse ihrer empirischen Untersuchung von Äußerungen von Schülerinnen und Schülern zu dem Satz, »Jesus Christus ist für uns gestorben«, sind für Albrecht ein Anlass, dieses Thema angesichts seiner zentralen Bedeutung für das christliche Bekenntnis im schulischen Religionsunterricht intensiver zu bedenken: »Meines Erachtens muss den SchülerInnen, denen wir das Evangelium weitersagen wollen, deutlich werden, dass es keine eindeutige Reformulierungsmöglichkeit der Aussage ›Jesus Christus ist für uns gestorben‹ geben kann, dass eine ihrer Stärken gerade darin liegt, dass sie so offen formuliert ist und Leerstellen besitzt. (…) Eindeutige Antworten auf die Frage, warum Jesus Christus am Kreuz gestorben ist, lassen sich auf rationalem Weg nicht finden. Wir können uns nur annähern an die Geschichte, wir können sie auf unser Leben beziehen und Entdeckungen machen: die Entdeckung, dass dieses Geschehen, das anderen als Skandalon erscheint, für uns das Heil bedeutet«.[201] Nachdenklich stimmt, dass nach der Analyse der Lehrpläne »in der Gewichtung dieses Themas große *konfessionelle Unterschiede* zu beobachten [sind]: Katholischerseits wird ihr ein weitaus geringerer Stellenwert beigemessen als im evangelisch-lutherischen Rahmen«[202]

Eine gezielte Befassung mit dem Begriff »Erlösung« ist möglicherweise deshalb nicht vorgesehen, weil er auf einer hohen Reflexionsebene eine gläubige Entschiedenheit beansprucht, die in Lernprozessen vor allem Kindern nicht zumutbar erscheint. Dabei sind es oft die Kinderfragen, die einen engen Bezug zur Erlösungs-

---

im Religionsunterricht vor. Vgl. Tobias Ziegler, Im Kreuz Heil und Leben finden? (2017); Annike Reiß, Wovon muss »uns« Christus erlösen? (2017).
[200] Vgl. Michaela Albrecht, Für uns gestorben (2007).
[201] Ebd., 329.
[202] Ebd., 299. Hervorhebung im Original.

lehre aufweisen. Ein Ausgangsort dabei ist nicht selten die Begegnung mit dem Tod:

> *Jüngst sah mein kleiner Sohn*
> *Den ersten Totenwagen –*
> *Er gab nicht einen Ton*
> *Und stellte keine Fragen.*
>
> *Doch dann, nach ein paar Tagen,*
> *Begann er zögernd – leis.*
> *Was konnte ich schon sagen,*
> *Wo man doch selbst nichts weiß?*
>
> *Das Schulrezept Botanik,*
> *›Vom Werden und Verderben‹,*
> *erzielte nichts als Panik:*
> *›Mama, auch du kannst sterben?‹*
>
> *Es war nicht pädagogisch,*
> *Vom Fortbestand der Seelen,*
> *Und viel zu theologisch,*
> *Vom Himmel zu erzählen.*
>
> *Doch mangels akkuraten*
> *Berichten aus jenen Sphären,*
> *Erschien es mir geraten,*
> *Zu trösten, statt zu lehren.*
>
> *Im Kreis der ›Aufgeklärten‹*
> *Bin ich darob verfehmt.*
> *Verzeiht, Ihr Herrn Gelehrten,*
> *wenn mich das nicht sehr grämt.*
>
> *Die Bücherweisheit ist bankrott,*
> *Der Blinde führt den Blinden.*
> *Und wahrlich, gäb es keinen Gott,*
> *Man müsste ihn erfinden.*[203]

Es gibt viele Studien, die altersspezifische Lernwege aufzeigen, mit dem Tod zu leben. In der Religionspädagogik ist der Themen-

---

[203] Mascha Kaléko, Wie sag ich's meinem Kinde? (1977).

bereich »Kinder und der Tod«[204] gut erforscht. Neben der Kindheit ist das hohe Lebensalter offenkundig die Zeit, an der es im Sinne der Bildung der Persönlichkeit am ehesten angeraten erscheint, explizit Angebote zur pädagogischen Aufnahme des Themas Tod zu entwerfen. In der Lebensmitte stellen sich eigene Fragen, die im Bereich der religiösen Erwachsenenbildung Beachtung finden.[205]

Vor dem Hintergrund der neueren Überlegungen zu einem performativen Religionsunterricht[206], durch den ein erfahrungseröffnendes religiöses Lernen ermöglicht werden soll, bei dem auch die Handlungsformen des Glaubens Beachtung finden, sowie angesichts der Kontroverse um das angemessene Verhältnis zwischen Religionsunterricht und Katechese[207] bietet es sich an, über die Eigenarten der Vermittlung christologischer und soteriologischer Themen in der Schule intensiver nachzudenken. Bei aller Nähe zwischen Religionsunterricht und Katechese sind dennoch

---

[204] Vgl. dazu: Johann-Christoph Student (Hg.), Im Himmel welken keine Blumen (2005); Elisabeth Kübler-Ross, Kinder und Tod (2000); Gerhard Büttner / Martin Schreiner (Hg.), »Mittendrin ist Gott« (2002); Volker Daut, Die Entwicklung der Todesvorstellung bei Kindern und Jugendlichen (1980); Anton Bucher / Gerhard Büttner / Martin Schreiner (Hg.), »Man kann Gott alles erzählen, auch kleine Geheimnisse« (2007); Willi Everding, Wie ist es, tot zu sein? (2005).
[205] Vgl. Joachim Wittkwoski, Erleben und Verhalten bei der Begegnung mit Sterben und Tod (2001); vgl. ausführlicher ders. (Hg.), Sterben, Tod und Trauer (2003). Zum Umgang mit der Todesthematik in allen gesellschaftlichen Bereichen liegt eine Vielzahl von Veröffentlichungen mit unterschiedlichen Deutungsansätzen vor: vgl. exemplarisch: Frank Schiefer, Die vielen Tode (2007); Marianne Mischke, Der Umgang mit dem Tod (1996); Armin Nassehi / Georg Weber, Tod, Modernität und Gesellschaft (1989). Vgl. auch die Beiträge in Caroline Y. Robertson-von Trotha (Hg.), Tod und Sterben in der Gegenwartsgesellschaft (2008).
[206] Vgl. dazu Thomas Klie / Silke Leonhard (Hg.), Schauplatz Religion (2003); Themenheft »Performativer Religionsunterricht?!« (2002); Gabriele Obst, Religion zeigen – eine Aufgabe des evangelischen Religionsunterrichts? (2007); Rudolf Englert, Performativer Religionsunterricht – eine Zwischenbilanz (2008); Florian Dinger, Religion inszenieren (2018); Hans Mendl (Hg.), Religion zeigen – Religion erleben – Religion verstehen (2016).
[207] Vgl. als Einführung in dieses Thema: Werner Simon, Religionsunterricht und Katechese (2007).

Unterscheidungen zu treffen: Muss es nicht dabei bleiben, dass der Lehrer und die Lehrerin vor allem in aller Nüchternheit Lernprozesse zu initiieren hat? Die christliche Religionslehre in der Schule wird sich zwar der Aufgabe einer Positionierung im interreligiösen Dialog nicht völlig entziehen können; es soll zu erkennen sein, dass die Lehrpersonen getaufte Christinnen und Christen sind, aber die missionarische, die werbende Dimension des Zeugnisses für Jesus Christus bleibt der Katechese vorbehalten. Anders als im Religionsunterricht können bei Vorbereitung beispielsweise auf das Sakrament der Firmung Orte in Gemeinschaft erlebt werden, an denen das christliche Verständnis von Erlösung in Liturgie und Diakonie begegnet. Neuere Entwicklungen in der Religionsdidaktik zeigen sich offen, diakonische Orte auch im Religionsunterricht aufzusuchen.

c. Reflexionen zur Bedeutung der Soteriologie in der Homiletik

Bis in die jüngste Gegenwart hinein beschäftigt insbesondere die Homiletik in reformatorischer Tradition[208] die Frage, welchen Stellenwert die Rede von der sündigen Existenz des Menschen in der Predigt vom erlösenden Handeln Gottes hat. In seinem vielfach wiederaufgelegten Grundlagenwerk zur evangelischen Homiletik schreibt Rudolf Bohren programmatisch: »Zum Wesen der Predigt gehört das Reden von der Sünde«[209]. Erläuternd fügt er hinzu: »Man kann nicht die geschehene und geschehende Gnade verkündigen und die Sünde verschweigen. Wer vom Heil erzählen will, muss die Sünde zählen. – Andererseits kann der Prediger des Evangeliums nicht von Sünde reden, ohne davon zu reden, was in

---

[208] Vgl. Wilfried Engemann, Einführung in die Homiletik (2002); ders. (Hg.), Theologie der Predigt (2001); ders. / Frank M. Lütze (Hg.), Grundfragen der Predigt (^{2}2009); Martin Hoffmann, Ethisch und politisch predigen (2011); Siegfried G. Hirschmann, Das evangelische Gesetz (2011); Michael Giebel, Predigt zwischen Kerygma und Kunst (2009); Albrecht Grözinger, Toleranz und Leidenschaft (2004).
[209] Rudolf Bohren, Predigtlehre (^{6}1993), 209.

Gericht und Gnade dem Sünder geschah und geschieht. Das Reden von der Sünde gehört in die Christuspredigt«[210].

Klaus Müller hat eine sehr hilfreiche Übersicht über die Geschichte der Christus-Predigt geschrieben und Anforderungen an deren angemessene heutige Gestalt formuliert.[211] In diesem Zusammenhang gibt Müller jedem und jeder, der oder die in der Verantwortung der Verkündigung des Christusereignisses steht, den guten Rat, sich zwei Gedanken auch sichtbar auf Zetteln in der Nähe des Schreibtischs vor Augen zu halten. Der erste wurde von Karl Adam formuliert: »Nicht der Aufstieg des Menschen zu Gott, sondern das Herabsteigen Gottes zum Menschen ist das Geheimnis«[212]. Der zweite Gedanke ist von Abraham Sutzkevers, einem Poeten, der in jiddischer Sprache veröffentlichte: »Geh über Wörter wie über ein Minenfeld: ein falscher Schritt, eine falsche Bewegung, und alle Wörter, die du ein Leben lang auf deine Adern gefädelt hast, werden mit dir in Stücke gerissen«[213]. Mit diesen beiden Vorzeichen sieht Müller die heutige Christusverkündigung vor vier Herausforderungen gestellt: (1) sich auch angesichts der dogmatischen Sprachgestalten immer offen zu halten für neue Erkenntnisse: »Wir wissen nicht Bescheid über ihn, den wir mit diesen Worten bekennen«[214]; (2) die Erfahrungsnähe zu wahren, indem Prediger »kontinuierlich Sorge tragen, dass die kirchlich übermittelte Christusgestalt und das gelebte Leben gegeneinander durchlässig bleiben«[215]; (3) sich zu hüten vor »Binnenslang«[216] und statt dessen die Anfechtungen und Fragwürdigkeiten des Christusbekenntnisses ernst zu nehmen; (4) die eigene Sprache immerzu zu prüfen: »Angesichts des Christus, der mir in aller Nähe unverfügbar bleibt, der sich nicht haben, nicht verobjektivieren lässt, wird mein Sprechen von ihm wie von selbst karger,

---

[210] Ebd.
[211] Vgl. Klaus Müller, Von Jesus als dem Christus Gottes erzählen (2006).
[212] Karl Adam, Christus unser Bruder (1947), 59.
[213] Abraham Sutzkevers, Griner Akwarium (1992), 11.
[214] Klaus Müller, Von Jesus als dem Christus Gottes erzählen (2006), 36.
[215] Ebd.
[216] Ebd.

behutsamer, genauer werden«[217]. Diese Überlegungen von Müller stehen im größeren Kontext seines Votums für eine größere Nähe zwischen Theologie und Verkündigung.[218]

Je auf ihre Weise geschieht im konfessionellen Kontext heute eine unterschiedliche Reflexion auf die Schwierigkeit, den Gnaden- und Geschenkcharakter der Erlösung in der Predigt angesichts der Vorherrschaft der Sündenthematik möglicherweise zu wenig besprochen zu haben. Der römisch-katholische Pastoraltheologe Ottmar Fuchs gesteht ein: »Im Blick auf meine eigene Verkündigungsbiographie schaue ich nicht ohne Schuldgefühle auf meine ersten Jahre als Kaplan in Nürnberg Anfang der siebziger Jahre, wo ich (wie überhaupt viele aus unserer Generation) biblische Geschichten vor allem imperativisch-ethisierend ausgelegt habe«[219]. Fuchs erinnert selbstkritisch an den »indikativen Gnadenaspekt, der erst einmal für sich gilt«[220]; Gottes Heilszusage ist das Vorzeichen vor allen weiteren Überlegungen. Auch im Blick auf das menschliche Verhalten gilt es demnach in der Predigt zunächst all das zu beschreiben, was Menschen einander an Gutem bereiten: »Für eine Predigt, die die Gnade ernst nimmt, liegt (…) nahe, all das zu benennen, überall dorthin zu deuten, wo bereits Gnade im Leben erfahren wird, wo sie geschieht in sozialen Zusammenhängen, wo Menschen in ihrem Zusammensein nicht nur spüren, dass sie sich gegenseitig tragen, sondern dass sie dahinter von einer Macht getragen sind, die stärker und hoffnunggebender ist, als sie selbst es zu sein und zu begründen vermögen. Vor allem im Bereich der Diakonie gibt es Beziehungsgeschichten, in denen derart ›Gratuität‹ geschieht«[221]. Im konfessionellen Kontext bleiben die Vorzeichen gesetzt: in der römisch-katholischen Tradition ist es ein nahe liegender Gedanke, auch die »Gnade«, die Menschen einander in ihren guten Werken erweisen, in die grund-

---

[217] Ebd.
[218] Vgl. Klaus Müller / Bertram Stubenrauch, Geglaubt Bedacht Verkündet (1997); Klaus Müller, Homiletik (1994).
[219] Ottmar Fuchs, Predigt als Gnadenerfahrung (2006), 320.
[220] Ebd.
[221] Ebd., 323.

legenden Überlegungen einzubeziehen. Konfessionelle Prägungen bleiben und wirken sich insbesondere in der Predigt aus, auch wenn inzwischen eine ökumenische Konvergenz über die Bedeutung der guten Werke im Kontext der Rechtfertigungslehre erreicht worden ist.

Der evangelische Theologe Wilfried Engemann[222] äußert sich vor dem Hintergrund seiner eigenen konfessionellen Tradition zur »Geschenk-Metaphorik«, die er zu den sprachlichen und rhetorischen Problemen einer Predigtlehre zählt. Vielfach wird demnach die Rede von Gottes Geschenk der Erlösung zu einer Forderung, dieser Verheißung nun aber auch zu vertrauen: »Die Pointen der Geschenk-Metaphorik stellen häufig kaum mehr als einen *freundlichen Moralappell* dar, der freilich aufgrund seiner schwierigen Befolgbarkeit auf seiten der Hörer ebensohäufig resignative Reaktionen auslösen wird«[223]. Engemann spricht sich dafür aus, »am Geschenkcharakter des in Christus ergangenen Heils festzuhalten und auch entsprechende Zuwendungen Gottes als Geschenk zu plausibilisieren«[224]. Zugleich fordert er jedoch ein, dass der Prediger sich im Sinne einer Selbstkontrolle offenen Fragen stellt: »Worin besteht das Geschenk? Würde ich mich darüber freuen können? Wenn nicht – was beschwert die ›Annnahme‹? Was fehlte mir, wenn ich dieses Geschenk nicht bekäme?«[225]. Deutlich wird auch an dieser Stelle, welch hohe Bedeutung Bilder in der Erlösungslehre haben. Auch Geschenke können missverstanden werden.

Es gibt nur eine geringe Zahl an Literatur, in der der soteriologische Themenkreis mit der Homiletik in Verbindung gebracht wird.[226] Gewiss gibt es darüber hinaus vielfältige Hinweise darauf, wie in einzelnen Lebenssituationen – insbesondere bei Tauf-

---

[222] Vgl. Wilfried Engemann, Einführung in die Homiletik (2002), bes. 42–44.
[223] Ebd., 43. Hervorhebung im Original.
[224] Ebd.
[225] Ebd.
[226] Vgl. Jürgen Werbick, Erlösung erzählen – verstehen – verkündigen (1997); Jürgen Thomassen, Heilswirksamkeit der Verkündigung (1986); Anton Schrettle, Thema Befreiung – Erlösung (1976).

ansprachen[227] und Begräbnisreden[228] – soteriologische Aspekte in der Predigt aufgenommen werden können. Nicht wenige Theologen – zukünftig wohl auch Theologinnen – haben ihre Predigten veröffentlicht und dabei herausgefordert durch die kirchlichen Feste im Jahreskreis auch soteriologische Gedanken formuliert. Gerd Theißen wählte dazu den Titel »Erlösungsbilder«[229]. Er erläutert dies so: »Das ›Erlösungsprojekt‹ Gottes ist nichts Abstraktes und Gedankliches! Die Vernunft braucht Erlösungsbilder. Sie braucht emotionale und motivationale Bildenergien«[230]. Die unter dem Titel »Erlösungsprojekt« veröffentlichte Predigt zu Lk 1,26–38 beginnt so: »Ein Engel müsste man sein, anstatt ein Prediger. Ein Engel, der direkt vom Himmel kommt. Dann könnte man überzeugender die erlösende Botschaft ausrichten. Es muss ja nicht gleich die Botschaft von der Geburt eines Erlösers sein. Auch weniger wäre viel, z. B. die Geburt eines neuen Papstes, der Protestanten zur Messe und Frauen zum Priesteramt zuließe. Das wäre schon ein bisschen Erlösung. Es muss nicht gleich ein neuer König sein. Es reichte die Geburt eines türkischen Kindes, das bei uns einmal Bundeskanzler wird. Auch das wäre ein bisschen Erlösung. Oder der Erfinder eines neuen medizinischen Präparats, das Karzinome heilt und Aids besiegt! Das wäre schon viel Erlösung, auch für manche unter uns. Aber solche Botschaften habe ich nicht. Ich bin kein Engel. Ich habe nur die alte Geschichte von einem Engel, der die Erlösung, das große Projekt des Himmels mit der Erde, Maria ankündigte«[231]. Das ist genau die Aufgabe: die alten Erzählungen mit dem Leben heute in Verbindung zu bringen.

---

[227] Vgl. einführend Peter Kohl, Die Taufpredigt als Intervention (1996).
[228] Vgl. einführend Ursula Roth, Die Beerdigungsansprache (2002).
[229] Vgl. Gerd Theißen, Erlösungsbilder (2002).
[230] Ebd., 11.
[231] Ebd., 90.

VI. Perspektiven – oder: Möglichkeiten zu einem erlösten Handeln aufzeigen

»Das tägliche Erlösungslied muss ein anderer für mich singen: und da nur, in diesem Lied, ist das Recht der Gesellschaft (der Gemeinschaft)«[1]. Wie lässt sich die Gewissheit, erlöst zu sein, Tag für Tag für andere erkennbar leben? Kann die Gesellschaft dem Handeln der Menschen überhaupt entnehmen, wer sich in Christus Jesus erlöst glaubt? Aus Sicht des Dichters Peter Handke hat das alltägliche Singen von der geschehenen Erlösung eine soziale Dimension, deren Betrachtung im Blick auf das eigene Vermögen Skepsis auslöst. Singen ist auch ein Handeln, für das ein Mensch sich entscheiden muss. Es geschieht in der christlichen Tradition zumeist in den Liturgien, die in der Gesellschaft oft als die primären Handlungsformen der Christinnen und Christen wahrgenommen werden. Ist es so? Neben der Feier der Taufe (Abschnitt 1) und der Eucharistie (Abschnitt 2) soll hier auch die Diakonie als christliche Handlungsweise unter dem Vorzeichen des erlösten Daseins zur Sprache kommen (Abschnitt 3). Durchgängig werden in diesem abschließenden Kapitel Blicke auf die Schöpfung und die Vollendung, auf Protologie und Eschatologie in ihrer jeweiligen Verbundenheit mit der Soteriologie, gerichtet. Am Ende bleibt die Frage, ob es eine Hoffnung auf die Versöhnung in der gesamten Schöpfung in begründeter Weise gibt (Abschnitt 4). Wenn dies so ist, dann gilt es auch heute schon, diese Hoffnung zu leben. Das Gebet erscheint dabei als die angemessene Form, die Spannung, die in der Erwartung der Erlösung bleibt, auch zu äußern (Abschnitt 5).

Die Erfahrung, auch als Glieder der christlichen Gemeinde von der Sünde nicht frei zu sein, hat in den Feiergestalten der Kirche vielfältige Aufnahme gefunden: Im Rhythmus der Tages-

---

[1] Peter Handke, Phantasien der Wiederholung (1983), 38.

liturgie und im Kreis der Feier des Kirchenjahres begegnen ausgesonderte Zeiten, in denen die Gemeinden innewerden können, dass beständige Mühe um eine Hinkehr des Lebens zum Evangelium erforderlich ist. Aus der in jüngerer Zeit verstärkt geübten Praxis des liturgischen Taufgedächtnisses sind die Elemente des Schuldbekenntnisses, des Versprechens der Lebenserneuerung und der Bekundung der trostreichen Zuversicht angesichts der unverbrüchlichen Gemeinschaftstreue Gottes vertraut. In gottesdienstlichen Feiern beklagen Christen in einer Versammlung öffentlich voreinander ihre Sünden und suchen nach Wegen der Versöhnung. Die Überzeugung, als Getaufte der Umkehr und Erneuerung immerzu bedürftig zu sein, ist in der liturgischen Praxis der christlichen Kirchen fest verwurzelt. Der Ruf zu beständiger Umkehr der Getauften beim lebendigen Gedächtnis der Lebensgestalt Jesu gehört von den ersten Zeiten der christlichen Gemeindebildung an zum Inhalt des Wortes Gottes und der Feier der Eucharistie. Im vertrauensvollen Ruf nach Gottes Erbarmen wird der Betende mit der gläubigen Gewissheit der Treue Gottes beschenkt. Das Leben ist ein tagtägliches Ringen um die Liebe, die Menschen einander immer auch schuldig bleiben. Wo immer Gutes geschieht, ist Gottes Geist wirksam.

1. Erlösung als Getaufte leben

»Schändliche Leute, die ihre Alpträume in Folterungen an anderen umwandeln«[2]. Unter Getauften soll es gerade so nicht sein: In der Nachfolge des gekreuzigten Christus Jesus soll jeder und jede Getaufte Hass in Liebe, Feindschaft in Freundschaft, Eigensinn in Mitgefühl verwandeln. So ist Erlösung auch in der Gesellschaft erfahrbar. Eine selbstbewusste Entschiedenheit der Menschen in Zustimmung zu diesen erkannten Zusammenhängen ist nur von Menschen zu erwarten, die als Erwachsene sich haben taufen lassen. Im ökumenischen Kontext sind die Konvergenzerklärungen

---

[2] Ebd., 31.

von Lima³, in denen es der Bewegung für Glauben und Kirchenverfassung des Ökumenischen Rates der Kirchen 1982 (mit römisch-katholischer Beteiligung) gelungen ist, den vorausgegangenen jahrzehntelangen Dialogprozess über das Thema Taufe zu sichten und zu bündeln, von bleibend hoher Bedeutung. Gemeinsam verpflichten sich die Kirchen, »nicht unterschiedslos«[4] zu taufen, sondern die Gewährleistung einer Erziehung der Kinder im christlichen Glauben als Bedingung für die Taufe zu betrachten. In bilateralen Dialogen[5] zeigt sich, dass die Frage nach der erkennbaren, erfahrbaren, offenkundigen Wirksamkeit der Taufe im christlichen Leben zunehmend als ein Kriterium für die Anerkennung der Taufe auch im Kindesalter wird. Zugleich ist das Bemühen vorherrschend, die gemeinsame christliche Taufspiritualität vor allem auch durch Taufgedächtnisfeiern zu stärken.[6]

*a. Theologie der Taufe in soteriologischer Sicht
in Entsprechung zur biblischen Verkündigung*

Die Taufe ist die grundlegende Feier der Erlösung im christlichen Sinn. Die biblischen Grundlagen des christlichen Verständnisses der Taufe sind eng verbunden mit der Erlösungslehre des Paulus, wie er sie insbesondere im Römerbrief entfaltet hat: Die Taufe wird dort als Teilhabe am Tod und an der Auferstehung Jesu Christi beschrieben (vgl. Röm 6,3–10). Im Horizont der präsentischen Eschatologie wird dem Menschen, der sich aufgrund seiner Umkehr und seines Glaubens taufen lässt, ein bereits in der Gegenwart durch die österliche Hoffnung verwandeltes Leben zugesprochen, das sich in einem Leben im Geist Jesu Christi als wirkmächtig erweisen soll. Angesichts des Anliegens der frühen Christinnen und Christen, sich aufgrund ihres Christusbekenntnisses von den jüdischen Anhängern des Täufers Johannes in der

---

[3] Taufe, Eucharistie und Amt (1982).
[4] Vgl. ebd., Teildokument »Taufe«, Nr. 16.
[5] Voneinander lernen – miteinander glauben (2009).
[6] Vgl. Martin Stuflesser, Liturgisches Gedächtnis der einen Taufe (2004).

Erlösung als Getaufte leben

eigenen Identität unterscheiden zu wollen, erscheint die Übernahme der Zeichenhandlung der Wassertaufe, die an das im Judentum vertraute Proselytentauchbad anknüpfen kann, zunächst überraschend.

Die christliche Deutung des Tauchbades (Untertauchen in die Wasser des Todes, Reinigung von den Sünden, Erneuerung des Lebens und Hoffnung auf ewiges Leben) greift die aus den alttestamentlichen Schriften vertraute Ambivalenz der Erfahrungen mit dem Wasser auf: Lebensbedrohlich sind die tosenden Stürme und die unergründlichen Tiefen der Meere (vgl. Ps 42,8; 69,2 f.). Ungeheuerliche Wassertiere lehren das Fürchten (vgl. Ps 74,13 f.). Fluten überschwemmen die Erde und rauben Menschen wie Tieren Lebensraum und Nahrung (vgl. Gen 6–8; Ps 93,3). Die Aussicht, einmal könne das Meer – Sinnbild des verborgenen und gewaltigen Bösen – nicht mehr sein, ist eine in Bildsprache gefasste eschatologische Hoffnung (vgl. Offb 21,1). Der Seher Johannes schaut aber auch heilvolle Zeiten, in denen die »Wasser des Lebens« nicht mehr versiegen (vgl. Offb 22,1). Nicht nur in den Wüstenregionen Palästinas sichern Quellen das Überleben. Die biblischen Schriften bezeugen in vielfältiger Weise, wie die Gabe des Wassers Mensch und Tier erquickt und von Unreinheiten befreit (vgl. Ex 17,1–7; Ps 42,2 f.; 2 Kön 5,14; Ps 51,9 u.ö.). Diese ambivalente biblische Wassersymbolik ist in der Bibel verbunden mit dem Anliegen, Gott als Geber und Erhalter des Lebens zu verkündigen: Gott ist mächtig, den Wellen des Sturms Ruhe zu gebieten, die Fluten zu verdrängen, Quellen entspringen zu lassen und reines Wasser über das Volk auszugießen. Das lebensspendende Wasser ist Zeichen göttlicher Anwesenheit (vgl. die Tempelvision in Ez 47). Gott selbst ist die Quelle lebendig machenden Wassers (vgl. Jer 2,13; Ps 36,10). Die neutestamentlichen Schriften greifen diese gedankliche Tradition auf und verkündigen Christus Jesus als Gebieter über die Meere (vgl. Mk 4,35–41) und als sprudelnden Quell ewigen Lebens (vgl. Joh 4,14). Um Gottes Wege mit seinen Geschöpfen als ein Durchschreiten der Sphäre des Todes und ein Kommen ins Leben zu verkündigen, greift die Bibel verschiedentlich die Wassersymbolik auf: Trockenen Fußes ziehen die

Israeliten durch das Meer an das rettende Ufer (vgl. Ex 14) und stoßen mitten in der Wüste auf Wasser (vgl. Ex 17).

Die (in ihrer Historizität weithin unbestrittene) synoptische Überlieferung der Taufe Jesu durch Johannes (vgl. Mk 1,9-11; Mt 3,13-17; Lk 3,21-22) kann als ein Erweis der Zustimmung Jesu zur erforderlichen Umkehr Israels zu Gott verstanden werden. Die Evangelien bezeugen dieses Geschehnis in Verbindung mit dem Bemühen zu betonen, dass der Täufer Johannes selbst den Unterschied zwischen ihm, dem Vorläufer, und Jesus, dem Messias, erkannt hat (vgl. Joh 1,19-34). Ob Jesus selbst getauft hat, ist ungewiss und eher unwahrscheinlich (vgl. Joh 3,22-26; 4,1-2). Wirkungsgeschichtlich bedeutsam ist der sogenannte »Taufbefehl« des auferstandenen Jeus Christus (vgl. Mt 28,19), bei dem bereits die Verbindung zwischen der Taufe und dem Bekenntnis zum trinitarischen Wesen Gottes angesprochen ist. Dies spiegelt eine Entwicklung in der frühen Christenheit, die insbesondere in der Apostelgeschichte bezeugt ist: Die christliche Taufe wurde bald schon zum Erkennungszeichen des neuen geistlichen Weges mit Jesus Christus (vgl. Apg 2,37-41; 8,36-39).

Die systematisch-theologischen Implikationen der neutestamentlichen Tauftheologien sind vielfältig: Die Taufe geschieht auf den Namen Jesu (Christi) (vgl. Apg 10,48; 1 Kor 1,13-15; Gal 3,27); sie geschieht zur Vergebung der Sünden (vgl. Eph 5,25f.; Kol 2,11); sie ist verbunden mit der Gabe des Geistes Gottes (vgl. Röm 8,12-17); die Wiedergeburt im Heiligen Geist durch die Taufe hat eine präsentisch eschatologische Dimension mit ethischer Relevanz (vgl. Joh 3,3-8; Tit 3,5); alle Getauften bilden den einen Leib Christi und sind untrennbar miteinander verbunden (vgl. 1 Kor 12,13; Eph 4,4-6).

Von den frühen Zeiten an wurden zwei gegenläufige theologische Anliegen mit der Taufe verbunden: zum einen die Verkündigung der ohne menschliche Vorleistung von Gott bewirkten Teilhabe am Geschenk der Erlösung in Jesus Christus durch die Bannung des Bösen, zum anderen die Aufforderung an den Menschen, sich auf die Taufe durch persönliche Umkehr und durch katechetische Unterweisungen vorzubereiten und dann auch das eigene Leben im Sinne des Taufversprechens zu gestalten. Seit dem

2. Jahrhundert bildet sich der Stand der Katechumenen, der Taufbewerberinnen und Taufbewerber, heraus, denen die Fürbitte der gesamten Gemeinde gilt. In der Katechese wurde vor allem die mit der Taufe gefeierte Lebenswende besprochen: die Absage an das Böse, die Stellung unter die Herrschaft Jesu Christi, die Teilhabe am neuen Leben in Jesus Christus, die Salbung und Erleuchtung durch den Heiligen Geist. Das Taufbegehren, das in der Zeit der frühen Christenverfolgungen nicht immer zur Erfüllung kam, wurde in der theologischen Tradition als Begierdetaufe oder im Fall eines Martyriums als Bluttaufe auf der soteriologischen Ebene der Wassertaufe gleichgestellt. Die patristische Tauftheologie ist weithin eine mystagogische Erschließung der Taufliturgie.

Auch auf Zukunft hin wird es in der Dogmatik erforderlich sein, alle Dimensionen der Taufe in ihrem Zusammenhang miteinander zu bedenken. Die Taufe ist somit ein Ort, an dem deutlich ersichtlich wird, dass innerhalb der Systematischen Theologie zwar arbeitsteilig gehandelt werden kann, die Themenbereiche jedoch innerlich zusammenhängen: In der Taufe wird das Grundgeheimnis der Erlösung in Christus Jesus gefeiert; diese soteriologische Fundierung der Tauftheologie impliziert eine Aussage über die gläubige Erwartung auf das Leben der Getauften über den eigenen Tod hinaus sowie über die begründete Hoffnung auf die Vergebung der Sünden. Im Blick auf die anthropologische Orientierung der Taufe sind die Erfahrungen in den einzelnen Konfessionsgemeinschaften unterschiedlich. Gemeinsam ist allen christlichen Traditionen die Annahme, dass die in der Taufe zugesprochenen Verheißungen in einem entsprechenden Leben aus dem Glauben durch die Umkehr zu Jesus Christus eine persönliche Antwort erfahren. Im Fall der Erwachsenentaufe ist diese Erwartung leichter als erfüllt zu beschreiben als im Blick auf die Kindertaufe. Die ekklesiologische Situierung der Taufe ist mit den neutestamentlichen Schriften vorgegeben: Mit der Taufe geschieht die Aufnahme in die Gemeinschaft der Christusgläubigen. Vor dem Hintergrund der Taufe Jesu durch Johannes bleibt diese Taufe eine Initiation in eine Gemeinschaft, die sich zur Umkehr hin zu Gottes Weisungen bekennt. Trotz des gnadentheologischen Gabencharakters der Taufe darf sie nicht in Widerstreit geraten zu

VI. Perspektiven

ethischen Anforderungen an ein Leben im Sinne der Taufe. Beide Dimensionen sind in einer pneumatologischen Sicht der Taufe theologisch miteinander verbunden: Der Heilige Geist ist gegenwärtig bei Gottes ungeschuldeter Zusage an das Leben der Sünderinnen und Sünder sowie bei seiner Anfrage an ein Leben in Entsprechung zum Evangelium. Eigener Aufmerksamkeit bedarf in diesem Zusammenhang die Frage nach der Erfahrung des Geistes Gottes auch außerhalb der Gemeinschaft der Getauften. Mit dem 2. Vatikanischen Konzil[7] und im Anschluss an Karl Rahner ist in diesem Zusammenhang vom Wirken des Geistes Gottes auch außerhalb des institutionellen Gefüges der durch die Taufe begründeten Christenheit zu sprechen.[8]

b. Der Aspekt der Neuschöpfung des sündigen Menschen

In biblischer Tradition ist ein enger Bezug zwischen der Verwendung der Begriffe »alt« und »neu« und dem Geschehen der Bekehrung zu erkennen: »*alt« ist vor der Umkehr, »neu« ist nach der Umkehr*. Dabei ist zu beachten, dass es alle Wirklichkeiten, die das Neue Testament als »neu« verkündigt, bereits in den alttestamentlichen Schriften gibt: den neuen Bund (vgl. Jer 31,31–34), den neuen Menschen (vgl. Ez 36,22–38), die neue Schöpfung (vgl. Jes 43,14–21) sowie den neuen Himmel und die neue Erde (vgl. Jes 65,16b–25). In den alttestamentlichen Texten ist die geschichtliche Reflexion auf die Erneuerung Israels in den Zeiten des Babylonischen Exils die Wendezeit, in den neutestamentlichen Texten ist die Feier der Taufe der beständige Bezugspunkt.

Der in den alttestamentlichen Schriften verheißene neue Bund hat drei Kennzeichen: eine Verinnerlichung der Bedeutung des Gesetzes und nicht nur seine äußerliche Erfüllung wird geschehen; eine Universalisierung der Erkenntnis für Klein und

---

[7] Vgl. 2. Vatikanisches Konzil, Dogmatische Konstitution über die Kirche »Lumen gentium«, Nr. 16; dass., Erklärung über das Verhältnis der Kirche zu den nichtchristlichen Religionen »Nostra aetate«, Nr. 1–2.
[8] Siehe dazu auch hier oben Abschnitt V.3.

Groß ist möglich; Sündenvergebung wird allen verheißen, die den Bund gebrochen haben.

Der neue Mensch ist nach der alttestamentlichen Verheißung einer, der ein »Herz von Fleisch« und nicht von Stein hat: Selbsterkenntnis des Menschen, Abkehr von den bösen Taten und Anerkenntnis Gottes in seiner Heiligkeit, seiner Andersheit, der allein Gott eigenen Vergebungsbereitschaft sind die Kennzeichen des neuen Menschen. Was im Kontext der Taufparanese in Röm 6 grundlegend gefordert ist, nämlich der Beginn des Lebens als neuer Mensch nach der Taufe, wird in späterer Zeit in den deuteropaulinischen Schriften sehr konkret: der alte Mensch wird wie ein Kleid abgelegt und das neue Kleid angelegt. Dies ist der Hintergrund für die symbolische Übergabe des weißen Taufkleides bis heute. Ethische Kategorien in Lebensnähe sind mit »alt« und »neu« gemeint: »alt« meint Ausschweifungen, Gier, Begierden, Lüge, Zorn, Bitterkeit, Geschrei, Lästerung; »neu« meint Wahrhaftigkeit, Barmherzigkeit, Vergebung, aufbauende und trostreiche Worte, redliche Arbeit und Sorge für die Armen.

In mehreren alttestamentlichen Perikopen aus der Zeit des Babylonischen Exils und danach wird die neue Schöpfung in zweifacher Weise metaphorisch gefasst. Alle Bildmotive haben Zusammenhang: Wenn Tiere Nahrung finden und Quellwasser, dann werden sie friedlich. Im neutestamentlichen Zeugnis (zentral in 2 Kor 5,17) wird die durch die Teilhabe an Jesus Christus in der Taufe geschehene Verwandlung im ethischen Sinn konkretisiert: Jede und jeder Getaufte ist eine neue Schöpfung; ihm und ihr gebührt daher die Bereitschaft zu unbedingter Versöhnung.

Die alttestamentliche Ankündigung eines neuen Himmels und einer neuen Erde geschieht in später Zeit und blickt bereits auf nachirdische Welten voraus. Insbesondere die Klage und die Trauer werden dann ein Ende haben. Konkretisierungen geschehen im Blick auf die alten Hoffnungen in Israel: ein langes Leben mit reicher Nachkommenschaft in einem gesicherten Land und in Wohlstand; auch die Tiere leben friedlich miteinander (vgl. Jes 11,6–9); das Paradies kehrt wieder: man tut nichts Böses mehr. Die neutestamentliche Perikope nimmt diese Vision auf und konzentriert die Thematik auf die Gestalt der neuen Gottesbeziehung.

Die Anlässe zur Klage angesichts von Leid und Tod sowie die Hoffnungsperspektiven bleiben bestehen.

Zusammenfassend lässt sich sagen, dass sowohl in den alt- wie in den neutestamentlichen Schriften die Bereitschaft Gottes zu einem Neubeginn mit seinem Volk bezeugt ist. Die Texte lassen erkennen, dass dabei die konkreten ethischen Weisungen von hoher Bedeutung sind. Dabei sind zunehmend weniger die Taten entscheidend als vielmehr die Gesinnung. Tendenzen zur Verinnerlichung und zur Universalisierung des Gesetzes bestehen. Konkreter werden zudem die Verheißungen, dass Gott in letzter Entschiedenheit mit den Sündern und Sünderinnen Erbarmen hat.

c. Gesetz und Evangelium im Leben der Getauften

In der ökumenischen Hermeneutik stellte sich lange Zeit die Frage, ob zwischen dem vorrangig alttestamentlich überlieferten Gesetz und dem vermeintlich vorrangig neutestamentlich überlieferten Evangelium ein Gegensatz besteht. Im inner-christlichen Disput galt dabei die römisch-katholische Lehre angesichts des Verdachts, sie vertrete eine Werkgerechtigkeit, als eher dem Gesetz verpflichtet, die reformatorische als dem Evangelium vertrauend. Inzwischen haben ökumenische Gespräche die Haltlosigkeit dieser Entgegensetzung erwiesen. Alle christlichen Konfessionsgemeinschaften sehen zudem angesichts des jüdisch-christlichen Dialogs als gemeinsame Herausforderung das Erfordernis, die Thora im Sinne der guten Weisung Gottes als eine kostbare Gabe zu betrachten.

Das lutherische Anliegen bei der Unterscheidung von Gesetz und Evangelium ist es vorrangig, eine inhaltliche Bestimmung der »Mitte der Schrift« ausfindig zu machen. Angesichts der Tatsache, dass die Vielgestalt der biblischen Zeugnisse es nicht leicht erscheinen lassen, in allen Perikopen die eine göttliche Verheißung zu hören, sind solche Anstrengungen gut nachzuvollziehen. Neben »Gesetz und Evangelium« gilt die Suche in allen biblischen

Schriften danach, »was Christum treibet« (was das Christusbekenntnis fördert), als weiterführend.

Die durch die Situation im 16. Jahrhundert gut begründete Skepsis gegenüber jeder Form der Werkgerechtigkeit hatte zur Folge, dass neben der Unterscheidung zwischen Gesetz und Evangelium weitere Bezüge der Thematik vorgenommen wurden: So gilt auch die (biblisch überlieferte) Vorstellung von einem Gericht nach den Werken (vgl. Offb 20,13 u.ö.) als problematisch. Grundlegend stellt sich (nicht nur) im ökumenischen Gespräch die Frage, wie sich das Verhältnis zwischen der Gnade Gottes und der Freiheit des Menschen (auch zum Tun des Guten) bestimmen lässt.

Unter Anleitung der Bibelwissenschaften und unter dem Eindruck der jüdisch-christlichen Dialoge ist in der Ökumene eine neue gemeinsame Besinnung auf das biblische Verständnis der Thora geschehen: Die ethischen Weisungen der Thora sind schöpfungstheologisch bestimmt und verweisen daher auf universale Zusammenhänge; die ursprüngliche Sinngebung der Thora war es nicht, deren Nichterfüllung zu erweisen, sondern durch konkrete Hilfestellungen, die aus Erfahrung gewonnen sind, das Leben miteinander zu erleichtern; der Dekalog und in seiner Folge viele Weisungen schützen das Leben der ansonsten Schutzlosen vor dem Tod und der Entehrung. Die Gegenüberstellung zwischen Gesetz und Evangelium kann nicht auf die beiden Testamente bezogen werden: Das Evangelium vom Erbarmen Gottes mit den Sünderinnen und Sündern ist bereits alttestamentlich überliefert; weder Jesus noch Paulus wollten das Gesetz aufheben – die guten Weisungen Gottes führen noch immer in das Leben hinein; es bleibt die Frage, wie Gott mit denen umgeht, die das Gesetz nicht halten. Diesbezüglich gilt: Niemand kann das Gesetz erfüllen; alle erfahren Gnade um Gnade. Dennoch haben die gute Tat und die böse Tat unterschiedliche Folgen in Zeit und Geschichte für die Betroffenen.

In allen Konfessionen verbindet sich mit der Spiritualität der Taufe in Verbindung mit den biblischen Zeugnissen die Vorstellung einer Lebenswende, durch die der alte Adam überwunden und der neue Adam geboren wird. Dem reformatorischen Verständnis ist dabei der Gedanke nahe, dass die in der Taufe gefeierte Lebenswende tagtäglich neu bedacht werden möchte: Jeder Tag steht unter der Herausforderung, den alten Adam (wie in der Taufe) zu »ersäufen« und verwandelt neu zu erstehen zu einem reinen Leben gemäß dem Evangelium. Das Taufgedächtnis stand lange Zeit nicht im Vordergrund des christlichen Bewusstseins. Diesbezüglich sind inzwischen Veränderungen erkennbar. Ökumenische Taufgedächtnisgottesdienste haben inzwischen in zahlreichen Gemeinden einen festen Platz im geistlichen Leben. Bei unterschiedlichen Anlässen werden sie bei ökumenischen Begegnungen gefeiert. Bei der Entdeckung der ökumenischen Taufgedächtnisgottesdienste waren der Evangelische Kirchentag 1985 in Düsseldorf und der Katholikentag 1986 in Aachen wegweisend. Die inzwischen eingeübte ökumenische Praxis knüpft an die in vielen kirchlichen Traditionen beheimateten Formen der Tauferinnerung an. Gleichwohl ist noch wenig im Sinn, welch hoher ethischer Anspruch mit dem Christsein verbunden ist. Weisung zum Guten und Verheißung der Vergebung widersprechen einander nicht.

d. Umkehr und Versöhnung ökumenisch feiern

Im ökumenischen Kontext ist die Aufmerksamkeit auf das Thema Umkehr und Versöhnung wieder gewachsen.[9] Damit nimmt die Ökumenische Bewegung eine Thematik auf, die in der Geschichte der Kontroversen und auch auf dem Weg der Annäherungen aneinander von höchster Bedeutung ist. Insbesondere im 16. Jahrhundert war es gerade die Bedeutung der menschlichen Buße im Geschehen der Versöhnung mit Gott, die theologische Streitigkeiten auslöste. Das Ablasswesen hat enge Bezüge zum römisch-katholischen Verständnis des Sakraments der Versöhnung. Der

---

[9] Vgl. Umkehr ökumenisch feiern (2011). Ich übernehme an dieser Stelle Ausführungen in diesem Buch zum Teil wörtlich, da ich sie geschrieben habe, ohne dass sie mit meinem Namen dort gekennzeichnet sind; diesem Vorgehen habe ich zugestimmt.

offenkundige Missbrauch des Ablasses, durch den der Eindruck erweckt wurde, Gottes Erbarmen sei käuflich, war der konkrete Anlass und Auslöser für den Konflikt zwischen den neuen reformatorischen und den bisherigen christlichen Gemeinschaften im 16. Jahrhundert.[10] Daher verwundert, dass die Zahl der ökumenischen Gespräche, die bisher über die kirchlichen Feierformen von Umkehr und Versöhnung geführt worden sind, recht gering ist. Bei näherem Hinsehen gibt es durchaus Grund, über die konfessionellen Traditionen in der Gestaltung der Feiern der Versöhnung in ein offenes Gespräch zu kommen.

Vielleicht ist das Thema Umkehr und Versöhnung – zumindest unter dem Aspekt der kirchlichen liturgischen Gestaltung – auch deshalb so selten Gegenstand weiterer Überlegungen, weil in allen christlichen Gemeinschaften die alte Praxis, in kirchlichen Feierformen die persönliche Umkehr einzelner Menschen zu bedenken und dort nach Wegen der Versöhnung mit Gott und den Menschen Ausschau zu halten, fremd geworden ist. Plausibel wirkt viel eher, unmittelbar im Miteinander mit den betroffenen Menschen ein gutes Auskommen erreichen zu wollen. In vielen Ländern sind alle Konfessionen in derselben Lage: Ihre Angebote, im Raum der Kirchen gottesdienstliche Feiern von Umkehr und Versöhnung anzubieten, werden kaum noch dankbar aufgenommen. Nicht nur die Einzelbeichte, selbst die in Gemeinschaft gefeierten Bußgottesdienste, die in der Römisch-katholischen Kirche nach dem 2. Vatikanischen Konzil von nicht wenigen Gläubigen als willkommener Ersatz für das Sakrament der Versöhnung missverstanden worden sind, verlieren in vielen Regionen zunehmend an Bedeutung. Andachten zum Buß- und Bettag oder zu anderen Anlässen, bei denen die Sündigkeit des Menschen vor Gott thematisiert wird, sind auch in evangelischen Gemeinden nicht immer gut besucht.

Zugleich haben sich insbesondere im ökumenischen Kontext neue liturgische Formen herausgebildet, die das Thema Umkehr und Versöhnung aufnehmen. Die Trennung der Kirchen wird als ein Anlass betrachtet, auf der Grundlage der bestehenden Ge-

---

[10] Vgl. Dorothea Sattler, Ablaß-Streit in neuer Zeit (2000).

meinschaft nach den nächsten Schritten im Blick auf ein glaubwürdiges Zeugnis für Jesus Christus Ausschau zu halten. Dabei werden in der weltweiten Ökumene die Anliegen des Konziliaren Prozesses (die Suche nach Gerechtigkeit, Frieden und Bewahrung der Schöpfung) oft deutlicher bedacht als dies im hiesigen Pastoralraum zu erkennen ist.

Alle christlichen Traditionen sind vor dem Hintergrund der Geschichte liturgischer Feierformen, die das Thema Umkehr und Versöhnung aufnehmen, gefordert, nach Wegen zu suchen, die Menschen heute einen neuen Zugang ermöglichen. Hierin liegen eine gemeinsame Herausforderung und eine ökumenische Chance: miteinander nachzudenken über die Umstände, die es Menschen schwer machen, sich für das Thema Umkehr und Versöhnung im Raum der Kirchen zu öffnen. Es braucht gemeinsame Ideen, um die bleibende Bedeutung der biblischen Weisungen im Leben der Getauften miteinander aufzunehmen.[11] Dabei darf nicht aus dem Blick geraten, welche Anfragen aneinander es in der christlichen Traditionsgeschichte bisher gab.

In der Taufe werden der Grund und die Wirkung der Erlösung gefeiert: Die Taufbewerber erfahren von der todwirkenden Macht der Sünde und der erlösenden Botschaft der dennoch wirksamen Zusage Gottes. Die in der Tauftheologie zu entfaltende Rede von der Befreiung von der Ursünde und von der Erbsünde bespricht den Grund der Hoffnung der Sünderinnen und Sünder: Gott hat in Christus Jesus in Zeit und Geschichte offenbar gemacht, dass keine Gestalt des sündigen Gemeinschaftsbruchs ihn daran hindern wird, selbst unverbrüchlich gemeinschaftstreu zu bleiben (vgl. 2 Tim 2,13). Die Neugetauften werden hineingenommen in den Raum einer Gemeinschaft, die im Geist Jesu Christi in Zeit und Geschichte (anfanghaft) bereits erfahrbar lebt, wie Versöhnung Gestalt annimmt: in einem gemeinschaftstreuen, das Daseinsrecht der Anderen unbedingt bejahenden Leben. Die Faszination der (neuen) Bekanntschaft mit dieser Gemeinschaft be-

---

[11] Vgl. Paul Deselaers, Biblische Grundlagen (2011); vgl. ders., Erfahrungen mit dem Sakrament der Versöhnung. Unterwegs zu ökumenischen Horizonten (2005).

wirkt eine grundlegende Lebenswende und eine tagtäglich zu erneuernde Umkehrbereitschaft. Die Getauften lernen Menschen kennen, die im und aus dem Geist Jesu Christi leben und die Plausibilität der Liebe erfahren lassen. Die Erfahrung einer lebendigen Gemeinschaft von Menschen, die versöhnt miteinander leben, ist eine Hilfe auf dem Weg, der Nachfolge Jesu Christi treu zu bleiben in der Bereitschaft zu einer dienenden Existenz. Eine solche Tauftheologie ruft die Kirche dazu auf, das eigene Bekenntnis zur Liebe auch zu leben. Die befreiende Kraft der Erlösung erfahren diejenigen, die glauben und lieben.

In der Feier von Umkehr und Versöhnung verkündigt die Kirche die unermessliche Größe der Versöhnungsbereitschaft Gottes. Die Gemeinschaft der Getauften konfrontiert dabei diejenigen, die dem Taufversprechen zuwider gehandelt haben, mit der Tatsache, dass ihr Leben ihrem Bekenntnis widerspricht. Getaufte Menschen sollen in der Nachfolge Jesu in seinem Geist gemeinschaftstreu und beziehungswillig leben und handeln. Durch die Institution der Buße möchte die christliche Gemeinschaft ihre Glaubwürdigkeit sichern, indem sie eindringlich und nachhaltig an den in Christus Jesus geoffenbarten Willen Gottes erinnert und ein entsprechendes Leben der Getauften einfordert. Der von der römisch-katholischen theologischen Tradition dem Sakrament der Versöhnung (anders als der Taufe) zugesprochene richterliche Charakter kann als ein in der Kraft des Geistes Gottes geschehender Dienst der Kirche verstanden werden, die Übereinstimmung des Lebenszeugnisses mit dem Bekenntnis des christlichen Glaubens zu prüfen und anzumahnen. Zugleich ist die Feier von Umkehr und Versöhnung therapeutisch wirksam, indem sie Wege aufzeigt, auf denen der Bruch des Taufversprechens geheilt werden könnte.

Was für einzelne Menschen auf ihrem persönlichen Weg der Umkehr in der Kraft der Taufe gilt, kann auch von den Kirchen in ihrem Miteinander gesagt werden. Auch sie bedürfen einer beständigen Besinnung auf die von Gott in der Taufe geschenkte Versöhnung, die in ihrem Lebenszeugnis ersichtlich werden soll, damit das christliche Bekenntnis glaubwürdig erscheint. Gemeinschaftliche liturgische Formen von Buße und Versöhnung in den verschiedenen Konfessionen bieten die gemeinsame Basis für ökumenische Feierformen von Umkehr und Versöhnung. Die Notwendigkeit solcher Feierformen steht mit den Worten der an alle Kirchen gerichteten Botschaft der Zweiten Europäischen Ökumenischen Versammlung in Graz im Jahre 1997 außer Frage:»Wir bekennen gemeinsam vor Gott, dass wir die Einheit, für die Christus gebetet hat (vgl. Joh 17,20 f.), verdunkelt haben. [...] So wurde die Glaubwürdigkeit unseres gemeinsamen christlichen Zeugnisses geschwächt.«[12] Das hat zur Folge,»dass unsere Trennungen und Feindschaften immer noch Konflikte hervorrufen und ein ernsthaftes Hindernis sind, die Gabe der Versöhnung sichtbar zu machen. Dafür bitten wir um Gottes Vergebung und wollen gegenüber denjenigen, die durch uns Leid erlebt haben, unsere Reue ausdrücken. Wir sind traurig darüber, dass diese Trennungen nicht nur zwischen unseren Kirchen, sondern auch zwischen einzelnen Mitgliedern unserer Kirchen [...] bestehen. Da diese Schwierigkeiten in uns als Einzelnen und in unseren Kirchen bestehen, muss die Versöhnung durch den Geist Gottes in Christus, der unsere Herzen und Sinne verwandelt, beginnen.«[13]

Das Thema »Versöhnung« bietet sich dazu an, in einen Prozess des Nachdenkens zu kommen, der an einem Tag nicht abgeschlossen sein kann. Die Bereitschaft zur Umkehr angesichts der göttlichen Zusage der Vergebung ist ein Lebensthema, das immer wieder aufgenommen sein möchte. Immer mehr christliche Gemeinden gestalten in regionaler Zusammenarbeit liturgische Räume außerhalb der vertrauten Gottesdienstangebote.[14] Insbesondere die Abend- und Nachtstunden[15] werden von vielen Menschen als eine Zeit wahrgenommen, in der sie zur Ruhe kommen können, Themen aushalten lernen und eine Gemeinschaft erleben, die über eine erste Begegnung hinaus nachhaltig weiterwirken kann. Vor diesem Hintergrund bietet es sich an, in öku-

---

[12] Versöhnung – Gabe Gottes und Quelle neuen Lebens (1998), 42.
[13] Ebd., 34 f.
[14] Andrea Schwarz / Angelo Stipinovich, Wenn der Tod zum Leben wird (2002), bes. 41–73.
[15] Vgl. Bettina Naumann, Die Nacht (2002).

menischer Verbundenheit im regionalen Raum ein profiliertes Angebot zu machen, bei dem das Thema Umkehr und Versöhnung thematisch im Mittelpunkt steht.[16] Nicht ausgeschlossen ist, dass es auf diese Weise zu einer Erneuerung der in geprägten liturgischen Zeiträumen (vor allem vor Weihnachten und vor Ostern) in der Regel (zumindest in römisch-katholischen Gemeinden) angebotenen Bußgottesdienste kommen könnte. Thematisch wird es wichtig sein, Fragen aufzugreifen, die das Thema Umkehr und Versöhnung einerseits hinreichend offen für alle gestalten, andererseits eine Zentrierung ermöglichen, durch die eine persönliche Einsicht befördert wird. Eine Orientierung an der monastischen Tradition der Rede von den »Wurzelsünden« des Menschen[17] könnte beispielsweise als eine inhaltliche Leitlinie aufgegriffen werden: Menschen neigen zur Trägheit, zum Geiz, zum Zorn, zur Ruhmsucht, zum Neid, zur Überheblichkeit, zum Stolz, zur Unkeuschheit und zur Unmäßigkeit. Diese alten Begriffe lassen sich mit Bezügen zur gegenwärtigen Lebenswelt leicht veranschaulichen. Wichtig ist es der gemeinsamen spirituellen Tradition, einzelne Vergehen eines Menschen nicht zu isolieren, sondern sie in ihrem gesamtmenschlichen Kontext zu verorten. Aufmerksam zu werden auf die Hintergründe einzelner Verhaltensweisen kann Menschen helfen, die eigenen Versuchungen zum Bösen besser zu erkennen. Nur so ist es aussichtsreich zu denken, dass die Bemühungen um Umkehr und Buße therapeutisch wirken: durch schmerzlich heilsame Erkenntnis hindurch präventiv und vorbeugend. Einzelne sündige Phänomene sind nur im sozialen Kontext angemessen zu verstehen. Gerade eine liturgische Feier, die in Gemeinschaft erlebte Formen mit der Einzelbesinnung in einem Raum verbindet, bietet die Möglichkeit, den Zusammenhang zwischen persönlicher Schuld und sozialer Prägung zu erkennen.

Im ökumenischen Kontext ist die vorgeschlagene Feierform geeignet, einzelne Anliegen der Konfessionen miteinander zu ver-

---

[16] Vgl. Dorothea Sattler, Liturgische Nacht der Versöhnung am Beispiel des Themas »individuelle Schuldverstrickung« (2011).
[17] Vgl. Michael Schneider, Aus den Quellen der Wüste (1987).

binden: Der reformatorischen Tradition liegt daran, das Einzelbekenntnis der Sünden nicht als eine Aufzählung von Vorkommnissen zu verstehen, ohne dass dabei die gläubige Grundhaltung des Menschen in Erwartung der von Gott verheißenen Vergebung im Vordergrund steht. Zusammen mit der orthodoxen Tradition steht sie für das therapeutische Anliegen der Feiern von Umkehr und Versöhnung ein. Der römisch-katholischen Tradition kommt entgegen, dass dem Einzelbekenntnis ein ihm gebührender Ort gegeben wird. Auch die Frage nach einer angemessenen Form der gelebten Umkehr und Buße in Entsprechung zu den erkannten Sündentaten kann bei dieser Feierform aufgegriffen werden.

2. Erlösung eucharistisch feiern

a. Vorüberlegungen und Zielperspektiven

»Kinder werden hereingetragen zur geistlos dahinleiernden Messfeier: Hoffnung, dass sie stören werden (Veni, Creator Spiritus)«[18]. Zuweilen lässt sich erleben, wie laute Kinderstimmen während einer liturgischen Feier spontan hohe Aufmerksamkeit erfahren. Die einen empfinden dies als Störung; für die anderen ist es eine willkommene Unterbrechung; auch ein Anlass zur sorgevollen Aktivität für eine dritte Gruppe kann es sein – besonders für jene Menschen, die die Kinder begleiten. Kinderlaute sind ein Zeichen von Lebendigkeit, von Spontaneität, von unkonventionell geäußerter eigener Bedürftigkeit: respektlos und fraglos. In Ungeduld schreien Kinder nach dem für sie in ihrer Lebenssituation Wesentlichen. Für den Schriftsteller Peter Handke ist ein solches Erleben von Kindern in der Feier der Eucharistie ein Erweis des Wirkens des Geistes Gottes. Handke richtet seine Hoffnung auf eine Störung der – so erscheint es ihm – ansonsten geistlosen Feier. Provokativ sagt der Dichter es: »Dahingeleiert« mögen für manche Menschen die priesterlichen Worte wirken: sehr wohl vertraut, vielfach auswendig gewusst und still mitgesprochen. Für die

---

[18] Peter Handke, Phantasien der Wiederholung, Frankfurt 1983, 73.

Sprechenden und die Hörenden scheinen sie keine neue Botschaft zu enthalten. Für manche Menschen ist dies wenig verständlich: Wieder und wieder müssen die biblischen Einsetzungsworte wiederholt werden, damit nochmals geschieht, was doch ohnehin verheißen ist: die Wandlung der eucharistischen Mahlgaben.

Wie lässt sich die soteriologische Bedeutung der Feier der Eucharistie in gedanklich leicht zugänglicher Weise und zugleich theologisch verantwortet erfassen? Ich versuche einen meditativ gehaltenen Einstieg in die komplexe Thematik:

Den blutigen Tod des Sohnes Abrahams, des Isaak, verhinderte Gott noch, doch den eigenen Sohn, Jesus, verschonte er nicht. Müssten Christen da nicht einstimmen in den Ruf des niederländischen Dichters Cees Nooteboom: »Was auf Leiden und Tod gegründet ist, kann nie etwas Gutes bedeuten«[19]. Alles nun zu Sagende ist Deutung, Bemühung, den einen Gott der beiden Testamente in seinem Handeln zu verstehen. Wen wollten wir anklagen, wenn es nicht gelingt? Thomas von Aquin[20] verwahrte sich gegen die menschliche Anmaßung zu behaupten, es habe für Gott nur diesen einen Erlösungsweg gegeben. Es kann also nicht darum gehen, ein für alle Mal zu begreifen, was da geschah. Glaube ist besitzloses Dabeibleiben.

Wer die Bibel befragt, hört viele Antworten. In der Unterschiedlichkeit der Zeugnisse sind die Deutenden gegenwärtig. Doch sprechen sie mit einer Stimme: Gott ergreift in Christus Jesus erneut und nun endgültig die Heilsinitiative. Jesu Leben ist Spiegelbild der vorbehaltlosen Annäherung Gottes an alle, die dies zulassen. Er weiß um Lebensgeschichten und Verwundungen. Alles, ja alles kann gut werden für alle, so seine Botschaft. Sie überzeugte nur wenige, scheint es. Um Gründe wissen die biblischen Schriften: ängstliche Gesetzeserfüllung, politische Verstrickung und vieles mehr. Menschen haben Jesus getötet: »Ihn, der nach Gottes beschlossenem Willen und Vorauswissen hingegeben wurde, habt ihr durch die Hand von Gesetzlosen ans Kreuz geschlagen und umgebracht. Gott aber hat ihn von den Wehen des Todes

---

[19] Cees Nooteboom, Rituale (1985), 104.
[20] Vgl. Thomas von Aquin, Summa theologica III q46 a2 ad3.

befreit« (Apg 2,23 f.). Die handelnden Subjekte sind klar benannt: Menschen töten, Gott erweckt zu unverlierbarem Leben. Wäre nur der Einschub nicht! »Nach Gottes Willen und Vorauswissen« also – aber hätten sich die neutestamentlichen Interpreten des Geschehens anders behelfen können? Hatten sie eine andere Wahl? Mussten sie nicht – und wir heute in ihrem Gefolge – fragen, wer Gott ist, da sein Sohn leidet und stirbt? Konnten sie annehmen, diese Bluttat sei möglich gewesen, ohne Gottes erduldendes, leidendes Mitwissen?

Jesus vergießt sein Blut für die Vielen – für alle. Markus (vgl. Mk 14,24) und Matthäus (vgl. Mt 26,28) lassen Jesus beim Abendmahl vom »Blut des Bundes« sprechen, Paulus (vgl. 1 Kor 11,25) und Lukas (vgl. Lk 22,20) vom »Neuen Bund« in seinem Blut. Die Deutungen haben Bedeutung. Der Sinai-Bund (vgl. Ex 24,8) ist erneuert, Jeremias Wort (vgl. Jer 31,31) erfüllt: Die großen Stunden, in denen Gott Israels Unheil wendete, finden sich wieder in Tod und Auferweckung des einen Sohnes, der auch im bittersten Leiden seine Liebe bewahrte. Sein »Blut« ist er selbst, sein sterbebereites Leben. Nicht Gewalt kann Gewalt besiegen. Bereitschaft zur Lebenshingabe besiegt den Mächtigsten: die Versuchung, im Angesicht des Todes – und wer lebte ohne diesen Anblick – nur sich selbst trauen zu können. Jesus stirbt im Blutsbund mit Gott. Ihr Band reißt auch im Tod nicht. Die Sünde – im biblischen Verständnis Gemeinschaftsbruch – ist geheilt. So könnten alle leben.

Vieles wäre noch zu sagen. Nichts brauchte mehr Worte als die Erläuterung des christlichen Erlösungsverständnisses. Manchmal erscheint Schweigen beredter. Ja, die eucharistischen Hochgebete und Kirchenlieder machen es oft schwer, immer nur das eine zu hören und zu singen: Sein Opfer, Jesu Bereitschaft, alle zu lieben – auch noch im blutigen Tod –, wird gegenwärtig in der eucharistischen Mahlfeier. Wer wollte wissen, welche Wege Gott sonst hätte beschreiten können? Halten wir uns an den einen überlieferten und suchen wir nach Worten, ihn zu fassen! Die kirchliche Liturgie ist der Ort, an dem in Gemeinschaft Deutungen erfahren, tief im Innern erlebt werden. Möge alles sprechen von Gottes Liebe, die auch den Tod nicht fürchtet.

b. Die jüngere Geschichte der Frage nach Sinngehalt und Feiergestalt der Eucharistie

Es war Joseph Ratzinger, der mit seinen 1977 erstmals veröffentlichten Überlegungen zu »Gestalt und Gehalt der eucharistischen Feier«, die er später mit Nachträgen versehen hat[21], auf die Zusammengehörigkeit von soteriologischer Erkenntnis und eucharistischer liturgischer Feier aufmerksam machte. Bereits lange im Vorfeld des 2. Vatikanischen Konzils konzentrierte sich das Gespräch zwischen Romano Guardini und Josef Andreas Jungmann über die Grundgestalt der Eucharistie auf die Frage, wie der Zusammenhang zwischen ihrem Opfercharakter und dem Mahlgeschehen sei. Weder Guardini noch Jungmann bestritten, dass die Eucharistiefeier sowohl ein Opfer als auch ein Mahl ist. Bei der Frage jedoch, ob der den Sinngehalt der Eucharistie bestimmende Opfercharakter auch in der Feiergestalt der Eucharistie zur Darstellung komme, waren Guardini und Jungmann unterschiedlicher Meinung.

Im zweiten Teilband seiner 1939 erschienenen »Besinnung vor der Feier der Heiligen Messe« beantwortet Romano Guardini die Frage, worin die Grundgestalt der Messe bestehe, mit den Worten: »Es ist die des Mahles«[22]. Deutlich sagt Guardini, damit nehme er keine »Wesensbestimmung« der Messe vor, sondern bestimme deren Grundgestalt, die genauerhin im Danken, im Segnen von Brot und Becher, im Reichen der Mahlgaben an die Tischgenossen und im Genuss der Gaben bestehe. Die Intention der Ausführungen von Guardini war eine pastorale: Er wollte den Gläubigen einen tätigen Mitvollzug der eucharistischen Feier ermöglichen, indem er ihnen deren *eine* Grundgestalt erschloss: die des Mahles. Eine Wahrnehmung bedrängte ihn dabei: »Es scheint, dass die Messe im Bewusstsein der Gläubigen vielfach keine klare Gestalt hat, weil die Vorstellung des Mahles beständig durch jene

---

[21] Vgl. Joseph Ratzinger, Gestalt und Gehalt der eucharistischen Feier (1981).
[22] Romano Guardini, Besinnung vor der Feier der Heiligen Messe (1939), 73.

des Opfers durchkreuzt wird, und so etwas Unbestimmtes entsteht.«[23]

Josef Andreas Jungmann gestand in seinem 1949 erstmals erschienenen Beitrag mit dem Titel »Um die Grundgestalt der Messfeier« zunächst zu, dass die Eucharistiefeier »für das Auge« als ein Mahl und nicht als ein Opfer erscheint: »Da ist der Tisch, da sind Brot und Wein; (...) beides [wird] genossen; (...) es fließt kein Blut; es wird nichts verbrannt, nichts ausgeschüttet.«[24] Gleichwohl sah Jungmann den Opfercharakter der Eucharistie auch in ihrer sinnlichen Erscheinung zur Darstellung kommen. Er bezog zunächst die damals in den Dogmatiken weithin vertretene Position, in der Wahrnehmung, dass Brot und Wein zwei getrennte Gestalten seien, komme das tödliche Schicksal Jesu, das Verbluten seines Leibes, sinnbildlich zum Ausdruck.[25] Er verwies sodann auf die Worte und die Gebärden, mit denen die feiernde Gemeinde ihre Bereitschaft zur Teilhabe am Opfer Jesu Christi zum Ausdruck bringe. Schließlich erinnerte er an die vielfältigen Darbringungsgebärden und vor allem an die Worte der lobpreisenden Danksagung, der Eucharistia, in denen Jesu Leiden und Sterben wirkmächtig erinnert werde.[26] Als wegweisend für die nachfolgende Diskussion erwies sich Jungmanns Aufmerksamkeit auf die eigene Bedeutung der im eucharistischen Kontext gespro-

---

[23] Ebd., 75. Der Argumentation Guardinis hat sich Joseph Pascher weitgehend angeschlossen: vgl. Joseph Pascher, Eucharistia (1947); ders., Um die Grundgestalt der Eucharistie (1950).
[24] Josef Andreas Jungmann, Um die Grundgestalt der Messfeier (1960), 373. Es handelte sich ursprünglich um eine umfängliche Besprechung des Buches »Eucharistia« von Joseph Pascher.
[25] Diese These hält einer kritischen Prüfung des mit $\sigma\tilde{\omega}\mu\alpha$ und $\alpha\tilde{\iota}\mu\alpha$ im biblischen Sinne Gemeinten aus heutiger Sicht nicht mehr stand. Beide Begriffe bezeichnen die gesamtmenschliche Gestalt Jesu unter spezifischer Rücksicht auf seine beziehungsreiche Lebensgeschichte ($\sigma\tilde{\omega}\mu\alpha$) und seine Erwartung eines gewaltsamen Todes ($\alpha\tilde{\iota}\mu\alpha$): vgl. Thomas Söding, Das Mahl des Herrn (1995), bes. 148–152.
[26] Bereits in den frühen 40er Jahren hatte Jungmann seine Wertschätzung der Darbringungsgesten in seinem später oft zitierten Beitrag »Accepit Panem« öffentlich bekundet: vgl. Josef Andreas Jungmann, Accepit Panem (1960).

chenen Worte. Auch diese sinnlich wahrnehmbaren Zeichen sind konstitutiver Bestandteil der Feiergestalt der Eucharistie.

Die neueren liturgiewissenschaftlichen Bemühungen um eine ihrem Sinngehalt entsprechende Feiergestalt der Eucharistie stehen im Kontext allgemeiner Tendenzen in dieser Disziplin. Zu diesen zählt die größere Sensibilität für die Verbindung von Liturgie und Ethik. Das ökumenische Gespräch wird gesucht, Erkenntnisse der Humanwissenschaften, vorab der Sprach- und Kommunikationswissenschaften, werden in die Überlegungen einbezogen und kontextuelle Liturgien entstehen, bei denen geographisch-kulturelle und biographisch-situative Differenzen Berücksichtigung finden. Robert F. Taft[27] orientierte Ende der 90er Jahre über solche Entwicklungen in der Liturgiewissenschaft. Vieles mehr noch – etwa das Thema »Liturgie und Kirchenbau«[28] – findet Berücksichtigung in jüngeren Beiträgen zur Feiergestalt der Eucharistie.

*c. Eucharistisches Opfer und Mahl
in systematisch-theologischer Zusammenschau*

Eine Formulierung im 1. Kapitel des Messopferdekrets des Trienter Konzils kann eine theologische Leitlinie bei dem Bemühen sein, den Opfertod Jesu mit der eucharistischen Feier gedanklich zu verbinden. Demnach ist es der Sinn der Einsetzung des eucharistischen Opfers, das einmalige Opfer Jesu Christi zu vergegenwärtigen, sein Gedächtnis bis zum Ende der Zeiten fortdauern zu lassen und seine heilbringende Kraft zur Vergebung der Sünden uns zuzuwenden.[29] Drei wichtige Begriffe werden im Text verwendet: Gedächtnis (memoria), Vergegenwärtigung (repraesentatio) und Zuwendung (applicatio) geschehen. Im Sinne dieser dreigestaltigen Bestimmung ist in der eucharistischen Feier Ursprungstreue zu gewährleisten, sonst misslingt die Gedächtnisfeier; das

---

[27] Vgl. Robert F. Taft, Über die Liturgiewissenschaft heute (1997).
[28] Vgl. Klemens Richter, Kirchenräume und Kirchenträume (1998).
[29] Vgl. Konzil von Trient, Lehre und Canones über das Meßopfer (1562), hier: DH 1740.

Geschehen bedarf der Transparenz, sonst ereignet sich keine Vergegenwärtigung; die Relevanz der Feier schließlich muss erfahrbar sein, sonst entbehrt die Rede von ihrer heilsamen Wirksamkeit einer personalen Grundlage.

Ursprungstreue kann nicht durch die Nachahmung einzelner biblisch überlieferter Feiergestalten erreicht werden. Ein solches Vorhaben scheitert allein schon an der Tatsache, dass die im biblischen Kanon gesammelten Texte unterschiedliche eucharistische Feiergestalten überliefern.[30] Ursprungstreue wahren, bedeutet vielmehr: Das gesamte Handeln Gottes zur Errettung seiner Schöpfung vor dem drohenden Unheil des Todes ist darzustellen. Dem entspricht, dass die versammelte Gemeinde in der Feier der Eucharistie auch vom Tisch des Wortes genährt wird. Alle dürfen als Hörende teilhaben an den Verheißungen, die Israel gelten. Das Leben Jesu, sein Sterben, seine Auferweckung zu unverlierbarem Leben und seine im Geist erfahrene Gegenwart, die Glaubenswege der frühen christlichen Gemeinden – all dies gilt es wirksam im Gedächtnis zu behalten. Das Wortzeugnis in der Eucharistie vergegenwärtigt in Entsprechung zu den Leseordnungen im Kirchenjahr das Gesamtgeschehen der Taten Gottes zur Erlösung der Schöpfung in den alt- und in den neutestamentlichen Zeugnissen.

Um die Transparenz des vergegenwärtigenden Gedächtnisgeschehens zu gewährleisten, ist es wichtig, die Liturgie in einer den Versammelten verständlichen Sprache zu feiern. Alle Zeichenhandlungen sind zudem daraufhin zu überprüfen, ob sie den Sinn der Feier erschließen helfen. Einfache Zeichenhandlungen sind oft aussagekräftiger als lange Reden. Die in den kulturellen Traditionen tief verwurzelten Gewohnheiten der Bewegung und die vertrauten Gesten zum Ausdruck der Versöhnung etwa erfordern eine sensible Beachtung.

---

[30] Vor allem die Zuordnung von Eucharistie und Sättigungsmahl wandelte sich mehrmals in den ersten Jahrzehnten der christlichen Gemeindebildung. Heinz Schürmann hat dies in den 50er Jahren bereits differenziert beschrieben: vgl. Heinz Schürmann, Die Gestalt der urchristlichen Eucharistiefeier (1955).

Orte, an denen die Relevanz der eucharistischen Feier im Sinne des Gedächtnisses der Erlösung aufleuchten kann, gibt es zahlreiche: die Anrufung, Gott möge Erbarmen mit uns haben, die Homilie, das Fürbittgebet, das Teilen mit den Bedürftigen, die Aussendung zurück in die Lebenswelt. Es gilt, den Menschen die Lebensrelevanz des Evangeliums zu erschließen, die Versammelten in ihren alltäglichen, bedrängenden Nöten anzusprechen, sie zu erreichen mit unseren Worten. Eine erfahrungsnahe Sprache ist dabei hilfreich. Konkrete Anregungen zu einem Handeln im eucharistischen Sinn bleiben im Gedächtnis der Menschen.

Im Blick auf den Sinngehalt der Eucharistie vertritt Walter Kasper die Auffassung, dass »die Christus-Anamnese die *innere Einheit* der verschiedenen *Aspekte der Eucharistie* [bildet]«[31]. Kasper hat seine These in einen trinitarisch-theologischen Kontext gestellt. Ich möchte diese Perspektive aufgreifen und mich zugleich auf drei Bestimmungen des Sinngehalts der Eucharistie konzentrieren, bei denen die drei soeben erläuterten Aspekte des ursprungsgetreuen Gedächtnisses (memoria), der erfahrbaren Vergegenwärtigung (repraesentatio) und der einsichtigen Relevanz des Geschehens (applicatio) durchscheinen.

Memoria, wirksames Gedächtnis des Christusereignisses, geschieht in der erinnernden Vergegenwärtigung der unverbrüchlichen Willigkeit Gottes, auch dann noch in Gemeinschaft mit der Schöpfung zu bleiben, wenn diese Schöpfung in der Sünde die Gemeinschaft mit Gott bricht. Die tiefste Tiefe der Feindschaft hat Gott in der tödlichen Nichtung seines Sohnes erfahren, den Gott gesandt hat, damit er in seinen Worten und Taten Gottes Wesen in Zeit und Geschichte offenbar macht. Im Tod des Gottessohnes kulminiert die Sünde. In Gottes Tat der Auferweckung und der Erscheinung im Geist des Lebendigen, des erhöhten Christus, wird offenbar, dass selbst die tiefste Tiefe unserer Nichtung seiner Beziehungswilligkeit von Gott mit der Bereitschaft zu bleibender,

---

[31] Walter Kasper, Einheit und Vielfalt der Aspekte der Eucharistie (1985), 203 (Hervorhebungen im Original). Im Einzelnen benennt Kasper folgende sechs Aspekte der Eucharistie: Sie ist Testament Jesu, Gedächtnis, Danksagung und Opfer, Epiklese, Communio und eschatologisches Zeichen.

treuer Verbundenheit beantwortet wird. Nichts kann uns offenbar scheiden von Gottes Liebe. Erlösung geschieht in der Bewahrung der Communio Gottes mit seiner Schöpfung – und Christus Jesus ist das sprechende Zeichen, die leibhaftige Erscheinung der Gemeinschaftstreue Gottes, selbst dann noch, wenn der Tod vor Augen steht. Und was war das für ein elendes Sterben, das Jesus am Abend für den Morgen erwartete! Das »erlösende Opfer« besteht in der Bereitschaft Jesu, sein Sterben zum Erweis der Gemeinschaftstreue Gottes werden zu lassen. Jesus tut dies als Lobpreis Gottes und in Hingabe, im Sichverschenken an die Geschöpfe.

Die Bundeswilligkeit, Gemeinschaftstreue, Communio-Bereitschaft Gottes besteht in jeder Zeit; sie ist Gegenwart. Im gläubigen Wissen um Gottes unverbrüchliche Beziehungswilligkeit ist die Gemeinschaft aller Geschöpfe als eine versöhnte anzunehmen: Keine Feindschaft kann so tief gehen, dass sie zu einer Preisgabe der Suche nach gelingender Gemeinschaft legitimierte. Die noch lebenden Menschen und auch die Toten, von deren Bedeutsamkeit für die Konstitution des eschatologischen Auferstehungsleibes systematisch-theologische Studien sprechen, sind eingeschlossen in die versöhnte Gemeinschaft der Glaubenden.

Die Applicatio, die Frucht des gegenwärtigenden Gedächtnisses der Bundeswilligkeit Gottes, besteht in der Stärkung der Hoffnung auf die Vollendung der gesamten Schöpfung – und darin auch des eigenen Daseins. Diese Hoffnung wird im Lebens-Zeugnis tätig. Leben im Geist Jesu Christi bedeutet, niemanden je aufzugeben, immer zu werben für die Hinkehr zu jenem Gott, der das Leben der Sünderinnen und Sünder will. Die eschatologische Dimension des eucharistischen Geschehens kommt im gläubigen Bekenntnis der unwiderruflichen Entschiedenheit Gottes für das Leben seiner Schöpfung zum Ausdruck. Gottes Reich ist gegenwärtig, wo immer Menschen lieben, sich achten, sich schützen, einander suchen und trösten. Selbstachtung und Selbstliebe im Wissen darum, von Gott gewollt zu sein trotz aller Schuld und vor aller Leistung, sind Frucht der Erlösung.

Die eucharistische Feier hat den Charakter eines Festes: Zeit wird ausgesondert, Versammlung geschieht, der Freude wird Ausdruck verliehen in Dankbarkeit, die Grund hat. Diesen Grund gilt es gedenkend zu vergegenwärtigen. Das dankbar lobpreisende Gedächtnis geschieht im Hören des verkündigten Wortes: Die versammelte Gemeinde hört von dem in Christus Jesus offenbaren Wesen Gottes. Dies geschieht im Rahmen der Eucharistiefeier in vielfältiger Weise. Gedächtnis der Heilstaten Gottes ereignet sich im Hören des Wortes Gottes und in der Auslegung seiner Bedeutung für heute. In der Liturgiewissenschaft wird schon längere Zeit darüber diskutiert, welche Zuordnungen zwischen den alttestamentlichen und den neutestamentlichen Lesungen vorgenommen werden sollen. Die Größe und Eigenständigkeit der alttestamentlichen Überlieferung findet zunehmend Anerkennung.[32] Memoria des Handelns Gottes geschieht vor allem auch in den anamnetischen Teilen des Hochgebets. Viele Gesänge preisen die Großtaten Gottes, an die wirkmächtig erinnert wird. Verkündigendes Gedenken ist ein dialogisches Geschehen in Anrede und Antwort. Die Gestalt der Liturgie ist darin leibhaftiger Ausdruck eines Gottes, der danach strebt, in seinem Wesen erkannt zu werden. Die Wortverkündigung und die Mahlfeier sind die beiden Ereignisse, die der Feier der Eucharistie Gestalt geben. Dem in den letzten Jahrzehnten gefestigten Bewusstsein von der Gegenwart Gottes auch im verkündigten Wort entspricht es, wenn in liturgiewissenschaftlichen Beiträgen für elliptisch geformte Kirchenräume geworben wird. In den beiden Brennpunkten der Ellipse stehen das Lesepult und der Altartisch.

Die zur Eucharistie versammelten Menschen feiern Mahl in Gemeinschaft. Vielfach besprochen ist in der exegetischen Literatur, dass bereits die neutestamentlichen Schriften ein stilisiertes Mahl als Feiergestalt der Eucharistie überliefern. Das eucharistische Mahl ist eine Zeichenhandlung: ein realisierendes Zeichen. Erfahrbare Wirklichkeit wird die von Gott gestiftete, versöhnte Gemeinschaft mit ihm: der neue Bund, den Jesus im Leben und Sterben bezeugt hat. In biblischer Tradition sind das gebrochene Brot, von dem alle essen, und der kreisende Becher, aus dem alle trinken, jene Zeichenhandlungen, in denen die unverbrüchliche

---

[32] Vgl. Ansgar Franz (Hg.), Streit am Tisch des Wortes? (1997).

Gemeinschaftstreue Gottes auch noch angesichts des Todes seines Sohnes wirksam zur Darstellung kommt.

Irmgard Pahl[33] hat einige Hinweise gegeben, durch deren Beachtung der Mahlcharakter der eucharistischen Zeichenhandlung besser zum Ausdruck komme: die Architektur der Versammlungsräume müsse kommunikative Feierformen ermöglichen; immer müsse Brot ausgeteilt werden, über das in derselben Feier das Segensgebet gesprochen wurde; das Brotbrechen könnte intensiver ausgestaltet werden; der Wein sollte in der Regel allen Gemeindemitgliedern gereicht werden; in die Geste des Austeilens und Empfangens der Mahlgaben sollten die konzelebrierenden Priester einbezogen werden. In evangelischen Feiern des Abendmahls werden auch dem Vorsteher der Feier die Mahlgaben gereicht. Dies ist ein sinnenhafter Ausdruck des Geschenk-Charakters des erlösten Daseins.

An der eucharistischen Gemeinschaft haben auch die Toten teil. Gedächtnis der Toten geschieht im anerkennenden Wissen um die Formung unseres Leibes durch die Mitgeschöpfe. Ich wird der Mensch am Du. Niemand, der je Bedeutung für einen Menschen hatte, wird sie für immer verlieren. Menschen gehören auf ewig zusammen. Noch unvollendet sind die Formen der Gemeinschaft, die Menschen in ihren Lebenszeiten miteinander gestalten können. Das eucharistische Totengedächtnis, in dem die Situation des noch unvollendeten Gemeinschaftslebens erinnert wird, ist eine wirksame Vergegenwärtigung der Geschichte zwischen den Lebenden und den Verstorbenen. Das eucharistische Gedächtnis verwandelt die bestehende Gestalt der Beziehung zwischen Lebenden und Toten. Liebendes Gedenken soll sein. Die Toten, die bei Gott sind, erfahren sich als mit ihrem Leben in Erinnerung. Ihre Namen werden genannt. Versöhnung ist möglich über die Grenzen des Todes hinaus.[34]

Die Teilhabe der zur Eucharistiefeier versammelten Gemeinde am Geschehen der von Gott gewirkten Erlösung geschieht in

---

[33] Vgl. Irmgard Pahl, Das Paschamysterium in seiner zentralen Bedeutung für die Gestalt christlicher Liturgie (1996), bes. 84–86.
[34] Siehe dazu auch hier unten Abschnitt VI.4.

einer anabatischen und in einer katabatischen Bewegung. Anabatisch (in aufsteigender Bewegung) geschieht Teilhabe am Lobopfer Gottes, das Jesus Christus in der vertrauensvollen Gabe seines Lebens vollzieht. Wie der Weihrauch, so steigen die Gebete derer zu Gott auf, die sich an den lichten Tagen des eigenen Lebens und in den dunklen Nächten des Daseins auf Gott verlassen, sich ihm überlassen. In Einsamkeit, in Todesangst, im Wissen um die eigene Bereitschaft zum sündigen Gemeinschaftsbruch, in all dieser Unerlöstheit ist es befreiend, sich Gott anvertrauen zu können und dabei in Jesus ein unvergleichliches Beispiel zu haben, zu welchem Gottvertrauen Menschen in tiefster Not fähig sind.

In den Darbringungsgesten sah Andreas Jungmann die Teilhabe der Gemeinde am Lobopfer Jesu Christi sinnenhaft zum Ausdruck gebracht. Meiner Wahrnehmung nach ist es nicht leicht, etwa die verschiedenen Elevationen der Mahlgaben als Gebärde der Überantwortung des eigenen Lebensschicksals an Gottes heiligen Willen zu erkennen. Biographisches hat in der Regel wenig Raum in der Feier der Eucharistie. Inzwischen ist eine Fülle an Literatur erschienen, die eine höhere Aufmerksamkeit auf die unterschiedlichen Lebenssituationen der zur liturgischen Feier versammelten Menschen einfordert.[35] Die theologische Frauenforschung ist an dieser Stelle besonders sensibilisiert.

Auch katabatisch (in absteigender Bewegung) hat die versammelte Gottesdienstgemeinde Anteil an der in der Eucharistie gefeierten Erlösung, wenn wir sie als Quelle der Kraft zu einem liebenden Dasein erfahren. Wir sind »Gesandte an Christi Statt« (2 Kor 5,20). Wir werben in seinem Heiligen Geist mit unserem Leben für die Glaubwürdigkeit des Evangeliums von Gottes Versöhnungsbereitschaft. Der Ökumenische Arbeitskreis evangelischer und katholischer Theologen beschließt seinen gemeinsamen Bericht über Fragen des eucharistischen Opfers mit dem Gedanken: »In dem Maße, wie wir uns in die Liebe Jesu Christi zu den Menschen und zu Gott dem Vater einbeziehen lassen, werden auch wir selbst zum ›lebendigen Opfer‹ (Röm 12,1), zu einem Op-

---

[35] Vgl. Christine Bundschuh-Schramm (Hg.), In Ritualen das Leben feiern (1998).

fer, das nicht nur in der Stunde des sonntäglichen Gottesdienstes geschieht, sondern im ganzen mühsamen Lebensalltag.«[36] Profane Stätten gibt es nicht mehr. Auch der Alltag ist heiliger Ort.

Es gibt in der liturgiewissenschaftlichen Literatur verschiedentlich Versuche, das Verhältnis der Entsprechung zwischen dem Sinngehalt und der Feiergestalt der Eucharistie zusammenfassend zu bestimmen. Hans Bernhard Meyer spricht von »eulogischem Gedenken«[37]. Die Anamnese verändert die Wirklichkeit: Sie verwandelt die Versammelten und auch die Daheimgebliebenen. Die Versammlung macht aus Einzelnen eine Gemeinschaft; das Hören von Gottes Tat der Erlösung repräsentiert eine ansonsten dem Bewusstsein verborgene Wirklichkeit; der dankende Lobpreis bringt Menschen zum Sprechen, die sonst stumm blieben; das Leben und das Sterbenmüssen erfahren eine Deutung, die Trost stiftet und Hoffnung weckt; auch Mahnung geschieht und das Versprechen wird eingeholt, im Leben, in Wort und Tat Zeugnis zu geben von der gefeierten Hoffnung, die das gesamte Leben verwandelt.

d. Ökumenische Widerrede gegen ein kompensatorisches Verständnis des Opfertodes Jesu

Der Streit um ein angemessenes Verständnis der Wirkung von Opferhandlungen in einer Gesellschaft findet auch heute kein Ende.[38] Offenkundig sind Tieropfer und auch Menschenopfer in der Geschichte der Menschheit weit verbreitet. Selbstopfer werden auch heute dargebracht, um Zeichen zu setzen, Aufmerksamkeit zu erreichen, Veränderungen zu bewirken. In vielen Sprachen lassen sich freiheitlich selbst gewollte Opfer (sacrifice) von Opfern (victim) unterscheiden, die von anderen bewirkt werden oder

---

[36] Ökumenischer Arbeitskreis evangelischer und katholischer Theologen, Das Opfer Jesu Christi und der Kirche (²1986), 238. Hervorhebungen im Original.
[37] Hans Bernhard Meyer, Eucharistie (1989), bes. 454–456.
[38] Vgl. Arnold Angenendt, Die Revolution des geistigen Opfers (2011).

einer nicht voraussehbaren Situation geschuldet sind. Noch immer »opfern« Gesellschaften lieber einzelne Menschen, wenn sie die Gemeinschaft bedroht sehen. In der Geistesgeschichte kundige Menschen sehen in diesen Zusammenhängen enge Bezüge zur Eucharistietheologie. In der neueren Theologiegeschichte wirkt die Rezeption der Schriften von René Girard[39] in der Innsbrucker Schule von Raymund Schwager[40] bis heute sehr anregend – auch in dem Sinne, dass eine konstruktive Kritik an diesem Entwurf die Überlegungen weiterführt. Soteriologische Konzepte haben sich für das Gespräch mit den historisch orientierten Sozialwissenschaften geöffnet. Aber kann Jesus wirklich als der letzte und entscheidende »Sündenbock« verstanden werden, der anders als er selbst es wollte am Ende seines Lebens wie auch andere in vergleichbaren gesellschaftlichen Situationen die Schuld aufgelastet bekommt und diese – herausgetrieben aus der Gemeinschaft – für alle trägt und mit dem eigenen Tod bezahlt? Und wenn es so wäre – sollte dies der erklärte Wille Gottes sein? Bedarf Gott eines menschlichen Opfers, das die Schuld der Geschöpfe kompensatorisch ausgleicht? Bei aller Wertschätzung der sozialwissenschaftlichen Analysen von Formen der Übertragung der kollektiven Schuld auf einzelne Wesen, die stellvertretend für andere das Böse aus einer Gemeinschaft verbannen, bleiben auf der theologischen Ebene Rückfragen: Beansprucht ein solches Konzept mehr zu sein als eine im Nachhinein zur Offenbarung geschehene Erschließung der biblischen Überlieferung durch den Erweis von Plausibilität? Gott Zwänge in seinem erlösenden Handeln aufzuerlegen, erscheint nicht nur im ökumenischen Kontext nicht sinnvoll. Gnoseologische und partizipatorische Ansätze in der Soteriologie[41] erscheinen da theologisch angemessener als kompensatorische, weil sie die Intention der biblischen Zeugnisse auch beispielsweise im Blick auf das Verständnis der Sühne eher aufnehmen.

---

[39] Vgl. René Girard, Das Heilige und die Gewalt (1992); ders., Der Sündenbock (1988).
[40] Siehe dazu hier oben Abschnitt II.1.
[41] Siehe dazu hier oben Abschnitt IV.3.

VI. Perspektiven

In der ökumenischen Theologie ist bei der Suche nach einem gemeinsamen Verständnis von Eucharistie und Abendmahl der Blick in die biblische Überlieferung erkenntnisleitend: Die (vierfache) biblische Überlieferung vom Letzten Abendmahl (Mk 14,22-25; Mt 26,26-29; Lk 22,15-20; 1 Kor 11,23-25) kann als vorrangiger Erkenntnisort der Selbstsicht Jesu im Blick auf seinen Tod gelten: Jesus deutet das gebrochene Brot und den einen kreisenden Becher als Zeichen der versöhnten Gemeinschaft mit ihm; darin wird die versöhnte Gemeinschaft Gottes mit denen, die seinen Leib töten und sein Blut vergießen, sinnbildlich vergegenwärtigt. Jesus sagt, er werde »für viele« – »für die Vielen« sterben[42]: in seinem Sterben »zugunsten der Vielen« wird für alle ansichtig, wie versöhnungsbereit Gott auch jenen gegenüber bleibt, die seinen Sohn töten. Die »für«-Formel gilt als ein Schlüssel für das Verständnis des Todes Jesu: »für« (griech. ὑπέρ, hyper; lat. pro) kann »zugunsten von« und »anstelle von« heißen. Jesus stirbt in diesem doppelten Sinn »für uns«: Uns zugunsten erweist er für uns, wer und wie Gott ist; wäre Gott nicht einer, der den »Sold der Sünde«, den Tod, nicht selbst als Mensch zu zahlen bereit wäre, dann müssten wir alle als Sünder und Sünderinnen sterben; nur in diesem Sinne stirbt Jesus auch »an unserer Stelle«, stellvertretend »für uns«. Gott lässt zu, dass sein Sohn stirbt und erweist sich darin als ein Gott, der das Leben will und nicht den Tod.

Noch immer fällt es insbesondere vielen evangelischen Theologinnen und Theologen schwer, die Kennzeichnung der Eucharistie als »Opfer« mit ihrem Abendmahlsverständnis zu verbinden. Für dieses Hemmnis lassen sich gewichtige historische Gründe[43] benennen. Zu diesen kommen auch im evangelischen Bereich ganz grundlegende Anfragen an die theologische Legi-

---

[42] Vgl. zur Debatte um die angemessene Übersetzung in der Liturgie die Beiträge in: Magnus Striet (Hg.), Gestorben für wen? (2007).
[43] Vgl. Theodor Schneider, Opfer Jesu Christi und der Kirche (1977); Lothar Ullrich, Ist die katholische Meßopferlehre ein Hindernis für die katholische Anerkennung des Augsburgischen Bekenntnisses? (1980); Gunther Wenz, Die Lehre vom Opfer Christi im Herrenmahl als Problem ökumenischer Theologie (1982).

timität[44] und pastorale Opportunität[45] einer Deutung des Kreuzestodes Jesu als eines »Opfers«. Werden diese bestritten, ist es auch unmöglich, der Gedächtnisfeier von Tod und Auferstehung Jesu Christi »Opfercharakter« zuzusprechen. Anlass für Klaus-Peter Jörns[46], sich zu der Frage zu äußern, ob und wie in einer evangelischen Abendmahlsfeier der »Sühnetod« Jesu Christi verkündigt werden kann, sind Fragen von evangelischen Studierenden, wie etwa die, warum heute noch üblich sei, »Menschenblut zu trinken, ja, noch grundsätzlicher: die Gemeinden mit den geschichtlich längst überwundenen blutigen Opferpraktiken zu beschweren«[47]. Die soteriologische Relevanz des Todes Jesu (im Kontext gewiss des gesamten Christusereignisses) in der heutigen Verkündigungssituation verstehbar und annehmbar zu machen, ist daher ein konfessionsverbindendes, ökumenisches Anliegen.[48]

e. Ökumenische Annäherungen in der Rede von der Eucharistie als »Opfer«

Die Frage, in welcher Weise die Feier des Herrenmahls als »Opfer« zu verstehen ist, gilt als eine schwierige, weil historisch sehr belastete und auch innerkonfessionell strittige Einzelfrage des ökumenischen Dialogs zu eucharistietheologischen Themen.[49] Auf

---

[44] Vgl. Hans-Martin Barth, Stellvertretendes Opfer? (1994); Ingolf U. Dalferth, Die soteriologische Relevanz der Kategorie des Opfers (1991); Gerhard Ebeling, Der Sühnetod Christi als Glaubensaussage (1990); Gerhard Barth, Der Tod Jesu Christi im Verständnis des Neuen Testaments (1992); Günter Bader, Symbolik des Todes Jesu (1988); Gerhard Friedrich, Die Verkündigung des Todes Jesu im Neuen Testament (^{2}1985).
[45] Vgl. Klaus-Peter Jörns, Der Sühnetod Jesu Christi in Frömmigkeit und Predigt (1990).
[46] Vgl. ders., Lebensgaben Gottes feiern (2007); ders., Notwendige Abschiede (^{5}2010), bes. 286–341.
[47] Ders., Der Sühnetod Jesu Christi in Frömmigkeit und Predigt (1990).
[48] Vgl. dazu auch: Béatrice Acklin Zimmermann / Franz Annen (Hg.), Versöhnt durch den Opfertod Christi? (2009).
[49] Vgl. zum ökumenischen Dialog über Fragen des Abendmahls: Bistumskommission für ökumenische Fragen Münster (Hg.), Die Eucharistie im

der Basis der Ausführungen des 2. Vatikanischen Konzils[50], in denen sich die theologische Neubesinnung der Vorjahre spiegelt, beschäftigten sich mehrere katholisch-lutherische Dialogkommissionen auf nationaler und internationaler Ebene mit dieser Fragestellung.[51] Der 1967 erschienene Schlussbericht zu den katholisch-lutherischen Gesprächen in den USA über »Die Eucharistie« fasst unter der Überschrift »Die Eucharistie als Opfer« Gemeinsamkeiten und historisch bedingte Kontroversen auf wenigen Seiten zusammen.[52] Ausführlicher geht der Text »Auf dem Weg zu ein und demselben eucharistischen Glauben?« (1971) der französischen Groupe des Dombes auf die Sachfragen ein und bereichert die nachfolgenden Gespräche insbesondere durch ihre Hinweise auf das Verständnis des sakramentalen Gedächtnisses (memoria).[53] Das auf internationaler Ebene von der gemeinsamen Kommission des Lutherischen Weltrats und des römisch-katholischen Einheitssekretariats erarbeitete Dokument »Herrenmahl« (1978) leistete für die späteren Annäherungen insofern wichtige Vorarbeiten, als der liturgische Feiercharakter des eucharistischen Opfers gemeinsam bewusst wurde. Die theologischen Bemerkun-

---

Gespräch der Konfessionen. Ein Beitrag zur Rezeption des Dokuments »Taufe, Eucharistie und Amt« (1986); Miguel María Garijo-Guembe / Jan Rohls / Gunther Wenz, Mahl des Herrn (1988); Gerhard Karl Schäfer, Eucharistie im ökumenischen Kontext (1988); Polycarp Chuma Ibebuike, The Eucharist (1989); Eckhard Lessing, Abendmahl (1993); Johannes Rehm, Das Abendmahl (1993); Dorothea Sattler / Friederike Nüssel, Menschenstimmen zu Abendmahl und Eucharistie (2004); Peter Dettwiler / Eva-Maria Faber, Eucharistie und Abendmahl. Ökumenische Perspektiven (2008).
[50] Vgl. bes. 2. Vatikanisches Konzil, Konstitution über die heilige Liturgie »Sacrosanctum Concilium«, bes. Nr. 6 f.; 47 f.; dass., Dogmatische Konstitution über die Kirche »Lumen gentium«, Nr. 3; 10–12; 28; 34; 45; dass., Dekret über Leben und Dienst der Priester »Presbyterorum ordinis«, Nr. 2. Vgl. dazu: Theodor Schneider, Das Opfer der Kirche nach der Dogmatischen Konstitution »Lumen Gentium« des Vatikanum II (1978).
[51] Vgl. Elisabeth Hönig, Die Eucharistie als Opfer nach den neueren ökumenischen Erklärungen (1989).
[52] Vgl. Die Eucharistie (1967), 58–63.
[53] Vgl. Groupe des Dombes, Vers une même foi eucharistique? Accord entre catholiques et protestants (1972).

gen zum Opfercharakter des Herrenmahls sind allerdings knapp[54] und stoßen insbesondere bei ekklesiologischen Aspekten der Frage an Grenzen. Ein von Vinzenz Pfnür erarbeiteter Exkurs behandelt ausdrücklich die eschatologische Dimension der Fragestellung: »Die Messe als Sühneopfer für Lebende und Verstorbene ex opere operato«[55]. Die von derselben internationalen Dialogkommission erarbeiteten Dokumente »Das geistliche Amt in der Kirche«[56] (1981) und »Einheit vor uns«[57] (1984) nehmen im Zusammenhang ihrer spezifischen Fragestellungen Bezug auf die erreichten Annäherungen im Verständnis der Eucharistie. In den Dialogen zwischen der anglikanischen und der römisch-katholischen Kirche zeigten sich Möglichkeiten, einer mit den Kirchen der Reformation gemeinsamen Besprechung ekklesialer Aspekte der Thematik »Eucharistie als Opfer« näherzukommen.[58] Erreicht wurde dies durch die theologische Gewichtung des Gedächtnischarakters der eucharistischen Feier. Von Bedeutung auch für das Gespräch mit der römisch-katholischen Kirche waren die zwischen der Russischen Orthodoxen Kirche und der Evangelischen Kirche in Deutschland zum Thema »Das Opfer Christi und das Opfer der Christen«[59] (1976) erzielten Ergebnisse. Das vom Reformierten Weltbund und dem Sekretariat für die Einheit der Christen erarbeitete Dokument »Die Gegenwart Christi in Kirche und Welt«[60] (1977) schaffte mit der Betonung der pneumatischen Gegenwärtigung der Lebenshingabe Jesu Christi in der Eucharistie wichtige Voraussetzungen für eine Verständigung. Im multilateralen ökumenischen Dialog liegen in den von der Kommission für

---

[54] Vgl. Das Herrenmahl (1978), Nr. 18; 36 f.; 56–61.
[55] Vinzenz Pfnür, Die Messe als Sühneopfer für Lebende und Verstorbene ex opere operato (1978).
[56] Vgl. Das geistliche Amt in der Kirche (1981), Nr. 29.
[57] Vgl. Einheit vor uns (1984), Nr. 68.
[58] Vgl. bes. aus der »Windsor-Erklärung« über »Die Lehre von der Eucharistie« (1971): »Gott [hat] die Eucharistie seiner Kirche als ein Mittel gegeben, durch welches das Versöhnungswerk Christi am Kreuz im Leben der Kirche verkündigt und wirksam gemacht wird« (ebd., Nr. 5).
[59] Vgl. Das Opfer Christi und das Opfer der Christen (1979).
[60] Vgl. Die Gegenwart Christi in Kirche und Welt (1977), Nr. 67–92, bes. Nr. 80 f.

VI. Perspektiven

Glauben und Kirchenverfassung des Weltrats der Kirchen (unter römisch-katholischer Beteiligung) erarbeiteten und in Lima 1982 verabschiedeten Konvergenzerklärungen zu Fragen von Taufe, Eucharistie und Amt erste Bemühungen um eine Verständigung in der Opferthematik vor.[61] Eingehend behandelt wurde die Frage nach dem Opfer Jesu Christi im eucharistischen Gedächtnis der Kirche in einer in den Jahren 1976–1982 erarbeiteten und 1983 erschienenen Studie des deutschen Ökumenischen Arbeitskreises evangelischer und katholischer Theologen (ÖAK) »Das Opfer Jesu Christi und seine Gegenwart in der Kirche. Klärungen zum Opfercharakter des Herrenmahles«[62]. Der ÖAK übernahm im Anschluss an den ersten Besuch von Papst Johannes Paul II. 1980 in Deutschland den Auftrag, die im 16. Jahrhundert von den Konfessionen ausgesprochenen Lehrverurteilungen hinsichtlich der Frage zu untersuchen, ob die dabei zu Tage tretenden Lehrdifferenzen (noch) von kirchentrennender Wirkung sind. Da in diese Studie des Arbeitskreises über die Themen Rechtfertigung, Sakramente und Amt[63] auch die Gesprächsergebnisse der zuvor behandelten Opferthematik eingingen[64], gewannen sie insofern nochmals an Bedeutung, als der Rezeptionsprozess zu dieser Studie »Lehrverurteilungen – kirchentrennend?« intensiver war.[65]

Das eucharistische Opfer ist die sakramentale Gegenwärtigung der liebenden Lebenshingabe Jesu Christi in der (Mahl-)Feier und im Leben der Kirche. In dieser Weise ließe sich knapp zusammenfassen, was der Ökumenische Arbeitskreis in jahrelangem Bemühen durch Detailuntersuchungen und in Gesprächen erarbeitete und der Öffentlichkeit zur Rezeption übergab.[66] Im Ver-

---

[61] Vgl. Taufe, Eucharistie und Amt (1982), Teildokument »Eucharistie«, Nr. 5–11.
[62] Vgl. Karl Lehmann / Edmund Schlink (Hg.), Das Opfer Jesu Christi und seine Gegenwart in der Kirche (²1986).
[63] Vgl. Karl Lehmann / Wolfhart Pannenberg (Hg.), Lehrverurteilungen – kirchentrennend?, Bd. 1 (1986).
[64] Vgl. ebd., 89–94.
[65] Vgl. zur Rezeptionsgeschichte der Studie: Wolfhart Pannenberg / Theodor Schneider (Hg.), Lehrverurteilungen – kirchentrennend?, Bd. 4 (1994).
[66] Vgl. Karl Lehmann / Edmund Schlink (Hg.), Das Opfer Jesu Christi und

gleich zu den anderen ökumenischen Stellungnahmen zur Opferthematik ist die Studie des ÖAK von weit größerem Umfang und von dem Bemühen geleitet, in der theologischen Sachfrage einen Konsenstext zu bieten. Die interdisziplinäre Zusammensetzung des ÖAK ermöglichte eine differenzierte biblische Fundierung, historische Verifizierung und systematische Profilierung der Erkenntnisse. Die Fachreferate, die den »Abschließenden Bericht« in der Sache orientierten, sind mit den Kommentaren (Voten) jeweils von Vertretern der nichtreferierenden Konfession in der Studie abgedruckt.[67] Die schließlich erfolgreiche Redaktion des Abschlussberichtes erwies sich als sehr mühsam[68], weil eine Thematik von jahrhundertelanger kontroverstheologischer Brisanz bewältigt werden musste.

Der mit der Überschrift »Das Opfer Jesu und der Kirche« versehene »Abschließende Bericht«[69] ist in vier Abschnitte unterteilt: *Einleitende Erwägungen (1.)* situieren die Opferthematik im Kontext des innerkonfessionellen und ökumenischen Bemühens um eine erneuerte Eucharistietheologie und begründen die gewählte Vorgehensweise. Auf der Basis der Aussage: »Das verbindliche apostolische Erbe ist als Maßstab der Identitätsfindung für

---

seine Gegenwart in der Kirche (^{2}1986). Vgl. zur Geschichte und Bedeutung dieses Dialogdokuments: Karl Lehmann, Die Gegenwart des Opfers Jesu Christi im Herrenmahl der Kirche (1983); Elisabeth Hönig, Die Eucharistie als Opfer (1989), 218–249; Johannes Rehm, Das Abendmahl (1993), 195–293.

[67] Vgl. Karl Lehmann / Edmund Schlink (Hg.), Das Opfer Jesu Christi und seine Gegenwart in der Kirche (^{2}1986), 17–214. Das biblische Zeugnis stellten Alfons Deissler (AT) und Ferdinand Hahn (NT) dar. Die Überlieferungsgeschichte wird von Karl Suso Frank (Alte Kirche), Wolf-Dieter Hauschild (CA), Erwin Iserloh (CA) und Theodor Schneider (Trient) behandelt. Allgemein-hermeneutische Überlegungen führten Edmund Schlink und Reinhard Slenczka aus. Ein längeres Referat von Emil J. Lengeling zur Neuinterpretation des Tridentinums durch das 2. Vatikanum und die nachkonziliare Liturgiereform fehlt in der Textsammlung.

[68] Vgl. Karl Lehmann / Edmund Schlink, Einführung der Herausgeber (^{2}1986), 11 f.

[69] Vg. Ökumenischer Arbeitskreis evangelischer und katholischer Theologen, Das Opfer Jesu Christi und der Kirche (^{2}1986), 215–238.

Gegenwart und Zukunft als verpflichtend anzunehmen«[70], zielt das Dokument einen »Rückgang auf das ursprüngliche biblische Zeugnis und die Überprüfung seiner authentischen Überlieferung und Auslegung«[71] an. Die sich anschließenden Ausführungen zum Opferverständnis der Bibel *(2.)* beginnen mit hermeneutischen Vorüberlegungen von großer Bedeutung: Die Vielfalt der ganz unterschiedlichen Opferbegriffe in den alt- und neutestamentlichen Schriften macht es erforderlich, die im biblischen Zeugnis selbst enthaltene Einbindung der Rede und Praxis des Opfers in den Gottesglauben Israels wahrzunehmen, und die geschehene Zentrierung im Christusereignis theologisch zu gewichten: »Für das christliche Verständnis hat *Jesu Tod entscheidende hermeneutische Funktion.* Deshalb kann im Blick auf Opferverständnis und Opferterminologie nur noch Jesu Sterben Orientierungsmaßstab sein«[72]. Die Darstellung der Opfervorstellungen in alttestamentlicher Zeit hebt den Communio-Charakter des Schlachtopfers (2.2.3) und die in der prophetischen Kultkritik eingeforderte sozial-mitmenschliche Dimension des Glaubens an JHWH (2.2.4) hervor und erkennt »von Anfang an beim Opferverständnis eine starke Tendenz in Richtung auf Personalisierung und Relevanz für die Gemeinschaft«[73]. Die Beschreibung des neutestamentlichen Opferverständnisses in der ÖAK-Studie ist auf das Verständnis des Todes Jesu Christi konzentriert, dessen soteriologische Relevanz im Kontext von Leben, Verkündigung und Auferweckung Jesu besprochen wird. Die differenzierte Nachzeichnung der Aufnahme auch des Opfermotivs in die Vielfalt der biblischen Ansätze zum Verständnis des heilvollen Geschehens in Christus Jesus macht deutlich, dass im Neuen Testament »ein neues Verständnis von Opfer gewonnen werden [sollte] (...), wobei die Tatsache der Selbsthingabe Jesu hervorgehoben und das Opfergeschehen mit der Person dessen in feste Verbindung gebracht worden ist, den

---

[70] Ebd., 216.
[71] Ebd.
[72] Ebd., 218. Hervorhebung im Original.
[73] Ebd., 220.

Gott gesandt hat zum Heil der Menschen«[74]. Besonders gut greifbar ist der christologisch zentrierte Opfergedanke im Hebräerbrief (2.3.9): »Ein für allemal« (Hebr 7,27; 9,12) hat Christus Jesus mit seinem eigenen Blut, als er sich selbst dargebracht hat, die ewige Erlösung bewirkt. Der christologische Ursprung und die personale Sinnbestimmung der neutestamentlichen Rede vom Opfer im Sinne von Jesu liebender und vertrauender Sterbebereitschaft bilden die theologisch-inhaltlich verbindliche Grundlage bei der Deutung des eucharistischen Mahlgeschehens als »Opfer«. Das Herrenmahl vollzieht sich in der Gestalt eines Gemeinschaftsmahles, in dem das geschichtlich einmalige Opfer Jesu Christi – seine Lebenshingabe – erinnernd vergegenwärtigt wird.[75] Deutlicher als die Bezugnahme auf die eucharistische Mahlfeier ist im neutestamentlichen Zeugnis die Verbindung zwischen dem einmaligen, erlösenden Lebensopfer Jesu Christi und der paränetischen Taufunterweisung, als in der Taufe mit ihm Gestorbene und in seinem Geist zum Leben Erwachte an seinem Schicksal teilzuhaben und ihm in seiner Liebe nachzufolgen. Am Ende des biblischen Teils der Studie ist die »christologische Konzentration«[76] als hermeneutisches Prinzip bei der Deutung und Wertung der Überlieferungsgeschichte noch einmal festgehalten. Der Blick auf den Weg der geschichtlichen Überlieferung (3.) richtet sich zunächst auf die Frühzeit der Kirche, in der es zu einer verstärkten Verwendung des Opfermotivs zur Deutung der eucharistischen Feier kam. Für die Folgezeit wurde entscheidend, dass bei den östlichen und westlichen Vätern das Tun der Kirche zunehmend als opferndes Handeln beschrieben werden konnte. Dabei wurde zunächst die christologische Bestimmung der Rede vom Opfer keineswegs aus dem Sinn verloren, da die feiernde Christengemeinde sich nicht als Subjekt eigener Handlung verstand, sondern als »neue Menschheit, die in Christus Jesus begründet und in der Eucharistie sakramental dargestellt wird«[77]. Als jedoch in der früh-

---

[74] Ebd., 222.
[75] Vgl. ebd., 222 f.
[76] Ebd., 224.
[77] Ebd., 225.

VI. Perspektiven

mittelalterlichen Krise der sakramentalen Idee der biblische Gedanke der anamnesis/memoria der Lebenshingabe Jesu Christi in der erinnernden und vergegenwärtigenden eucharistischen Feier der Kirche aus dem Blick geriet, war der Weg offen für das Missverständnis des Messopfers als eines eigenständigen Opfers der Kirche mit versöhnender Wirkung für Lebende und Verstorbene.[78] Bei einer flüchtigen Betrachtung der im Reformationszeitalter eingenommenen kontroversen Positionen musste eine römisch-katholisch – lutherische Verständigung in der Frage des Opfercharakters der Eucharistie als nahezu aussichtslos erscheinen. Aber durch intensive historische Forschung gelangen dem ÖAK diesbezüglich Klärungen von großer Tragweite. Deutlich wurde beispielsweise, dass weniger die von den Altgläubigen vertretene theologische Position, als vielmehr missbräuchliche Praktiken und gedankliche Vergröberungen der eigentliche Angriffspunkt der reformatorischen Kritik waren. So nährte allein schon die Häufung der »Messopfer« in den vielen Winkelmessen unter dem Leitmotiv der Mehrung seiner sühnenden Gnadenwirkung den Verdacht, die Einmaligkeit des neutestamentlich bezeugten Opfers Jesu Christi und die Vollgenügsamkeit seiner Erlösungstat würden bestritten.[79] Da es Martin Luther unter den Verstehensvoraussetzungen seiner Zeit nicht möglich war, das Kreuzesopfer Christi und die Abendmahlsfeier im Begriff des sakramentalen Gedächtnisses miteinander zu verbinden, lehnte er um der Einzigkeit des erlösenden Opfers Christi in seiner Lebenshingabe willen die Bezeichnung der Messe als Opfer heftig und strikt ab.[80] Nach

---

[78] Vgl. ebd., 225 f.
[79] Vgl. ebd., 226 f.
[80] Offenkundig wird die sich zuspitzende Kontroverse in den Schmalkadischen Artikeln Luthers (1537), die Teil der lutherischen Bekenntnisschriften sind: »Dieser Artikel von der Messe wird's ganz und gar sein in Concilio; denn wo es muglich wäre, daß sie uns alle andere Artikel nachgeben, so konnen sie doch diesen Artikel nicht nachgeben, wie der Campegius [päpstlicher Legat] zu Augspurg gesagt: er wollt' sich ehe auf Stucken zureißen lassen, ehe er wollt' die Messe fahren lassen. So werde ich mich auch mit Gottes Hulfe ehe lassen zu Aschen machen, ehe ich einen Messeknecht mit seinem Werk lasse meinem Heilande Jesu Christo gleich oder hoher sein. Also sind und bleiben wir ewiglich gescheiden und widernander. Sie fuhlen's

CA 24 ist die Eucharistie zwar als Gedächtnisfeier zu verstehen, ihre Kennzeichnung als Opfer für die Erbsünde und die anderen Sünden wird jedoch zurückgewiesen, weil dadurch die Einmaligkeit des Kreuzesopfers verdunkelt werde. Die Väter des Trienter Konzils stimmten mit der von reformatorischer Seite vertretenen, biblischen Auffassung von der Einmaligkeit und Vollgenügsamkeit des erlösenden Kreuzesopfers Jesu Christi überein. Sie sahen sich daher »vor die Aufgabe gestellt, den Opfercharakter der Messe zu wahren, ohne die Einheit des neutestamentlichen Opfers anzutasten«[81]. Die folgenreiche und der Sache nicht dienliche Entscheidung des Konzils, die Eucharistiethematik in zwei separaten Dekreten zu behandeln[82], verfestigte in der Folgezeit die gedankliche Trennung zwischen der Rede von der Eucharistie als Sakrament und vom Messopfer. Zwar sind mit den Begriffen memoria, repraesentatio und applicatio[83] wichtige Termini zur Verhältnisbestimmung von Kreuz und Abendmahl in die Konzilstexte aufgenommen, aber insgesamt bedient sich der Trienter Text »einer der neutestamentlichen Sicht fremden Denk- und Redeweise vom Opfer, welche die Grundaussage zwar bewahrt, aber zugleich erneut verstellt und gefährdet«[84], was insbesondere die nachtridentinischen Messopfertheorien erschreckend zu Bewusstsein bringen.[85] Ein Umdenken wurde im katholischen Raum erst im Gefolge der Neubesinnung in der Ekklesiologie in der ersten Hälfte des 20. Jahrhunderts möglich.[86] Der letzte Teil der ÖAK-Studie formuliert das heutige Glaubenszeugnis vom Opfer Jesu Christi

---

wohl: wo die Messe fället, so liegt das Bapsttum. Ehe sie das lassen geschehen, so toten sie uns alle« (BSLK 419,7–17).
[81] Vgl. Ökumenischer Arbeitskreis evangelischer und katholischer Theologen, Das Opfer Jesu Christi und der Kirche (²1986), 228.
[82] Konzil von Trient, Dekret über das Sakrament der Eucharistie (1551): DH 1635–1661; dass., Lehre und Kanones über das Meßopfer (1562): DH 1738–1759.
[83] Vgl. DH 1740.
[84] Ökumenischer Arbeitskreis evangelischer und katholischer Theologen, Das Opfer Jesu Christi und der Kirche (²1986), 230.
[85] Vgl. ebd.
[86] Vgl. ebd.

und der Kirche (4.) im Sinne einer gemeinsamen systematischen Zusammenschau der zuvor ausgeführten Aspekte. Neben der personalen Sinnbestimmung und der christologischen Prägung der Opfervorstellung kommt auf der Grundlage der unstrittigen Überzeugung von der »Einmaligkeit und Einzigartigkeit des Selbstopfers Jesu Christi«[87] insbesondere zur Sprache, wie eine Teilhabe der Getauften am Opfer Jesu Christi theologisch zu denken ist. Das Anliegen der römisch-katholischen Seite, auch von einem »Opfer der Kirche« zu sprechen, wird aufgegriffen: Eingebunden in eine pneumatologische Argumentation[88] erscheint das »Opfer der Kirche« als geistgewirkte Teilhabe der Gemeinde an der absteigenden (katabatischen) und aufsteigenden (anabatischen) Linie des Opfers Jesu Christi. In ihm empfängt die Kirche alles vom Vater und schenkt sich gleich ihm allen Menschen. »Opfer der Kirche meint also nicht Darbringung einer uns gegenüberstehenden heiligen Gabe auf dem Altar an Gott durch die Hand des menschlichen Priesters, sondern Eingehen der Kirche in die Hingabe Jesu Christi, d. h. *Darbringung unserer selbst* durch, mit und in Jesus Christus *als lebendige Opfergabe*«[89]. In ihrer Menschenliebe, ihrem »Kult des Lebensopfers«[90] bringt die Kirche Gott ein Opfer des Lobes dar, indem sie im Geist Gottes hineingenommen wird in die liebende und vertrauende Beziehung des Sohnes zum Vater. Abschließend soll noch besonders betont sein, dass der ÖAK sein personales Verständnis des Opfers als liebende Hingabe in gelungener Weise mit dem Mahlcharakter der eucharistischen Feier zu verbinden vermag und dabei zeigt, was sakramentales Denken leistet: »Das *sichtbare Zeichen* für die Opferhingabe Jesu Christi in der Eucharistiefeier und unser Einbezogenwerden in diese Selbsthingabe ist nicht irgendein erdachter oder konstruierter Darbringungsritus, sondern das *Mahl*, also einerseits das Anbieten und Austeilen seiner selbst als Speise und ander[er]seits unser dankbares Annehmen und Aufnehmen dieser seiner Hingabe

---

[87] Ebd., 232.
[88] Vgl. ebd., 234 f.
[89] Ebd., 237. Hervorhebungen im Original.
[90] Ebd., 238.

an uns und für uns«[91]. Die Ergebnisse des ökumenischen Dialogdokumentes »Das Opfer Jesu Christi und seine Gegenwart in der Kirche« werden auch heute noch in theologischen Fachkreisen – nicht immer mit Zustimmung[92] – zur Kenntnis genommen. Auf der Ebene der Kirchenleitungen wurde die im offiziellen Auftrag erstellte, ebenfalls vom ÖAK erarbeitete Studie »Lehrverurteilungen – kirchentrennend?«[93] vielfach besprochen.[94] Dabei zeigte sich im Blick auf die Darstellung der Opferthematik, bei der die Ergebnisse der Opfer-Studie vorausgesetzt sind und im Sinne der spezifischen Aufgabenstellung um historische Details der Reformationszeit erweitert wurden[95], dass die römisch-katholische Rezeption eher zustimmend ist, evangelische Stimmen sich dagegen auch kritisch und in Einzelfragen ablehnend äußern.

f. Ökumenische Mahlgemeinschaft als Zeichen der Versöhnung?

Es gibt nicht die eine römisch-katholische Position in der Frage der Möglichkeit der Eucharistiegemeinschaft in einer Zeit, in der es noch keine volle, sichtbare Kirchengemeinschaft gibt. Sehr lange schon sind viele ökumenisch motivierte Menschen mit dieser Thematik vertraut.[96] Dabei ist der theologische Grundsatz, eucharistische Gemeinschaft setze das Bestehen von Glaubensgemeinschaft voraus, eines bedinge das andere, zwischen den Konfessionen nicht strittig. Eine rein und allein auf die Individuen bezogene Bestimmung der Voraussetzungen zur eucharistischen Gemein-

---

[91] Ebd., 233. Hervorhebungen im Original.
[92] Vgl. Helmut Hoping, Kreuz und Altar (2010).
[93] Vgl. Karl Lehmann / Wolfhart Pannenberg (Hg.), Lehrverurteilungen – kirchentrennend?, Bd. 1 (1986).
[94] Vgl. Wolfhart Pannenberg / Theodor Schneider (Hg.), Lehrverurteilungen – kirchentrennend?, Bd. 4 (1994).
[95] Vgl. ebd., 89–94.
[96] Vgl. Johannes Brosseder / Hans-Georg Link (Hg.), Eucharistische Gastfreundschaft (2003); Silvia Hell / Lothar Lies (Hg.), Taufe und Eucharistiegemeinschaft (2004); Otto Hermann Pesch, Gemeinschaft beim Herrenmahl (1995); Wolfgang Beinert, Eucharistiegemeinschaft in römisch-katholischer Sicht (2004).

schaft vertritt aus gutem biblischem Grund keine der Konfessionsgemeinschaften: Die eucharistische Feier ist Feier bestehender, von Gott gewirkter Gemeinschaft. Unversöhnliche Zwietracht ist dem Wesen der eucharistischen Feier zuwider. In jüngerer Zeit sind neue Ansätze in der ökumenischen Hermeneutik profiliert worden, die sich mit den Stichworten »Ökumene der Gaben« oder »Receptive Ecumenism«[97] in Verbindung bringen lassen: Gemeint ist eine neue Grundhaltung in der Ökumene, die nicht mehr primär kontroverstheologisch ausgerichtet ist, vielmehr zunächst fremd erscheinende Traditionen als eine Bereicherung für das Nachdenken über die eigene Positionierung erfährt.

Eine viele Menschen bewegende Frage ist, warum es trotz all der erreichten ökumenischen Annäherungen bei den Inhalten der Eucharistie- und Abendmahlslehre[98] noch immer keine eucharistische Gemeinschaft gibt. Eine im strengen Sinn auf die Frage der ökumenischen eucharistischen Mahlgemeinschaften bezogene lehramtliche Stellungnahme findet sich erst beim 2. Vatikanischen Konzil. Das Ökumenismusdekret begrüßt das Streben nach »Gemeinschaft beim Gottesdienst (communicatio in sacris)« und hält zugleich fest, diese sei »nicht als ein allgemein und ohne Unterscheidung gültiges Mittel zur Wiederherstellung der Einheit der Christen anzusehen«[99]. Das Konzil unterscheidet zwei Prinzipien: »Die Bezeugung der Einheit verbietet in den meisten Fällen die Gottesdienstgemeinschaft, die Sorge um die Gnade empfiehlt sie indessen in manchen Fällen«[100]. Auf dieser Basis sind in der nachkonziliaren römisch-katholischen Gesetzgebung sowie in Ausführungsbestimmungen recht eng begrenzte pastorale Einzelsituationen (bei Vorlage einer »gravis necessitas«) beschrieben worden, bei denen trotz der theologischen Grundanschauung, erst bei be-

---

[97] Vgl. einführend mit vielen Literaturverweisen: Paul D. Murray / Gregory A. Ryan (Hg.), Receptive ecumenism as transformative ecclesial learning (2022).
[98] Vgl. Karl Lehmann / Wolfhart Pannenberg (Hg.), Lehrverurteilungen – kirchentrennend?, Bd. 1 (1986), 89–124.
[99] 2. Vatikanisches Konzil, Dekret über den Ökumenismus »Unitatis redintegratio«, Nr. 8,3.
[100] Ebd.

stehender Kirchengemeinschaft könne auch eucharistische Gemeinschaft gefeiert werden, die Teilnahme nicht-römisch-katholischer Christen an einer römisch-katholischen eucharistischen Feier möglich ist.[101] Einzelne nationale römisch-katholische Bischofskonferenzen haben Interpretationen dieser pastoral motivierten Ausnahmesituationen formuliert, bei denen dem Leben in konfessionsverschiedenen Ehen in besonderer Weise Rechnung getragen wird. Eine universalkirchliche Zustimmung zu diesen lokalkirchlichen Interpretationen liegt noch nicht vor.

Die Argumentation, die eucharistische Mahlgemeinschaft setze die Bekenntnisgemeinschaft voraus, ist weder der orthodoxen noch der reformatorischen Tradition fremd. Aus orthodoxer Sicht gibt es keine pastoralen Ausnahmebestimmungen, die eine Teilnahme von nicht-orthodoxen Christen an der orthodoxen eucharistischen Liturgie legitimierten. Auch aus evangelischer Sicht kann die Teilnahme am Abendmahl zunächst nur als eine gastweise sakramentale Gemeinschaft verstanden werden, die eine weitere Suche nach umfassender kirchlicher Einheit fortbestehen lässt. Kirchen, die sich der reformatorischen Tradition verpflichtet wissen, erinnern jedoch daran, dass Jesus Christus als allein autorisierter Vorsteher selbst zu seinem eucharistischen Gedächtnismahl einlädt und daher niemand kategorisch ausgeschlossen werden kann, wenn er sich selbst eingeladen weiß.

In der Frage der Ökumenischen Mahlgemeinschaft kommen grundlegende sakramententheologische und ekklesiologische Erkenntnisse und pastorale Interessen zusammen, die nur schwer zum Ausgleich zu bringen sind. Es gibt eine ökumenische Konvergenz in der theologischen Einsicht, die eucharistische Mahlgemeinschaft nicht allein als ein Geschehen zu betrachten, bei dem die berechtigten Wünsche einzelner Glieder der Kirchen etwa im Hinblick auf eine angemessene Gestaltung des christlichen Ehe- und Familienlebens entscheidend sind. Die Not der konfessionsverschiedenen Familien wird als pastorales Anliegen von al-

---

[101] Vgl. CIC / 1983, can. 844; CCEO, can. 671; Päpstlicher Rat zur Förderung der Einheit der Christen, Direktorium zur Ausführung der Prinzipien und Normen über den Ökumenismus (1993), Nr. 122–132.

len Konfessionsgemeinschaften anerkannt. Streng gefasste Ausnahmeregelungen (etwa die Teilnahme an der Eucharistie anlässlich von Erstkommunion oder Eheschließung) können jedoch auch zu Verletzungen führen, weil im Blick auf die persönliche Familiensituation nicht verständlich wird, warum eine Teilnahme einmal möglich ist und dann wieder nicht. Weiterführend kann letztlich nur eine allgemeine Regelung zur eucharistischen Gemeinschaft sein. Auf dem Weg dorthin ist sehr zu beklagen, dass erreichte Ergebnisse im Hinblick auf die mögliche Anerkennung der Apostolizität, der Kirchlichkeit und dann auch der Ämter der reformatorischen Gemeinschaften noch keine kirchenamtliche römisch-katholische Rezeption erfahren haben.[102]

Auf der Grundlage vieler vorausgehender Studien auch zu den Ämterlehren im ökumenischen Kontext hat der Ökumenische Arbeitskreis evangelischer und katholischer Theologen sich für das Votum entschieden, dass an Christus Jesus glaubende Menschen sich im Vertrauen auf seine sich selbst schenkende Gegenwart mit guten Gründen entscheiden können, die eucharistischen Liturgien anderer Konfessionen mitzufeiern. Die Studie »Gemeinsam am Tisch des Herrn«[103] schenkt der sich wandelnden Gestalt liturgischer Praxis bei dem einen eucharistischen Gedächtnis des erlösenden Handelns Gottes in Jesus Christus hohe Aufmerksamkeit. Von den biblisch überlieferten Zeiten an ist die göttliche Gabe der Erlösung in Jesus Christus in der Zeichenhandlung der Mahlgemeinschaft gefeiert worden. Die Praxis, als Zeichen der Gemeinschaftstreue Gottes Brot zu brechen und den Becher kreisen zu lassen, hat sich in den ersten Jahrhunderten zunehmend gefestigt. Die liturgischen Formulare haben sich verändert. Der Sinngehalt ist derselbe geblieben von den Anfängen an bis heute: Die Bereitschaft zur Versöhnung ist Gottes Gabe, auch wenn das Mensch gewordene Ebenbild seines Wesens, Jesus Christus, seinen

---

[102] Vgl. Die Apostolizität der Kirche. Studiendokument der Lutherisch / Römisch-katholischen Kommission für die Einheit (2009); Dorothea Sattler / Gunther Wenz (Hg.), Das kirchliche Amt in apostolischer Nachfolge, Bd. III: Verständigungen und Differenzen (2008), bes. 167–267.
[103] Vgl. Volker Leppin / Dorothea Sattler (Hg.), Gemeinsam am Tisch des Herrn (2020).

Erlösung eucharistisch feiern

Leib im Tod als gebrochen erleidet und sein Blut vergossen wird. Gott bleibt gemeinschaftstreu. In der Studie »Gemeinsam am Tisch des Herrn« kommt zur Darstellung, dass es von Beginn der Bildung der christlichen Gemeinden an eine Vielfalt an liturgischen Formen gab und gibt, in denen der Dank für das Leben, den Tod und die Auferstehung Jesu Christi gefeiert wird. Das Gedächtnis Jesu Christi in seiner Bedeutung für die heute in seiner Nachfolge lebenden Menschen ist der Sinngehalt der eucharistischen Feier; die Feiergestalt dient dem Ausdruck dieses Sinngehalts. Im Heiligen Geist wird Jesus Christus mit seiner Lebenshingabe für uns im gebrochenen Brot und im geteilten Becher präsent. Versöhnung, Gemeinschaft und eschatologische Hoffnung werden in einer Zeichenhandlung erfahren, die über das Erleben hinauswirkt und verpflichtet. Im Wissen um bibeltheologische, historische und pastorale Erkenntnisse hat der Ökumenische Arbeitskreis sich für die Option ausgesprochen, keine neuen Liturgien gemeinsam zu planen, sondern einander in den geschichtlich gewordenen Feierformen vertrauensvoll zu begegnen, voneinander zu lernen, miteinander über Wahrnehmungen zu sprechen und zu entdecken, wie groß die Gemeinschaft im gottesdienstlichen Leben bereits heute ist. In der Ökumenischen Bewegung gibt es seit langer Zeit Bemühungen, die gemeinsamen Strukturelemente bei dem eucharistischen liturgischen Gedächtnis des Todes, der Auferstehung und des Lebens Jesu Christi zu bestimmen. Die in der Lima-Liturgie aufgenommene Idee, nach einer Form zu suchen, bei der alle konfessionellen Anliegen Berücksichtigung finden, ist von bleibender Bedeutung. Das Votum des Ökumenischen Arbeitskreises geht jedoch einen anderen Weg: Unter Achtung der erreichten ökumenischen Konvergenzen im Verständnis von Abendmahl und Eucharistie, im Kirchenverständnis und in den Ämterlehren wird der Weg bevorzugt, sich zu den in einer konfessionellen Gemeinschaft bereits seit Jahrhunderten gelebten liturgischen Formen im Vertrauen auf die Gegenwart Jesu Christi von ihm selbst zu seinem wirksamen Gedächtnis einladen zu lassen.

Alle Konfessionsgemeinschaften stehen vor der Aufgabe, den in biblischer Tradition bestehenden Zusammenhang zwischen der gelebten Christusnachfolge und der eucharistischen Gemeinschaft stärker zu profilieren. Die Herausforderung, eine eucharistische Ethik zu entwerfen, bei der auch dem Aspekt der Umkehrbereitschaft der sündigen Menschen Beachtung zu schenken ist, erscheint als eine Aufgabe der ökumenischen Zukunft.

3. Erlösung diakonisch gestalten

»Liebe, Sorgelust«[104]. Mit zwei Worten stellt Peter Handke einen Zusammenhang: Wer liebt, hat Freude daran, für andere zu sorgen. Gewiss gibt es den Missbrauch dieses Zusammenhangs in vielfältigen Formen, die Menschen dann als Unrecht empfinden: Die Bereitschaft, Lebensgüter im realen und im übertragenen Sinn zu verschenken, kann ausgenutzt werden. Es gibt Menschen, die auf Kosten anderer ihre eigene Lebenszeit und Lebenskraft schonen. Es bedarf immer wieder der Prüfung der Situation: Dient das eigene Handeln wirklich dazu, anderen Menschen ihre Lebensmöglichkeiten zu sichern – oder verhindert unbegründete und ängstliche Fürsorge nicht gerade die weitere Eigenständigkeit von mitlebenden Menschen? Es ist schwer, hier eindeutige Grenzen zu ziehen.

Eine christliche Erlösungslehre, die Erfahrungsnähe beansprucht, wird diese Fragen nicht unbedacht sein lassen. Grundlegend stellt sich die Frage, welche Bedeutung das diakonische Handeln in der Soteriologie hat. Dazu möchte ich wenige Überlegungen anschließen, die insbesondere im ökumenischen Kontext verortet sind. Mehrfach klang in diesem Lehrbuch bereits an[105], dass eine systematisch-theologische Soteriologie heute nicht ohne Bezüge zu Fachbereichen entworfen werden kann, die insbesondere die (sozial-)ethische Dimension christlicher Existenz bedenken. Angesichts der Tatsache, dass ein erster Gedanke vieler Menschen heute sich beim Thema »Erlösung« auf die weltweiten kosmischen sowie gesellschaftlichen Verhältnisse richtet, in denen

---

[104] Peter Handke, Phantasien der Wiederholung (1983), 61.
[105] Siehe vor allem hier oben die Abschnitte II.3 und III.3.

das Leben als sehr leidvoll begegnet, erscheint es mir angemessen, an dieser Stelle zunächst auf den Zusammenhang zwischen der Theodizee-Frage und der Erlösungslehre zu sprechen zu kommen.

a. Vorbemerkungen im Blick auf die Verbindung von Theodizee-Frage und Erlösungslehre

Ist die helfende Tat die einzige berechtigte Antwort auf begegnendes Leiden in der Schöpfung? Vieles spricht dafür, die theologische Ratlosigkeit in theoretischen Konzepten der Theodizee einzugestehen und einzig noch eine wirksame Entgegnung in der Praxis zuzulassen. In systematisch-theologischen Entwürfen zur Theodizee-Thematik[106] ist gegenwärtig die Bereitschaft groß, die eigenen Grenzen bezüglich der Möglichkeit, Antworten auf die Frage zu geben, wie Gott angesichts des Leidens der Geschöpfe gerechtfertigt werden könnte, einzugestehen. Klage vor Gott und sogar Anklage Gottes geschieht. Vorrangig erscheint die Bekundung der Solidarität mit den Leidenden und der Kampf gegen jede Form des Unheils, die von Menschen verursacht wird. Insbesondere in Situationen, in denen Menschen unmittelbar von einem Leiden betroffen sind, erscheint es als völlig unangemessen, eine schnelle Deutung des Geschehens zu versuchen. Jede rasche Vertröstung auf den Himmel verbietet sich im Gespräch mit Trauernden.

In der jüngeren Geistesgeschichte hat sich die Theodizee in eine Anthropodizee verwandelt: Nicht mehr die Spannung zwischen der Allmacht und der Güte Gottes lässt daran zweifeln, ob

---

[106] Vgl. Michael Böhnke, Von scheinbaren Lösungen zu existentiellen Fragen (2007); Gerd Neuhaus, Frömmigkeit der Theologie (2003); Dorothea Sattler, Das Leiden der Geschöpfe Gottes (2006); Bernd J. Claret (Hg.), Theodizee (²2008); Armin Kreiner, Gott im Leid (1997; NA 2005); Walter Dietrich / Christian Link: Die dunklen Seiten Gottes (2000); Friedrich Hermanni: Das Böse und die Theodizee (2002); Werner Thiede, Der gekreuzigte Sinn (2007); Klaus von Stosch, Theodizee (²2018); Christian Link, Theodizee (²2022); Gisbert Greshake, Warum lässt uns Gottes Liebe leiden (2017).

es gerechtfertigt sein könnte, weiterhin an der Existenz Gottes festzuhalten. Vielmehr drängt sich die Frage auf: War Gott je berechtigt, den Menschen zu erschaffen, da er doch um das grauenvolle Böse wissen musste, das Menschen einander antun? Wichtig erscheint es vielen Theologinnen und Theologen vor diesem Hintergrund heute, Gott nicht für das verantwortlich zu erklären, was Menschen den Mitgeschöpfen an Leiden zufügen. Es bleibt dann allerdings die Frage, warum Gott überhaupt zur Freiheit befähigte Wesen erschaffen hat. Eine Antwort auf diese Frage versucht die Rede vom »Preis der Liebe«[107]: Gott möchte zwar zur Liebe locken, diese aber nicht erzwingen. Wahre Liebe ist nur in Verbindung mit Freiheit zu erfahren. Freie Wesen haben immer auch die Möglichkeit, sich der Liebe zu versagen. Gott steht vor der Alternative, unfreie Marionetten zu erschaffen oder solche Wesen, deren Zuwendung ungeschuldet ist, immer Geschenk, Gabe, Zusage. Nur als freie Wesen sind die Menschen Bild Gottes – sein ihm entsprechendes Gegenüber. Erst die Freiheit zum Guten wie zum Bösen lässt es sinnvoll erscheinen, auch von Liebe zu sprechen.

Diese Argumentation betrifft vor allem die Rechtfertigung Gottes angesichts des freiheitlich verursachten Bösen (malum morale); Gisbert Greshake hat sich auch bemüht, mit Bezug auf die Rede von der Freiheit als »Preis der Liebe« eine Rechtfertigung Gottes im Blick auf die nicht unmittelbar auf menschliche Freiheitstaten zurückzuführenden Unheilsformen (malum physicum) zu versuchen. Demnach ist im Gesamtgeschehen der Evolution geschöpfliche Freiheit wirksam: für Gott im Einzelnen nicht absehbar und von ihm nicht zu verhindernde Entwicklungen, die auch Leiden mit sich bringen, angesichts des zu erreichenden Zieles, der Evolution des Lebendigen bis hin zur Entstehung der Menschheit, jedoch zu entschuldigen sind. Ist es so? Bleibt Gott eingebunden in die Zwänge von Versuch und Irrtum in der Evolutionsgeschichte? Es gibt manche theologische Widerrede gegen

---

[107] Vgl. Gisbert Greshake, Der Preis der Liebe (1978), bes. 24–35; Armin Kreiner, Gott im Leid (1997; NA 2005), bes. 207–274; ders., Das Theodizeeproblem und Formen seiner argumentativen Bewältigung (2001).

Erlösung diakonisch gestalten

ein solches Konzept, ohne dass dabei eine bessere Alternative in der Reflexion zu erkennen wäre.

Wer wollte je eine Antwort finden auf die Frage, ob Gott andere Möglichkeiten hatte als die gewählten, um die Schöpfung in ihrer Evolution so zu leiten, dass auch menschliches Leben entstand? Welche Bedeutung haben die vielen (offenkundigen oder scheinbaren) Fehlwege der Evolution im Blick auf die Erlösungslehre? Könnte es nicht sein, dass jede dieser Lebensexistenzen, von denen wir – allenfalls über manche Funde – nur geringe Kenntnis haben, auch für sich Sinn in ihrer Lebenszeit fand? In Gesprächen über die Plausibiltät der christlichen Erlösungslehre mit kritischen Zeitgenossen begegnet jedoch nicht selten diese skeptische Rückfrage: Welche soteriologische Wende sollte durch Jesus Christus innerhalb all der Milliarden von Jahren in dem Kampf gegen den Tod und für das eigene Überleben eingetreten sein? Karl Rahner hat die Bedrängnis, die eine solche Rückfrage berechtigterweise auslöst, früh gespürt und die »Christologie innerhalb einer evolutiven Weltanschauung«[108] bedacht. In Aufnahme seiner »Theologie der Menschwerdung«[109] erklärt Rahner Jesus Christus als den »Anfang des Endes (gleichgültig, wie lange die Menschheitsgeschichte dauert und welche Ergebnisse sie noch bringt)«[110]. Diese religiös positionierte, christlich-gläubige Sicht der Wirklichkeit hält daran fest, dass mit der Menschwerdung Gottes in Jesus Christus »das Ereignis der radikalen Selbsttranszendenz der Menschheit in Gott hinein grundsätzlich und unwiderruflich da ist und dieses als Verheißung und Aufgabe der Menschheit vom Wesen der Sache her durch keine weitere höhere Selbsttranszendenz der Geschichte mehr überboten werden kann«[111]. In Christus Jesus ist nach Rahner somit der »telos der vorausgehenden Epochen«[112] gegeben, zugleich ist dieses Ende ein Anfang der neuen

---

[108] Vgl. Karl Rahner, Die Christologie innerhalb einer evolutiven Weltanschauung (1962).
[109] Vgl. Karl Rahner, Zur Theologie der Menschwerdung (1960).
[110] Karl Rahner, Die Christologie innerhalb einer evolutiven Weltanschauung (1962), 219.
[111] Ebd.
[112] Ebd.

VI. Perspektiven

Menschheit. Die mit Jesus Christus begonnene neue Epoche im Leben der Menschheit beschreibt Rahner als »tätig und nicht nur kontemplativ, real und nicht ästhetisch«[113]. Er gibt damit ein Thema vor, das in seinen Überlegungen zur »Einheit von Nächsten- und Gottesliebe«[114] eine Resonanz hat, und insbesondere bei Johann Baptist Metz[115] in seinen Überlegungen zum Verhältnis zwischen Mystik und Politik bis heute nachwirkt.

Jede Gestalt des Leidens ist eine Begegnung mit dem Tod mitten im Leben. Der Tod droht in vielfältiger Gestalt, nicht nur in physischer, auch in sozialer: in der Einsamkeit verlassener Menschen, in der Bitterkeit angesichts erlittener Feindschaft, im Durst und Hunger der Kinder in Dürreregionen, im Verlust von Hab und Gut – von liebgewonnenen Tieren nach Flutkatastrophen etwa, wenn das Leben mit dem Wasser unaufhaltsam dahinschwimmt. Ungezählt sind die Nöte, die Menschen zutiefst verletzen. Gradmesser sind da nicht anzusetzen. Der Tod eines eigenen Kindes gehört gewiss zu jenen Erlebnissen, bei dem der Schmerz kaum in Worte zu fassen ist.

Eine der Möglichkeiten im Umgang mit der Theodizee-Frage ist es, nicht die Frage nach dem Warum in das Zentrum des Interesses zu rücken, sondern die nach dem Wozu. Könnte es sein, dass all die begegnende Not ein Anruf Gottes ist, das eigene Nachdenken auf jene Kräfte hinzulenken, die zumindest im überschaubaren Raum der eigenen Möglichkeiten eine Wende zum Besseren bewirken? Immer wird es so sein, dass keine Geldspende alle Not aller Menschen lindert. Es ist schon allein tröstlich zu wissen, dass eine Spende ein Leben verändert. Darf das Wissen um die Komplexität der weltweiten politischen Verhältnisse das Verhalten der Reichen in ihrer Gabebereitschaft verändern? Ist dies nicht eher ein Vorbehalt, eine Ausrede, nicht etwas geben zu müssen, was möglicherweise auch die eigenen Möglichkeiten einschränkt? Die christliche Diakonie ist auf der Handlungsebene anstrengend: Es gilt dabei, im Namen Gottes niemanden je aufzugeben und alle

---

[113] Ebd.
[114] Karl Rahner, Über die Einheit von Nächsten- und Gottesliebe (^{2}1968).
[115] Vgl. Johann Baptist Metz, Mystik der offenen Augen (2011).

immerzu zu lieben. Auch eine solche Haltung wird die Theodizee-Thematik nicht lösen, weil sie immer vor die Frage führt, warum dieser Mensch in jener Zeit von solchem Leiden erfasst wird. Wer wüsste darauf eine Antwort? Es bleiben mit dieser Frage Wege im Gebet: in der Klage, in der Bitte, im Dank.[116]

b. Ein Grundgedanke in der Ökumenischen Bewegung: Die Lehre trennt, der Dienst eint

Die Lehre trennt, der Dienst eint. Dieser mit dem Namen des lutherischen Theologen Nathan Söderblom aus der frühen Geschichte der Ökumenischen Bewegung verbundene Gedanke bestimmt noch immer weite Teile der Ökumenischen Bewegung heute: Bei allen bestehenden und bleibenden Lehrdifferenzen ist das gemeinsame diakonische Handeln der Grundauftrag, die christliche Mission, deren Erfüllung die Glaubwürdigkeit des christlichen Bekenntnisses stärkt. Die schöpfungstheologisch begründetet Ethik, der Schrei nach Gerechtigkeit für alle Lebewesen, die Sorge um den Erhalt der Lebensmöglichkeiten, der Widerstand gegen jede Form der Gewalt, diese Aufgaben gehören zum Auftrag der Ökumene ihrem Wesen nach. Es gilt als das hohe Verdienst der in der ersten Hälfte des 20. Jahrhunderts weithin von den reformatorischen Kirchen konzipierten Ökumenischen Bewegung, an die ethische Verpflichtung der christlichen Gemeinschaft erinnert zu haben.

In der Regel wird als Geburtsstunde der modernen Ökumenischen Bewegung der Beginn der Weltmissionskonferenz 1910 in Edinburgh bezeichnet. In ihr bündeln sich die Anliegen von weitgehend evangelisch geprägten Missions- und Erweckungsbewegungen der vorausgehenden Jahrzehnte. Glaubwürdig erschien das Wirken christlicher Missionare vor allem in Afrika und Asien nur dann, wenn es sich in einem versöhnten Miteinander der Konfessionen vor Ort gestaltete. Zudem erschien es als sinnvoll, die großen anstehenden Aufgaben in kooperativer Weise

---

[116] Siehe dazu hier unten Abschnitt VI.5.

zu gestalten. Bis heute gilt das missionarische Anliegen als Grundmotivation zu ökumenischem Handeln. In den 90er Jahren des 20. Jahrhunderts hat die »Arbeitsgemeinschaft Christlicher Kirchen« einen (neuen) Aufbruch zu einer missionarischen Ökumene eingefordert. Eine glaubwürdige Verkündigung des Evangeliums kann nur in ökumenischer Gemeinschaft geschehen. Dabei muss gerade bei der Verkündigung des Evangeliums in armen Ländern das soziale Engagement im Mittelpunkt stehen.

Bereits in der Frühzeit der Ökumenischen Bewegung zeigte sich, dass es zwei unterschiedliche Grundausrichtungen in der Wahl der angemessenen ökumenischen Methode gibt, die beide ihr Recht haben: der Blick auf die praktische Zusammenarbeit der Kirchen bei Fragen der Mission, der Erziehung sowie vor allem der Linderung jedweder Not auf der einen Seite, und die theologischen Dialoge über die noch strittigen Themenbereiche auf der anderen Seite. Theologische Lehrgespräche über die Frage der sichtbaren Einheit der Kirche und das gemeinsame Ringen um das Überleben der gesamten Schöpfung – beides hat ihr Recht. Beide Ausrichtungen der Ökumene haben sich in den ersten Jahrzehnten des 20. Jahrhunderts profiliert und strukturiert: Die »Bewegung für Praktisches Christentum« (»Life and Work«) hielt 1925 in Stockholm ihre erste Vollversammlung, die »Bewegung für Glauben und Kirchenverfassung« (»Faith and Order«) 1927 in Lausanne. Beide Bewegungen kamen bei der Gründung des »Ökumenischen Rates der Kirchen« (ÖRK) in Amsterdam 1948 wieder zusammen. Die Zusammenarbeit im Weltrat der Kirchen wurde bereits 1938 in Utrecht vereinbart, ihre Verwirklichung wurde jedoch durch den Ausbruch des Zweiten Weltkriegs verzögert. Reformatorische und orthodoxe Kirchen gehörten zu den Gründungsmitgliedern. Heute zählt dieser Rat ca. 320 Mitgliedskirchen aus allen Ländern. Nahezu alle konfessionellen Bekenntnisse sind vertreten – mit Ausnahme des römisch-katholischen. Auf den seit 1948 im Abstand von zumeist sieben Jahren stattfindenden, inzwischen neun Vollversammlungen des Ökumenischen Rates werden viele Themenbereiche besprochen, die für die Kirchen gemeinsame Herausforderungen in ihrem sozial-diakonischen Handeln darstellen: Hunger und Armut, Krankheiten, Bedrohung der Lebensgrundlagen durch den Klimawandel, Gerechtigkeit im weltweiten Wirtschaftssystem, die Beziehungen zwischen Frau und Mann, der interreligiöse Dialog, Flucht, Vertreibung und Migration, Teilhabe an den Bildungsmöglichkeiten. Eine Rahmenbedingung für wirksames diakonisches Handeln ist der Friede in der Welt. Bei der 2011 in Kingston (Jamaika) einberufenen Friedenskonvokation[117] des ÖRK haben alle Kirchen diesem Zusammenhang zugestimmt: »Wir erkennen, dass verschiedene Kirchen und Religionen sehr unterschiedliche Sichtweisen im Blick auf den Weg zum Frieden einbringen. Einige von uns sehen persönliche Bekehrung und Moral, das Ja zu Gottes Frieden in unserem Herzen als Ausgangspunkt und Grundlage für die Herstellung von Frieden in Familie, Gemeinschaft, Wirtschaft wie auch auf der ganzen Erde und unter den Völkern. Einige sehen es als notwendig an, sich als Vorbedingung für die Schaffung von Frieden zunächst auf gegenseitige Unterstützung und Korrektur im Leib Christi zu konzentrieren. Einige treten dafür ein, dass die Kirchen sich zusammen mit sozialen Bewegungen engagieren und öffentlich Zeugnis ablegen. Jeder dieser Ansätze hat seine Vorzüge; sie schließen sich nicht gegenseitig aus. De facto sind sie untrennbar miteinander verbunden. Selbst in unserer Vielfalt können wir mit einer Stimme sprechen.«[118]

Die vom Ökumenischen Rat ausgerufenen Dekaden machen aufmerksam auf anstehende sozialethische Problembereiche: Nach der Dekade zur Frage der Solidarität der Kirchen mit den Frauen war die Dekade zur Überwindung von Gewalt (2001–2010)[119] der Anlass, in Publikationen, auf Tagungen und möglichst in vielen Gruppen und Kreisen Wege der Versöhnung zu beschreiten. Dabei zeigte sich erneut die Schwierigkeit, angesichts der Grundsätzlich-

---

[117] Vgl. die Internetseite des Ökumenischen Rates der Kirchen zur Internationalen ökumenische Friedenskonvokation; vgl. dazu auch Fernando Enns, Die Internationale ökumenische Friedenskonvokation (2011); ders. / Stephan Twardowski, »Ehre sei Gott – und Friede auf Erden« (2008).
[118] Botschaft der Internationalen ökumenischen Friedenskonvokation.
[119] Vgl. das Themenheft »Dekade zur Überwindung von Gewalt« = Ökumenische Rundschau 49 (2000) H. 4; vgl. Fernando Enns (Hg.), Dekade zur Überwindung von Gewalt 2001–2010 (2001).

keit dieser Thematik konkrete Handlungsoptionen zu formulieren. Zunehmend erscheint es als hilfreich, überschaubare ökumenische Projekte auf ortskirchlicher Ebene zu fördern. Es gibt zahllose Papiere zu all diesen Fragen. Das christliche Zeugnis ereignet sich erst dann, wenn Konzeptionen im alltäglichen Ringen um Friedfertigkeit mit Leben erfüllt werden.

c. Konkretisierungen in einzelnen diakonischen Bereichen

In jüngerer Zeit sind im deutschsprachigen Raum der Ökumene viele Möglichkeiten aufgezeigt worden, Konkretisierungen der gemeinsamen christlichen österlichen Hoffnung auch im diakonischen Bereich anzuregen: Im Kontext des 1. Ökumenischen Kirchentags in Berlin 2003 sind anlässlich der Unterzeichnung der Charta Oecumenica[120] durch Repräsentanten der »Arbeitsgemeinschaft Christlicher Kirchen in Deutschland« (ACK) konkrete Anregungen auch für ein ökumenisches diakonisches Handeln vereinbart worden[121]. Auf europäischer Ebene wurde die Charta Oecumenica bereits 2001 in Straßburg unterzeichnet. Im Vorfeld des 2. Ökumenischen Kirchentags in München 2010 wurden im Anschluss an die Bitten des Vaterunsers[122], das im ökumenischen Kontext angesichts der oft erlebten Erfahrung der Gemeinschaft in diesem Gebet eine große Bedeutung hat, gezielte Anregungen für eine gemeinsame diakonische Praxis in der heutigen Zeit[123] formuliert. Im Bereich der Diakonie wird offenkundig, dass es eine gemeinsame christliche Grundorientierung gibt, die im tätigen

---

[120] Konferenz Europäischer Kirchen / Rat der katholischen europäischen Bischofskonferenzen, Charta Oecumenica (2001); vgl. dazu Viorel Ionita / Sarah Numico (Hg.), Charta Oecumenica (2003).
[121] Ökumenische Centrale / Arbeitsgemeinschaft christlicher Kirchen in Deutschland (Hg.), Gemeinsamer ökumenischer Weg mit der Charta Oecumenica (2006); vgl. dazu Dorothea Sattler, Charta Oecumenica (2004).
[122] Vgl. Dorothea Sattler, Das Vater unser (2010).
[123] Vgl. Zentralkomitee der Deutschen Katholiken, Das VATER UNSER – ökumenisch (2008); Hans-Georg Hunstig / Dorothea Sattler (Hg.), ... so auch auf Erden (2010).

Zeugnis zur Darstellung kommt: Menschen errichten für andere Menschen eine Tafel, die mehr ist als ein Ort der Nahrungsaufnahme; sie schenken ihre Lebenszeit, um für Kinder da zu sein, die mit einem Elternteil leben; sie stellen sich den vielen Nöten, die am Lebensende ganz offenkundig werden; sie widmen behinderten Menschen Aufmerksamkeit. Es gibt viele Gelegenheiten, anderen Geschöpfen Erlösung aus der Alltagsnot zumindest für eine kurze Zeit zu schenken. Dabei gilt als ökumenische Grundregel, dass all das begründungsbedürftig ist, was nicht in gemeinsamer christlicher Verantwortung geschieht.

d. Bezüge zu sozial-ethischen Handlungsbereichen

Sozial-diakonische Anliegen in ökumenischer Verbundenheit aufzunehmen, hat in den zurückliegenden Jahrzehnten eine gute Tradition. Gemeinsame Worte des Rates der Evangelischen Kirche in Deutschland und der Deutschen Bischofskonferenz zu sozialethischen Themen finden größere Aufmerksamkeit als Beiträge aus einer konfessionellen Perspektive. Dies zeigte sich insbesondere im Hinblick auf das am Ende eines langen Konsultationsprozesses 1997 erschienene Dokument »Für eine Zukunft in Solidarität und Gerechtigkeit«[124], das die wirtschaftliche und soziale Lage in Deutschland nach seiner Wiedervereinigung zum Thema hat. Zehn Jahre später war es offenkundig schwieriger, eine entsprechende Konvergenz zu erreichen.[125] Insbesondere der Versuch, in einem im Ergebnis offenen Dialog nahezu alle gesellschaftlich relevanten Gruppierungen in Deutschland in einem Beratungsprozess zusammenzuführen, fand in auswertenden Stellungnahmen 1997 gegen Ende des 2. Jahrtausends rückblickend vielfach An-

---

[124] Für eine Zukunft in Solidarität und Gerechtigkeit (1997). Vgl. auch die von Marianne Heimbach-Steins und Andreas Lienkamp unter Mitarbeit von Gerhard Kruip und Stefan Lunte eingeleitete und kommentierte Ausgabe: Marianne Heimbach-Steins / Andreas Lienkamp (Hg.), Für eine Zukunft in Solidarität und Gerechtigkeit (1997).
[125] Vgl. Dorothea Sattler, Gemeinsames Zeugnis in der einen Schöpfung Gottes (2007).

erkennung.[126] Auch wenn die sozialethische Theoriebildung stärker als andere Bereiche der systematischen Theologie bezogen auf die Gegenwartsanforderungen denken muss und somit insbesondere beim Wechsel politischer Verantwortlichkeiten vor immer neuen Herausforderungen steht, gelten die Ausführungen in diesem ökumenischen Dokument zu Fragen der Arbeitslosigkeit, der Familiensituation, der Armut und der Sozialkultur in Deutschland noch immer als wegweisend. Dagegen wurde der von der Kommission VI der Deutschen Bischofskonferenz für gesellschaftliche und soziale Fragen verantwortete Beitrag zum Thema »Das Soziale neu denken«[127] aufgrund seiner Einstimmung in die Schelte der scheinbar lähmenden Auswirkungen des Sozialstaatswesens sowie seiner vorrangigen Wertschätzung der Eigenverantwortung der Bürger in sozialen Fragen in den Medien kaum und in der Fachliteratur weithin kritisch aufgenommen.[128]

In Deutschland hat die ökumenische Zusammenarbeit der christlichen Kirchen bei der Formung von Soziallehren eine lange und gefestigte Tradition. Das Dokument »Für eine Zukunft in Solidarität und Gerechtigkeit« kann daher als eine Bündelung einzelner voraufgegangener ökumenischer Worte im Bereich der Soziallehre gelten. Zu diesen zählen die allesamt in der Reihe der »Gemeinsamen Texte« von EKD und DBK veröffentlichten Beiträge zu medizinethischen Fragen – beispielsweise im Bereich der Organtransplantation (1990), der Patientenverfügung (1999), der Sterbebegleitung (1996, 2011), der pränatalen Diagnostik (1997) oder der Patientenvorsorge (2018) – ebenso wie zu wirtschaftsethischen Herausforderungen – beispielsweise im Blick auf Eigentumsrechte (1991), die finanzielle Alterssicherung (2000) oder die Wahrung des Kulturerbes (1995). Auch der Themenbereich Migration und Flucht aus politischen oder wirtschaftlichen Gründen

---

[126] Vgl. Karl Gabriel / Werner Krämer (Hg.), Kirchen im gesellschaftlichen Konflikt (1997); Friedhelm Hengsbach / Bernhard Emunds / Matthias Möring-Hesse, Reformen fallen nicht vom Himmel (1997).
[127] Vgl. Kommission für gesellschaftliche und soziale Fragen, Das Soziale neu denken (2003).
[128] Vgl. Karl Gabriel / Hermann-Josef Große Kracht, Abschied vom deutschen Sozialmodell? (2004).

Erlösung diakonisch gestalten

fand in ökumenischen Worten der Kirchenleitungen Beachtung.[129] Die europapolitische Arbeit der Kirchen in Deutschland geschieht heute weitgehend in ökumenischer Verantwortung – so dargelegt in einem gemeinsamen Wort von EKD und DBK aus dem Jahr 1995. Inzwischen werden die Bemühungen verstärkt, über EKD und DBK hinaus auch alle weiteren christlichen Traditionen bei gemeinsamen Stellungnahmen zu berücksichtigen. Dies ist 2010 bei der »Christlichen Patientenvorsorge«[130] vorbildlich gelungen. Die kirchlichen Soziallehren gelten insgesamt heute als weniger konfessionsspezifisch, als dies in Einzelfragen der Individualethik vor allem in den Themenbereichen Ehe, Familie und Sexualität spürbar ist, zu denen in keinem vergleichbaren Maße gemeinsame Worte vorliegen.

Welche Perspektiven lassen sich für eine ökumenische Sozialethik aufzeigen? Es gibt nach meiner Wahrnehmung in vielen Bereichen der deutschen Theologie noch keine gefestigte Bereitschaft zu einem wissenschaftlichen Austausch mit Vertreterinnen und Vertretern der Politik- und Wirtschaftswissenschaften, mit dem Finanzwesen oder mit Sachkundigen im Bereich der Ökologie. Diese Aufgaben allein der Sozialethik oder der Christlichen Gesellschaftslehre zu übertragen, erscheint mir angesichts der zu tragenden Verantwortlichkeiten als unangemessen. Jenseits aller Standortdifferenzen in weltanschaulichen Fragen gemeinsame Optionen im Hinblick auf die Sicherung der Lebensgrundlagen aller Geschöpfe zu formulieren, ist ein dringliches Desiderat. Wie der 1997 zum Abschluss gekommene Konsultationsprozess zeigte, kann ein solches Vorhaben die Glaubwürdigkeit der Kirchen nur dann erweisen, wenn es in ökumenischer Verbundenheit geschieht.

---

[129] Vgl. zum Beispiel das gemeinsame Migrationswort »Migration menschenwürdig gestalten« (2021).
[130] Christliche Patientenvorsorge durch Vorsorgevollmacht, Betreuungsverfügung, Behandlungswünsche und Patientenverfügung (2011). Die aktualisierte vierte Neuauflage aus dem Jahr 2018 berücksichtigt Entwicklungen in der Rechtslage und beschreibt erweiternd weitere Möglichkeiten in der Vorsorgevollmacht.

VI. Perspektiven

Die anstehenden Themen im sozialethischen Bereich können in ihrem inneren Zusammenhang erkannt werden, wenn vor Augen steht, dass aus biblischer Sicht die Bewahrung und die Gestaltung des geschöpflichen Lebens Gottes Grundintention ist. Jegliche Form der Schädigung und Beeinträchtigung der Lebensrechte der Mitlebenden ist Gottes Willen zuwider. Anlass für sozialethische Reflexionen sind die begegnenden Gestalten des Bösen mit ihren nicht allein im individuellen Bereich der Gestaltung der persönlichen Freiheit liegenden Gründen. Das Böse hat Ursachen auch in Verstrickungen, die über Generationen hinweg entstanden sind.

e. Diakonisch handeln in der gesamten Schöpfung – auch an Tieren

Systematisch-theologische Konzepte aus jüngerer Zeit, die sich unter dem Leitgedanken einer anzunehmenden »Deep Incarnation« versammeln lassen, vertreten die Vorstellung von der Inkarnation Gottes in die Tiefen der gesamten Schöpfung hinein[131]: Gott nimmt die gesamte geschöpfliche Existenz an – er wird nicht nur Mensch, er wird ein Geschöpf. Die Konzepte tragen der Wahrnehmung Rechnung, dass es eine elementare Verbundenheit aller Geschöpfe im Werden und Vergehen gibt. In seiner Bereitschaft zur kenotischen Selbsthingabe partizipiert Gott am Leiden aller Geschöpfe.

Die Schöpfungsethik gilt seit längerer Zeit in der Ökumenischen Bewegung als eine vorrangig wichtige. Immer wieder stellen sich neue Herausforderungen: Klimaveränderungen, Krankheiten und Epidemien mit ungeahnten Gefährdungen für weite Teile der Erdbevölkerung, das Aussterben von Tier- und Pflanzenarten. Die Liste zu den bedrängenden Fragen ließe sich fortsetzen. Die gewachsene Aufmerksamkeit auf diese Themenbereiche ver-

---

[131] Vgl. Niels Henrik Gregersen, Deep Incarnation (2015); Denis Edwards, Deep Incarnation (2019);. Vgl. als eine frühe Aufnahme der Thematik im deutschsprachigen Raum: Anne Käfer, Schöpfung und Inkarnation (2010).

dankt sich auch der Tatsache, dass unter den neuen Bedingungen der weltweiten Mobilität Gefahrenherde nicht mehr leicht lokal begrenzt werden können. Die mögliche eigene Betroffenheit von einem Phänomen verursacht eine veränderte Motivationslage bei der Suche nach Lösungen. In der Ökumene waren es wegweisend die Orthodoxen Kirchen, die mit der liturgischen Feier des Tages der Schöpfung am 1. September eines jeden Jahres diese Thematik anderen Konfessionen bedrängend zu Bewusstsein gebracht haben. In Deutschland hat die ACK seit dem 2. Ökumenischen Kirchentag 2010 in München den ersten Freitag im September als einen künftig ökumenischen »Tag der Schöpfung«[132] ausgerufen.

Die christlichen geistlichen Traditionen lehren eine menschliche Selbstbescheidung im Hinblick auf die eigenen, wirklichkeitsverwandelnden Handlungsmöglichkeiten. Die Vergegenwärtigung des göttlichen Lebensgrundes lehrt, zwischen der Gabe des Lebens und den Wegen zu seiner Bewahrung zu unterscheiden. Die Versammlung zum liturgisch gestalteten Lobpreis Gottes unterbricht die oft geschäftig wirkende menschliche Anstrengung, durch theologische Studien oder diakonische Handlungen dem Ziel der Einheit der Kirchen näher zu kommen. Durch die Aussonderung von festen Zeiten des Tages zum Gebet geschieht eine beständige Erinnerung an den göttlichen Geber allen Lebens. Der gemeinsame Eintritt in einen Feierraum fördert die Gewissheit, bereits in einer von Gott geschenkten Verbundenheit zu leben. Der Ursprung der bereits bestehenden ökumenischen Gemeinschaft ist nicht das Werk von Menschen, sondern die von Gott eröffnete Möglichkeit, an seinem Leben teilzuhaben. Die in der Gebetstradition aller christlichen Konfessionen bewahrte schöpfungstheologische Dimension des Glaubens vermag die gemeinsame Ausrichtung auf das Wohlergehen aller Geschöpfe zu stärken. Die besondere Verbundenheit mit Israel, Gottes Volk, kommt zum Ausdruck. Die gemeinsame Anrufung des Namens Gottes in der Klage und in der Bitte führt zur Erkenntnis der Differenz zwi-

---

[132] Vgl. Ökumensiche Centrale / Arbeitsgemeinschaft Christlicher Kirchen in Deutschland (Hg.), Gottes Schöpfung feiern (2008); Michael Kappes (Hg.), Gottes Schöpfung feiern und bewahren (²2011).

schen dem menschlichen und dem göttlichen Vermögen: »Haucht der Mensch sein Leben aus und kehrt er zurück zur Erde, dann ist es aus mit all seinen Plänen. Wohl dem, dessen Halt der Gott Jakobs ist und der seine Hoffnung auf den Herrn, seinen Gott, setzt. Der Herr hat Himmel und Erde gemacht, das Meer und alle Geschöpfe; er hält ewig die Treue« (Ps 146,4–6).

In den beiden biblischen Schöpfungserzählungen kommt im Vergleich zu anderen altorientalischen Schöpfungsmythen in ganz ungewöhnlicher Ausführlichkeit eine hohe Achtung auch vor der nicht-menschlichen Schöpfung zum Ausdruck. Auch in diesem Zusammenhang ist die soteriologische Frage im Spannungsfeld von Protologie und Eschatologie zu halten: Was erschaffen ist, soll auch vollendet werden. Die Wertschätzung der nicht-menschlichen Schöpfung kommt zunächst in den Erzählungen von der Vielfalt der Geschöpfe zum Ausdruck. Insbesondere die Tierarten erfahren im Hinblick auf den jeweiligen Lebensraum, der ihnen Dasein ermöglicht, Beachtung. Alle Rede zielt den Wert der Bewahrung des Lebens an. In der jahwistischen Erzählung von der Erschaffung der Tiere (vgl. Gen 2,18–20) kommt die besondere Lebensgemeinschaft von Tier und Mensch eindrücklich zum Ausdruck. Der Mensch nennt sie beim Namen und anerkennt damit ihre unverwechselbare Identität. Auch die Gemeinschaftsfähigkeit der Tiere wird angesprochen. Gleichwohl ist es nicht möglich, eine Ebene der Dialogizität mit den Tieren zu erreichen – von gleich zu gleich. Ein dem Menschen entsprechendes Verhältnis ist nur in der Gemeinschaft unter Menschen, als Mann und Frau, möglich.

Der Mensch hat aus biblischer Sicht Verantwortung für die nicht-menschliche Schöpfung: Er ist ihr Hüter. Der so genannte »Herrschaftsbefehl« (vgl. Gen 1,28) hat viele Missverständnisse bewirkt. Der Mensch weiß um manche Gefahren, die aus der Tierwelt drohen. Zugleich ist er das einzige geschaffene Wesen, das in Gottes Sinne (als sein Abbild) Sorge auch für die Tiere tragen kann. Die Erzählungen vom (ersten und dann andauernden) Sündenfall des Menschen haben auch Auswirkungen auf die Störung des ursprünglichen Verhältnisses zwischen Mensch und Tier. Am Ende wird dem Menschen zugestanden, nicht nur Pflanzen, sondern auch Tiere zu essen. Die Schöpfungsgemeinschaft ist eine, die sich wechselseitig »verzehrt« - im wörtlichen und im übertragenen Sinn. Zugleich sorgt Gott selbst dafür, dass alle Tierarten als Paar (als Nachkommen habende Geschöpfe) in der Sintflut bewahrt bleiben. Nicht nur in der Urgeschichte, auch in vielen weiteren biblischen Schriften finden sich Bezüge zwischen dem menschlichen und dem tierischen Leben. In der Weisheitsliteratur - insbesondere im Buch Hiob (vgl. Ijob 38-39) - wird die Vielfalt und Schönheit der Tiere in einer Gottesrede als Argument für den Unterschied zwischen dem Schöpfer und den Geschöpfen herangezogen. Kein Mensch kann die Vielfalt erschaffen, die Gott selbst erwirkt hat. Kein Mensch kann für Nahrung für die Tiere sorgen, ihren Lebensraum behüten und ihnen Nachkommen schenken. Angesichts der Wunder der Schöpfung ist der Mensch zum Staunen und zum Lobpreis bewegt. Vor diesem Hintergrund gilt es, die Frage nach dem Sinn des Leidens neu zu stellen. Der Mensch hat keine letzte Einsicht in alle Zusammenhänge der Schöpfung. In der prophetischen Literatur - insbesondere in den apokalyptischen Visionen - ist die Tierwelt eine Bildquelle für die metaphorische Rede von Unheil und Versöhnung (vgl. Jes 11,6-9): Die Vollendung wird bildhaft in der Wiederherstellung paradiesischer Verhältnisse geschaut, bei denen auch Raubtiere nur Gras futtern. Die Erwartung eines neuen Himmels und einer neuen Erde ist eine alt- wie neutestamentliche Hoffnungsgestalt, in der die Wiederherstellung einer guten Schöpfungsordnung als Zielgestalt der Vollendung vor Augen steht. In diesen Zusammenhang sind alle Geschöpfe - auch die Steine, die Pflanzen und gewiss die Tiere - einbeschlossen.

Beobachtungen zur Tierbestattung lösen (offene) Fragen aus: Den Tieren werden Namen gegeben, ihr Gedächtnis wird über den Tod hinaus bewahrt. Eigene Friedhöfe werden (im Garten oder auch offiziell in den Kommunen) errichtet. Der Mensch hofft auf ein Weiterleben auch der geliebten Tiere. Eine Möglichkeit der Deutung ist, das relationale Dasein der Geschöpfe als eine Grundbestimmung zu denken, die nicht nur für die Zeit, sondern auch für die Ewigkeit gilt: Wer je mit einem Tier intensiv gelebt hat, weiß, welche Verwandlung des eigenen Seins dadurch geschieht.

Dieses relationale Dasein bleibt auch eine Grundbestimmung des Menschen im Eschaton.

Die vegetarische Ernährung hat gute Gründe für sich. Gleichwohl stellt sich die Frage, ob nicht auch Pflanzen letztlich in ihrer Eigenart unwiederbringlich sind. Niemand kann sich letztlich bei seiner Suche nach dem eigenen Überleben aus dem Verhängnis befreien, darauf angewiesen zu bleiben, dass andere Geschöpfe dabei ihr Leben verlieren. Die Proexistenz ist ein Grundkennzeichen der Geschöpflichkeit. In spiritueller Hinsicht sind in diesem Zusammenhang Klage, Lobpreis und Dank angemessen. In enger Verbindung mit den ethischen Disziplinen der Theologie hat auch die Dogmatik ein Wort zu sagen zum artgerechten Leben mit den Tieren. Dabei ist nicht nur die Frage der Lebensbedingungen der Tiere zu bedenken, auch die Weise ihres Todes ist Gegenstand der Reflexion. Eine Perspektive könnte sein, auch jedem Tier die ihm vom Schöpfer zugemessene Lebenszeit zu bewahren. Dies aber bedeutete, zumindest keine jungen Tiere zu töten und daher beispielsweise auf den Verzehr von Kalbfleisch, Lammfleisch grundsätzlich zu verzichten.

4. Erlösung eschatologisch erwarten

»Aus wird es sein mit mir, wenn ich keine Kraft mehr habe, die eigenen Augen zu finden«[133]. Wer es wagt, sich in die Augen zu schauen und dabei sich selbst wahrzunehmen in aller Nüchternheit, für denjenigen und diejenige besteht Hoffnung im eschatologischen Gericht, das nach christlicher Tradition gewiss nicht (allein) als eine reine Selbstschau zu erwarten ist. Reichhaltig sind die metaphorischen Verbindungen zwischen dem Sehen des Menschen und der eschatologischen Erlösung in der »visio beatifica«, der Begegnung mit Gott von Angesicht zu Angesicht. Neue Einblicke in die Zusammenhänge der Lebensgeschichte werden sich dabei ereignen.

---

[133] Peter Handke, Phantasien der Wiederholung (1983), 42.

Ich zähle diesen Abschnitt zu jenen, die Handlungsperspektiven in der Soteriologie aufzeigen. Dabei leitet mich der Gedanke, dass eschatologische Erwartungen die Gestaltung des Lebens in der Gegenwart verändern. Jenseitserwartungen und Diesseitsgestaltungen korrespondieren miteinander. Wer eine begründete eschatologische Hoffnung auf die Versöhnung aller mit allen hat, wird bereits in der eigenen Lebenszeit diesem Ziel näher kommen wollen. Die Möglichkeit einer »Allversöhnung« ist in der christlichen Traditionsgeschichte vielfach bedacht worden. Sie steht thematisch in engem Zusammenhang mit der Frage nach den Wegen der Läuterung des Menschen angesichts des eschatologischen Gerichts. Die Läuterung des eigenen Lebens ist tagtäglich möglich. Läuterung setzt Erinnerung voraus. Ist das Vergessen jedoch manchmal nicht der geeignetere Weg zur Erlösung, zur Heilung der alten Wunden?

a. Versöhnung (nur) durch Erinnerung –
oder (auch) durch Vergessen?

Der Themenbereich »Erinnerung und Versöhnung« steht insbesondere in der deutschsprachigen Literatur noch auf lange Sicht, so ist zu hoffen, unter dem Vorzeichen des Erfordernisses, die Schuldgeschichte in nationalsozialistischer Zeit niemals in Vergessenheit geraten lassen zu wollen. In der Wahrnehmung von ungeschönten Erinnerungen der Opfer selbst können tiefe Reue, Besserungswille und Versöhnungsdienste je neu entstehen. Weite Teile seines theologischen Lebenswerks hat Johann Baptist Metz[134] auf die Reflexion der verwandelnden, erlösenden Kraft der Erinnerung der Opfer verwendet. Sein Werk ist nachhaltig ein Be-

---

[134] Vgl. exemplarisch: Johann Baptist Metz, Zur Theologie der Welt (^{4}1979); ders., Glaube in Geschichte und Gesellschaft (^{5}1992); ders., Zeit der Orden? (^{5}1982); ders., Jenseits bürgerlicher Religion (1980); ders., Zum Begriff der neuen Politischen Theologie (1997); ders., Memoria Passionis (2006); Tiemo Rainer Peters, Johann Baptist Metz (1998).

VI. Perspektiven

zugspunkt bei der Thematisierung der soteriologischen Bedeutung der Erinnerung[135]. In diesem Kontext erfolgen auch weiterführende Überlegungen zu der Einsicht, dass allein die Opfer der Geschichte von sich aus Versöhnung mit den Tätern anbieten können.[136] Gerechtigkeit kann den Opfern durch versöhnliche Erinnerung der Sieger nicht mehr zuteil werden. In diesem gedanklichen Kontext wurzelt die Vorstellung von der versöhnenden Wirksamkeit des Vergessens.[137] Schenken können das Vergessen nur die Leidtragenden. Erbitten können es Schuldige, die zugleich die Erinnerung an ihre Taten versprechen.

In ökumenisch-theologischer Perspektive liegt es an dieser Stelle nahe, einen kurzen Blick auf einzelne Bemühungen zu werfen, die zum Ziel haben, das interkonfessionell belastete, unversöhnte Miteinander durch die Erinnerung an die Schuldgeschichte versöhnter werden zu lassen. Unter dem Titel »Erinnern und Versöhnen« sind die Vergebungsbitten der römisch-katholischen Kirche veröffentlicht worden, die Papst Johannes Paul II. am 1. Fastensonntag des Jahres 2000 in der Öffentlichkeit vortrug.[138] Die römisch-katholische Kirche möchte mit diesem Geschehen einen Beitrag zur »Reinigung des Gedächtnisses« leisten: »›Das Gedächtnis reinigen‹, ist der Versuch, aus dem persönlichen und gemeinschaftlichen Bewusstsein alle Formen von Ressentiment und Gewalt zu überwinden, die uns die Vergangenheit als Erbe hinterlassen hat«[139]. Auf der Handlungsebene wäre mit dieser Absicht ein Kommunikationsversprechen zu verbinden. Die konkrete Gestalt einzelner Schuldeingeständnisse enttäuschte viele und hat neue Verletzungen bewirkt. Das Gebet von Johannes Paul II.

---

[135] Vgl. mit vielen Hinweisen auf Werke von Johann Baptist Metz als eine wohlwollende und doch nicht unkritische Relecture: Raymond Jahae, Erlösung –Erinnerung – Hoffnung (2004). Vgl. auch Walter Raberger, »Ich benötige keinen Grabstein« (2003) – ebenfalls mit vielen Hinweisen auf Beiträge von Metz bzw. zur Rezeption seiner Gedanken.
[136] Siehe dazu auch hier oben Abschnitt III.2.d.
[137] Vgl. Walter Raberger, »Ich benötige keinen Grabstein« (2003), bes. 19–21.
[138] Vgl. Erinnern und Versöhnen (2000).
[139] Ebd. 82. Vgl. zum Ganzen auch: Gerhard Ludwig Müller, Die Vergebungsbitte der Kirche im Heiligen Jahr der Versöhnung (2000).

im Kontext der christlichen Ökumene lautet: »Barmherziger Vater, am Abend vor seinem Leiden hat dein Sohn darum gebetet, dass die Gläubigen in ihm eins seien: Doch sie haben seinem Willen nicht entsprochen. Sie haben Gegensätze und Spaltungen geschaffen, haben einander verurteilt und bekämpft. Wir rufen inständig dein Erbarmen an und bitten dich um ein reumütiges Herz, damit alle Christen sich in dir und untereinander aussöhnen. In einem Leib und einem Geist vereint, sollen sie die Freude über die volle Gemeinschaft wieder erleben dürfen«[140]. Noch ist nicht erkennbar, dass in der Folgezeit wirksame Wege zur Aussöhnung der offenkundig unterschiedlichen Erinnerung an die Geschichte der Bildung von Konfessionsgemeinschaften beschritten worden wären. Insbesondere dann, wenn von einer gemeinschaftlichen Beteiligung an der Entstehung von Schuldzusammenhängen ausgegangen wird, lässt sich dies ohne eine gemeinsame Erinnerungsbildung nicht mit Aussicht in einen Aussöhnungsprozess einbringen. Das Stichwort »Heilung der Erinnerungen« ist im europäischen ökumenischen Prozess eng mit den Bemühungen der »Konferenz der Europäischen Kirchen« (KEK) verbunden, ausgehend von einer intensiven Analyse der Geschehnisse in Nordirland und Südafrika auch in anderen Kontexten auf die therapeutische Wirksamkeit der Erinnerung aufmerksam zu werden.[141] Die unter dem Leitgedanken »Versöhnung – Gabe Gottes und Quelle neuen Lebens« einberufene 2. Europäische Ökumenische Versammlung in Graz 1997 hat einen wesentlichen Beitrag dazu geleistet, durch eine nüchterne Erinnerung an die auch aus konfessionellen Gründen entstandene Leidensgeschichte weiterer Nationen Wege zur Versöhnung zu bahnen.

Durch die angesprochenen Bemühungen werden keineswegs die Erinnerungen geheilt – oder gar beschönigt. Getreu dem Wortlaut des englischsprachigen Originals »Reconciling Memo-

---

[140] Erinnern und Versöhnen (2000), 123. Enttäuschend wirkte bei diesem Wortlaut vor allem die alle Konfessionsgemeinschaften differenzlos inkludierende Aussage überbestehende Schuldzusammenhänge.
[141] Vgl. Alan D. Falconer / Joseph Liechty (Hg.), Reconciling Memories (²1998). Ionita Viorel, Die »Heilung der Erinnerungen« als Herausforderung an die Kirchen in Europa (2006).

ries« geht es um »versöhnende Erinnerungen«. Die Erinnerungen haben selbst verwandelnde Kraft. Nicht an ihnen geschieht etwas, sondern durch sie verändert sich die Wirklichkeit. Diesen Unterschied im Blick zu behalten, erscheint mir wesentlich. Fördert oder behindert das Erinnern die Versöhnung? Es wird keine einfache Antwort auf diese Frage geben können. Interdisziplinäre Gespräche mit der psychotherapeutisch ausgerichteten Traumaforschung liegen in diesem Zusammenhang nahe.[142]
Gibt es bei Menschen die Suche nach Versöhnung über den eigenen Tod hinaus? Es mag auf den ersten Blick mehr als befremdlich erscheinen, wenn Menschen sich den digitalen Möglichkeiten bedienen, sich selbst über eine entworfene Botschaft oder auch bereits Verstorbenen über einen Nachruf langes Gedächtnis zu sichern – eine Leistung gegen Bezahlung gewiss.[143] Ein solches Angebot gibt es nur, weil auch die Nachfrage besteht. Tag für Tag sind die Zusendungen nachzulesen. Sie legen offen, wie Menschen gerne im Gedächtnis bleiben möchten; sie dokumentieren eine verzweifelte Suche nach verschollenen Gräbern; sie lesen sich als bisher verborgenen Nachruf zu geliebten Verstorbenen. Bei nicht wenigen Meldungen ist die Dankbarkeit groß, überhaupt die Möglichkeit zu haben, zumindest auf diese Weise dem scheinbar ins Vergessen reißenden Tod durch Erinnerung widerständig entgegen treten zu können. Es erscheint mir als eine große gemeinsame ökumenisch-christliche Herausforderung, dem offenkundigen Bedürfnis vieler Menschen nach einer rückblickenden Betrachtung der Lebensgeschichte vertrauter Men-

---

[142] Vgl. Hermes A. Kick / Günter Dietz (Hg.), Trauma und Versöhnung (2010); Judith Lewis Hermann, Die Narben der Gewalt (^{2}2006); Mary R. Harvey, An ecological view of psychological trauma and trauma recovery (1996); Simone Lindorfer, »Reise durch unerforschtes Land« (2009); vgl. dazu auch Dorothea Sattler, Versöhnung (nur) durch Erinnerung – oder auch durch Vergessen? (2009).

[143] Neuere Entwicklungen im Bereich der künstlichen Intelligenz gehen noch weit darüber hinaus und ermöglichen bei ausreichender Datenmenge eine Interaktion mit einem digitalen Abbild eines Verstorbenen, das seine Sprache imitiert. Erste Eindrücke von diesen Möglichkeiten vermittelt ein Beitrag auf SWR, online unter: https://www.swr.de/wissen/digital-afterlife-unsterblich-werden-mit-kuenstlicher-intelligenz-100.html.

schen – oder auch der Bereitschaft zur ungeschönten eigenen Selbstwahrnehmung noch zu Lebenszeiten – größere Beachtung zu schenken.

Es gibt bereits manche Literatur, die unter Bezugnahme auf persönliche Erfahrungen auf die hohe gesellschaftliche Bedeutung von biographischen Erinnerungen im Todesfall auch im außerkirchlichen Bereich hinweist.[144] Symbolische Handlungen sind in diesem Zusammenhang besonders wichtig: Lichter entzünden, letzte Wege mitgehen, Blumen streuen oder auch das Mitbegraben durch den Erdwurf sind Zeichenhandlungen, die von vielen Menschen an- und aufgenommen werden können. Jede Sterbegeschichte ist eine eigene. Heute können die in der kirchlichen Pastoral tätigen Menschen häufig nur wenig Zeit aufwenden, um einem Sterbenden zur Seite zu stehen. Ein aufschlussreicher Vergleich zwischen den Kennzeichen von Reden in sogenannten »weltlichen« Trauerfeiern und Ansprachen im christlichen Kontext lässt auf drei Erwartungen der Hinterbliebenen aufmerksam werden, die in weltlichen Grabreden eher Beachtung finden: der Lebensgeschichte wird große Aufmerksamkeit geschenkt, die Einbindung in (auch belastende) Beziehungen wird thematisiert und das gesellschaftliche Engagement der Verstorbenen findet Beachtung.[145] Aufmerksam zu werden auf die große Bedeutung der im Blick auf spezifische Lebensereignisse erinnerten Schuldgeschichte von Menschen gehört zu den Grundbefähigungen aller, die in der christlichen Pastoral tätig werden. Entsprechende Schulungen erfahren auch Menschen, die in der Klinikseelsorge oder in der Hospizarbeit tätig sind.

Auch den Wert des Vergessens nicht zu vergessen, dazu lädt eine Studie von Harald Weinrich ein, der mit reichhaltigen Bezügen auf literarische Quellen eine interdisziplinäre geisteswissenschaftliche Studie veröffentlichte, die auf den engen Zusammen-

---

[144] Die Bereitschaft, in neuren theologischen Beiträgen wertschätzend auch auf die nicht-kirchlichen Formen der Sterbebegleitung zu blicken, ist deutlich gewachsen: vgl. Birgit Janetzky, Lebensdeutung und Abschiedsritual (^{2}2003); dies, Stille Beisetzungen trösten nicht (2001).
[145] Vgl. Ansgar Franz, Letzte Worte? (2004), bes. 1234–1240.

hang zwischen der Erlösung und dem Vergessen aufmerksam macht.[146] Vergessen zu können ist in manchen Situationen eine Lebenshilfe. Im Schlamm des Lethe-Stroms des Vergessens jedoch auf immer begraben zu bleiben, wer wünschte dies schon? Unerschöpflich erscheinen die gedanklichen Bezüge zur ambivalenten Wirksamkeit des Vergessens. Dabei bleibt auch der Themenaspekt »Vergeben und Vergessen« – durchaus in biblischer Tradition[147] – nicht ausgespart.[148] Erich Fried schreibt unter dem Titel »Vielleicht«[149]:

Erinnern
das ist
vielleicht
die qualvollste Art
des Vergessens
und vielleicht
die freundlichste Art
der Linderung
dieser Qual

---

[146] Vgl. Harald Weinrich, Lethe (1997); vgl. auch die einfühlsame Besprechung: Aleida Assmann, Was heißt schon Erinnerung? (1997).

[147] Ein eindrückliches biblisches Beispiel für den komplexen Zusammenhang von Vergeben und Vergessen ist die Namensgebung der in Ägypten geborenen Kinder des Josef (vgl. Gen 41,50–52). Der Erstgeborene heißt »Manasse, denn er [Josef] sagte: Gott hat mich all meinen Kummer und mein ganzes Vaterhaus vergessen lassen« (Gen 41,51). »Vergessen heißt hier nicht, es aus dem Gedächtnis ausstreichen, als sei es gar nicht gewesen, wohl jedoch, es loslassen, es sinken lassen können, so dass die Bitternis und das Vorwurfsvolle aus dem Schmerz nicht lebensbestimmend werden. Denn etwas, was einfachhin vergessen ist, kann nicht geheilt werden, und was nicht geheilt werden kann, wird leicht die Ursache für größeres Unheil« (Paul Deselaers, Wie Leben miteinander wieder heil wird [2003], 31 f.). Das zweite Kind trägt den Namen Efraim, wörtlich: »Doppelfrucht«. Dieser Name wird in der biblischen Tradition so gedeutet: »Gott hat mich fruchtbar werden lassen im Lande meines Elends« (Gen 41,52) In die Zukunft gerichtet ist dieses Wort. Nur mit beiden Kindern an der Hand – dem sinken lassenden Vergessen (Manasse) sowie der das Gute bleibend einsammelnden und zur Teilhabe dargebotenen Erinnerung (Efraim) – kann der Weg der Versöhnung beschritten werden, wie der Fortgang der Josefsgeschichte zeigt.

[148] Vgl. Harald Weinrich, Lethe (1997), 210–216.

[149] Erich Fried, Vielleicht (1998).

Es entspricht der menschlichen Lebenserfahrung, ohne das Gedächtnis der Verletzungen keine Heilung der Wunden erlangen zu können. Es gibt jedoch keinen Automatismus in diesem Geschehen: Die Möglichkeit steht offen, dass Menschen sich der Qual der Erinnerung ausweglos aussetzen und jede Zuversicht verlieren, eine Wende der Not zu erleben. Menschen sind frei in der Gestaltung auch ihrer Erinnerung. Es gibt Gesetzmäßigkeiten in der Wirkweise eines Handelns, doch die hohe Komplexität der Psyche einzelner Menschen und ihre Verwobenheit mit dem sozialen Gefüge erlauben nicht mehr, als auf die vielleicht eintretende Linderung der Qual zu hoffen, die in der Rückfrage an das eigene Leben erlitten wird. Gott allein kann durch sein Gedenken dem Geschöpf Versöhnung bereiten – ohne dessen Lebensgeschichte mit den anderen Geschöpfen je zu vergessen.

b. Was geschieht in der eschatologischen Läuterung?

Im Tod, im Abbruch der Möglichkeiten wechselseitig zu gestaltender Kommunikation, scheinen unversöhnte Lebenswirklichkeiten Endgültigkeit zu erlangen. Ist es so? Die römisch-katholische Liturgie- und Lehrtradition hat eine Vorstellung bewahrt, die sie – inzwischen verbunden mit einem Eingeständnis vielfältiger missbräuchlicher Verwendungsweisen derselben – heute in die ökumenischen Gespräche einbringt: die Hoffnung auf eine kirchliche Mitgestaltung der Wege der Versöhnung zwischen Lebenden und Toten über den Tod hinaus auf dem Weg der Erinnerung der eigenen Lebensgeschichte und deren Betrachtung im Licht des liturgisch gefeierten Christusereignisses. Im Hintergrund steht ein heute spezifisch römisch-katholisches Verständnis von der eschatologischen Läuterung, das in der christlichen Traditionsgeschichte Anlass zu Kontroversen war.

Ist der Dienst der sozial-ekklesialen Personerinnerung über den Tod hinaus, wie er auch in Formen nicht-anonymer Begräbnisse geschieht, als ein generationenübergreifender Versöhnungsdienst zu verstehen? Versöhnung über den Tod hinaus zwischen einzelnen Lebenden und Toten kann sich primär nur in einem

VI. Perspektiven

Verhältnis des personalen Vertrautseins ereignen. Sehr nachdenklich stimmt in diesem Zusammenhang, dass mehr und mehr Menschen heute eine anonyme Bestattung wünschen[150], bei der auf eine namentliche Kennzeichnung der Stätte verzichtet wird, an der ein Mensch begraben ist. Die Motivationen, die Menschen zu ihren Lebzeiten für den Wunsch, anonym bestattet zu werden, angeben, sind sehr verschieden. In aller Regel wird die nicht mögliche Grabpflege durch die Angehörigen als einer der Hintergründe beschrieben: Aufgrund des zumeist hohen Alters der Verstorbenen und der zunehmenden Mobilität der nachfolgenden Generationen sind Situationen selten, in denen Familienangehörige dauerhaft für die Gräber sorgen könnten. Auch Kostengründe sprechen für das anonyme Begräbnis. Es gibt christlich-ökumenische Initiativen, die ungewollt anonym bestatteten Menschen in liturgischer Gestalt ein Gedächtnis schenken und dabei sehr bewusst das biblische Thema des Namensgedächtnisses in den Blick nehmen[151]. Neben finanziellen Gesichtspunkten werden

---

[150] Statistische Untersuchungen über die Entwicklung der anonymen Bestattungen zeigen von den 90er Jahren an einen anhaltenden Trend zu wachsender Verbreitung zunächst in großen Städten vorrangig im Osten und Norden Deutschlands, in jüngerer Zeit auch in kleineren Städten und Kommunen in Gesamtdeutschland: vgl. Barbara Mappe (Hg.), Gesellschaftliche Faktoren und Entwicklung der Bestattungs-, Friedhofs- und Trauerkultur am Ende des 20. Jahrhunderts (1997). Ich verdanke den Hinweis auf diese Studie dem informativen Beitrag von Hubertus Lutterbach, Anonymisierung von Verstorbenen (2002).
[151] Vgl. Friedrich Lurz, »Unbedacht«. Gedenkfeier für anonym bestattete Menschen (2007), 100. In diesem kurzen und informativen Beitrag wird über eine Initiative in Kölner Innenstadtgemeinden berichtet, die monatlich gemeinsam in einem ökumenischen »Gottesdienst für Unbedachte« insbesondere obdachloser Menschen gedenken, die auf Veranlassung der städtischen Behörden eingeäschert und anonym bestattet wurden. Im Mittelpunkt der Schriftlesungen steht die hoffende Gewissheit, dass alle Menschen in Gottes Namensgedächtnis verwahrt bleiben: »Die Initiatoren verstehen diese Feiern als Dienst an der Gesellschaft, um die unwillentlich in der Anonymität Bestatteten ins Gedächtnis zu holen und dort zu bewahren. In gewisser Weise wird hier die Tradition des spätmittelalterlichen Elendenfriedhofes aufgenommen und auf heutige Bedingungen hin adaptiert: Kein Toter soll nur ›entsorgt‹ werden, sondern jeder behält seinen Namen und seine

von Menschen, die eine anonyme Bestattung wünschen, auch ideelle Überlegungen angeführt: der Wunsch, eins zu werden mit der Natur oder die Annahme, nach dem Tod ohnehin irgendwann ohne menschliches Gedächtnis zu bleiben. Erinnerung an Personen scheint aus Sicht der Verwandten zunehmend nicht mehr an Orte und Zeiten gebunden zu sein. Während sich praktisch-theologische[152] (vor allem liturgiewissenschaftliche) und kirchenhistorische[153] Forschungen – unter Bezugnahme auf archäologische Studien und kulturwissenschaftliche Erkenntnisse[154] – bereits intensiv mit der Thematik des anonymen Begräbnisses befasst haben, fehlen solche Studien aus systematisch-theologischer Sicht[155] bisher weithin.

Ökumenisch-theologische Klärungen stehen in diesem Themenbereich aus, bei denen Grundfragen der christlichen Eschato-

---

Würde über den Tod hinaus« (ebd.). Hubertus Lutterbach zeigt mehrere Möglichkeiten auf, wie kirchliche Gemeinden heute im Kontext der Grabpflege »neue Tätigkeitsfelder für die innergemeindliche Solidarität unter den Christen und den mit ihnen Verbundenen« entdecken könnten – etwa durch die Bereitstellung von Gräberfeldern für Menschen in materieller Not (Hubertus Lutterbach, Anonymisierung von Verstorbenen [2002], 751); vgl. weiterführend auch Wolf-Dietrich Köhler, Armenbestattungen (2011).
[152] Vgl. Ansgar Franz, Letzte Worte? (2004); Winfried Haunerland, Gedächtnis unserer Erlösung (2003); Albert Gerhards / Benedikt Kranemann (Hg.), Christliche Begräbnisliturgie und säkulare Gesellschaft (²2003); Themenheft »Spätmoderne Bestattungskultur« (2002).
[153] Vgl. Hubertus Lutterbach, Anonymisierung von Verstorbenen (2002). Lutterbach bezieht sich mehrfach auf folgende grundlegende Studie zur Geschichte des Totengedächtnisses: Arnold Angenendt, Theologie und Liturgie der mittelalterlichen Toten-Memoria (1984). Vgl. auch: Michael Borgolte, Das Grab in der Topographie der Erinnerung (2000).
[154] Vgl. Gunda Büske, Die Liturgie als Ort des kulturellen Gedächtnisses (2001); Thomas Quartier, Liturgisches Gedächtnis im Angesicht des Todes (2007).
[155] Grundlegende, Übersicht vermittelnde Beiträge zur Thematik »Erinnerung« finden sich in systematisch-theologischer Perspektive in: Paul Petzet / Norbert Reck (Hg.), Erinnern (2003); Theresia Heimerl / Karl Prenner (Hg.), Kultur und Erinnerung (2005). Als Übersicht über kulturwissenschaftliche Zugänge zur Thematik »Erinnerung und Gedächtnis« vgl.: Hartmut Böhme / Peter Matussek / Lothar Müller, Orientierung Kulturwissenschaft (2000), bes. 147–164.

logie mit der Versöhnungs- und Rechtfertigungslehre zu verbinden sind. Ökumenische Kontroversen in Fragen der Eschatologie waren bisher selten Gegenstand von Konvergenzbemühungen; nach meiner Wahrnehmung vedichten sich diesbezüglich in jüngerer Zeit die Bemühungen.[156] Bei genauerem Hinsehen waren es gerade diese Themenbereiche, in denen die römisch-katholische Lehrtradition – mit entsprechenden Auswirkungen in der Frömmigkeitspraxis – von der Annahme ausgeht, dass die irdische Kirche, die noch lebenden Glaubenden, Einfluss nehmen können auf die eschatologische Läuterung der bereits verstorbenen Angehörigen oder auch auf den eigenen Läuterungszustand, die zuallererst die Schärfe der konfessionellen Auseinandersetzung im 16. Jahrhundert bewirkt haben: das Ablasswesen, die (Opfer-)Messen für Verstorbene und die Bußauflage nach der Absolution[157]. Diese römisch-katholischen Traditionen setzen die Existenz sogenannter zeitlicher Sündenstrafen voraus und zielen deren Verwandlung an. An welche Gestalt der Unversöhntheit erinnern zeitliche Sündenstrafen – und welche Veränderungen erscheinen durch ein bewusstes Gedächtnis dieser Wirklichkeit auch noch zwischen Lebenden und Verstorbenen möglich?

Die im Umfeld des 2. Vatikanischen Konzils in den Spuren der anthropologisch gewendeten Theologie Karl Rahners in römisch-katholischer Tradition versuchte Erneuerung des Verständnisses der zeitlichen Sündenstrafen[158] zielte eine erfahrungsnahe und lebensrelevante Interpretation der leidvollen Folgen des menschlichen Tuns an, die durch das bloße Eingeständnis der bereuten Schuld und den Zuspruch der Vergebungsbereitschaft Gottes noch nicht behoben sind. Karl Rahner griff einen Gedanken

---

[156] Vgl. Uwe Swarat / Thomas Söding (Hg.), Gemeinsame Hoffnung – über den Tod hinaus (2013).
[157] Vgl. zu diesen Themenbereichen ausführlicher: Dorothea Sattler, Gelebte Buße (1992); dies., Gedächtnis der Toten in der Feier der Eucharistie (2000); dies., Ablaß-Streit in neuer Zeit (2000).
[158] Vgl. Karl Rahner, Bemerkungen zur Theologie des Ablasses (1955), in: ders., Sämtliche Werke, Bd. 11: Mensch und Sünde (2005), 471–491; ders., Kleiner theologischer Traktat über den Ablass (1955), in: ebd., 492–503; ders., Zur heutigen kirchenamtlichen Ablasslehre (1967), in: ebd., 504–529.

Erlösung eschatologisch erwarten

auf, den schon Augustinus und Thomas formuliert hatten und dessen Spuren sich auch in der Bußtheologie des Konzils von Trient finden: Es gibt »reliquiae peccati«, Reste der Sünde, die auch nach dem Zuspruch der Vergebung in der Absolution als Sündenfolgen fortbestehen und das Miteinander der Menschen leidvoll belasten. Sich selbst zur Strafe wird der ungeordnete Geist, so sagt Augustinus in seinen Confessiones[159]. Als ein häufig bemühtes Beispiel gilt dabei die Lüge, die fortwährendes Misstrauen provoziert, auch wenn die Lüge eingestanden ist. Einmal durch Unwahrheit genährt, bleibt das Misstrauen als Versuchung auch in neuen Situationen bestehen.

Bei allen Grenzen, die die Verwendung dieses personal-anthropologischen Begriffs der Sündenstrafen im Blick auf die Verstrickung der Schöpfung in die Macht des Bösen hat, finde ich den Gedanken nach wie vor tragfähig, Gott könne seine Schöpfungsordnung so vorgesehen haben, dass die Geschöpfe auf dem Weg ihres eigenen Leidens an den Folgen ihrer bösen Taten zur Umkehr gerufen werden. Die Sündenstrafen haben dann keinen Vergeltungscharakter, sie intendieren nicht den Ausgleich eines Übels mit einem neuerlichen Übel, sie wirken vielmehr therapeutisch: Sie machen sensibel für die selbstverschuldete Beeinträchtigung des Miteinanders und wecken die Bereitschaft zum Neubeginn; sie bewirken wahre Reue. Sündenstrafen sorgen für eine nachhaltige Erinnerung an den Ursprung einer entstandenen Unversöhntheit.

Als ein Kennzeichen der römisch-katholischen Eschatologie gilt die Tatsache, dass sie über lange Zeit stärker an der Frage nach der Vollendung des einzelnen menschlichen Lebens interessiert war als an der Frage nach der Zukunft des Kosmos. Ein Hang zur individual-ethischen Ausrichtung der Eschatologie ist der römisch-katholischen Tradition eigen. In diesem Kontext steht auch das Bemühen, im Rückgriff auf die Erkenntnisse der modernen human- und sozialwissenschaftlichen Biographieforschung[160] das eschatologische Läuterungsgeschehen beschreibend zu erfassen[161].

---

[159] Vgl. Augustinus, Confessiones I 12.
[160] Siehe dazu hier oben Abschnitt III.2.e.
[161] Vgl. dazu ausführlicher: Dorothea Sattler, Selbstthematisierung im

VI. Perspektiven

Die Biographieforschung macht darauf aufmerksam, dass Menschen durch die erinnernde Wahrnehmung des eigenen Lebens zu sich finden, Zusammenhänge sehen wollen. Menschen erdenken ein Konstrukt ihrer Persönlichkeit, das stimmig ist. Sie suchen nach Erklärungen für das Gewordene und halten sich offen für Kommendes. Das Medium, der Träger der Identifizierung des Selbst, ist die gegenwärtigende Erinnerung: das Gedächtnis, das nicht alles verwahrt, nicht mehr alles wahrnimmt, sondern nur Bedeutsames behält. Das Gedächtnis stellt zudem neue Zusammenhänge her. Es ist keine reine Abbildung von Gewesenem. Es stellt die situativen Deutungen von einzelnen Widerfahrnissen immer wieder in einen neuen Deutehorizont. Geprägte Zeiten, Krisenzeiten vor allem, motivieren zu einer solchen Selbstbetrachtung, zu einer Selbsthabe in Gedanken. Die Selbstreflexion ist ein beständiger Prozess der Selbstkonstitution, deren Ziel es ist, zu verstehen und authentisch handeln zu lernen. Die Biographieforschung widerstreitet der Versuchung zu einer Auflösung des einzelnen Menschenlebens in das Gesamt der Lebensbezüge. Sie wehrt sich gegen die Vorstellung, alles Künftige könne durch das bereits Gegebene erklärt werden. Immer bleibt es auch überraschend, wie eine Einzelne umgeht mit den Gegebenheiten. Die Theologie des Gerichts kann an die skizzierten Erfahrungen anknüpfen. Zugleich muss sie Eigenes sagen: Die Selbsterkenntnis des Menschen ist eine geschenkte Gabe Gottes, die das Eigensein des Menschen nicht beseitigt, dieses vielmehr ermöglicht.

Die menschliche Erinnerung an das eigene Leben, die die Voraussetzung für eine Selbstthematisierung ist, diese memoria des Menschen ist Teilhabe an Gottes ewig lebendigem Gedächtnis. Im Bild des eschatologischen Selbstgerichts kommt zum Ausdruck, dass die eschatologische Versöhnung personale Gestalt hat, bei der das Mittun der Geschöpfe vorausgesetzt ist. Zugleich birgt diese Bildrede die Gefahr, das aktive, wirkende Handeln Gottes aus dem Blick zu verlieren. Wichtig wäre auch in diesem Zusammenhang eine stärker pneumatologisch ausgerichtete theologi-

---

Selbstgericht (1992); vgl. auch dies., Versöhnung durch Erinnerung über den Tod hinaus? (2007).

sche Argumentation: Gott ist nicht ein unbeteiligter Zuhörer, der sich anhört, zu welcher Selbsterkenntnis Menschen wohl finden werden. Gott ist mit seinem Leben erhaltenden und Leben stiftenden Geist in der Seele des Menschen und lässt diese an seiner Erkenntnis der jeweils für die Einzelnen relevanten Zusammenhänge teilhaben.

Die Eschatologie muss von einer von Gott ermöglichten Perichorese der Selbst- und der Fremdwahrnehmungen sprechen, um an der Verbundenheit zwischen dem Einzelgericht und dem universalen Gericht festhalten zu können. Die Biographieforschung lenkt den Blick auf das unverwechselbare Leben eines einzelnen Menschen. Gegenstand ihrer Betrachtung ist die gesamte Lebenszeit in ihrem Prozesscharakter mit ihren Brüchen, Wandlungen und Konstanten. Rückschauende Selbstvergewisserungen konfrontieren immer mit den gesamten erinnerten Daten. Die Analyse autobiographischer Erzählungen vermittelt die Einsicht, dass sich die eigene Lebensgeschichte in der Retrospektive als Geschichte von Begegnungen mit anderen Menschen, mit Orten, Ansichten, Erwartungen und Enttäuschungen darstellt. Erinnert wird, was begegnet ist – auch in Gestalt von Fantasien und Ängsten. Jede Lebensgeschichte ist untrennbar verbunden mit den Lebensgeschichten der Anderen. Niemand ist je allein. Wahrnehmungen des eigenen Lebens aus der Sicht eines Anderen werden den Menschen zumindest zu Teilen schon während ihrer Lebenszeit bekannt.

Der Rückgriff auf solche Erfahrungen der Selbstwahrnehmung und der Fremdwahrnehmung ist hilfreich bei dem theologischen Bemühen, anschaulich zu machen, wie das besondere Gericht und das universale Gericht miteinander verbunden sind. Erst die von Gott ermöglichte, die meinem Blick eröffnete Teilhabe an der Selbstwahrnehmung der Anderen ermöglicht es mir, mein eigenes Leben in seiner gewordenen Gestalt zu verstehen. Was letztlich zählt, ist nicht allein eine gute Sterbestunde. Niemand muss bangen, ob ihm in diesem Augenblick der richtige Gedanke in den Sinn kommt. Im Tod erlebt jeder und jede bei sich selbst und bei all denen, die im Leben bereits Vertraute waren, jenen Prozess mit, in dem Gott die Wahrnehmungen reinigt und miteinander versöhnt. Das gesamte Menschenleben wird gegenwärtig. Die Täter begegnen der Wahrnehmung ihres Lebens aus der Sicht der Opfer. Die Opfer erfahren von der schmerzlichen Selbstbesinnung der Täter. Die Täter können sich selbst leichter annehmen, wenn sie gewahr werden, dass Gott den Opfern Gerechtigkeit widerfahren lässt.

Auch das skizzierte Geschehen der Perichorese der Wahrnehmungen ist theologisch als ein pneumatisches Ereignis zu begreifen: Gottes Geist verbindet das Unverbundene. Er führt die Täter vor die Opfer. Alle Tränen, die je Menschen weinten, sind gesammelt im Krug des Gedächtnisses Gottes (vgl. Ps 56,9), Die theologische Reflexion bezieht eine Gestalt der Wahrnehmung mit in ihre Überlegungen ein, die im menschlichen Miteinander nicht vorkommt: Sie rechnet mit einem Wesen, das Selbstwahrnehmung und Fremdwahrnehmung zueinander führen kann in der Schau Gottes.

Die in der römisch-katholischen Kirche geübte Praxis, in der eucharistischen Feier durch das Benennen der Namen von einzelnen Verstorbenen ihr Gedächtnis zu bewahren und die eschatologische Existenzweise der Toten in Verbindung zu bringen mit dem eucharistischen Feiergeschehen in den Ortsgemeinden, erscheint vielen heute fragwürdig.[162] Der durch die Praxis der Vergabe von Messstipendien geförderte Eindruck, dass das kirchliche Totengedächtnis nur auf Bestellung geschehe und zudem etwas koste, verstellt den Zugang zur Bedeutung dieser Handlung. Ökumenische Anfragen an die römisch-katholische Praxis des Totengedächtnisses in der Eucharistiefeier wurden bereits in den evangelischen Bekenntnisschriften mit großer Dringlichkeit formuliert. Die Praxis des eucharistischen Totengedächtnisses wies eine große Nähe zum Ablasshandel auf. Beide Formen der Glaubenspraxis erweckten den Eindruck, als könnten Menschen durch die Leistung von Geldzahlungen und durch die Vermittlung der Priester auf das Geschehen der Versöhnung der Menschen mit Gott bei der eschatologischen Läuterung Einfluss nehmen.

---

[162] Siehe dazu auch hier oben Abschnitt VI.2.

Den in ökumenischen Kontroversen vorgenommenen konfessionellen Positionsbestimmungen ist oft eine situationsbedingte Schärfe eigen, die auf die Bedeutung rückschließen lässt, welche die vertretene oder bestrittene Sache für die zu ihr Stellungnehmenden hat. Die Deutlichkeit des reformatorischen Einspruchs und die Schärfe des Widerspruchs gegen die Applikation, das heißt die intentionale Zuwendung von sogenannten Messopferfrüchten für das Seelenheil der Verstorbenen, erklären sich durch die Nähe dieser Frage zum reformatorischen Hauptartikel, dem Bekenntnis zu Gottes Bereitschaft, Menschen als Sünder und Sünderinnen anzunehmen allein aus Gnade, wirksam durch den Glauben, auf Gottes Wort hin. In den »Schmalkaldischen Artikeln«, die Teil der lutherischen Bekenntnisschriften sind, nimmt Martin Luther im Jahr 1537 gleich im Anschluss an seine Ausführungen zum ersten Artikel, der von Gottes Werk der Erlösung in Christus Jesus spricht, zur Frage des eucharistischen Totengedächtnisses Stellung. Luther vertritt die Auffassung, »daß die Messe im Bapsttum muß der großeste und schrecklichste Greuel sein, als die stracks und gewaltiglich wider diesen Häuptartikel strebt, und doch uber und fur allen andern päpstlichen Abgottereien die hohest und schonest gewest ist; denn es ist gehalten, daß solch Opfer oder Werk der Messe (…) helfe den Menschen von Sunden, beide hie im Leben und dort im Fegfeuer, welchs doch allein soll und muß tun das Lamb Gottes«[163]. Zum »Ungeziefer und Geschmeiß«, das mit der Messopferpraxis verbunden ist, zählt Luther die in seiner Zeit vielfältigen Gestalten des liturgischen Totengedächtnisses: die Seelmessen, die Vigilien, das »jährlich Begängnis«, also das Jahrgedächtnis. Dies alles erweckt nach Luther den Eindruck, »daß die Messe schier allein fur die Toten gebraucht ist, so Christus das Sakrament allein fur die Lebendigen gestiftet hat«[164]. Neben seiner Sorge, der Rechtfertigungsartikel könne beschädigt werden, motivierte Luther der Wille zu einer stiftungsgemäßen Erneuerung der Feier der Messe bei seiner Bestreitung der Vorstellung, das eucharistische Totengedächtnis neh-

---

[163] Martin Luther, Schmalkaldische Artikel II, 2 (BSLK 416,8–17).
[164] Ebd., 420,4–6.

me Einfluss auf die Daseinsweise der Verstorbenen im Fegefeuer. Für eine solche theologische Position kann er zudem kein Zeugnis der Heiligen Schrift entdecken. Der eher irenisch und friedliebend veranlagte Philipp Melanchthon fasste die lutherische Position in drei Gedanken zusammen: (1) Das eine und einzige Opfer zur Vergebung der Sünde ist der Tod Jesu Christi. (2) Allein durch den Glauben, nicht durch Werke, erlangen wir Gottes Gnade. (3) Das Sakrament der Eucharistie wurde dazu eingesetzt, um den Glauben der Lebenden zu stärken und die Gewissen zu trösten. Die durch diese drei Argumente gestützte Infragestellung der meritorischen, der verdienstlichen Wirksamkeit der Eucharistie bedeutet auch, dass die lutherische Reformation die eucharistische Feier im stiftungsgemäßen Sinn wiederherstellen möchte: als eine Mahlfeier: »Dieweil nun die Messe nicht ein Opfer ist fur andere, Lebendige oder Tote, ihre Sunde wegzunehmen, sondern soll eine Kommunion sein (…): so wird diese Weise bei uns gehalten, daß man (…), so Kommunikanten da seind, Meß hält und etlich, so das begehren, kommuniziert«[165]. Die Schlussüberlegungen des 24. Artikels der Apologie fassen die reformatorischen Einwände gegen die Praxis der Messen für Verstorbene nochmals zusammen: Für diese gibt es demnach keinen Schriftbeleg, sie verführen zur Werkgerechtigkeit, sie ängstigen die Gewissen der Menschen, sie bestreiten der Verkündigung des Evangeliums ihre tröstliche Wirksamkeit, sie geben den Priestern Macht über das Seelenheil der Menschen, und sie werden missbraucht zur Bereicherung der Kirche, insbesondere ihrer Amtsträger.

Im Jahr 1562 verabschiedete das Trienter Konzil die »Lehre und Kanones über das Messopfer«[166]. Kapitel 2 der Doctrina und die Canones 3 und 4 nehmen zur Frage der Wirksamkeit der eucharistischen Feier für Lebende und Verstorbene Stellung. Sehr deutlich betonen die Konzilsväter, die Rede vom Opfercharakter der Messe und die Praxis des Totengedächtnisses in der Eucharistiefeier seien keine Infragestellung der sühnenden Kraft des Kreu-

---

[165] Confessio Augustana, Art. 24 (BSLK 94,35 – 95,6).
[166] Vgl. Konzil von Trient, Lehre und Kanones über das Messopfer (DH 1738–1759).

zesopfers, des blutigen Opfers Jesu Christi, vielmehr würden nur die Früchte dieser Tat der Erlösung durch das unblutige Opfer des Altares empfangen; an der so verstandenen sühnenden Wirksamkeit der Eucharistie sei aber festzuhalten. Kanon 3 des Trienter Messopferdekrets lehrt daher: »Wer sagt, das Messopfer sei lediglich ein Lob- und Dankopfer oder ein bloßes Gedächtnis des am Kreuze vollzogenen Opfers, nicht aber ein Sühnopfer; oder es nütze allein dem, der es empfängt; und man dürfe es auch nicht für Lebende und Verstorbene, für Sünden, Strafen, zur Genugtuung und für andere Nöte darbringen: der sei mit dem Anathema belegt«[167].

Eine wichtige Voraussetzung für ökumenische Annäherungen in dieser Thematik ist die in der römisch-katholischen Kirche von Priestern heute oftmals geübte Praxis, die sogenannten Stipendiengelder von den Gläubigen allenfalls mit dem Hinweis anzuregen, dass damit eine Unterstützung der weltweiten missionarischen und diakonischen Tätigkeit bei den Ärmsten der Armen geschieht, keineswegs jedoch eine einzelne Handlung eines Priesters in Deutschland zusätzlich vergütet wird.

Das Totengedächtnis ist Ausdruck der bestehenden Koinonia zwischen Lebenden und Toten.[168] Dieser Gedanke ist zwischen den christlichen Konfessionen unstrittig. Im Blick auf die dagegen noch nicht konsensfähige Frage nach der sühnenden Wirksamkeit der eucharistischen Feier erscheint es mir hilfreich, an den Leib-Begriff zu erinnern, der in der neueren systematischen Theologie vertreten wird, wenn es darum geht, das christliche Bekenntnis zur leiblichen Auferstehung der Toten zu erläutern: Der Leib des Menschen ist das durch vielfältige Beziehungsereignisse in der

---

[167] DH 1753.
[168] In diesem Zusammenhang ist an die große Tradition der Verehrung der Ahnen in vielen Regionen der Welt und insbesondere in Afrika zu erinnern: vgl. Sentus Francis Dikwe, Remembering the Dead (2021). Dikwe kann aufzeigen, dass die gemeinsame Verortung in einem kulturellen Raum über die Konfessionen und Religionen hinweg zur geistigen Verbundenheit in dem Anliegen führt, den Verstorbenen dankbares Gedächtnis zu schenken. Offen beleibt die Frage, wie dem Aspekt der Schuld in diesem Zusammenhang Rechnung zu tragen ist.

irdischen Zeit geformte Dasein. Das Totengedächtnis ist ein Sprachereignis. In Anlehnung an neuere sprachphilosophische Überlegungen ist die systematische Theologie heute stärker sensibilisiert für die Wahrnehmung, dass Sprechen ein Handeln ist. Sprachliche Äußerungen haben Wirkungen. In welchen Kontexten werden heute im gesellschaftlichen Leben die Namen von Toten genannt? Gedächtnis der Toten geschieht an der Berliner Mauer oder an anderen deutschdeutschen Grenzen, an denen Menschen ihr Leben verloren haben. In Yad Vashem werden beständig die Namen von Kindern genannt, die ihr Leben kaum leben durften. Totengedächtnis ist in diesen Zusammenhängen Anklage der Lebenden, Gericht, Gedächtnis der Opfer und ein Versprechen, zukünftig davon lassen zu wollen, Täter zu sein. Die in der eucharistisch-liturgischen Tradition seit der Antike vertraute Nennung der Namen von Toten steht im Dienst der Vergegenwärtigung ihres Lebens: »Als weiterhin existierendes Subjekt konnte der Tote durch Namensnennung in die Gegenwart gerufen werden. Wie schon für das mittelalterliche Recht galt, dass ›die Nennung des Namens der körperlichen Anwesenheit gleich geachtet‹ wurde, so beruhte die christliche Liturgie bereits der Antike wie dann auch des Mittelalters darauf, dass der Name ›herbeizwinge‹: Das ›Aussprechen des Namens schafft Gegenwart des Genannten‹. Und das galt gerade auch für die ›Solidargemeinschaft‹ der Lebenden und Toten (…): Beide Gruppen blieben ja auf je eigene Weise miteinander verbunden, übten dabei wechselseitig Rechte aus und forderten auch Pflichten ein. Auf dieser Solidargemeinschaft beruhte die Hilfe für die Armen Seelen, die im Mittelalter den ganzen Totenkult durchzog«[169].

Zusammenfassend stellen sich die Grundlinien einer möglichen ökumenischen Verständigung in der Frage des eucharistischen Totengedenkens so dar: (1) Das liturgische Totengedächtnis geschieht in Gottes Namen. Der Gott Abrahams, Isaaks und Jakobs, der Gott Jesu Christi, ist ein Gott der Lebenden, nicht der Toten. Gott muss nicht durch Menschen an die Verstorbenen er-

---

[169] Arnold Angenendt, Geschichte der Religiosität im Mittelalter (1997), 677.

innert werden. Sein ihm eigener Name ist die Gewähr dafür, dass niemand je seinem Gedächtnis entschwindet. Gott sagt allen zu, ein Erinnernder zu sein. (2) In der Eucharistiefeier werden der versammelten Gemeinde vertraute Namen genannt. Mit diesen Namen tritt jedes Leben in seiner leibhaftigen Existenz vor Gott: alles Getane, alles Erlittene, alles Unversöhnte, alle Bereitschaft und aller Widerstand. Ein Neubeginn ist jederzeit möglich in der Koinonia des Geistes Gottes, für den der Tod keine Schranke ist, die ihn hinderte, Gemeinschaft zu stiften. (3) In der Taufe erhalten die Christgläubigen einen neuen Namen, der nicht in Konkurrenz tritt zum eigenen Geburtsnamen, der vielmehr dem sterblichen Leben vor aller Leistung und trotz aller Schuld Gültigkeit zuspricht. Taufe und Eucharistie feiern die Mitte des christlichen Glaubens: Gottes Tat der Herauslösung aus den Wassern des Todes und seine im Zeichen des Mahls sinnbildlich werdende unverbrüchliche Gemeinschaftstreue. (4) Im gläubigen Wissen um Gottes Beziehungswilligkeit ist die Gemeinschaft der Geschöpfe als eine versöhnte anzunehmen: Keine Feindschaft kann so tief gehen, dass sie zu einer Preisgabe der Suche nach gelingender Gemeinschaft legitimierte. Die noch lebenden Menschen und auch die Toten, von deren Bedeutsamkeit für die Konstitution unseres Leibes wir wissen, alle sind eingeschlossen in die versöhnte Gemeinschaft der Glaubenden. (5) Den Dienst, die Toten nicht ins Namenlose entschwinden zu lassen, können die Hinterbliebenen den Toten eine kurze Zeit lang tun. Dann werden auch sie schweigen. Ohne die Hoffnung auf jenen Gott, der nie aufhört, seine Geschöpfe mit Namen zu nennen, ist das namentliche Totengedächtnis bloße Klage und Anklage, ein ungetrösteter Ruf in die Stille der Namenlosigkeit. Allein die gläubige Gewissheit, dass der lebendige Gott in der Mitte der Toten bleibt, vermag in der Ruhelosigkeit des unversöhnten Daseins die eschatologische Hoffnung auf Versöhnung zu begründen: »Denn so spricht der Hohe und Erhabene, der ewig Thronende, dessen Name ›Der Heilige‹ ist: Als Heiliger wohne ich in der Höhe, aber ich bin auch bei den Zerschlagenen und Bedrückten, um den Geist der Bedrückten wieder aufleben zu lassen und das Herz der Zerschlagenen neu zu beleben. Denn ich klage nicht für immer an, noch will ich für immer zürnen. Sonst müsste ihr Geist vor mir vergehen und ihr Atem, den ich erschuf. (…) Friede, Friede den Fernen und den Nahen, spricht der Herr, ich werde sie heilen« (Jes 57,15–16.18).

In Zeiten, in denen es noch keine abschließende Konvergenz im Blick auf die Wirksamkeit des eucharistischen Totengedenkens gibt, kann durch eine gemeinsame Besinnung auf den österlichen Glauben als Mitte des Christseins eine Stärkung der Ökumene geschehen. Vielfältige Initiativen sind vor Ort entstanden, um die gläubige Verbundenheit der Christinnen und Christen im Vertrauen auf den zum Leben erweckenden Gott sinnenhaft zum Ausdruck zu bringen. Dabei gewinnt auch die Kirchenraumpastoral heute mehr und mehr an Bedeutung. Tote wurden lange Zeit in Kirchen oder in unmittelbarer Nähe begraben. Kirchengebäude, die nicht mehr für die Gemeindeversammlung dienen können, werden in Urnenbegräbnisstätten verwandelt – offenkundig mit hoher Akzeptanz dieses Vorgehens. So entstehen Trauerräume, in denen Menschen sich begegnen und ihre Erinnerungen an die Toten mitteilen können. Bestrebungen sind zu erkennen, den theologischen Zusammenhang zwischen der Taufe und der Hoffnung auf ewiges Gedächtnis bei Gott sinnenhaft stärker erfahrbar zu machen – etwa dadurch, dass der Sarg bei der liturgischen Feier in die Nähe des Taufbeckens gestellt wird oder die Besprengung der Gräber mit Wasser sehr bewusst als Taufgedächtnis gestaltet wird. In Aufnahme der Tradition der alten Memorialbücher geben Gemeinden Menschen die Möglichkeit, Namen von Verstorbenen bekannt zu geben, die im gottesdienstlichen Geschehen erinnert werden. In vielen Gemeinden ist es üblich, auch die anderskonfessionellen Verstorbenen in das namentliche Totengedächtnis einzubeziehen.

c. Ist die Hoffnung auf eine eschatologische »Allversöhnung« begründet?

Werden am Ende der Tage alle Geschöpfe miteinander versöhnt sein?[170] Darf eine solche Frage angesichts der Grauen in der Menschheitsgeschichte überhaupt mit offenem Ausgang bei der Antwortsuche gestellt werden? Ist die Annahme, es gebe gewiss eine Hölle[171], nicht die angemessene Antwort auf die unbeschreiblichen Leiden, die die Geschöpfe einander zufügen? In der christlichen Tradition hat sich im Umgang mit diesen Fragen eine Denkrichtung gefestigt: Christinnen und Christen hoffen mit Gott für alle, dass sie sich von ihm versöhnen lassen (vgl. 2 Kor 5,18-21). Zugleich erscheint jede Sicherheit in der Erwartung der Allversöhnung[172] allein schon durch lebensnahe Erfahrungen mit Menschen, die in sich trotz all der von anderen Menschen gezeigten Liebe füreinander nicht öffnen können, getrübt. Um der Wahrung der Freiheit des Menschen willen kann nicht ausgeschlossen werden, dass sich ein Geschöpf Gottes seiner Barmherzigkeit entzieht.

Angesichts der Grundüberzeugung der christlichen Erlösungslehre, Gott habe in Christus Jesus verlässlich offenbar gemacht, keine Gestalt der Sünde werde ihn daran hindern, jedem Geschöpf seine Leben ermöglichende Beziehungswilligkeit zu bewahren, kann es die Hölle nur für solche Geschöpfe geben, die sich nicht für die angebotene Gottesgemeinschaft öffnen wollen. In die

---

[170] Einen hilfreichen Zugang zu dieser Thematik vermittelt die Dissertation von Florian Kleeberg, der im Gespräch mit psychotraumatologischen Ansätzen eine begründete Offenheit für die Möglichkeit zeigt, auch ohne zwischenmenschliche Aufarbeitung des Geschehenen Erlösung zu erfahren: vgl. Florian Kleeberg, Bleibend unversöhnt – universal erlöst? (2016).
[171] Biblische, traditionsgeschichtliche, systematisch-theologische und praktisch-theologische Perspektiven auf die Rede von der Hölle vereint ein Band der Reihe »Jahrbuch für Biblische Theologie«: Alexandra Grund-Wittenberg / Dorothea Sattler (Hg.), Hölle (2023).
[172] Vgl. zur Lehre von der Allversöhnung exemplarisch: Werner von Laak, Allversöhnung (1990); Michael Schneider, Apokatastasis (2003); Hartmut Rosenau, Allversöhnung (1993); Jens Adam, Paulus und die Versöhnung aller (2009); Johanna Christine Janowski, Allerlösung (2000).

Hölle kommt in diesem Sinne nur, wer es so will. Gott achtet die Freiheitsentscheidung seiner Geschöpfe. Gottes Wesen bleibt es zugleich, um das Vertrauen seiner Geschöpfe zu ihm unaufhaltsam und grenzenlos zu werben.

Die Frage nach der Möglichkeit eines endgültigen Scheiterns der Beziehung zwischen Schöpfer und Geschöpf stellt sich im Tod anders als im irdischen Leben, das dem wechselvollen Geschick der Tage unterworfen ist. Im Tod gewinnt der menschliche Lebensentwurf eine zeitenthobene Gültigkeit. Eine spätere Revision ist dann nicht mehr möglich. Eine Entscheidung über den Grundsinn des ganzen Daseins ist gefordert. Die theologische Tradition denkt die Lebenszeit als Zeit der Einübung in diese Grundentscheidung. Wer liebt, ist darauf vorbereitet, sich für Gott zu öffnen. Wer in irdischer Zeit in sich verkrümmt, eng und selbstbezogen, erfüllt von Hass und Gewalt lebt, hat es schwerer, sich der Gottesgemeinschaft zu überlassen, die ihn im Gericht vor die Wahrheit auch seines Lebens führen wird.

Die Geschichte der Frage nach der Existenz der Hölle ist vielgestaltig. Es gab und gibt Stimmen, die eher optimistische Erwartungen formulieren; es gab und gibt auch andere Stimmen, die zur Skepsis neigen. Das Zeitempfinden beispielsweise vor einer Jahrhundertwende, anthropologische Grundeinstellungen und philosophische Einflüsse wirkten sich bei der Antwort auf die Frage aus. Die theologische Konzeption des Origenes (185–253) geht von der Annahme aus, Gott werde am Ende selbst die Wiederherstellung der ursprünglich guten Schöpfungsordnung bewirken. In seiner Annahme der Apokatastasis erwartete Origenes für die zu Vollendenden unterschiedliche Gestalten der Reinigung, der heilenden Läuterungsstrafen, die allesamt als zeitlich und endlich gedacht waren, das heißt für alle Geschöpfe mit der Vollendung endeten.[173] Dieser Gedanke der Allversöhnung traf in der Tradition auf Widerspruch, weil darin die Freiheit des Geschöpfes, die Gottlosigkeit für das eigene Leben endgültig wählen zu können, nicht

---

[173] Die Eschatologie des Origenes entlang der Motive der Hoffnung für alle und der Gabe der menschlichen Freiheit rekonstruiert jüngst ein Beitrag von Julian Tappen: Von Origenes bis in die Gegenwart (2023).

mehr gewahrt schien. Die pastorale Sorge, angesichts der Lehre von der Allversöhnung sei zu befürchten, dass die Geschöpfe sich nicht mehr um das Gute mühten, unterstützte die theologischen Bedenken. Die Synode von Konstantinopel (543) wies die Lehrposition der Origenisten zurück.[174] Anders als bei vielen Fragestellungen insbesondere in der Gnadenlehre ist die theologische Tradition jedoch der Vorstellung des Augustinus (354–430) nicht gefolgt, Gott habe nur einen kleinen Teil der Geschöpfe zum Heil, den größeren Teil jedoch (die massa damnata) zur Hölle bestimmt. Augustinus erlebte am eigenen Leib, wie wenig Einfluss der menschliche Wille auf die Wahl des Guten oder des Bösen hat. Immer wieder erlitt er die Situation, eigentlich das Gute ergreifen zu wollen, dann aber das Böse zu tun. Gewiss mit Zaudern, dennoch aber voller Hoffnung zählte er sich zu den Erwählten. Die Idee der »doppelten Prädestination« (Vorherbestimmung entweder zum Heil oder zur Verdammnis) wurde später auch von Johannes Calvin vertreten. Die theologische Kritik dieser Vorstellung setzt bei der biblisch überlieferten Hoffnung auf den allgemeinen Heilswillen Gottes an. Ein ohne Mitwirkungsmöglichkeit der Geschöpfe ergehendes Urteil über Himmel und Hölle widerspricht wesentlichen Aussagen der biblischen Schöpfungs- und Erlösungslehre.

Sowohl in reformatorischen wie in römisch-katholischen Konzepten sind Argumente vorgetragen worden, die die gläubige Annahme einer möglichen Allversöhnung innerhalb der gesamten Schöpfung mit christologisch-soteriologischen Überlegungen stützen. Die diesbezüglichen Beiträge von Karl Barth und Hans Urs von Balthasar geben immer wieder auch Anlass zu einem Vergleich ihrer Anliegen und der Voraussetzungen ihres Denkens. Es ist die religiöse Pflicht der Christen und Christinnen, auf die Vollendung aller Geschöpfe zu hoffen. Diese Hoffnung erscheint als begründet, insofern Gott im Christus-Ereignis seine Bereitschaft offenkundig hat werden lassen, niemanden von den Sündern und Sünderinnen aus der Gemeinschaft mit ihm grundsätzlich aus-

---

[174] Vgl. DH 403–411.

schließen zu wollen. Bei der Besprechung der Frage nach der Möglichkeit der Allversöhnung sind demnach folgende Aspekte zusammenzuhalten: (1) Gottes Gewähr der geschöpflichen Freiheit auch zum Bösen; (2) der Ernst des einmaligen Lebens und die Entschiedenheit des Daseins im Tod; (3) die Wirksamkeit der Gerechtigkeit Gottes im Geschehen der Läuterung und des Gerichts; (4) die unendliche Geduld und das maßlose Erbarmen Gottes.

Bei all dem darf nicht aus dem Blick geraten, was in der »Theologie nach Auschwitz« gegenwärtigen und künftigen Theologinnen und Theologen aufgetragen ist: Nur von den Zeugnissen der Opfer ausgehend, lässt sich die Gottesrede noch verantworten. Die Bezüge zur biographischen Ausrichtung der Theologie sind damit offenkundig. Jede Rede von Gott hat immer eine anamnetische Aufgabe. Als »gefährliche Erinnerung«[175] versetzt das Gedächtnis der Leidenden die Theologie immer in Unruhe. Die biblische Gottesrede kann sich angesichts der geplanten Auslöschung des gesamten Bundesvolks Gottes ihrer selbst nicht mehr gewiss sein. Auf die Johann Baptist Metz gestellte Frage, ob Menschen nach Auschwitz noch beten können, antwortete er, wir könnten nach Auschwitz beten, weil auch in Auschwitz gebetet wurde – im Gesang, im Geschrei der jüdischen Opfer.[176] Der unerschütterliche Gottesglaube der Juden ist in Verbindung mit dem Wissen um die getauften Täter eine Provokation. Johann Baptist Metz fragt: »Ist womöglich zu viel Gesang und zu wenig Geschrei in unserem Christentum? Zu viel Jubel und zu wenig Trauer, zu viel Zustimmung und zu wenig Vermissen, zu viel Trost und zu wenig Tröstungshunger?«[177]

---

[175] Vgl. Johann Baptist Metz, Dogma als gefährliche Erinnerung (^{5}1992); ders., Gefährliche Erinnerung der Freiheit Jesu Christi (^{5}1992); ders., Glaube als gefährliche Erinnerung (1971); ders., Gefährliche Erinnerungen (1984).
[176] Vgl. ders., Kirche nach Auschwitz (1993), 7.
[177] Ebd., 10.

5. Erlösung im Gebet erbitten

»Die Leere offenhalten: das wäre die höchste Kunst«[178]. Ist das Gebet nicht genau dies: Im Wissen um die Undurchschaubarkeit der Gesamtwirklichkeit sich offen halten für die Erlösung, die allein Gott als Gabe schenken kann?[179]

a. Leere und Gabe – nicht Nein und nicht Ja – Annäherungen an das Thema

Einer der ersten, die im deutschsprachigen Raum die Theologie der Gabe[180] im Kontext der Gebetslehre erschlossen hat, war Bernhard Casper[181]: »Einwilligung in das Bedürfen des anderen«[182] sowie »Leerwerden von den eigenen Vorgriffen« erscheinen ihm als erforderliche Grundhaltungen im Gebet. Allein auf diese Weise wird der Mensch »bereit für die Gabe, die im Ereignis des Sich-mir-gebens des Anderen als des Anderen liegt«[183]. »Es gibt« – diese so oft verwendeten Worte sind ein Hinweis auf den Geschenkcharakter des Daseins. Bernhard Casper ist skeptisch gegenüber Teilen der abendländischen Denktradition, in denen das »Wesen von Sein« im »Gelichtetsein für die weltordnende Vernunft und als Gut-sein, Bejahbarsein für den weltbewältigenden Willen ver-

---

[178] Peter Handke, Phantasien der Wiederholung (1983), 41.
[179] Vgl. zu den Schriften von Paul Deselaers zum Gebet exemplarisch: Paul Deselaers, Mit einem Wort (1995); ders., Zum Mitbeten gewinnen (2003).
[180] Vgl. Jean-Luc Marion, Étant donné (^{3}2002); ders., Reduction et donation (^{2}2002); ders. / Josef Wohlmuth (Hg.), Ruf und Gabe (2000); Michael Gabel / Hans Joas (Hg.), Von der Ursprünglichkeit der Gabe (2007); Christine Büchner, Wie kann Gott in der Welt wirken? (2010); Veronika Hoffmann (Hg.), Die Gabe (2009); Bo K. Holm, Gabe und Geben bei Luther (2006); Joachim Negel, Welt als Gabe (2009); Ulrike Link-Wieczorek / Ralf Miggelbrink, Vom bewegenden Geben Gottes (2007); Themenheft »Gabe und Rechtfertigung« (2011).
[181] Bernhard Casper, Das Ereignis des Betens (1998).
[182] Ebd., 27.
[183] Ebd.

standen worden«[184] ist. Ist es nicht so, dass gerade in Gebeten zur Sprache kommt, welche Differenz zwischen dem eigentlich Wünschenswerten und der begegnenden Wirklichkeit besteht? Die Klage darüber und das Sich-Offenhalten für die größeren Möglichkeiten Gottes liegen sehr nahe beieinander. Insbesondere in der jüdischen Gebetstradition sind Dank für die Gabe des Lebens, Lobpreis der Wege Gottes mit Israel, Klage über das Schicksal des Gottesfürchtigen und Vertrauen in die Zukunft mit Gott eng miteinander verbunden.

Das Thema »Erlösung« spricht Casper explizit in einem Zusammenhang an, in dem er die Bedeutung des gemeinschaftlichen Gebets, des responsorisch chorischen Betens im Kohortativ[185], reflektiert: Dieses »gemeinsame Zugehen auf die Erlösung«[186] kommt in der Liturgie durch die Wechselgesänge der Gemeinde zum Ausdruck, in denen die Güte Gottes sowie sein schöpferisches und sein bewahrendes Wirken immerzu vergegenwärtigt werden. Im Anschluss an Franz Rosenzweig bezeichnet Casper den in Ps 136 Vers für Vers wiederholten Ruf »Denn Er ist gut« als »›Stammsatz der Erlösung‹«[187]. Casper weiß auch um die Einsprüche gegen eine solche Rede: Dieser »›an sich wahre Satz‹, der als Ansage der Erlösung anzeigt, was in jedem Sprachgeschehen auf dem Spiel steht, muss nun aber, damit er in der Geschichte des einzelnen sterblichen Daseins verifiziert wird, von den einzelnen Teilnehmern am Gebet jeweils von ihnen selbst diachron durchkonjugiert werden. Der ›an sich wahre Satz‹ erweist sich dadurch als *wirklich wahr*, dass er als ›derselbe‹ dennoch zugleich von dem *einen* als ihm selbst und dem *anderen* als ihm selbst gesagt wird«[188].

Das Gebet tendiert hin zur Klage. Bereits der frühe Gedanke der Erschaffung des Menschen ist im Gebet mit der Klage ver-

---

[184] Ebd.
[185] Vgl. ebd., 99.
[186] Ebd.
[187] Ebd., 100. Das Zitat im Zitat ist entnommen aus: Franz Rosenzweig, Der Mensch und sein Werk, Bd. 2 (^{4}1976), 258.
[188] Bernhard Casper, Das Ereignis des Betens (1998), 100. Hervorhebungen im Original.

bunden[189]: Gott, Du hast uns doch erschaffen, warum müssen wir jetzt leiden? Wie selten die Klage zugelassen wird in der christlichen Liturgie, ist heute Anlass für kritische Rückfragen.[190] Insbesondere in ökumenischen Kontexten wird der Klageliturgie heute auch im christlichen Kontext Raum gegeben, da in Ländern mit einer pluralen christlichen Bevölkerung nach Geschehnissen, die weltweit Anlass zur Klage sind, gottesdienstliche Versammlungen nur in ökumenischer Gemeinschaft, oft sogar auch in interreligiöser Gemeinschaft, gesellschaftlich akzeptabel sind. In anderen religiösen Kulturen – vor allem dem Islam – hat die Klage jedoch auch heute beispielsweise bei der Begräbnisliturgie eine größere Bedeutung als in der christlichen Tradition – möglicherweise auch deshalb, weil die Toten noch vor Tagesende begraben werden.

Mit der Widersinnigkeit des Widerfahrenden ist immer zu rechnen. Jürgen Werbick hat sich mit großer Gedankenkraft darum bemüht zu beschreiben, »was das Beten der Theologie zu denken gibt«[191]. Seine Überlegungen haben durchgängig einen soteriologischen Bezug. Kein Mensch kann Ja und Amen zum begegnenden Leiden der Schöpfung sagen: »Das Geheimnis des Betens ist, wie es den Halt findet, nach dem es greift, und warum es doch immer wieder ins Leere greift; warum das, was sich seinem Anklopfen öffnet, so oft genau diese Leere zu sein scheint; und wie es sich gegen den Widerspruch einer geradezu zynisch über es hinweggehenden Wirklichkeit behauptet und dieser Behauptung dann mitunter doch nicht glauben kann«[192]. Werbick unterscheidet zwischen dem großen Ja, das blind bleibt angesichts aller Leidensformen, und dem kleinen Ja, das sich an dem erfreut, was beglückend begegnet. Das große Nein leugnet die Sinnhaftigkeit der Wirklichkeit insgesamt, das kleine Nein wehrt sich nach Kräften gegen Formen verhinderbaren Leidens. Im vertrauenden

---

[189] Rainer Albertz hat an biblischen Texten und Vergleichstexten aus der Umwelt Israels nachgewiesen, dass die Menschenschöpfungsüberlieferung häufig als sogenanntes Kontrastmotiv in Klagetexten erscheint: vgl. Rainer Albertz, Weltschöpfung und Menschenschöpfung (1974).
[190] Vgl. Georg Steins (Hg.), Schweigen wäre gotteslästerlich (2000).
[191] Jürgen Werbick, Gebetsglaube und Gotteszweifel (^{2}2005), bes. 61–132.
[192] Ebd., 78.

VI. Perspektiven

Glauben gilt es, Ja und Nein zusammenzuhalten: das Erleben von Absurditäten und die Schau von Schönem. Zu beten bedeutet dann, in allem nach dem Bejahbaren zu suchen, ohne Sinnwidriges zu leugnen. Die Fragen nach Gottes Allmacht und Gottes Vorsehung weisen hinein in die Theodizee-Thematik. Seine Grundthese, Beten sei »Zusammenhalten«[193], erläutert Werbick so: »Christsein ist (…) der nicht aufgebende, immer wieder neu ansetzende Versuch, das Geschehensein und Geschehenkönnen des guten Willens Gottes mit der allem guten Willen Hohn sprechenden Realität dieser Welt so zusammenzuhalten, dass die ›gottlose‹ Realität von Gottes gutem Willen ergriffen und verwandelt werden kann«[194]. Erlösung im Gebet erfahren primär der und die Betende selbst, wenn er und sie ihre Leere vor Gott offen halten.

Systematisch-theologische Entwürfe zum Gebet sind in jüngerer Zeit in nur geringer Zahl vorgelegt worden. Kurt Koch gibt eine Übersicht über die Phänomene, die die Krise des Gebets bewirkt haben (die eilig gewordene Zeit; die moderne Funktionalität; die Gotteskrise) und formuliert systematisch-theologische Perspektiven.[195] Das Gebet erscheint dabei als »Einfaltung in den heiligen Willen Gottes«[196]. Richard Schaeffler[197] hat zu einer größeren Aufmerksamkeit auf die Eigenarten der Sprachformen im Gebet im Vergleich mit dem (philosophischen und theologischen) Argument beigetragen. Wichtig ist im soteriologischen Kontext aus meiner Sicht dabei auch, welch hohe Bedeutung dem Erzählen, der narrativen Grundstruktur der Glaubensexistenz, zukommt: »Nicht nur die Anrufung göttlicher Namen, auch das betende Erzählen, und zwar sowohl das Erzählen der göttlichen Großtaten als auch das Erzählen menschlicher Taten und Leiden, will ›gelernt‹ sein«[198]. Im Gebet tritt die biographische Dimension der menschlichen Existenz in das gläubige Bewusstsein. Angesichts

---

[193] Vgl. ebd., 75.
[194] Ebd., 77.
[195] Vgl. Kurt Koch, »Eines Christen Handtwerk ist beten« (2004).
[196] Ebd., 43.
[197] Vgl. Richard Schaeffler, Das Gebet und das Argument (1989); ders., Kleine Sprachlehre des Gebets (1988).
[198] Richard Schaeffler, Kleine Sprachlehre des Gebets (1988), 72.

dieser Beobachtung ist es nicht überraschend, dass in der Regel die Wirksamkeit des Bittgebets in der Mitte der Betrachtung der systematisch-theologischen Reflexionen steht.[199] Auch diese Akzentsetzung verrät die Nähe zwischen der Gebetslehre und der Soteriologie. Die skeptischen Fragen verdichten sich in diesem Zusammenhang und hinterlassen Rückfragen zum Zusammenhang zwischen Fürbittgebet und Vorsehungslehre.

b. Fürbittgebet

In ökumenischer Verbundenheit sind Theologinnen und Theologen heute herausgefordert, sich angesichts der biblischen Zeugnisse kritischen Anfragen an die Wirksamkeit des Gebets zu stellen: Christiane Tietz[200] geht von einem Schriftwort aus, um an die reformatorische, insbesondere die lutherische Tradition bei der Erhörung der Fürbitte zu erinnern: »Bittet, dann wird euch gegeben; sucht, dann werdet ihr finden; klopft an, dann wird euch geöffnet. Denn wer bittet, empfängt; und wer sucht, der findet; und wer anklopft, dem wird geöffnet« (Mt 7,7f.). Was bedeutet dieses biblische Zeugnis angesichts der oft gegenläufigen Erfahrungen vieler Menschen? Christiane Tietz sucht nach einem Weg zu einer Antwort, bei dem das Christusgeschehen im Mittelpunkt der Betrachtung steht und zugleich »alltagsweltliche Gebetserhörungen«[201] die ihnen entsprechende Aufmerksamkeit erfahren. Tietz referiert die in der Moderne sich verdichtende Kritik an der Erwartung einer Gebetserhörung und verteidigt zugleich die biblische Anschauung, Gott lasse sich von den Bitten der Menschen, von ihren Nöten und Sorgen, bewegen mit Hinweisen auf die bereits überlieferte, grundlegende Erhörung aller menschlichen Gebete im Christusgeschehen. Statt der Rede von Gottes »Vor-

---

[199] Karl-Heinz Menke, Handelt Gott, wenn ich ihn bitte? (2000); Vera Krause / Jürgen Werbick, Dein Angesicht suche ich (2005), bes. 100–105; vgl. auch die Beiträge in: Magnus Striet (Hg.), Hilft beten? (2010).
[200] Christiane Tietz, Was heißt: Gott erhört Gebet? (2009).
[201] Ebd., 328.

sehung« bevorzugt Tietz die Annahme einer »Fürsorge« Gottes.[202] Im Gebet geschieht nach Tietz eine Verwandlung allein der Wahrnehmung im Menschen selbst: »Zu sagen: ›Gott hat mein Gebet erhört‹ ist keine Aussage darüber, dass sich durch das Gebet auf der Ebene des Willens und Wirkens Gottes eine Veränderung vollzogen hat (…). Der Satz ›Gott hat mein Gebet erhört‹ beschreibt eine Veränderung auf der Ebene des Wahrnehmens des Menschen. Es verschiebt sich etwas in der Situationshermeneutik des Menschen, der nun im Glauben Gottes Fürsorge sehen kann«[203].

Offenkundig wird in diesem Antwortversuch auf eine offene Frage der Theologie, dass vor allem die Erfahrung, dass Bittgebete vielmals keine Erhörung finden, den Anlass für das kritische Nachdenken bildet. Gewiss ist jede weitere Bitte über die hinaus, die Gott in seinem Erlösungshandeln in Christus Jesus der Menschheit bereits erfüllt hat, gering in ihrem soteriologischen Anspruch, den Menschen vor Gott je haben könnten. Ein solcher Anspruch besteht ohnehin nicht. Jedes Fürbittgebet lebt jedoch von Konkretionen – im persönlichen Gebet und auch in der Liturgie der gottesdienstlichen Versammlungen. Geht es dabei allein um die Korrektur menschlicher Wahrnehmungen? Sollen Menschen, die leiden, durch Bittgebete lediglich ermutigt werden, ihre Situation anders zu betrachten, als ihnen von sich aus zumute ist? Es gibt Formen des Leidens, da erscheint eine solche Forderung im Namen des christlichen Glaubens als Zumutung. Gleichwohl erscheint der Gedanke wichtig, dass das Gebet den betenden Menschen verwandelt, ihm eine neue Sicht der Wirklichkeit eröffnen kann.

Zurückweisungen von Positionen fallen bei der Deutung der Wirksamkeit von Bittgebeten leichter als eigene konstruktive Überlegungen. Auch Jürgen Werbick fragt sich, »ob man die Fürbitten nicht einfach aufgeben sollte?«[204] Und er wendet dagegen ein: »Aber ist es nicht so, dass die Fürbitten im Gottesdienst die Fenster öffnen? Fenster nach ›draußen‹: in eine Welt, die uns rat-

---

[202] Vgl. ebd., 340f.
[203] Ebd., 342.
[204] Vera Krause / Jürgen Werbick, Dein Angesicht suche ich (2005), 100.

los und hilflos macht und vor der wir uns doch nicht in die kultische Binnenwelt zurückziehen können; Fenster nach ›drinnen‹: in die Innenwelt unserer Sehnsucht und der Sorgen, die uns im Griff haben«.[205] Werbick optiert für ein handlungsorientiertes Verständnis der Bitte: sie fordert zur Solidarität heraus im Glauben daran, »dass Gottes Geist das Angesicht unserer Welt verwandelt; durch uns und andere Menschen, die er in sein Kraftfeld holt«[206]

Die Frage nach der Möglichkeit der Erfüllung von Bittgebeten ist eine der schwierigsten in der Theologie. Bei ihr wird die Bestimmung des Verhältnisses zwischen menschlicher und göttlicher Freiheit sehr konkret. Es ist erstaunlich, in welch hoher Diskrepanz die nahezu selbstverständliche Formulierung von oft sehr spezifischen Fürbitten zu den Chancen von deren Realisierung steht. Wie könnte Gott jeden Hunger und Durst in aller Welt stillen? Wie sollte Gott alle verfeindeten Menschen wieder versöhnen? Wie könnte Gott Bildungsmöglichkeiten für alle Jugendlichen eröffnen? Wie ließe sich mit Gott erreichen, dass die Menschen aus ihren Ängsten befreit werden?

In der Liturgiewissenschaft wird daran erinnert, dass das allgemeine Fürbittgebet ursprünglich den Sinn hatte, sich in der besonderen Situation einer einzelnen christlichen Gemeinde in der Verbundenheit mit den Anliegen der gesamten Glaubensgemeinschaft zu wissen. Die in der Regel dann standardisierten Bitten für die Getauften weltweit, für die kirchlichen Leitungspersönlichkeiten, für die staatlichen Regierungen, für die reisenden, die alten, die kranken und die sterbenden Menschen, waren eine Gestalt des kollektiven Gedächtnisses, eine Zeichenhandlung, die Verbundenheit miteinander symbolisierte. Die Erwartung einer unmittelbaren Veränderung der Notsituationen da oder dort ist dabei nicht gegeben. Eine in Aufnahme solcher Überlegungen angemessene Gestalt der Fürbitte ist die Nennung von Namen oder von Situationen, die so in das Gedächtnis der Gemeinde kommen. Es können dann Taten folgen, durch die Menschen die ihnen in Erinnerung gerufene Not lindern.

---

[205] Ebd.
[206] Ebd., 101.

Gottfried Bachl[207] unterscheidet in anregender Weise zwischen der Bitte als Mangelbewältigung und der Bitte als Weg der Freiheit. Bachl macht darauf aufmerksam, dass jedem Menschen in seiner jeweiligen Lebenssituation aufgehen kann, dass die zutiefst erwünschten und erbetenen Güter letztlich nicht von Menschen zu schenken sind. Auch schon bei der Mangelbewältigung sind Menschen auf die Wohltaten fremder Freiheiten angewiesen. Menschliche Erfahrungen mit dem Bitten führen zur Erkenntnis eines Gottes, der als freies Gegenüber in Kommunikation mit dem bittenden Menschen tritt. Wie bei der Frage nach der Erhörung der Fürbitte so bleibt auch im Blick auf die Vorsehung Gottes am Ende nur das Vertrauen in die Wege Gottes – also doch: ein neues Erlernen einer veränderten Wahrnehmung des Lebens unter dem Vorzeichen der von Gott bereits gewirkten Erlösung aus den Schuldverstrickungen und dem Tod. Erlösend ist dann, mit dem Wort aus Psalm 136 immer wieder vertrauensvoll beten zu können: Gottes Huld währt ewig.

c. Vorsehung?

Ist die Frage nach der möglichen Wirkung des Fürbittgebets nicht ohnehin müßig angesichts der Vorsehung Gottes im Leben jedes einzelnen Menschen? Wie kaum bei einer anderen theologischen Thematik verbinden sich bei der Vorsehungslehre existentielle Fragen aufgrund der persönlich-biographischen Bezüge eng mit grundlegenden Fragen des Gottesglaubens. Auf die notwendig zu stellenden Fragen lassen sich nicht einfache und eindeutige Antworten finden, die alle von ihnen Betroffenen überzeugen. Die Theologie der Vorsehung ist eine Reflexion auf das immer bleibende Wagnis des Gottesglaubens in seiner Bedeutung auch für den jeweiligen Menschen selbst.

Viele Übersichten zur Thematik etwa in theologischen Handbüchern weisen einen hohen Anteil an Bemühungen um Differenzierungen sowie um Vermeidung von Missverständnissen

---

[207] Vgl. Gottfried Bachl, Thesen zum Bittgebet (1988).

auf. Offenkundig lässt sich die Thematik nicht leichtfertig behandeln. Jeder Mensch steht vor der Frage, warum sein Leben sich in der Weise gestaltet, wie es ihm und ihr auch von außen vorgegeben erscheint: Warum werde ich in jener Zeit und an dem Lebensort geboren, wo ich mich wiederfinde? Warum habe ich angesichts der Beziehungsgeschichte meiner Eltern den mir ganz eigenen Lebensbeginn erfahren? Warum habe ich im Vergleich mit Geschwistern Begabungen und Schwächen, die andere nicht haben? Menschen wissen darum, dass biographische Vorgaben und persönliche Veranlagungen das eigene Leben nicht vollständig bestimmen. Jeder Mensch hat einen begrenzten Raum der Freiheit, den er selbst gestalten kann. Die offenen Fragen der Vorsehungslehre als solche auch nach allen Reflexionen bestehen zu lassen, ist ein Ausweis für die Qualität und Dignität des Umgangs mit dieser Fragestellung. Die Thematik ruft in die gläubige Entscheidung. Dabei ist es hilfreich, sich der Differenzierungen zu erinnern, die in der christlichen Tradition vorgetragen wurden. Diese Differenzierungen dienen einerseits der Bestimmung jeweils eines präzisen Ausschnitts aus der Fragestellung, andererseits weisen sie nochmals auf die Vielzahl der Themenaspekte hin, die mit der Vorsehungsthematik verbunden sind.

Die Unterscheidung zwischen der *providentia Dei* (Voraussicht Gottes) und der *gubernatio Dei* (Führung Gottes) markiert die Differenz zwischen dem aus christlicher Sicht mit dem Wesen Gottes selbst letztlich übereinstimmenden Heilsratschluss Gottes insgesamt (providentia) und den konkreten Wegen der Verwirklichung dieses Heilsratschlusses Gottes in der Zeit und der Geschichte der Geschöpfe (gubernatio). Immer muss bei der Vorsehungsfrage im Blick bleiben, dass es unverständlich erscheinende Missverhältnisse zwischen dem Geschick einzelner Geschöpfe und der Geschichte der Schöpfung insgesamt gibt. Auf die Frage, warum diesem bestimmten Menschen genau dieses widerfahren ist, gibt es keine umfassende theoretische Antwort, wohl Ansatzpunkte für das Verstehen und vor allem die Sorge um einen angemessenen Umgang mit der entstandenen Situation.

In der Vorsehungslehre gilt es, drei Aspekte zu unterscheiden: die Voraussicht Gottes (providentia), das Vorausverfügen

Gottes (praedestinatio) und die Fürsorge Gottes (procuratio). prae bzw. pro haben in diesen Teilfragen je eigene Bedeutung: im Sinne der Zukunftsplanung (prae) oder der Gegenwartsbegleitung (pro). In all diesen Bereichen stellen sich weitreichende Folgefragen. Aus jüdisch-christlicher Glaubenssicht ist es erforderlich, das temporale, zeitlich gedachte Prae (vor) als ein manchmal erst lange Zeit später im Nachhinein zu verstehendes, kategorisches, grundsätzlich entschiedenes Pro (für) Gottes zu erkennen. In den in der Tradition vorgenommenen Unterscheidungen zwischen der providentia generalis (auch universalis) von der providentia specialis (auch particularis) sowie der providentia specialissima (auch singularis) ist der unterschiedliche Blick auf die Geschichte Gottes mit der Schöpfung insgesamt (generalis/universalis), mit der Menschheit im Besonderen (specialis/particularis) und mit einzelnen Menschen (specialissima/singularis) festgehalten. Diese Unterscheidungen sind als eine in Begriffen geformte gedankliche Nachbereitung zu der gläubigen Erfahrung zu verstehen, dass Gottes Handeln im Gesamt in seinen Grundzügen möglicherweise gläubig erkennbar erscheint, im Blick auf die irdische Lebensexistenz einzelner Geschöpfe jedoch viele Fragen offen bleiben.

Die alte Unterscheidung zwischen der *redemptio objectiva* und der *redemptio subjectiva* begegnet in diesem Zusammenhang auf neue Weise: Fürbittgebet wie Vorsehungsglauben setzen das Vertrauen in die von Gott für alle bereits gewirkte Erlösung voraus. Was auch immer im Leben einzelner Geschöpfe geschieht: Die Widerwärtigkeit der Wirklichkeit ist aus der Sicht des bekennenden Christentums letztlich kein Grund zum Gotteszweifel. Anlass zum Zweifel gibt es angesichts der eigenen Existenz jedoch im Übermaß. Im Gebet findet die geschilderte Spannung Aufnahme.

d. Schlussbetrachtungen

In der christlichen Soteriologie bedarf es der Verwandlung der Perspektive: Nicht Gott will versöhnt werden mit uns; er selbst schenkt den Sünderinnen und Sündern, den Todgeweihten, Versöhnung. Diese Umkehr der Vorstellung von Gottes Beziehung zur Schöpfung lässt sich auch in der Tradition des Gebets wiederfinden. Gotthard Fuchs erinnert an Gedanken, die insbesondere in der christlichen Mystik bewahrt worden sind; dort ereignet sich »der Abschied vom allmächtigen Gott, sofern damit ein himmlischer Allesmacher und Alleskönner gemeint ist, zu dem der bedürftige Mensch nur zu bitten habe. In den Blick geraten ist viel stärker der deus semper maior et minor, der wartende und bittende Gott«[208]. Gott als ein um unser Zutrauen zu ihm bittendes Wesen zu erkennen, dieser Gedanke lässt sich mit dem gnoseologischen und dem partizipatorischen Verständnis der Erlösung verbinden[209], kein Raum bleibt dagegen dabei für ein kompensatorisches Verständnis der Erlösung[210]: Gott will sich in Christus Jesus als ein Mitleidender zu erkennen geben; Gott verlangt keinen menschlichen Ausgleich für seine verletzte Liebe.

Dietrich Bonhoeffer hat eine Betrachtung hinterlassen, in der Gottes Zugehen auf die Menschen in gedichteter Weise erfasst ist:

Menschen gehen zu Gott in ihrer Not,
flehen um Hilfe, bitten um Glück und Brot,
um Errettung aus Krankheit, Schuld und Tod.
So tun sie alle, alle, Christen und Heiden.

Menschen gehen zu Gott in Seiner Not,
finden ihn arm, geschmäht, ohne Obdach und Brot,
sehn ihn verschlungen von Sünde, Schwachheit und Tod.
Christen stehen bei Gott in seinem Leiden.

Gott geht zu allen Menschen in ihrer Not,
sättigt den Leib und die Seele mit seinem Brot,
stirbt für Christen und Heiden den Kreuzestod,
und vergibt ihnen beiden.[211]

---

[208] Gotthard Fuchs, Der bittende Gott – der betende Mensch (2000), 73.
[209] Siehe dazu hier oben Abschnitt IV.1.
[210] Siehe dazu hier oben Abschnitt VI.2.
[211] Dietrich Bonhoeffer, Christen und Heiden (1944; zitiert nach: ders., Widerstand und Ergebung [1998], 515 f.).

VI. Perspektiven

Es gibt zwei miteinander nicht konkurrierende Formen des Gebets, in der eine soteriologische Wende geschieht.

Zum einen im Blick auf das eigene Leben:

> *Nach dem morgendlichen*
> *Gang über die*
> *Psalmbrücke*
>
> *Drehe ich mich nicht*
> *mehr um die eigene*
> *Achse*
>
> *Ich atme die alten*
> *Heilworte in meine*
> *Tagängste*
>
> *und bin*
> *guter Hoffnung*[212]

Zum anderen im Gedächtnis des Lebens aller Geschöpfe:

> *Wir haben ein Dach*
> *und Brot im Fach*
> *und Wasser im Haus*
> *da hält man's aus.*
>
> *Und wir haben es warm*
> *Und haben ein Bett.*
> *O Gott, dass doch jeder*
> *Das alles hätt'!*[213]

---

[212] Wilhelm Bruners, Ergebnis (1999).
[213] Reiner Kunze, Fast ein Gebet (2001).

Literaturverzeichnis

In diesem Literaturverzeichnis sind sämtliche Titel aufgelistet, die zitiert oder erwähnt wurden. Die verwendeten Abkürzungen richten sich nach dem Abkürzungsverzeichnis des Lexikons für Theologie und Kirche, Bd. 11, hg. von Walter Kasper u. a., Freiburg – Basel – Wien ³2001.

Lehramtliche Texte wurden zitiert nach Heinrich Denzinger, Enchiridion symbolorum definitionum et declarationum de rebus fidei et morum. Kompendium der Glaubensbekenntnisse und kirchlichen Lehrentscheidungen. Lateinisch – Deutsch, hg. von Peter Hünermann, Freiburg – Basel – Wien ⁴⁰2005 (DH).

Die Dokumente des 2. Vatikanischen Konzils sind zitiert nach Karl Rahner / Herbert Vorgrimler, Kleines Konzilskompendium. Sämtliche Texte des Zweiten Vatikanums, Freiburg – Basel – Wien ³⁵2008.

Acklin Zimmermann, Béatrice / Annen, Franz (Hg.): Versöhnt durch den Opfertod Christi? Die christliche Sühnopfertheologie auf der Anklagebank, Zürich 2009.

Adam, Jens: Paulus und die Versöhnung aller. Eine Studie zum paulinischen Heilsuniversalismus, Neukirchen-Vluyn 2009.

Adam, Karl: Christus unser Bruder, Regensburg 1947.

Agana, Wilfried Asampambila: Succeed here and in Eternity. The Prosperity Gospel in Ghana, Oxford u. a. 2016.

Ahl, Ruth: Eure Töchter werden Prophetinnen sein ... Kleine Einführung in die Feministische Theologie, Freiburg – Basel – Wien 1990.

Albertz, Rainer: Weltschöpfung und Menschenschöpfung. Untersucht bei Deuterojesaja, Hiob und in den Psalmen, Stuttgart 1974.

Albrecht, Michaela: Für uns gestorben. Die Heilsbedeutung des Kreuzestodes Jesu Christi aus der Sicht Jugendlicher, Göttingen 2007.

Alheit, Peter / Hoerning, Erika M. (Hg.): Biographisches Wissen. Beiträge zu einer Theorie lebensgeschichtlicher Erfahrung, Frankfurt – New York 1989.

Alpers, Harm: Die Versöhnung durch Christus. Zur Typologie der Schule von Lund, Göttingen 1964.

Ammicht Quinn, Regina: »... hinter dornverschlossenem Mund«. Theodizeemotive, in: Heinrich Schmidinger (Hg.), Die Bibel in der deutschsprachigen Literatur des 20. Jahrhunderts, Bd. 1, Mainz 1999, 592–613.

Amoah, Elizabeth / Oduyoye, Mercy Amba: Wer ist Christus für afrikanische Frauen?, in: Virginia Fabella / Mercy Amba Oduyoye (Hg.), Leidenschaft und Solidarität. Theologinnen der Dritten Welt ergreifen das Wort, Luzern 1992, 69–87.

Amor, Christoph J.: »Um unseres Heiles willen ...«. Eine Hinführung zum Heilsverständnis bei Thomas von Aquin, Innsbruck 2009.

Anderlonis, Joseph J.: The soteriology of Gustaf Aulén. The origins, development and relevancy of the Christus Victor atonement view, 2 Bde., Rom 1988.

Angenendt, Arnold: Die Revolution des geistigen Opfers. Blut – Sündenbock – Eucharistie, Freiburg – Basel – Wien 2011.

–: Geschichte der Religiosität im Mittelalter, Darmstadt 1997.

–: Theologie und Liturgie der mittelalterlichen Toten-Memoria, in: Karl Schmid / Joachim Wollasch (Hg.), Memoria. Der geschichtliche Zeugniswert des liturgischen Gedenkens im Mittelalter, München 1984, 79–199.

Anselm von Canterbury: Cur deus homo – Warum Gott Mensch geworden. Lateinisch und deutsch, hg. von Franciscus Salesius Schmitt, Darmstadt ⁵1995.

–: Oratio ad sanctum PAULUM, in: Franciscus Salesius Schmitt (Hg.), S. Anselmi Cantuariensis Archiepiscopi Opera Omnia, T. 2, Vol. 3, Oratio 10, Stuttgart/Bad Cannstatt 1968, 33–41.

Ansorge, Dirk: Gerechtigkeit und Barmherzigkeit Gottes. Die Dramatik von Vergebung und Versöhnung in bibeltheologischer, theologiegeschichtlicher und philosophiegeschichtlicher Perspektive, Freiburg – Basel – Wien 2009.

Antes, Peter / Geertz, Armin W. / Warne, Randi R. (Hg.): New Approaches to the Study of Religion, 2 Bde., Berlin u. a. 2008.

Antons, Klaus: Die therapeutische Beziehung bei der Behandlung des Alkoholismus, in: Dirk Zimmer (Hg.), Die therapeutische Beziehung. Konzepte, empirische Befunde und Prinzipien ihrer Gestaltung, Weinheim u. a. 1983, 228–237.

Antweiler, Christoph: Anthropologie im Anthropozän. Theoriebausteine für das 21. Jahrhundert, Darmstadt 2021.

Arellano, Luz Beatriz: Gotteserfahrungen von Frauen im Aufbruch einer neuen Spiritualität, in: Virginia Fabella / Mercy Amba Oduyoye (Hg.), Leidenschaft und Solidarität. Theologinnen der Dritten Welt ergreifen das Wort, Luzern 1992, 207–227.

Aristoteles: Physik, in: William D. Ross (Hg.), Aristotle's Physics. A revised text with introduction and commentary, Oxford 1956.

Assmann, Aleida: Was heißt schon Erinnerung? Versprechen, Treue, Schuld und Schulden: Harald Weinrich erinnert an das vergessene Vergessen, in: Die Zeit Nr. 13 (21. März 1997), 28.

Athanasius: De Incarnatione verbi, in: Jacques Paul Migne (Hg.), Patrologia Graeca, Bd. 25, Paris 1884, 95–198.

Augustinus: Confessiones. Lateinisch/deutsche Ausgabe, hg. von Joseph Bernhart, München ⁴1980.

Aulén, Gustaf: Den kristna Försoningstanken. Huvudtyper och Brytningar, Stockholm 1930; englische Übersetzung: Christus Victor. An historical study of the three main types of the idea of atonement, London 1931.

–: Die drei Haupttypen des christlichen Versöhnungsgedankens, in: Zeitschrift für Systematische Theologie 8 (1931), 501–538.

Ausländer, Rose: Vielleicht I (1982), in: dies., Wieder ein Tag aus Glut und Wind. Gedichte 1980–1982, Frankfurt 1986, 281.

–: Vielleicht III (1987), in: dies., Und preise die kühlende Liebe der Luft. Gedichte 1983–1987, Frankfurt 1988, 141.

Bachl, Gottfried: Der beneidete Engel. Theologische Prosa, Freiburg 1987.

–: Thesen zum Bittgebet, in: Theodor Schneider / Lothar Ullrich (Hg.), Vorsehung und Handeln Gottes, Leipzig 1988, 192–207.

Bachmann, Ingeborg: Bruderschaft (1957), in: dies., Werke, hg. von Christine Koschel / Inge von Weidenbaum / Clemens Münster, Bd. 1, Übersetzungen, München 1978, 150.

Bader, Günter: Symbolik des Todes Jesu, Tübingen 1988.

Balder, Holger: Glauben ist Wissen. Soteriologie bei Paulus und Barth in der Perspektive der Wissenstheorie von Alfred Schütz, Neukirchen-Vluyn 2007.

Balthasar, Hans Urs von: Cordula oder der Ernstfall, Einsiedeln ⁴1987.

–: Theodramatik, Bd. 3, Einsiedeln 1980.

Barth, Gerhard: Der Tod Jesu Christi im Verständnis des Neuen Testaments, Neukirchen-Vluyn 1992.

Barth, Hans-Martin: Dogmatik. Evangelischer Glaube im Kontext der Weltreligionen, Gütersloh ³2008.

–: Stellvertretendes Opfer?, in: Una Sancta 49 (1994), 29–36.

Barth, Karl: Die kirchliche Dogmatik, Bd. II/1, Zollikon – Zürich 1958.

Batlogg, Andreas R.: Der Denkweg Karl Rahners. Quellen – Entwicklungen – Perspektiven, Mainz ²2005.

Baudler, Georg: Das Kreuz. Geschichte und Bedeutung, Düsseldorf 1997.

Baumgartner, Isidor: Heilende Seelsorge in Lebenskrisen, Düsseldorf 1992.

Baumgartner, Konrad: Leben, wie er gelebt hat ... (1 Joh 2,6). Zur Theologie und Praxis der »personal-redemptiven Kompetenz«, in: Erich Garhammer (Hg.), Unnütze Knechte? Priesterbild und Priesterbildung, Regensburg 1989, 129–143.

Bayer, Klaus: Religiöse Sprache. Thesen zur Einführung, Berlin ²2009.

Becker, Jürgen: Das Evangelium nach Johannes. Kap. 1–10, Würzburg 1979.

–: Das Heil Gottes. Heils- und Sündenbegriffe in den Qumrantexten und im Neuen Testament, Göttingen 1964.

–: Die neutestamentliche Rede vom Sühnetod Jesu, in: Zeitschrift für Theologie und Kirche. Beiheft 8 (1990), 29–49.

Bedford-Strohm, Heinrich (Hg.): Glück-Seligkeit. Theologische Rede von Glück in einer bedrohten Welt, Neukirchen-Vluyn 2011.
Beer, Peter: Auswahlbibliographie, in: Theologie und Glaube 86 (1996), 181–194.
Beier, Matthias: Gott ohne Angst. Einführung in das Denken Drewermanns, Düsseldorf 2010.
Beinert, Wolfgang: Eucharistiegemeinschaft in römisch-katholischer Sicht. Orientierung unter wandelnden Horizonten, in: Catholica (2004), 68–79.
–: Jesus Christus, der Erlöser von Sünde und Tod. Überblick über die abendländische Soteriologie, in: Karl Josef Rivinius (Hg.), Schuld, Sühne und Erlösung in Zentralafrika (Zaire) und in der christlichen Theologie Europas, St. Augustin 1983, 196–221.
–: Kontextualität als Struktur der Theologie. Der Einzelne in der Gemeinschaft der Kirche, in: Pastoraltheologische Informationen 18 (1998), 151–173.
Beintker, Michael: Neuzeitliche Schuldwahrnehmung im Horizont der Rechtfertigungsbotschaft, in: ders. u. a. (Hg.), Rechtfertigung und Erfahrung (FS Gerhard Sauter), Gütersloh 1995, 137–152.
–: Rechtfertigung in der neuzeitlichen Lebenswelt, Tübingen 1998.
– u.a.: Geschenktes Leben. Rechtfertigungsbotschaft in Predigten, Leipzig 2002.
– u.a. (Hg.): Rechtfertigung und Erfahrung (FS Gerhard Sauter), Gütersloh 1995.
Ben-Chorin, Schalom: Bruder Jesus. Der Nazarener in jüdischer Sicht, München 1967.
Bendemann, Reinhard von: Christus der Arzt. Frühchristliche Soteriologie und Anthropologie im Licht antik-medizinischer Konzepte, Stuttgart 2022.
Benn, Christoph / Senturias, Erlinda: Health, Healing and Wholeness in the Ecumenical Discussion, in: International Review of Mission 90 (2001), 7–25.
Bennett, William J.: »The Son of Man must …«, in: Novum Testamentum 17 (1975), 113–129.
Bergengruen, Werner: Christus in der Schöpfung, in: ders., Die heile Welt. Gedichte, Zürich 1950, 115f.
Berger, Klaus: Qumran und Jesus. Wahrheit unter Verschluß?, Stuttgart 1993.
Bericht der Gemeinsamen Kommission der Römisch-katholischen Kirche und des Weltrates Methodistischer Kirchen (1971), in: DwÜ 1 (1983), 388–422.
Bericht der Gemeinsamen Kommission der Römisch-katholischen Kirche und des Weltrates Methodistischer Kirchen (1976), in: ebd., 423–453.
Bericht über die theologischen Gespräche zwischen dem Reformierten Weltbund und dem Baptistischen Weltbund (1977), in: ebd., 102–122.

Bernhardt, Reinhold: Ende des Dialogs? Die Begegnung der Religionen und ihre theologische Reflexion, Zürich 2005.

–: Christentum ohne Christusglaube. Die Rede von »unbewusstem Christentum« und »latenter Kirche« im 19. und 20. Jahrhundert, in: Theologische Zeitschrift 66 (2010), 119–147.

Besser-Siegmund, Cora / Siegmund, Harry: Imaginative Familienaufstellungen mit der wingwave-Methode. Die innere Familie heilen, Paderborn 2004.

Beyer, Hermann Wolfgang: Art. »θεραπεύω«, in: ThWNT 3 (1938), 128–132.

Beyer, Michael: Tischreden, in: Albrecht Beutel (Hg.), Luther Handbuch, Tübingen ²2010, 347–353.

Biermann-Ratjen, Eva-Maria / Eckert, Jochen / Schwartz, Hans-Joachim: Gesprächspsychotherapie. Verändern durch Verstehen, Stuttgart u.a. 1979.

Binshan, Chen: Auf dem Weg zu einer chinesischen Soteriologie. Ansätze zu einer Theologie der Erlösung in den christlichen Werken von Yang Tingyun (1557–1627), St. Ottilien 2004.

Biser, Eugen: Theologie als Therapie. Zur Wiedergewinnung einer verlorenen Dimension, Heidelberg 1985.

Bistumskommission für ökumenische Fragen Münster (Hg.): Die Eucharistie im Gespräch der Konfessionen. Ein Beitrag zur Rezeption des Dokuments »Taufe, Eucharistie und Amt« (Lima 1982), Kevelaer 1986.

Bitter, Gottfried: Neuere Erlösungstheologien. Ergebnisse und offene Fragen, in: ders. / Gabriele Miller (Hg.), Konturen heutiger Theologie. Werkstattberichte, München 1976, 176–191.

Blasberg-Kuhnke, Martina: Jesus – wie Frauen ihn sehen. Jesusbilder und christologische Aspekte feministischer Theologie, in: Diakonia 23 (1992), 24–32.

Bloomquist, Karen L.: Some Implications for Future Ecumenical Theological Work, in: dies. / Wolfgang Greive (Hg.), The Doctrine of Justification. Its Reception and Meaning Today, Genf 2003, 233–240.

Bloomquist, Karen L. / Greive, Wolfgang (Hg.): The Doctrine of Justification. Its Reception and Meaning Today, Genf 2003.

Boethius: De consolatione philosophiae, in: Ludwig Bieler (Hg.), Anicii Manlii Severini Boethii Philosophiae Consolatio, Bd. 2, Turnhout ²1984.

Boff, Leonardo: Jesus Christus, der Befreier, Freiburg – Basel – Wien 1986.

Bohlemann, Peter / Herbst, Michael: Geistlich Leiten. Ein Handbuch, Göttingen 2011.

Böhm, Renate / Buggler, Robert / Mautner, Josef (Hg.): Arbeit am Begriff der Armut, Salzburg 2003.

Böhme, Hartmut / Matussek, Peter / Müller, Lothar: Orientierung Kulturwissenschaft. Was sie kann, was sie will, Reinbek bei Hamburg 2000.

Böhnke, Michael: Von scheinbaren Lösungen zu existentiellen Fragen. Zur verantworteten Rede von Gott angesichts des Leids, in: ders. u. a., Leid erfahren – Sinn suchen. Das Problem der Theodizee, Freiburg – Basel – Wien 2007, 69–105.

– u. a.: Leid erfahren – Sinn suchen. Das Problem der Theodizee, Freiburg – Basel – Wien 2007.

Bohren, Rudolf: Predigtlehre, Gütersloh ⁶1993.

Bongardt, Michael: Glaubenseinheit statt Einheitsglaube. Zu Anliegen und Problematik kontextueller Theologien, in: Klaus Müller (Hg.), Fundamentaltheologie – Fluchtlinien und gegenwärtige Herausforderungen, Regensburg 1998, 243–260.

Bonhoeffer, Dietrich: Christen und Heiden (1944), in: ders., Widerstand und Ergebung. Briefe und Aufzeichnungen aus der Haft (Werke, Bd. 8), München 1998, 515 f.

–: Nachfolge (Werke, Bd. 4), München ³2002.

–: Sanctorum Communio. Eine dogmatische Untersuchung zur Soziologie der Kirche (Werke, Bd. 1), München ²2005.

Borg, Marcus J.: Portraits of Jesus in contemporary North American scholarship, in: Harvard Theological Review 84 (1991), 1–22.

Borgolte, Michael: Das Grab in der Topographie der Erinnerung. Vom sozialen Gefüge des Totengedenkens im Christentum vor der Moderne, in: Zeitschrift für Kirchengeschichte 111 (2000), 291–312.

Bornkamm, Günther: Art. »Verdienst. III. Im NT«, in: RGG³ 6 (1962), Sp. 1263–1266.

Böttigheimer, Christoph: Wie vernünftig ist der Glaube? Versuche rationaler Glaubensrechtfertigung in nachmetaphysischer Zeit, in: Theologie der Gegenwart 47 (2005), 113–125.

–: Bedingungslos anerkannt. Der Beitrag des Glaubens zur Persönlichkeitsbildung, Freiburg 2018.

Böttigheimer, Christoph / Dausner, René (Hg.), Die Erbsündenlehre in der modernen Freiheitsdebatte, Freiburg – Basel – Wien 2021.

Braun, Anja, Verstorbene als digitale Avatare auferstehen lassen, URL: https://www.swr.de/wissen/digital-afterlife-unsterblich-werden-mit-kuenstlicher-intelligenz-100.html.

Broer, Ingo: Die Bedeutung der historischen Rückfrage nach Jesus, in: Ludger Schenke u. a., Jesus von Nazaret. Spuren und Konturen, Stuttgart 2004, 19–41.

Broer, Ingo / Werbick, Jürgen (Hg.): »Auf Hoffnung hin sind wir erlöst« (Röm 8,24) – Biblische und systematische Beiträge zum Erlösungsverständnis heute, Stuttgart 1987.

– (Hg.): »Der Herr ist wahrhaft auferstanden« (Lk 24,34) – Biblische und systematische Beiträge zur Entstehung des Osterglaubens, Stuttgart 1988.

Brosseder, Johannes / Link, Hans-Georg (Hg.): Eucharistische Gastfreundschaft. Ein Plädoyer evangelischer und katholischer Theologen, Neukirchen-Vluyn 2003.

Brown, Michael L.: Art. »רפא (rafah)«, in: ThWAT 7 (1993), Sp. 617–625.

Brück, Michael von / Werbick, Jürgen (Hg.): Der einzige Weg zum Heil? Die Herausforderung des christlichen Absolutheitsanspruchs durch pluralistische Religionstheologie, Freiburg – Basel – Wien 1993.

Bründl, Jürgen: Gottes Nähe. Der Heilige Geist und das Problem der Negativität in der Theologie, Freiburg – Basel – Wien 2010.

Bruners, Wilhelm: Ergebnis, in: ders., Verabschiede die Nacht. Gedichte – Erzählungen – Meditationen – Biblisches, Düsseldorf 1999, 27.

–: Wie Jesus glauben lernte, Freiburg 1988.

Brunner, Emil: Vom Werk des heiligen Geistes, Zürich 1935.

Brunner, Peter: »Rechtfertigung« heute. Versuch einer dogmatischen Paraklese, in: Lutherische Monatshefte 1 (1962), 106–116.

Bsteh, Andreas (Hg.): Erlösung im Christentum und Buddhismus, Mödling 1982.

Bucher, Anton A. u. a. (Hg.): »Man kann Gott alles erzählen, auch kleine Geheimnisse«. Kinder erfahren Spiritualität, Stuttgart 2007.

Büchner, Christine: Wie kann Gott in der Welt wirken? Überlegungen zu einer theologischen Hermeneutik des Sich-Gebens, Freiburg – Basel – Wien 2010.

Bultmann, Rudolf: Neues Testament und Mythologie, in: Hans-Werner Bartsch (Hg.), Kerygma und Mythos, Bd. 1, Hamburg 1951, 15–48.

Bundschuh-Schramm, Christine (Hg.): In Ritualen das Leben feiern, Mainz 1998.

Burrichter, Rita / Lueg, Claudia: Aufbrüche und Umbrüche. Zur Entwicklung feministischer Theologie in unserem Kontext, in: Christine Schaumberger / Monika Maaßen (Hg.), Handbuch Feministische Theologie, Münster ³1989, 14–35.

Büske, Gunda: Die Liturgie als Ort des kulturellen Gedächtnisses. Anregungen für ein Gespräch zwischen Kulturwissenschaften und Liturgiewissenschaften, in: Liturgisches Jahrbuch 51 (2001), 151–171.

Büttner, Gerhard / Schreiner, Martin (Hg.): »Mittendrin ist Gott«. Kinder denken nach über Gott, Leben und Tod, Stuttgart 2002.

Cabassut, André: Une dévotion médiévale peu connue: la dévotion à Jésus notre mère, in: Revue d'Ascétique et de Mystique 25 (1949), 234–245.

Cady, Susan / Ronan, Marian / Taussig, Hal: Sophia. The Future of Feminist Spirituality, San Francisco 1986.

Cancik, Hubert u. a. (Hg.): Handbuch religionswissenschaftlicher Grundbegriffe, 5 Bde., Stuttgart u. a. 1988–2001.

Cannon, Katie G.: Black Womanist Ethics, Atlanta 1988.

Casper, Bernhard: Das Ereignis des Betens. Grundlinien einer Hermeneutik des religiösen Geschehens, Freiburg – München 1998.

–: Die Grenze der Sprache. Überlegungen zum Werk Ingeborg Bachmanns, in: Christine Koschel / Inge von Weidenbaum (Hg.), Kein objektives Urteil – nur ein lebendiges. Texte zum Werk von Ingeborg Bachmann, München 1989, 249–265.

Christ, Felix: Jesus Sophia. Die Sophia-Christologie bei den Synoptikern, Zürich 1970.

Christliche Patientenvorsorge durch Vorsorgevollmacht, Betreuungsverfügung, Behandlungswünsche und Patientenverfügung. Handreichung und Formular der Deutschen Bischofskonferenz und des Rates der Evangelischen Kirche in Deutschland in Verbindung mit weiteren Mitglieds- und Gastkirchen der Arbeitsgemeinschaft Christlicher Kirchen in Deutschland (15. Januar 2011), Bonn / Hannover 2011 (Gemeinsame Texte 20); aktualisierte Neuauflage 2018.

Ciampanelli, Filippo: »Hominem reducere ad Deum«. La funzione mediatrice del verbo incarnato nella teologia di San Bonaventura, Rom 2010.

Claret, Bernd J. (Hg.): Theodizee. Das Böse in der Welt, Darmstadt ²2008.

Claussen, Johann Hinrich: Glück und Gegenglück. Philosophische und theologische Variationen über einen alltäglichen Begriff, Tübingen 2005.

Cobb, John B. / Griffin, David R.: Prozess-Theologie. Eine einführende Darstellung, Göttingen 1979.

Codex Canonum Ecclesiarum Orientalium. Lateinisch-deutsche Ausgabe, Paderborn 2000.

Codex Iuris Canonici. Lateinisch-deutsche Ausgabe, Kevelaer ⁶2009.

Collet, Giancarlo (Hg.): Der Christus der Armen. Das Christuszeugnis der lateinamerikanischen Befreiungstheologen, Freiburg – Basel –Wien 1988.

–: Kontextuelle Theologien. Eine Herausforderung für die »universale« Theologie und das kirchliche Lehramt, in: Joachim G. Piepke (Hg.), Einheitsglaube oder Einheit im Glauben. Zur Problematik von Partikularität und Universalität des christlichen Glaubens in einer fragmentierten Welt, Nettetal 2001, 125–155.

Condrau, Gion: Lebensphasen – Lebenskrisen – Lebenshilfen, in: Christlicher Glaube in moderner Gesellschaft, Bd. 6, Freiburg 1981, 73–107.

Confessio Augustana, in: BSLK, 44–137.

Congar, Yves: Der Heilige Geist, Freiburg – Basel – Wien ²1986.

–: Diversités et communion. Dossier historique et conclusion théologique, Paris 1982.

–: La »Hierarchia Veritatum«, in: ders., Diversités et Communion. Dossier historique et conclusion théologique, Paris 1982, 184–197.

Conradie, Ernst M.: Some Theological Reflections Regarding Multi-disciplinary Discourse on the »Anthropocene«, in: Scriptura 121 (2022), 1–23.

Dabrock, Peter: Heil und Heilung. Theologisch-identitätsethische Unterscheidungen und ökumenische Herausforderungen im Verständnis von und im Umgang mit Gesundheit, in: Una Sancta 61 (2006), 129–139.

Dahling-Sander, Chrisoph / Funkschmidt, Kai M. / Mielke, Vera (Hg.): Pfingstkirchen und Ökumene in Bewegung, Frankfurt 2001.

Dahm, Albert: Die Soteriologie des Nikolaus von Kues. Ihre Entwicklung von seinen frühen Predigten bis zum Jahr 1445, Münster 1997.

Dalferth, Ingolf U.: Analytische Religionsphilosophie, in: Alois Halder / Klaus Kienzler / Joseph Möller (Hg.), Religionsphilosophie heute. Chancen und Bedeutung in Philosophie und Theologie, Experiment Religionsphilosophie, Bd. 3, Düsseldorf 1988, 16–37.

–: Art. »Sprache und Theologie«, in: Evangelisches Kirchenlexikon, Bd. 4 (^{3}1996), Sp. 425–434.

–: Die soteriologische Relevanz der Kategorie des Opfers. Dogmatische Erwägungen im Anschluß an die gegenwärtige exegetische Diskussion, in: Jahrbuch für Biblische Theologie 6 (1991), 173–194.

–: Kontextuelle Theologie in einer globalen Welt, in: Thomas Flügge u.a. (Hg.), Wo Gottes Wort ist. Die gesellschaftliche Relevanz von Kirche in der pluralen Welt (FS Thomas Wipf), Zürich 2010, 29–46.

–: Religiöse Rede von Gott. Studien zur Analytischen Religionsphilosophie und Theologie, München 1981.

Daly, Mary: Jenseits von Gottvater, Sohn & Co. Aufbruch zu einer Philosophie der Frauenbefreiung, München ^{4}1986.

Danneberg, Lutz: Sinn und Unsinn einer Metapherngeschichte, in: Hans Erich Bödeker (Hg.), Begriffsgeschichte, Diskursgeschichte, Metapherngeschichte, Göttingen 2002, 259–421.

Danz, Christian / Körtner, Ulrich H.J. (Hg.): Theologie der Religionen. Positionen und Perspektiven evangelischer Theologie, Neukirchen-Vluyn 2005.

Darlap, Adolf: Fundamentale Theologie der Heilsgeschichte, in: Johannes Feiner / Magnus Löhrer (Hg.), Mysterium Salutis. Grundriß heilsgeschichtlicher Dogmatik, Bd. 1, Einsiedeln – Zürich – Köln 1965, 3–159.

Das geistliche Amt in der Kirche. Bericht der Gemeinsamen Römisch-katholischen/Evangelisch-lutherischen Kommission (1981), in: DwÜ 1 (1983), 329–357.

Das Heil der Welt heute. Ende oder Beginn der Weltmission? Dokumente der Weltmissionskonferenz Bangkok 1973, hg. von Philip A. Potter, Stuttgart u.a. 1973.

Das Heil und die Kirche. Gemeinsame Erklärung der Zweiten Anglikanisch/ Römisch-Katholischen Internationalen Kommission (ARCIC II) (1986), in: DwÜ 2 (1992), 333–348.

Das Herrenmahl. Bericht der Gemeinsamen Römisch-katholischen / Evangelisch-lutherischen Kommission (1978), in: DwÜ 1 (1983), 271–295.

Das Opfer Christi und das Opfer der Christen. Siebtes Theologisches Gespräch zwischen Vertretern der Russischen Orthodoxen Kirche und der Evangelischen Kirche in Deutschland vom 6. bis 10. Juni 1976 in der

Evangelischen Akademie Arnoldshain, hg. vom Kirchlichen Außenamt der Evangelischen Kirche in Deutschland, Frankfurt 1979.

Das Verständnis des Heils im Lichte der ökumenischen Konzile. Erklärung der Gemeinsamen Lutherisch/Orthodoxen Kommission (1995), in: DwÜ 3 (2003), 99–102.

Datler, Wilfried / Reinelt, Toni: Konvergenzen, Differenzen und die Frage nach einer Verständigung zwischen verschiedenen psychotherapeutischen Ansätzen, in: dies. (Hg.), Beziehung und Deutung im psychotherapeutischen Prozeß. Aus der Sicht verschiedener therapeutischer Schulen, Berlin u. a. 1989, 371–385.

Daut, Volker: Die Entwicklung der Todesvorstellung bei Kindern und Jugendlichen, in: Zeitschrift für Heilpädagogik 31 (1980), 253–260.

Dautzenberg, Gerhard: Reich Gottes und Erlösung, in: Ingo Broer / Jürgen Werbick (Hg.), »Auf Hoffnung hin sind wir erlöst« (Röm 8,24). Biblische und systematische Beiträge zum Erlösungsverständnis heute, Stuttgart 1987, 43–66.

Delgado, Mariano (Hg.): Das Christentum der Theologen im 20. Jahrhundert. Vom »Wesen des Christentums« zu den »Kurzformeln des Glaubens«, Stuttgart 2000.

Denger, Theresa: »Die Liebe ist stärker als der Tod«. Jon Sobrinos Theologie des Martyriums und ihre Konsequenzen für die Soteriologie, Ostfildern 2019

Der Begriff der »Hierarchie der Wahrheiten« – eine ökumenische Interpretation. Ein von der Gemeinsamen Arbeitsgruppe der Römisch-Katholischen Kirche und des Ökumenischen Rates der Kirchen in Auftrag gegebenes und entgegengenommenes Studiendokument (1990), in: DwÜ 2 (1992), 751–760.

Deselaers, Paul: Auf dem Weg zur Krippe. Wege für Kleine, die auch Wege für Große sind, in: Anzeiger für die Seelsorge 117 (2008) H. 12, 11–14.

–: Biblische Grundlagen (zu Umkehr und Versöhnung), in: Umkehr ökumenisch feiern. Theologische Grundlagen und Praxismodelle. Erarbeitet von Paul Deselaers, Matthias Haudel, Michael Kappes, Assaad Elias Kattan, Eugenie Neugebauer, Dorothea Sattler und Klas Peter Voß in Verbindung mit der Arbeitsgemeinschaft Christlicher Kirchen in Nordrhein-Westfalen, Frankfurt / Paderborn 2011, 33–45.

–: Das Buch Tobit, Düsseldorf 1990.

–: Erfahrungen mit dem Sakrament der Versöhnung. Unterwegs zu ökumenischen Horizonten, in: Dorothea Sattler / Gunther Wenz (Hg.), Sakramente ökumenisch feiern. Vorüberlegungen für die Erfüllung einer Hoffnung. Für Theodor Schneider, Mainz 2005, 319–338.

–: Hat Gott Einfälle? Eine Kinderfrage als Ausgangsort für einen weihnachtlichen Glaubensweg, in: Anzeiger für die Seelsorge 116 (2007) H. 12, 19–22.

–: Jahwe – der Arzt seines Volkes. Das Buch Tobit als Beispiel biblischer Heilslehre, in: Geist und Leben 55 (1982), 294–303.

–: Mit einem Wort. Gebete aus den Psalmen, in: Geist und Leben 68 (1995), 443–448.

–: Sensible Wege zur Botschaft der Auferstehung. Vom österlichen Umlernen, in: Anzeiger für die Seelsorge 117 (2008) H. 3, 11–15.

–: Weihnachten: Feier dessen, was uns fehlt. Eine Spur über Weihnachten hinaus, in: Anzeiger für die Seelsorge 118 (2009) H. 12, 5–9.

–: Wie Leben miteinander wieder heil wird. Die Josefsgeschichte in der Basilika von Kevelaer, Kevelaer 2003.

–: Zum Mitbeten gewinnen. Der liturgische Dienst des öffentlichen Betens als geistliches Geschehen, in: Der Prediger und Katechet 142 (2003) H. 5, 716–728.

Deselaers, Paul / Sattler, Dorothea: Jesus hat »die Himmel durchschritten« (Hebr 4,14). Der christologisch-soteriologische Kontext der Rede vom Himmel im Hebräerbrief, in: Jahrbuch für Biblische Theologie 20 (2005), 293–312.

Dettwiler, Peter / Faber, Eva-Maria: Eucharistie und Abendmahl. Ökumenische Perspektiven, Frankfurt 2008.

Deutsche Bibelgesellschaft, Stuttgart: Internetportal »Theologie und Literatur«, URL: http://www.theologie-und-literatur.de.

Deutscher Ökumenischer Studienausschuss (DÖSTA): Von Gott angenommen – in Christus verwandelt. Die Rechtfertigungslehre im multilateralen ökumenischen Dialog. Studie des DÖSTA zur Rechtfertigungslehre, in: Von Gott angenommen – in Christus verwandelt. Die Rechtfertigungslehre im multilateralen Dialog. Studie des Deutschen Ökumenischen Studienausschusses (DÖSTA), im Auftrag des DÖSTA hg. von Uwe Swarat / Johannes Oeldemann / Dagmar Heller, Frankfurt 2006, 13–54.

Dialog über Mission zwischen Evangelikalen und der Römisch-katholischen Kirche (1977–1984), in: DwÜ 2 (1992), 392–443.

Die Apostolizität der Kirche. Studiendokument der Lutherisch / Römisch-katholischen Kommission für die Einheit, Frankfurt / Paderborn 2009.

Die Eucharistie. Eine lutherisch / römisch-katholische Stellungnahme (1967), in: Günther Gassmann u.a. (Hg.), Um Amt und Herrenmahl. Dokumente zum evangelisch/römisch-katholischen Gespräch, Frankfurt 1974, 57–70.

Die Gegenwart Christi in Kirche und Welt. Schlußbericht des Dialogs zwischen Reformiertem Weltbund und dem Sekretariat für die Einheit der Christen (1977), in: DwÜ 1 (1983), 487–517.

Die Gemeinsame Erklärung zur Rechtfertigungslehre. Dokumentation des Entstehungs- und Rezeptionsprozesses, hg. von Friedrich Hauschildt in Beratung mit dem Lutherischen Weltbund und dem Päpstlichen Rat zur Förderung der Einheit der Christen in Zusammenarbeit mit Udo Hahn und Andreas Siemens, Göttingen 2010.

Die Lehre von der Eucharistie (Windsor 1971). Gemeinsame Erklärung über die Lehre von der Eucharistie der Anglikanisch/Römisch-Katholischen Internationalen Kommission, in: DwÜ 1 (1983), 139–142.

Dietrich, Walter / Link, Christian: Die dunklen Seiten Gottes, 2 Bde., Neukirchen-Vluyn 2000.

Dikwe, Sentus Francis: Remembering the Dead. The Reception of African Tradition of Ancestorship in an Ecumenical Context, Münster 2020.

Dilschneider, Otto A.: Die Geistvergessenheit der Theologie. Epilog zur Diskussion über den historischen Jesus und den kerygmatischen Christus, in: Theologische Literaturzeitung 86 (1961), 255–266.

Dinger, Florian: Religion inszenieren. Ansätze und Perspektiven performativer Religionsdidaktik, Tübingen 2018.

Dirscherl, Erwin: Der Heilige Geist und das menschliche Bewusstsein. Eine theologiegeschichtlich-systematische Untersuchung, Würzburg 1989.

Dirscherl, Erwin / Dohmen, Christoph (Hg.): Glaube und Vernunft. Spannungsreiche Grundlage europäischer Geistesgeschichte, Freiburg – Basel – Wien 2008.

Dober, Hans Martin / Mensink, Dagmar (Hg.): Die Lehre von der Rechtfertigung des Gottlosen im kulturellen Kontext der Gegenwart. Beiträge im Horizont des christlich-jüdischen Gesprächs, Stuttgart – Hohenheim 2002.

Domin, Hilde: Ecce homo, in: dies., Gesammelte Gedichte, Frankfurt 1987, 345.

Drecoll, Volker Henning: Die Entstehung der Gnadenlehre Augustins, Tübingen 1999.

Dreier, Rolf Paul: Der Totentanz – ein Motiv der kirchlichen Kunst als Projektionsfläche für profane Botschaften (1425–1650), Leiden 2010.

Drewermann, Eugen: Psychoanalyse und Moraltheologie, 3 Bde., Mainz 1982–1984 u. ö.

–: Strukturen des Bösen, 3 Bde., Paderborn 1977 f. u. ö.

–: Tiefenpsychologie und Exegese, 2 Bde., Olten – Freiburg 1984 f. u. ö.

Dröge, Markus: Kirche in der Vielfalt des Geistes. Die christologische und pneumatologische Begründung der Kirche bei JürgenMoltmann, Neukirchen-Vluyn 2000.

Drumm, Joachim: Art. »Hellenisierung«, in: LThK³ 4 (1995), Sp. 1407–1409.

Dürnberger, Martin: Angst, Tod, Schuld, Leid, Absurdes. Theologische Theorietheorie, in: Franz Gmainer-Pranzl / Gregor Maria Hoff (Hg.), Das Theologische der Theologie. Wissenschaftstheoretische Reflexionen – methodische Bestimmungen – disziplinäre Konkretionen, Innsbruck / Wien 2019, 127–146

–: Basics Systematischer Theologie. Eine Anleitung zum Nachdenken über den Glauben, Regensburg 2020.

–: Offenbare Erlösung – erlösende Offenbarung. Skizzen zum Verhältnis zweier theologischer Zentralbegriffe aus christlicher Perspektive, in: Aaron Langenfeld / Klaus von Stosch (Hg.), Streitfall Erlösung, Paderborn 2015, 95–114.

–: Texturen der Gegenwart. Soteriologische Miniaturen in zeitdiagnostischer Absicht, in: Was hält uns (noch) zusammen? Über Verbindlichkeit und Fragmentierung. Berichtsband der Salzburger Hochschulwochen 2020 und 2021, hg. im Auftrag des Direktoriums der Salzburger Hochschulwochen von Martin Dürnberger, Innsbruck / Wien 2021, 127–172.

–: Vorsicht, erhöhte Diskurstemperaturen! Reflexionen auf Sünde, Schuld und identity politics, in: Herwig Grimm / Stephan Schleissing (Hg.), Moral und Schuld in Ethikdebatten, Baden-Baden 2019, 99–115.

Ebeling, Gerhard: Das Verständnis von Heil in säkularisierter Zeit, in: ders., Wort und Glaube, Bd. 3, Tübingen 1975, 349–361.

–: Der Sühnetod Christi als Glaubensaussage. Eine hermeneutische Rechenschaft, in: Zeitschrift für Theologie und Kirche. Beiheft 8 (1990), 3–28.

Ebenhoch, Markus: Das Theologumenon des »gekreuzigten Volkes« als Herausforderung für die gegenwärtige Soteriologie, Frankfurt 2008.

Ebner, Martin: »Weisheitslehrer« – eine Kategorie für Jesus? Eine Spurensuche bei Jesus Sirach, in: Johannes Beutler (Hg.), Der neue Mensch in Christus. Hellenistische Anthropologie und Ethik im Neuen Testament, Freiburg – Basel – Wien 2001, 99–119.

–: Jesus – ein Weisheitslehrer? Synoptische Weisheitslogien im Traditionsprozeß, Freiburg – Basel – Wien 1998.

–: Jesus von Nazaret in seiner Zeit. Sozialgeschichtliche Zugänge, Stuttgart 2003.

–: Wo findet die Weisheit ihren Ort? Weisheitskonzepte in Konkurrenz, in: Martin Fassnacht / Andreas Leinhäupl-Wilke / Stefan Lücking (Hg.), Die Weisheit – Ursprünge und Rezeption (FS Karl Löning), Münster 2003, 79–103.

Echelmeyer, Liz: Selbstunsicherheit und soziale Ängste: Die therapeutische Beziehung im Selbstsicherheitstraining, in: Dirk Zimmer (Hg.), Die therapeutische Beziehung. Konzepte, empirische Befunde und Prinzipien ihrer Gestaltung, Weinheim u. a. 1983, 161–172.

Eckholt, Margit / Rahner, Johanna (Hg.): Christusrepräsentanz. Zur aktuellen Debatte um die Zulassung von Frauen zum priesterlichen Amt, Freiburg – Basel – Wien 2021.

Edwards, Dennis: Deep Incarnation. God's redemptive Suffering with Creations, Maryknoll 2019.

Einheit vor uns. Bericht der Gemeinsamen Römisch-katholischen/Evangelisch-lutherischen Kommission (1984), in: DwÜ 2 (1992), 451–506.

Ellacuría, Ignacio / Sobrino, Jon (Hg.): Mysterium Liberationis. Grundbegriffe der Theologie der Befreiung, 2 Bde., Luzern 1995.

Ellis, Erle C.: Anthropozän. Das Zeitalter des Menschen. Eine Einführung, München 2020.

Endo, Masanobu: Creation and Christology. A Study on the Johannine Prologue in the Light of Early Jewish Creation Accounts, Tübingen 2002.
Engemann, Wilfried: Einführung in die Homiletik, Tübingen / Basel 2002.
– (Hg.): Handbuch der Seelsorge. Grundlagen und Profile, Leipzig 2007.
–: Theologie der Predigt. Grundlagen – Modelle – Konsequenzen, Leipzig 2001.
Engemann, Wilfried / Lütze, Frank M. (Hg.): Grundfragen der Predigt. Ein Studienbuch, Leipzig ²2009.
Englert, Rudolf: Performativer Religionsunterricht – eine Zwischenbilanz, in: Zeitschrift für Pädagogik und Theologie 60 (2008), 3–16.
Enns, Fernando (Hg.): Dekade zur Überwindung von Gewalt 2001–2010, Frankfurt 2001.
–: Die Internationale ökumenische Friedenskonvokation. Auf dem Weg zu einer ökumenischen Theologie des Gerechten Friedens?; in: Ökumenische Rundschau 60 (2011), 4–17.
Enns, Fernando / Twardowski, Stephan: »Ehre sei Gott – und Friede auf Erden«. Das Ringen der Gemeinschaft der Kirchen um friedensethische Positionen; in: Hans-Georg Link / Geiko Müller-Fahrenholz (Hg.), Hoffnungswege. Wegweisende Impulse des Ökumenischen Rates der Kirchen aus sechs Jahrzehnten, Frankfurt 2008, 348–377.
Enxing, Julia: Satisfactio. Über (Un-)Möglichkeiten von Wiedergutmachung, Leipzig 2019.
–: Gott im Werden. Die Prozesstheologie Charles Hartshornes, Regensburg 2013.
–: Schuld. Theologische Erkundungen eines unbequemen Phänomens, Ostfildern 2015.
–: Schuld und Sünde (in) der Kirche. Eine systematisch-theologische Untersuchung, Ostfildern 2019.
Erinnern und Versöhnen. Die Kirche und die Verfehlungen in ihrer Vergangenheit, hg. von Gerhard Ludwig Müller, Einsiedeln – Freiburg 2000.
Erlbruch, Wolf: Ente, Tod und Tulpe, München 2007.
Ernst, Josef: Das Heil der Schöpfung, in: Catholica 46 (1992), 189–206.
Eurich, Johannes u.a. (Hg.): Kirchen aktiv gegen Armut und Ausgrenzung. Theologische Grundlagen und praktische Ansätze für Diakonie und Gemeinde, Stuttgart 2011.
Evangelische Obdachlosenhilfe (Hg.): Arme habt ihr allezeit. Vom Leben obdachloser Menschen in einem wohlhabenden Land. Konzipiert und erstellt von Andreas Pitz, Frankfurt ²2009.
Evans, Craig A.: Word and Glory. On the Exegetical and Theological Background of John's Prologue, Sheffield 1993.
Everding, Willi: Wie ist es, tot zu sein? Tod und Trauer in der pädagogischen Arbeit mit Kindern, Freiburg 2005.
Ewerszumrode, Frank: Der Geist, der uns mit Gott verbindet. Eine Skizze zur Verbindung von Pneumatologie und Soteriologie, Paderborn 2021.

Fabella, Virginia: Eine gemeinsame Methodologie verschiedener Christologien?, in: dies. / Mercy Amba Oduyoye (Hg.), Leidenschaft und Solidarität. Theologinnen der Dritten Welt ergreifen das Wort, Luzern 1992, 171–185.

Fabella, Vigina / Oduyoye,Mercy Amba (Hg.): Leidenschaft und Solidarität. Theologinnen der Dritten Welt ergreifen das Wort, Luzern 1992.

Faber, Eva-Maria: Art. »Verdienst. II. Theologie- und dogmengeschichtlich«, in: LThK³ 10 (2001), Sp. 613–615.

Faber, Roland: Gott als Poet der Welt. Anliegen und Perspektiven der Prozesstheologie, Darmstadt 2003.

–: Prozeßtheologie, Zu ihrer Würdigung und kritischen Erneuerung, Mainz 2000.

Falconer, Alan D. / Liechty, Joseph (Hg.): Reconciling Memories, Dublin ²1998.

Fascher, Erich: Theologische Beobachtungen zu δεῖ in: Walther Eltester (Hg.), Neutestamentliche Studien für Rudolf Bultmann, Berlin 1954, 228–254.

Feiner, Johannes / Löhrer, Magnus: Einleitung, in: dies. (Hg.), Mysterium Salutis. Grundriß heilsgeschichtlicher Dogmatik, Bd. 1, Einsiedeln – Zürich – Köln 1965, XXIII–XLIII.

– (Hg.): Mysterium Salutis. Grundriß heilsgeschichtlicher Dogmatik, 5 Bde., Einsiedeln – Zürich – Köln 1965–1976 (Ergänzungsband 1981).

Feiter, Reinhard: Antwortendes Handeln. Praktische Theologie als kontextuelle Theologie, Münster 2002.

Feulner, Rüdiger: Die Soteriologie des Thomas von Aquin. Eine dogmengeschichtliche Untersuchung, Heiligenkreuz 2017

Fichtner, Gerhard: Christus als Arzt. Ursprünge und Wirkungen eines Motivs, in: Frühmittelalterliche Studien 16 (1982), 1–18.

Fiederlein, Friedrich Martin: Die Wunder Jesu und die Wundererzählungen der Urkirche, München 1988.

Fiedler, Peter / Oberlinner, Lorenz: Jesus von Nazareth. Ein Literaturbericht, in: Bibel und Leben 13 (1972), 52–74.

Filoramo, Giovanni u. a.: Art. »Erlösung/Soteriologie«, in: RGG⁴ 2 (1999), Sp. 1441–1461.

Fischer, Balthasar: »Jesus, unsere Mutter«. Neue englische Veröffentlichungen zu einem wiederentdeckten Motiv patristischer und mittelalterlicher Christusfrömmigkeit, in: Geist und Leben 59 (1985), 147–156.

Fischer, Ralph: Macht der Glaube heil? Der christliche Glaube als Heilsmacht im Anschluss an Eugen Biser und Eugen Drewermann, Frankfurt 2006.

Flammer, Barnabas: Jesus der Arzt in der Sicht der Evangelien, in: Arzt und Christ 31 (1985), 1–6.

Fliegel, Steffen / Walsheim, Brunhilde: Therapeut und Klient in der Therapie sexueller Störungen, in: Dirk Zimmer (Hg.), Die therapeutische Beziehung. Konzepte, empirische Befunde und Prinzipien ihrer Gestaltung, Weinheim u. a. 1983, 216–227.

Flusser, David: Jesus in Selbstzeugnissen und Bilddokumenten, Hamburg 1968.

Fontane, Theodor: Der Stechlin, in: ders., Werke in vier Bänden, Bd. 4, hg. von Helmuth Nürnberger, München – Wien 1982, 105–486.

Ford, David: Self and salvation. Being transformed, Cambridge 2000.

Franke, Alexa: Klienten-zentrierte Psychotherapie – Verändern durch Beziehung?, in: Dirk Zimmer (Hg.), Die therapeutische Beziehung. Konzepte, empirische Befunde und Prinzipien ihrer Gestaltung, Weinheim u. a. 1983, 63–81.

Frankemölle, Hubert: Jesus von Nazareth. Anspruch und Deutungen, Mainz 1976.

– (Hg.): Sünde und Erlösung im Neuen Testament, Freiburg – Basel – Wien 1996.

Franz, Ansgar: Letzte Worte? Gesellschaftliche Wandlungen an der Schwelle zum 21. Jahrhundert als Herausforderung für die christliche Begräbnisliturgie, in: Hansjakob Becker u. a. (Hg.), Liturgie im Angesicht des Todes. Reformatorische und katholische Traditionen der Neuzeit, Teil II, Tübingen – Basel 2004, 1225–1245.

– (Hg.): Streit am Tisch des Wortes? Zur Deutung und Bedeutung des Alten Testaments und seiner Bedeutung in der Liturgie, St. Ottilien 1997.

Freitag, Josef: Geist-Vergessen – Geist-Erinnern. Vladimir Losskys Pneumatologie als Herausforderung westlicher Theologie, Würzburg 1995.

Freud, Siegmund: Studienausgabe, hg. von Alexander Mitscherlich / Angela Richards / James Strachey, Frankfurt 1969–1975.

Frey, Jörg / Schröter, Jens (Hg.): Deutungen des Todes Jesu im Neuen Testament, Tübingen 2005.

Freyer, Thomas: Pneumatologie als Strukturprinzip der Dogmatik. Überlegungen im Anschluss an die Lehre von der Geisttaufe bei Karl Barth, Paderborn u. a. 1982.

Freytag, Hartmut (Hg.): Der Totentanz der Marienkirche in Lübeck und der Nikolaikirche in Reval (Tallinn). Edition, Kommentar, Interpretation, Rezeption, Köln – Weimar – Wien 1993.

Fried, Erich: Definition (1964), in: ders., Warngedichte, München 1964, 120.

–: Vielleicht, in: ders., Werke. Gedichte, Bd. 3, Berlin 1998, 11.

Friedrich, Gerhard: Die Verkündigung des Todes Jesu im Neuen Testament, Neukirchen-Vluyn ²1985.

Frielingsdorf, Karl: Dämonische Gottesbilder. Ihre Entstehung, Entlarvung und Überwindung, Mainz 1992.

Fries, Heinrich u. a.: Heil in den Religionen und im Christentum, St. Ottilien 1982.

Fritsch, Sybille / Wartenberg-Potter, Bärbel von (Hg.): Die tägliche Erfindung der Zärtlichkeit. Gebete und Poesie von Frauen aus aller Welt, Gütersloh ³1990.

Frühmann, Edmund: Aspekte der Arzt-Patient-Beziehung in der Psychoanalyse, in: Hilarion Petzold (Hg.), Die Rolle des Therapeuten und die therapeutische Beziehung, Paderborn ²1987, 37–56.

Fuchs, Gotthard: Der bittende Gott – der betende Mensch. Eine vergessene Dimension christlicher Spiritualität, in: Elmar Salmann / Joachim Hake (Hg.), Die Vernunft ins Gebet nehmen. Philosophisch-theologische Betrachtungen, Stuttgart 2000, 61–74.

Fuchs, Ottmar: Predigt als Gnadenerfahrung. Aspekte einer indikativischen Homiletik, in: Theologische Quartalschrift 186 (2006), 313–335.

Fuchs-Heinritz, Werner: Biographische Forschung. Eine Einführung in Praxis und Methoden. Wiesbaden ⁴2009.

Für eine Zukunft in Solidarität und Gerechtigkeit. Wort des Rates der Evangelischen Kirche in Deutschland und der Deutschen Bischofskonferenz zur wirtschaftlichen und sozialen Lage in Deutschland, Bonn 1997 (Gemeinsame Texte 9).

Gabel, Michael / Joas, Hans (Hg.): Von der Ursprünglichkeit der Gabe. Jean-Luc Marions Phänomenologie in der Diskussion, Freiburg – München 2007.

Gabriel, Karl / Große Kracht, Hermann-Josef: Abschied vom deutschen Sozialmodell? Zum Stellenwert von Solidarität und Eigenverantwortung in aktuellen Texten kirchlicher Soziallehre, in: Stimmen der Zeit 222 (2004), 227–243.

Gabriel, Karl / Krämer, Werner (Hg.): Kirchen im gesellschaftlichen Konflikt. Der Konsultationsprozeß und das Sozialwort »Für eine Zukunft in Solidarität und Gerechtigkeit«, Münster ²2004.

Gäde, Gerhard: Eine andere Barmherzigkeit. Zum Verständnis der Erlösungslehre Anselms von Canterbury, Würzburg 1989.

Galindo, Florencio: »Es genügt nicht, Grundsätze zu verkünden ...«. Zur Erlösungslehre der lateinamerikanischen Befreiungstheologie, in: Geist und Leben 58 (1985), 322–337.

Galles, Paul: Situation und Botschaft. Die soteriologische Vermittlung von Anthropologie und Christologie in den offenen Denkformen von Paul Tillich und Walter Kasper, Berlin / Boston 2012.

Ganoczy, Alexandre: Chaos – Zufall – Schöpfungsglaube. Die Chaostheorie als Herausforderung der Theologie, Mainz 1995.

–: Communio – ein Grundzug des göttlichen Heilswillens, in: Unsere Seelsorge 22 (1972) H. 2, 1–6.

Garijo-Guembe, Miguel María / Rohls, Jan / Wenz, Gunther: Mahl des Herrn. Ökumenische Studien, Frankfurt 1988.

Gemeinhardt, Alexander F. (Hg.): Die Pfingstbewegung als ökumenische Herausforderung, Göttingen 2005.

Gemeinsame Erklärung zur Rechtfertigungslehre des Lutherischen Weltbunds und der Katholischen Kirche (1999), in: DwÜ 3 (2003), 419–430.

Gemeinsame offizielle Feststellung des Lutherischen Weltbundes und der Katholischen Kirche, in: ebd., 437 f.

Gerber, Dieter / Haag, Gunther: Die Therapeut-Patient-Beziehung in der Psychosomatik, in: Dirk Zimmer (Hg.), Die therapeutische Beziehung. Konzepte, empirische Befunde und Prinzipien ihrer Gestaltung, Weinheim u. a. 1983, 189–198.

Gerhards, Albert / Kranemann, Benedikt (Hg.): Christliche Begräbnisliturgie und säkulare Gesellschaft, Leipzig ²2003.

Gese, Hartmut: Sühne, in: ders., Zur biblischen Theologie. Alttestamentliche Vorträge, Tübingen ³1989, 85–106.

Geyer, Carl-Friedrich: Religion und Diskurs. Die Hellenisierung des Christentums aus der Perspektive der Religionsphilosophie, Stuttgart 1990.

Giebel, Michael: Predigt zwischen Kerygma und Kunst. Fundamentalhomiletische Überlegungen zu den Herausforderungen der Homiletik in der Postmoderne, Neukirchen-Vluyn 2009.

Giesen, Heinz: Der irdische Jesus – Ursprung der neutestamentlichen Christologie. Neuere Literatur über Jesus und die Christologie des Neuen Testaments, in: Theologische Revue 87 (1991), 441–460.

Girard, René: Das Heilige und die Gewalt, Frankfurt 1992.

–: Der Sündenbock, Zürich 1988.

Gladigow, Burkhard: Religionswissenschaft als Kulturwissenschaft, Stuttgart u. a. 2005.

Gnanadason, Aruna: Women and Spirituality in Asia, in: Ursula King (Hg.), Feminist Theology from the Third World. A Reader, London / Maryknoll 1994, 351–360.

Gnilka, Joachim: Das theologische Problem der Rückfrage nach Jesus, in: Cilliers Breytenbach / Henning Paulsen (Hg.), Anfänge der Christologie (FS Ferdinand Hahn), Göttingen 1991, 13–24.

–: Jesus von Nazaret. Botschaft und Geschichte, Freiburg – Basel – Wien 1990.

Goldstein, Horst: »Selig ihr Armen«. Theologie der Befreiung in Lateinamerika ... und in Europa?, Darmstadt 1989.

Gombocz, Wolfgang L.: Anselm von Canterbury. Ein Forschungsbericht über die Anselm-Renaissance seit 1960, in: Philosophisches Jahrbuch der Görres-Gesellschaft 87 (1980), 109–134.

Gradl, Stefan: Deus beatitudo hominis. Eine evangelische Annäherung an die Glückslehre des Thomas von Aquin, Löwen 2004.

Graham, Jeannine Michele: Representation and substitution in the atonement theologies of Dorothee Sölle, John Macquarrie, and Karl Barth, New York u. a. 2005.

Grant, Jacquelyn: White Woman's Christ und Black Woman's Jesus. Feminist Christology and Womanist Response, Atlanta 1989.

Gräßer, Erich: An die Hebräer. I. Teilband, Zürich – Braunschweig – Neukirchen-Vluyn 1990.

–: Die historisch-kritische Methode als Verstehenshilfe. Beispiel: Leben-Jesu-Forschung, in: Albert Raffelt (Hg.), Begegnung mit Jesus? Was die historisch-kritische Methode leistet, Düsseldorf 1991, 29–41.

Gray, William: Wisdom Christology in the New Testament. Its Scope and Relevance, in: Theology 89 (1986), 448–459.

Green, Bernhard: The soteriology of Leo the Great, Oxford 2008.

Gregersen, Nils Henrik: Deep Incarnation. Opportunities and Challenges, Minneapolis 2015.

Greive, Wolfgang (Hg.): Rechtfertigung in den Kontexten der Welt, Stuttgart 2000.

Greshake, Gisbert: Der Wandel der Erlösungsvorstellungen in der Theologiegeschichte, in: ders., Gottes Heil – Glück des Menschen. Theologische Perspektiven, Freiburg – Basel – Wien 1983, 50–79.

–: Erlöst in einer unerlösten Welt?, Mainz 1987.

–: Erlöste Freiheit. Eine Neuinterpretation der Erlösungslehre Anselms von Canterbury, in: Bibel und Kirche 33 (1978), 7–14.

–: Erlösung und Freiheit. Eine Neuinterpretation der Erlösungslehre Anselms von Canterbury, in: ders., Gottes Heil – Glück des Menschen. Theologische Perspektiven, Freiburg 1983, 80–104.

–: Geschenkte Freiheit. Einführung in die Gnadenlehre, Freiburg – Basel – Wien 1977.

–: Heilsverständnis heute. Ein Problembericht, in: ders., Gottes Heil – Glück des Menschen. Theologische Perspektiven, Freiburg – Basel – Wien 1983, 15–49.

–: Preis der Liebe. Besinnung über das Leid, Freiburg – Basel – Wien 1978.

–: Warum lässt uns Gottes Liebe leiden?, Freiburg – Basel – Wien 2017.

Grillmeier, Alois: »Christus licet uobis inuitis deus.« Ein Beitrag zur Diskussion über die Hellenisierung der christlichen Botschaft, in: Adolf Martin Ritter (Hg.), Kerygma und Logos. Beiträge zu den geistesgeschichtlichen Beziehungen zwischen Antike und Christentum (FS Carl Andresen), Göttingen 1979, 226–257.

–: Geschichtlicher Überblick über die Mysterien Jesu im allgemeinen, in: Johannes Feiner / Magnus Löhrer (Hg.), Mysterium Salutis. Grundriß heilsgeschichtlicher Dogmatik, Bd. 3/2, Einsiedeln – Zürich – Köln 1969, 1–22.

Grimm, Werner: Art. »θεραπεύω (therapeuō) in: Horst Balz / Gerhard Schneider (Hg.), Exegetisches Wörterbuch zum Neuen Testament, Bd. 2, Stuttgart u. a. 1981, Sp. 354–357.

–: Weil ich dich liebe. Die Verkündigung Jesu und Deuterojesaja, Frankfurt 1976.

Groppe, Elizabeth Teresa: Yves Congar's theology of the Holy Spirit, Oxford u. a. 2004.

Groß, Heinrich: Gottes Heil im Alten Testament, in: Wolfgang Beinert (Hg.), Heil und Heilen als pastorale Sorge, Regensburg 1984, 37–49.

Groupe des Dombes, Vers une méme foi eucharistique? Accord entre catholiques et protestants, Les Presses de Taizé 1972; dt. Gruppe von Dombes, Auf dem Weg zu ein und demselben eucharistischen Glauben?, in: Günther Gassmann u. a. (Hg.), Um Amt und Herrenmahl. Dokumente zum evangelisch/römisch-katholischen Gespräch, Frankfurt ²1974, 104–112.

Grözinger, Albrecht: Toleranz und Leidenschaft. Über das Predigen in einer pluralistischen Gesellschaft, Gütersloh 2004.

Gruber, Franz / Kögerler, Reinhart (Hg.): Erlösung heute? Beiträge eines interdisziplinären Symposions, Linz 2007.

Grundmann, Walter: Art. »δεῖ, δέον ἐστί«, in: ThWNT 2 (1954), 21–25.

Grund-Wittenberg, Alexandra / Sattler, Dorothea (Hg.): Hölle (JBTh 36), Göttingen 2023.

Guardini, Romano: Besinnung vor der Feier der Heiligen Messe. Zweiter Teil: Die Messe als ganze, Mainz 1939.

Gutiérrez, Gustavo: An der Seite der Armen. Theologie der Befreiung, Augsburg 2004.

–: Theologie der Befreiung. Mit einem Vorwort von Johann Baptist Metz, München – Mainz 1973.

Haag, Herbert: Die Rede vom Heil. Überlegungen eines Alttestamentlers, in: Theologische Quartalschrift 172 (1992), 81–97.

Habbel, Marie-Luise: »Diese Wüste hat sich einer vorbehalten«. Biblisch-christliche Motive, Figuren und Sprachstrukturen im literarischen Werk Ingeborg Bachmanns, Altenberge 1992.

Haber, Wolfgang / Heid, Maria / Vogt, Markus (Hg.): Die Welt im Anthropozän. Erkundungen im Spannungsfeld zwischen Ökologie und Humanität, München 2016.

Habermann, Jürgen: Präexistenzaussagen im Neuen Testament, Frankfurt 1990.

–: Präexistenzchristologische Aussagen im Johannesevangelium. Annotationes zu einer angeblich »verwegenen Synthese«, in: Rudolf Laufen (Hg.), Gottes ewiger Sohn. Die Präexistenz Christi, Paderborn 1997, 115–141.

Hagene, Sylvia: Zeiten der Wiederherstellung. Studien zur lukanischen Geschichtstheologie als Soteriologie, Münster 2003.

Hahn, Ferdinand: Der Ertrag der historisch-kritischen Bibelauslegung für den Glauben und die Kirche, in: Albert Raffelt (Hg.), Begegnung mit Jesus? Was die historisch-kritische Methode leistet, Düsseldorf 1991, 67–84.

Hahn, Udo: Heiliger Geist, Gütersloh 2001.

Hahn, Viktor: Zum theologischen Problem der Erlösung. Hermeneutische Besinnung, in: Theologie der Gegenwart 25 (1982), 56–65.

Hallonsten, Gösta: Satisfactio bei Tertullian. Überprüfung einer Forschungstradition, Malmö 1984.
Hampel, Volker: Menschensohn und historischer Jesus, Neukirchen-Vluyn 1990.
Handke, Peter: Phantasien der Wiederholung, Frankfurt 1983.
Harakas, Stanley S.: Health and Medicine in the Eastern Orthodox Tradition: Salvation as the Context of Healing, in: The Greek Orthodox Theological Review 34 (1989), 221–237.
Härle, Wilfried / Neuner, Peter (Hg.): Im Licht der Gnade Gottes. Zur Gegenwartsbedeutung der Rechtfertigungsbotschaft, Münster 2004.
Harnack, Adolf von: Das Wesen des Christentums, Leipzig 1900.
–: Die Entstehung der christlichen Theologie und des kirchlichen Dogmas, Gotha 1927.
–: Lehrbuch der Dogmengeschichte, 3 Bde., Tübingen ⁵1931.
–: Mission und Ausbreitung des Christentums in den ersten drei Jahrhunderten, Leipzig 1902.
Hartl, Johannes: Metaphorische Theologie. Grammatik, Pragmatik und Wahrheitsgehalt religiöser Sprache, Berlin 2008.
Hartmann-Lange, Doris / Ackermann, Jost: Probleme und Chancen in der Beziehung zwischen Mittelschicht-Therapeuten und Klienten aus Arbeiterfamilien und unteren sozialen Schichten, in: Dirk Zimmer (Hg.), Die therapeutische Beziehung. Konzepte, empirische Befunde und Prinzipien ihrer Gestaltung, Weinheim u. a. 1983, 238–249.
Hartshorne, Charles: Omnipotence and other Theological Mistakes, New York 1984.
Harvey, Mary R.: An ecological view of psychological trauma and trauma recovery, in: Journal of traumatic stress 9 (1996), 377–391.
Hasel, Gerhard F.: Health and Healing in the Old Testament, in: Andrews University Seminary Studies 21 (1983), 191–202.
Hasitschka, Martin: Befreiung von Sünde nach dem Johannesevangelium. Eine bibeltheologische Untersuchung, Innsbruck – Wien 1989.
Haslbeck, Barbara / Heyder, Regina / Leimgruber, Ute / Sandherr-Klemp, Dorothee (Hg.): Erzählen als Widerstand. Berichte über spirituellen und sexuellen Missbrauch an erwachsenen Frauen in der katholischen Kirche, Münster 2020.
Hasselmann, Christel: Die Weltreligionen entdecken ihr gemeinsames Ethos. Der Weg zur Weltethoserklärung, Main 2002.
Haunerland, Winfried: Gedächtnis unserer Erlösung. Die Liturgie als Ort der Erinnerung, in: Theologisch-praktische Quartalschrift 151 (2003), 4–16.
Haverkamp, Anselm (Hg.): Die paradoxe Metapher, Frankfurt 1998.
– (Hg.): Theorie der Metapher, Darmstadt ²1996.
Heil: Gnade, Rechtfertigung und Synergie. Erklärung der Gemeinsamen Lutherisch/Orthodoxen Kommission (1998), in: DwÜ 3 (2003), 103–106.

Heiligenthal, Roman: Art. »Verdienst. III. Neues Testament«, in: RGG⁴ 8 (2005), Sp. 947 f.

Heimbach-Steins, Marianne / Lienkamp, Andreas (Hg.): Für eine Zukunft in Solidarität und Gerechtigkeit. Wort des Rates der Evangelischen Kirche in Deutschland und der Deutschen Bischofskonferenz zur wirtschaftlichen und sozialen Lage in Deutschland. Eingeleitet und kommentiert von Marianne Heimbach-Steins und Andreas Lienkamp unter Mitarbeit von Gerhard Kruip und Stefan Lunte, München 1997.

Heimerl, Theresia / Prenner, Karl (Hg.): Kultur und Erinnerung. Beiträge zur Religions-, Kultur- und Theologiegeschichte (FS Karl Matthäus Woschitz), Regensburg 2005.

Heinecken, Martin J.: Unsere geistige Lage und die Verkündigung von der Rechtfertigung, in: Lutherische Rundschau 12 (1962), 251–260.

Heinemann, Franz Karl: Erlösung im Alten Testament, in: Theologie der Gegenwart 25 (1982), 42–55.

Hell, Silvia / Lies, Lothar (Hg.): Taufe und Eucharistiegemeinschaft. Ökumenische Perspektiven und Probleme, Innsbruck 2004.

Hellinger, Bert: Religion – Psychotherapie – Seelsorge. Gesammelte Texte, München 2000.

Hemmerle, Klaus: Der Begriff des Heils. Fundamentaltheologische Erwägungen, in: Internationale katholische Zeitschrift »Communio« 1 (1972), 210–230.

–: Wahrheit und Zeugnis, in: Bernhard Casper / Klaus Hemmerle / Peter Hünermann (Hg.), Theologie als Wissenschaft. Methodische Zugänge, Freiburg – Basel – Wien 1970, 54–72.

Hempel, Johannes: »Ich bin der Herr, dein Arzt« (Ex 15,26), in: Theologische Literaturzeitung 11 (1957), 809–826.

Hengel, Martin: Der stellvertretende Sühnetod Jesu. Ein Beitrag zur Entstehung des urchristlichen Kerygmas, in: Internationale katholische Zeitschrift »Communio« 9 (1980), 1–25; 135–147.

–: Jesus als messianischer Lehrer der Weisheit und die Anfänge der Christologie, in: Edmond Jacob (Hg.), Sagesse et Religion. Colloque de Strasbourg, Paris 1979, 147–188.

Hengsbach, Friedhelm / Emunds, Bernhard / Möring-Hesse, Matthias: Reformen fallen nicht vom Himmel. Was kommt nach dem Sozialwort der Kirchen?, Freiburg 1997.

Henning, Christian: Die evangelische Lehre vom Heiligen Geist und seiner Person. Studien zur Architektur protestantischer Pneumatologie im 20. Jahrhundert, Gütersloh 2000.

Herman, Judith Lewis: Die Narben der Gewalt, Traumatische Erfahrungen verstehen und überwinden, Paderborn ²2006.

Hermanni, Friedrich: Das Böse und die Theodizee. Eine philosophisch-theologische Grundlegung, Gütersloh 2002.

Herzog, Markwart: Christus medicus, apothecarius, samaritanus, balneator. Motive einer medizinisch-pharmazeutischen Soteriologie, in: Geist und Leben 67 (1994), 414–434.

Heubach, Joachim: Der Heilige Geist im Verständnis Luthers und der lutherischen Theologie, Erlangen 1990.

Hick, John: A Philosophy of Religious Pluralism, in: ders., Problems of Religious Pluralism, London ³1988, 28–45; dt. Übersetzung in: Münchener Theologische Zeitschrift 45 (1994), 301–318.

Hilberath, Bernd Jochen: Karl Rahner. Gottgeheimnis Mensch, Mainz 1995.

–: Pneumatologie, Düsseldorf 1994.

–: Theologischer Kommentar zum Dekret über den Ökumenismus, in: Peter Hünermann / Bernd Jochen Hilberath (Hg.), Herders Theologischer Kommentar zum Zweiten Vatikanischen Konzil, Bd. 3, Freiburg – Basel – Wien 2005, 69–223.

Hillenbrand, Karl: Heil in Jesus Christus. Der christologische Begründungszusammenhang im Erlösungsverständnis und die Rückfrage nach Jesus, Würzburg 1982.

Hilpert, Konrad (Hg.): »Das offene Ende, durch das wir denken und atmen können ...«. Theologie und Literatur im wechselseitigen Fragehorizont, Münster 2001.

Hinga, Teresa M.: Jesus Christ and the Liberation of Women in Africa, in: Ursula King (Hg.), Feminist Theology from the Third World. A Reader, London / Maryknoll 1994, 261–268.

Hirschmann, Siegfried G.: Das evangelische Gesetz. Ethik in der Predigt, Erlangen 2011.

Hock, Klaus: Einführung in die Religionswissenschaft, Darmstadt 2002.

Hödl, Ludwig: Neuansätze in der dogmatischen Christologie, in: Gisbert Kaufmann (Hg.), Tendenzen der katholischen Theologie nach dem Zweiten Vatikanischen Konzil, München 1979, 24–42.

Hoff, Gregor Maria: Der fremde Ort des eigenen Gottes. Karl Rahners Theorie von den anonymen Christen als Grammatik theologischer Fremdsprachen, in: Salzburger theologische Zeitschrift 11 (2007), 201–216.

Hoffmann, Martin: Ethisch und politisch predigen. Grundlagen und Modelle, Leipzig 2011.

Hoffmann, Monika: Frauen und Therapie – Brauchen Frauen eine andere Therapie als Männer?, in: Dirk Zimmer (Hg.), Die therapeutische Beziehung. Konzepte, empirische Befunde und Prinzipien ihrer Gestaltung, Weinheim u. a. 1983, 250–264.

Hoffmann, Norbert: Sühne. Zur Theologie der Stellvertretung, Einsiedeln 1981.

Hoffmann, Paul: Zukunftserwartung und Schöpfungsglaube in der Basilaeia-Verkündigung Jesu, in: Religionsunterricht an höheren Schulen 31 (1988), 374–384.

Hoffmann, Veronika (Hg.): Die Gabe. Ein »Urwort« der Theologie?, Frankfurt 2009.
Holland, Bernd: Nach dem Fall Althaus. Leben mit der Schuld. Menschen erzählen von der Last eines tragischen Fehlers, in: Stern Nr. 4 (15. Januar 2009), 56–66.
Hollenweger, Walter J.: Charismatisch-pfingstliches Christentum. Herkunft, Situation, ökumenische Chancen, Göttingen 1997.
Holm, Bo K.: Gabe und Geben bei Luther. Das Verhältnis zwischen Reziprozität und reformatorischer Rechtfertigungslehre, Berlin 2006.
Holztrattner, Magdalena (Hg.): Eine vorrangige Option für die Armen im 21. Jahrhundert?, Salzburg 2005.
Hönig, Elisabeth: Die Eucharistie als Opfer nach den neueren ökumenischen Erklärungen, Paderborn 1989.
Hoping, Helmut: Kreuz und Altar. Die Gegenwart des Opfers Christi in der Eucharistie, Augsburg 2010.
Hopkins, Julie: Feministische Christologie. Wie Frauen heute von Jesus reden können, Mainz 1996.
Hosselmann, Birgit: Todesanzeigen als memento mori? Eine empirische Untersuchung von Todesanzeigen der Gegenwart, Münster [2]2003.
Hryniewiecz, Waslaw: La hiérarchie des vérités. Implications oecuméniques d'une idée chrétienne, in: Irénikon 51 (1978), 470–491.
Hübner, Jörg: Christus medicus. Ein Symbol des Erlösungsgeschehens und ein Modell ärztlichen Handelns, in: Kerygma und Dogma 31 (1985), 324–335.
Hübner, Siegfried: Die nichtchristliche Menschheit im Licht christlichen Glaubens. Karl Rahners Überlegungen zum Thema »anonyme Christen«, in: Zeitschrift für katholische Theologie 126 (2004), 47–64.
Humbert, Paul: Maladie et médicine dans l'Ancient Testament, in: Revue d'Histoire et de Philosophie Religieuse 44 (1964), 1–29.
Hunstig, Hans-Georg / Sattler, Dorothea (Hg.): ... so auch auf Erden. Ökumenisch handeln mit dem Vater unser, Würzburg 2010.
Ibebuike, Polycarp Chuma: The Eucharist. The discussion on the Eucharist by the Faith and Order Commission of the World Council of Churches Lausanne 1927 – Lima 1982, Frankfurt 1989.
Ibekwe, Linus: The universality of salvation in Jesus Christ in the thought of Karl Rahner. A chronological and systematic investigation, Würzburg 2006.
Imbach, Josef: Ist Gott käuflich? Die Rede vom Opfertod Jesu auf dem Prüfstand, Gütersloh 2011.
Internationale Theologische Kommission: Jesu Selbst- und Sendungsbewusstsein, in: Internationale katholische Zeitschrift »Communio« 16 (1987), 38–49.
–: Gott der Erlöser. Zu einigen ausgewählten Fragen, Einsiedeln – Freiburg 1997.

Ionita, Viorel: Die »Heilung der Erinnerungen« als Herausforderung an die Kirchen in Europa. Schritte auf dem Weg zur Dritten Europäischen Ökumenischen Versammlung, in: Catholica 60 (2006), 218–227.

Ionita, Viorel / Numico, Sarah (Hg.): Charta Oecumenica. A text, a process and a dream of the churches in Europe, Genf 2003.

Iwashima, Tadahiko: Menschheitsgeschichte und Heilserfahrung. Die Theologie von Edward Schillebeeckx als methodisch reflektierte Soteriologie, Düsseldorf 1982.

Jahae, Raymond: Erlösung –Erinnerung – Hoffnung. Überlegungen zur Soteriologie Johann Baptist Metz', in: Theologie und Philosophie 79 (2004), 73–89.

Janetzky, Birgit: Lebensdeutung und Abschiedsritual, in: Albert Gerhards / Benedikt Kranemann (Hg.), Christliche Begräbnisliturgie und säkulare Gesellschaft, Leipzig ²2003, 231–251.

–: Stille Beisetzungen trösten nicht. Die Notwendigkeit nichtkirchlicher Trauerfeiern, in: Bibel und Liturgie 74 (2001), 166–174.

Janowski, Bernd: Sühne als Heilsgeschehen. Studien zur Sühnetheologie der Priesterschrift und zur Wurzel KPR im Alten Orient und im Alten Testament, Neukirchen-Vluyn 1982.

– (Hg.): Weisheit außerhalb der kanonischen Weisheitsschriften, Gütersloh 1996.

Janowski, Johanna Christine: Allerlösung. Annäherungen an eine entdualisierte Eschatologie, Neukirchen-Vluyn 2000.

Jantsch, Torsten: Jesus, der Retter. Die Soteriologie des lukanischen Doppelwerks, Tübingen 2017.

Jaschke, Helmut: Psychotherapie aus dem Neuen Testament. Heilende Begegnungen mit Jesus, Freiburg – Basel – Wien 1987.

Jenni, Ernst: Art. »אוּלַי (vielleicht)«, in: ders. / Claus Westermann (Hg.), Theologisches Handwörterbuch zum Alten Testament, Bd. 1, München / Zürich 1971, Sp. 79–91.

Jepsen, Alfred: Die Begriffe des »Erlösens« im Alten Testament, in: ders., Der Herr ist Gott. Aufsätze zur Wissenschaft vom Alten Testament, Berlin 1978, 181–191.

Jeremias, Jörg: Die Reue Gottes. Aspekte alttestamentlicher Gottesvorstellung, Neukirchen-Vluyn 1975.

Jhi, Jun-Hyung: Das Heil in Jesus Christus bei Karl Rahner und in der Theologie der Befreiung, Göttingen 2006.

Johnson, Elizabeth A.: Ich bin, die ich bin. Wenn Frauen Gott sagen, Düsseldorf 1994.

–: Jesus. The Wisdom of God. A Biblical Basis for Non-Androcentric Christology, in: Ephemerides theologicae Lovanienses 61 (1985), 261–294.

Jörns, Klaus-Peter: Der Sühnetod Jesu Christi in Frömmigkeit und Predigt, in: Zeitschrift für Theologie und Kirche. Beiheft 8 (1990), 70–93.

–: Lebensgaben Gottes feiern. Abschied vom Sühnopfermahl: eine neue Liturgie, Gütersloh 2007.
–: Notwendige Abschiede. Auf dem Weg zu einem glaubwürdigen Christentum, Gütersloh ⁵2010.
Jost, Renate / Kubera, Ursula (Hg.): Befreiung hat viele Farben. Feministische Theologie als kontextuelle Befreiungstheologie, Gütersloh 1991.
Jünemann, Augustinus: Kirche – Werkzeug des Geistes. Elemente einer pneumatologischen Ekklesiologie, Trier 2003.
Jüngel, Eberhard: Das Geheimnis der Stellvertretung. Ein dogmatisches Gespräch mit Heinrich Vogel, in: Berliner theologische Zeitschrift 1 (1984), 65–80.
–: Der Tod als Geheimnis des Lebens, in: Ansgar Paus (Hg.), Grenzerfahrung Tod, Graz – Wien – Köln 1976, 9–39.
–: Gott als Geheimnis der Welt. Zur Begründung der Theologie des Gekreuzigten im Streit zwischen Theismus und Atheismus, Tübingen ²1977.
–: Gottes Sein ist im Werden. Verantwortliche Rede vom Sein Gottes bei Karl Barth. Eine Paraphrase, Tübingen ⁴1986.
–: Metaphorische Wahrheit. Erwägungen zur theologischen Relevanz der Metapher als Beitrag zur Hermeneutik einer narrativen Theologie, in: Paul Ricœur / Eberhard Jüngel, Metapher. Zur Hermeneutik religiöser Sprache, in: Evangelische Theologie. Sonderheft, München 1974, 71–122; auch in: ders., Entsprechungen: Gott – Wahrheit – Mensch. Theologische Erörterungen, München 1980, 103–157.
–: Tod, Stuttgart – Berlin 1971.
–: Vom Tod des lebendigen Gottes. Ein Plakat, in: ders., Unterwegs zur Sache. Theologische Bemerkungen, München 1972, 105–125.
Junghans, Helmar: Die Tischreden Martin Luthers, in: ders., Spätmittelalter, Luthers Reformation, Kirche in Sachsen. Ausgewählte Aufsätze, hg. von Michael Beyer / Günther Wartenberg, Leipzig 2001, 154–176.
Jungmann, Josef Andreas: Accepit Panem, in: ders., Liturgisches Erbe und pastorale Gegenwart, Innsbruck – Wien – München 1960, 366–372; Ersterscheinung in: Zeitschrift für Katholische Theologie 67 (1943), 162–165.
–: Um die Grundgestalt der Messfeier, in: ders., Liturgisches Erbe und pastorale Gegenwart, Innsbruck – Wien – München 1960, 373–378; Ersterscheinung in: Stimmen der Zeit 143 (1949), 310–312.
Käfer, Anne, Schöpfung und Inkarnation. Schöpfungstheologische Voraussetzungen und Implikationen der Christologie bei Luther, Schleiermacher und Karl Barth, Berlin 2010.
Kaléko, Mascha: Wie sag ich's meinem Kinde?, in: dies., In meinen Träumen läutet es Sturm. Gedichte und Epigramme aus dem Nachlass, hg. und eingeleitet von Gisela Zoch-Westphal, München 1977, 55.
Kalsky, Manuela: Christaphanien. Ein Beitrag zur Re-Vision der Christologie aus feministisch-theologischer Sicht, in: Renate Jost / Eveline Valtink (Hg.), Ihr aber, für wen haltet ihr mich? Auf dem Weg zu einer femi-

nistisch-befreiungstheologischen Revision von Christologie, Gütersloh 1996, 124–146.

–: Vom Verlangen nach Heil. Eine feministische Christologie oder messianische Heilsgeschichten?, in: Doris Strahm / Regula Strobel (Hg.), Vom Verlangen nach Heilwerden. Christologie in feministisch-theologischer Sicht, Fribourg 1991, 208–233.

Kampling, Rainer (Hg.): »Nun steht aber diese Sache im Evangelium ...«. Zur Frage nach den Anfängen des christlichen Antijudaismus, Paderborn 1999.

Kampmann, Irmgard: Vom Gebären Gottes. Ein uraltes Symbol der Religionsgeschichte, sein Weg durch die christliche Theologie und sein neuer Ort in feministischer Spiritualität, in: Katechetische Blätter 121 (1996), 404–409.

Kappes, Michael (Hg.): Gottes Schöpfung feiern und bewahren. Materialien zur Gestaltung des Schöpfungstages und der Schöpfungszeit 1. September bis 4. Oktober. Eine Arbeitshilfe der Arbeitsgemeinschaft Christlicher Kirchen in Nordrhein-Westfalen, Münster ²2011.

–: »Natürliche Theologie« als innerprotestantisches und ökumenisches Problem? Die Kontroverse zwischen Eberhard Jüngel und Wolfhart Pannenberg und ihr ökumenischer Ertrag, in: Catholica 49 (1995), 276–309.

Karrer, Martin: Jesus Christus im Neuen Testament. Umfassende Darstellung der neutestamentlichen Christologie, Göttingen 1998.

Kasper, Walter: Einheit und Vielfalt der Aspekte der Eucharistie. Zur neueren Diskussion um Grundgestalt und Grundsinn der Eucharistie, in: Internationale katholische Zeitschrift 69 (1985), 196–215.

–: Gottes Gegenwart in Jesus Christus. Vorüberlegungen zu einer weisheitlichen Christologie, in: Walter Baier u. a. (Hg.), Weisheit Gottes – Weisheit der Welt (FS Joseph Kardinal Ratzinger), St. Ottilien 1987, 311–328.

–: Jesus der Christus, Mainz 1974.

–: Neuansätze gegenwärtiger Christologie, in: Joseph Sauer (Hg.), Wer ist Jesus Christus?, Freiburg 1977, 121–150.

Kehl, Medard: Und Gott sah, dass es gut war. Eine Theologie der Schöpfung, Freiburg – Basel – Wien 2006.

Kern, Renate: Theologie aus Erfahrung des Geistes. Eine Untersuchung zur Pneumatologie Karl Rahners, Innsbruck 2007.

Kertelge, Karl (Hg.): Der Tod Jesu. Deutungen im Neuen Testament, Freiburg – Basel – Wien 1976.

–: Krankheit und Leid in neutestamentlicher Sicht, in: Geist und Leben 46 (1973), 348–362.

Kessler, Hans: Art. »Auferstehung Christi II.–III.«, in: LThK³ 1 (1993), Sp. 1182–1190.

–: Christologie, in: Theodor Schneider (Hg.), Handbuch der Dogmatik, Bd. 1, Düsseldorf ²1995; Neuausgabe Düsseldorf ²2002, 241–442.

–: Das Stöhnen der Natur. Plädoyer für eine Schöpfungsspiritualität und Schöpfungsethik, Düsseldorf 1990.
–: Die theologische Bedeutung des Todes Jesu. Eine traditionsgeschichtliche Untersuchung, Düsseldorf ²1971.
–: Erlösung als Befreiung, Düsseldorf 1972.
–: Erlösung als Befreiung? Inkarnation, Opfertod, Auferweckung und Geistgegenwart Jesu im christlichen Erlösungsverständnis, in: Stimmen der Zeit 99 (1974), 3–16.
–: Erlösung als Befreiung? Zu einer Kontroverse, in: Stimmen der Zeit 98 (1973), 849–853.
–: Reduzierte Erlösung? Zum Erlösungsverständnis der Befreiungstheologie, Freiburg – Basel – Wien 1987.
–: Sucht den Lebenden nicht bei den Toten. Die Auferstehung Christi in biblischer, fundamentaltheologischer und systematischer Sicht, Düsseldorf 1985.
–: Wie heute von Heil und Erlösung reden?, in: Rainer Rack (Hg.), Gottes Wort im Kirchenjahr 1993, Bd. 2, Würzburg 1992, 11–22; Bd. 3, Würzburg 1993, 14–28.
Khoury, Adel Theodor: Vorwort, in: ders. / Peter Hünermann (Hg.), Was ist Erlösung? Die Antwort der Weltreligionen, Freiburg – Basel – Wien 1985, 7–9.
Khoury, Adel Theodor / Hünermann, Peter (Hg.): Was ist Erlösung? Die Antwort der Weltreligionen, Freiburg – Basel – Wien 1985.
Kick, Hermes A. / Dietz, Günter (Hg.): Trauma und Versöhnung. Heilungswege in Psychotherapie, Kunst und Religion, Berlin 2010.
Kienzler, Klaus: Glauben und Denken bei Anselm von Canterbury, Freiburg 1981.
Kierkegaard, Sören: Der Begriff der Angst. Aus dem Dänischen übersetzt von Gisela Perlet, hg. von Uta Eichler, Stuttgart 1992.
Kießling, Klaus: Nützlich und notwendig. Psychologisches Grundwissen in Theologie und Praxis, Fribourg 2002.
Kim, Kyong-Kon: Der Mensch und seine Erlösung nach Son-Buddhismus und Christentum. Bojo Chinul und Karl Rahner im Vergleich, Bonn 2007.
King, Ursula (Hg.): Feminist Theology from the Third World. A Reader, London / Maryknoll 1994.
Kippenberg, Hans Gerhard: Die Entdeckung der Religionsgeschichte. Religionswissenschaft und Moderne, München 1997.
Kippenberg, Hans Gerhard / Stuckrad, Kocku von: Einführung in die Religionswissenschaft. Gegenstände und Begriffe, München 2003.
Kirchenamt der Evangelischen Kirche in Deutschland (Hg.): Strafe. Tor zur Versöhnung? Eine Denkschrift der Evangelischen Kirche in Deutschland zum Strafvollzug, Gütersloh 1990.
Kirchschläger, Rudolf / Stirnemann, Alfred (Hg.): Chalzedon und die Folgen (FS Bischof Mesrob K. Krikorian), Innsbruck – Wien 1992.

Kitz, Verena Maria / Wodtke, Verena: »Frau Weisheit« durchwaltet voll Güte das All (Weish 8,1b). Zur Aktualität weisheitlicher Lebensgestaltung, in: Verena Wodtke (Hg.), Auf den Spuren der Weisheit. Sophia – Wegweiserin für ein neues Gottesbild, Freiburg – Basel – Wien 1991, 154–171.

Klauck, Hans-Josef: »Christus, Gottes Kraft und Gottes Weisheit« (1 Kor 1,24). Jüdische Weisheitsüberlieferungen im Neuen Testament, in: Wissenschaft und Weisheit 55 (1992), 3–22.

–: Heil ohne Heilung? Zur Metaphorik und Hermeneutik der Rede von Sünde und Vergebung im Neuen Testament, in: Hubert Frankemölle (Hg.), Sünde und Erlösung im Neuen Testament, Freiburg – Basel – Wien 1996, 18–52.

Kleeberg, Florian: Bleibend unversöhnt – universal erlöst? Eine Relecture von römisch-katholischen Konzepten zur Frage der Allversöhnung im Gespräch mit psychotraumatologischen Ansätzen, Münster 2016.

Klein, Stephanie: Miteinander über Jesus Christus im Gespräch, in: Diakonia 26 (1995), 336–341.

–: Theologie und empirische Biographieforschung. Methodische Zugänge zur Lebens- und Glaubensgeschichte und ihre Bedeutung für eine erfahrungsbezogene Theologie, Stuttgart – Berlin – Köln 1994.

Klein, Stephanie / Walz, Heike: Kontextuelle Theologien, in: Irene Leicht / Claudia Rakel / Stefanie Rieger-Goertz (Hg.), Arbeitsbuch Feministische Theologie. Inhalte, Methoden und Materialien für Hochschule, Erwachsenenbildung und Gemeinde, Gütersloh 2003, 357–363.

Klie, Thomas (Hg.): Performanzen des Todes. Neue Bestattungskultur und kirchliche Wahrnehmung, Stuttgart 2008.

Klie, Thomas / Leonhard, Silke (Hg.): Schauplatz Religion. Grundzüge einer performativen Religionspädagogik, Leipzig 2003.

Kmiecik, Ulrich: Der Menschensohn im Markus-Evangelium, Würzburg 1997.

Knitter, Paul F.: Religion und Befreiung. Soteriozentrismus als Antwort an die Kritiker, in: Reinhold Bernhardt (Hg.), Horizontüberschreitung. Die pluralistische Theologie der Religionen, Gütersloh 1991, 203–219.

Knoch, Otto: Dem, der glaubt, ist alles möglich. Die Botschaft der Wundererzählungen der Evangelien. Werkbuch zur Bibel, Stuttgart 1986.

Knop, Julia / Nothelle-Wildfeuer, Ursula (Hg.), Kreuz-Zeichen. Zwischen Hoffnung, Unverständnis und Empörung, Ostfildern 2013.

Koch, Kurt: Auf dem Weg zu einer ökumenischen Feier des 1700. Jahrestags des Konzils von Nicaea (325–2025), in: Catholica 76 (2022), 158–173.

–: »Eines Christen Handtwerk ist beten« (Martin Luther). Menschen auf Gottsuche im Gebet, in: Martin Klöckener / Bruno Bürki (Hg.), Tagzeitenliturgie. Ökumenische Erfahrungen und Perspektiven, Fribourg 2004, 23–45.

Koch, Robert: Alttestamentliches Ganzheitsdenken und Sündenbegriff, in: Theologie der Gegenwart 23 (1980), 20–28.

Kohl, Peter: Die Taufpredigt als Intervention. Eine Untersuchung zum homiletischen Ertrag des Interventionsmodells, Würzburg 1996.
Köhler, Wolf-Dietrich: Armenbestattungen, in: Johannes Eurich u. a. (Hg.), Kirchen aktiv gegen Armut und Ausgrenzung. Theologische Grundlagen und praktische Ansätze für Diakonie und Gemeinde, Stuttgart 2011, 608–620.
Kohli, Martin: Zur Theorie der biographischen Selbst- und Fremdthematisierung, in: Joachim Matthes (Hg.), Lebenswelt und soziale Probleme. Verhandlungen des 20. Deutschen Soziologentages zu Bremen 1980, Frankfurt / New York 1981, 502–520.
Kommission für gesellschaftliche und soziale Fragen, Das Soziale neu denken. Für eine langfristig angelegte Reformpolitik (12. Dezember 2003), Bonn 2003 (Die deutschen Bischöfe, Erklärungen der Kommissionen 28),
Konferenz Europäischer Kirchen / Rat der katholischen europäischen Bischofskonferenzen, Charta Oecumenica. Leitlinien für die wachsende Zusammenarbeit unter den Kirchen in Europa (unterzeichnet in Straßburg 2001), als Heft: Genf / St. Gallen 2001, als Arbeitshilfe der Arbeitsgemeinschaft christlicher Kirchen in Deutschland: Frankfurt 2001.
Konferenz für Kirchliche Bahnhofsmission in Deutschland (Hg.): 100 Jahre Bahnhofsmission, Stuttgart 1994.
Kongregation für die Glaubenslehre: Instruktion über die christliche Freiheit und die Befreiung (22. März 1986), Bonn 1986 (Verlautbarungen des Apostolischen Stuhls 70).
–: Instruktion über einige Aspekte der »Theologie der Befreiung« (6. August 1984), Bonn 1984 (Verlautbarungen des Apostolischen Stuhls 57).
König, Oliver: Familienwelten. Theorie und Praxis von Familienaufstellungen, Bonn 2004.
Körtner, Ulrich H. J.: Die Gemeinschaft des Heiligen Geistes. Zur Lehre vom Heiligen Geist und der Kirche, Neukirchen-Vluyn 1999.
Kosch, Daniel: Vom galiläischen Wanderprediger zum göttlichen Logos. Jesus, der Johannesprolog und unser Christusbekenntnis, in: Max Küchler / Peter Reini (Hg.), Randfiguren in der Mitte (FS Hermann-Josef Venetz), Luzern 2003, 289–306.
Krause, Vera / Werbick, Jürgen: Dein Angesicht suche ich. Du. Wege ins Beten, Stuttgart 2005.
Kreiner, Armin: Das Theodizeeproblem und Formen seiner argumentativen Bewältigung, in: Ethik und Sozialwissenschaften 12 (2001), 147–157.
–: Gott im Leid. Zur Stichhaltigkeit der Theodizee-Argumente, Freiburg – Basel – Wien 1997; Neuausgabe 2005.
–: »Hierarchia Veritatum«, Deutungsmöglichkeiten und ökumenische Relevanz, in: Catholica 46 (1992), 1–30.
Kremer, Jacob: »Heilt Kranke ... treibt Dämonen aus!« (Mt 10,8). Zur Bedeutung von Jesu Auftrag an die Jünger für die heutige Pastoral, in: Arzt und Christ 23 (1977), 1–17.

Kreplin, Matthias: Das Selbstverständnis Jesu. Hermeneutische und christologische Reflexion. Historisch-kritische Analyse, Tübingen 2001.

Kreuzer, Siegfried / Lüpke, Johannes von (Hg.): Gerechtigkeit glauben und erfahren. Beiträge zur Rechtfertigungslehre, Wuppertal / Neukirchen-Vluyn 2002.

Krings, Hermann: Freiheit. Ein Versuch Gott zu denken, in: Philosophisches Jahrbuch 77 (1970), 225–237.

–: System und Freiheit. Gesammelte Aufsätze, Freiburg – München 1980.

Kriz, Jürgen: Grundkonzepte der Psychotherapie. Eine Einführung, Weinheim ^{6}2007.

Kruck, Günter (Hg.): Der Johannesprolog, Darmstadt 2009.

Kübler-Ross, Elisabeth: Kinder und Tod, Zürich 2000.

Küng, Hans: Christ sein, München – Zürich 1974.

–: Menschwerdung Gottes. Eine Einführung in Hegels theologisches Denken als Prolegomena zu einer künftigen Christologie, Freiburg – Basel – Wien 1970.

–: Projekt Weltethos, München 1990.

Kunze, Reiner: Fast ein Gebet (1999), in: ders., Gedichte, Frankfurt 2001, 320 f.

Kurz, Gerhard: Metapher, Allegorie, Symbol, Göttingen ^{6}2004.

Kuschel, Karl-Josef: Apokalypse, in: Heinrich Schmidinger (Hg.), Die Bibel in der deutschsprachigen Literatur des 20. Jahrhunderts, Bd. 1, Mainz 1999, 543–568.

Laak, Werner von: Allversöhnung. Die Lehre von der Apokatastasis. Ihre Grundlegung durch Origenes und ihre Bewertung in der gegenwärtigen Theologie bei Karl Barth und Hans Urs von Balthasar, Sinzig 1990.

Lachenschmid, Robert: Christologie und Soteriologie, in: Herbert Vorgrimler / Robert van der Gucht (Hg.), Bilanz der Theologie im 20. Jahrhundert, Bd. 3, Freiburg – Basel – Wien 1970, 82–120.

Lambert, Willi: Geistliche Begleitung auf dem Glaubensweg. »Was sind das für Dinge, über die ihr auf eurem Weg miteinander redet?« Lk 24, 17, in: Sekretariat der Deutschen Bischofskonferenz (Hg.), »Da kam Jesus hinzu ...« (Lk 24,15). Handreichung für geistliche Begleitung auf dem Glaubensweg, Bonn 2001, 10–24.

Lanczkowski, Günter u. a.: Art. »Heil und Erlösung«, in: TRE 14 (1985), 605–637.

Langemeyer, Bernhard: Das dialogische Denken und seine Bedeutung für die Theologie, in: ders., Theologie im Dialog mit der Wirklichkeit, hg. und eingeleitet von Klaus Wittstadt, Würzburg 1979, 1–21.

Langenfeld, Aaron: Das Schweigen brechen. Christliche Soteriologie im Kontext islamischer Theologie, Paderborn 2016.

Langenfeld, Aaron / Stosch, Klaus von (Hg.), Streitfall Erlösung, Paderborn 2015.

Langenhorst, Georg: Hiob unser Zeitgenosse. Die literarische Hiob-Rezeption im 20. Jahrhundert als theologische Herausforderung, Mainz ²1995.
–: Theologie und Literatur. Ein Handbuch, Darmstadt 2005.
Langworthy, Oliver B.: Gregor of Nazianzus' Soteriological Pneumatology, Tübingen 2019.
Latourelle, René: Théologie, science du salut, Brügge – Paris – Montréal 1968.
Lauster, Jörg: Gott und das Glück. Das Schicksal des guten Lebens im Christentum, Gütersloh 2004.
Lee, Chien-Ju: Der Heilige Geist als Vollender. Die Pneumatologie Wolfhart Pannenbergs, Frankfurt u. a. 2009.
Lehmann, Karl: Die Frage nach Jesus von Nazaret, in: Walter Kern / Hermann Josef Pottmeyer / Max Seckler (Hg.), Handbuch der Fundamentaltheologie, Bd. 2, Freiburg – Basel – Wien 1985, 122–144.
–: Die Gegenwart des Opfers Jesu Christi im Herrenmahl der Kirche. Zur Bedeutung eines neuen ökumenischen Dokuments, in: Kerygma und Dogma 29 (1983), 139–148.
–: »Er wurde für uns gekreuzigt«. Eine Skizze zur Neubesinnung in der Soteriologie, in: Theologische Quartalschrift 162 (1982), 298–317.
– (Hg.): Vor dem Geheimnis Gottes den Menschen verstehen. Karl Rahner zum 80. Geburtstag, München – Zürich 1984.
Lehmann, Karl / Pannenberg, Wolfhart (Hg.): Lehrverurteilungen – kirchentrennend?, Bd. 1: Rechtfertigung, Sakramente und Amt im Zeitalter der Reformation und heute, Freiburg / Göttingen 1986.
Lehmann, Karl / Schlink, Edmund (Hg.): Das Opfer Jesu Christi und seine Gegenwart in der Kirche. Klärungen zum Opfercharakter des Herrenmahles, Freiburg / Göttingen ²1986.
–: Einführung der Herausgeber, in: ebd., 9–16.
Lehtonen, Tommi: Punishment, Atonement and Merit in Modern Philosophy of Religion, Helsinki 1999.
Leonhardt, Rochus: Glück als Vollendung des Menschen. Die Beatitudo-Lehre des Thomas von Aquin im Horizont des Eudämonismus-Problems, Berlin u. a. 1998.
Leonhardt-Balzer, Jutta: Der Logos und die Schöpfung. Streiflichter bei Philo (Op 20–25) und im Johannesprolog (Joh 1,1–18), in: Jörg Frey / Udo Schnelle (Hg.), Kontexte des Johannesevangeliums. Das vierte Evangelium in religions- und traditionsgeschichtlicher Perspektive, Tübingen 2004, 295–319.
Leppin, Volker / Sattler, Dorothea (Hg.), Gemeinsam am Tisch des Herrn. Ein Votum des Ökumenischen Arbeitskreises evangelischer und katholischer Theologen, Freiburg / Göttingen 2020.
Lessing, Eckhard: Abendmahl, Göttingen 1993.

Lévinas, Emmanuel: Die Spur des Anderen. Untersuchungen zur Phänomenologie und Sozialphilosophie, übersetzt, hg. und eingeleitet von Wolfgang Nikolaus Krewani, Freiburg – München 1983.

Libera, Alain de: Raison et foi. Archéologie d'une crise d'Albert le Grand à Jean-Paul II. Paris 2003.

Lilje, Hanns: Die theologische Arbeit der Vierten Vollversammlung des Lutherischen Weltbundes in Helsinki im Lichte der theologischen und geistesgeschichtlichen Lage. Perspektivische Überschau, in: Erwin Wilkens (Hg.), Helsinki 1963. Beiträge zum theologischen Gespräch des Lutherischen Weltbundes, Berlin / Hamburg 1964, 11–22.

Lin, Hong-Hsin: Die Person des Heiligen Geistes als Thema der Pneumatologie in der reformierten Theologie, Frankfurt u. a. 1998.

Lindeskog, Gösta: Die Jesusfrage im neuzeitlichen Judentum. Ein Beitrag zur Leben-Jesu-Forschung, Darmstadt 1973.

Lindorfer, Simone: »Reise durch unerforschtes Land«. Vergessen und Erinnern aus der Perspektive der Traumapsychologie, in: Ökumenische Rundschau 58 (2009), 330–345.

Link, Christian: Theodizee. Eine theologische Herausforderung, Göttingen ^{2}2022.

Link, Hans-Georg / Müller-Fahrenholz, Geiko (Hg.): Hoffnungswege. Wegweisende Impulse des Ökumenischen Rates der Kirchen aus sechs Jahrzehnten, Frankfurt 2008.

Link-Wieczorek, Ulrike / Miggelbrink, Ralf: Vom bewegenden Geben Gottes. Neuere Arbeiten zu einer ökumenischen Theologie der Gabe, in: Ökumenische Rundschau 56 (2007), 229–247.

Lionni, Leo: Pezzetino (1975). Deutsch von Harry Rowohlt, Zürich / Köln 1991.

Lippold, Martin: Lutherische Rechtfertigungslehre in der gegenwärtigen theologischen Diskussion, in: Erwin Wilkens (Hg.), Helsinki 1963. Beiträge zum theologischen Gespräch des Lutherischen Weltbundes, Berlin / Hamburg 1964, 179–199.

Lips, Hermann von: Christus als Sophia? Weisheitliche Traditionen in der urchristlichen Christologie, in: Cilliers Breytenbach / Henning Paulsen (Hg.), Anfänge der Christologie (FS Ferdinand Hahn), Göttingen 1991, 75–95.

–: Weisheitliche Traditionen im Neuen Testament, Neukirchen-Vluyn 1990.

Löbbert, Heribert: Zusammenhang. Die Theologie Hermann Kardinal Volks, Frankfurt 1995.

Loffeld, Jan: Der nicht notwendige Gott. Die Erlösungsdimension als Krise und Kairos des Christentums inmitten seines säkularen Relevanzverlustes, Würzburg 2020.

Lohfink, Gerhard: Der letzte Tag Jesu. Was bei der Passion wirklich geschah, Stuttgart 2009.

Lohfink, Norbert: »Ich bin Jahwe, dein Arzt« (Ex 15,26). Gott, Gesellschaft und menschliche Gesundheit in einer nachexilischen Pentateuchbearbeitung (Ex 15,25b.26), in: ders., Studien zum Pentateuch, Stuttgart 1988, 91–155.

Löhr, Winrich: Sündenlehre, in: Volker Henning Drecoll (Hg.), Augustin Handbuch, Tübingen 2007, 498–506.

Löning, Karl: Der gekreuzigte Jesus – Gottes letztes »Opfer«. Zur Bedeutung der Kultmetaphern im Zusammenhang der urchristlichen Soteriologie, in: Bibel und Kirche 49 (1994), 138–143.

Lüdemann, Gerd: Die Auferstehung Jesu. Historie – Erfahrung – Theologie, Göttingen 1994.

Lurz, Friedrich: »Unbedacht«. Gedenkfeier für anonym bestattete Menschen, in: Gottesdienst 41 (2007), 100.

Luther, Martin: Artikel christlicher Lehre (= Schmalkaldische Artikel), in: BSLK, 405–468.

–: Von der Freiheit eines Christenmenschen (1920), in: WA 7, 20–38.

Lutterbach, Hubertus: Anonymisierung von Verstorbenen. Tradition und Perspektiven christlichen Totengedenkens, in: Stimmen der Zeit 220 (2002), 743–755.

Lutz-Bachmann, Matthias: Hellenisierung des Christentums?, in: Carsten Colpe / Ludger Honnefelder /Matthias Lutz-Bachmann (Hg.), Spätantike und Christentum. Beiträge zur Religions- und Geistesgeschichte der griechisch-römischen Kultur und Zivilisation der Kaiserzeit, Berlin 1992, 77–98.

Lyonnet, Stanislas / Sabourin, Léopold: Sin, Redemption, and Sacrifice. A Biblical and Patristic Study, Rom 1970.

Maag, Victor: Erlösung wovon? Erlösung wozu?, in: ders., Kultur, Kulturkontakt und Religion. Gesammelte Studien zur allgemeinen und alttestamentlichen Religionsgeschichte, Göttingen – Zürich 1980, 314–328.

Maaßen, Monika: Biographie und Erfahrung von Frauen. Ein feministisch-theologischer Beitrag zur Relevanz der Biographieforschung für die Wiedergewinnung der Kategorie Erfahrung, Münster 1993.

Maier, Johann: Jesus von Nazareth in der talmudischen Überlieferung, Darmstadt 1978.

Mappe, Barbara (Hg.): Gesellschaftliche Faktoren und Entwicklung der Bestattungs-, Friedhofs- und Trauerkultur am Ende des 20. Jahrhunderts, Kassel 1997.

Marion, Jean-Luc: Étant donné. Essai d'une phénoménologie de la donation, Paris ^{3}2002.

–: Réduction et donation. Recherches sur Husserl, Heidegger et la phénoménologie, Paris ^{2}2002.

Marion, Jean-Luc / Wohlmuth, Josef (Hg.): Ruf und Gabe. Zum Verhältnis von Phänomenologie und Theologie, Bonn 2000.

Marquardt, Friedrich-Wilhelm: Das christliche Bekenntnis zu Jesus, dem Juden. Eine Christologie, 2 Bde., München 1990/1991.

Marrow, Stanley B.: Principles for interpreting the New Testament soteriological terms, in: New Testament Studies 36 (1990), 268–280.

Marsch, Michael: Heilen. Biblische Grundlagen des Heilungsauftrags der Kirche, Salzburg 1983.

Marsh, Thomas: Soteriology today, in: Irish Theological Quarterly 46 (1979), 145–157.

Maurer, Ernstpeter: Selbstvergessenheit, in: Michael Beintker u.a. (Hg.), Rechtfertigung und Erfahrung (FS Gerhard Sauter), Gütersloh 1995, 168–184.

Mautner, Josef P.: Erlösung?, in: Heinrich Schmidinger (Hg.), Die Bibel in der deutschsprachigen Literatur des 20. Jahrhunderts, Bd. 1, Mainz 1999, 453–477.

Mayer, Cornelius: Von der satisfactio zur liberatio? Zur Problematik eines neuen Ansatzes in der Soteriologie, in: Zeitschrift für katholische Theologie 96 (1974), 405–414.

McLeod, Frederick G.: The roles of Christ's humanity in salvation, Washington 2005.

Mendl, Hans (Hg.), Religion zeigen – Religion erleben – Religion verstehen. Ein Studienbuch zum Performativen Religionsunterricht, Stuttgart 2016.

Menke, Karl-Heinz: Handelt Gott, wenn ich ihn bitte?, Regensburg 2000.

–: Stellvertretung – Befreiung – Communio. Die zentralen Denkformen der Soteriologie in der deutschsprachigen Theologie des 20. Jahrhunderts, in: Theologie und Philosophie 81 (2006), 21–59.

–: Stellvertretung. Schlüsselbegriff christlichen Lebens und theologische Grundkategorie, Einsiedeln – Freiburg 1991.

Merklein, Helmut: Jesu Botschaft von der Gottesherrschaft. Eine Skizze, Stuttgart 1983.

–: Jesus, Künder des Reiches Gottes, in: Walter Kern / Hermann Josef Pottmeyer / Max Seckler (Hg.), Handbuch der Fundamentaltheologie, Bd. 2, Freiburg – Basel – Wien 1985, 145–174.

Mertes, Klaus: Betroffene von Missbrauch im kirchlichen Sprachgebrauch, in: Stimmen der Zeit 146 (2021), 83–92.

–: Geistlicher Missbrauch: theologische Anmerkungen, in: Stimmen der Zeit 144 (2019), 93–102.

–: Sprechen über den Skandal: Missbrauch institutionell aufarbeiten, in: Stimmen der Zeit 143 (2018), 627–638.

–: Über die Anerkennung von Betroffenen spirituellen Missbrauchs, in: Lebendige Seelsorge 74 (2023), 204–208.

Metz, Johann Baptist: Dogma als gefährliche Erinnerung, in: ders., Glaube in Geschichte und Gesellschaft. Studien zu einer praktischen Fundamentaltheologie, Mainz ⁵1992, 176–180.

–: Erlösung und Emanzipation, in: ders., Glaube in Geschichte und Gesellschaft. Studien zu einer praktischen Fundamentaltheologie, Mainz ⁵1992, 104–119.

–: Gefährliche Erinnerung der Freiheit Jesu Christi, in: ebd., 77–86.

–: Gefährliche Erinnerungen. Kleiner Brief zu einem großen Thema, in: Maria Berief / Paul Schladoth / Reinhold Waltermann (Hg.), Verkündigen aus Leidenschaft (FS Hans Werners), Kevelaer 1984, 21–23.

–: Glaube als gefährliche Erinnerung, in: Adolf Exeler/ Johann Baptist Metz/ Karl Rahner, Hilfe zum Glauben. Adventsmeditationen, Zürich – Einsiedeln – Köln 1971, 23–38.

–: Glaube in Geschichte und Gesellschaft. Studien zu einer praktischen Fundamentaltheologie, Mainz ⁵1992.

–: Jenseits bürgerlicher Religion. Reden über die Zukunft des Christentums, Mainz/München 1980.

–: Karl Rahners Ringen um die theologische Ehre des Menschen, in: Albert Raffelt (Hg.), Karl Rahner in Erinnerung, Düsseldorf 1994, 70–84.

–: Kirche nach Auschwitz, Hamburg 1993.

–: Memoria passionis. Ein provozierendes Gedächtnis in pluraler Gesellschaft, Freiburg – Basel – Wien 2006.

–: Mystik der offenen Augen. Wenn Spiritualität aufbricht, hg. von Johann Reikerstorfer, Freiburg – Basel – Wien 2011.

–: Zeit der Orden? Zur Mystik und Politik der Nachfolge, Freiburg ⁵1982.

–: Zum Begriff der neuen Politischen Theologie. 1967–1997, Mainz 1997.

–: Zur Theologie der Welt, Mainz ⁴1979.

Metzger, Wolfgang: Die Rechtfertigungslehre als Christusbekenntnis, in: Erwin Wilkens (Hg.), Helsinki 1963. Beiträge zum theologischen Gespräch des Lutherischen Weltbundes, Berlin / Hamburg 1964, 200–218.

Meyer zu Schlochtern, Josef: Die Bedeutung der Metapher für die religiöse Sprache, in: Theologische Revue 86 (1990), 441–450.

Meyer, Hans Bernhard: Eucharistie. Geschichte – Theologie – Pastoral. Mit einem Beitrag von Irmgard Pahl, Regensburg 1989.

Meyer, Harding: Die Struktur ökumenischer Konsense, in: ders., Versöhnte Verschiedenheit. Aufsätze zur ökumenischen Theologie, Bd. 1, Frankfurt / Paderborn 1998, 60–74; Ersterscheinung u. d. T.: Ecumenical Consensus. Our Quest for and the Emerging Structures of Consensus, in: Gregorianum 77 (1996), 213–225.

–: Ökumenischer Konsens als »differenzierter Konsens«. Die Prägung einer Formel. Ursprung und Intention, in: ders., Versöhnte Verschiedenheit. Aufsätze zur ökumenischen Theologie, Bd. 3, Frankfurt / Paderborn 2009, 41–62; Ersterscheinung in: Harald Wagner (Hg.), Einheit – aber wie? Zur Tragfähigkeit der ökumenischen Formel vom »differenzierten Konsens«, Freiburg – Basel – Wien 2000, 36–58.

–: Zur Bedeutung und Tragweite der »Gemeinsamen Erklärung zur Rechtfertigungslehre«, in: ders., Versöhnte Verschiedenheit. Aufsätze zur ökumenischen Theologie, Bd. 2, Frankfurt / Paderborn 2000, 155–189.

– u. a. (Hg.): Dokumente wachsender Übereinstimmung. Sämtliche Berichte und Konsenstexte interkonfessioneller Gespräche auf Weltebene, Bd. 1: 1931–1982, Frankfurt / Paderborn 1982/²1991; Bd. 2: 1982–1990, Frankfurt / Paderborn 1992; Bd. 3: 1990–2001, Frankfurt / Paderborn 2003.

Meyer-Wilmes, Hedwig: Rebellion auf der Grenze. Ortsbestimmung feministischer Theologie, Freiburg – Basel – Wien 1990.

Mieth, Dietmar: Die »Umsetzung« biblischer Sprache im Werk Ingeborg Bachmanns, in: Johann Holzner / Udo Zeilinger (Hg.), Die Bibel im Verständnis der Gegenwartsliteratur, St. Pölten – Wien 1988, 61–69.

Miggelbrink, Ralf: Verbum Caro. Inkarnation als Schlüsselbegriff christlicher Weltdeutung, in: Trierer theologische Zeitschrift 115 (2006), 200–215.

Migration menschenwürdig gestalten. Gemeinsames Wort der Deutschen Bischofskonferenz und des Rates der Evangelischen Kirche in Deutschland in Zusammenarbeit mit der Arbeitsgemeinschaft Christlicher Kirchen in Deutschland, Hannover / Bonn 2021 (Gemeinsame Texte 27).

Mischke, Marianne: Der Umgang mit dem Tod. Vom Wandel in der abendländischen Geschichte, Berlin 1996.

Mohr, Hubert / Auffarth, Christoph / Bernhard, Jutta (Hg.): Metzler-Lexikon Religion, 4 Bde., Stuttgart u. a. 1999–2002.

Mollenkott, Virginia R.: Gott eine Frau? Vergessene Gottesbilder der Bibel, München ³1990.

Möller, Joseph: Freiheit und Erlösung. Eine Reflexion zur Freiheitsgeschichte der Neuzeit, in: Theologische Quartalschrift 162 (1982), 275–288.

Moltmann, Jürgen: Der Geist des Lebens. Eine ganzheitliche Pneumatologie, München 1991.

Moltmann-Wendel, Elisabeth: Frauen sehen Jesus. Ansätze einer feministischen Christologie, in: Jürgen Thomassen (Hg.), Jesus von Nazaret. Neue Zugänge zu Person und Bedeutung, Würzburg 1993, 23–37.

Mönch, Jan-Hendrik: Traum und Wirklichkeit menschlicher Existenz. Erkenntnisse aus der Traumforschung für eine erfahrungsbezogene Rede von Erlösung, Ostfildern 2023.

Morgan, Teresa, Being ›in Christ‹ in the Letters of Paul. Saved through Christ and in his Hands, Tübingen 2020.

Moser, Tilmann: Gottesvergiftung, Frankfurt 1976.

Mühlen, Heribert: Die Lehre des Vaticanum II über die »hierarchia veritatum« und ihre Bedeutung für den ökumenischen Dialog, in: Theologie und Glaube 56 (1966), 303–335.

Mühling, Markus: Versöhnendes Handeln – Handeln in Versöhnung. Gottes Opfer an die Menschen, Göttingen 2005.

Müller, Gerhard Ludwig: Die Vergebungsbitte der Kirche im Heiligen Jahr der Versöhnung, in: Internationale katholische Zeitschrift »Communio« 29 (2000), 406–423.

–: Für andere da. Christus – Kirche – Gott in Bonhoeffers Sicht der mündig gewordenen Welt, Paderborn 1980.

–: Neue Ansätze zum Verständnis der Erlösung. Anfragen an Eugen Drewermann, in: Münchener Theologische Zeitschrift 43 (1992), 51–73.

Müller, Klaus: Homiletik. Ein Handbuch für kritische Zeiten, Regensburg 1994.

–: Vernunft und Glaube. Eine Zwischenbilanz zu laufenden Debatten, Münster 2005.

–: Von Jesus als dem Christus Gottes erzählen. Grundzüge einer christologischen Kerygmatik, in: ders. (Hg.), Christus predigen in der Vielfalt theologischen Fragens. Predigten mit Hintergrund, Donauwörth 2006, 8–37.

Müller, Klaus / Stubenrauch, Bertram: Geglaubt Bedacht Verkündet. Theologisches zum Predigen, Regensburg 1997.

Murray, Paul D. / Ryan, Gregory A. (Hg.): Receptive ecumenism as transformative ecclesial learning: walking the way to a church re-formed, Oxford 2022.

Mußner, Franz: Wege zum Selbstbewusstsein Jesu (1968), in: ders., Jesus von Nazareth im Umfeld Israels und der Urkirche. Gesammelte Aufsätze, hg. von Michael Theobald, Tübingen 1999, 62–73.

Nachtwei, Gerhard: Dialogische Unsterblichkeit. Eine Untersuchung zu Joseph Ratzingers Eschatologie und Theologie, Leipzig 1986.

Näf, Eleonore: Die heilsame Dimension des Bibliodramas. Ein theologischer Deutungsversuch und ein Vergleich mit dem Psychodrama, Fribourg 2008.

Nassehi, Armin: Weber, Georg, Tod, Modernität und Gesellschaft. Entwurf einer Theorie der Todesverdrängung, Opladen 1989.

Naumann, Bettina (Hg.): Die Nacht. Wiederentdeckung von Raum und Metapher, Leipzig 2002.

Negel, Joachim: Welt als Gabe. Hermeneutische Grenzgänge zwischen Theologie und Phänomenologie, Münster 2009.

Neuhaus, Gerd: Frömmigkeit der Theologie. Zur Logik der offenen Theodizeefrage, Freiburg – Basel – Wien 2003.

Neumann, Burkhard / Stolze, Jürgen (Hg.): Jesus Christus – Sohn Gottes und Erlöser, Paderborn 2021.

Neuner, Peter: Spaltung und Versöhnung. Zur ökumenischen Relevanz des Chalkedonense, in: Una Sancta 57 (2002), 31–45.

Niehr, Herbert: JHWH als Arzt. Herkunft und Geschichte einer alttestamentlichen Gottesprädikation, in: Biblische Zeitschrift (NF) 35 (1991), 3–17.

Nielsen, Helge Kjær: Heilung und Verkündigung. Das Verständnis der Heilung und ihres Verhältnisses zur Verkündigung bei Jesus und in der ältesten Kirche, Leiden u. a. 1987.

Niewiadomski, Józef (Hg.), Heilsdrama. Systematische und narrative Zugänge. Gesammelte Schriften von Raymund Schwager, Bd. 4, Freiburg – Basel – Wien 2015.

Niewiadomski, Józef / Palaver, Wolfgang (Hg.): Vom Fluch und Segen der Sündenböcke. Raymund Schwager zum 60. Geburtstag, Thaur – Wien – München 1995.

Nikles, Bruno W.: Soziale Hilfe am Bahnhof. Zur Geschichte der Bahnhofsmission in Deutschland (1894 – 1960), Freiburg 1994.

Nitsche, Bernhard (Hg.): Atem des sprechenden Gottes. Einführung in die Lehre vom Heiligen Geist, Regensburg 2003.

Nooteboom, Cees: Rituale. Roman, Frankfurt 1985.

Noppen, Jean-Pierre van (Hg.): Erinnern, um Neues zu sagen. Die Bedeutung der Metapher für die religiöse Sprache, Frankfurt 1988.

Nordhofen, Jacob: Durch das Opfer erlöst? Die Bedeutung der Rede vom Opfer Jesu Christi in der Bibel und bei René Girard, Wien u. a. 2010.

Nüchtern, Michael: Was heilen kann. Therapeutische Einsichten aus biblischen Geschichten, Göttingen – Zürich 1994.

Oberländer, Katrin: »Wird einmal ein Wunder geschehen?«. Erlösungserwartung – Erlösungserfahrung, in: Martin Bock u. a. (Hg.), Unverschämtes Glück. Auf der Suche nach dem Heil im Leben, Gütersloh 2002, 41–58.

Obst, Gabriele: Religion zeigen – eine Aufgabe des evangelischen Religionsunterrichts? Zwischenruf zu einem aktuellen religionspädagogischen Paradigma, in: Theo-Web. Zeitschrift für Religionspädagogik 6 (2007), 102–123.

–: Veni Creator Spiritus! Die Bitte um den Heiligen Geist als Einführung in die Theologie Karl Barths, Gütersloh 1998.

Oepke, Albrecht: Art. »ἰάομαι, ἰατρός«, in: THWNT 3 (1938), 194–215.

Ohlig, Karl-Heinz: Fundamentalchristologie. Im Spannungsfeld von Christentum und Kultur, München 1986.

Ökumenische Centrale / Arbeitsgemeinschaft Christlicher Kirchen in Deutschland (Hg.): Gemeinsamer ökumenischer Weg mit der Charta Oecumenica (ChOe), Frankfurt a. M. 2006.

– (Hg.): Gottes Schöpfung feiern. Schöpfungstag und Schöpfungszeit – 1. September bis Erntedank. Arbeitshilfe der Arbeitsgemeinschaft Christlicher Kirchen in Deutschland (ACK), Frankfurt 2008.

– (Hg.): Lade Deine Nachbarn ein. Materialheft 1: Arbeitsheft zur Initiative »Lade Deine Nachbarn ein« im Rahmen des Arbeitsvorhabens zur Überwindung von Fremdenfeindlichkeit, Rassismus und Gewalt, Frankfurt 1998; Materialheft 2: didaktische Arbeitshilfe, Frankfurt 2000; Material-

heft 3: Gastfreundschaft aus der Perspektive von Migranten und Migrantinnen, Frankfurt 2002.
Ökumenischer Arbeitskreis evangelischer und katholischer Theologen: Das Opfer Jesu Christi und der Kirche. Abschließender Bericht, in: Karl Lehmann / Edmund Schlink (Hg.), Das Opfer Jesu Christi und seine Gegenwart in der Kirche, Freiburg / Göttingen ²1986, 215–238.
Ökumenischer Rat der Kirchen: Internationale ökumenische Friedenskonvokation, URL: http://www.gewaltueberwinden.org/de/konvokation.html.
–: Botschaft der Internationalen ökumenischen Friedenskonvokation, URL: http://www.gewaltueberwinden.org/de/materialien/oerk-materialien/dokumente/praesentationen-ansprachen/ioefk-botschaft.html.
ÖRK-Leitlinien für den Dialog und für die Beziehungen mit Menschen anderer Religionen, in: Ökumenische Rundschau 52 (2003), 345–356.
Osthövener, Claus-Dieter: Erlösung. Transformationen einer Idee im 19. Jahrhundert, Tübingen 2004.
Pahl, Irmgard: Das Paschamysterium in seiner zentralen Bedeutung für die Gestalt christlicher Liturgie, in: Liturgisches Jahrbuch 46 (1996), 71–93.
Pannenberg, Wolfhart: Grundzüge der Christologie, Gütersloh 1964; ⁷1990.
–: Systematische Theologie, Bd. 1, Göttingen 1988.
Pannenberg, Wolfhart / Schneider, Theodor (Hg.): Lehrverurteilungen – kirchentrennend?, Bd. 4: Antworten auf kirchliche Stellungnahmen, Göttingen / Freiburg 1994.
Papadopoulos, Stylianos G.: Theologie und Sprache. Erfahrungstheologie – Konventionelle Sprache, Göttingen 2007.
Päpstlicher Rat zur Förderung der Einheit der Christen, Direktorium zur Ausführung der Prinzipien und Normen über den Ökumenismus (25. März 1993), Bonn 1993 (Verlautbarungen des Apostolischen Stuhls 110).
Parmentier, Martien: »Heil und Heilung«: Erfahrungen mit einer erneuerten Praxis, in: Internationale kirchliche Zeitschrift 82 (1992), 25–37.
Pascher, Joseph: Eucharistia. Gestalt und Vollzug, Münster 1947.
–: Um die Grundgestalt der Eucharistie, in: Münchener theologische Zeitschrift 1 (1950), 64–75.
Patsch, Hermann: Abendmahl und historischer Jesus, Stuttgart 1972.
Peperzak, Adriaan Theodoor: Der heutige Mensch und die Heilsfrage. Eine philosophische Hinführung, Freiburg – Basel – Wien 1972.
Peppermüller, Rolf: Erlösung durch Liebe. Abaelards Soteriologie, in: Ursula Niggli (Hg.), Peter Abaelard. Leben –Werk –Wirkung, Freiburg – Basel – Wien 2003, 115–127.
Pesch, Otto Hermann: »Hierarchie der Wahrheiten« – und die ökumenische Praxis, in: Concilium 37 (2001), 298–311.
–: Erlösung durch stellvertretende Sühne – oder Erlösung durch das Wort? Thesen und einige Kurzkommentare, in: Józef Niewiadomski / Wolfgang

Palaver (Hg.), Dramatische Erlösungslehre. Ein Symposion, Innsbruck – Wien 1992, 147–156.

–: Frei sein aus Gnade. Theologische Anthropologie, Freiburg – Basel – Wien 1983.

–: Gemeinschaft beim Herrenmahl. Plädoyer für ein Ende der Denkverweigerungen, in: Bernd-Jochen Hilberath / Dorothea Sattler (Hg.), Vorgeschmack. Ökumenische Bemühungen um die Eucharistie (FS Theodor Schneider), Mainz 1995, 539–571.

–: Justification and the Question of God, in: Karen L. Bloomquist / Wolfgang Greive (Hg.), The Doctrine of Justification. Its Reception and Meaning Today, Genf 2003, 107–116.

–: Rechtfertigung ohne »Rechtfertigung«. Zur Frage der Vermittlung der Rechtfertigungslehre – (nicht nur) aus katholischer Sicht, in: Wilfried Härle / Peter Neuner (Hg.), Im Licht der Gnade Gottes. Zur Gegenwartsbedeutung der Rechtfertigungsbotschaft, Münster 2004, 153–174.

–: Thomas von Aquin. Grenze und Größe mittelalterlicher Theologie. Eine Einführung, Mainz 1988.

Pesch, Rudolf: Das Abendmahl und Jesu Todesverständnis, Freiburg – Basel – Wien 1978.

–: Das Markusevangelium, 1. Teil: Einleitung und Kommentar zu Kap. 1,1–8,26, Freiburg – Basel – Wien 1984.

–: Jesu ureigene Taten? Ein Beitrag zur Wunderfrage, Freiburg – Basel – Wien 1970.

Peters, Albrecht: Zur Predigt der Rechtfertigung in einer sich wandelnden Welt, in: Erwin Wilkens (Hg.), Helsinki 1963. Beiträge zum theologischen Gespräch des Lutherischen Weltbundes, Berlin / Hamburg 1964, 147–178.

Peters, Bergit: LiebesArten. Im theologischen Gespräch mit Ingeborg Bachmann, Ostfildern 2009.

Peters, Tiemo Rainer: Johann Baptist Metz. Theologie des vermißten Gottes, Mainz 1998.

Petzet, Paul / Reck, Norbert (Hg.): Erinnern. Erkundungen zu einer theologischen Basiskategorie, Darmstadt 2003.

Pfammatter, Josef: Katholische Jesusforschung im deutschen Sprachraum. 200 Jahre nach Reimarus, in: ders. / Franz Furger (Hg.), Theologische Berichte, Bd. 7, Zürich 1978, 101–148.

Pfnür, Vinzenz: Die Messe als Sühneopfer für Lebende und Verstorbene ex opere operato, in: Gemeinsame römisch-katholische / evangelisch-lutherische Kommission, Das Herrenmahl, Frankfurt / Paderborn 1978, 101–105 (Exkurs 4).

Philipps, Peter M.: The Prologue of the Fourth Gospel. A Sequential Reading, London 2006.

Pieper, Josef: Über Thomas von Aquin, Olten 1948.

Plasger, Georg: Die Not-Wendigkeit der Gerechtigkeit. Eine Interpretation zu »Cur Deus homo« von Anselm von Canterbury, Münster 1993.

Plotin: Enneades I–III, in: Paul Henry / Hans-Rudolf Schwyzer (Hg.), Plotini opera. Desclée de Brouwer, Bd. 1, Paris 1951.

Popkes, Wiard: Art. »δεῖ«, in: Horst Balz / Gerhard Schneider (Hg.), Exegetisches Wörterbuch zum Neuen Testament, Bd. 1, Stuttgart u. a. 1980, Sp. 668–671.

Preisker, Herbert / Würthwein, Ernst: Art. »μισθός, αντιμισθία«, in: ThWNT 4 (1942), 699–736.

Pröpper, Thomas: Erlösungsglaube und Freiheitsgeschichte. Eine Skizze zur Soteriologie, München ²1988.

Prosinger, Franz: Geheiligt in Wahrheit. Eine biblische Soteriologie, St. Ottilien 2021.

Quartier, Thomas: Liturgisches Gedächtnis im Angesicht des Todes. Dimensionen römisch-katholischer Bestattungsliturgie anhand empirisch-liturgischer Forschung, in: Liturgisches Jahrbuch 57 (2007), 61–86.

Raberger, Walter: »Ich benötige keinen Grabstein« – oder: Über den Umgang mit angstmachender und sinnstiftender Erinnerung, in: Theologisch-praktische Quartalschrift 151 (2003), 17–28.

Radford Ruether, Rosemary: Sexismus und die Rede von Gott. Schritte zu einer anderen Theologie, Gütersloh 1985.

Raffelt, Albert: »Anonyme Christen« und »konfessioneller Verein« bei Karl Rahner. Eine Bemerkung zur Terminologie und zur Frage der Interpretation seiner frühen Theologie, in: Theologie und Philosophie 72 (1997), 565–573.

–: Aspekte gegenwärtiger Christologie. Ein Literaturbericht, in: Lebendige Seelsorge 28 (1977), 34–40.

Raffelt, Albert / Verweyen, Hansjürgen: Karl Rahner, München 1997.

Rahner, Karl: Alltägliche Dinge, Einsiedeln – Zürich – Köln 1964; auch in: ders., Sämtliche Werke, Bd. 23, Freiburg – Basel – Wien 2006, 475–487.

–: Bemerkungen zur Theologie des Ablasses, in: ders., Schriften zur Theologie, Bd. 2, Zürich – Einsiedeln – Köln 1955, 185–210; auch in: ders., Sämtliche Werke, Bd. 11, Freiburg – Basel – Wien 2005, 471–491.

–: Chalkedon – Ende oder Anfang?, in: Alois Grillmeier / Heinrich Bacht (Hg.), Das Konzil von Chalkedon, Bd. 3, Würzburg 1954, 3–49; u. d. T.: Probleme der Christologie von heute, auch in: ders., Sämtliche Werke, Bd. 12, Freiburg – Basel – Wien 2005, 261–301.

–: Das Konzil – ein neuer Beginn. Vortrag beim Festakt zum Abschluss des II. Vatikanischen Konzils im Herkulessaal der Residenz in München am 12. Dezember 1965, Freiburg 1966.

–: Die anonymen Christen, in: ders., Schriften zur Theologie, Bd. 6, Einsiedeln – Zürich – Köln 1965, 545–554; auch in: ders., Sämtliche Werke, Bd. 22, Freiburg – Basel – Wien 2008, 284–291.

–: Die Christologie innerhalb einer evolutiven Weltanschauung, in: ders., Schriften zur Theologie, Bd. 5, Einsiedeln – Zürich – Köln 1962, 183–221; auch in: ders., Sämtliche Werke, Bd. 15, Freiburg – Basel – Wien 2002, 219–247.

–: Erfahrung des Heiligen Geistes, in: ders., Schriften zur Theologie, Bd. 13, Zürich – Einsiedeln – Köln 1978, 226–251; auch in: ders., Sämtliche Werke, Bd. 29, Freiburg – Basel – Wien 2007, 38–57.

–: Erfahrungen eines katholischen Theologen, in: Karl Lehmann (Hg.), Vor dem Geheimnis Gottes den Menschen verstehen. Karl Rahner zum 80. Geburtstag, München – Zürich 1984, 105–119; auch in: ders., Sämtliche Werke, Bd. 25, Freiburg – Basel – Wien 2008, 47–57.

–: Ewigkeit aus Zeit, in: ders., Schriften zur Theologie, Bd. 14, Zürich – Einsiedeln – Köln 1980, 422–432; auch in: ders., Sämtliche Werke, Bd. 30, Freiburg – Basel – Wien 2009, 648–656.

–: Kleiner theologischer Traktat über den Ablass, in: ders., Schriften zur Theologie, Bd. 8, Zürich – Einsiedeln – Köln 1967, 472–487; auch in: ders., Sämtliche Werke, Bd. 11, Freiburg – Basel – Wien 2005, 492–503.

–: Theologie und Anthropologie, in: ders., Schriften zur Theologie, Bd. 8, Einsiedeln – Zürich – Köln 1967, 43–65.

–: Trost der Zeit, in: ders., Schriften zur Theologie, Bd. 3, Einsiedeln – Zürich – Köln 1967, 169–188; auch in: ders., Sämtliche Werke, Bd. 14, Freiburg – Basel – Wien 2006, 106–119.

–: Über den Versuch eines Aufrisses einer Dogmatik, in: ders., Schriften zur Theologie, Bd. 1, Einsiedeln – Zürich – Köln 1954, 9–47; auch in: ders., Sämtliche Werke, Bd. 4, Freiburg – Basel – Wien 1997, 404–448.

–: Über die Einheit von Nächsten- und Gottesliebe, in: ders., Schriften zur Theologie, Bd. 6, Einsiedeln – Zürich – Köln ²1968, 277–298; auch in: ders., Sämtliche Werke, Bd. 12, Freiburg – Basel – Wien 2005, 76–91.

–: Versöhnung und Stellvertretung. Das Erlösungswerk Jesu Christi als Grund der Vergebung und Solidarität unter den Menschen, in: Geist und Leben 56 (1983), 98–110; auch in: ders., Sämtliche Werke, Bd. 30, Freiburg – Basel – Wien 2009, 359–370.

–: Weihnachten, in: ders., Kleines Kirchenjahr, München 1954, 12–20.

–: Zu einer Theologie des Todes, in: ders., Schriften zur Theologie, Bd. 10, Zürich – Einsiedeln – Köln 1972, 181–199; auch in: ders., Sämtliche Werke, Bd. 22, Freiburg – Basel – Wien 2008, 230–244.

–: Zur heutigen kirchenamtlichen Ablasslehre, in: ders., Schriften zur Theologie, Bd. 8, Zürich – Einsiedeln – Köln 1967, 488–518; auch in: ders., Sämtliche Werke, Bd. 11, Freiburg – Basel – Wien 2005, 504–529.

–: Zur Theologie der Menschwerdung, in: ders., Schriften zur Theologie, Bd. 4, Einsiedeln – Zürich – Köln 1960, 137–155; auch in: ders., Sämtliche Werke, Bd. 12, Freiburg – Basel – Wien 2005, 309–322.

–: Zur Theologie des Todes. Mit einem Exkurs über das Martyrium, Freiburg 1958; auch in: ders., SämtlicheWerke, Bd. 9, Freiburg – Basel –Wien 2004, 348–392; 418–441.
Rahner, Karl / Thüsing, Wilhelm: Christologie – systematisch und exegetisch. Arbeitsgrundlagen für eine interdisziplinäre Vorlesung, Freiburg 1972.
Ratzinger, Joseph: Einführung in das Christentum. Vorlesungen über das Apostolische Glaubensbekenntnis, München 1968.
–: Eschatologie – Tod und Ewiges Leben, Regensburg 1977.
–: Gestalt und Gehalt der eucharistischen Feier, in: ders., Das Fest des Glaubens. Versuche zur Theologie des Gottesdienstes, Einsiedeln 1981, 31–54.
– Benedikt XVI.: Jesus von Nazareth, Erster Teil: Von der Taufe im Jordan bis zur Verklärung, Freiburg – Basel – Wien 2007; Zweiter Teil: Vom Einzug Jesu in Jerusalem bis zur Auferstehung, Freiburg – Basel – Wien 2011.
Rauchfleisch, Udo: Psychologie und Psychotherapie als Herausforderung für Theologie und Religion, in: Jean-Pierre Wils / Michael Zahner (Hg.), Theologische Ethik zwischen Tradition und Modernitätsanspruch (FS Adrian Holderegger), Fribourg/Freiburg 2005.
–: Wer sorgt für die Seele? Grenzgänge zwischen Psychotherapie und Seelsorge, Stuttgart 2004.
Rebell, Walter: Psychologisches Grundwissen. Ein Handbuch für Theologinnen und Theologen, Neukirchen-Vluyn 2008.
Rehm, Johannes: Das Abendmahl. Römisch-Katholische und Evangelisch-Lutherische Kirche im Dialog, Gütersloh 1993.
Reinelt, Toni / Datler, Wilfried (Hg.): Beziehung und Deutung im psychotherapeutischen Prozeß. Aus der Sicht verschiedener therapeutischer Schulen, Berlin u. a. 1989.
Reinhardt, Klaus: Neue Wege in der Christologie der Gegenwart, in: Internationale Katholische Zeitschrift 6 (1977), 5–20.
Reiß, Annike: Wovon muss »uns« Christus erlösen? Ein Lehrstück zur Christologie, in: Rudolf Englert / Friedrich Schweitzer (Hg.), Jesus als Christus – im Religionsunterricht. Experimentelle Zugänge zu einer Didaktik der Christologie, Göttingen 2017, 152–165.
Reiser, Marius: Der »grüne« Christus. Natur im Leben und Lehren Jesu, in: Erbe und Auftrag 72 (1996), 9–22.
Reusch, Wolfgang: Bahnhofsmission in Deutschland 1897–1987. Sozialwissenschaftliche Analyse einer diakonisch-caritativen Einrichtung im sozialen Wandel, Frankfurt u. a. 1988.
Richard von Sankt-Victor: Die Dreieinigkeit. Übertragung und Anmerkungen von Hans Urs von Balthasar, Einsiedeln 1980.
Richter, Klemens: Kirchenräume und Kirchenträume. Die Bedeutung des Kirchenraums für eine lebendige Gemeinde, Freiburg 1998.

Ricœur, Paul: Stellung und Funktion der Metapher in der biblischen Sprache, in: ders. / Eberhard Jüngel, Metapher. Zur Hermeneutik religiöser Sprache. Evangelische Theologie Sonderheft, München 1974, 45–70.

Rieger, Michael: Inkarnation. Christliches Heilsverständnis im Kontext französischsprachiger Theologie der Menschwerdung, Frankfurt 1993.

Riel, Daniela: Kyrios und Gottessohn. Die grundlegende Bedeutung der Präexistenz Christi für die paulinische Soteriologie, Regensburg 2020.

Riemann, Fritz: Grundformen der Angst. Eine tiefenpsychologische Studie, München 1961; [39]2009.

Rigl, Thomas: Die Gnade wirken lassen. Methodistische Soteriologie im ökumenischen Dialog, Paderborn 2001.

Ritter, Werner H. (Hg.): Erlösung ohne Opfer?, Göttingen 2003.

Riviere, Jean: Sur les premières applications du terme »satisfactio« a l'oeuvre du Christ, in: Bulletin de Littérature ecclésiastique 25 (1924), 285–297.

Roddey, Thomas: Das Verhältnis der Kirche zu den nichtchristlichen Religionen. Die Erklärung »Nostra aetate« des Zweiten Vatikanischen Konzils und die Rezeption durch das kirchliche Lehramt, Paderborn 2005.

Rohner, Martin: Glück und Erlösung. Konstellationen einer modernen Selbstverständigung, Münster 2004.

Rohrbasser, Anton (Hg.): Heilslehre der Kirche. Dokumente von Pius IX. bis Pius XII., Fribourg 1953.

Rorty, Richard M. (Hg.): The Linguistic turn. Essays in philosophical method, Chicago 1967; [2]1992.

Rosenau, Hartmut: Allversöhnung. Ein transzendentaltheologischer Grundlegungsversuch, Berlin – New York 1993.

Rosenzweig, Franz: Der Mensch und sein Werk. Gesammelte Schriften, Bd. 2, Den Haag / Dordrecht [4]1976.

Roth, Ursula: Die Beerdigungsansprache. Argumente gegen den Tod im Kontext der modernen Gesellschaft, Gütersloh 2002.

Rötting, Martin: Erlösung im Buddhismus. Avalokiteshvara und Shunyata – Impulse aus dem Dialog der Religionen, in: Una Sancta 60 (2005), 355–362.

Rötzer, Friederike T.: Die therapeutische Interaktion in der Behandlung Depressiver, in: Dirk Zimmer (Hg.), Die therapeutische Beziehung. Konzepte, empirische Befunde und Prinzipien ihrer Gestaltung, Weinheim u. a. 1983, 173–188.

Roundtable Discussion: Christian Ethics and Theology in Womanist Perspective, in: Journal of Feminist Studies in Religion 5 (1989), 83–112.

Ruh, Kurt: Geschichte der abendländischen Mystik, 4 Bde., München 1990.

Ruh, Ulrich: Ein anderer Jesus? Neuere Jesusbücher zwischen Psychologie und Spiritualität, in: Albert Raffelt (Hg.), Begegnung mit Jesus? Was die historisch-kritische Methode leistet, Düsseldorf 1991, 13–28.

Ruhstorfer, Karlheinz (Hg.): Das Ewige im Fluss der Zeit. Der Gott, den wir brauchen (QD 280), Freiburg – Basel – Wien 2016.

Russell, Letty M. (Hg.): In den Gärten unserer Mütter. Religiöse Erfahrungen von Frauen heute. Mit einem Vorwort von Dorothee Sölle, Freiburg – Basel – Wien 1990.

Sandler, Willibald: Die gesprengten Fesseln des Todes. Wie wir durch das Kreuz erlöst sind, Kevelaer 2011.

Sattler, Dorothea: Ablaß-Streit in neuer Zeit. Beobachtungen zur Wiederbelebung einer alten konfessionellen Kontroverse, in: Catholica 54 (2000), 14–38.

–: Bei Gott schmerzlich heilend sich vollendende Lebenszeit. Römisch-katholische Zugänge zum Geschehen der eschatologischen Läuterung, in: Ökumenische Rundschau 49 (2000), 161–174.

–: Beziehungsdenken in der Erlösungslehre. Bedeutung und Grenzen, Freiburg – Basel – Wien 1997.

–: Charta Oecumenica. Gedanken zur Fortführung ihrer Rezeption nach der Unterzeichnung in Berlin 2003, in: Ökumenische Rundschau 53 (2004), 67–81.

–: Das Leiden der Geschöpfe Gottes. Antwortversuche und offene Fragen, in: Jörg Barthel u.a. (Hg.), Das Leiden und die Gottesliebe. Beiträge zur Frage der Theodizee, Göttingen 2006, 111–124.

–: Das Vater unser. Erinnerungen an seine Geschichte und Erwartungen für seine ökumenische Zukunft, in: Hans-Georg Hunstig / Dorothea Sattler (Hg.), ... so auch auf Erden. Ökumenisch handeln mit dem Vater unser, Würzburg 2010, 75–82.

–: Der Ewige und seine Zeit für uns. Überlegungen zu einer Grundfrage der christlichen Gotteslehre, in: Geist und Leben 73 (2000), 37–48.

–: »... Die gesamte Lehre und Praxis der Kirche unablässig auf Christus hin orientieren ...«. Zur neueren Diskussion um die kriteriologische Funktion der Rechtfertigungslehre, in: Catholica 52 (1998), 95–114.

–: Gedächtnis der Toten in der Feier der Eucharistie, Systematisch-theologische Überlegungen in ökumenischer Perspektive, in: Silvia Hell (Hg.), Die Glaubwürdigkeit christlicher Kirchen. Die Christenheit auf dem Weg ins 3. Jahrtausend (FS Lothar Lies), Innsbruck – Wien 2000, 239–257.

–: Gelebte Buße. Das menschliche Bußwerk (satisfactio) im ökumenischen Gespräch, Mainz 1992.

–: Gemeinsames Zeugnis in der einen Schöpfung Gottes. Ökumenische Perspektiven in der Sozialethik, in: Brigitta Kleinschwärzer-Meister u.a. (Hg.), Das Soziale wie denken? Die Zukunft des Sozialstaats in der interdisziplinären Diskussion, Berlin 2007, 121–138.

–: Gottes Weisheit lebt mit uns. Christologie im Kontext von Frauenerfahrungen, in: Raymund Schwager (Hg.), Relativierung der Wahrheit? Kontextuelle Christologie auf dem Prüfstand, Freiburg – Basel – Wien 1998, 215–244.

–: Heil für alle? Eine systematisch-theologische Spurensuche in ökumenischer Perspektive, in: dies. / Volker Leppin (Hg.) Heil für alle? Ökumenische Reflexionen, Freiburg / Göttingen 2012, 78–96.
–: Ist ein Mensch trotz seines Lebens in Sünde gerecht(fertigt)? Schwierigkeiten und Möglichkeiten der Verkündigung der Rechtfertigungsbotschaft heute, in: Von Gott angenommen – in Christus verwandelt. Die Rechtfertigungslehre im multilateralen Dialog. Studie des Deutschen Ökumenischen Studienausschusses (DÖSTA). Im Auftrag des DÖSTA herausgegeben von Uwe Swarat, Johannes Oeldemann und Dagmar Heller, Frankfurt 2006, 331–349.
–: Lebensgeschichte(n) – eschatologisch betrachtet. Neue Zugänge zu alten Fragen, in: Edmund Arens (Hg.), Zeit denken. Eschatologie im interdisziplinären Diskurs, Freiburg – Basel – Wien 2010, 152–170.
–: Liturgische Nacht der Versöhnung am Beispiel des Themas »individuelle Schuldverstrickung«, in: Umkehr ökumenisch feiern. Theologische Grundlagen und Praxismodelle. Erarbeitet von Paul Deselaers, Matthias Haudel, Michael Kappes, Assaad Elias Kattan, Eugenie Neugebauer, Dorothea Sattler und Klas Peter Voß in Verbindung mit der Arbeitsgemeinschaft Christlicher Kirchen in Nordrhein-Westfalen, Frankfurt / Paderborn 2011, 141–145.
–: »Ohne das Wort wurde nichts, was geworden ist« (Joh 1,3). Sprachphilosophisch erschlossene Zugänge zur Schöpfungs-Christologie, in: George Augustin u. a. (Hg.), Christus. Gottes schöpferisches Wort (FS Christoph Kardinal Schönborn), Freiburg – Basel – Wien 2010, 300–316.
–: Salus animarum – suprema veritas. Anleihen bei einer Handlungswissenschaft bei der Deutung der »Hierarchia Veritatum«, in: Dominicus M. Meier u. a. (Hg.), Rezeption des zweiten Vatikanischen Konzils in Theologie und Kirchenrecht heute (FS K. Lüdicke), Essen 2008, 557–574.
–: Selbstthematisierung im Selbstgericht. Zur Rezeption der Biographieforschung in der Eschatologie, in: Theologie der Gegenwart 42 (1999), 92–105.
–: Versöhnung (nur) durch Erinnerung – oder auch durch Vergessen? Antwort auf den Vortrag von Simone Lindorfer, in: Ökumenische Rundschau 58 (2009), 346–353.
–: Versöhnung durch Erinnerung über den Tod hinaus? Zu einigen Aspekten der christlich-ökumenischen Eschatologie, in: Jahrbuch für Biblische Theologie 22 (2007), 297–320.
–: Verwandelnde Anamnesis. Zur Entsprechung von Sinngehalt und Feiergestalt der Eucharistie, in: Theologie der Gegenwart 45 (2002), 162–173.
Sattler, Dorothea / Nüssel, Friederike: Menschenstimmen zu Abendmahl und Eucharistie. Erinnerungen – Anfragen – Erwartungen, Frankfurt / Paderborn 2004.
Sattler, Dorothea / Leppin, Volker (Hg.): Heil für alle? Ökumenische Reflexionen, Freiburg / Göttingen 2012.

Sattler, Dorothea / Wenz, Gunther (Hg.): Das kirchliche Amt in apostolischer Nachfolge, Bd. III, Freiburg – Basel – Wien / Göttingen 2008.

Sauser, Ekkart: Christus Medicus – Christus als Arzt und seine Nachfolger im frühen Christentum, in: Trierer Theologische Zeitschrift 101 (1992), 101–123.

Sauter, Gerhard: Art. »Rechtfertigung IV–VII«, in: TRE 28 (1997), 315–364.

Schaede, Stephan: Stellvertretung. Begriffsgeschichtliche Studien zur Soteriologie, Tübingen 2004.

Schaeffler, Richard: Das Gebet und das Argument. Zwei Weisens des Sprechens von Gott, Düsseldorf 1989.

–: Kleine Sprachlehre des Gebets, Einsiedeln – Tier 1988.

Schäfer, Gerhard Karl: Eucharistie im ökumenischen Kontext. Zur Diskussion um das Herrenmahl in Glauben und Kirchenverfassung von Lausanne 1927 bis Lima 1982, Göttingen 1988.

Schäfer, Heinrich: Praxis – Theologie – Religion. Grundlinien einer Theologie- und Religionstheorie im Anschluss an Pierre Bourdieu, Frankfurt 2004.

Schäfer, Klaus: Kontextuelle Theologien. Eine Zwischenbilanz, in: Jahrbuch Mission 34 (2002), 185–195.

Schaumberger, Christine: Art. »Womanistin/womanistisch«, in: Elisabeth Gössmann u. a. (Hg.), Wörterbuch der feministischen Theologie, Gütersloh 1991, 438–440.

Scheffczyk, Leo (Hg.): Erlösung und Emanzipation, Freiburg – Basel –Wien 1973.

Schenke, Ludger: Die Kontrastformel Apg 4,10b, in: Biblische Zeitschrift 26 (1982), 1–20.

Scherzberg, Lucia: Grundkurs Feministische Theologie, Mainz 1995.

–: Sünde und Gnade in der feministischen Theologie, Mainz 1991.

Schiefer, Frank: Die vielen Tode. Individualisierung und Privatisierung im Kontext von Sterben, Tod und Trauer in der Moderne. Wissenssoziologische Perspektiven, Münster u. a. 2007.

Schillebeeckx, Edward: Christus und die Christen. Die Geschichte einer neuen Lebenspraxis, Freiburg – Basel – Wien 1977.

–: Die Auferstehung Jesu als Grund der Erlösung. Zwischenbericht über die Prolegomena zu einer Christologie, Freiburg – Basel – Wien 1979.

–: Jesus. Die Geschichte von einem Lebenden, Freiburg – Basel –Wien 1975.

–: Menschliche Erfahrung und Glaube an Jesus Christus. Eine Rechenschaft, Freiburg – Basel – Wien 1979.

Schilson, Arno / Kasper, Walter: Christologie im Präsens. Kritische Sichtung neuer Entwürfe, Freiburg – Basel – Wien 1974.

Schlenke, Dorothee: Die systematische Bedeutung der Pneumatologie für Friedrich Schleiermachers Theorie der christlichen Frömmigkeit, Berlin / New York 1999.

Schlier, Heinrich: »Gelitten unter Pontius Pilatus, gekreuzigt, gestorben, begraben«, in: Gerhard Rein (Hg.), Das Glaubensbekenntnis. Aspekte für ein neues Verständnis, Stuttgart – Berlin 1967, 28–31.

Schlögl-Fierl, Kerstin: Das Glück – literarische Sensorien und theologisch-ethische Reaktionen. Eine historisch-systematische Annäherung an das Thema des Glücks, Berlin u. a. 2007.

Schlußbericht des Dialogs zwischen dem Sekretariat für die Einheit der Christen der Römisch-katholischen Kirche und einigen klassischen Pfingstlern (1977–1982), in: DwÜ 2 (1992), 581–599.

Schlüter, Dietrich: »Christliche Literatur« und ihre Kanonisierung seit 1945, Dortmund 2001.

Schmid, Hansjörg / Renz, Andreas / Sperber, Jutta (Hg.): Heil in Christentum und Islam. Erlösung oder Rechtleitung? Theologisches Forum Christentum – Islam, Stuttgart 2004.

Schmid, Peter F.: »Ecce homo! – Seht, was für ein Mensch!« Anthropologische Voraussetzungen für die Begegnung mit Jesus, in: Diakonia 23 (1992), 13–23.

Schmidt-Leukel, Perry: Gott ohne Grenzen. Eine christliche und pluralistische Theologie der Religionen, Gütersloh 2005.

Schmitz, Philipp: Erlöste Schöpfung, in: Lebendige Seelsorge 37 (1986), 8–12.

Schnackenburg, Rudolf: Die Person Jesu Christi im Spiegel der vier Evangelien, Freiburg – Basel – Wien 1993.

Schneider, Michael: Aus den Quellen der Wüste. Die Bedeutung der frühen Mönchsväter für eine Spiritualität heute, Einsiedeln 1987.

–: Krisis. Zur theologischen Bedeutung von Glaubens- und Lebenskrisen, Frankfurt ²1995.

Schneider, Theodor: Das Opfer der Kirche nach der Dogmatischen Konstitution »Lumen Gentium« des Vatikanum II, in: Wissenschaft und Weisheit 41 (1978), 19–31.

–: Opfer Jesu Christi und der Kirche. Zum Verständnis der Aussagen des Konzils von Trient, in: Catholica 31 (1977), 51–65.

–: Zeichen der Nähe Gottes. Grundriss der Sakramententheologie. Durchgängig bearbeitet und ergänzt zusammen mit Dorothea Sattler, Mainz ⁹2009.

Schneider, Theodor / Sattler, Dorothea: Hermeneutische Erwägungen zur »Allgemeinen Sakramentenlehre«, in: Wolfhart Pannenberg (Hg.), Lehrverurteilungen – kirchentrennend?, Bd. 3: Materialien zur Lehre von den Sakramenten und vom kirchlichen Amt, Göttingen 1990, 15–32.

Schnider, Franz: Überlegungen zur Heilsverkündigung Jesu, in: Wolfgang Beinert (Hg.), Heil und Heilen als pastorale Sorge, Regensburg 1984, 51–70.

Schottroff, Luise: Wanderprophetinnen. Eine feministische Analyse der Logienquelle, in: Evangelische Theologie 51 (1991), 332–344.

Schrage, Wolfgang: Heil und Heilung im Neuen Testament, in: Evangelische Theologie 46 (1986), 197–214.
Schredl, Michael / Mönch, Jan-Hendrik: Dreaming of God and the Role of Faith in Everyday Life: An Empirical Study, in: Pastoral Psychology 72 (2023), 469–478.
Schreijäck, Thomas (Hg.): Theologie interkulturell. Glaubenskommunikation in einer gewandelten Welt, Paderborn u. a. 2009.
Schrettle, Anton: Thema Befreiung – Erlösung, Wien 1976.
Schroer, Silvia: Der Geist, dieWeisheit und die Taube. Feministisch-kritische Exegese eines neutestamentlichen Symbols auf dem Hintergrund seiner altorientalischen und hellenistisch-frühjüdischen Traditionsgeschichte, in: Freiburger Zeitschrift für Philosophie und Theologie 33 (1986), 197–225.
–: Die Weisheit hat ihr Haus gebaut. Studien zur Gestalt der Sophia in den biblischen Schriften, Mainz 1996.
–: Jesus Sophia. Erträge der feministischen Forschung zu einer frühchristlichen Deutung der Praxis und des Schicksals Jesu von Nazaret, in: Doris Strahm / Regula Strobel (Hg.), Vom Verlangen nach Heilwerden, Fribourg 1991, 112–128.
Schulte, Raphael: Die Mysterien der »Vorgeschichte« Jesu, in: Johannes Feiner / Magnus Löhrer (Hg.), Mysterium Salutis. Grundriß heilsgeschichtlicher Dogmatik, Bd. 3/2, Einsiedeln – Zürich – Köln 1969, 23–57.
Schüngel-Straumann, Helen: Denn Gott bin ich, und kein Mann. Gottesbilder im Ersten Testament – feministisch betrachtet, Mainz 1996.
Schürmann, Heinz: Die Gestalt der urchristlichen Eucharistiefeier, in: Münchener theologische Zeitschrift 6 (1955), 107–131.
–: Jesu ureigener Tod. Exegetische Besinnungen und Ausblick, Freiburg – Basel – Wien 1975.
Schüssler Fiorenza, Elisabeth: Auf den Spuren der Weisheit – Weisheitstheologisches Urgestein, in: Verena Wodtke (Hg.), Auf den Spuren der Weisheit. Sophia – Wegweiserin für ein weibliches Gottesbild, Freiburg – Basel – Wien 1991, 24–40.
–: Jesus – Miriams Kind, Sophias Prophet. Kritische Anfragen feministischer Christologie, Gütersloh 1997.
–: Zu ihrem Gedächtnis … Eine feministisch-theologische Rekonstruktion der christlichen Ursprünge, München / Mainz 1988, 177–189.
–: Zur Methodenproblematik einer feministischen Christologie des Neuen Testaments, in: Doris Strahm / Regula Strobel (Hg.), Vom Verlangen nach Heilwerden. Christologie in feministisch-theologischer Sicht, Fribourg – Luzern 1991, 129–147.
Schütz, Christian: Die Mysterien des öffentlichen Lebens und Wirkens Jesu, in: Johannes Feiner / Magnus Löhrer (Hg.), Mysterium Salutis. Grundriß heilsgeschichtlicher Dogmatik, Bd. 3/2, Einsiedeln – Zürich – Köln 1969, 58–131.

–: Einführung in die Pneumatologie, Darmstadt 1985.
Schwager, Raymund: Brauchen wir einen Sündenbock? Gewalt und Erlösung in den biblischen Schriften, München 1978; Thaur ³1994.
–: Dem Netz des Jägers entronnen. Das Jesusdrama nacherzählt, München 1991.
Schwanz, Peter: Der neue Mensch. Eine Neuinterpretation der Rechtfertigungslehre, Münster 1998.
Schwarz, Andrea / Stipinovich, Angelo: Wenn der Tod zum Leben wird. Neue Ideen für Gottesdienste und Gemeindefeiern in der Fasten- und Osterzeit, Freiburg – Basel – Wien 2002.
Schwerdtfeger, Nikolaus: Der »anonyme Christ« in der Theologie Karl Rahners, in: Mariano Delgado / Matthias Lutz-Bachmann (Hg.), Theologie aus Erfahrung der Gnade. Annäherungen an Karl Rahner, Berlin 1994, 72–94.
–: Gnade und Welt. Zum Grundgefüge von Karl Rahners Theorie der »anonymen Christen«, Freiburg – Basel – Wien 1982.
Seckler, Max: Theosoterik – eine Option und ihre Dimensionen. Fundamentaltheologische Anfragen und Anstöße zur Soteriologie, in: Theologische Quartalschrift 172 (1992), 257–284.
–: Theosoterik und Autosoterik, in: Theologische Quartalschrift 162 (1982), 289–298.
Sedmak, Clemens: Lokale Theologien und globale Kirche. Eine erkenntnistheoretische Grundlegung in praktischer Absicht, Freiburg – Basel –Wien 2000.
– (Hg.): Option für die Armen. Zur Entmarginalisierung des Armutsbegriffs in den Wissenschaften, Freiburg – Basel – Wien 2005.
Seils, Martin: Art. »Heil und Erlösung. IV. Dogmatisch«, in: TRE 14 (1985), 622–637.
Sellner, Hans Jörg: Das Heil Gottes. Studien zur Soteriologie des lukanischen Doppelwerks, Berlin 2007.
Sesboüé, Bernard: Erzählung von der Erlösung. Vorschläge einer narrativen Soteriologie, in: Józef Niewiadomski / Wolfgang Palaver (Hg.), Dramatische Erlösungslehre. Ein Symposion Innsbruck– Wien 1992, 243–250.
–: Esquisse critique d'une théologie de la Rédemption, in: Nouvelle Révue Théologique 106 (1984), 801–816; 107 (1985), 68–86.
–: Jesus Christus aus der Sicht der Opfer. Zur Christologie von Jon Sobrino, in: Stimmen der Zeit 225 (2007), 240–254.
–: Jésus-Christ – l'unique Médiateur. Essai sur la rédemption et le salut, Bd. 1, Paris 1988; Bd. 2, Paris 1991.
Seybold, Klaus / Müller, Ulrich B.: Krankheit und Heilung, Stuttgart u.a. 1978.
Shea, Mary Lou: Medieval women on sin and salvation. Hadewijch of Antwerp, Beatrice of Nazareth, Margaret Ebner, and Julian of Norwich, New York 2010.

Siebenrock, Roman A.: Theologischer Kommentar zur Erklärung über die Haltung der Kirche zu den nichtchristlichen Religionen, in: Peter Hünermann / Bernd Jochen Hilberath (Hg.), Herders Theologischer Kommentar zum Zweiten Vatikanischen Konzil, Bd. 3, Freiburg – Basel – Wien 2005, 591–693.

Siegert, Folker: Der Logos, »älterer Sohn« des Schöpfers und »zweiter Gott«. Philons Logos und der Johannesprolog, in: Jörg Frey / Udo Schnelle (Hg.), Kontexte des Johannesevangeliums. Das vierte Evangelium in religions- und traditionsgeschichtlicher Perspektive, Tübingen 2004, 277–293.

Simon, Werner: Religionsunterricht und Katechese. Perspektiven einer differenzierten Religionsdidaktik, in: Religionsunterricht heute o. J. (2007) H. 03–04, 13–17.

Slenczka, Reinhard: Christusbekenntnis und Christologie. Zum Lehrstreit um Edward Schillebeeckx und Hans Küng, in: Kerygma und Dogma 27 (1981), 131–147.

–: Geschichtlichkeit und Personsein Jesu Christi. Geschichtlichkeit und Personsein Jesu Christi. Studien zur christologischen Problematik der historischen Jesusfrage, Göttingen 1967.

Sobrino, Jon: Christologie der Befreiung, Mainz 1998.

–: Der Glaube an den Sohn Gottes aus der Sicht eines gekreuzigten Volkes, in: Giancarlo Collet (Hg.), Der Christus der Armen. Das Christuszeugnis der lateinamerikanischen Befreiungstheologen, Freiburg – Basel – Wien 1988, 127–134.

–: Der Glaube an Jesus Christus. Eine Christologie aus der Perspektive der Opfer, Ostfildern 2008.

Söding, Thomas (Hg.): Das Jesus-Buch des Papstes. Die Antwort der Neutestamentler, Freiburg – Basel – Wien 2007.

–: Das Mahl des Herrn. Zur Gestalt und Theologie der ältesten nachösterlichen Theologie, in: Bernd Jochen Hilberath / Dorothea Sattler (Hg.), Vorgeschmack. Ökumenische Bemühungen um die Eucharistie (FS Theodor Schneider), Mainz 1995, 134–163.

–: Die Verkündigung Jesu – Ereignis und Erinnerung, Freiburg – Basel – Wien 2011.

– (Hg.): Ein Weg zu Jesus. Schlüssel zu einem tieferen Verständnis des Papstbuches, Freiburg – Basel – Wien 2007.

– (Hg.): Tod und Auferstehung Jesu. Theologische Antworten auf das Buch des Papstes, Freiburg – Basel – Wien 2011.

Soteriologie. Gemeinsame Erklärung (1983), in: DwÜ 2 (1992), 24–29.

Souga, Thérèse: Das Christusereignis aus der Sicht afrikanischer Frauen. Eine katholische Perspektive, in: Virginia Fabella / Mercy Amba Oduyoye (Hg.), Leidenschaft und Solidarität. Theologinnen der Dritten Welt ergreifen das Wort, Luzern 1992, 69–87.

Sparn, Walter (Hg.): Wer schreibt meine Lebensgeschichte? Biographie, Autobiographie, Hagiographie und ihre Entstehungszusammenhänge, Gütersloh 1990.

Spiel, Walter: Beziehung und Deutung aus der Sicht verschiedener psychotherapeutischer Schulen: Zur Entstehung und Konzeption des vorliegenden Bandes, in: Toni Reinelt / Wilfried Datler (Hg.), Beziehung und Deutung im psychotherapeutischen Prozeß. Aus der Sicht verschiedener therapeutischer Schulen, Berlin u. a. 1989, 1-4.

Steinacker, Peter: Rechtfertigung und Ethik, in: Wilfried Härle / Peter Neuner (Hg.), Im Licht der Gnade Gottes. Zur Gegenwartsbedeutung der Rechtfertigungsbotschaft, Münster 2004, 227-245.

Steindl, Helmut: Genugtuung. Biblisches Versöhnungsdenken – eine Quelle für Anselms Satisfaktionstheorie?, Fribourg 1989.

Steins, Georg (Hg.): Schweigen wäre gotteslästerlich. Die heilende Kraft der Klage, Würzburg 2000.

Steinwendtner, Brita: Hiobs Klage heute. Die biblische Gestalt in der Literatur des 20. Jahrhunderts, Innsbruck – Wien 1990.

Stendahl, Krister: Rechtfertigung und Endgericht, in: Lutherische Rundschau 11 (1961), 3-10.

Stenger, Hermann: Begegnung ist Verkündigung. Zur Psychologie und Theologie der helfenden Beziehung, in: ders., Verwirklichung des Lebens aus der Kraft des Glaubens. Pastoralpsychologische und spirituelle Texte, Freiburg – Basel – Wien ²1989, 133-141.

–: Beziehung als Verkündigung. Zur Rolle der Pastoralpsychologie in der Seelsorge, in: Josef Maria Reuss (Hg.), Seelsorge ohne Priester? Zur Problematik von Beratung und Psychotherapie in der Pastoral, Düsseldorf 1976, 73-90.

–: Erlösend (»redemptiv«) einander begegnen. Pastoralpsychologische Überlegungen zur Nachfolgeaufforderung, in: Theologie der Gegenwart 25 (1982), 139-145.

–: Erlösend einander begegnen. Jesu Aufforderung zur »redemptiven« Nachfolge, in: ders., Verwirklichung des Lebens aus der Kraft des Glaubens. Pastoralpsychologische und spirituelle Texte, Freiburg – Basel – Wien ²1989, 190-199.

Sticher, Claudia: »Frau Weisheit hat ihr Haus gebaut.« Alttestamentliche Anknüpfungspunkte der Johanneischen Logos-Christologie, in: Günter Kruck (Hg.), Der Johannesprolog, Darmstadt 2009, 27-47.

Stickelbroeck, Michael: Christologie im Horizont der Seinsfrage. Über die epistemologischen und metaphysischen Voraussetzungen des Bekenntnisses zur universalen Heilsmittlerschaft Jesu Christi, St. Ottilien 2002.

Stierlin, Helm: Eltern und Kinder. Das Drama von Versöhnung und Trennung im Jugendalter, Frankfurt 1980.

–: Gerechtigkeit in nahen Beziehungen. Systemisch-therapeutische Perspektiven, Heidelberg 2005.

–: Psychoanalyse – Familientherapie – systemische Therapie, Stuttgart 2001.
–: Von der Psychoanalyse zur Familientherapie, München 1975.
Stiftung Weltethos für interkulturelle und interreligiöse Forschung, Bildung und Begegnung, URL: http://www.weltethos.org.
Stolz, Fritz: Grundzüge der Religionswissenschaft, Göttingen 1988.
Stosch, Klaus von: Theodizee, Paderborn ²2018.
Striet, Magnus (Hg.): Gestorben für wen? Zur Diskussion um das »pro multis«, Freiburg – Basel – Wien 2007.
– (Hg.): Hilft beten? Schwierigkeiten mit dem Bittgebet, Freiburg – Basel – Wien 2010.
Striet, Magnus / Tück, Jan-Heiner (Hg.), Erlösung auf Golgota? Der Opfertod Jesu im Streit der Interpretationen, Freiburg – Basel – Wien 2012.
Strodmeyer, Werner: Scham und Erlösung. Das relational-soteriologische Verständnis eines universalen Gefühls in pastoraltherapeutischer Hinsicht, Paderborn 2013.
Strolz, Walter (Hg.): Heilswege der Weltreligionen, Bd. 1, Freiburg – Basel – Wien 1984; Bd. 2, Freiburg – Basel – Wien 1986.
Stubenrauch, Bertram: Dialogisches Dogma. Der christliche Auftrag zur interreligiösen Begegnung, Freiburg – Basel – Wien 1995.
–: Pneumatologie – Die Lehre vom Heiligen Geist, in: Wolfgang Beinert (Hg.), Glaubenszugänge. Lehrbuch der katholischen Dogmatik, Bd. 3, Paderborn u. a. 1995, 1–156.
Student, Johann-Christoph (Hg.): Im Himmel welken keine Blumen. Kinder begegnen dem Tod, Freiburg 2005.
Studer, Basil: Gott und unsere Erlösung im Glauben der Alten Kirche, Düsseldorf 1985.
–: Soteriologie in der Schrift und Patristik, Freiburg – Basel – Wien 1978.
Stuflesser, Martin: Liturgisches Gedächtnis der einen Taufe. Überlegungen im ökumenischen Kontext, Freiburg – Basel – Wien 2004.
Stuhlmacher, Peter: Jesus als Versöhner. Überlegungen zum Problem der Darstellung Jesu im Rahmen einer Biblischen Theologie des Neuen Testaments, in: Georg Strecker (Hg.), Jesus Christus in Historie und Theologie (FS Hans Conzelmann), Tübingen 1975, 87–104.
Sutter Rehmann, Luzia: »Geh, frage die Gebärerin …«. Feministisch-befreiungstheologische Untersuchungen zum Gebärmotiv in der Apokalyptik, Gütersloh 1995.
Sutter Rehmann, Luzia / Rapp, Ursula / Metternich, Ulrike (Hg.): Zum Leuchten bringen. Biblische Texte vom Glück, Gütersloh 2006.
Sutzkevers, Abraham: Griner Akwarium. Kurtse Baschrajbungen. Prosastücke. Jiddisch und deutsch, Frankfurt 1992.
Swarat, Uwe / Söding, Thomas (Hg.): Gemeinsame Hoffnung – über den Tod hinaus. Eschatologie im ökumenischen Gespräch, Freiburg – Basel – Wien 2013.
Swidler, Leonard: Der umstrittene Jesus, Gütersloh 1993.

Taft, Robert F.: Über die Liturgiewissenschaft heute, in: Theologische Quartalschrift 177 (1997), 243–255.

Tappa, Louise: Das Christus-Ereignis aus der Sicht afrikanischer Frauen. Eine protestantische Perspektive, in: Virginia Fabella / Mercy Amba Oduyoye (Hg.), Leidenschaft und Solidarität. Theologinnen der Dritten Welt ergreifen das Wort, Luzern 1992, 62–68.

Tappen, Julian: Von Origenes bis in die Gegenwart. Eschatologische Konstellationen von universeller Hoffnung und menschlicher Freiheit, in: Jahrbuch für Biblische Theologie 36 (2023), 139–164.

Taube, Roselies / Tietz-Buck, Claudia / Klinge, Christiane: Frauen und Jesus Christus. Die Bedeutung von Christologie im Leben protestantischer Frauen, Stuttgart – Berlin – Köln 1995.

Taufe, Eucharistie und Amt. Konvergenzerklärungen der Kommission für Glauben und Kirchenverfassung des Ökumenischen Rates der Kirchen (»Lima-Dokument«, 1982), in: DwÜ 1 (1983), 545–585.

The Biblical Foundations of the Doctrine of Justification, Genf 2011.

Theißen, Gerd: Der Schatten des Galiläers. Historische Jesusforschung in erzählender Form, Gütersloh 1986; [17]2004.

–: Erlösungsbilder. Predigten und Meditationen, Gütersloh 2002.

–: Soteriologische Symbolik in den paulinischen Schriften. Ein strukturalistischer Beitrag, in: Kerygma und Dogma 20 (1974), 282–304.

–: Urchristliche Wundergeschichten. Ein Beitrag zur formgeschichtlichen Erforschung der synoptischen Evangelien, Gütersloh 1974.

Theißen, Gerd / Merz, Annette: Der historische Jesus. Ein Lehrbuch, Göttingen [4]2011.

Themenheft »Dekade zur Überwindung von Gewalt« = Ökumenische Rundschau 49 (2000) H. 4.

Themenheft »Feministische Theologie weltweit« = Concilium (D) 32 (1996) H. 1.

Themenheft »Gabe und Rechtfertigung« = Ökumenische Rundschau 60 (2011) H. 2.

Themenheft »Performativer Religionsunterricht?!« = Religionsunterricht an höheren Schulen 45 (2002) H. 1.

Themenheft »Psychologie – Religion – Theologie. Berührungspunkte und Konflikte« = Praktische Theologie 35 (2000) H. 2.

Themenheft »Spätmoderne Bestattungskultur« = Praktische Theologie. Zeitschrift für Praxis in Kirche, Gesellschaft und Kultur 37 (2002), H. 3.

Theobald, Michael: Das Evangelium nach Johannes. Kapitel 1–12, Regensburg 2009.

–: Die Fleischwerdung des Logos. Studien zum Verhältnis des Johannesprologs zum Corpus des Evangeliums und zu Joh 1, Münster 1988.

–: Im Anfang war das Wort. Textlinguistische Studie zum Johannesprolog, Stuttgart 1983.

Thiede, Werner: Der gekreuzigte Sinn. Eine trinitarische Theodizee, Gütersloh 2007.
Thoma, Clemens: Jüdische Zugänge zu Jesus Christus, in: Theologische Berichte 7 (1978), 149–176.
Thomas von Aquin: Summa theologica. Deutsch-lateinische Ausgabe (Die deutsche Thomas-Ausgabe, hg. vom Katholischen Akademikerverband), Bd. 1, Salzburg – Leipzig 1933; Bd. 2, Salzburg – Leipzig 1934; Bd. 28, Salzburg – Leipzig 1956; Bd. 31, Graz – Wien – Köln 1962.
Thomassen, Jürgen: Heilswirksamkeit der Verkündigung. Kritik und Neubegründung, Düsseldorf 1986.
Thönissen, Wolfgang: Dogma und Symbol. Eine ökumenische Hermeneutik, Freiburg – Basel – Wien 2008.
–: Hierarchia Veritatum. Eine systematische Erläuterung, in: Caholica 54 (2000), 179–199.
Thurnwald, Andrea K.: Trauer und Hoffnung. Sterbebräuche, Totengedenken und Auferstehungsglauben in evangelischen Gemeinden, Petersberg 2003.
Tietz, Christiane: Freiheit zu sich selbst. Entfaltung eines christlichen Begriffs von Selbstannahme, Göttingen 2005.
–: Was heißt: Gott erhört Gebet?, in: Zeitschrift für Theologie und Kirche 106 (2009), 327–244.
Tillich, Paul: Der Mut zum Sein (1952), in: ders., Gesammelte Werke, Bd. 11, Stuttgart 1969, 11–139.
Tobler, Stefan: Jesu Gottverlassenheit als Heilsereignis in der Spiritualität Chiara Lubichs. Ein Beitrag zur Überwindung der Sprachnot in der Soteriologie, Berlin – New York 2003.
Tossou, Kossi K. Joseph: Streben nach Vollendung. Zur Pneumatologie im Werk Hans Urs von Balthasars, Freiburg – Basel – Wien 1983.
Trillhaas, Wolfgang: Rechtfertigungslehre unter neuen Voraussetzungen?, in: Erwin Wilkens (Hg.), Helsinki 1963. Beiträge zum theologischen Gespräch des Lutherischen Weltbundes, Berlin / Hamburg 1964, 91–116.
Trilling, Wolfgang: Fragen zur Geschichtlichkeit Jesu, Düsseldorf 1966.
Tscheulin, Dieter: Einführende Gedanken über Beziehung und Technik in der Gesprächspsychotherapie, in: ders. (Hg.), Beziehung und Technik in der klientenzentrierten Therapie. Zur Diskussion um eine Differentielle Gesprächspsychotherapie, Weinheim – Basel 1983, 9–14.
–: Über differentielles therapeutisches Vorgehen in der klientenzentrierten Therapie. Ein empirischer Beitrag zu einer Differentiellen Gesprächspsychotherapie, in: ebd. 1983, 53–64.
Ullrich, Lothar: Ist die katholische Meßopferlehre ein Hindernis für die katholische Anerkennung des Augsburgischen Bekenntnisses?, in: Fritz Hoffmann / Ulrich Kühn (Hg.), Die Confessio Augustana im ökumenischen Gespräch, Berlin 1980, 191–220.

Ulrichs, Karl Friedrich: Christusglaube. Studien zum Syntagma pistis Christu und zum paulinischen Verständnis von Glaube und Rechtfertigung, Tübingen 2007.

Umkehr ökumenisch feiern. Theologische Grundlagen und Praxismodelle. Erarbeitet von Paul Deselaers, Matthias Haudel, Michael Kappes, Assaad Elias Kattan, Eugenie Neugebauer, Dorothea Sattler und Klas Peter Voß in Verbindung mit der Arbeitsgemeinschaft Christlicher Kirchen in Nordrhein-Westfalen, Frankfurt / Paderborn 2011.

Valeske, Ulrich: Hierarchia Veritatum. Theologiegeschichtliche Hintergründe und mögliche Konsequenzen eines Hinweises im Ökumenismusdekret des II. Vatikanischen Konzils zum zwischenkirchlichen Gespräch, München 1968.

Versöhnung – Gabe Gottes und Quelle neuen Lebens. Dokumente der Zweiten Europäischen Ökumenischen Versammlung in Graz, hg. vom Rat der Europäischen Bischofskonferenzen (CCEE) und der Konferenz Europäischer Kirchen (KEK) durch Rüdiger Noll und Stefan Vesper, Graz 1998.

Verweyen, Hansjürgen: Gottes letztes Wort. Grundriß der Fundamentaltheologie, Düsseldorf 1991.

–: War das Wort bei Gott? Zur Soteriologie des Johannesevangeliums, Regensburg 2019.

Vik, Ioan: Gottes Heil im Glück des Menschen. Die Vermittelbarkeit immanenter und transzendenter Vollendungsvorstellungen unter Berücksichtigung der menschlichen Sinnorientierung in der Logotherapie Viktor E. Frankls, Neuried 2008.

Voges, Wolfgang (Hg.): Methoden der Biographie- und Lebenslaufforschung, Opladen 1987.

Vögtle, Anton: Grundfragen der Diskussion um das heilsmittlerische Todesverständnis Jesu, in: ders., Offenbarungsgeschehen und Wirkungsgeschichte. Neutestamentliche Beiträge, Freiburg – Basel – Wien 1985, 141–167.

Volk, Hermann: Einheit als theologisches Problem, in: ders., Gott alles in allem. Gesammelte Aufsätze, Mainz 1961.

Von Gott angenommen – in Christus verwandelt. Die Rechtfertigungslehre im multilateralen Dialog. Studie des Deutschen Ökumenischen Studienausschusses (DÖSTA), im Auftrag des DÖSTA hg. von Uwe Swarat / Johannes Oeldemann / Dagmar Heller, Frankfurt 2006.

Voneinander lernen – miteinander glauben. »Ein Herr, ein Glaube, eine Taufe« (Eph 4,5). Konvergenzdokument der Bayerischen Lutherisch-Baptistischen Arbeitsgruppe (BALUBAG) (20. April 2009), in: Ökumenische Rundschau 59 (2010), 93–119.

Vorgrimler, Herbert: Karl Rahner. Gotteserfahrung in Leben und Denken, Darmstadt 2004.

Voss-Goldstein, Christel / Goldstein, Horst (Hg.): Schwestern über Kontinente. Aufbruch der Frauen: Theologie der Befreiung in Lateinamerika und Feministische Theologie hierzulande, Düsseldorf 1991.
Wacker, Marie-Theres: Gott als Mutter? Zur Bedeutung eines biblischen Gottes-Symbols für feministische Theologie, in: Concilium 25 (1989), 523–528.
Wagner, Harald: Art. »Soteriologie«, in: LThK³ 9 (2000), Sp. 742–744.
– (Hg.): Einheit – aber wie? Zur Tragfähigkeit der ökumenischen Formel vom »differenzierten Konsens«, Freiburg – Basel – Wien 2000.
Waldenfels, Hans: Die neuere Diskussion um die »anonymen Christen« als Beitrag zur Religionstheologie, in: Zeitschrift für Missionswissenschaft und Religionswissenschaft 60 (1976), 161–180.
–: Die Theologie in der Vielfalt ihrer Kontexte, in: Zeitschrift für katholische Theologie 128 (2006), 81–102.
–: Kontextuelle Fundamentaltheologie, Paderborn u. a. ⁴2005.
Watt, Jan Gabriël van der (Hg.): Salvation in the New Testament. Perspectives on Soteriology, Leiden u. a. 2005.
Weaver, J. Denny: Gewaltfreie Erlösung. Kreuzestheologie im Ringen mit der Satisfaktionstheorie, Münster 2016.
Weber, Hermann: An der Grenze der Sprache. Religiöse Dimension der Sprache und biblisch-christliche Metaphorik im Werk Ingeborg Bachmanns, Essen 1986.
Weder, Hans: Ursprung im Unvordenklichen. Eine theologische Auslegung des Johannesprologs, Neukirchen-Vluyn 2008.
Weger, Karl-Heinz: Karl Rahner. Eine Einführung in sein theologisches Denken, Freiburg – Basel – Wien 1986.
Weingart, Richard E.: The logic of divine love. A critical analysis of the soteriology of Peter Abelard, Oxford 1970.
Weinrich, Harald: Lethe. Kunst und Kritik des Vergessens, München 1997.
Weiß, Bardo: Erlösung als Ermöglichung von Emanzipation?, in: Trierer Theologische Zeitschrift 81 (1972), 371–374.
Weisser, Markus: Der Heilige Horizont des Herzens. Perspektiven einer trinitarischen Soteriologie im Anschluss an Karl Rahner, Freiburg – Basel – Wien 2018.
Weiß, Hans-Friedrich: Der Brief an die Hebräer, Göttingen ¹⁵1991.
Weiß-Rosmarin, Trude (Hg.): Jewish Expressions on Jesus. An Anthology, New York 1977.
Welker, Michael: Gottes Geist. Theologie des Heiligen Geistes, Neukirchen-Vluyn 1992.
Welte, Paul H.: Die Heilsbedürftigkeit des Menschen. Anthropologische Vorfragen zur Soteriologie, Freiburg – Basel – Wien 1976.
–: Erlösung – wie und wovon? Was Christen unter Heil verstehen, Regensburg 2012

Wendebourg, Dorothea: Chalkedon in der ökumenischen Diskussion, in: Zeitschrift für Theologie und Kirche 92 (1995), 207–237.
–: Hellenisierung des Christentums – Epoche oder Erfüllung der Kirchengeschichte? Zu einer Debatte in der orthodoxen Theologie und Kirchengeschichtsschreibung, in: Jörg Lauster (Hg.), Der Gott der Vernunft. Protestantismus und vernünftiger Gottesgedanke, Tübingen 2009, 285–300.
Wenz, Gunther: Die Lehre vom Opfer Christi im Herrenmahl als Problem ökumenischer Theologie, in: Kerygma und Dogma 28 (1982), 7–41.
–: Geschichte der Versöhnungslehre in der evangelischen Theologie der Neuzeit, Bd. 1, München 1984; Bd. 2, München 1986.
–: Versöhnung. Soteriologische Fallstudien, Göttingen 2015.
Werbick, Jürgen: Bilder sind Wege. Eine Gotteslehre, München 1992.
–: Erlösung erzählen – verstehen – verkündigen. Theologische Hinführung – Texte zu Predigt und Meditation, München 1997.
–: Gebetsglaube und Gotteszweifel, Münster ²2005.
–: Prolegomena, in: Theodor Schneider (Hg.), Handbuch der Dogmatik, Bd. 1, Düsseldorf ²1995; Neuausgabe Düsseldorf ²2002, 1–48.
–: Soteriologie, Düsseldorf 1990.
–: (Hg.), Sühne, Martyrium und Erlösung? Opfergedanke und Glaubensgewissheit in Judentum, Christentum und Islam, Paderborn 2013.
–: Trinitätslehre, in: Theodor Schneider (Hg.), Handbuch der Dogmatik, Bd. 2, Düsseldorf ²1995; Neuausgabe Düsseldorf ²2002, 481–576.
Werbick, Jürgen / Janowski, Johanna Christine: Art. »Erlösung«, in: Peter Eicher (Hg.), Neues Handbuch theologischer Grundbegriffe, Bd. 1, München 2005, 237–253.
Werth, Jürgen: Wie ein Fest nach langer Trauer (So ist Versöhnung), in: Ich will dir danken! Lieder für die Gemeinde, Neuhausen / Witten ¹⁵2008, Nr. 249.
Weth, Rudolf (Hg.): Das Kreuz Jesu. Gewalt – Opfer – Sühne, Neukirchen-Vluyn 2001.
Wiederkehr, Dietrich: Glaube an Erlösung. Konzepte der Soteriologie vom Neuen Testament bis heute, Freiburg – Basel – Wien 1976.
–: Zu den Bänden I, III/1, III/2, IV/1, in: Johannes Feiner / Magnus Löhrer (Hg.), Mysterium Salutis. Grundriß heilsgeschichtlicher Dogmatik, Ergänzungsband, Einsiedeln – Zürich – Köln 1981, 207–263.
Wiesel, Elie: Die Nacht. Erinnerung und Zeugnis, Paris 1958; dt. Neuausgabe Freiburg – Basel – Wien 2008.
Wilkens, Erwin (Hg.): Helsinki 1963. Beiträge zum theologischen Gespräch des Lutherischen Weltbundes, Berlin / Hamburg 1964.
Williams, Rowan: Art. »Soteriologie, in: Evangelisches Kirchenlexikon, Bd. 4 (³1996), Sp. 292–297.
Winter, Martin: Art. »Lohn. I. Neues Testament«, in: TRE 21 (1991), 447–449.

Wittkowski, Joachim: Erleben und Verhalten bei der Begegnung mit Sterben und Tod – Ergebnisse der Psychologie des Todes, in: Michael Schlagheck (Hg.), Theologie und Psychologie im Dialog über Sterben und Tod, Paderborn 2001.

– (Hg.): Sterben, Tod und Trauer. Grundlagen, Methoden, Anwendungsfelder, Stuttgart 2003.

Wohlleben, Ekkehard: Die Kirchen und die Religionen. Perspektiven einer ökumenischen Religionstheologie, Göttingen 2004.

Wohlmuth, Josef: Jesu Weg – unser Weg. Kleine mystagogische Christologie, Würzburg 1992.

Wolf, Herbert: Martin Luther. Eine Einführung in germanistische Luther-Studien, Stuttgart 1980.

Wolff, Hans Walter: Dodekapropheton, Bd. 2, Neukirchen-Vluyn ³1985.

Wozniak, Gabriela: Göttliche Erlösung und geschöpfliche Partizipation. Die mariologische Dimension des Paschamysteriums bei Hans Urs von Balthasar, Regensburg 2021.

Zehner, Joachim: Art. »Heil. III. Dogmatisch«, in: RGG⁴ 3 (2000), Sp. 1524–1526.

Zenger, Erich: Am Fuß des Sinai. Gottesbilder des Ersten Testaments, Düsseldorf 1993.

Zentralkomitee der Deutschen Katholiken, Das VATER UNSER – ökumenisch. Beten und Handeln auf dem Weg zum 2. Ökumenischen Kirchentag. Ins Gespräch gebracht vom Arbeitskreis »Pastorale Grundfragen« des Zentralkomitees der deutschen Katholiken (30. November 2008), Bonn 2008; auch in: Hans-Georg Hunstig / Dorothea Sattler (Hg.), ... so auch auf Erden. Ökumenisch handeln mit dem Vater unser, Würzburg 2010, 21–71.

Zerfaß, Rolf (Hg.): Erzählter Glaube – erzählende Kirche, Freiburg – Basel – Wien 1988.

Ziegler, Tobias, Im Kreuz Heil und Leben finden? Theologisieren mit Jugendlichen, in: Rudolf Englert / Friedrich Schweitzer (Hg.), Jesus als Christus – im Religionsunterricht. Experimentelle Zugänge zu einer Didaktik der Christologie, Göttingen 2017, 135–151.

Zimmer, Dirk: Aspekte der Therapeut-Klient-Beziehung in der Partnerschaftstherapie, in: ders. (Hg.), Die therapeutische Beziehung. Konzepte, empirische Befunde und Prinzipien ihrer Gestaltung, Weinheim u. a. 1983, 199–215.

–: Die Therapeut-Klient-Beziehung bei der Behandlung von Phobien, in: ebd., 151–160.

–: Einleitung, in: ebd., 1–3.

–: Empirische Ergebnisse der Therapieforschung zur Therapeut-Klient-Beziehung, in: ebd., 12–28.

–: Methodische Fragen bei der empirischen Erforschung der Therapeut-Klient-Beziehung, in: ebd., 5–11.

–: Überlegungen zu einem Modell der Therapeut-Klient-Beziehung, in: ebd., 138–149.

Zimmermann, Ruben: Metapherntheorie und biblische Bildersprache. Ein methodologischer Versuch, in: Theologische Zeitschrift 56 (2000), 108–133.

Personenregister

Abaelard, Peter 70
Ackermann, Jost 160
Acklin Zimmermann, Béatrice 379
Adam, Jens 431
Adam, Karl 344
Agana, Wilfried Asampambila 123
Ahl, Ruth 274
Albertz, Rainer 437
Albrecht, Michaela 340
Alheit, Peter 248
Alpers, Harm 97
Ammicht Quinn, Regina 28
Amoah, Elizabeth 271, 276, 280
Amor, Christoph J. 66
Anderlonis, Joseph J. 71
Angenendt, Arnold 376, 419, 428
Annen, Franz 379
Anselm von Canterbury 58, 70, 73 f., 124, 139–149, 158
Ansorge, Dirk 126
Antes, Peter 310
Antons, Klaus 328
Antweiler, Christoph 25
Arellano, Luz Beatriz 277
Aristoteles 95, 247
Assmann, Aleida 416
Athanasius 69
Auffahrt, Christoph 310
Augustinus 64, 70, 100, 248, 421, 433
Aulén, Gustaf 71, 97
Ausländer, Rose 32 f.

Bachl, Gottfried 186, 422
Bachmann, Ingeborg 29

Bader, Günter 379
Balder, Holger 66
Balthasar, Hans Urs von 61, 65, 163, 255, 263, 433
Barth, Gerhard 379
Barth, Hans-Martin 311, 379
Barth, Karl 66, 251, 255, 304, 433
Batlogg, Andreas R. 27
Baudler, Georg 173
Baumgartner, Isidor 189
Baumgartner, Konrad 189
Bayer, Klaus 98
Becker, Jürgen 59, 158, 206
Bedford-Strohm, Heinrich 339
Beer, Peter 268
Beier, Matthias 323
Beinert, Wolfgang 50, 97, 268, 389
Beintker, Michael 296, 300 f.
Ben-Chorin, Schalom 185
Bendemann, Reinhard von 100
Bennett, William J. 149
Bergengruen, Werner 208
Berger, Klaus 186
Bernhard von Clairvaux 75
Bernhard, Jutta 310
Bernhardt, Reinhold 263, 311
Besser-Siegmund, Cora 333
Beyer, Hermann Wolfgang 104
Beyer, Michael 283
Biel, Gabriel 149
Biermann-Ratjen, Eva-Maria 327
Binshan, Chen 66
Biser, Eugen 100
Bitter, Gottfried 56

509

Blasberg-Kuhnke, Martina 185
Bloomquist, Karen L. 62, 289, 295, 302
Boethius 250
Boff, Leonardo 110
Bohlemann, Peter 230
Böhm, Renate 281
Böhme, Hartmut 419
Böhnke, Michael 64, 395
Bohren, Rudolf 343
Bongardt, Michael 268
Bonhoeffer, Dietrich 304, 445
Borg, Marcus J. 185 f.
Borgolte, Michael 419
Bornkamm, Günther 120
Böttigheimer, Christoph 26, 56, 78
Broer, Ingo 175 f.
Brosseder, Johannes 389
Brown, Michael L. 102
Brück, Michael von 63, 314
Bründl, Jürgen 255
Bruners, Wilhelm 190, 446
Brunner, Emil 254
Brunner, Peter 298
Bsteh, Andreas 63, 311
Bucher, Anton A. 342
Büchner, Christine 435
Buggler, Robert 281
Bultmann, Rudolf 159 f., 184, 255, 304
Bundschuh-Schramm, Christine 375
Burrichter, Rita 274
Büske, Gunda 419
Büttner, Gerhard 342

Cabassut, André 74
Cady, Susan 206
Calvin, Johannes 433
Cancik, Hubert 310
Cannon, Katie G. 274
Casper, Bernhard 29, 98, 435 f.
Cassidy, Ewdard I. 290
Christ, Felix 204

Ciampanelli, Filippo 66
Claret, Bernd J. 395
Claussen, Johann Hinrich 339
Cobb, John B. 132
Collet, Giancarlo 268, 281
Condrau, Gion 127
Congar, Yves 80, 82, 255
Conradie, Ernst M. 25

Dabrock, Peter 107
Dahling-Sander, Christoph 283
Dahm, Albert 66
Dalferth, Ingolf U. 96, 98, 159 f., 268, 379
Daly, Mary 275
Danneberg, Lutz 94
Danz, Christian 311
Darlap, Adolf 76
Datler, Wilfried 325–327
Dausner, René 26
Daut, Volker 342
Dautzenberg, Gerhard 59
Delgado, Mariano 83
Denger, Theresa 65
Deselaers, Paul 101, 196, 202, 230, 360, 416, 435
Dettwiler, Peter 380
Dietrich, Walter 395
Dietz, Günter 414
Dikwe, Sentus Francis 427
Dilschneider, Otto A. 254
Dinger, Florian 342
Dirscherl, Erwin 78, 255
Dober, Hans Martin 301
Dohmen, Christoph 78
Domin, Hilde 36
Drecoll, Volker Henning 70
Dreier, Rolf Paul 31
Drewermann, Eugen 323
Dröge, Markus 255
Drumm, Joachim 220
Dumont, Christophe-Jean R. 81
Duns Scotus, Johannes 148 f.
Dürnberger, Martin 18 f.

510

Ebeling, Gerhard 52f., 158, 379
Ebenhoch, Markus 66
Ebner, Martin 137, 175, 204
Echelmeyer, Liz 328
Eckert, Jochen 327
Eckholt, Margit 195
Edwards, Dennis 406
Ellacuría, Ignacio 110
Ellis, Erle C. 25
Emunds, Bernhard 404
Endo, Masanobu 211
Engemann, Wilfried 319, 343, 346
Englert, Rudolf 342
Enns, Fernando 401
Enxing, Julia 26f., 132
Erlbruch, Wolf 30
Ernst, Josef 278
Eurich, Johannes 281
Evans, Craig A. 212
Everding, Willi 342
Ewerszumrode, Frank 21, 256

Fabella, Virginia 272–275, 277
Faber, Eva-Maria 121, 380
Faber, Roland 132
Falconer, Alan D. 413
Fascher, Erich 149
Feiner, Johannes 75f., 182
Feiter, Reinhard 187
Feulner, Rüdiger 147
Fichtner, Gerhard 100
Fiederlein, Friedrich Martin 105
Fiedler, Peter 184
Filoramo, Giovanni 68
Fischer, Balthasar 74f.
Fischer, Ralph 66
Flammer, Barnabas 99
Fliegel, Steffen 328
Flusser, David 185
Fontane, Theodor 68
Ford, David 66
Franke, Alexa 327
Frankemölle, Hubert 58, 102
Franz, Ansgar 373, 415, 419

Freitag, Josef 255
Freud, Siegmund 319
Frey, Jörg 59
Freyer, Thomas 255
Freytag, Hartmut 31
Fried, Erich 240, 416
Friedrich, Gerhard 58, 238, 379
Frielingsdorf, Karl 138
Fries, Heinrich 63
Fritsch, Sybille 74
Frühmann, Edmund 325
Fuchs, Gotthard 445
Fuchs, Ottmar 345
Fuchs-Heinritz, Werner 248
Funkschmidt, Kai M. 283

Gabel, Michael 435
Gabriel, Karl 404
Gäde, Gerhard 73, 140–143, 145
Galindo, Florencio 110
Galles, Paul 21
Ganoczy, Alexandre 191, 249
Garijo-Guembe, Miguel María 380
Geertz, Armin W. 310
Gemeinhardt, Alexander F. 283
Gerber, Dieter 328
Gerhards, Albert 419
Gese, Hartmut 158–160
Geyer, Carl-Friedrich 220
Giebel, Michael 343
Giesen, Heinz 185
Girard, René 377
Gladigow, Burkhard 310
Gnanadason, Aruna 278
Gnilka, Joachim 101, 184
Goldstein, Horst 110, 274
Gombocz, Wolfgang L. 140
Gradl, Stefan 339
Graham, Jeannine Michele 66
Grant, Jacquelyn 274
Gräßer, Erich 184, 239
Gray, William 204
Green, Bernhard 66
Gregersen, Niels Henrik 406

Greive, Wolfgang 62, 289, 295, 302
Greshake, Gisbert 71–73, 97, 113, 144f., 147f., 191, 395f.
Griffin, David R. 132
Grillmeier, Alois 182
Grimm, Werner 106f., 208
Groppe, Elizabeth Teresa 255
Groß, Heinrich 59
Große Kracht, Hermann-Josef 404
Grözinger, Albrecht 343
Gruber, Franz 17
Grundmann, Walter 149, 152
Grund-Wittenberg, Alexandra 431
Guardini, Romano 367f.
Gutiérrez, Gustavo 110

Haag, Gunther 328
Haag, Herbert 58f.
Habbel, Marie-Luise 29
Haber, Wolfgang 25
Habermann, Jürgen 206, 212
Hagene, Sylvia 59, 135
Hahn, Ferdinand 187, 383
Hahn, Udo 255
Hahn, Viktor 98
Hallonsten, Gösta 140
Hampel, Volker 149, 151
Handke, Peter 13, 15, 22, 27, 48, 134, 175, 194, 230, 253, 268, 283, 309, 318, 337, 348, 364, 394, 410, 435
Harakas, Stanley S. 101
Härle, Wilfried 299
Harnack, Adolf von 220
Hartl, Johannes 98
Hartmann-Lange, Doris 328
Hartshorne, Charles 132
Harvey, Mary R. 414
Hasel, Gerhard F. 101f.
Hasitschka, Martin 59
Haslbeck, Barbara 24
Hasselmann, Christel 314
Haunerland, Winfried 419
Haverkamp, Anselm 94
Heid, Maria 25

Heiligenthal, Roman 120
Heimbach-Steins, Marianne 403
Heimerl, Theresia 419
Heinecken, Martin J. 298
Heinemann, Franz Karl 59
Hell, Silvia 389
Hellinger, Bert 332–335
Hemmerle, Klaus 38f., 55, 169, 171
Hempel, Johannes 102
Hengel, Martin 163, 204
Hengsbach, Friedhelm 404
Henning, Christian 255
Herbst, Michael 230
Herder-Dorneich, Theophil 310
Herman, Judith Lewis 414
Hermanni, Friedrich 395
Herzog, Markwart 100
Heubach, Joachim 255
Hick, John 314
Hilberath, Bernd Jochen 27, 80, 255
Hillenbrand, Karl 179, 182, 187
Hilpert, Konrad 27
Hinga, Teresa M. 275, 277
Hirschmann, Siegfried G. 343
Hock, Klaus 310
Hödl, Ludwig 181
Hoerning, Erika M. 248
Hoff, Gregor Maria 263
Hoffmann, Martin 343
Hoffmann, Monika 328
Hoffmann, Norbert 163
Hoffmann, Paul 209
Hoffmann, Veronika 435
Holland, Bernd 321
Hollenweger, Walter J. 283
Holm, Bo K. 435
Holztrattner, Magdalena 281
Hönig, Elisabeth 380, 383
Hoping, Helmut 389
Hopkins, Julie 185
Hosselmann, Birgit 240
Hryniewicz, Waslaw 80
Hübner, Jörg 100
Hübner, Siegfried 263

Humbert, Paul 102
Hünermann, Peter 311 f.
Hunstig, Hans-Georg 402

Ibebuike, Polycarp Chuma 380
Ibekwe, Linus 66
Imbach, Josef 136
Ionita, Viorel 402, 413
Iwashima, Tadahiko 182

Jahae, Raymond 412
Janetzky, Birgit 415
Janowski, Bernd 59, 204
Janowski, Johanna Christine 69, 431
Jaschke, Helmut 185
Jantsch, Torsten 59
Jenni, Ernst 153
Jepsen, Alfred 59
Jeremias, Jörg 155
Jhi, Jun-Hyung 66
Joas, Hans 435
Johannes Paul II. 83, 382, 412
Johnson, Elizabeth A. 204
Jörns, Klaus-Peter 379
Jost, Renate 273
Jünemann, Augustinus 255
Jüngel, Eberhard 95, 160, 167 f., 305
Junghans, Helmar 283
Jungmann, Josef Andreas 367 f., 375

Käfer, Anne 406
Kaléko, Mascha 341
Kalsky, Manuela 271, 273 f., 276
Kampling, Rainer 159
Kampmann, Irmgard 74
Kappes, Michael 78, 407
Karrer, Martin 59
Kasper, Walter 21, 59, 141, 147, 181, 204, 267, 290, 371
Kehl, Medard 211, 213
Kern, Renate 255
Kertelge, Karl 59

Kessler, Hans 61, 110, 141, 147, 178–181, 187, 192 f., 278
Khoury, Adel Theodor 311 f.
Kick, Hermes A. 414
Kienzler, Klaus 141
Kierkegaard, Sören 323 f.
Kießling, Klaus 319
Kim, Kyong-Kon 311
King, Ursula 273
Kippenberg, Hans Gerhard 71, 310
Kirchschläger, Rudolf 220
Kitz, Verena Maria 206
Klauck, Hans-Josef 91
Kleeberg, Florian 431
Klein, Stephanie 126, 268, 272
Klie, Thomas 240, 342
Klinge, Christiane 185
Kmiecik, Ulrich 149
Knitter, Paul F. 312 f.
Knoch, Otto 101
Knop, Julia 136
Koch, Kurt 20, 438
Koch, Robert 102
Kögerler, Reinhart 17
Kohl, Peter 347
Köhler, Wolf-Dietrich 419
Kohli, Martin 126
König, Franz 82
König, Oliver 333
Körtner, Ulrich H. J. 255
Kosch, Daniel 209
Krämer, Werner 404
Kranemann, Benedikt 419
Krause, Christian 290
Krause, Vera 439 f.
Kreiner, Armin 80, 395 f.
Kremer, Jacob 104
Kreplin, Matthias 194
Kreuzer, Siegfried 301
Krings, Hermann 113–116
Kriz, Jürgen 320
Kruck, Günter 212
Kubera, Ursula 273
Kübler-Ross, Elisabeth 342

513

Küng, Hans 179, 182, 203, 314
Kunze, Reiner 446
Kurz, Gerhard 94
Kuschel, Karl-Josef 28

Laak, Werner von 431
Lachenschmid, Robert 183
Lambert, Willi 230
Lanczkowski, Günter 69
Langemeyer, Bernhard 168f.
Langenfeld, Aaron 20
Langenhorst, Georg 27f.
Langworthy, Oliver B. 21
Latourelle, René 50
Lauster, Jörg 339
Lee, Chien-Ju 255
Lehmann, Karl 27, 57f., 60f., 98, 123, 158, 162f., 184, 192, 337, 382f., 389f.
Lehtonen, Tommi 121
Leonhard, Silke 342
Leonhardt, Rochus 339
Leonhardt-Balzer, Jutta 214
Leppin, Volker 20, 392
Lessing, Eckhard 380
Lévinas, Emmanuel 115f., 161
Libera, Alain de 78
Liechty, Joseph 413
Lienkamp, Andreas 403
Lies, Lothar 389
Lilje, Hanns 298
Lin, Hong-Hsin 255
Lindeskog, Gösta 185
Lindorfer, Simone 414
Link, Christian 395
Link, Hans-Georg 23, 389
Link-Wieczorek, Ulrike 435
Lionni, Leo 34
Lippold, Martin 298
Lips, Hermann von 204
Löbbert, Heribert 79
Loffeld, Jan 21
Lohfink, Gerhard 137
Lohfink, Norbert 101–104

Löhr, Winrich 70
Löhrer, Magnus 75f., 182
Lüdemann, Gerd 237
Lueg, Claudia 274
Lüpke, Johannes von 301
Lurz, Friedrich 418
Luther, Martin 66, 228, 283, 306, 386, 425
Lutterbach, Hubertus 418f.
Lutz-Bachmann, Matthias 220
Lütze, Frank M. 343
Lyonnet, Stanislas 59

Maag, Victor 59
Maaßen, Monika 272
Maier, Johann 185
Mappe, Barbara 418
Marion, Jean-Luc 435
Marquardt, Friedrich-Wilhelm 185
Marrow, Stanley B. 58
Marsch, Michael 59, 101
Marsh, Thomas 50
Matussek, Peter 419
Maurer, Ernstpeter 300
Mautner, Josef P. 27, 281
Mayer, Cornelius 183
McLeod, Frederick G. 66
Melanchthon, Philipp 426
Mendl, Hans 342
Menke, Karl-Heinz 49, 115f., 160–162, 439
Mensink, Dagmar 301
Merklein, Helmut 101, 105, 183
Mertes, Klaus 24
Merz, Annette 137, 175f., 194, 210
Metternich, Ulrike 339
Metz, Johann Baptist 186, 263, 398, 411f., 434
Metzger, Wolfgang 298
Meyer zu Schlochtern, Josef 96
Meyer, Hans Bernhard 376
Meyer, Harding 284, 293
Meyer-Wilmes, Hedwig 274

Mielke, Vera 283
Mieth, Dietmar 29
Miggelbrink, Ralf 195, 435
Mischke, Marianne 342
Mohr, Hubert 310
Mollenkott, Virginia R. 74
Möller, Joseph 112 f.
Moltmann, Jürgen 255, 304
Moltmann-Wendel, Elisabeth 185
Mönch, Jan-Hendrik 131
Morgan, Teresa 59
Möring-Hesse, Matthias 404
Moser, Tilmann 138 f.
Mühlen, Heribert 80
Mühling, Markus 66
Müller, Gerhard Ludwig 52, 98, 304, 412
Müller, Klaus 78, 344 f.
Müller, Lothar 419
Müller, Ulrich B. 102
Müller-Fahrenholz, Geiko 23
Murray, Paul D. 390
Mußner, Franz 194

Nachtwei, Gerhard 237
Näf, Eleonore 339
Nassehi, Armin 342
Naumann, Bettina 362
Negel, Joachim 435
Neuhaus, Gerd 395
Neumann, Burkhard 20
Neuner, Peter 220, 299
Niehr, Herbert 101–103
Nielsen, Helge Kjær 105
Nietzsche, Friedrich 66
Niewiadomski, Józef 58
Nikles, Bruno W. 281
Nitsche, Bernhard 255
Noko, Ishmael 290
Nooteboom, Cees 365
Noppen, Jean-Pierre van 96
Nordhofen, Jacob 66
Nothelle-Wildfeuer, Ursula 136
Nüchtern, Michael 185

Numico, Sarah 402
Nüssel, Friederike 380

Oberländer, Katrin 338
Oberlinner, Lorenz 184
Obst, Gabriele 255, 342
Oduyoye, Mercy Amba 271, 273 f., 276, 280
Oepke, Albrecht 102, 104
Ohlig, Karl-Heinz 97
Origenes 432
Osthövener, Claus-Dieter 65–68

Pahl, Irmgard 374
Palaver, Wolfgang 58
Pangrazio, Andrea 81
Pannenberg, Wolfhart 97, 123, 192, 251, 337, 382, 389 f.
Papadopoulos, Stylianos G. 98
Parmentier, Martien 101
Pascher, Joseph 368
Patsch, Hermann 149
Peperzak, Adriaan Theodoor 56
Peppermüller, Rolf 70
Pesch, Otto Hermann 70, 80, 113, 163, 242, 299, 389
Pesch, Rudolf 101, 106, 183, 195
Peters, Albrecht 298
Peters, Bergit 29
Peters, Tiemo Rainer 411
Petzet, Paul 419
Pfammatter, Josef 184
Pfnür, Vinzenz 381
Philipps, Peter M. 212
Pieper, Josef 242
Pius XI. 82
Plasger, Georg 141
Plotin 250
Popkes, Wiard 149
Preisker, Herbert 119
Prenner, Karl 419
Pröpper, Thomas 50, 98, 113–118, 184, 187
Prosinger, Franz 59

515

Quartier, Thomas 419

Raberger, Walter 412
Radford Ruether, Rosemary 275
Raffelt, Albert 27, 181, 263
Rahner, Johanna 195
Rahner, Karl 27, 55 f., 66, 76 f., 163, 171 f., 175, 224 f., 228 f., 242, 250–252, 255, 257–259, 263, 284 f., 354, 397 f., 420
Rapp, Ursula 339
Ratzinger, Joseph (Benedikt XVI.) 139, 173, 176, 237, 291, 367
Rauchfleisch, Udo 318
Rebell, Walter 319
Reck, Norbert 419
Rehm, Johannes 380, 383
Reinelt, Toni 325–327
Reinhardt, Klaus 181
Reiß, Annike 339 f.
Reiser, Marius 209
Renz, Andreas 311
Reusch, Wolfgang 281
Richard von Sankt-Victor 324
Richter, Klemens 369
Ricoeur, Paul 95
Rieger, Michael 195
Riel, Daniela 59
Riemann, Fritz 323
Rigl, Thomas 66
Ritter, Werner H. 59
Riviere, Jean 141
Roddey, Thomas 311
Rohls, Jan 380
Rohner, Martin 66
Rohrbasser, Anton 82
Ronan, Marian 206
Rorty, Richard M. 98
Rosenau, Hartmut 431
Rosenzweig, Franz 436
Roth, Ursula 347
Rötting, Martin 312
Rötzer, Friederike T. 328
Ruh, Kurt 70

Ruh, Ulrich 184
Ruhstorfer, Karlheinz 132
Russell, Letty M. 274
Ryan, Gregory A. 390

Sabourin, Léopold 59
Sandler, Willibald 136
Sattler, Dorothea 20, 40, 62, 80, 84 f., 149, 174, 202, 248, 278, 299, 359, 363, 380, 392, 395, 402 f., 414, 420 f., 431
Sauser, Ekkart 100
Sauter, Gerhard 297, 300 f.
Schaede, Stephan 66, 73, 161
Schaeffler, Richard 438
Schäfer, Gerhard Karl 380
Schäfer, Heinrich 268
Schäfer, Klaus 268
Schaumberger, Christine 274
Scheffczyk, Leo 179
Schenke, Ludger 239
Scherzberg, Lucia 205, 273, 275 f., 279
Schiefer, Frank 342
Schillebeeckx, Edward 182 f., 186, 192
Schilson, Arno 59, 181
Schleiermacher, Friedrich 66
Schlenke, Dorothee 255
Schlier, Heinrich 181
Schlink, Edmund 382 f.
Schlögl-Fierl, Kerstin 339
Schlüter, Dietrich 27
Schmid, Hansjörg 311
Schmid, Peter F. 191
Schmidt-Leukel, Perry 311 f., 317
Schmitz, Philipp 278
Schnackenburg, Rudolf 104
Schneider, Michael 127, 363, 431
Schneider, Theodor 174, 192, 378, 380, 382 f., 389
Schnider, Franz 99
Schopenhauer, Arthur 66
Schottroff, Luise 205

Schrage, Wolfgang 59, 99, 107
Schredl, Michael 131
Schreijäck, Thomas 268
Schreiner, Martin 342
Schrettle, Anton 346
Schroer, Silvia 204
Schröter, Jens 59
Schulte, Raphael 182
Schüngel-Straumann, Helen 74
Schürmann, Heinz 183, 370
Schüssler Fiorenza, Elisabeth 185, 204f.
Schütz, Christian 182, 255
Schwager, Raymund 58, 186
Schwanz, Peter 300
Schwartz, Hans-Joachim 327
Schwarz, Andrea 362
Schwerdtfeger, Nikolaus 263
Seckler, Max 53f., 98
Sedmak, Clemens 268, 281
Seils, Martin 37, 97f.
Sellner, Hans Jörg 59
Sesboüé, Bernard 61, 97f., 186, 282
Seybold, Klaus 102
Shea, Mary Lou 66
Siebenrock, Roman A. 313
Siegert, Folker 211
Siegmund, Harry 333
Simon, Werner 342
Slenczka, Reinhard 183f., 383
Sobrino, Jon 110, 281f.
Söding, Thomas 176, 368, 420
Sölle, Dorothee 66, 304
Souga, Thérèse 276
Sparn, Walter 272
Sperber, Jutta 311
Spiel, Walter 325
Steinacker, Peter 299
Steindl, Helmut 140, 145f.
Steins, Georg 437
Steinwendtner, Brita 28
Stendahl, Krister 298
Stenger, Hermann 189, 191
Sticher, Claudia 210

Stickelbroeck, Michael 66
Stierlin, Helm 30, 320, 330–333
Stipinovich, Angelo 362
Stirnemann, Alfred 220
Stolz, Fritz 310
Stolze, Jürgen 20
Stosch, Klaus von 20, 395
Striet, Magnus 136, 378, 439
Strodmeyer, Werner 41
Strolz, Walter 310
Stubenrauch, Bertram 63, 255, 345
Stuckrad, Kocku von 310
Student, Johann-Christoph 342
Studer, Basil 64
Stuflesser, Martin 350
Stuhlmacher, Peter 184
Sutter Rehmann, Luzia 74, 339
Sutzkevers, Abraham 344
Swarat, Uwe 335, 420
Swidler, Leonard 185

Taft, Robert F. 369
Tappa, Louise 276, 279
Tappen, Julian 432
Taube, Roselies 185
Taussig, Hal 206
Theißen, Gerd 59, 101, 137, 164, 175, 186, 194, 210, 347
Theobald, Michael 206, 212
Thiede, Werner 395
Thoma, Clemens 185
Thomas von Aquin 70, 146f., 242, 247, 249, 365
Thomassen, Jürgen 346
Thönissen, Wolfgang 80, 293
Thurnwald, Andrea K. 240
Thüsing, Wilhelm 175
Tietz, Christiane 36, 439f.
Tietz-Buck, Claudia 185
Tillich, Paul 21, 301, 304
Tobler, Stefan 66
Tossou, Kossi K. Joseph 255
Trillhaas, Wolfgang 298
Trilling, Wolfgang 184

Tscheulin, Dieter 327
Tück, Jan-Heiner 136
Twardowski, Stephan 401

Ullrich, Lothar 378
Ulrichs, Karl Friedrich 66

Valeske, Ulrich 80, 83
Verweyen, Hansjürgen 27, 184, 219
Vik, Ioan 339
Visser't Hooft, William A. 83
Voges, Wolfgang 248
Vogt, Markus 25
Vögtle, Anton 183
Volk, Hermann 79
Vorgrimler, Herbert 27
Voss-Goldstein, Christel 274

Wacker, Marie-Theres 74
Wagner, Harald 69, 293
Waldenfels, Hans 263, 268
Walsheim, Brunhilde 328
Walz, Heike 268
Warne, Randi R. 310
Wartenberg-Potter, Bärbel von 74
Watt, Jan Gabriël van der 59
Weaver, J. Denny 136
Weber, Georg 342
Weber, Hermann 29
Weder, Hans 212
Weger, Karl-Heinz 27
Weingart, Richard E. 70
Weinrich, Harald 415f.

Weiß, Bardo 179
Weiß, Hans-Friedrich 239
Weisser, Markus 65
Weiß-Rosmarin, Trude 185
Welker, Michael 255
Welte, Paul H. 18, 56
Wendebourg, Dorothea 220
Wenz, Gunther 63f., 141, 147, 378, 380, 392
Werbick, Jürgen 19, 63, 95f., 98, 118, 158, 136, 163–165, 167, 176, 193, 265, 314, 324, 346, 437–441
Werth, Jürgen 90
Weth, Rudolf 59
Wiederkehr, Dietrich 50f., 57, 182f.
Wiesel, Elie 108
Wilkens, Erwin 298
Williams, Rowan 69
Winter, Martin 120
Wodtke, Verena 206
Wohlleben, Ekkehard 311
Wohlmuth, Josef 161, 435
Wolf, Herbert 283
Wolff, Hans Walter 156
Wozniak, Gabriela 65
Würthwein, Ernst 119

Zehner, Joachim 38
Zenger, Erich 96f.
Zerfaß, Rolf 270
Ziegler, Tobias 339f.
Zimmer, Dirk 327–329
Zimmermann, Ruben 94

Sachregister

Allversöhnung 126, 411, 431–434
Angst 22, 31, 43, 109, 129, 133, 219, 241, 243 f., 323–325, 441
Anthropologie 55 f., 77, 88, 245, 295
Anthropozän 25
Apokalyptik 28, 151, 212, 283, 409
Armut 23, 43, 133, 271, 280–283, 400, 404
Auferstehung 69, 83, 88, 112, 134, 181 f., 228, 234–238, 252, 340, 350, 372, 379, 393, 427

Befreiung (siehe auch Freiheit) 92, 108–113, 191, 269, 273, 275 f., 279–283, 312–315, 319, 321, 323, 360
Begräbnis / Bestattung 240, 246, 281, 347, 409, 417–419, 430
Bejahung / (Selbst-)Annahme 21, 44–46, 86, 116 f., 216, 228, 244
Belletristik 27–37
Beziehung(en) 40–43, 118 f., 162–169, 188–194, 236 f., 265–267, 278–280, 320–333
Bildrede von Erlösung
→ Metaphorik
Biographie(forschung) 61 f., 87, 126–128, 248, 272, 421–423
Böses (malum morale / malum physicum) 24–26, 41–44, 291, 323, 351–357, 395 f., 406, 421, 433 f.
Buddhismus 65, 310–312
Bund 103 f., 107, 138, 191, 217, 264, 354 f., 366, 372 f.

Buße → Versöhnung, Umkehr, Sünde

Chalzedon → Konzilien
Christologie
– Aszendenz-Christologie 198–200, 226
– Deszendenz-Christologie 197–200, 226
– in Exegese und Dogmatik 56–60, 175–188
Christus medicus 91 f., 100
Christusrepräsentation 195 f.
Communio → Gemeinschaft

Diakonie / Praxis der Liebe 118, 280–283, 285, 307, 315, 343, 394–410, 427
Dogmatik 19, 50, 56, 64, 75–78, 131, 246, 292, 305, 353, 368, 410

Erbsünde → Sünde
Erfahrung von Erlösung 46 f., 54, 86 f., 90, 253–260
Erinnerung 411–417
Erlösungsreligionen 65, 71, 311
Erwachsenenbildung 338 f., 342
Erzählen (von Erlösung) / Narration 38, 61 f., 128 f., 438
Eschatologie 39, 85–89, 121, 152, 234–236, 264 f., 285, 348, 350, 410–435
Ethik 210, 244–246, 261, 279, 293, 305, 354–358, 369, 394, 399, 405 f.

Sachregister

Eucharistie / Abendmahl 367–394
Evolution → Schöpfung
Ewigkeit 133, 218 f., 243, 246–253
Exklusivismus 314

Frauenforschung 73 f., 137, 272–280, 375
Freiheit 42 f., 46, 72, 110–118, 140, 144, 149, 161, 171 f., 218, 242 f., 264–266, 357, 396, 431 f., 441 f.
Freispruch 124–126, 279, 294, 301, 322
Fürbitte → Gebet

Gebet 101, 103, 371, 373–375, 399, 402, 407, 412 f., 434–446
Gemeinschaft / Communio 25, 35, 39–49, 54, 86, 94 f., 101, 105, 133, 151, 160, 191–194, 210, 217–219, 259 f., 263–267, 353 f., 360 f., 371–378, 384, 389–394, 408, 428 f.
Genugtuung → Satisfaktionslehre
Gericht 43, 88, 92 f., 120 f., 124–126, 154–157, 202, 214, 217, 234–236, 253, 294, 313, 357, 410, 422 f., 432, 434
Gesetz / Tora 92 f., 117, 124, 156, 217, 261, 292, 354, 356 – 358, 365
Gewalt 23 f., 125, 179, 256, 317, 366, 399, 401, 412, 432
– sexualisierte Gewalt 24
Gnade(nlehre) 64, 77, 125, 180, 209, 251 f., 256, 260, 288, 292, 304, 336 f., 344 f., 357, 425 f., 433
Gott(eslehre) 52–55, 71, 77, 95 f., 126
– Gotteserfahrung 180, 252, 257–260
– Handeln Gottes 19, 37, 51, 59 f., 75 f., 91, 113, 132, 135, 144, 149–158, 177, 212, 256, 279, 294, 335 f., 370, 422, 444
– Mitleiden Gottes 226, 228, 445
– Trinitätslehre 37, 145, 195 223, 226, 260, 265, 305, 307, 371

Gottesknecht 135, 196, 200

Heil 37–40, 284–289, 310–313
Heilung → Krankheit
Heilsgeschichte 75–78, 158, 265
Hierarchie der Wahrheiten 80–85
Hinduismus 65, 310
Hoheitstitel Jesu Christi 200–203, 223
Holocaust 28, 108, 434
Homiletik 343–347

Inkarnation → Menschwerdung Gottes
Inklusivismus 305, 315

Judentum 65, 139, 256, 310, 351

Kenosis 221, 226, 228
Kirche(nlehre) / Ekklesiologie 21, 24, 77, 81, 84 f., 107, 161, 181, 254, 262, 270, 287, 289–296, 302–309, 313, 349 f., 353, 359–362, 381–393, 400 f., 403–405, 407, 424–427, 430
Klage → Gebet
Kontextualisierung 71, 131, 269, 320
Konzilien
– Nizäa (325 n. Chr.) 20, 220–223
– Konstantinopel (381 n. Chr.) 223
– Chalzedon (451 n. Chr.) 220, 223–225
– 2. Konzil von Konstantinopel (553 n. Chr.) 224
– Trient (1545–63 n. Chr.) 336 f., 369, 387
– 1. Vatikanum (1869–70 n. Chr.) 78 f.
– 2. Vatikanum (1962–65 n. Chr.) 55–58, 79–83, 110, 139, 271, 308 f., 313, 354, 380, 390
Krankheit / Heilung 91 f., 99–107, 130, 132 f., 189, 191, 262, 266, 318, 325–329

Sachregister

Kreuz 36 f., 51, 69, 135–140, 152, 158, 160, 169, 198 f., 209, 237, 304–306, 340, 379, 387
Kurzformeln des Glaubens 83

Läuterung 411, 417–430
Leben (als soteriologische Metapher) 73 f., 94, 133
Leben Jesu (soteriologische Relevanz) 178–194, 207 f.
Leben-Jesu-Forschung 175–177, 184–188
Leib 74, 88, 200, 236–238, 368, 372–374, 393, 427
Literatur → Belletristik
Liturgie / Liturgiewissenschaft 136, 232, 348 f., 353, 366, 369–376, 391–393, 419, 428, 436 f., 440 f.
Logos-Christologie 195, 210–219
Lohn → Verdienst
Loskauf / Lösegeld 45, 92, 279

Mahl 45, 177, 192, 205 f., 210, 231, 367–376, 382, 388–394
Martyrium 169, 171–173, 353
Memoria → Erinnerung
Menschwerdung Gottes / Inkarnation 69, 134, 142 f., 146, 194–229, 306, 397
Messias 51, 150 f., 157, 195 f., 200 f., 256, 352
Metaphorik / Bildrede von Erlösung 90–133, 168, 335, 346
Missbrauch → Gewalt, sexualisierte
Mitleiden Gottes → Gott
Modalismus 220 f.
Moderne 27 f., 67, 439
Mystik 70, 398, 445

Nächstenliebe → Diakonie
Narration → Erzählen
Neuschöpfung 354–356
nexus mysteriorum 78–80
Nizäa → Konzilien

Ökumene 23, 80–85, 107, 119–124, 274, 283–309, 357 f., 360, 390, 393, 399–407, 430
Opfer 72, 124–126, 136–140, 366–389, 411 f., 424–428, 434
Orthodoxie 62, 69, 101, 228, 288, 307, 364, 381, 385, 391, 400, 407
Osterglaube → Auferstehung

Parusie 234, 253
Pastoral 45, 58, 130, 187–191, 319, 360, 367, 379, 390 f., 393, 415, 430, 433
Philosophie 63, 95, 113, 143, 160 f., 214 f., 221, 245, 250, 304–307, 428, 432, 438
Pluralismus 305, 313–315
Pneumatologie / Heiliger Geist 21, 83, 250, 253–267, 275, 277, 286, 307, 354, 388, 422
Predigt → Homiletik
Protologie → Schöpfung
Psychotherapieforschung / Psychologie 63, 243 f., 318–337

Rechtfertigung(slehre) 62, 67, 70, 84, 92 f., 119–124, 284, 289–302, 305, 335–337, 346, 396, 420, 425
redemptio objectiva / redemptio subjectiva 131 f., 256, 444
Reformation / reformatorisch 64, 66, 69 f., 121, 183, 289, 293 f., 303–305, 336 f., 343, 356 f., 364, 381, 386 f., 389, 391 f., 399 f., 425 f., 433, 439
Regionspädagogik 339–343
Religionen 65–68, 256, 309–317, 343
Religionskritik 66–68, 70, 306, 318 f., 323

Sakrament 44, 81, 163–174, 293 f., 304, 382, 385–388, 426
Satisfaktionslehre 57 f., 70, 139–149

Schöpfung(slehre) 18, 64, 85–89, 132, 207–214, 263–267, 286 f., 348, 357, 399 f., 406–410, 432 f., 444
Schuld(en) 26, 92 f., 118–124, 126–130, 154, 188, 300 f., 318–322, 330–334, 377
Seele 88, 99, 237, 248, 445
Sophia-Christologie → Weisheits-Christologie
Soteriozentrik 312 f.
Staurologie → Kreuz
Stellvertretung 18, 49, 99, 158–165, 200, 228
Strafe 124 f., 141 f., 148, 156, 420 f., 427, 432
Subordinatianismus 220 f.
Sühne 57, 73, 132, 135, 139, 155, 158 – 163, 178, 334, 377–379, 426 f.
Sünde / Schuld 17 f., 42 f., 64–67, 70 f., 92 f., 102, 320–322
– Erbsünde 26, 43, 291, 360, 387
– Ursünde 360
– Wurzelsünden 363
Sündenbekenntnis 93, 126–130
Sündenbock-Motiv 58
Sündenstrafen 420 f.

Täter / Opfer-Ausgleich 126, 423 f.
Taufe 196, 232, 261, 285, 350–361, 382, 385, 429 f.
Theodizee 28, 64, 395–399, 438
Tiere 240 f., 355, 406–410
Tod (Jesu) 46, 58, 145, 163–174, 180, 238–243, 305, 426

Totengedächtnis 374, 424–430
Traditionsgeschichte in der Erlösungslehre 48, 63–75, 128–130, 158, 207, 360, 411, 417
Trient → Konzilien
Trinitätslehre → Gott

Umkehr 93, 129, 156 f., 209, 252, 309, 322, 339, 349–354, 358–364, 394, 421
Ursünde → Sünde

Verdienst 69, 118–124, 217, 303, 329–337
Versöhnung 54, 64, 88–90, 93, 122–130, 145 f., 162, 180, 258, 317, 322, 334–336, 358–364, 375, 389–394, 411 – 417, 422
Vorsehung 218, 438, 442–444

Weisheits-Christologie 87, 195, 203–207, 210 f.
Wesen des Christentums 83
Wirklichkeitsbewährung / Relevanz / Erfahrungsnähe 17, 35 f., 56, 67 f., 90 f., 130 f., 246, 268, 294–303, 324 f.
Wurzelsünden → Sünde

Zeit 22, 127, 133, 218, 243, 246–253
Zeugnis 169–171
Zweites Vatikanisches Konzil → Konzilien